中国高速铁路牵引供电系统

中国铁路经济规划研究院有限公司 著

西南交通大学出版社
·成都·

图书在版编目（CIP）数据

中国高速铁路牵引供电系统 / 中国铁路经济规划研究院有限公司著. -- 成都：西南交通大学出版社，2024.11. -- ISBN 978-7-5643-9930-6

Ⅰ.U238

中国国家版本馆 CIP 数据核字第 2024ED9999 号

Zhongguo Gaosu Tielu Qianyin Gongdian Xitong
中国高速铁路牵引供电系统
中国铁路经济规划研究院有限公司　著

策 划 编 辑	张　波
责 任 编 辑	李　伟
封 面 设 计	曹天擎
出 版 发 行	西南交通大学出版社
	（四川省成都市金牛区二环路北一段 111 号
	西南交通大学创新大厦 21 楼）
营销部电话	028-87600564　028-87600533
邮 政 编 码	610031
网　　　址	http://www.xnjdcbs.com
印　　　刷	四川煤田地质制图印务有限责任公司
成 品 尺 寸	210 mm × 285 mm
印　　　张	30.5
字　　　数	771 千
版　　　次	2024 年 11 月第 1 版
印　　　次	2024 年 11 月第 1 次
书　　　号	ISBN 978-7-5643-9930-6
定　　　价	180.00 元

图书如有印装质量问题　本社负责退换
版权所有　盗版必究　举报电话：028-87600562

博采众长，超越创新，为打造引领世界电气化铁路发展的中国品牌共同奋斗！

钱清泉

2024.1.24.

《中国高速铁路牵引供电系统》编委会

编辑委员会

委　员　陈维荣　崔校玉　邓云川　宫衍圣　霍中原　景德炎
　　　　寇宗乾　李红梅　李汉卿　李　强　刘长志　刘永红
　　　　罗利平　马劲飞　韦友春　魏宏伟　吴命利　肖志强
　　　　张华志　张　涛　赵印军
　　　　（以姓氏拼音为序）
顾　问　钱清泉　吴克非　张润宝

编写组

主　编　景德炎
副主编　邓云川　张　涛　李红梅　霍中原
参　编　曹伟华　陈　敏　董志杰　方志国　谷元平　何常红
　　　　何国军　黄　军　黄玲珍　黄文勋　蒋功连　李　剑
　　　　李进军　李文豪　黎　锋　刘孟恺　刘志刚　鲁小兵
　　　　邵　明　沈　菊　盛望群　宋可荐　苏鹏程　秦　臻
　　　　王爱竞　王继来　王潘潘　王天兵　王玉环　汪自成
　　　　吴积钦　吴亚飞　杨　佳　杨俊明　杨　可　杨少兵
　　　　解绍锋　姚夕平　叶　涛　于素芬　占　栋　赵春艳
　　　　赵大伟　智　慧　周毛杰
　　　　（以姓氏拼音为序）

评审委员会

组　长　钱清泉
成　员　高仕斌　蒋先国　李　晋　李群湛　林宗良
　　　　倪少权　戚广枫
　　　　（以姓氏拼音为序）

序

PREFACE

2023年12月19日，我在西南交通大学参加国家轨道交通电气化与自动化工程技术研究中心第二届技术委员会第八次会议期间，欣闻由国铁集团经济规划研究院领衔主编的《中国高速铁路牵引供电系统》即将编撰出版，感到由衷地高兴，回顾我国电气化铁路和高速铁路的发展历程，有感而发跟电气化的铁路同仁们说几句心里话。

2023年年底，我国高速铁路通车里程已达到4.5万千米，连接了全国所有大城市及大部分中小城市，为人民群众的生活带来了极大便利和幸福感，同时支撑促进了国民经济的发展，使我国高铁成为名耀全球的中国名片，让国人倍感骄傲和自豪。

俗话说：火车跑得快，全靠"车头"带。"车头"的动力来自哪里？答案是来自牵引供电系统，是牵引供电系统源源不断地提供强大的牵引电力，驱动高速列车风驰电掣般驰骋，是背后我们电气化人默默无闻的奉献。高速铁路牵引供电系统核心关键技术之一的"弓网关系"，已实现持续安全稳定运营并不断刷新试验速度，标志着我国电气化技术不断取得新的突破，达到国际先进水平。电气化技术是高速铁路成套技术皇冠上一颗璀璨的明珠。

我国电气化铁路从1961年宝成线宝鸡至凤州段建成投运以来，已走过了不平凡的63年发展历程，从学习、艰难创业起步，经过多次技术创新升级，特别是京秦铁路、大秦铁路、哈大铁路、广深铁路等电气化工程的建设和运营，大幅提高了电气化铁路牵引供电能力和安全可靠性，并逐步形成了我国电气化铁路的技术标准及装备体系。电气化铁路发展速度及规模，从1961年到1996年建成1万千米电气化铁路用了35年，平均每年建成286 km；此后建设速度不断加快，到2023年电气化总里程达到11.9万千米，平均每年建成4 407 km。特别是从2008

年京津城际铁路建成开始,通过京津、京沪等高速铁路的建设和运营,电气化技术和装备得到全面系统性提升,自动化、智能化水平不断提高,使我国电气化铁路技术、装备、工程及运维全面走到了世界前列,成为世界第一电气化大国和电气化强国。

编写组主编景德炎同志领衔的技术团队,是我国电气化铁路建设的参与者和见证人。本书是对我国高速电气化铁路发展的回顾和总结,全面展示了中国电气化铁路发展历程和发展水平。殷切希望本书的出版发行,能够更好地总结我国高速铁路发展经验,宣传中国高速电气化铁路的创新发展成果,以及领跑国际先进水平的面貌和技术实力,向世界宣传和推广中国高速铁路技术和经验,高质量共建"一带一路",造福全人类。

何华武

2024 年 1 月 23 日

前 言
FOREWORD

高速铁路,始于日本,兴于欧洲,最终在中国神州大地攀上巅峰。作为中国发展和中国实力的名片,中国高铁驰骋中华,名扬全球,成为中国科技创新和中国制造的一面旗帜。

我国高速铁路的发展于改革开放初期开始起步,在历经广深准高速铁路、六次铁路大提速的蕴育和秦沈客运专线的实践,于 2008 年 8 月 1 日随着京津城际客运专线的建成,正式登上世界高速铁路的舞台,拉开了中国高速铁路建设大潮的序幕。我国先后建成武广、郑西、石太、哈大、京沪、沪昆、京张等高铁线路,逐步实现了"四纵四横"高铁规划蓝图,现正全力推进更加宏伟的"八纵八横"高速铁路网建设。特别是京沪高铁的建成,创造了建设标准最高、一次建成里程最长、481.6 km/h 运营列车试验最高速度等高铁众多世界第一,形成了具有中国自主知识产权的高速铁路标准体系。中国已成为世界上高铁系统技术最全、集成能力最强、运营里程最长、运行速度最快、运载人次最多、在建规模最大的国家。

我国高速铁路全部为电气化铁路,牵引供电系统作为高速铁路的重要组成部分,是高铁两大核心控制技术——"轮轨关系"和"弓网关系"中弓网关系的主体,为风驰电掣的高铁列车提供持续不断的强大牵引动力,是中国高速铁路皇冠上一颗璀璨的明珠。

电气化综合、高效利用能源,承担着绿色铁路建设、构建现代交通体系的重任,是铁路现代化的重要标志之一。

我国电气化铁路自 1961 年宝鸡至凤州段建成通车以来,走过了 63 年曲折、艰辛的发展历程,取得了辉煌的成就。到 2023 年年底,全国已建成电气化铁路 119 395 km,电气化率 75.3%,其中,高速铁路 45 036 km,约占世界高速铁路总里程的 70%,我国已成为世界电气化铁路和高速铁路强国。

我国高速电气化铁路博采众长,集世界电气化铁路技术之大成,具有牵引负荷大、供电能力强、弓网受流好、自动化和智能化程度高等特点,形成了具有中国特色的电气化铁路技术标准体系和装备体系,综合实力处于世界领先地位。

本书由中国铁路经济规划研究院有限公司(工程设计鉴定中心)领衔,中国铁路设计集团,中铁一、二、四、五、六院,中铁工程设计咨询集团,中铁上海设计院,西南交通大学,北京交通大学共同编写。大部分参编专家全程参与了中国高速电气化铁路技术研究、标准制定和工程建设工作,是中国高速电气化铁路建设的参与者和见证人。

主编景德炎负责全书的策划,编写目录大纲,领衔负责第1篇概述的编写,参与其他篇章部分内容的编写,并对全书编写内容进行协调和完善,负责全书最后定稿。副主编邓云川、张涛、李红梅分别领衔负责第2篇牵引供电、第3篇牵引变电、第4篇接触网的编写,并对各自负责的篇目编写内容进行协调和完善。副主编霍中原协助景德炎负责对全书的协调和完善工作,并参与了部分章节的编写。

各篇章作者如下:

第1篇 概 述

1 电气化铁路概述,解绍锋、景德炎。

2 高速铁路概述,王继来、景德炎。

3 中国高速铁路概述,景德炎、王继来、解绍锋、黎锋。

第2篇 牵引供电

4 牵引供电系统的组成,黄玲珍、霍中原。

5 牵引供电负荷特性,景德炎、占栋、宋可荐、董志杰、刘孟恺。

6 牵引供电方式,黄文勋、盛望群。

7 牵引变压器结线,陈敏、苏鹏程、邓云川。

8 牵引供电系统供电计算,邓云川、智慧、李剑、董志杰、陈敏。

9 牵引供电系统电能质量,赵大伟、邓云川、宋可荐、景德炎。

10 牵引供电电源,解绍锋、霍中原。

11 枢纽客站供电,汪自成、景德炎、黄军。

12 同相供电技术,解绍锋。

第3篇 牵引变电

13 牵引变电主接线,王天兵。

14 牵引变电设施总平面及房屋布置,王天兵、景德炎。

15 牵引变电设备,赵春艳、王潘潘。

16 综合自动化系统,姚夕平、杨可。

17 辅助监控系统及在线监测系统,杨可。

18 交、直流所用电系统,叶涛。

19 牵引变电绝缘、防雷、接地与回流,蒋功连、沈菊、霍中原。

20 铁路供电调度控制系统,邵明、张涛。

21 智能牵引供电系统,张涛。

22 特殊环境地区的影响及对策,蒋功连、姚夕平、李进军。

第4篇 接触网

23 环境条件,方志国、李红梅、黎锋、杨佳、吴亚飞。

24 接触网悬挂类型,何常红、李文豪、黎锋、方志国。

25 导线与张力,李文豪、周玉杰、李红梅。

26 接触网主要技术参数,何国军、杨俊明、方志国。

27 接触网支柱与基础,吴亚飞、王爱竞、于素芬、王玉环、霍中原。

28 接触网支持装置,王玉环、谷元平、李文豪、景德炎。

29 接触网主要设施,杨佳、鲁小兵、方志国、景德炎。

30 接触网平面布置,何国军、杨俊明、方志国、霍中原。

31 接触网绝缘、防雷、接地与回流,黎锋、霍中原、李红梅。

32 接触网零部件,周玉杰、曹伟华。

33 高速弓网受流性能分析与评价,吴积钦、刘志刚、李红梅。

34 接触网系统可靠性和安全评估,李红梅、秦臻。

刘洪升、胡晓丹、王利军、宋梦容、岳岩、杨洋、范卓艺、谢阳、徐钊、宋洋、段甫川等参与了相关章节的研讨和部分插图的绘制、修改工作,其他为本书编写提供支持和帮助的专家和同仁,恕不一一列举,在此一并表示衷心的感谢。

本书在编写过程中得到了国铁集团发改部、科信部、工电部,铁科院有关部门和专家的大力支持和帮助,他们提供了许多基础资料。中铁二、四院,西南交通大学出版社在书稿的编写、修改过程中,提供了良好的技术支持和工作协助。书中大部分照片由景德炎拍摄,李书涛、李振仓、董小丽参与了部分照片的拍摄。在铁路现场调研和照片拍摄过程中,得到了中铁建电化局,中铁二、四院,中铁广州、成都、南昌、西安局集团公司的大力支持和现场配合。中铁一、二、四院和中国铁路设计集团,中铁电化局,中铁建电化局提供了部分照片,其余照片由章节编写作者提供。闻克宇、王奎忠、侯日根提供了部分参考资料,倪少权、王青元、耿敬春对行车、运量章节提出了许多合理的修改建议。原铁道部总工程师何华武院士一直关心中国电气化铁路的发展,亲自为本书作序,对本书的编写和出版给予了极大的支持和鼓励。中国工程院院士、西南交通大学教授钱清泉老师,十分关心本书的编写,并主持了书稿的评审,提出了许多宝贵的意见和建议,还为本书题词。在此一并表示衷心的感谢!

本书系统地介绍了中国高速铁路牵引供电系统负荷特性和牵引供电、牵引变电、接触网及弓网受流理论,是一本总结我国高速铁路发展成果,向世界宣传和推广中国高速铁路技术和经验,全面展示中国电气化铁路发展历程和发展水平的综合电气化图书。希望通过本书的出版,有助于中国电气化铁路技术的宣传和交流,更好地系统总结和全面提升,进一步从理论上规范化、标准化,形成与国际接轨的、引领世界的中国电气化铁路标准体系,为中国铁路及国民经济的发展做出更大的贡献。

由于高速铁路技术处于持续快速发展中,技术标准和装备水平不断提高,本书是中国高速铁路牵引供电系统阶段性总结,不足之处在所难免,恳请读者批评指正,以便今后进一步修改完善。让我们共同期待并见证中国高速铁路更加辉煌灿烂的明天!

作 者
2024 年 1 月

目录
CONTENTS

第 1 篇 概 述

1 电气化铁路概述 ·· 3
　1.1 电气化铁路电力牵引基本原理 ·· 3
　1.2 电气化铁路发展综述 ·· 5
2 高速铁路概述 ·· 8
　2.1 世界高速铁路发展综述 ··· 8
　2.2 高速铁路牵引动力需求和牵引供电方案 ·· 10
3 中国高速铁路概述 ··· 12
　3.1 中国高速铁路发展历程 ··· 12
　3.2 中国高速铁路牵引供电系统 ··· 16
　3.3 中国高速电气化铁路的发展与展望 ··· 16

第 2 篇 牵引供电

4 牵引供电系统的组成 ··· 23
　4.1 牵引变电所 ·· 23
　4.2 分区所、AT 所、开闭所 ··· 23
　4.3 牵引网 ·· 24
5 牵引供电负荷特性 ·· 26
　5.1 高速铁路主要技术标准和行车组织 ·· 26
　5.2 动车组机电性能 ·· 36
　5.3 牵引变电所负荷特性 ·· 41
　5.4 再生制动负荷特性 ··· 42
　5.5 枢纽地区牵引供电负荷特性 ··· 43
　5.6 跨线运输牵引供电负荷特性 ··· 44

6 牵引供电方式 45

6.1 自耦变压器（AT）供电方式 45
6.2 带回流线的直接供电方式 53

7 牵引变压器结线 57

7.1 单相结线牵引变压器 57
7.2 V结线牵引变压器 58
7.3 平衡结线牵引变压器 60

8 牵引供电系统供电计算 63

8.1 牵引负荷电流计算 63
8.2 牵引网供电电压计算 64
8.3 牵引网载流能力计算 72
8.4 牵引变压器容量计算 76
8.5 钢轨电流分布和钢轨电位计算 78
8.6 牵引供电系统电能损耗计算 90
8.7 牵引供电系统仿真 93

9 牵引供电系统电能质量 97

9.1 电能质量相关国家标准及电能质量计算 97
9.2 电能质量影响及治理措施 106

10 牵引供电电源 114

10.1 牵引供电系统负荷与供电电源关系 114
10.2 电源供电能力及其影响因素 115
10.3 电源供电方式 115
10.4 高速铁路牵引供电系统供电电源选择 117

11 枢纽客站供电 119

11.1 枢纽客站供电一般原则 119
11.2 牵引变电所外部电源要求 120
11.3 枢纽客站内电分相、电分段设置原则 120
11.4 枢纽客站牵引变电所备用方案 121
11.5 枢纽客站典型供电方案 123

12 同相供电技术 138

12.1 同相供电 138
12.2 贯通供电 140

第 3 篇　牵引变电

13　牵引变电主接线 ··· 145
13.1　牵引变电所主接线 ······································· 145
13.2　分区所主接线 ·· 155
13.3　AT 所主接线 ·· 157
13.4　开闭所主接线 ·· 158

14　牵引变电设施总平面及房屋布置 ······················ 160
14.1　所址选择 ·· 160
14.2　总平面及房屋布置 ······································· 161

15　牵引变电设备 ·· 177
15.1　使用条件 ·· 177
15.2　变压器 ··· 177
15.3　断路器 ··· 184
15.4　隔离开关 ·· 186
15.5　互感器 ··· 189
15.6　避雷器 ··· 192
15.7　电源侧高压组合电器（GIS 组合电器） ············ 194
15.8　2×27.5 kV（27.5 kV）金属封闭开关设备 ········· 195

16　综合自动化系统 ··· 199
16.1　系统结构及功能 ·· 199
16.2　测量与计量 ·· 203
16.3　继电保护与自动装置 ··································· 204
16.4　控制方式及防误闭锁 ··································· 210

17　辅助监控系统及在线监测系统 ························· 212
17.1　辅助监控系统 ·· 212
17.2　在线监测系统 ·· 216

18　交、直流所用电系统 ······································ 219
18.1　交流所用电系统 ·· 219
18.2　直流所用电系统 ·· 221

19　牵引变电绝缘、防雷、接地与回流 ··················· 223
19.1　绝缘与绝缘配合 ·· 223

19.2　防　雷 225
　　19.3　接地与回流 227

20　铁路供电调度控制系统 231
　　20.1　SCADA 系统构成 231
　　20.2　SCADA 系统主站功能 234
　　20.3　SCADA 系统通信传输和网络安全 235

21　智能牵引供电系统 238

22　特殊环境地区的影响及对策 240
　　22.1　高海拔和地震高发地区 240
　　22.2　大风沙地区 243
　　22.3　沿海地区 244
　　22.4　寒温及寒冷地区 244

第 4 篇　接触网

23　环境条件 249
　　23.1　温　度 249
　　23.2　风　速 251
　　23.3　覆　冰 256
　　23.4　雷　电 257
　　23.5　环境污染 259
　　23.6　海　拔 260
　　23.7　地　震 261
　　23.8　其他外部条件 262

24　接触网悬挂类型 266
　　24.1　高速接触网悬挂系统的基本要求 267
　　24.2　简单链型悬挂 268
　　24.3　弹性链型悬挂 271

25　导线与张力 276
　　25.1　接触线 276
　　25.2　承力索 278
　　25.3　吊　弦 280

25.4 弹性吊索 281
25.5 附加导线 282

26 接触网主要技术参数 284
26.1 接触线高度 284
26.2 结构高度 284
26.3 跨　距 284
26.4 拉出值 287
26.5 侧面限界 287
26.6 锚段关节及锚段长度 288

27 接触网支柱与基础 293
27.1 接触网支柱 293
27.2 支柱荷载 298
27.3 接触网支柱结构计算 300
27.4 支柱基础 301
27.5 预埋结构 304

28 接触网支持装置 312
28.1 腕臂安装 312
28.2 定位装置安装 317
28.3 车站接触网安装 321
28.4 桥梁接触网安装 329
28.5 隧道内接触网安装 331

29 接触网主要设施 340
29.1 接触网锚段关节 340
29.2 下锚及中心锚结 343
29.3 道岔定位 349
29.4 电连接 354
29.5 电分段 360
29.6 电分相 361

30 接触网平面布置 367
30.1 站场接触网平面布置 367
30.2 区间接触网平面布置 374
30.3 接触网供电分段 380
30.4 接触网景观设计 384

31 接触网绝缘、防雷、接地与回流 390
31.1 接触网绝缘与绝缘配合 390
31.2 接触网雷电防护 393
31.3 接触网接地、回流和电气安全 394

32 接触网零部件 400
32.1 接触网零部件的基本要求 400
32.2 接触网零部件分类 402
32.3 接触网零部件的标准化 413
32.4 接触网零部件试验 416

33 高速弓网受流性能分析与评价 421
33.1 高速接触网特征 421
33.2 高速受电弓特征 425
33.3 受电弓与接触网的机械接触 429
33.4 受电弓与接触网的电接触 431
33.5 受电弓与接触网的动态相互作用评价 434
33.6 弓网受流受环境风的影响 439
33.7 弓网运行受流质量检测 446

34 接触网系统可靠性和安全评估 456
34.1 接触网系统可靠性设计 456
34.2 接触网系统风险及安全评估 458
34.3 接触网系统可维修性相关的维修实施方案 461

参考文献 462

后　记 465

第1篇　概　述

高速铁路牵引供电系统为列车高速运行提供动力能源，是与铁路运输能力和行车组织相适应的主要基础设施，主要由牵引变电所、接触网及回流系统等组成。

牵引变电所从电网接引电源供电。由于高速铁路牵引负荷大、可靠性要求高，一般要求电网提供电压等级高、供电容量大的外部电源。

接触网沿铁路线架空设置，通过与列车顶部的受电弓紧密接触，为列车持续输送电能。受电弓、接触网组成的弓网系统是影响列车高速运行的核心控制技术之一，良好稳定的弓网受流是支撑列车持续取得电能维持高速运行的基础。

高速铁路牵引供电系统还配备了自动化、智能化程度高的监测、控制和保护装置及供电调度系统，能够实时监控系统运行状态，快速处理各类故障和异常情况，确保牵引供电系统稳定可靠地供电。

1 电气化铁路概述

铁路和电力是现代科技进步和社会发展的产物，电气化铁路利用电力作为铁路的牵引能源，通过牵引供电系统为列车提供强劲的牵引动力。

电力牵引以牵引动力强，综合利用能源，高效、节能、绿色环保等无可比拟的优越性，逐步成为世界铁路主要的牵引动力模式，并促进和推动了高速铁路的发展。

1964年10月1日，世界上第一条高速铁路——日本东京至大阪新干线建成通车，最高运行速度达到210 km/h，震惊了全世界！高速铁路以快速、便捷、安全、准点、环保的巨大优势，闪亮地登上世界交通体系的舞台。在世界历经石油危机、人口爆炸、环境污染等危机后，法国、德国、西班牙、意大利、英国、瑞典、韩国等国家也纷纷加入高速铁路建设行列，形成了你追我赶的高速铁路建设热潮。

中国第一条电气化铁路——宝成线宝鸡至凤州段，于1961年8月15日建成通车。20世纪90年代初我国开始进行高速铁路系统理论和工程技术研究，从1998年7月22日广州至深圳准高速电气化铁路开通运营，到2003年10月11日秦沈客运专线建成通车，经过多年的蕴育和积累，拉开了中国高速铁路建设的序幕，在北京第29届奥运会前夕，当第一列以世界最高速度350 km/h运营的高速列车在京津大地上驰骋时，聚集了全世界惊艳的目光。随后武广、郑西、京沪等高速铁路相继建成通车。京沪高铁集我国高速铁路技术之大成，创造了486.1 km/h世界运营列车最高试验速度纪录，成为中国高速铁路发展的重要里程碑。

高速铁路列车以风驰电掣般的速度高速驰骋，依靠的是强劲的牵引动力，我国高速铁路全部采用电力牵引。电气化作为高铁两大核心控制技术——"轮轨关系"和"弓网关系"中弓网关系的主体，通过接触网给高速列车源源不断地提供强大的电能，驱动列车高速运行，为高速列车插上飞速奔驰的翅膀。

电气化是铁路现代化的重要标志之一。

1.1 电气化铁路电力牵引基本原理

1.1.1 牵引供电系统构成及与电力系统（电网）的关系

高速铁路依靠电力来牵引列车高速运行。高速铁路列车自身不生产电力，需要由地面沿铁路线设置的专门供电设施不间断地向列车提供电能。这些沿铁路线设置的专门供电设施就构成了铁路牵引供电系统。如图1.1为牵引供电系统与电力系统关系。

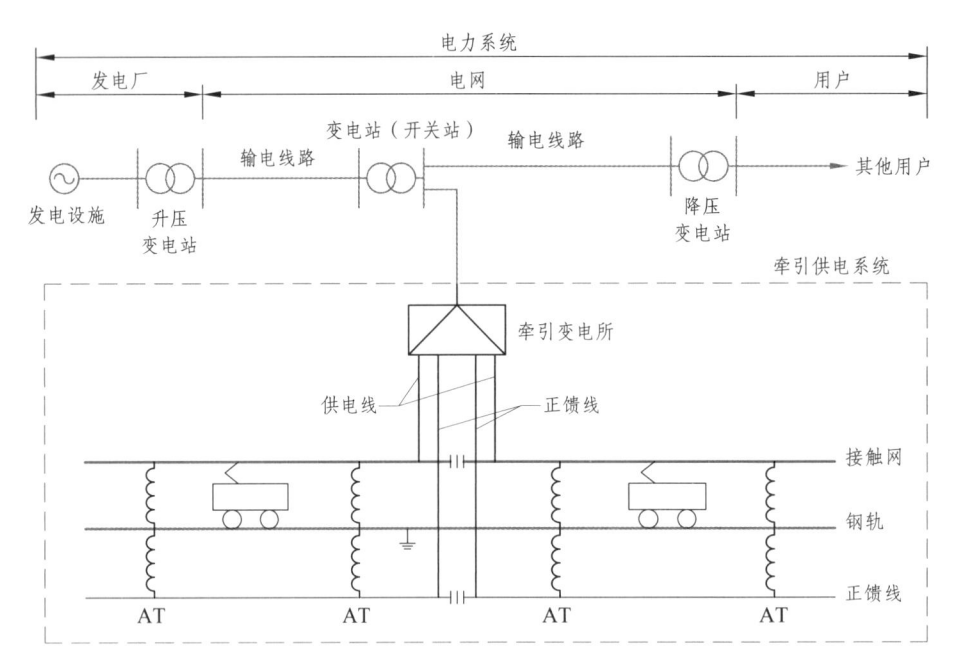

图 1.1　电气化铁路牵引供电系统（AT 供电方式）与电力系统关系

牵引供电系统主要包括牵引变电所和牵引网两大基本部分。

来自电网的电能经过牵引变电所转换后，通过沿铁路架设的接触网向列车源源不断地输送电能，驱动列车运行，牵引电流又经正馈线、钢轨/大地等构成的回流通道流回牵引变电所。

1.1.2　外部电源供电方式

电气化铁路一般接引电网电源供电。电气化铁路电力牵引为一级负荷，牵引变电所接引两路电源供电，两路电源可靠并相互独立，当任一路故障时，另一路仍应正常供电。供电电源电压根据各国电网标准及条件选用，一般为 110 kV、132 kV、220 kV、225 kV、275 kV 及 400 kV 等。我国高速电气化铁路一般从电力系统接引 220 kV 电源供电，陕西、甘肃、青海及宁夏部分地区由于电网没有 220 kV 电压等级，则接引 330 kV 电源供电，对于牵引负荷较小的城际铁路，可接引 110 kV 电源供电。

1.1.3　高速列车基本原理

高速铁路列车采用交流电源和交流牵引电机的交流牵引系统，其中存在一个中间直流环节，习惯上称为交流-直流-交流（简称交-直-交）牵引系统。交-直-交牵引系统结构如图 1.2 所示。高速列车通过受电弓从接触网获取电能，经列车牵引变压器降压后通过四象限脉冲整流器整流成直流电，再经过可控硅逆变器，把直流电转换成频率和幅值可调的三相交流电，给牵引电机供电。列车在制动时，整个运行工况发生逆转，电动机变为发电机，逆变器变为整流器，而整流器变为逆变器，将再生制动产生的电能反送回接触网，供供电臂中其他牵引列车使用或反馈给电网。交-直-交牵引系统功率因数高，谐波含量低，牵引特性优越。

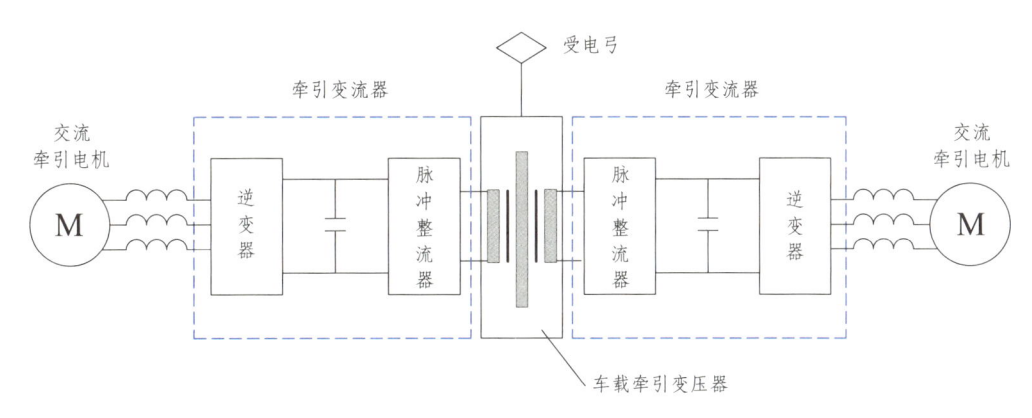

图 1.2　交 - 直 - 交牵引系统结构

1.2　电气化铁路发展综述

1.2.1　电气化铁路的起源

1879 年 5 月 31 日在德国柏林举办的世界贸易博览会上，德国西门子和哈尔斯克公司展示了世界第一条电气化铁路试验线，线路长约 300 m，采用 150 V 直流电源，经敷设在线路中间的第三轨供电。在 4 个月的展览期间共有 8 万多名游客乘坐了这条电气化铁路，引起了社会的广泛关注，为电气化铁路这种新型交通模式的发展起到了巨大的推动作用。试验现场照片如图 1.3 所示。欧美等当时工业化发达国家纷纷开始研究修建电气化铁路。

图 1.3　世界第一条电气化铁路试验现场照片

电气化铁路在柏林世界贸易博览会上的巨大成功，使其很快被用于商业运行。1881 年 5 月 12 日，西门子和哈尔斯克公司在柏林近郊的利希特菲尔德修建的一条长 2.45 km 的电气化铁路正式投入运行，这是世界上第一条商业运行的电气化铁路。同年法国在巴黎国际电工展览会上展出了第一条由架空接触网供电的有轨电车线路,全长500 m,采用两条架空线供电。架空方式的接触网为提高供电电压和牵引功率创造了条件。

随着电气化铁路雏形的出现,西欧、美国、日本等纷纷开始修建电气化铁路。英国于1885年在伦敦修建了世界上第一条由架空导线供电的市内电车线路,1890年伦敦又将地铁改为电力牵引,采用直流600 V第三轨供电;1895年美国在巴尔的摩至俄亥俄之间的隧道区段内修建了一条5.6 km直流675 V供电的电气化铁路;1898年德国在什塔特至埃格里堡、1902年意大利在瓦尔切里纳线分别修建了三相交流电气化铁路;瑞典、日本等国家也先后修建了采用直流供电的电气化铁路。到了19世纪末20世纪初,这种有轨电车、地铁等模式的电气化铁路已经成为当时发达城市的重要交通工具。后来,随着工业进步和电气化技术的发展,电气化铁路才逐渐应用于城市之间的客货干线铁路运输。1903年建成的柏林至汉堡电气化铁路,是世界上第一条干线电气化铁路。

1.2.2 电气化铁路的发展

随着电气化在干线铁路的成功运用,促进了电气化铁路技术的成熟和标准化,在近代欧洲工业化发展中,电气化铁路得到了广泛的推广和应用。特别是第二次世界大战后,世界经济开始恢复和重建,欧洲等工业化发达国家交通运输需求迅猛增长,铁路在运输能力和效率方面的优势得以凸显,电气化铁路迎来发展的高峰期,越来越多的国家加入到电气化铁路建设行列。20世纪60、70年代是世界电气化铁路快速发展的时期,平均每年修建达5 000 km。在此期间,工业发达的欧洲各国、日本的繁忙铁路干线大都实现了电气化,并基本形成了电气化铁路网。随着经济发展和技术进步,高速电气化铁路建设开始萌芽。1964年10月1日,日本开创性地建成了世界第一条高速铁路——东海道新干线,引起了世界铁路界的极大关注,为电气化铁路的发展注入了强劲的推动力。20世纪80年代以后,中国、印度、土耳其、巴西等发展中国家,为应对经济发展对铁路运输的需求及石油危机和环境污染,也开始大力发展电气化铁路,掀起了电气化铁路的建设高潮。进入21世纪后,世界进入了高速铁路建设新时代,以中国为代表的发展中国家开始进入高速铁路发展行列。中国高速铁路建设突飞猛进、日新月异,一举成为世界高速铁路里程最长、技术标准最高的国家。

高速铁路全部采用电力牵引,高速铁路的迅猛发展极大地促进了电气化铁路技术的进步及装备制造、施工工艺和维护管理水平的提高。

1.2.3 供电制式沿革

在电气化铁路发展历史中,供电制式大致经历了低压直流、三相交流、单相低频交流、单相工频交流的演变过程。在1915年以前的发展初期,各国电气化铁路主要采用500～750 V的直流供电制式。从1915年到1930年,开始采用1 200～1 500 V的直流供电制式以及11 kV、15 kV的$16\frac{2}{3}$ Hz或25 Hz的低频交流供电制式,有些国家还采用了3.6 kV的三相交流供电制式。此时处于供电制式的探索期,供电制式不稳定,各种供电制式共存。从1930年到1950年,出现了3 000 V的直流供电制式,并逐步获得多数国家的认同,成为当时主要的供电制式。其间1932年匈牙利第一次采用了16 kV的单相工频交流供电制式,这是单相工频交流供电制式的雏形。随着世界经济特别是发达国家经济快速发展引起运输需求急剧增长,加上汽车、飞机等运输方式对铁路运输形成了强有力的竞争,迫使各国铁路系统开始现代化技术革新。更高电压的工频交流供电制式能提供更便捷的电源接入、提供更大的运输能力，受到了欧洲等发达国家的重视。法国1950年在埃克斯·累·班—里亚罗什休尔伏龙建成了25 kV单相工频交流电气化铁路试验线并获得成功，同时于1954年在东南部干线建成了世界上第一条25 kV单相工频交流电气化铁路，验证了单相工频交流供电制式的优越性。随后日本于1954年在仙山至松岛、苏联于1955年在奥热列利耶至巴维列兹分别开始修建20 kV单相工频交流电气化铁路。单相工频交流供电制式从电网接引电源后，不需要设置整流和变频设备，降低了成本，且较高的电压能有效增大供电距离、简化接触网结构、降低电能损耗，具有其他供电制式无可比拟的优越性。单相工频交流供电制式当时在法国、苏联、日本、印度、南斯拉夫、保加利亚等国家得到了广泛应用，发展非常迅速。

25 kV单相工频交流电气化铁路早期一般采用直接供电方式，由接触网和钢轨/大地构成1×25 kV供电回路。为提高牵引供电系统的供电能力，1972年日本在山阳新干线首次采用了自耦变压器供电方式（AT供电方式），通过自耦变压器构成2×25 kV供电回路，牵引供电能力提高了近1倍。

我国从第一条电气化铁路开始就全部采用了单相工频交流供电制式。

目前，中国、俄罗斯、日本、法国、英国、匈牙利、印度、巴基斯坦、土耳其、南非等世界大多数国家采用25 kV的单相工频交流供电制式。由于既有电气化铁路的延续性等历史原因，德国、瑞士、瑞典、奥地利、挪威等北欧部分国家仍主要采用15 kV $16\frac{2}{3}$ Hz的单相低频交流供电制式，意大利、西班牙、波兰、捷克、斯洛伐克、巴西、比利时、智利等南欧、东欧及其他地区部分国家采用或保留使用早期建成的3 000 V直流供电制式。有的国家多种供电制式共存。

2 高速铁路概述

2.1 世界高速铁路发展综述

高速铁路起始于日本。1964年10月1日，日本率先建成了世界上第一条高速铁路——东海道新干线。意大利作为第二个建成高速铁路的国家，1977年2月24日，罗马至佛罗伦萨高速铁路一期工程122 km建成通车（全线于1992年5月26日建成投入运营）。随后法国、德国、西班牙加入高速铁路建设行列。从20世纪末开始，西欧的瑞典、比利时、荷兰，亚洲的土耳其、沙特、韩国以及我国台湾地区，非洲的阿尔及利亚等国家也先后建成了自己的高速铁路，并带动了东欧、中东、东南亚、北部非洲、南美洲的许多新兴发展中国家开始建设或规划建设高速铁路。特别是2023年10月17日建成通车的印度尼西亚雅加达至万隆高速铁路在东南亚刮起了一股高铁旋风，越南、泰国等国家受到触动和鼓舞，加快了自己的高铁发展步伐。

中国高速铁路经过长期研究和蕴育，厚积薄发，集各国高铁之大成，以最高标准、最快发展速度，迅速建成了覆盖全国大中型城市的高铁网，成为世界高速铁路发展的领跑者。

1. 日 本

日本是世界上第一个建设高速铁路的国家。第二次世界大战后的20世纪50年代后半期，日本经济迅速恢复，发展速度加快，而工商业发达的京滨、中京、阪神地区成了带动整个日本经济发展的火车头。连接这些地区的东海道铁路虽只占日本铁路总长的3%，却承担了全国客运总量的24%和货运总量的23%，而且运输量的年增长率超过全国平均水平，运输能力迅速达到极限。当时，日本经济已开始从战后复苏向高速增长发展，全面加强连接这三大工商业地带及周围地区的东海道铁路运输已成迫切需要。1957年，日本运输省设立了由专家学者组成的"日本国有铁路干线调查会"，就如何增强铁路运输能力问题进行探讨。1958年12月，日本内阁会议批准了修建连接东京到大阪的东海道新干线的计划，随后开始启动工程建设工作。1964年10月1日，世界上第一条高速铁路——东海道新干线建成，最高运营速度210 km/h，开始了东京至大阪的高速铁路运输，旅行时间由原来的6 h 30 min缩短至3 h。新干线高速铁路的建成通车开启了世界高速铁路的新纪元。

1971年，日本国会审议通过了《全国铁道新干线建设法》，以法律形式确定了新干线整体规划方案，两年后国土交通省编制了北陆新干线、东北新干线、九州岛新干线、长崎新干线及北海道新干线5条新干线规划，同时还确定了北海道、四国、中央等12条新干线建设基本计划。经过多年的建设和发展，到2020年日本高速铁路总里程达到3 041 km，最高运营速度320 km/h，已初步形成了纵贯日本各岛的主要区域新干线网络。

2. 法 国

法国是继日本之后，首先全面发展高速铁路的主要欧洲国家之一。法国从1970年开始研究发展高速铁路，1971年法国政府批准修建巴黎至里昂的TGV东南线计划，1976年10月开工建设，1983年9月全线建成通车，最高运营速度270 km/h。巴黎至里昂间旅行时间由原来的3 h 50 min缩短到2 h，客运量迅速增长，经济效益良好。

东南线建成后，法国又陆续修建了大西洋线、北方线、东南延伸线（或称罗纳河至阿尔卑斯线）、巴黎地区联络线、地中海线和东部线等高速铁路，到2020年法国高速铁路总里程2 735 km，最高运营速度320 km/h，形成了以巴黎为中心，服务于里昂、马赛、波尔多等各大城市的高速铁路网。

2007年4月3日，法国TGV列车创造了574.8 km/h轮轨列车最快试验运行速度世界纪录。

3. 德 国

德国早在20世纪初就进行了高速铁路方面的技术研究和试验工作，试验速度曾达到了200 km/h，直到1971年9月28日，当时的西德铁路才开行了200 km/h城际特快列车，这是德国高速铁路正式商业运营迈出的第一步。在日本、法国建成高速铁路并取得良好运营业绩后，德国紧随法国，开始高速铁路建设。1988年德国ICE试验列车速度达到406 km/h。1991年6月建成曼海姆至斯图加特线、汉诺威至维尔茨堡线，最高运营速度280 km/h，随后又建成科隆至法兰克福、汉堡至柏林等多条高速铁路。到2020年德国高速铁路总里程1 571 km，最高运营速度300 km/h，逐步形成了连接全国大中型城市的高速铁路网。

4. 其他国家

高速铁路是世界经济技术发展的标志性成就之一，是各国适应经济高效率发展和社会深度融合的产物，极具时代性和国际性。除日本、法国、德国外，意大利、西班牙等国家很早就在进行高速铁路方面的研究和建设工作，特别是20世纪90年代以来，西欧主要国家和亚洲、中东较发达国家及部分新兴发展中国家，也陆续开始加入高速铁路建设行列，进一步推动了世界高速铁路的发展和技术融合。

（1）欧洲意大利、西班牙、比利时、荷兰、丹麦、瑞典、英国等国家，先后开始了自己的高速铁路建设。如意大利早在1977年就建成了罗马至佛罗伦萨高速铁路一期工程122 km，最高运营速度250 km/h。西班牙于1992年建成了马德里至塞维利亚高速铁路，全长471 km，最高运营速度250 km/h；2008年建成了马德里至巴塞罗那高速铁路，全长640 km，最高运营速度300 km/h。随着欧洲一体化进程的深入发展，欧洲国家致力于大规模修建本国及跨国界高速铁路，逐步形成覆盖西部欧洲的高速铁路网，并逐步向整个欧洲扩展。2021年，欧盟委员会为提振新冠疫情后受到严重冲击的地区经济，制订了一项新建总里程约为18 250 km高速铁路网的经济复苏计划，主体框架为4个通道：① 巴黎至都柏林；② 里斯本至赫尔辛基；③ 布鲁塞尔至瓦莱塔；④ 柏林至尼科西亚，开行250～350 km/h的高速列车，连通欧盟各国首都及欧洲许多经济增长强劲的地区和发达地区。

（2）亚洲韩国、土耳其、伊朗、沙特阿拉伯等国家先后开始高速铁路建设。2004年，韩国建成首尔至大邱高速铁路，全长330 km，最高运营速度300 km/h。土耳其、沙特阿拉伯也先后建成了自己的高速铁路。在人口稠密的东南亚、南亚地区，如泰国、印度尼西亚、印度、越南等国家也以经济发展为目标，积极推进用高速铁路连接主要大都市的交通干线的建设。印度尼西亚的雅加达至万隆高速铁路，全长142 km，设计速度350 km/h，已于2023年10月17日建成通车；泰国在建的曼谷至呵叻高速铁路，全长252 km，设计速度250 km/h，计划于2026年建成通车。

（3）非洲摩洛哥丹卡高铁一期工程丹吉尔至卡萨布兰卡作为非洲地区首条高速铁路，于2011年9月开工建设，2018年通车运营。丹卡高速铁路全长308 km，连接摩洛哥两大主要经济城市丹吉尔和卡萨布兰卡，途经首都拉巴特，最高运营速度320 km/h。埃及在21世纪初就开始研究修建高速铁路，并反复进行了主要技术标准及实施方案的研究论证，第一条高速铁路苏赫纳至阿拉曼已于2022年开工建设，线路全长660 km，设计速度250 km/h，埃及即将进入高速铁路时代。南非也在规划建设约翰内斯堡至开普敦等高速铁路。

（4）北美洲美国2000年建成了从波士顿途经纽约到华盛顿特区的东北走廊高速铁路，线路全长735 km，最高运营速度240 km/h。加拿大、墨西哥和南美洲的巴西、智利，以及大洋洲的澳大利亚等国家，也在制订各自的高速铁路建设规划，准备适时推进高速铁路建设。

根据国际铁路联盟（UIC）统计，截至2020年年底，世界上共有20个国家建成运营高速铁路，高铁营业总里程约为5.51万千米。此后，中国又陆续建成了大量高速铁路，到2023年年底中国（大陆地区）高铁总里程达到45 036 km（包括台湾、香港地区则为45 419 km），约占世界高速铁路的70%。2023年10月17日，印度尼西亚开通了雅加达至万隆高速铁路，全长142 km，使世界上拥有高速铁路的国家增至21个。世界各国高铁运营里程分布如图2.1所示（其中，中国、印度尼西亚为2023年数据，其他国家为2020年数据）。

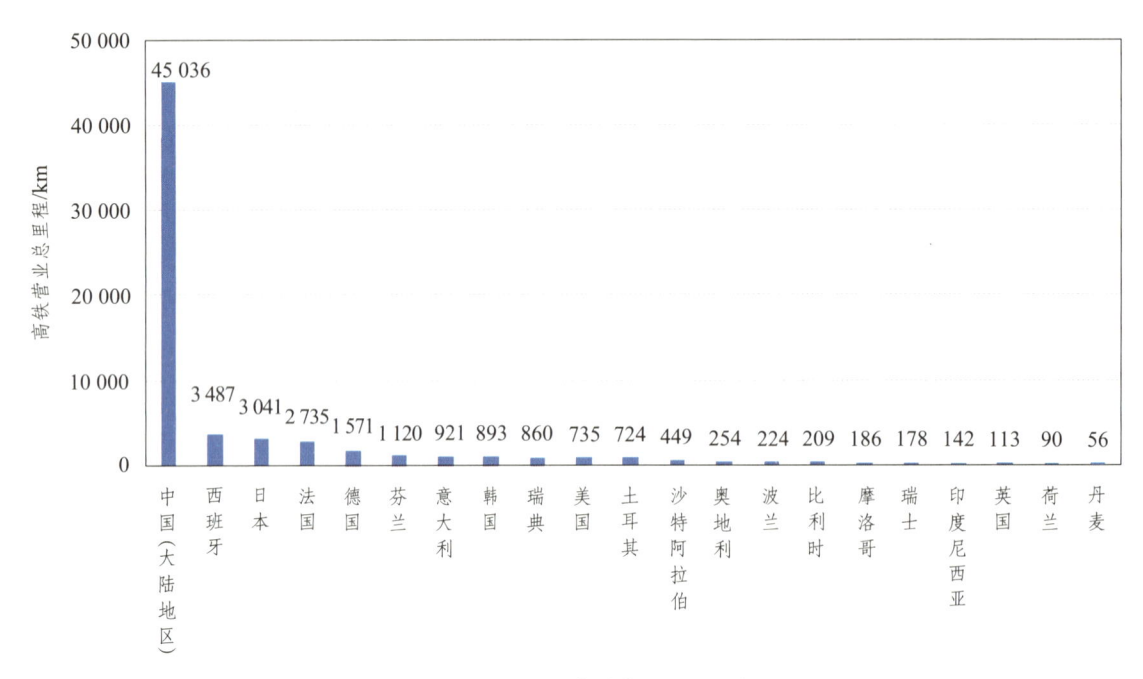

图 2.1　世界各国高铁营业里程分布

2.2　高速铁路牵引动力需求和牵引供电方案

高速铁路运营速度高，列车空气阻力随速度呈指数级增长，速度超过300 km/h时空气阻力最大达到基本阻力的90%以上，牵引负荷巨大，成倍其至数倍超过普速铁路牵引负荷。高速铁路要求牵引供电系统为列车提供强大、可靠、持续不断的牵引动力。为满足高速列车牵引动力需求，牵引供电系统一般都采用供电能力强大的单相工频交流制式和弓网受流性能好的链型悬挂接触网等主要技术标准，其中最具有代表性的是日本、法国、德国和中国高速铁路的牵引供电系统。

1. 日 本

日本第一条高速铁路——东海道新干线采用了吸流变压器（BT）供电方式，由于 BT 变压器处电分段易产生电弧，以及存在牵引网阻抗较大导致的供电能力受限等不足，从 1972 年山阳新干线开始研究采用了 55 kV 自耦变压器（AT）供电方式。目前，日本所有新干线均采用 AT 供电方式，东海道新干线也于 20 世纪 80 年代改造为 AT 供电方式。

牵引供电系统的供电电源采用 50 Hz、60 Hz，154 kV、220 kV 和 275 kV 3 个电压等级；牵引变压器采用斯柯特、伍德桥变压器；接触网标称电压一般为 25 kV。

日本接触网在 20 世纪 90 年代以前一直采用复链型悬挂，结构十分复杂，维修不便。在法国、德国等欧洲国家成功建成多条高速铁路后，日本通过对欧洲的考察和交流，在北陆新干线开始采用简单链型悬挂，行车速度 270～300 km/h。接触网电分相系统采用的是地面开关站自动切换过分相装置。

日本新干线的调度指挥体系采用了集列车、信号、牵引供电、防灾报警、旅客服务等多种业务调度为一体的综合调度管理系统（COSMOS）。牵引供电调度及远动是其中一个子系统。调度系统以各客运公司为单位设置，对各自管辖的新干线进行调度指挥，不设国家级的统一调度指挥中心，各客运公司采用 COSMOS 统一的调度平台，可方便实现信息共享和协调指挥。新干线与普速铁路的调度指挥相互独立设置。

2. 法 国

法国第一条高速铁路——TGV 东南线的供电系统采用直接供电方式和 2×27.5 kV AT 混合供电方式。从 1990 年的 TGV 大西洋线开始，所有高速铁路采用 AT 供电方式。牵引供电系统的供电电源采用 50 Hz，225 kV、400 kV 两个电压等级；牵引变压器采用单相变压器；接触网标称电压 25 kV。

法国接触网最初在 TGV 东南线上拟采用弹性链型悬挂，通过反复研究试验，最终选择了简单链型悬挂。接触网电分相系统采用的是车上自动切换过分相装置。

法国高速铁路的调度指挥体系采用国家调度中心和铁路分局调度中心两级管理模式。国家调度中心主要负责对列车运行安全和正点情况进行监督；各铁路分局调度中心负责日常的调度指挥和列车运行调整等工作。法国国家铁路公司铁路网设有 14 个电力调度所，每个调度所负责一个包括枢纽和相关铁路线路在内的区域；高速铁路和普速铁路的供电调度设在同一控制室内。

3. 德 国

德国高速铁路建设自营的单相 110 kV $16\frac{2}{3}$ Hz 专用供电网，也有部分采用公用电网，经电气化铁路的变频站供电。牵引供电系统采用带回流线的直接供电方式，全线同相，没有接触网电分相，且牵引变电所间接触网实行双边供电。牵引变压器采用单相变压器；接触网标称电压 15 kV。德国高速铁路接触网一直采用弹性链型悬挂，而且按照不同的速度段形成了 Re200、Re250、Re330 标准系列。

德国铁路在法兰克福设置中央调度指挥中心，并按区域设置 7 个调度指挥分中心。中央调度指挥中心负责跨区域、国际间的列车运行，并协调各分中心的调度指挥；7 个调度指挥分中心负责各自辖区内的运输调度工作。牵引供电系统的调度管理由德国铁路股份公司负责，调度中心按供电设施类别分级设置。其中 110 kV 侧的发电和配电设施的调度指挥中心设在法兰克福，牵引供电调度中心与行车调度指挥中心分开设置，并在莱尔特（汉诺威附近）设置备用调度中心；15 kV 侧牵引供电设施的调度指挥分别按各自管辖区域由 7 个区域级调度中心负责。德国高速铁路牵引供电远动调度纳入所在区域的既有普速调度系统内调度管理。

3 中国高速铁路概述

3.1 中国高速铁路发展历程

我国改革开放以来，国民经济持续高速发展，对交通运输的需求日益增长。既有铁路网不堪重负，铁路运力紧张、速度低，一票难求问题十分突出。铁路运输逐渐成为制约国民经济发展的瓶颈。提高铁路的运营速度和运输能力，成为当时中国铁路必须面对的当务之急。

建设高速铁路是中国铁路发展的必然选择和神圣使命。

长期以来，中国一直在进行高速铁路基础研究，密切跟踪世界高速铁路的发展动态，并与日本等国家进行了广泛技术交流。自20世纪90年代初开始，中国启动高速铁路前期规划研究工作，并部署广深线准高速工程和6次铁路大提速。广深准高速铁路按160 km/h设计，1994年12月22日建成通车，初期采用内燃机车过渡，电气化工程于1998年7月22日完成投入运营，通过改善牵引供电技术性能和提高列车速度技术措施，列车速度提高到200 km/h，部分区段速度达到250 km/h。2007年4月18日，全国铁路实施第六次大面积提速，运行速度达到200 km/h，其中京哈、京沪、京广、胶济等铁路干线部分区段达到250 km/h。广深准高速铁路建设和既有线六次提速，在技术、装备、工程和管理等方面积累了丰富的实践经验，为中国高速铁路的发展奠定了基础。

2004年1月，国务院常务会议讨论并原则通过了我国第一个《中长期铁路网规划》，以大气魄绘就了超过1.2万千米"四纵四横"铁路快速客运专线网，并于2011年《"十二五"规划》提出建设"四纵四横"铁路客运专线和城市群城际轨道交通干线，基本覆盖50万以上人口城市。

1. 秦沈客运专线

为适应中国经济迅猛发展对提高铁路运输能力和运输速度的需要，中国首先在客货运输日益紧张的北京至东北地区的京沈通道建设秦皇岛至沈阳客运专线，实行客货分流，提高客运速度。秦沈客运专线全长405 km，设计速度200 km/h，试验段速度300 km/h，实际试验速度最高达到了321.5 km/h，在中华大地上首次出现了铁路速度超过300 km/h的破天荒纪录。2003年10月11日，秦沈客运专线通车运营。中国高速铁路正式迈出了坚实的第一步。

2. 京津城际铁路

在历经既有线六次大提速和广深准高速铁路、秦沈客运专线建设运营的积累和系统蕴育后，我国第一条世界最高标准的高速铁路——京津城际客运专线闪亮登场，线路全长117 km（现已延伸至天津滨海，全长166 km），2005年7月4日开工建设，在北京第29届奥运会前夕的2008年8月1日正式开通运营，以

350 km/h 的世界最高运营速度领跑全球，并成为我国当时高速铁路建设的目标和样板。京津城际铁路的成功建成运营，标志着我国高速铁路技术和服务水平跨入了世界先进行列，正式拉开了我国大规模高速铁路建设的序幕。

3. 京沪高速铁路

京沪高速铁路全长 1 318 km，途经京、津、冀、鲁、皖、苏、沪 7 省、市，设计速度 350 km/h，综合试验段速度 380 km/h。2010 年 12 月 3 日 11 时 28 分，在京沪高速铁路枣庄至蚌埠的综合试验段，由中国"和谐号"380A 高速动车组创造了 486.1 km/h 的世界高速铁路运营列车试验速度最高纪录。

京沪高速铁路于 2011 年 6 月 30 日全线正式通车。

京沪高速铁路的横空出世，刷新了世界上一次建成里程最长、建设标准最高、运营试验速度最高的世界纪录。作为我国高速铁路自主创新的代表之作，京沪高速铁路代表了中国高速铁路最高技术水平，也标志着我国高速铁路在自主创新方面翻开了崭新的一页。

随后中国高速铁路建设一路高歌猛进，在建成京沪高速等"四纵四横"客运专线后，2016 年，国家《中长期铁路网规划》进行了进一步修订。修订后的规划将客运专线网由原来的"四纵四横"通道扩展到"八纵八横"通道（见图 3.1），并建设更多的城市中心群城际铁路。

到 2023 年年底，中国已建成高速铁路 45 036 km，动车组完成全国旅客发送量的 75.2%、周转量的 66.8%。其中，我国台湾地区于 2007 年 1 月 5 日建成台北至高雄高速铁路，全长 345 km，运营速度 300 km/h。

表 3.1 为世界主要高速铁路国家运营指标对比。

表 3.1　世界主要高速铁路国家运营指标对比

国别	高铁营业里程 /km	高铁旅客周转量 / 亿人千米	高铁旅客周转量占铁路旅客周转量的比例
中国	45 036	9 834	66.8%
日本	3 041	1 037	39.26%
法国	2 735	600	63.54%
德国	1 571	332	38.70%
西班牙	3 487	161	56.13%
意大利	921	150	29.41%

注：① 本表根据国际铁路联盟（UIC）及各国铁路官方部门发布的统计数据统计，各种数据统计口径和思路不统一，如日本等国家铁路旅客周转量包含了地铁、市域铁路的客运量，且缺乏系统性、连续性，仅供参考。
② 高铁营业里程中国为 2023 年数据，其他国家为 2020 年数据；高铁旅客周转量中国为 2023 年数据（动车组客运周转量），日本为 2018 年数据，其他国家均为 2019 年数据。

14　　　　　　　　　　　　　　　　第 1 篇　概　述

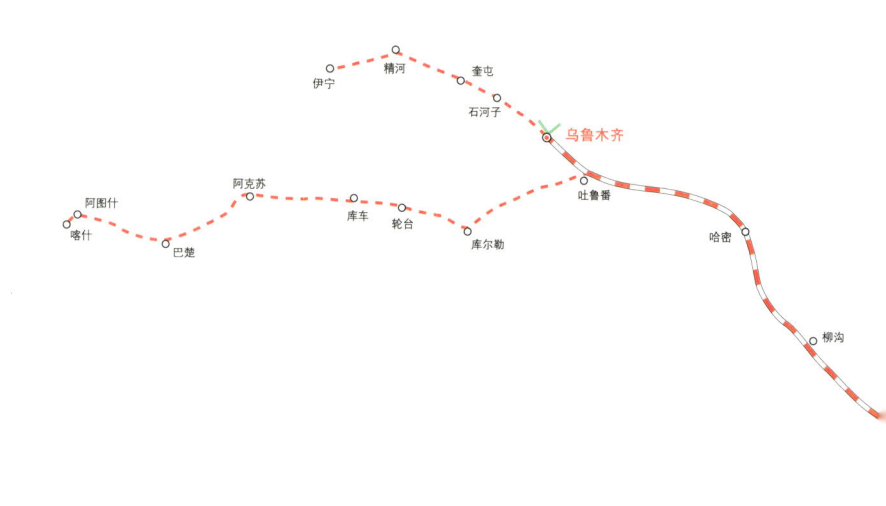

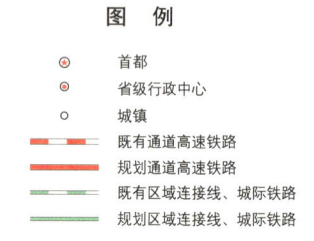

```
                                      精河
                              伊宁  ○      奎屯
                               ○    ○    ○
                                         石河子
                                          ○----●乌鲁木齐
                  阿图什      阿克苏
                   ○          ○              吐鲁番
                  ○             ----○----○----○         哈密
                 喀什   ○       库车   轮台   ○              ○
                      巴楚                 库尔勒                ●
                                                                 ●
                                                                  ●柳沟
                                                                   ○
```

图　例

⊙　首都
◉　省级行政中心
○　城镇
━━━━　既有通道高速铁路
━━━━　规划通道高速铁路
━━━━　既有区域连接线、城际铁路
━━━━　规划区域连接线、城际铁路

注：该图为 2016 年规划图，到 2023 年规划图中的部分线路已建成通车。

图 3.1

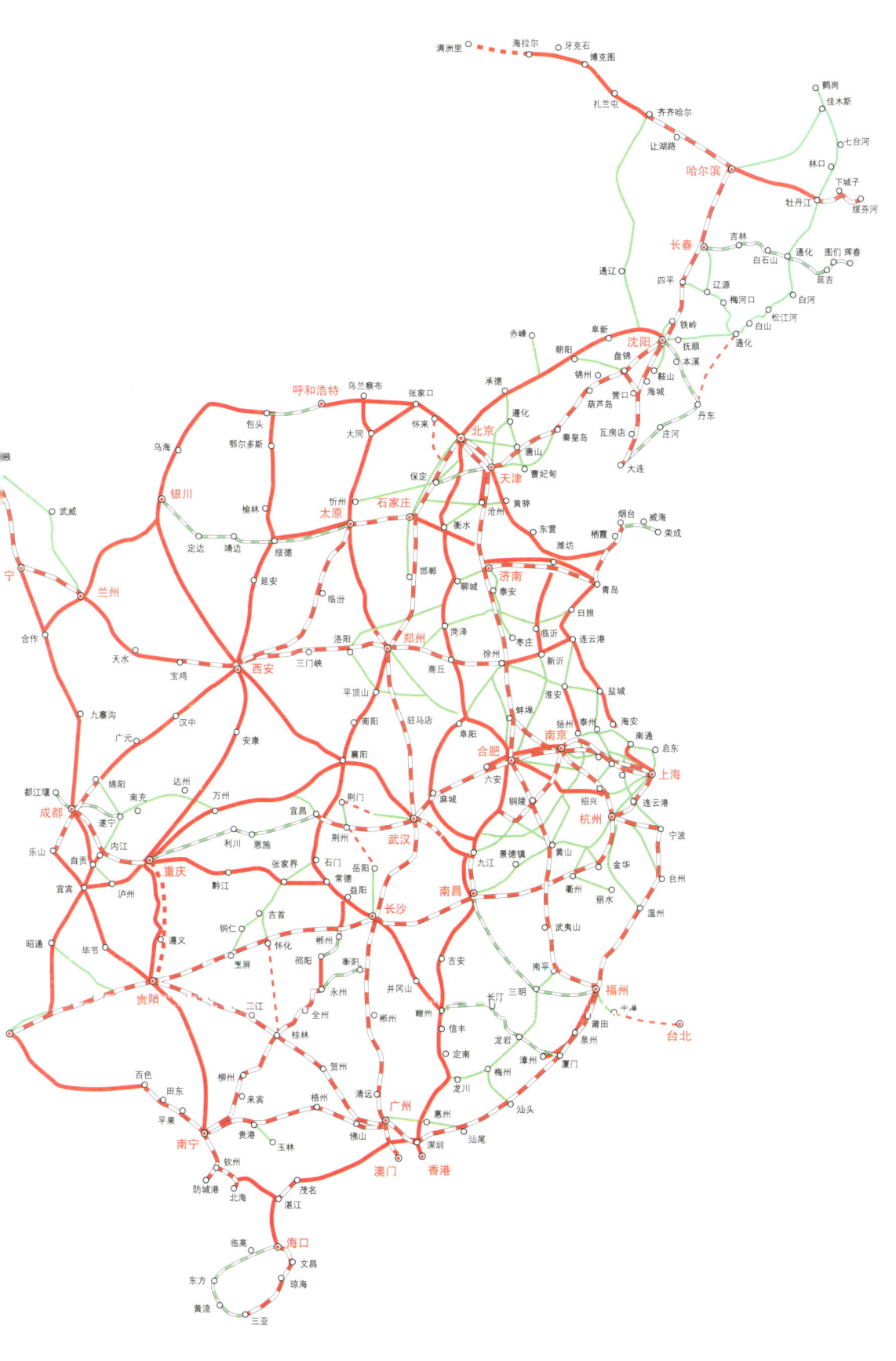

路网规划

3.2 中国高速铁路牵引供电系统

我国高速铁路在总结广深准高速铁路、秦沈客运专线和既有线六次铁路大提速经验的基础上，结合京沪高速铁路前期研究成果，并借鉴他国高速铁路经验，研究制定了高速铁路牵引供电系统主要技术标准和技术方案。

我国高速铁路一般采用 AT 供电方式，250 km/h 以下的城际铁路或边远支线客运专线采用带回流线的直接供电方式。一般从电网接引 220 kV 电源供电，陕西、甘肃、青海及宁夏部分地区由于电网没有 220 kV 电压等级，则接引 330 kV 电源供电。对于速度较低的城际铁路等牵引负荷较小时，接引 110 kV 电源供电。

我国高速铁路主要干线大多开行 16 节长编组列车，双受电弓受流。所以，250 km/h 及以上高铁接触网一般采用弹性链型悬挂，250 km/h 以下高铁采用简单链型悬挂。

我国在京沪高速铁路 380 km/h 试验段，采用了我国自主研制的高强高导接触线、承力索及配套接触网零部件，在世界上首次完成了 380 km/h 技术标准和装备标准制定及商业运营线路建设；还采用电力电子技术研制成功了连续供电式地面自动过分相装置，可真正实现带电自动过分相。

高强高导接触线、连续供电式地面自动过分相装置，是中国高速电气化铁路实现创新和超越、领先世界的自主创新研究成果。可结合实际运用进一步优化完善，更好地服务于中国铁路，提高中国电气化铁路的技术水平和世界影响力。

中国高速铁路供电调度系统称为 PSCADA 系统，自 2007 年开始，按照全路"统一规划、统一标准、分层分步"原则进行建设，采用了国铁集团调度中心、铁路局集团公司调度所分层分级的调度管理体系。PSCADA 系统实现了高铁牵引供电和电力供电设施的统一调度管理，提高了调度的整体功能和管理水平。并以京张智能高铁为起点，实施智能供电调度系统。

3.3 中国高速电气化铁路的发展与展望

我国高速铁路自 2008 年京津城际客运专线建成以来，历经十多年的飞速发展，形成了"四纵四横"高速铁路骨干网和珠三角、长三角、环渤海城际客运网，目前正在紧锣密鼓地进行"八纵八横"高速铁路网建设。我国电气化铁路历经 60 多年发展的积累和高速铁路建设实践，以及与世界各国电气化铁路技术的广泛交流和融合，以京沪高速铁路为标志，在电气化工程设计、系统集成及工程建造、装备制造、运营管理、安全保障等方面都取得了巨大的成就，积累了丰富的经验。中国地域辽阔，地形、地貌、气象环境复杂多样、变化万千。中国高速铁路不仅穿行于内陆、平原，还途经高原、沙漠、沿海及高寒、酷热等严酷地带，造就了中国高速电气化铁路技术的多样性和融合性。中国是世界上电气化铁路技术最全、适应能力最广、技术最先进的国家，必将随着中国高速铁路的建设和发展取得更大更新的成就，为中国社会经济的发展和世界电气化铁路事业做出更大的贡献。

1. 配套建设中国"八纵八横"高速铁路网，打造中国高速电气化铁路品牌

我国建成"四纵四横"高速铁路网后，基本覆盖了中国中东部经济发达地区的大中型城市和西部大型城市，极大地促进了国民经济的发展，提高了人民群众出行的方便和效率，带动了沿线城镇的发展和繁荣。

目前正抓紧推进"八纵八横"规划的高速铁路工程建设，将建成以"八纵八横"为骨架包括西部地区的覆盖全国的中国高速铁路骨干网，并在长三角、珠三角、环渤海三个区域城际客运网基础上，建设长株潭、武汉城市群、中原城市群、成渝城市群、关中城市群、海峡西岸城市群等区域城际客运网，形成全国各主要城市群快速城际客运网，基本实现省会高铁连通、地市快速通达、县域基本覆盖的全国综合高速铁路网。

随着"八纵八横"建设的推进，电气化总里程规模将进一步扩大，并将不断优化、完善中国电气化铁路技术标准体系，且在"一带一路"铁路走出去项目中加强中国高速电气化铁路的宣传和交流，打造具有世界权威影响力的中国高速电气化铁路品牌。

2. 创建中国高铁更高速度牵引供电系统

中国高速铁路实现了 350 km/h 运营速度的全球领先业绩，现正开展新建更高速度的高速铁路工作，目前已启动高于 350 km/h 高速铁路工程建设及对应等级的高速动车组研制工作。实施更高速度高速铁路工程，牵引供电系统的供电能力、接触网弓网受流性能将迎来巨大的挑战，特别是弓网受流能力，在某种程度上说是能否建成更高速度高速铁路的关键因素之一。如速度从 350 km/h 提高到 400 km/h，速度提高了 14.3%，而牵引供电负荷增加约 30%。牵引变压器容量、开关等设备容量需相应增大，既有常规设备容量超过上限，需要重新研制配套的大容量设备，同时还对设备及系统保护、抗短路能力等带来挑战。接触网方面要配套研究接触线材质、尺寸及张力、配套零部件，并同时配套进行受电弓方面的研究，使之满足更高速度弓网受流要求。

我国在京沪高速铁路已建成了 380 km/h 蚌埠至枣庄试验段，在 350 km/h 标准的基础上，进一步提高了牵引供电系统及主要设备的供电能力，接触网采用了我国自主研制的高强高导接触线和大张力，创造了 486.1 km/h 的世界纪录。我国高速铁路牵引供电系统具有较好的基础积累，在京沪高速 380 km/h 试验段的基础上，进一步优化和完善，适应更高速度的牵引供电系统定将水到渠成，进一步保持我国在高铁领域的领先优势，引领世界高铁发展潮流。

3. 实行牵引供电系统智能化

为进一步提高牵引供电系统的自动化和智能化水平，我国铁路近年来开展了智能牵引供电系统的系列研究和试验工作，先后在瓦日铁路开展了数字化牵引变电所试验、在京沈客运专线开展了智能牵引供电系统试验，并首次在京张高速铁路工程中全面应用了智能牵引供电系统，积累了丰富的经验，为进一步完善并推广智能牵引供电系统打下了良好的基础。

智能牵引供电系统由智能牵引供电设施、智能供电调度系统、智能供电运行检修管理系统及通信网络构成，运用现代先进的测量、传感、控制、通信、信息、人工智能等技术，以智能化牵引供电设施和高速双向通信网络为基础，将信息、人工智能等先进技术与传统的供电系统相结合，具有健康诊断、故障隔离、重构自愈、运行自律功能。① 基于网络化广域测控保护技术，实现故障隔离、快速重构；② 基于自动化测控技术，实现系统自律运行；③ 基于设备健康诊断与故障预测技术，实现服役性能智能评估、故障精确诊断；④ 基于调度决策支持系统技术，实现辅助行车和供电调度指挥；⑤ 基于供电决策支持系统技术，实现在线监测、综合分析等功能。

随着智能牵引供电系统技术的成熟和标准化，智能牵引供电系统将得到逐步推广，可大大提高我国高速铁路牵引供电系统的供电可靠性和运营维护管理效率，全面提升中国高铁智能化水平。

4. 电力电子化牵引供电系统

我国电气化铁路在电能质量治理、电力电子自动过分相、同相供电等领域已经实现了电力电子技术工程化应用；在再生电能利用、贯通式同相供电、"网源储车"、电力电子变电所等方面正在开展电力电子技术示范应用工作；在网络化供电、柔性牵引供电系统等方面，正在开展前瞻性研究工作，积累电力电子技术在牵引供电系统应用经验及应用场景体验。目前，电力系统已经针对电力电子化趋势开展了深入研究工作，取得很多成果。牵引供电系统可以借鉴电力系统柔性输电的应用技术，解决常规牵引供电技术发展中存在的瓶颈问题，如供电孤岛、新能源利用、贯通供电等问题。深入研究电力电子化牵引供电系统，利用先进的电力电子技术可以构建智能、灵活、可靠、高效的牵引供电系统，改变现有的格式化供电格局，实现牵引供电功率潮流、供电质量、电能质量可控以及再生电能高效利用，提高牵引供电系统的运行品质，突破长大跨海隧道、电网薄弱但新能源发电充沛地区牵引供电系统的长距离供电和绿色低碳供电技术难题。

5. 磁浮铁路及真空管道运输

为适应社会经济发展对铁路运输多样化及进一步提高运营速度的需要，我国进行了磁浮铁路工程建设及真空管道运输的前期研究和试验工作。由于磁浮铁路及真空管道运输牵引供电负荷特性和供电需求不同，其牵引供电系统及主要技术标准和供电方案也与轮轨铁路牵引供电系统存在较大的差异。

磁浮铁路是一种新型交通工具，由无接触的磁力支承、磁力导向和线性驱动系统组成。

目前，中国已有高速、中低速磁浮商业线路开通运营，是世界上最早实行磁浮商业化运营的国家。我国高速磁浮主要有上海磁浮铁路，系中国首条磁浮铁路，也是世界第一条商业运营磁浮铁路，于2006年4月27日开通运营，线路起于龙阳路站，止于浦东国际机场站，全长29 km，开通时运营最高速度430 km/h，单程行驶8 min。中低速磁浮铁路主要有长沙磁浮快线、北京地铁S1线。长沙磁浮快线是中国首条拥有完全自主知识产权的中低速磁浮铁路，是连接长沙南高铁站与黄花机场之间的磁浮快线，全长18.6 km，设计速度100 km/h，于2016年5月6日开通运营。

磁浮供电系统包括主变电站、牵引供电系统和动力供电系统三部分。主变电所将接引的电网110 kV电源经主变压器降压为20 kV后，给牵引供电系统和动力供电系统供电。牵引供电系统由牵引模块、定子开关站、馈线电缆等组成，牵引供电系统将从主变电所接引的20 kV电源降压后整流为直流电，再逆变为可调压、调频的三相交流电，最后馈送到沿线定子绕组，用于列车的牵引或制动。动力供电系统将从主变电所接引的20 kV电源通过沿线轨旁变电所降压后，给车站及沿线动力等负荷供电。

基于磁浮铁路的真空管道运输，已在我国开始进行前期研究工作。真空管道运输就是修建一个密闭管道，做成真空或者近似真空环境，是一种无空气阻力、无摩擦的磁浮铁路运输模式，列车运营速度可以大幅度提高。

西南交通大学很早就开始磁浮铁路及真空管道运输方面的研究，逐步形成了高温超导磁浮原理系统理论及主要技术方案。2021年1月13日，采用西南交通大学原创技术的世界首条高温超导高速磁浮工程化样车及试验线在四川成都正式启用，项目主要内容包括：高温超导磁浮原理工程化样车、悬浮系统、牵引制动系统、运控系统、线下土建及附属工程，以及整个系统工程的联调联试和综合性能检测系统。这标志着高温超导高速磁浮工程化研究从无到有的突破，具备了工程化试验示范条件。同年，我国启动高速飞车试验线工程，重点开展四个方向研究和一个中试基地建设，即高速飞车系统总体技术、多场耦合动力学技术、磁浮与直线驱动技术、高动态检测与智能诊断技术研究以及低真空管道磁浮高速飞车全尺寸试验线建设。目前，研究、试验工作进展顺利，成果丰硕。

真空管道运输的发展方向拟首先在大气环境下实现工程化，预期运行速度目标值不小于 600 km/h，可望创造在大气环境下陆地交通的速度新纪录。下一步计划结合未来真空管道技术，将为远期向 1 000 km/h 以上速度值的突破奠定基础，从而构建陆地交通运输的全新模式，引发轨道交通发展的前瞻性、颠覆性变革。根据有关专家初步研究成果，初期的真空管道运输速度达到 600～1 000 km/h，经过运营积累经验和技术改进后，预期中期速度目标可大幅度提高，有学者甚至提出真空管道磁浮铁路技术成熟后，理论极限速度将接近第一宇宙速度。中国的磁浮真空管道运输的梦想正向我们徐徐走来！

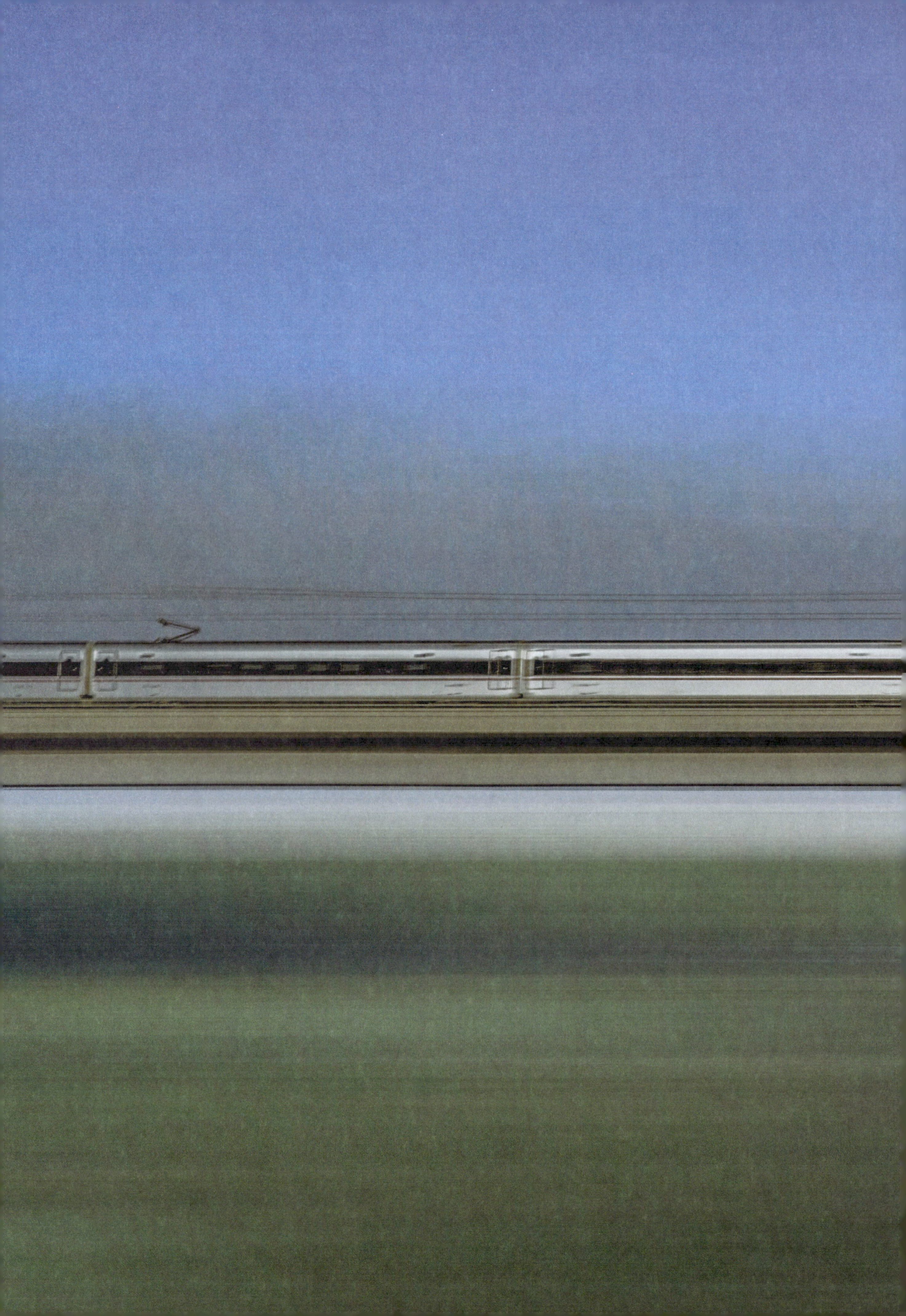

第 2 篇

牵引供电

高速铁路一般采用单相工频交流 25 kV 供电制式，牵引供电系统从电网接引 220 kV 或 330 kV、110 kV 电源，经降压转换为 2×27.5 kV 或 27.5 kV 单相电源馈送至接触网，由接触网向列车供电。

牵引供电系统有其自身特殊的牵引负荷特性、供电方式以及供电需求；牵引负荷具有波动性、不对称性、非线性和随机性，以及对供电能力、供电可靠性和灵活性等要求高的特点。牵引供电系统与电网的相互影响主要包括电压偏差、功率因数、负序和谐波。在制定电气化技术方案和牵引变电所外部电源方案时，需要统筹考虑牵引供电的供电能力、供电可靠性，并合理确定电能质量改善措施或治理方案。

4 牵引供电系统的组成

牵引供电系统是给高速铁路动车组供电的铁路专用供电网络,由牵引变电设施和牵引网组成。牵引变电设施包括牵引变电所、分区所、自耦变压器所(简称AT所)、开闭所等。牵引网包括接触网、钢轨/大地、正馈线和保护线或回流线等。牵引变电所将电网接引的三相高压交流电变换成牵引用单相交流电,然后从牵引变压器牵引侧馈送至接触网,再从接触网供至动车组,最后经钢轨/大地、回流线或正馈线、保护线等返回至牵引变压器,构成完整的供电回路。

高速铁路牵引供电系统向动车组安全、可靠、不间断地供电,确保动车组高速、正点、稳定运行。

4.1 牵引变电所

牵引变电所是牵引供电系统的心脏,将电网接引的三相交流 220 kV(330 kV、110 kV)电源通过牵引变压器变换成 2×27.5 kV 或 27.5 kV 交流电,馈送给接触网为高速动车组供电。牵引变电所发挥着换相、降压,向接触网提供电源的作用。牵引变电所应具有高可靠性,相邻牵引变电所可以越区供电、相互支援。

4.2 分区所、AT所、开闭所

1. 分区所

分区所设置于高速铁路的两个相邻牵引变电所供电臂间电分相处,可实现正常情况下供电臂末端并联,或某一牵引变电所因故退出运行时,由相邻牵引变电所通过分区所越区供电,以提高供电的可靠性和灵活性。

正常运行时分区所将供电臂上、下行接触网并联起来供电。供电臂某处接触网发生故障时,断开相应牵引变电所和分区所、AT所断路器,切除故障段接触网,非故障段接触网可正常运行,减小故障停电范围。

当1座牵引变电所退出运行时,通过闭合分区所联络开关,实现相邻供电分区的牵引变电所越区供电。

2. AT所

AT供电方式中,牵引变电所的AT牵引变压器与分区所的自耦变压器形成AT供电回路。为缩短AT供电回路长度,提高供电能力,通常在供电臂中部设置AT所。所内设置自耦变压器,与牵引变电所的AT牵引变压器和分区所的自耦变压器形成相邻的 AT 供电回路。

在供电臂中部设置的 AT 所还可实现分段和上、下行牵引网并联，有利于均衡上、下行负荷电流，改善牵引网的电压水平，降低电能损失，实现供电分段，减小牵引网的事故范围。

3. 开闭所

开闭所主要设置在需要较多独立供电线的动车段（所）或大型车站，满足分场、分段、分束供电的要求。开闭所一般从牵引变电所接引电源，根据需要也可从就近接触网上接引电源。

4.3 牵引网

4.3.1 牵引网组成

牵引网是由接触网和回流回路构成的供电网络，由供电线、接触网、轨道、大地、正馈线或回流线等构成。

AT 供电方式从牵引变电所馈出 2×27.5 kV 电源，输送到接触网和正馈线上，自耦变压器线圈的中心抽头通过保护线（PW 线）、接轨连线（CPW）和扼流变压器中性点与钢轨相连。接触网对大地（钢轨）电压为 25 kV，正馈线对大地（钢轨）电压为 –25 kV。正馈线电流与接触网电流方向相反，抵消了牵引电流对邻近通信线路的电磁影响。其原理如图 4.1 所示。

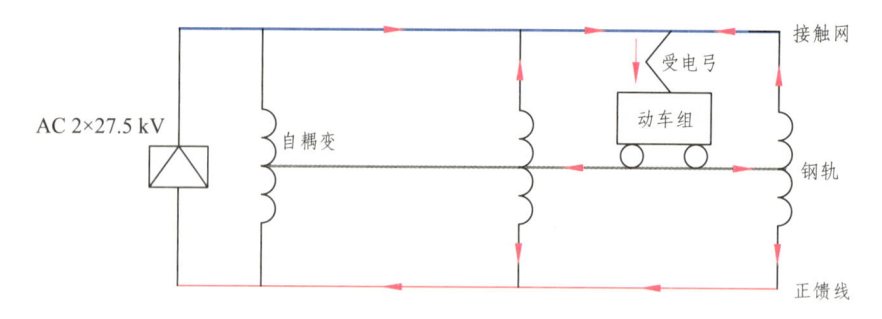

图 4.1 AT 供电方式原理

带回流线的直接供电方式在接触网悬挂架空回流线，每隔一段距离通过吸上线将回流线与钢轨并联。牵引电流通过钢轨、大地、架空回流线回流。架空回流线电流与接触网电流方向相反，部分抵消了牵引电流对邻近通信线路的电磁影响。其原理如图 4.2 所示。

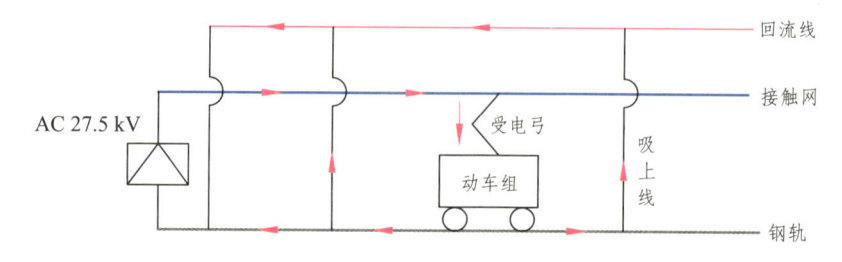

图 4.2 带回流线的直接供电方式原理

4.3.2 接触网供电方式

接触网根据牵引变电所供电范围划分成以供电臂为单元的不同供电分区，供电臂之间采用电分相进行隔离。两相邻牵引变电所之间供电臂是分开供电还是连通供电，决定了接触网不同的供电方式。

1. 单边供电

我国高速电气化铁路在两牵引变电所之间一般通过设置电分相进行供电绝缘分割，实行单方向供电，即单边供电方式，如图 4.3 所示。正常情况下供电臂末端电分相两侧供电臂分别由各自牵引变电所供电，在一侧牵引变电所发生故障或检修停电时，通过分区所将电分相两侧连通，由另一侧牵引变电所越区供电。牵引变电所各供电臂上、下行接触网电压为同相电，在每个供电臂的末端，通过分区所的断路器等装置，将上、下行接触网连接并联，此时牵引变电所通过上、下行接触网同时给列车供电，实现负载电流在上、下行接触网的均衡分配，从而减小单侧接触网通过的电流，降低牵引网中的电压损失和电能损失。高速铁路一般在供电臂中部 AT 所还增设了上、下行接触网并联断路器，实行单边全并联供电，可更好地均衡上、下行供电负荷及减小接触网故障的停电范围。

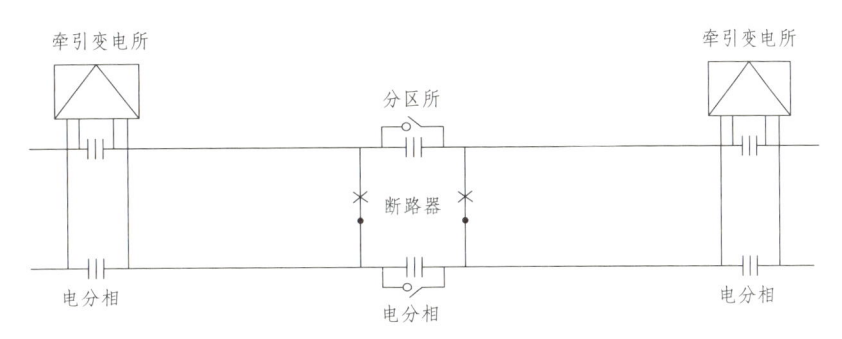

图 4.3 单边供电方式示意

2. 双边供电

与单边供电方式不同，双边供电方式取消了分区所处接触网上的电分相，故列车可以同时从相邻的两牵引变电所获取电能，如图 4.4 所示，实现负载电流在更大范围内接触网的均衡分配，大大改善了单侧单方向接触网中的电流分布，从而大幅度降低牵引网中的电压损失和电能损失，进而提高牵引供电系统的供电能力，有效延长供电距离，减少牵引变电所的设置数量。同时减少接触网电分相的设置数量，提高了牵引供电系统的可靠性和供电品质。我国目前正结合川藏铁路、成渝中线铁路开展双边供电研究及试验论证工作。

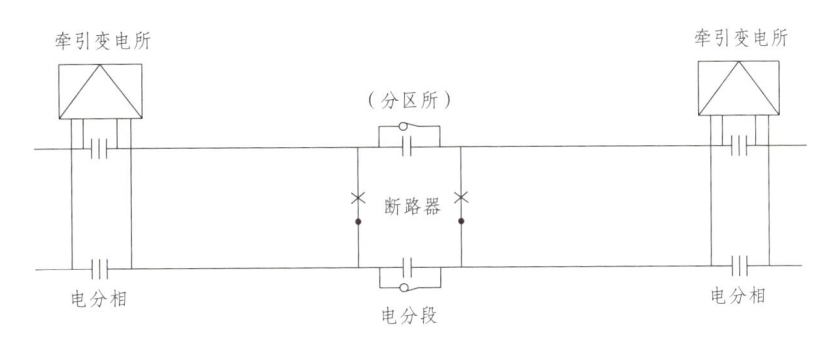

图 4.4 双边供电方式示意

5 牵引供电负荷特性

我国幅员辽阔，人口众多，东西部资源分布和发展不均衡，南北气候差异大，地形地貌复杂多样。特殊的自然人文特征、环境条件，快速发展的经济带来庞大的人口流动，造就了我国高速铁路客流量大、运营场景复杂、行车密度差异大的特点。为满足旅客运输需要，我国高速铁路主要干线一般开行16节编组动车组，京沪高铁最长达17节编组，短途部分开行8节动车组，区间最小追踪间隔3 min，京沪高铁等线路运输能力已趋于饱和。庞大的路网规模、巨大的客流量、大编组、高密度及不同的速度等级，成为我国高速铁路区别国外高速铁路的显著特征，也形成了我国高速铁路牵引供电系统负荷大、波动频繁等特点。

5.1 高速铁路主要技术标准和行车组织

5.1.1 高速铁路主要技术标准

为适应长距离、高密度旅客运输，我国高速铁路如京港、京沪、京哈等长大骨干铁路及成渝、济青、福厦等人口密集经济发达地区的区域骨干铁路，一般采用了速度350 km/h标准；海南环线、牡佳、吉图珲等其他一般区域铁路采用了速度250 km/h标准；珠三角等站点多的城际铁路采用了速度200 km/h标准。高速铁路一般采用大半径、大坡道、长编组（长大干线）、高密度等技术标准。

图5.1为京沪高速铁路实景照片，其主要技术标准如下：

线路等级：客运专线；

速度目标值：350 km/h；

正线数目：双线；

最大坡度：20‰；

最小曲线半径：一般7 000 m；

牵引种类：电力；

列车类型：电动车组，一般16节编组，部分17节编组；

到发线有效长度：650 m；

列车运行控制方式：自动控制，追踪间隔3 min；

运输调度指挥方式：综合调度。

图 5.1 京沪高速铁路及"和谐号"动车组实景照片

5.1.2 列车牵引负荷

高速列车牵引力是由接触网获取的电能驱动电机，通过轮轨间的黏着而产生的由钢轨反作用于列车动轮周上的切线力。列车牵引特性是指列车轮周牵引力 F 与运行速度 v 之间的关系，用函数关系表示为 $F = f(v)$。将牵引力与速度的关系绘在一张图上，即构成列车牵引特性曲线。动车组的牵引特性曲线由专门试验得出。其牵引力随速度变化的特点为低速区轮周牵引力恒定或随速度升高而略有下降；高速区为恒功率范围，牵引力随速度升高而呈现双曲线关系下降，对于速度 350 km/h 的高速列车，恒功率范围起始点多在 100 km/h 以上。以 CR400BF 型动车组为例，牵引特性曲线如图 5.2 所示。

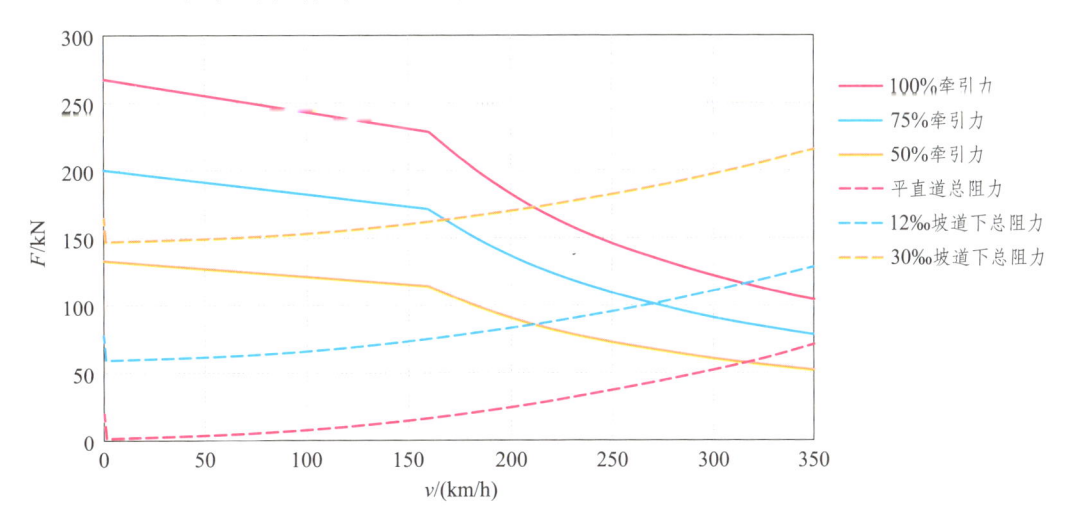

图 5.2 CR400BF 型动车组牵引特性曲线

5.1.2.1 列车阻力

高速列车的运行阻力按形成原因分为基本阻力和附加阻力。基本阻力是列车在任何运行情况下都存在的阻力，即列车在平直道上运行的阻力。附加阻力是列车在坡道、曲线和隧道等区段运行时遇到的阻力。基本阻力和附加阻力的和即为列车运行阻力。

1. 基本阻力

基本阻力是列车各零部件之间、列车表面与空气之间以及车轮与钢轨之间的摩擦和冲击。归纳起来，列车的基本阻力由机械阻力和空气阻力组成。

基本阻力与列车结构和技术状态、轴重、线路状况、气候条件以及列车运行速度等有关，因素极为复杂，实际应用中很难用理论公式进行准确计算。因此，通常使用经过试验得出的经验公式，单位基本阻力经验公式如下：

$$\omega_0 = A + B \cdot v + C \cdot v^2$$

式中　ω_0——列车单位基本阻力（N/kN）；
　　　A，B，C——与车型有关的经验常数；
　　　v——列车运行速度（km/h）。

列车高速运行时，基本阻力以空气阻力为主，当列车速度超过 300 km/h 时，空气阻力可占列车运行基本阻力的 90% 以上。

2. 附加阻力

附加阻力包括坡道附加阻力、曲线附加阻力、隧道附加阻力。附加阻力与基本阻力不同，受列车车辆类型的影响很小，主要取决于运行的线路条件。因此，在同一条件下作用在列车的单位附加阻力相同。

1）坡道附加阻力

列车在坡道上运行时，受到重力沿轨道方向的分力就是坡道附加阻力。列车上坡运行，坡道附加阻力与列车运行方向相反，阻力为正值；列车下坡运行，坡道附加阻力与列车运行方向相同，阻力为负值。坡道附加单位阻力在数值上等于该坡道的坡度千分数 i，即

$$\omega_i = i \quad (\text{N/kN})$$

2）曲线附加阻力

列车在曲线上运行时，轮轨间的纵向和横向滑动、轮缘与钢轨侧面的摩擦增加以及转向架中心盘和旁承的摩擦都加剧，从而引起曲线附加阻力。曲线附加阻力的影响因素复杂，通常采用综合经验公式计算。一般铁路动车组长度 $L_1 \leq$ 圆曲线长度 L_y，曲线附加单位阻力按以下公式简化计算：

$$\omega_r = \frac{2\,000}{R} \quad (\text{N/kN})$$

式中　R——线路的曲线半径（m）。

3）隧道附加阻力

列车在隧道内运行时，头部正压力与尾部负压力产生压力差，同时由于车辆外形结构的原因，隧道内的空气产生紊流，与列车表面、隧道表面摩擦，因此产生隧道附加阻力。

隧道越长，隧道附加阻力越大。另外，此阻力还与隧道断面面积、列车外形等因素有关。一般采用风洞模拟试验或隧道内外对比试验得出经验公式，隧道附加阻力按以下公式简化计算：

$$\omega_s = 0.00013 \cdot L_s \ (\text{N/kN})$$

式中　L_s——隧道长度（m）。

5.1.2.2　列车制动力

制动力是由制动装置引起的，与列车运行方向相反的外力。我国动车组采用以电气再生制动为主、空气制动为辅的复合制动方式。

5.1.2.3　列车牵引功率

列车功率代表列车做功能力的大小，与列车牵引力相对应，一般采用列车轮周功率表示。根据列车牵引特性曲线所表示的轮周牵引力与运行速度的关系，列车轮周功率按如下公式计算：

$$N = \frac{Fv}{3.6}$$

式中　N——列车轮周功率（kW）；

　　　F——牵引力（kN）；

　　　v——列车速度（km/h）。

高速列车速度控制主要采用恒转矩控制和恒功率控制，当列车在平直线路运行，特别是速度达到300 km/h 及以上时，基本阻力一般是列车牵引功率决定性因素，此时列车牵引功率可由下面公式计算：

$$N = \frac{M_z \cdot [\omega_0 \cdot g \times 10^{-3} + \alpha \cdot (1+\gamma)] \cdot v}{3.6}$$

式中　M_z——列车的总质量（t）；

　　　g——重力加速度（9.8 m/s²）；

　　　α——剩余加速度（m/s²）；

　　　γ——列车回转质量系数。

5.1.3　牵引负荷影响因素分析

5.1.3.1　速　度

我国高速铁路网中既有速度 350 km/h 的世界上技术标准最高的高铁线路，也有 250 km/h 的高铁线路，还有城际铁路及提速后达到 200 km/h 的既有线路，以及构造速度及功率不等的各型动车组。高铁速度目标值直接决定牵引供电系统负荷大小及负荷特性。牵引供电系统是高速铁路的动力来源，更高的列车速度等级需要牵引供电系统提供更强大的供电能力。

动车组牵引能耗主要用来克服运行时的阻力做功，列车运行时的阻力与速度存在非线性快速上升关系，随着动车组运行速度的提高，动车组阻力显著增大。当动车组运行速度达到 300 km/h 及以上时，牵引能耗一般大部分用于克服空气阻力做功。图 5.3 为中国标准动车组 CR400AF、CR400BF 人均百千米能耗与速度的关系曲线。

(a) CR400AF 动车组

(b) CR400BF 动车组

× 平直道人均百千米能耗；—— 动车组单位基本阻力。

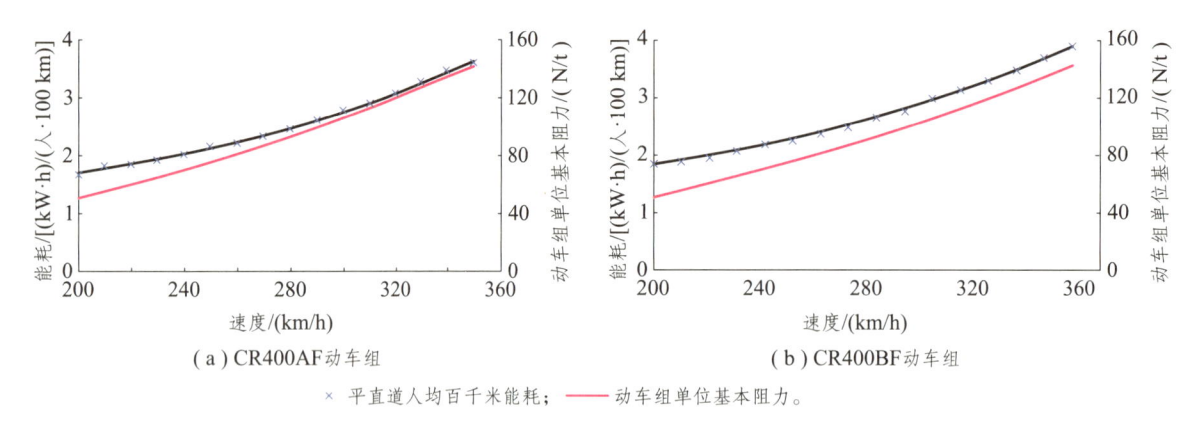

图 5.3　CR400 动车组人均百千米能耗与速度关系曲线

5.1.3.2　坡　度

我国地形地貌复杂多样，地势西高东低，大致呈三级阶梯分布。复杂多样的地形地貌和东西部显著的海拔高差，造就了中国铁路的独有特色，尤其是修建在崇山峻岭中的高速铁路，常采用长大坡道通过山区或绕避重点地区。我国高铁区间正线的最大坡度一般不大于 20‰，困难条件下经技术经济比较后不大于 30‰。

高速铁路坡度设置不仅影响线路走向、线路长度和车站分布，而且直接影响牵引负荷大小及特性。当动车组在坡道上坡起动或低速运行时，空气阻力小，牵引能耗主要用于克服坡道阻力。随着列车运行速度的提高，空气阻力的影响开始显现，并逐步成为列车运行的主要阻力之一，此时坡道阻力和空气阻力是影响牵引负荷大小的主要阻力。当列车在长大坡道下坡运行时，动车组呈现再生制动工况，向牵引供电系统反送电能。

5.1.3.3　列车编组

我国高速铁路长大干线一般开行 16 节编组动车组，部分开行 8 节编组动车组。16 节动车组采用双弓受流，350 km/h 运行时最大牵引功率达到 20 000 kW 及以上，牵引负荷大，尤其是高速运行时，持续受流时间长，对牵引供电能力要求高。列车编组大小与牵引负荷约为正比关系。

5.1.3.4　追踪间隔

我国高速铁路最小行车间隔按照线路定位和客运量等因素确定，一般采用 3 ~ 5 min，追踪间隔的大小直接影响到行车密度，即供电臂内列车数量的多少，列车追踪间隔与牵引供电负荷的大小成反比关系。京沪、京广等高速干线客流量大，列车追踪紧密，有时会出现列车按照最小追踪间隔运行的情况。如京沪高速铁路，北京南站目前最小发车间隔能做到 4 min，最多连发 4 列，上海虹桥站最小发车间隔 4 min，最多连发 3 列，区间列车追踪间隔最小达到 3 min，此时牵引供电负荷将达到最大值。

5.1.4 高速铁路运输能力

5.1.4.1 高速铁路运输组织的特点

我国高速铁路与客货共线铁路、重载铁路或其他国家高速铁路相比，运输需求和运输组织有其自身的特点，表现在以下几个方面。

1. 总体客流量大，各地客流不均衡

我国人口众多，东部地区人口密度大、经济发达，客流量较大。而西部地区特别是偏远地区，地域国土辽阔，人口稀少，经济相对落后，客流量较少。不同的客流量和不同的运输需求，会实施不同的运输组织方案，如采用不同列车编组、不同的列车发车间隔等，相应地也呈现出不同的牵引负荷特性。

2. 高速路网庞大，各速度等级线路并存

我国拥有世界上最庞大和最复杂的高速铁路网，2023 年年底高速铁路运营里程达到 4.5 万千米，约占世界高速铁路总里程的 70%。我国高铁网长大骨干线路及人口密集经济发达地区的区域骨干线路采用速度目标值 350 km/h 标准，其他一般区域线路采用 250 km/h 标准，城际线路采用 200 km/h 标准。不同速度等级线路并存，构造及速度不同的各类型号的动车组并存。这些速度不等、型号各异的动车组在路网中纵横驰骋，会出现交叉跨线运行情况，加大了列车运行及调度指挥的难度，也增加了牵引负荷的复杂性和牵引供电的适应难度。

3. 枢纽或接轨站，不同速度等级车场及普速场并存

由于路网规模庞大，必然会出现不同的高铁线路在枢纽或接轨站交汇连接，甚至出现高速铁路与客货共线铁路连接，给牵引供电区域划分、供电分段设置及运营、维护都带来了很大挑战。

4. 不同编组列车并存

一般长大高铁干线或繁忙区域高铁干线列车采用 16 节编组运输，京沪高速铁路由于线路能力饱和部分列车采用 17 节编组，其他区域线路或非客流高峰时段部分采用 8 节编组。

5. 根据客流采取不同发车间隔

高铁根据客流大小及流向确定运输组织方案，一般在早晚高峰或节假日采用高密度运输，按照线路能力、牵引供电能力、列车调配能力及车站旅客组织能力确定最小发车间隔，具有短时集中列发、行车密度大的特点。如京沪高铁在早晚高峰期组织几列动车组连续 4 min 间隔发车，而有的高铁客流小时发车间隔较大。

6. 晚上集中天窗维修

高速铁路一般以白天运输为主，晚上停止运输，一般从 0 点到 6 点共 6 h 确定为天窗检修时间，此时正线及一般车站接触网停电，牵引供电设施在晚上检修天窗时间内进行检测、维护并对白天运输发现的故障或隐患进行检修。对于开行夜间动卧的高铁线路，6 h 天窗检修时间内也会部分时段有列车运行。

7. 正点率及可靠性要求高

高速铁路主要完成旅客运输，特别是发达地区的繁忙干线，客流量大，行车密度大，维持列车正常运输十分重要，一旦出现列车晚点或故障中断行车，势必打乱铁路正常运输秩序，给旅客的正常旅行及相关商务、旅游活动带来不良影响。

我国高速铁路纵横交错的网络化运营、不同速度等级列车并存的现象，以及列车运输组织方式多样的特点，无疑使牵引负荷呈现出复杂多变的特性，对高速铁路牵引供电提出了更高的要求。

因此，必须提高牵引供电的可靠性和灵活性，以应对各种行车组织方式的运输需要及短时集中负荷供电的能力和条件。

5.1.4.2 高速铁路通过能力

我国高速铁路运输组织模式以本线标准速度列车为主，同时存在少量不同速度的跨线列车运行，其中在通过能力考察区段内开行的速度最高且在沿途不进行停车作业的列车，称为高速铁路通过能力计算的基准列车。高速铁路通过能力是指在采用一定数量、类型的动车组和一定的行车组织方法条件下，在运营时间内高速铁路区段的各种固定设备，在单位时间内（通常指一小时或一昼夜）所能通过基准列车的最大列车数或对数。通过能力在一定程度上取决于行车组织水平和铁路固定设备、动车组的合理运用。因此，通过能力并不是一成不变的，它随着技术设备和行车组织方法的改善而提高。

1. 高速铁路通过能力的影响因素

高速铁路的通过能力主要受运输组织模式、列车种类、运行速度、停站、运行图铺画方式、天窗设置、信号制式、车站布局等运营及设备因素的影响。运输组织模式、不同列车速度差异、停站分布、列车运行图铺画方式及天窗对线路通过能力的影响较大。

2. 高速铁路通过能力的特点

高速铁路的通过能力与客货共线铁路有显著差别，具体如下。

（1）昼夜能力利用不均衡。高速铁路主要为客运服务，旅客的出行活动主要集中在昼间，造成昼夜之间能力利用极不均衡。同时，不同季节、不同日期、不同时段客流波动较大，昼间能力利用也存在差异。

（2）理论计算通过能力与实际利用能力存在一定差距。由于不同时段的客流差异较大，尽管理论上可以铺画较多的列车运行线，实际上低峰时段的列车运行线无法像高峰时段一样密集铺画，因而高速铁路的实际利用能力小于理论计算能力。

（3）列车停站造成的影响比较突出，因停站而产生的能力扣除已经成为高速铁路能力计算必须考虑的重要因素。

（4）高速铁路以大型或特大型客站为客流的主要始发和终到站，旅客列车通常以客流区段为单位制定开行方案，且不能待避天窗。因此，高速铁路通过能力以客流区段为单位，计算区段的通过能力。

（5）不同速度列车混跑对通过能力产生扣除。不同速度列车共线运行时，速度较低的列车占用区间时间较长，造成能力扣除。

（6）天窗对通过能力扣除大。高速铁路为使技术设备长期处于良好状态，在运行图中为设备日常维修和养护设置综合维修天窗。天窗不仅缩短了可供列车运行的时间段，而且人为地将列车运行图分割为两个隔开的时间段，致使在列车运行图上不能组织列车 24 h 循环运行，对通过能力造成较大影响。

5.1.4.3 高速铁路年运量

客流量是进行高铁车辆选型和编组、车站等级设置、运输能力评价的重要指标，也是牵引供电系统设计的基本依据。表 5.1 为我国与日本、法国、德国高速铁路重要客运指标比较。我国高铁自 2008 年以来，运输供给不断增强，运量保持逐年快速增长，运输水平持续提高，旅客发送量从 2008 年的 1.28 亿人次跃升到 2019 年的 23.58 亿人次，增量总体保持在较高水平，呈现出较为有序的快速发展节奏，如图 5.4[①] 和图 5.5 所示。

表 5.1 中国与日本、法国、德国高速铁路重要客运指标比较

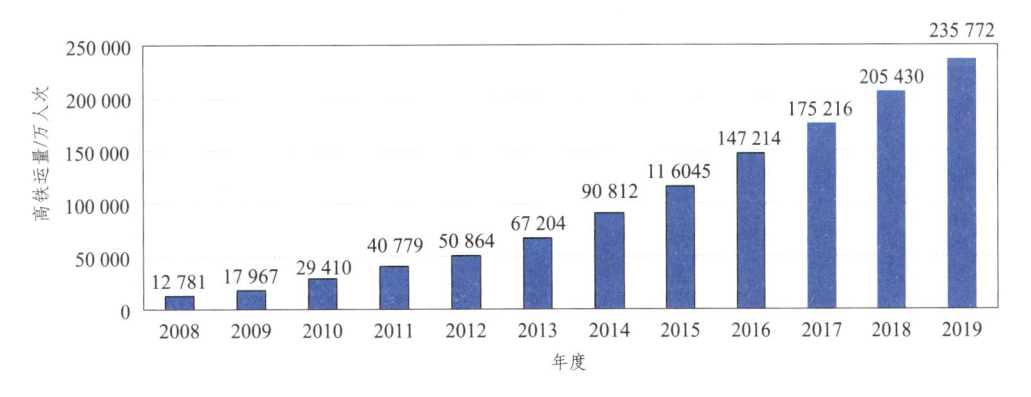

主要指标	单位	中国 2019 年	日本 2019 年	法国 2019 年	德国 2019 年
高速铁路里程	千米	35 388	3 041	2 735	1 571
高铁旅客发送量	亿人次	23.58	3.55	1.26	0.99
高速铁路周转量	亿人千米	7 747	993	567	332
客运密度	万人千米/千米	2 189	3 265	2 073	2 113

图 5.4 中国高铁历年旅客发送量

图 5.5 中国高铁历年旅客发送量占铁路旅客总发送量比例

注：① 由于 2020 年初开始的新冠疫情严重影响铁路旅客运输，为体现高铁运输的真实性和连续性，本节高铁客运量相关数据以 2019 年为准。

目前，高铁已在我国铁路客运市场中占据主体地位。以 2019 年为例，全国铁路营业里程 13.9 万千米，高铁 3.5 万千米，占全国铁路总营运里程约 25% 的高铁担负了约 64% 的全国铁路旅客发送量。特殊的国情决定了高铁在我国铁路客运市场中的骨干地位和作用，庞大的旅客发送量和周转量对牵引供电能力提出了很高的要求，也决定了牵引供电系统的负荷特性。

1. 线路运量

随着我国"四纵四横"高铁网的建成及"八纵八横"高铁通道建设的加速推进，大批高铁线路陆续投入运营，高铁承担的旅客运量比重快速上升，旅途时间大幅度缩短，部分繁忙干线运量逐年攀升趋于饱和。表 5.2 为 2019 年旅客发送量居前的主要高铁线路客运统计数据，其中以京沪高铁最具代表性。

表 5.2 2019 年主要高速铁路线路发送量统计表（3 000 万人次以上）

序号	线　名	线路发送量/万人次	线路周转量/亿人千米
1	京广高速铁路	16 313	1 196
2	京沪高速铁路	15 320	959
3	沪宁城际铁路	8 868	164
4	广深港高速铁路	8 202	84
5	广珠城际铁路	5 279	41
6	胶济客专铁路	4 591	159
7	宁杭高速铁路	3 712	125
8	合福高速铁路	3 589	123
9	京津城际铁路	3 045	39
10	沈大高速铁路	3 024	70

京沪高铁于 2011 年 6 月 30 日开通运营，北京至上海全程最快运行时间缩短至 4.5 h 以内。京沪高铁与京哈、太青、徐兰、沪汉蓉、沪昆等其他高速铁路相连接，通过其强大的运输能力和辐射效应，扩大了通达范围，途经北京、天津、济南、南京、上海等重要交通枢纽，为中长途旅客中转换乘提供了便利条件，旅客发送量逐年提高。截至 2019 年年底，京沪高铁全线（含本线和跨线）累计开行列车 99.19 万列，累计发送旅客 10.85 亿人次，其中 2019 年全线发送旅客高达 2.15 亿人次，如图 5.6 所示。

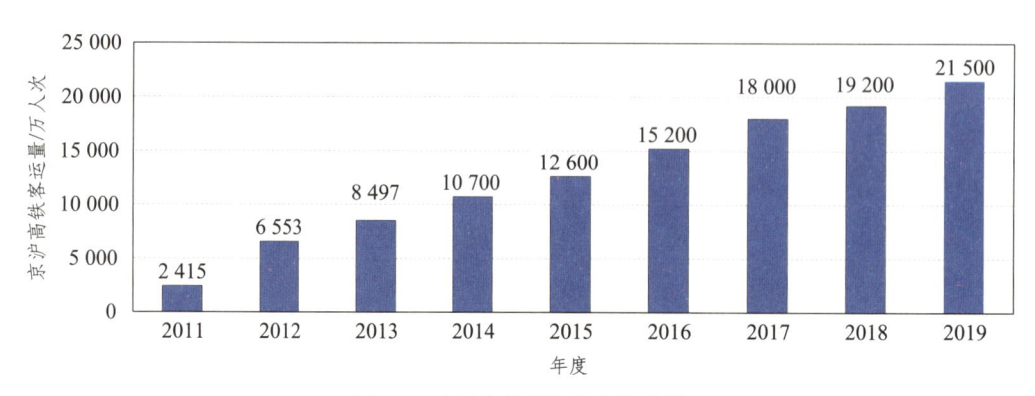

图 5.6 京沪高铁历年旅客发送量

营业里程约占全国营业里程 1% 的京沪高铁，担负了铁路行业 5.69% 的旅客发送任务。京沪高铁是目前世界上运输最繁忙、运量最大的高铁线路，牵引供电系统及外部电源必须确保强大的供电能力和高可靠性。

2. 客站发送量

2019 年我国主要客站发送量分布如表 5.3 所示。按照客站旅客发送量分布来看，2019 年旅客发送量大于 1 000 万人以上的客站有 22 个，全部为高铁车站，发送量前 22 位的车站旅客发送量超过全国客站总发送量的 1/3。广州南站 2019 年旅客发送量达 9 622 万人次，是我国目前旅客发送量最大的车站。

表 5.3 2019 年主要客运车站发送量情况（1 000 万人次以上）

序号	站名	发送量 / 万人次	占全国比例 /%	序号	站名	发送量 / 万人次	占全国比例 /%
1	广州南	9 622	4.2	12	合肥南	2 745	1.2
2	杭州东	7 195	3.1	13	南宁东	2 223	1.0
3	上海虹桥	6 985	3.1	14	贵阳北	1 871	0.8
4	深圳北	5 415	2.4	15	南昌西	1 839	0.8
5	成都东	5 266	2.3	16	厦门北	1 808	0.8
6	北京南	5 170	2.3	17	太原南	1 771	0.8
7	南京南	5 020	2.2	18	温州南	1 568	0.7
8	长沙南	3 937	1.7	19	天津西	1 401	0.6
9	西安北	3 827	1.7	20	徐州东	1 280	0.6
10	郑州东	3 154	1.4	21	哈尔滨西	1 221	0.5
11	武汉	3 025	1.3	22	青岛北	1 137	0.5

3. 旅客周转量

旅客周转量是体现高铁旅客运量的重要指标之一。我国高铁历年旅客周转量如图 5.7 所示，可以看出，我国高铁客运周转量从 2008 年的 290 亿人千米跃升至 2019 年的 7 747 亿人千米，客运周转量翻了 26 倍。我国客运周转量成倍增长的原因在于以"四纵四横"为代表的长距离干线通道的开通运营，吸引并加速了人员流动，带来了旅客周转量的大幅度提升。

图 5.7 中国高铁历年旅客周转量

我国高铁车站不仅节假日旅客发送量和周转量大，平时也处于较高水平。高铁车站旅客发送量和周转量直接影响牵引负荷大小，是影响客站牵引供电方案的重要因素。

5.2 动车组机电性能

自京津城际铁路建设运营以来，经过十多年的发展和创新，我国先后研发生产了和谐号系列动车组（China Railway High-speed，CRH）和复兴号系列动车组（China Railway，CR），逐步形成了中国标准动车组体系，满足最高运行速度 350 km/h 的各种高速铁路运输需要。高速动车组具有轴重轻、牵引功率大、载客量多、舒适、快捷等优点。图 5.8 为 CR400BF 动车组 8 辆编组。

图 5.8 CR400BF 动车组编组

动车组电气部分由供电受流系统、牵引传动系统、列车网络控制系统等部分组成，另外还有给动车组空调、照明等列车非牵引负荷供电的辅助供电系统。我国动车组以动力分散方式为主，列车通过受电弓从接触网取得 25 kV 电能，通过列车牵引变压器降压至 950 ~ 1 900 V（取决于具体车型），再传输给牵引变流器，牵引变流器通过交–直–交变换后向牵引电机供电，驱动列车运行。动车组牵引传动系统由多个相对独立的基本动力单元组成，一个基本动力单元由 1 台牵引变压器、2 台牵引变流器和 8 台牵引电机构成，每台牵引变流器驱动 4 台牵引电机，如图 5.9 所示。本节以速度 350 km/h 的 CR400BF 型高速动车组为例介绍动车组机电负荷特性，并结合该车型在京津城际铁路的实测数据介绍动车组的电气负荷特性。

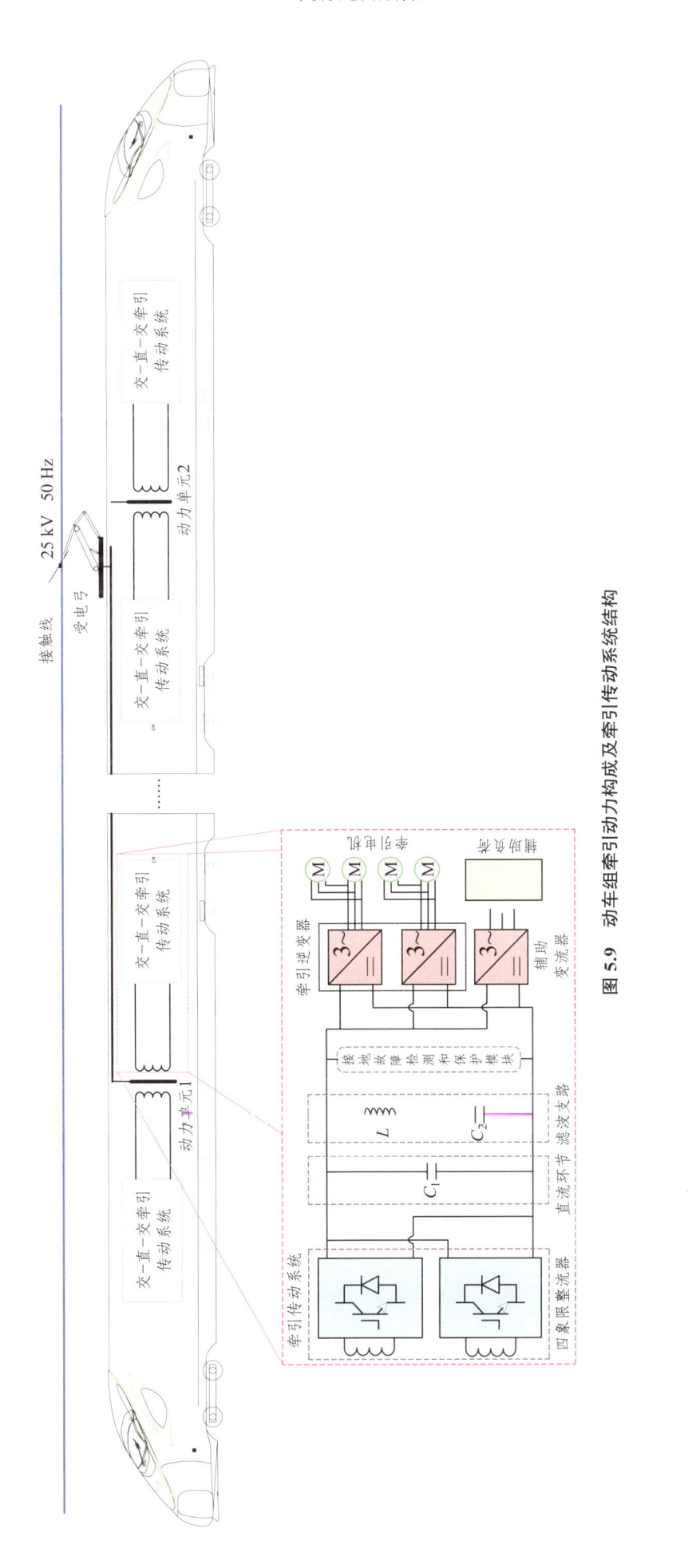

图 5.9 动车组牵引动力构成及牵引传动系统结构

5.2.1 动车组机电性能

5.2.1.1 牵引特性曲线

动车组牵引力与列车质量、轨道坡度、曲线半径、空气阻力密切相关，应尽可能地减小阻力，CR400BF 型动车组隧道外区间平直道单位运行阻力不应大于：

$$\omega_0 = 3.99 + 0.012\,7 \cdot v + 0.000\,995 \cdot v^2$$

式中　ω_0——单位运行阻力（N/kN）；
　　　v——列车运行速度（km/h）。

在平直道、定员载荷条件下，动车组 0 ~ 200 km/h 的平均加速度不小于 0.4 m/s²，动车组以 350 km/h 的速度运行时的剩余加速度不小于 0.05 m/s²；可利用的黏着系数按最不利条件考虑，黏着系数在起动时约为 0.12。

此外，在动车组牵引特性基础上增加了"高加速"起动模式，起动牵引力提升至 1.3 倍，50% 动力失效时，激活"高加速"起动模式，满足 30‰ 坡道起动。

CR400BF 型动车组牵引特性曲线见图 5.2。

5.2.1.2 制动特性曲线

动车组制动采用以再生制动为主、空气制动为辅的复合制动方式。动车组再生制动时，牵引电机工作在发电机模式，产生制动力矩，并利用交–直–交牵引变流器能量双向流动的工作特性，将电能反馈回接触网。

图 5.10 给出了动车组再生制动特性曲线。对于轮周牵引功率 10 140 kW 的 CR400BF 车型，轮周再生制动功率不低于牵引功率的 1.3 倍；再生制动力可在 10 km/h 以上保证最大力发挥，并在 10 km/h 开始线性下降，直至速度为 2 km/h 时降为 0，再生制动力实际发挥由控制策略决定。

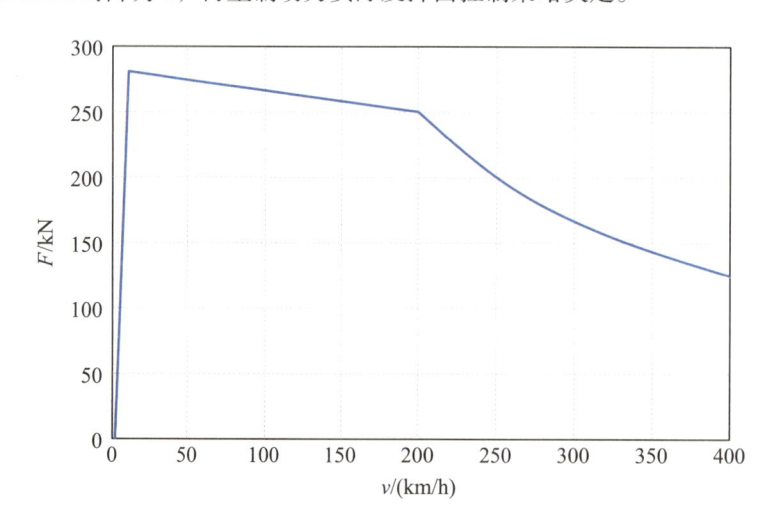

图 5.10　CR400BF 型动车组再生制动特性曲线

5.2.1.3 动车组过分相

我国动车组一般采用车载自动过分相方式，即动车组到达电分相时，列车根据位置信号，发出指令断开主断路器，列车惰行通过无电区后，在另一供电臂上合主断路器恢复列车供电。根据《高速铁路设计规范》（TB 10621）要求，接触网设计时中性段总长度≤200 m 或无电区长度>220 m，满足重联动车组双弓运行过分相要求。

5.2.1.4 动车组电压响应特性

我国牵引供电系统采用单相交流工频（50 Hz）25 kV 的供电制式，按照 GB/T 1402—2010《轨道交通牵引供电系统电压》的要求：接触网标称电压为 25 kV，长期最高电压为 27.5 kV。图 5.11 为 CR400BF 型动车组轮周牵引功率与网压的对应关系，动车组在网压波动时，功率输出如下：

（1）网压在 22.5 ~ 29 kV 间发挥额定功率；

（2）网压在 22.5 ~ 19 kV 间轮周功率从额定功率线性下降至 84%；

（3）网压在 19 ~ 17.5 kV 间轮周功率从 84% 线性下降至 0；

（4）网压在 29 ~ 31 kV 间轮周牵引功率从额定功率线性下降到 0。

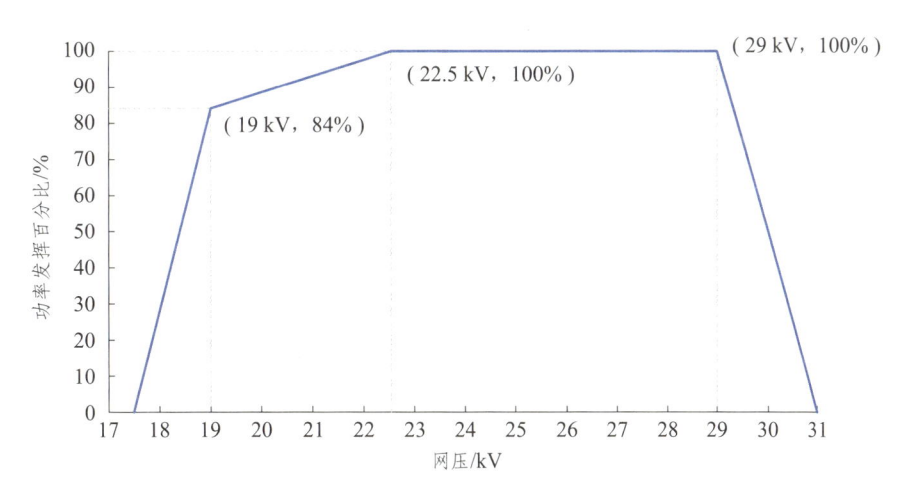

图 5.11 CR400BF 型动车组牵引工况网压 - 轮周牵引功率曲线

5.2.1.5 动车组功率因数

根据动车组设计技术条件，在 22.5 ~ 29 kV 网压条件下，当轮周功率大于额定功率的 20% 时，网端总功率因数大于 0.98。图 5.12 所示的一组实测数据表现了该车型在实际线路运行的功率因数特性：

（1）实测动车组在牵引工况，当有功功率大于 500 kW 时，功率因数达到 0.975 水平，当功率上升到 1 000 kW 以上时，功率因数接近 1；

（2）实测动车组在再生制动工况，当有功功率大于 500 kW 时，功率因数达到 0.97 水平，功率上升到 1 500 kW 时，功率因数接近 1。

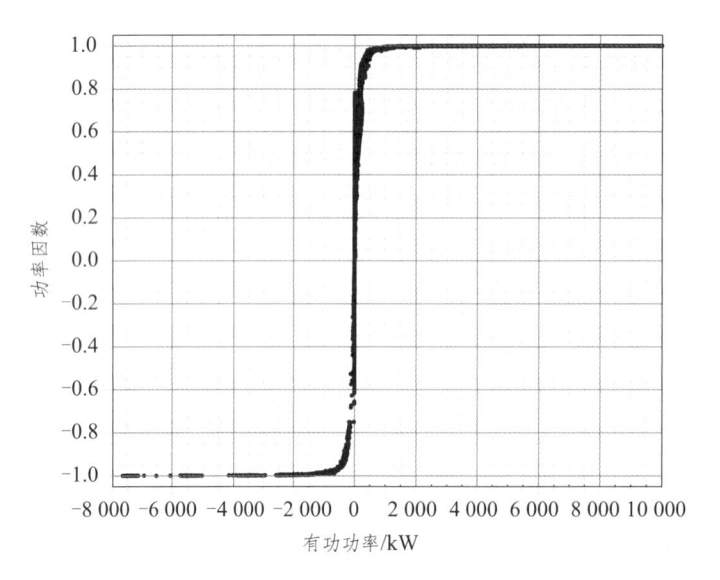

图 5.12　实测 CR400BF 动车组有功功率 - 功率因数曲线

5.2.1.6　动车组谐波特性

根据动车组设计技术条件，当动车组发挥额定功率时，车载牵引变压器原边电流总谐波畸变率（THD）≤ 5%，整车网侧电流总谐波畸变率（THD）≤ 3%。图 5.13 所示的一组实测数据表现了该车型在实际线路运行中的谐波特性。

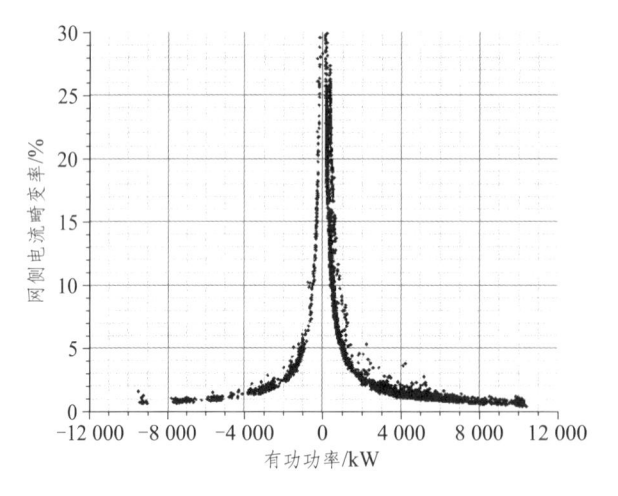

图 5.13　实测 CR400BF 动车组网侧电流畸变率 - 有功功率曲线

5.2.2　我国主要动车组电气参数

表 5.4 为我国各运行速度等级主要动车组车型电气参数，其中，CR400BF 等多数车型为标准 8 辆编组，既可单独运行，也可由两列重联组成一列长编组运行，重联情况下功率等性能参数叠加。

表 5.4 我国各运行速度等级主要动车组电气参数

车 型	CR300AF	CR300BF	CRH380A	CRH380B	CRH380AL	CRH380BL	CR400AF	CR400BF
最高运营速度 /（km/h）	250	250	350	350	350	350	350	350
最高试验速度 /（km/h）	275	275	385	385	385	385	385	385
单列编组型式	8	8	8	8	16	16	8	8
动、拖数量	4M4T	4M4T	6M2T	4M4T	14M2T	8M8T	4M4T	4M4T
轴重 /t	≤ 15	≤ 17	≤ 15	≤ 17	≤ 15	≤ 17	≤ 17	≤ 17
轮周额定牵引功率 /kW	5 460	5 460	9 120	9 200	20 440	18 400	9 750	10 140
牵引电机额定功率 /kW	350	350	400	587	385	587	625	650

5.3 牵引变电所负荷特性

牵引变电所的负荷特性，与供电臂内列车数量及列车的运行工况紧密相关，即由供电臂内线路坡度、列车追踪间隔及每列车运行速度、列车运行状态等因素决定。列车运行速度越快，上坡坡度越大，追踪间隔越小即列车数量越多，则用电量越大。总的来说，高速铁路牵引变电所负荷具有负荷量大、波动频繁、大小不均衡、列车带电时间长等特性。

5.3.1 负荷波动频繁

我国高速铁路运输组织较为复杂，同一牵引变电所供电范围内，不同时段列车开行数量、动车组编组大小、动车组运行状态、列车追踪间隔等不同，使得牵引变电所供电范围内全天的负荷大小各不相同，波动十分频繁。图 5.14 为高速铁路牵引变电所负荷曲线，从图中可以看到，除了垂直天窗时牵引变电所没有负荷，其余时间负荷随时都在变化，牵引变电所的负荷呈现出频繁波动的状态。

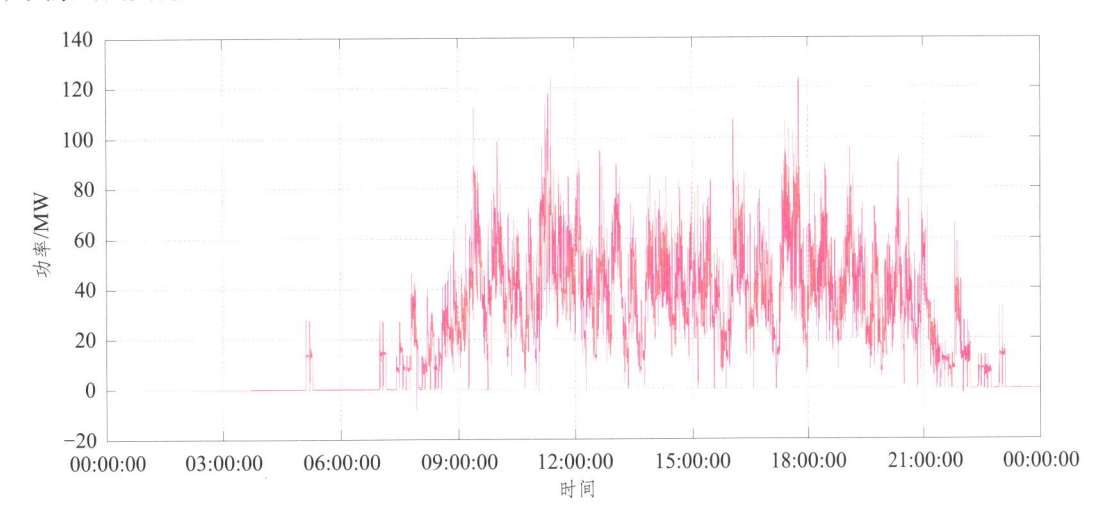

图 5.14 牵引变电所实测负荷曲线

5.3.2　负荷大小不均衡

牵引变电所的负荷随着两侧供电臂内动车组的数量及负荷状态不同而变化。在早晚时段和节假日高峰时期、铁路故障后恢复行车等情况下，列车出现紧密追踪，此时供电臂内负荷将出现最大值；在非运输高峰期，列车追踪间隔较大，供电臂内同时出现的列车数量较少，或者列车编组减小，此时供电臂内负荷较小。此外，有时列车在长大坡道线路下坡运行时，由于再生制动，还会向接触网反送功率。

牵引供电系统作为铁路运输的配套基础设施，应与线路能力相匹配，满足线路最大负荷的需求。因此，牵引变电所的供电能力宜适应任何高峰负荷的需求，图 5.15 为牵引变电所紧密追踪情况下的仿真曲线。

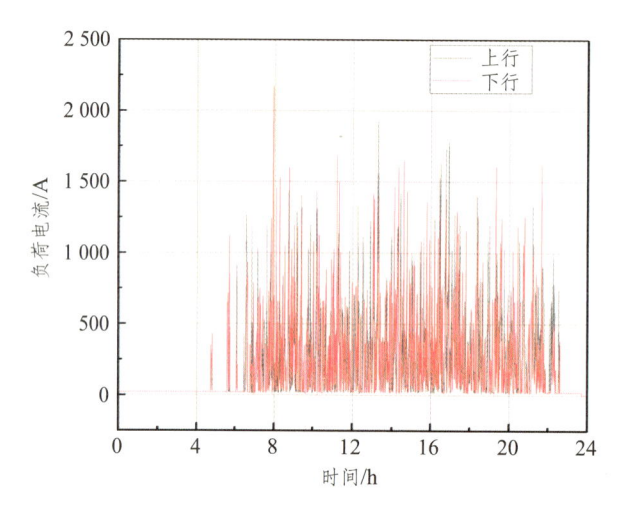

图 5.15　紧密追踪情况下的负荷仿真曲线

5.4　再生制动负荷特性

动车组采用以再生制动为主、空气制动为辅的复合制动方式。再生制动是通过控制列车电机电流的大小和方向，使牵引电机处于发电状态，产生与列车运行方向相反的力来消耗列车的动能，达到减速的效果，实现列车制动。该制动方式的电能反送回接触网被相邻列车吸收，剩余电能则反送至电网。图 5.16 为动车组负荷曲线（含再生制动），图 5.17 为牵引变电所供电臂实测负荷曲线（含再生制动）。

从上述图中可以看出，在有的线路区段，再生制动能量较大，有很大的利用价值。

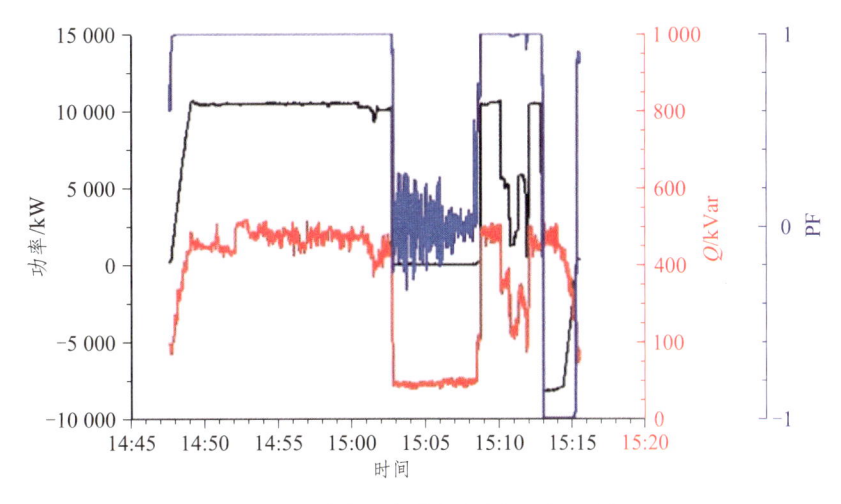

图 5.16 动车组负荷曲线（含再生制动）

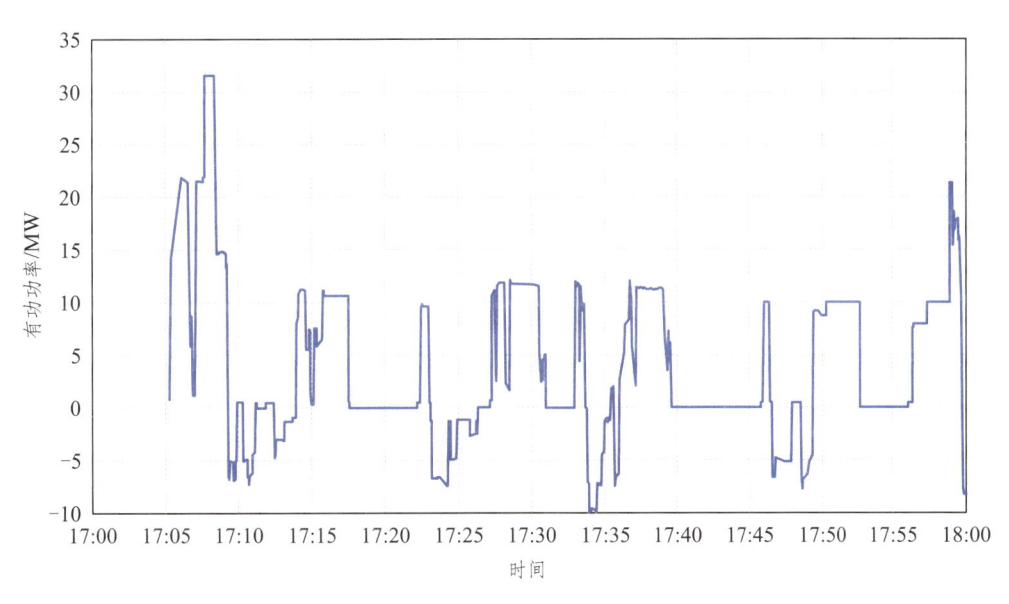

图 5.17 牵引变电所供电臂实测负荷曲线（含再生制动）

5.5 枢纽地区牵引供电负荷特性

枢纽内的主要客站通常引入多条干线，站区结构十分复杂，有的普速、高速共站，同时枢纽内还会设置动车段（所）、存车场、机务段等各种运用检修设施。引入枢纽的各条干线速度目标值等主要技术标准可能存在差别，一般属于不同的牵引供电系统，普速、高速干线检修天窗点存在差异，各条干线牵引供电系统供电范围划分及接口处理十分复杂，并存在一座牵引变电所给不同干线对应的站区范围供电的情况。当枢纽某一牵引变电所解列时，影响范围广，越区供电范围大，需要操作大量的联络开关，程序烦琐，操作时间长，且有可能存在不同供电分区间电分段电位差偏大的情况。

枢纽内主要客站牵引变电所在承担包括高速铁路正线在内的多条线路、客站多车场、动车段（所）供电时，高速铁路正线 250 km/h 及以上采用 AT 供电方式，设置 AT 牵引变压器。枢纽内车站和动车段（所）

等采用带回流线的直接供电方式，由牵引变压器的 T 绕组引出 27.5 kV 馈线供电，T 绕组负荷往往显著大于 F 绕组负荷。图 5.18 是枢纽主要客站牵引变电所承担车站负荷供电母线的测试数据，T 线母线最大电流为 2 220 A，F 线母线最大电流为 798 A；枢纽内供电臂由于运行列车数量多、行车组织复杂、列车工况不同，牵引供电负荷波动很大，且可能出现较大的牵引电流值，枢纽牵引变电所需充分考虑 T 绕组和 F 绕组的负荷不平衡性。

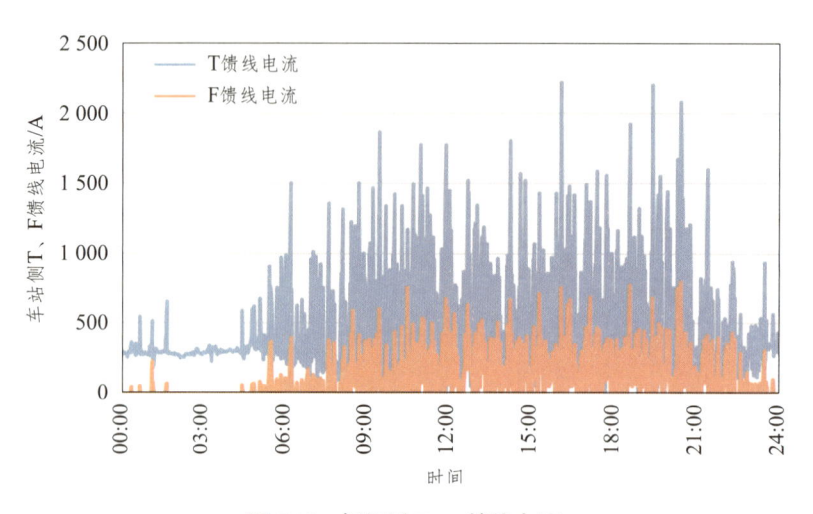

图 5.18　枢纽侧 T、F 馈线电流

5.6　跨线运输牵引供电负荷特性

中国国土辽阔，铁路网规模庞大，不同速度等级线路并存。在路网中根据行车组织需要，会出现高速动车组在较低速度的铁路上跨线运行的情况，导致低速度等级铁路的牵引供电系统需适应高速动车组跨线运输的供电需求。

高速动车组跨线到较低速度铁路上运行时，尽管只能按照低速度铁路标准运行，但高速动车组在起动或加速工况时，动车组可能满功率运行，此时产生的短时大负荷对牵引供电系统带来较大冲击影响，可能造成低速铁路牵引变压器短时过负荷、接触网电压短时降低、接触网导线载流短时过载等干扰和冲击，并可能导致继电保护误动作等不利影响。为此，为了满足跨线运输需求，对于新建铁路工程，较低速度铁路牵引供电系统应校验高速动车组跨线负荷需求，必要时需相应加强牵引供电能力。对于既有铁路，可以采取牵引变压器设置风冷装置提高过载能力、接触网增设加强线、调整保护定值等措施。

6 牵引供电方式

牵引供电系统供电方式根据牵引负荷大小、外部电源条件、接触网架设环境等条件确定。目前，我国高速铁路大部分采用自耦变压器（简称 AT）供电方式，部分 250 km/h 高速铁路或 250 km/h 及以下城际铁路采用带回流线的直接供电方式。

6.1 自耦变压器（AT）供电方式

6.1.1 AT 供电方式的特点

我国高速铁路采用的 AT 供电系统构成方式如图 6.1 所示。

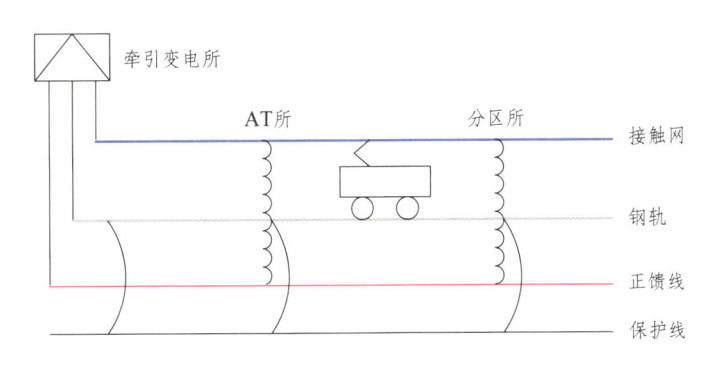

图 6.1　AT 供电方式

图 6.1 中，自耦变压器的一端与接触网连接，另一端与正馈线连接，中点与钢轨连接，自耦变压器间距一般为 10～15 km。保护线（PW）每隔一定距离与轨道通过扼流变压器并联一次。牵引变压器兼具备自耦变压器的功能，低压侧直接引出中点接地，二次绕组绝缘按 27.5 kV 考虑。

与采用带回流线的直接供电方式相比，AT 供电方式具有如下特点：

（1）在不提高牵引网绝缘水平的条件下，将馈电电压提高了一倍，提高了牵引网的供电能力。
（2）牵引网的能耗和电压损失降低。
（3）接触网电流与正馈线电流方向相反，可降低对周围环境的电磁干扰，降低钢轨电位。
（4）牵引网复杂，对隧道净空要求较高。

需要注意的是，AT 供电方式牵引变压器二次侧存在 T、F 两个绕组。T、F 线上的电流不相等，并且该电流比值随着列车位置的不同而变化，造成流经牵引变压器二次侧 T、F 绕组电流不同及容量的差异。

实测牵引变电所供电臂长 24.17 km，AT 所距牵引所 11.24 km。图 6.2 为牵引变电所实测馈线电流曲线，表 6.1 为最大值表。

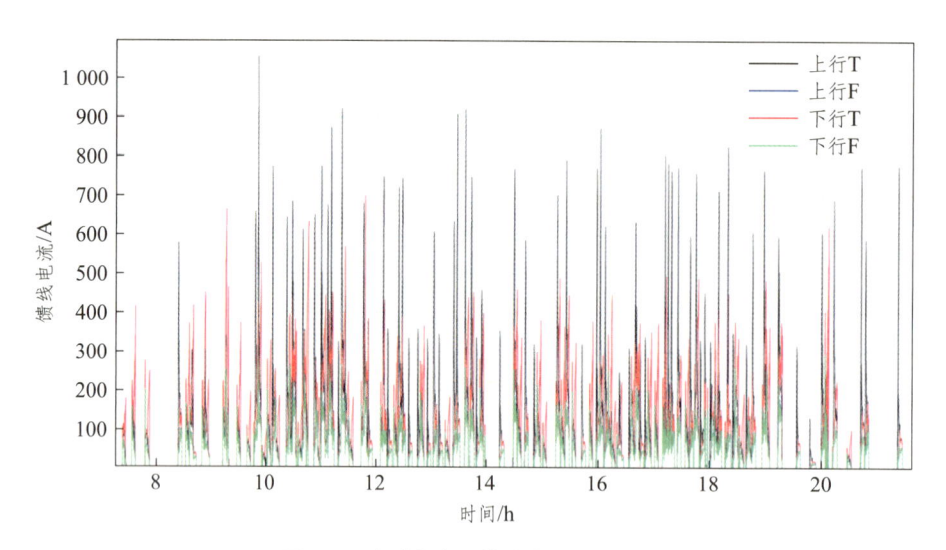

图 6.2　牵引变电所馈线电流实测曲线

表 6.1　牵引变电所各馈线电流实测统计值

馈线电流	最大值 /A	最大有效值（20 min）/A
供电臂上行 T 线	1 054	587
供电臂上行 F 线	321	116
供电臂下行 T 线	698	239
供电臂下行 F 线	317	114

根据实测数据可见，当列车在供电臂首端时，牵引电流主要由 T 绕组供电，将导致 T、F 不等容；当列车在供电臂末端时，由于接触网阻抗和正馈线阻抗存在差异，也将导致 T、F 不等容。同时，在枢纽内，联络线、动车运用所、动走线等采用带回流线的直接供电方式，仅由 T 绕组供电，也将进一步导致 T、F 不等容。

6.1.2　AT 供电方式的阻抗特性

基于平行多导体理论，对 AT 供电方式的牵引网阻抗进行计算。

1. 多导体传输线单位串联阻抗

在交变电流的作用下，导线和大地中会出现集肤效应，使牵引网的电阻和电感成为电流频率的函数。在某一确定频率下，沿牵引网单位长度内的电压降与导线电流之间符合由阻抗矩阵相联系的关系。设牵引网中有 m 条导线，即

$$\begin{bmatrix} -\Delta U_1 \\ \vdots \\ -\Delta U_i \\ \vdots \\ -\Delta U_m \end{bmatrix} = \begin{bmatrix} Z_{11} & \cdots & Z_{1i} & \cdots & Z_{1m} \\ \vdots & & \vdots & & \vdots \\ Z_{i1} & \cdots & Z_{ii} & \cdots & Z_{im} \\ \vdots & & \vdots & & \vdots \\ Z_{m1} & \cdots & Z_{mi} & \cdots & Z_{mm} \end{bmatrix} \begin{bmatrix} I_1 \\ \vdots \\ I_i \\ \vdots \\ I_m \end{bmatrix} \quad (6.1)$$

式中 ΔU_i——导线 i 与大地构成回路的单位长度电压降（V）；

I_i——导线 i 中的电流（A）；

Z_{ii}——导线 i—大地回路的单位自阻抗（Ω/km）；

Z_{ij}——导线 i—大地回路和导线 j—大地回路间的单位互阻抗（Ω/km）。

2. 多导体传输线单位并联导纳

设牵引网多导体传输线数目为 m，则对地电压 U_i 与其线电荷密度 Q_i 之间存在下列关系：

$$\begin{bmatrix} U_1 \\ \vdots \\ U_i \\ \vdots \\ U_m \end{bmatrix} = \begin{bmatrix} P_{11} & \cdots & P_{1i} & \cdots & P_{1m} \\ \vdots & & \vdots & & \vdots \\ P_{i1} & \cdots & P_{ii} & \cdots & P_{im} \\ \vdots & & \vdots & & \vdots \\ P_{m1} & \cdots & P_{mi} & \cdots & P_{mm} \end{bmatrix} \begin{bmatrix} Q_1 \\ \vdots \\ Q_i \\ \vdots \\ Q_m \end{bmatrix} \quad (6.2)$$

式中 P_{ii}——导线 i 与大地构成回路的单位长度自电位系数（km/F）；

P_{ij}——导线 i—大地回路和导线 j—大地回路间的互电位系数（km/F）；

U_i——导线 i 的对地电位（V）；

Q_i——导线 i 的线电荷密度（C/km）。

3. 牵引网多导体传输线等值 p 型模型

串联阻抗矩阵 **Z** 和并联导纳矩阵 **Y** 以矩阵的型式出现，其阶数等于多导体传输线的导线数 m，进一步得到多导体输电线等值 π 型模型，如图 6.3 所示。

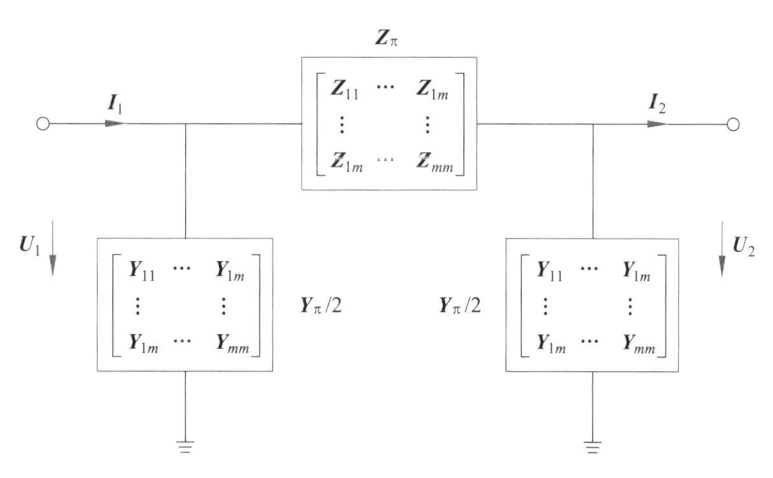

图 6.3 多导体传输线等值 π 型模型

4. 自耦变压器

自耦变压器忽略励磁支路的节点导纳矩阵为

$$Y_{\text{shunt}} = \frac{y_g}{4}\begin{bmatrix} 1 & -2 & 1 \\ -2 & 4 & -2 \\ 1 & -2 & 1 \end{bmatrix} = \frac{1}{4z_g}\begin{bmatrix} 1 & -2 & 1 \\ -2 & 4 & -2 \\ 1 & -2 & 1 \end{bmatrix} \tag{6.3}$$

式中 y_g——折算至中点的漏导纳；

z_g——折算至中点的漏阻抗。

自耦变压器模型如图 6.4 所示。

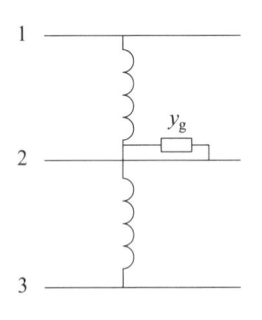

图 6.4 自耦变压器模型

5. 牵引网链式网络模型

牵引网为一平行多导体传输线系统，任一供电臂都可以从拓扑结构上构成一个链式网络，这个链式网络由两类元件组成：纵向串联阻抗元件和横向并联导纳元件。利用牵引网自身的电气回路节点和列车运行时的实际位置对牵引网进行自然切割，图 6.5 为典型的复线 2×25 kV AT 供电方式的供电臂链式网络模型。

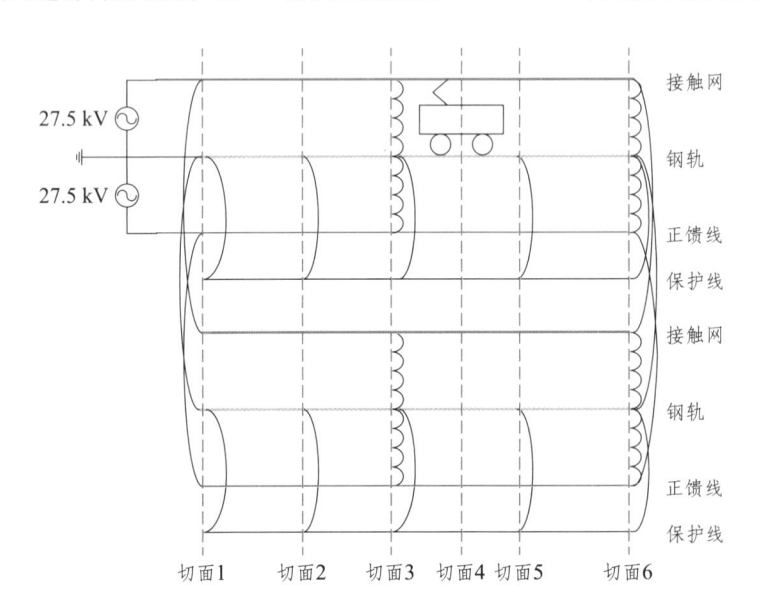

图 6.5 复线 2×27.5 kV AT 供电方式的供电臂链式网络模型

由传输线的单位长度阻抗参数矩阵 Z、并联导纳参数矩阵 Y 和线路长度 l，可列出图 6.2 中主要参数的计算公式：

$$\begin{cases} \boldsymbol{Z}_\pi = \dfrac{\sinh(\sqrt{ZY}l)}{\sqrt{ZY}l}Z \\ \boldsymbol{Y}_\pi/2 = \dfrac{Y}{2}\dfrac{\tanh(\sqrt{ZY}l/2)}{\sqrt{ZY}l/2} \end{cases} \quad (6.4)$$

利用供电臂链式网络可以进行各种运行方式下的阻抗计算。

6.1.3 AT 网络简化等效电路模型

上节所述方法可以计算任一方式的阻抗，但计算较为烦琐，也可使用简化等效电路进行阻抗计算。

对末端并联的复线 AT 网络，其简化的等效电路如图 6.6 所示。

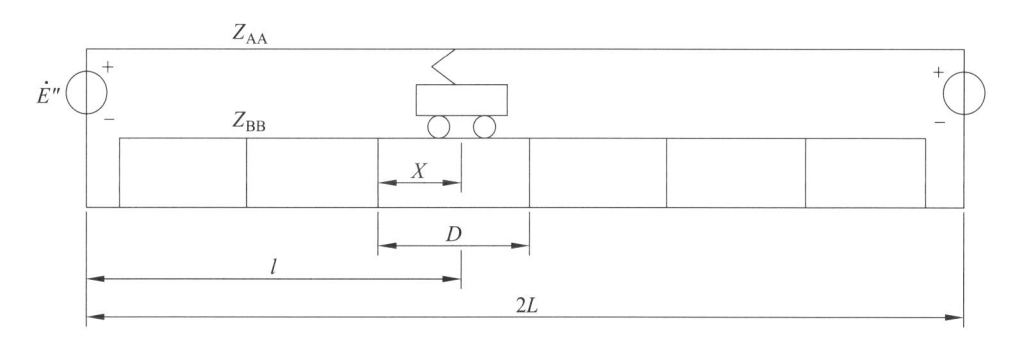

图 6.6 复线 AT 简化网络等效电路

图中：
$$Z_{AA} = \frac{1}{4}(Z_C + Z_F - 2Z_{CF}) \text{（Ω/km）}$$

$$Z_{BB} = \frac{1}{2}(Z_C + 2Z_T + Z_{CF} - 3Z_{CT} - Z_{TF}) \text{（Ω/km）}$$

式中 Z_{AA}——长回路单位阻抗（Ω/km）；

Z_{BB}——段中单位阻抗（Ω/km）；

Z_C——接触网—地回路单位自阻抗（Ω/km）；

Z_T——钢轨网—地回路单位自阻抗（Ω/km）；

Z_F——正馈线—地回路单位自阻抗（Ω/km）；

Z_{CF}——接触网—地回路与正馈线—地回路单位互阻抗（Ω/km）；

Z_{CT}——接触网—地回路与钢轨网—地回路单位互阻抗（Ω/km）；

Z_{TF}——正馈线—地回路与钢轨网—地回路单位互阻抗（Ω/km）；

$\dot{E}''$——接触网（变电所出口）—钢轨电势。

由图 6.6 可得离开变电所 l 处的牵引网总阻抗为

$$Z = \left(1 - \frac{l}{2L}\right)Z_{AA} \cdot l + \left(1 - \frac{x}{D}\right)Z_{BB} \cdot x \quad (6.5)$$

式中 L——供电臂长度（km）。

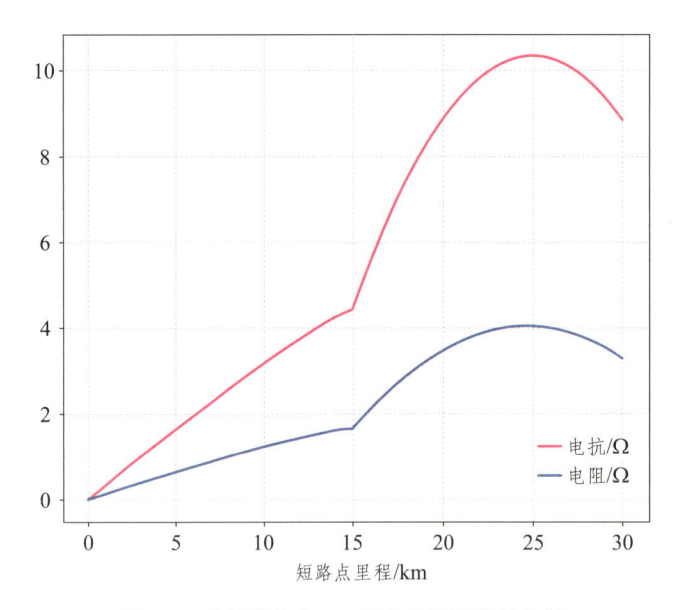

复线 AT 网络牵引网阻抗曲线如图 6.7 所示，可见复线 AT 网络的牵引网阻抗呈一系列递增的鞍形曲线。

图 6.7　全并联供电 AT 网络牵引网阻抗曲线

各 AT 段极值点阻抗的相对位置也是不同的，其具体数值可通过式（6.6）求得：

$$x_{k\max} = \frac{LD(Z_{AA} + Z_{BB}) - (k-1)D^2 Z_{AA}}{DZ_{AA} + 2LZ_{BB}} \quad \left(k = 1, 2, \cdots, \frac{L}{D}\right) \tag{6.6}$$

式中　$x_{k\max}$——第 k 个 AT 段的阻抗极大值点相对位置；
　　　D——自耦变压器间距（km）；
　　　L——供电臂长度（km）。

6.1.4　AT 供电方式牵引网阻抗实测示例

根据铁路短路试验实测数据可以获得牵引网阻抗。实测的供电臂采用全并联 AT 供电方式，短路点在分区所附近，距离牵引变电所 29.53 km，短路试验如图 6.8 所示。

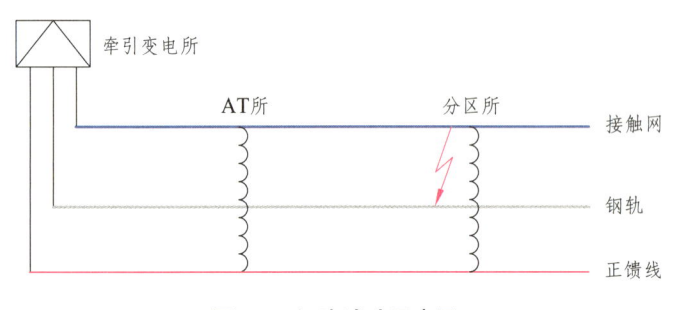

图 6.8　短路试验示意图

短路试验时，牵引变电所内所测得的数据如表 6.2 所示。

表 6.2 短路试验数据

电量名称	牵引变电所	AT 所	分区所
上行 T 线电流 /A	1 137	69	1 206
上行 F 线电流 /A	899	172	727
下行 T 线电流 /A	1 138	290	1428
下行 F 线电流 /A	897	187	710
AT 吸上电流 /A	479	718	2 868
上行馈线保护装置			
U_T: 11 797 V	U_F: 11 659 V	I_T: 1 137 A	I_F: 899 A
短路电阻：1.886 W	短路电抗：5.553 W	阻抗角：71.243°	
下行馈线保护装置			
U_T: 11 794 V	U_F: 11 650 V	I_T: 1 138 A	I_F: 897 A
短路电阻：1.878 W	短路电抗：5.566 W	阻抗角：71.356°	

对该短路试验对应工况进行计算，与实测值对比情况如表 6.3 所示。

表 6.3 实测与计算对比

项目	上行 U_T/V	上行 I_T/A	下行 U_F/V	下行 I_F/A	短路电阻 /Ω	短路电抗 /Ω
实测	11 797	1 127	11 659	885	1.886	5.553
计算	11 080.65	1 097	11 080.65	852	1.852	5.208
误差	6.46%	2.73%	5.22%	3.87%	1.84%	6.62%

短路试验时，关键节点电流如图 6.9 所示。

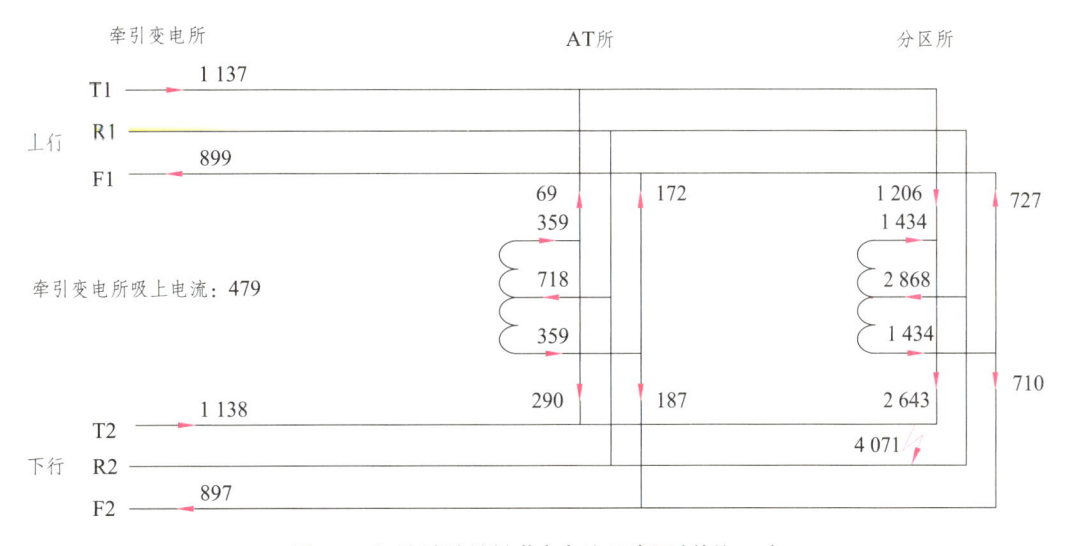

图 6.9 短路试验关键节点电流示意图（单位：A）

牵引变电所、AT 所、分区所处的相关电压、电流波形如图 6.10 ~ 图 6.12 所示。

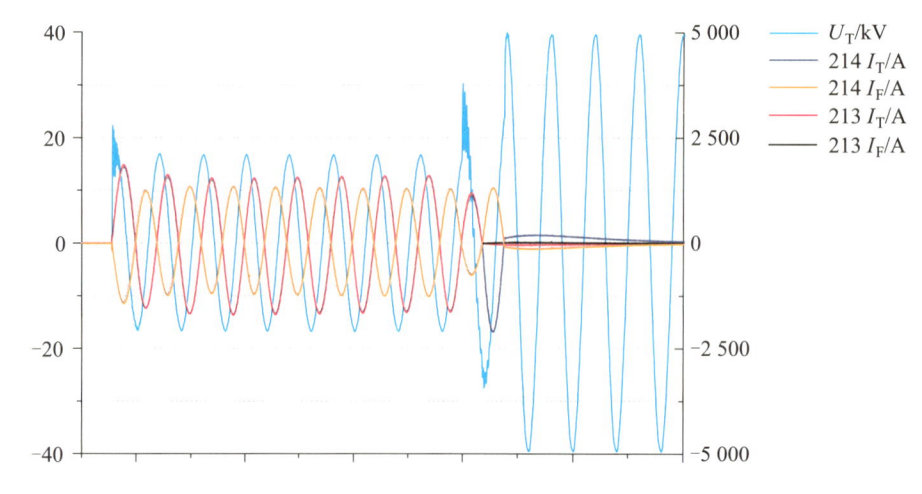

图 6.10　短路试验牵引变电所牵引侧电压及馈线电流波形

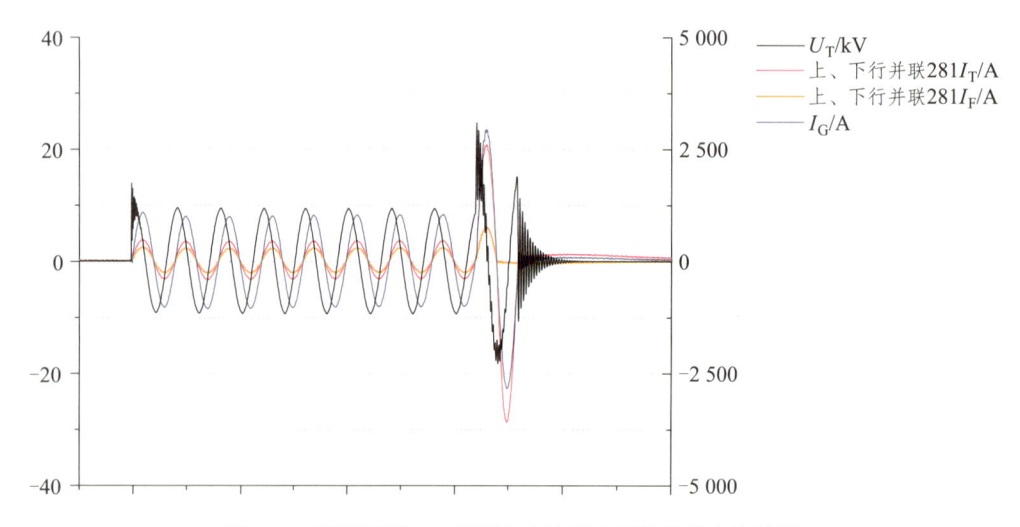

图 6.11　短路试验 AT 所吸上电流及上下行并联电流波形

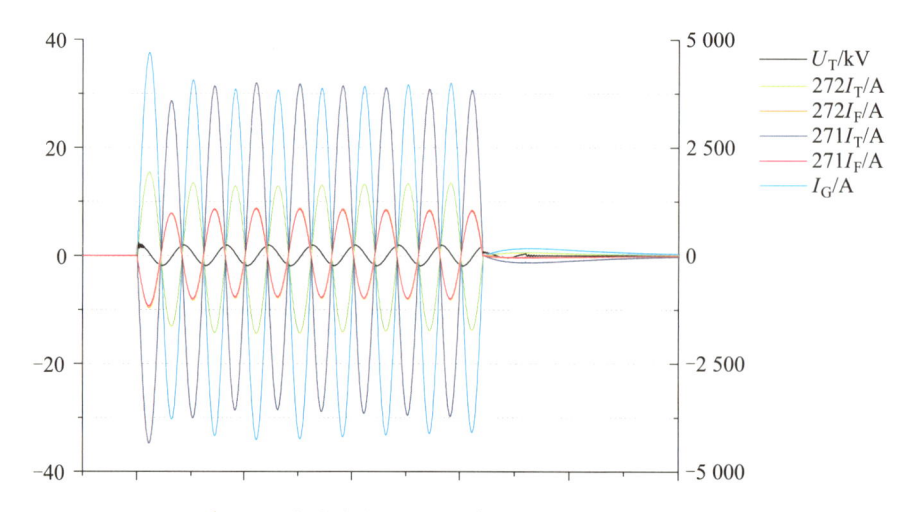

图 6.12　短路试验分区所吸上电流及上下行进线电流波形

6.2 带回流线的直接供电方式

6.2.1 带回流线的直接供电方式的特点

带回流线的直接供电方式（简称直供）每隔一定距离将回流线与轨道通过扼流变压器并联一次，大约有 30% 的牵引电流从回流线流回牵引变电所，牵引电流与回流线电流方向相反，对降低对周围环境的电磁干扰和钢轨电位有一定的作用。带回流线的直接供电方式的构成方式如图 6.13 所示。

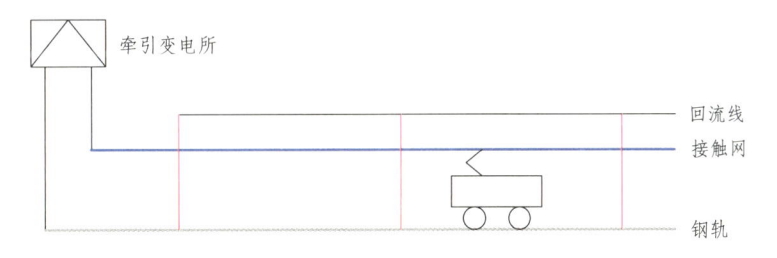

图 6.13 带回流线的直接供电方式

6.2.2 带回流线的直接供电方式的阻抗特性

采用与 6.1.2 节相同的计算方法，带回流线的直接供电方式的复线供电臂链式网络模型如图 6.14 所示。

6.2.3 带回流线的直接供电方式网络简化等效电路模型

与 AT 供电方式相同，也可使用简化等效电路进行阻抗计算。

对于上下行末端并联供电方式，其牵引网等值电路如图 6.15 所示。

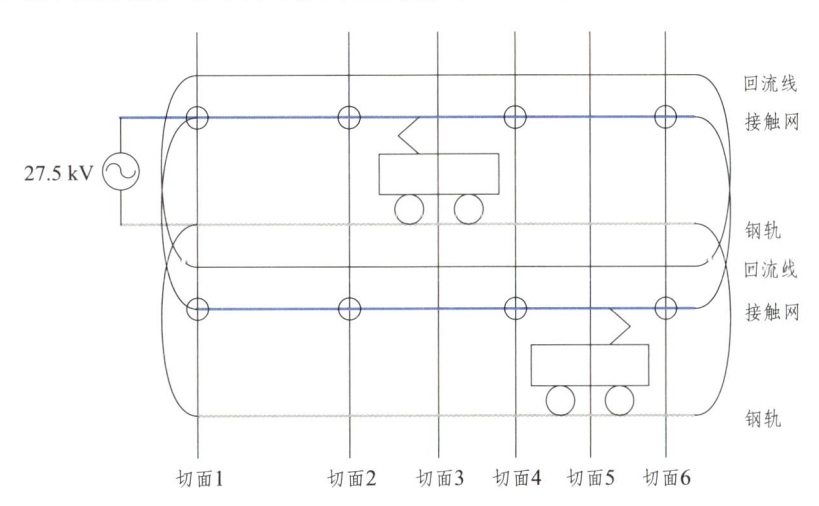

图 6.14 带回流线的直接供电方式下复线供电臂链式网络模型

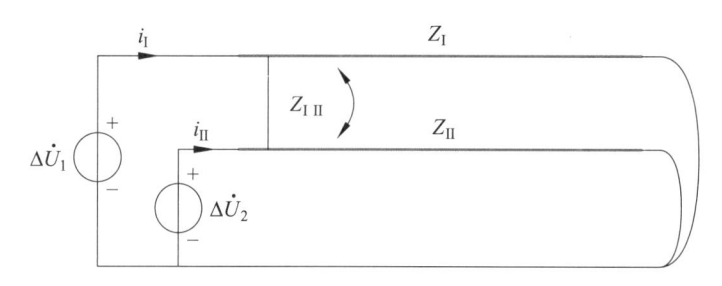

图 6.15 复线牵引网等值电路

复线接触网—地回路等值单位长自阻抗 Z_I、Z_II 及二者间的等值单位长互阻抗 $Z_\mathrm{I\,II}$ 分别为

$$Z_\mathrm{I} = \left.\frac{\Delta \dot{U}_1}{l\dot{i}_1}\right|_{\dot{i}_\mathrm{II}=0} = Z_1 - \frac{Z_{13}^2}{Z_3} \quad \left(\frac{\Omega}{\mathrm{km}}\right) \tag{6.7}$$

$$Z_\mathrm{II} = \left.\frac{\Delta \dot{U}_2}{l\dot{i}_\mathrm{II}}\right|_{\dot{i}_1=0} = Z_2 - \frac{Z_{23}^2}{Z_3} \quad \left(\frac{\Omega}{\mathrm{km}}\right) \tag{6.8}$$

$$Z_\mathrm{I\,II} = \left.\frac{\Delta \dot{U}_1}{l\dot{i}_\mathrm{II}}\right|_{\dot{i}_1=0} = Z_{12} - \frac{Z_{13}^2}{Z_3} \quad \left(\frac{\Omega}{\mathrm{km}}\right) \tag{6.9}$$

式中 Z_1——上行接触网 — 大地回路单位阻抗（Ω/km）；

Z_2——下行接触网 — 大地回路单位阻抗（Ω/km）；

Z_3——回流线及钢轨 — 大地回路单位阻抗（Ω/km）；

Z_{12}——上行接触网 — 大地回路与下行接触网 — 大地回路间单位互阻抗（Ω/km）；

Z_{13}——上行接触网 — 大地回路与回流线及钢轨 — 大地回路间单位互阻抗（Ω/km）；

Z_{23}——下行接触网 — 大地回路与回流线及钢轨 — 大地回路间单位互阻抗（Ω/km）。

得出 Z_I、Z_II 和 $Z_\mathrm{I\,II}$ 后，根据不同的供电方式求得牵引网等值单位阻抗。

当上下行仅在分区所处并联时，牵引网等值单位阻抗为

$$Z = Z_\mathrm{I} - \frac{(Z_\mathrm{I} - Z_\mathrm{I\,II})^2}{Z_\mathrm{I} + Z_\mathrm{II} - 2Z_\mathrm{I\,II}} \frac{S}{L} \quad \left(\frac{\Omega}{\mathrm{km}}\right) \tag{6.10}$$

式中 L——供电臂长度；

S——列车距牵引所的距离。

当分开供电时，可分如下情况：

（1）当 I 方向有负荷，而 II 方向无负荷时，I 方向的牵引网阻抗为

$$Z = Z_\mathrm{I} \quad \left(\frac{\Omega}{\mathrm{km}}\right) \tag{6.11}$$

（2）当 I 方向有负荷 $\dot{I}_1$，而 II 方向有负荷 $\dot{I}_2$ 时，I 方向的牵引网阻抗为

当 $S_2 < S_1$ 时：

$$Z = Z_\mathrm{I} + \frac{I_2 S_2}{I_1 S_1} Z_\mathrm{I\,II} \quad \left(\frac{\Omega}{\mathrm{km}}\right) \tag{6.12}$$

当 $S_2 > S_1$ 时：

$$Z = Z_{\mathrm{I}} + \frac{I_2}{I_1} Z_{\mathrm{I\,II}} \quad \left(\frac{\Omega}{\mathrm{km}}\right) \tag{6.13}$$

式中，S_1、S_2 为 I、II 方向列车距牵引所的距离。

当复线上、下行接触网对称布置时，可根据 $Z_{\mathrm{I}} = Z_{\mathrm{II}}$ 对阻抗计算公式进一步简化。

6.2.4 带回流线的直接供电方式牵引网阻抗实测示例

根据铁路短路试验实测数据可以获得牵引网阻抗。实测的铁路采用带回流线的直接供电方式，短路点距离牵引变电所 13.45 km（供电臂长 17.36 km，供电线长 0.88 km，末端并联），短路试验如图 6.16 所示。

图 6.16 短路试验示意图

末端并联短路时，短路试验数据如表 6.4 所示。

表 6.4 短路试验数据

电量名称	牵引变电所	分区所
上行 T 线电流 /A	1 314	1 314
下行 T 线电流 /A	2 488	1 314
分区所并联电流 /A	—	1 314
馈线保护装置（下行）		
U_T: 13 035 V		I_T: 2 488 A
短路电阻：1.822 Ω	短路电抗：5.003 Ω	阻抗角：69.0°

短路试验时，关键节点电流如图 6.17 所示。

图 6.17 关键节点电流（单位：A）

此时牵引变电所电压、电流测试记录波形如图 6.18 所示。实测与计算对比如表 6.5 所示。

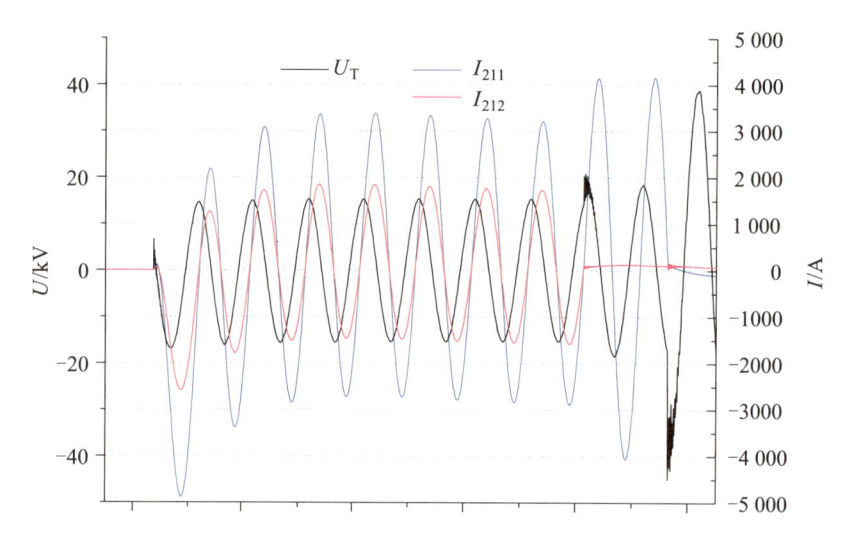

图 6.18 牵引所处短路试验时电压、电流测试记录波形（并联供电）

表 6.5 实测与计算对比

项目	U/V	I/A	短路电阻 /Ω	短路电抗 /Ω
实测	13 035	3 192	1.67	4.44
计算	12 580	3 055	1.59	4.59
误差	3.62%	4.48%	4.56%	3.28%

7 牵引变压器结线

我国高速铁路牵引供电系统采用 AT 供电方式和带回流线的直接供电方式，牵引变压器一般采用三相 Vx 或 Vv 结线，部分采用单相结线和平衡结线。牵引变压器类型的选择，主要综合考虑牵引负荷特性及对电力系统的供电要求、电力系统的短路容量、牵引负荷对电力系统的影响、牵引变压器容量的利用率等因素，进行技术经济比较后确定。

7.1 单相结线牵引变压器

在我国电网发达地区，牵引变压器部分采用了单相结线型式。

应用于带回流线的直接供电方式时，牵引变压器原边额定电压为 220 kV（110 kV），次边额定电压为 27.5 kV，结线原理图如图 7.1 所示。牵引变压器的原边只接入电力系统中的两相；次边一端与牵引侧母线连接，另一端与轨道及地网连接。牵引变电所两供电臂由同一相供电，牵引负载对电力系统而言属于纯单相负荷。

（a）直供单相结线牵引变压器原理展开图　　（b）单相结线牵引变压器原、次边电压及电流向量相位关系

图 7.1　直供单相结线牵引变压器原理

单相结线牵引变压器原、次边电压及电流向量关系如下所述，其中 k 为牵引变压器变比。

$$\dot{U}_1 = \frac{1}{k}\dot{U}_{AB} \quad \begin{bmatrix}\dot{I}_A \\ \dot{I}_B\end{bmatrix} = \frac{1}{k}\begin{bmatrix}1 \\ -1\end{bmatrix}[\dot{I}_1] \tag{7.1}$$

应用于 AT 供电方式的单相结线牵引变压器，采用三绕组结构，原边引入电力系统 220 kV（330 kV）电压，次边馈出 2×27.5 kV 电压。变压器原边绕组接于三相电力系统中的两相，次边第一个绕组始端接至接触网，末端与次边第二绕组始端在变压器内部连接后引出 R 端子接至钢轨，次边第二绕组末端接至正馈线，如图 7.2 所示。

(a) AT 单相结线牵引变压器原理展开图　　　　(b) 原、次边电压及电流向量相位关系

图 7.2　AT 单相结线牵引变压器原理

AT 单相结线牵引变压器采用三绕组结构，为使其在 AT 供电网络中兼顾变电所出口处的自耦变压器功能，一般情况下需满足：

$$Z_{21} = Z_{31} \tag{7.2}$$

$$(3Z_{21} + Z_{31} - Z_{23-1})/4 \leqslant 0.45\,\Omega \tag{7.3}$$

式中　Z_{21}——变压器在低压 TR 绕组上加电压，高压绕组短路、低压 FR 绕组开路时测得的阻抗；

　　　Z_{31}——变压器在低压 FR 绕组上加电压，高压绕组短路、低压 TR 绕组开路时测得的阻抗；

　　　Z_{23-1}——变压器在低压 TR 绕组和低压 FR 绕组串联回路两端加电压，高压绕组短路时测得的阻抗。

单相结线牵引变压器容量利用率高，可达 100%，有利于负荷均衡和列车再生能量的利用；牵引变电所处可不设电分相，且主接线简单，设备少，投资低。但单相变压器产生与负荷功率相等的负序功率，对电力系统的影响较大，故只在电力系统强大的地方采用。

7.2　V 结线牵引变压器

V 结线牵引变压器是目前我国电气化铁路应用最为广泛的结线型式之一，有次边馈出电压为 27.5 kV 的 Vv 结线变压器和次边馈出电压为 2×27.5 kV 的 Vx 结线变压器两种类型。V 结线牵引变压器结构较简单，牵引变电所的每个供电臂可单独选取所需要的容量，容量利用率高，可达 100%。由于该类型牵引变压器的每相负荷以供电臂为单元，单个绕组供电范围比单相结线牵引变压器小，其总安装容量相对比单相结线牵引变压器稍大，该类型牵引变压器对电力系统不平衡影响介于单相结线变压器和平衡结线变压器之间。

三相 Vv 结线牵引变压器有两台独立的铁芯和对应的绕组通过电磁感应进行变换和能量传递；两台变压器的容量可以相等，也可以不相等，有利于实现分相无载调压或有载调压。

7.2.1　次边馈出电压 27.5 kV 的 Vv 结线牵引变压器

Vv 结线牵引变压器原边引入电网 220 kV（330 kV、110 kV）三相电源，次边馈出 27.5 kV 电压，主要适用于带回流线的直接供电方式。联结组标号有 Vv0 和 Vv6 两种型式。下面以 Vv0 为例，介绍其原理展开图及原、次边电压、电流向量关系，如图 7.3 所示。

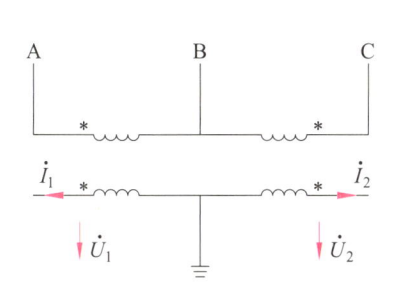

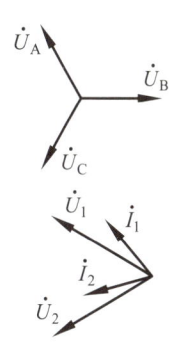

（a）三相 Vv 结线牵引变压器原理展开图　　　　（b）三相 Vv 结线牵引变压器原、次边电压及电流向量相位关系

图 7.3　三相 Vv 结线（次边输出 27.5 kV）牵引变压器原理

三相 Vv 结线牵引变压器原次边电压、电流向量关系如下所述，其中 k 为牵引变压器变比。

$$\begin{bmatrix} \dot{U}_1 \\ \dot{U}_2 \end{bmatrix} = \frac{1}{k}\begin{bmatrix} 1 & 0 \\ 0 & -1 \end{bmatrix}\begin{bmatrix} \dot{U}_{AB} \\ \dot{U}_{BC} \end{bmatrix} \qquad \begin{bmatrix} \dot{I}_A \\ \dot{I}_B \\ \dot{I}_C \end{bmatrix} = \frac{1}{k}\begin{bmatrix} 1 & 0 \\ -1 & -1 \\ 0 & 1 \end{bmatrix}\begin{bmatrix} \dot{I}_1 \\ \dot{I}_2 \end{bmatrix} \tag{7.4}$$

7.2.2　次边馈出电压 2×27.5 kV 的 Vx 结线牵引变压器

Vx 结线牵引变压器原边引入电网 220 kV（330 kV、110 kV）三相电源，次边馈出 2×27.5 kV 电压，主要适用于 AT 供电方式。其原理展开图及原次边电压、电流向量关系如图 7.4 所示。

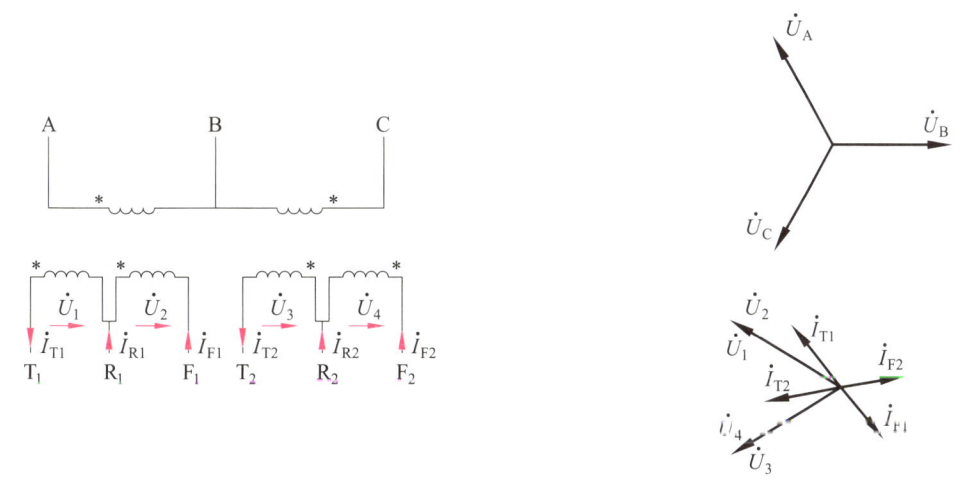

（a）三相 Vx 结线牵引变压器原理展开图　　　　（b）三相 Vx 结线牵引变压器原、次边电压及电流向量相位关系

图 7.4　三相 Vx 结线（次边输出 2×27.5 kV）牵引变压器原理

Vx 结线牵引变压器原、次边电压及电流向量关系如下所述，其中 k 为牵引变压器变比。

$$\begin{bmatrix} \dot{U}_{T1} \\ \dot{U}_{F1} \\ \dot{U}_{T2} \\ \dot{U}_{F2} \end{bmatrix} = \frac{1}{k}\begin{bmatrix} 1 & -1 & 0 \\ 1 & -1 & 0 \\ 0 & -1 & 1 \\ 0 & -1 & 1 \end{bmatrix}\begin{bmatrix} \dot{U}_A \\ \dot{U}_B \\ \dot{U}_C \end{bmatrix} \tag{7.5}$$

原边电流与次边负载电流方程为

$$\begin{bmatrix} \dot{I}_A \\ \dot{I}_B \\ \dot{I}_C \end{bmatrix} = \frac{1}{k} \begin{bmatrix} 1 & -1 & 0 & 0 \\ -1 & 1 & -1 & 1 \\ 0 & 0 & 1 & -1 \end{bmatrix} \begin{bmatrix} \dot{I}_{T1} \\ \dot{I}_{F1} \\ \dot{I}_{T2} \\ \dot{I}_{F2} \end{bmatrix} \tag{7.6}$$

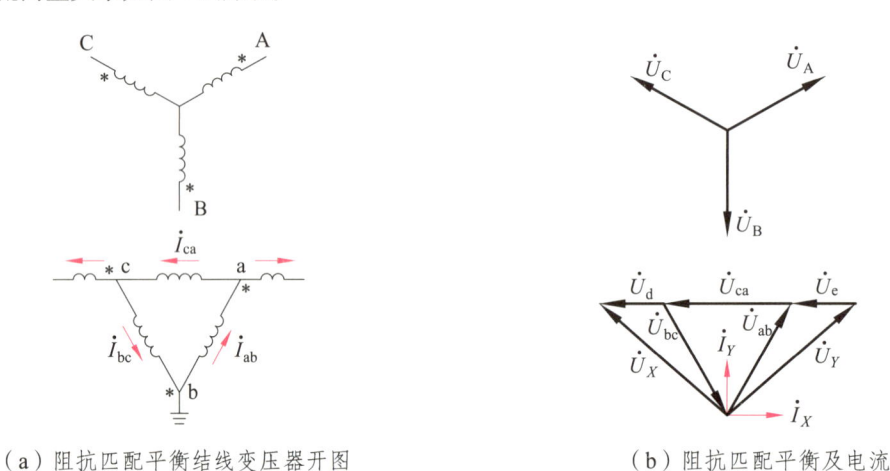

7.3 平衡结线牵引变压器

平衡结线牵引变压器在牵引变电所两供电臂负荷电流相等的前提下，变压器的原边三相电流是对称的，可有效减小电气化铁路对电力系统的负序影响。我国平衡结线牵引变压器主要有阻抗匹配平衡牵引变压器和斯柯特结线平衡牵引变压器两种类型。

7.3.1 阻抗匹配平衡结线牵引变压器

阻抗匹配平衡结线牵引变压器是在 Y/△ 结线的基础上将未直接利用的中间相绕组向两侧延伸，即在中间一相 ab 绕组的两端，各接 1 个附加的外延平衡绕组，并通过合理的阻抗匹配（阻抗匹配系数为 2.732），使次边两侧接触网供电臂负荷电流相等时原边三相电流保持平衡。它在继承 Y/△ 三相变压器结构优点的基础上，具有平衡变压器的特点。

牵引变压器原边接入电力系统的三相 110 kV 电压，次边输出两相 27.5 kV 电压，其原理展开图及原、次边电压及电流向量关系如图 7.5 所示。

（a）阻抗匹配平衡结线变压器开图　　　　（b）阻抗匹配平衡及电流

图 7.5　阻抗匹配平衡结线牵引变压器原理

阻抗匹配平衡牵引变压器的原、次边电压及电流向量关系如下所述，其中 k 为牵引变压器变比。

$$\begin{bmatrix} \dot{U}_X \\ \dot{U}_Y \end{bmatrix} = \frac{1}{2k} \begin{bmatrix} -2 & \sqrt{3}-1 & 0 \\ 0 & 1-\sqrt{3} & 2 \end{bmatrix} \begin{bmatrix} \dot{U}_{bc} \\ \dot{U}_{ca} \\ \dot{U}_{ab} \end{bmatrix} \tag{7.7}$$

$$\begin{bmatrix} \dot{I}_A \\ \dot{I}_B \\ \dot{I}_C \end{bmatrix} = \frac{1}{2\sqrt{3}k} \begin{bmatrix} -\sqrt{3}+1 & \sqrt{3}+1 \\ -2 & -2 \\ \sqrt{3}+1 & -\sqrt{3}+1 \end{bmatrix} \begin{bmatrix} \dot{I}_X \\ \dot{I}_Y \end{bmatrix} \tag{7.8}$$

在星形延边三角结线的基础上，研究人员又研制出了一种新型的星形曲折延边三角平衡变压器技术。它在三角形绕组基础上增加两个平衡绕组的同时又增加了两个补偿绕组，形成曲折延边结构，扩大了绕组阻抗的取值范围（阻抗匹配系数在 0 ~ 2.732 间取值均可），为变压器制造提供了方便，如图 7.6 所示。

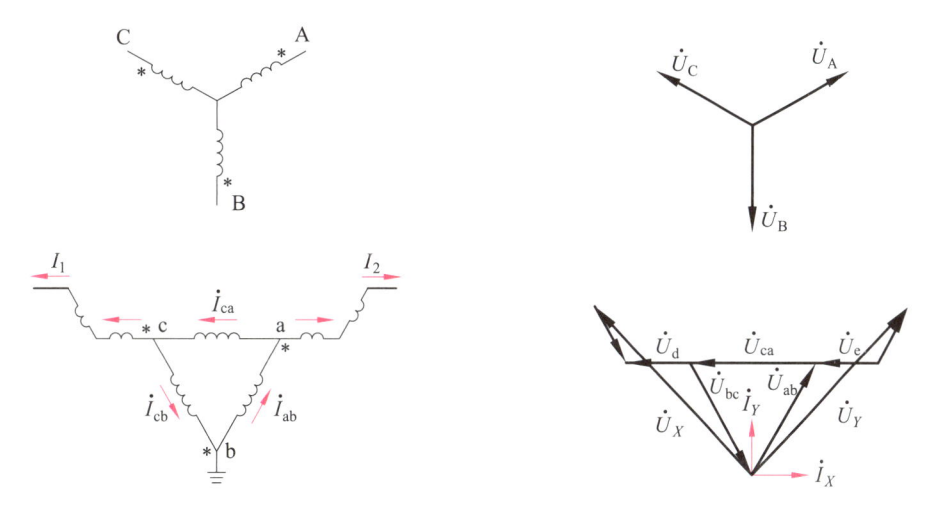

图 7.6　星形曲折延边三角平衡结线牵引变压器原理

平衡结线牵引变压器一般用于带回流线的直接供电方式。由于结构复杂，目前只在电力系统薄弱地区采用。

7.3.2　斯柯特结线平衡结线牵引变压器

早期斯柯特平衡结线牵引变压器原边额定电压为 110 kV，次边额定电压为 55 kV，为得到 2×27.5 kV 电压，在牵引变电所馈线出口设馈线自耦变压器。当原边三相电压对称时，次边 T 座和 M 座电压相差 90°。若 T 座和 M 座电流相等，则原边三相电流可实现完全平衡，其容量得到充分利用，最大容量利用率为 92.8%。

由于高速铁路采用供电能力更强的 220 kV 或 330 kV 电压供电，我国研制出了 220/2×27.5 kV 斯科特平衡结线牵引变压器，变压器原边与传统的斯柯特结线变压器无区别，但在次边与单相三绕组及 Vx 结线变压器类似，在 T 座和 M 座绕组的中点抽出，与钢轨相连接，直接向牵引网供电。其原理展开图及原、次边电压、电流向量相位关系如图 7.7 所示。

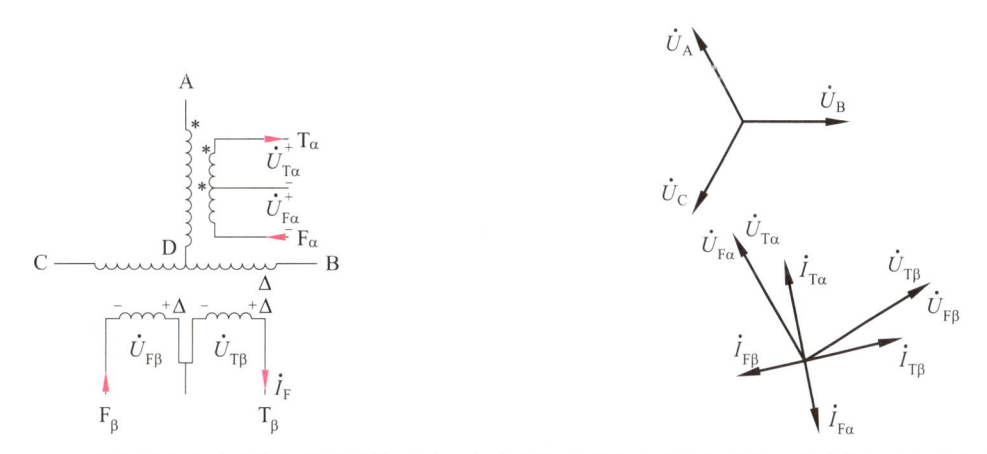

（a）220/2×27.5 kV 斯柯特结线牵引变压器原理展开图　（b）斯柯特结线牵引变压器原、次边电压及电流向量相位关系

图 7.7　斯柯特平衡结线牵引牵引变压器原理

斯柯特平衡结线牵引变压器原、次边电压及电流向量关系如下所述，其中 k 为牵引变压器变比。

$$\begin{bmatrix} \dot{U}_{T\alpha} \\ \dot{U}_{F\alpha} \\ \dot{U}_{T\beta} \\ \dot{U}_{F\beta} \end{bmatrix} = \frac{1}{k} \begin{bmatrix} \frac{2}{\sqrt{3}} & -\frac{1}{\sqrt{3}} & -\frac{1}{\sqrt{3}} \\ \frac{2}{\sqrt{3}} & -\frac{1}{\sqrt{3}} & -\frac{1}{\sqrt{3}} \\ 0 & 1 & -1 \\ 0 & 1 & -1 \end{bmatrix} \begin{bmatrix} \dot{U}_A \\ \dot{U}_B \\ \dot{U}_C \end{bmatrix} \qquad (7.9)$$

$$\begin{bmatrix} \dot{I}_A \\ \dot{I}_B \\ \dot{I}_C \end{bmatrix} = \frac{1}{k} \begin{bmatrix} \frac{2}{\sqrt{3}} & -\frac{2}{\sqrt{3}} & 0 & 0 \\ -\frac{1}{\sqrt{3}} & \frac{1}{\sqrt{3}} & 1 & -1 \\ -\frac{1}{\sqrt{3}} & \frac{1}{\sqrt{3}} & -1 & 1 \end{bmatrix} \begin{bmatrix} \dot{I}_{T\alpha} \\ \dot{I}_{F\alpha} \\ \dot{I}_{T\beta} \\ \dot{I}_{F\beta} \end{bmatrix} \qquad (7.10)$$

平衡结线牵引变压器在牵引变电所两供电臂牵引负荷相等的前提下，可以大大减小对电力系统负序的影响，但实际运行中两供电臂牵引负荷很难做到平衡。所以，平衡结线牵引变压器减小对电力系统的负序影响是有限的，且平衡结线牵引变压器在列车采用再生制动后，不能被本供电臂其他列车吸收的再生电能反馈至电网时，负序电流将会被放大。所以，平衡结线牵引变压器一般只在电力系统薄弱的地区采用。

8 牵引供电系统供电计算

牵引供电系统的各项电气参数计算是牵引供电系统设计的重要内容，也是决定牵引供电系统运行状况的基础。牵引供电系统供电计算主要包括牵引负荷电流、牵引网供电电压、牵引网综合载流能力、牵引变压器供电容量、钢轨电位、钢轨电流分布、牵引供电系统损耗、电能质量参数等。

8.1 牵引负荷电流计算

8.1.1 列车电流

（1）复线区段上（或下）行供电臂列车平均电流：

$$I_{t\text{上（下）}} = 2.4 \frac{\sum A_{i\text{上（下）}}}{\sum t_{i\text{上（下）}}} \quad (\text{A}) \tag{8.1}$$

式中 $I_{t\text{上（下）}}$——上（或下）行供电臂列车平均电流（A）；

$\sum A_{i\text{上（下）}}$——列车在 $\sum t_{i\text{上（下）}}$ 内的能耗（kVA·h）；

$\sum t_{i\text{上（下）}}$——列车在供电臂内上（或下）行方向的全部走行时间（min）。

（2）复线区段上（或下）行供电臂列车带电平均电流：

$$I_{tg\text{上（下）}} = 2.4 \frac{\sum A_{i\text{上（下）}}}{\sum t_{gi\text{上（下）}}} \quad (\text{A}) \tag{8.2}$$

式中 $\sum t_{gi\text{上（下）}}$——列车在供电臂内上（或下）行方向的全部带电走行时间（min）。

8.1.2 供电臂电流的平均值和有效值

1. 供电臂电流的几种特征值

（1）供电臂瞬时电流 i_a 为供电臂中各运行列车瞬时电流的向量和。当列车电流的功率因数相同时，可按算术叠加，即

$$i_a = i_1 + \cdots + i_n \tag{8.3}$$

（2）供电臂平均电流 I_p 为供电臂在计算时间内的平均电流值，即

$$I_p = \frac{1}{T}\int_0^T i_a \, dt \tag{8.4}$$

式中　T——计算时间。

（3）供电臂均方电流 I_x^2 为供电臂瞬时电流平方 i_a^2 的平均值，即

$$I_x^2 = \frac{1}{T}\int_0^T i_a^2 \mathrm{d}t \tag{8.5}$$

（4）供电臂均方根电流 I_x（有效电流）：

$$I_x = K_x I_p \tag{8.6}$$

式中　K_x——供电臂有效电流系数。

2. 供电臂中同时存在的平均列车数

$$m_{\text{上（下）}} = \frac{N\sum t_{\text{上（下）}}}{T} \tag{8.7}$$

式中　N——平图能力对应的列车对数；

　　　T——$1\,440 - Z$ (min)；

　　　Z——天窗时分 (min)。

3. 供电臂内列车带电平均概率

$$p_{\text{上（下）}} = \frac{N\sum t_{gi\text{上（下）}}}{nT} \tag{8.8}$$

式中　n——供电臂单方向（上、下行）按追踪间隔距离排列的列车数。

4. 列车电流间断系数

$$\alpha_{\text{上（下）}} = \frac{\sum t_{\text{上（下）}}}{\sum t_{gi\text{上（下）}}} \tag{8.9}$$

5. 供电臂的平均电流 I_p

左、右侧供电臂单方向（上、下行）平均电流 I_p：

$$\begin{aligned} I_{pi} &= 2.4 \times A_i \times N / T \\ I_p &= \sum I_{pi} \end{aligned} \tag{8.10}$$

6. 供电臂的有效电流 I_x

左、右侧供电臂单方向（上、下行）有效电流 I_x：

$$K_x = \sqrt{1 + \frac{1.1 - p_{\text{上（下）}}}{np_{\text{上（下）}}}} \tag{8.11}$$

$$I_x = K_x I_p \tag{8.12}$$

8.2　牵引网供电电压计算

牵引网供电电压水平及其稳定性与电力系统短路容量及其运行方式、牵引供电系统供电方式、牵引变

压器结线型式等因素有关,且电压随着列车运行工况及牵引负荷大小、功率因数的变化频繁波动,变化幅度大、随机波动性强。

牵引网上负荷点的电压损失是指空载时外部供电电压水平与负载时牵引网上负载处电压水平之差,为电力系统和牵引供电系统电压损失的总和,牵引供电系统的电压损失包括牵引网电压损失和牵引变压器电压损失。

牵引网电压水平影响列车牵引力、运行速度,以致直接影响区段的通过能力和运输量,是牵引供电能力的一项重要指标。

8.2.1 电压损失计算方法

电流 $\dot{I}$ 通过阻抗为 Z 的线路,如图 8.1 所示,定义电压降 $\Delta \dot{U}$ 为阻抗 Z 首端电压 $\dot{U}$ 和末端电压 $\dot{U}'$ 的矢量差,即

$$\Delta \dot{U} = \dot{U} - \dot{U}' \tag{8.13}$$

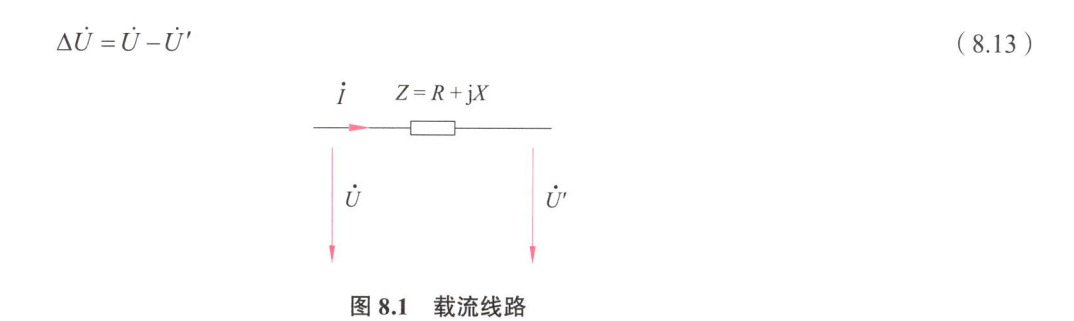

图 8.1 载流线路

它们之间的关系如图 8.2 所示。图中,φ 为负荷 $\dot{I}$ 的功率因数角,θ 为线路首端与负荷处电压相量夹角。

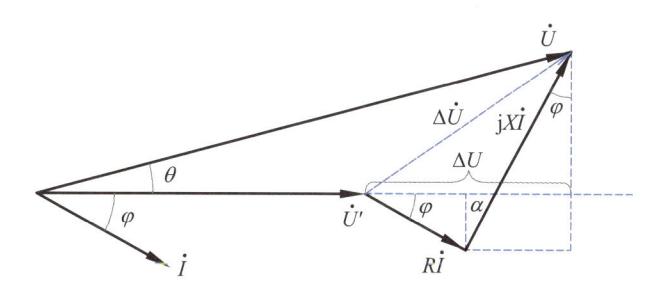

图 8.2 电压降向量关系

有 n 个负荷电流通过阻抗 Z,以 $\dot{U}'$ 为基准相量,各负荷电流与 $\dot{U}'$ 夹角均按顺时针方向取为正,设备负荷为感性,则可以写成 $\dot{I}_i = I_i \angle -\varphi'_i$,$i = 1, 2, \cdots, n$,则电压降表达式为

$$\begin{aligned}\Delta \dot{U} &= \dot{U} - \dot{U}' = Z \sum_{i=1}^{n} I_i \angle -\varphi_i \\ &= \left[R \sum_{i=1}^{n} I_i \cos \varphi_i + X \sum_{i=1}^{n} I_i \sin \varphi_i \right] + \mathrm{j} \left[-R \sum_{i=1}^{n} I_i \sin \varphi_i + X \sum_{i=1}^{n} I_i \cos \varphi_i \right]\end{aligned} \tag{8.14}$$

8.2.2 不同供电方式下牵引网电压损失

按同型列车上、下行连续追踪运行,分别计算上、下行接触网分开和并联运行时,最严重情况下的牵

引网电压损失；列车电流取最大取流列车的带电平均电流。

8.2.2.1 AT 供电方式下牵引网电压损失

结合列车的实际运行情况，分析常用的分开供电（AT 所、分区所处均不关联）、全并联供电（AT 所、分区所处均并联）、末端并联供电（仅分区所处并联）情况下的牵引网电压损失。

1. 分开供电的牵引网电压损失

根据牵引网的电流分布可以计算出每列车的电压损失，以及两列车相互间电压损失的影响，等效电路如图 8.3 所示，用该电路来推导电压降运算更加直观和简便，但是对于同 AT 区段不同方向的相互电压损失影响计算不适用。

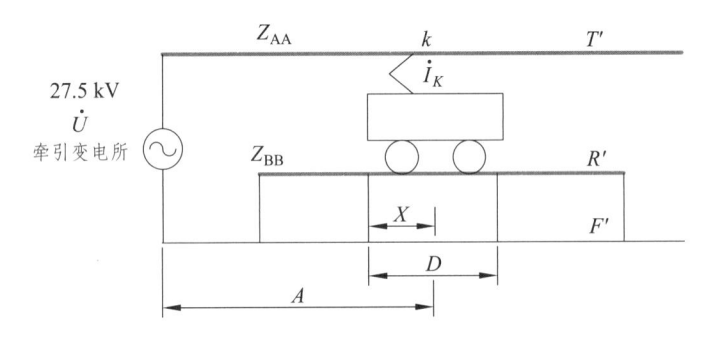

图 8.3 AT 供电简化等效电路

当牵引供电臂内只有 1 列列车（k）运行时，该车引起的自身电压降为

$$\Delta \dot{U} = A Z_{AA} \dot{I}_k + X Z_{BB} \dot{I}_k \left(1 - \frac{X}{D}\right) \tag{8.15}$$

式中　Z_{AA}——长回路单位阻抗（Ω/km）；

Z_{BB}——段中回路单位阻抗（Ω/km）；

A——列车距离牵引变电所的距离（km）；

X——列车在段中的距离（km）；

D——AT 段长度（km）。

下面研究供电臂内存在 2 列列车取流时的相互电压降影响。设列车 k 为计算点，k 到牵引变电所 A 方向最近自耦变压器距离为 x_k，k 到牵引变电所 A 的距离为 A_k；列车 i 和列车 j 是相对 k 不同位置的取流列车，列车 i 到牵引变电所 A 方向最近自耦变压器的距离为 X_i，i 到牵引变电所 A 的距离为 A_i；j 到牵引变电所 A 方向最近自耦变压器的距离为 X_j，j 到牵引变电所 A 的距离为 A_j，并且 i 车相对于 k 车更靠近牵引变电所 A，j 车相对于 k 车更远离牵引变电所 A。

假设同 AT 区段只有 1 列列车取流，i 列车取流对 k 列车造成的电压降为

$$\Delta \dot{U}_{ik} = A_i Z_{AA} \dot{I}_i (A_i > A_k) \tag{8.16}$$

假设同 AT 区段只有 1 列列车取流，j 列车取流对 k 列车造成的电压降为

$$\Delta \dot{U}_{jk} = A_k Z_{AA} \dot{I}_j (A_j > A_k) \tag{8.17}$$

当同方向的同 AT 区段存在多列列车时，列车间电压降影响计算也是适用的。

同方向同 AT 区段有 2 列列车取流，i 列车取流对 k 列车造成的电压降为

$$\Delta \dot{U}_{ik} = A_i Z_{AA} \dot{I}_i + X_i Z_{BB} \dot{I}_i \left(1 - \frac{X_k}{D}\right) \quad (A_i < A_k) \tag{8.18}$$

同方向同 AT 区段有 2 列列车取流，j 列车取流对 k 列车造成的电压降为

$$\Delta \dot{U}_{jk} = A_k Z_{AA} \dot{I}_j + X_k Z_{BB} \dot{I}_j \left(1 - \frac{X_j}{D}\right) \quad (A_j > A_k) \tag{8.19}$$

2. 全并联供电的牵引网电压损失

由于全并联 AT 供电将每个 AT 所上下行都并联起来，所以，某列车无论是处在上行供电臂还是下行供电臂，只要是在同一个 AT 区段，取流位置点相同，那么该车对牵引网造成的自身电压降就相同，同式（8.15）。

同方向列车间电压降影响计算也同上述内容。但是，当 2 列列车处于同一个 AT 区段不同方向时，如 j 车处于上行区段，k 车处于下行区段，列车所处位置和前面所设参数一样，简化等效模型不适用于这种情况的相互电压降影响求解，需要用等值电路图求解，如图 8.4 所示。

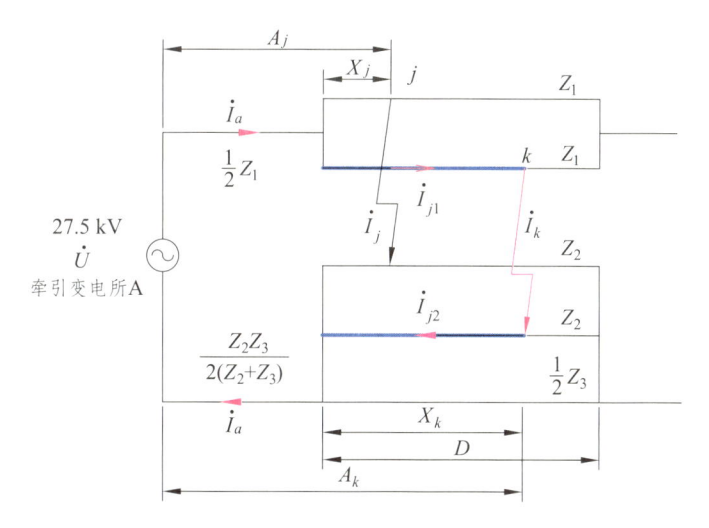

图 8.4　同 AT 区段不同方向电压降计算等值电路

主要研究列车 j 对列车 k 的电压降影响，列车 j 的取流电流为 $\dot{I}_j$，其中图 8.4 中所标示的 $\dot{I}_{j1}$、$\dot{I}_{j2}$ 和 $\dot{I}_a$ 都是指由电流 $\dot{I}_j$ 单独作用线路时的值，各值为

$$\begin{cases} \dot{I}_{j1} = \dfrac{X_j}{2D} \dot{I}_j \\ \dot{I}_a = \dot{I}_j \\ \dot{I}_{j2} = \dfrac{\dot{I}_j X_j Z_3}{2D(Z_2 + Z_3)} \end{cases} \tag{8.20}$$

根据图 8.4 计算出列车 j 对列车 k 造成的电压降为

$$\Delta \dot{U}_{jk} = \frac{1}{2}(A_j - X_j) Z_1 \dot{I}_a + \frac{1}{2} \cdot \frac{Z_2 Z_3}{Z_2 + Z_3}(A_j - X_j) \dot{I}_a + Z_1 X_k \dot{I}_{j1} + Z_2 X_k \dot{I}_{j2} \tag{8.21}$$

将式（8.20）代入式（8.21），可以解得：

$$\Delta \dot{U}_{jk} = Z_{AA} \dot{I}_j \left(A_j - X_j + \frac{X_k X_j}{D} \right) \quad (8.22)$$

同理可得同一 AT 区段列车 k 对列车 j 造成的电压降为

$$\Delta \dot{U}_{kj} = Z_{AA} \dot{I}_k \left(A_k - X_k + \frac{X_k X_j}{D} \right) \quad (8.23)$$

3. 末端并联供电的牵引网电压损失

对末端并联复线 AT 网络简化等效电路，如图 8.5 所示。当复线 AT 网络中存在多列列车同时取流时，最大电压损失发生在分流点"∇"处，则主要研究列车 j 对列车 k 的电压降影响。

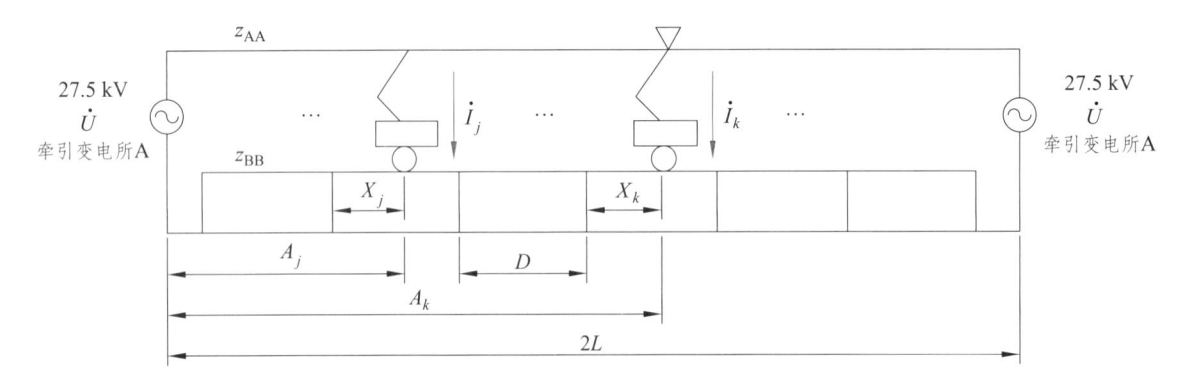

图 8.5 末端并联的复线 AT 网络等效电路

$$\Delta \dot{U}_{kj} = \begin{cases} \dfrac{A_j}{2L} \dot{I}_j Z_{AA}(2L - A_k) & A_j < A_k \\ \left(1 - \dfrac{A_j}{2L}\right) A_j Z_{AA} \dot{I}_j + \left(1 - \dfrac{x_j}{D}\right) x_j Z_{BB} \dot{I}_j & A_j = A_k \\ \dfrac{2L - A_j}{2L} \dot{I}_j Z_{AA} A_k & A_j > A_k \end{cases} \quad (8.24)$$

式中，A_j 为上下行牵引网展开后各列车距离同一侧电源的距离（km），$0 < A_j < 2L$。

在计算牵引网电压损失时，只需将以上电压降表达式中的阻抗 Z_{AA} 与 Z_{BB} 换成单位长度等效阻抗 Z'_{AA} 与 Z'_{BB}，如式（8.24）所示，列车电流用模值表示即可，某列车在牵引网的电压损失为自身电压损失和其他列车对其造成的电压损失的叠加。

$$\begin{cases} Z'_{AA} = r_{AA} \cos\varphi + x_{AA} \sin\varphi \\ Z'_{BB} = r_{BB} \cos\varphi + x_{BB} \sin\varphi \end{cases} \quad (8.25)$$

式中　r_{AA}、x_{AA}——长回路阻抗 Z_{AA} 的实部和虚部；

　　　r_{BB}、x_{BB}——段中回路阻抗 Z_{BB} 的实部和虚部；

　　　φ——负荷功率因数角。

8.2.2.2　带回流线的直接供电方式下牵引网电压损失

结合列车的实际运行情况，分析常用的分开供电、末端并联供电情况下的牵引网电压损失。

1. 分开供电的牵引网电压损失

按同型列车上、下行连续追踪运行,计算上、下行接触网分开运行时,最严重情况下的牵引网电压损失,列车电流取最大取流列车的带电平均电流。复线牵引网列车取流和位置如图 8.6 所示,设各列车负荷功率因数相同,则可求得上、下行线路 I、II 单位等效自阻抗($z'_I = z'_{II} = z'$)和互阻抗 $z'_{I\,II}$。

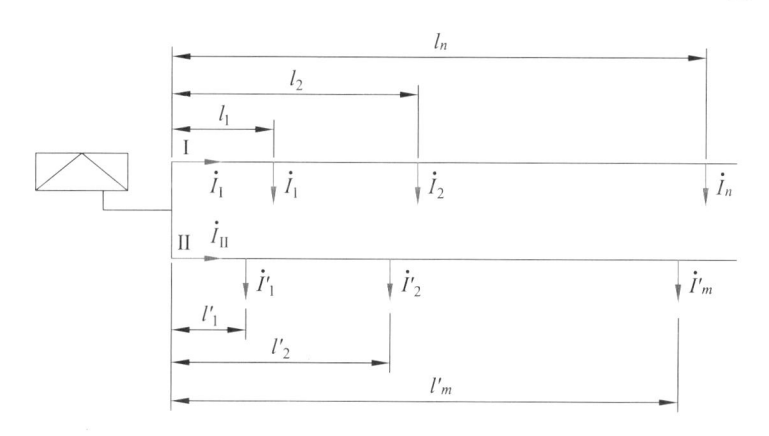

图 8.6 分开供电时复线牵引网负荷分布

分开供电时牵引网成为两条单线支路,牵引网电压损失应取两支路最大者,即

$$\Delta \dot{U}_\nabla = \max \left\{ z' \sum_{i=1}^{n} \dot{i}_i l_i + z'_{I\,II} \sum_{j=1}^{m} \dot{i}'_j l'_j \, , \, z' \sum_{j=1}^{m} \dot{i}'_j l'_j + z'_{I\,II} \sum_{i=1}^{n} \dot{i}'_i l'_i \right\} \quad (8.26)$$

2. 末端并联供电的牵引网电压损失

复线牵引网上、下行末端并联供电时,列车电流在复线牵引网支路中的电流大小同支路的长度成反比,设图 8.7 中供电臂的电流分界点"▽"位于上行线路 I 末端列车 $\dot{i}_n$ 处,在电压水平校核时,只需计算该点电压损失。

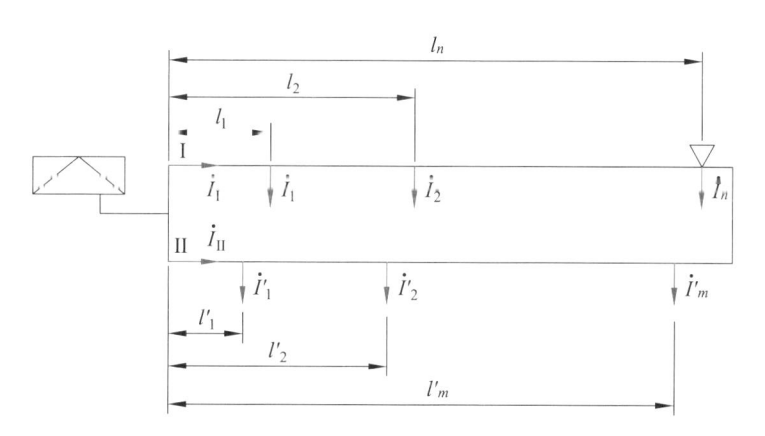

图 8.7 末端并联供电时复线牵引网负荷分布

对于线路 I 上任一列车 $\dot{i}_i$,$i=1,2,\cdots,n$,流经短路径支路的电流为 $\dfrac{2l-l_i}{2l}\dot{i}_i$;流经长路径支路的电流为 $\dfrac{l_i}{2l}\dot{i}_i$。而对于线路 II 上的任一列车 $\dot{i}'_j$,$j=1,2,\cdots,m$,流经短、长路径的电流分别为 $\dfrac{2l-l'_j}{2l}\dot{i}'_j$ 和 $\dfrac{l'_j}{2l}\dot{i}'_j$。

则供电臂上最后一列车受电弓 "▽" 处的牵引网电压损失 ΔU_∇ 为

$$\begin{aligned}\Delta \dot{U}_\nabla &= \sum_{i=1}^{n}\left[z'l_i\frac{2l-l_i}{2l}\dot{I}_i - z'(l_n-l_i)\frac{l_i}{2l}\dot{I}_i + z'_{\text{I\hspace{-1pt}I}}l_n\frac{l_i}{2l}\dot{I}_i\right] + \\ &\quad \sum_{j=1}^{m}\left[z'l_n\frac{l'_j}{2l}\dot{I}'_j + z'_{\text{I\hspace{-1pt}I}}l'_j\frac{2l-l'_j}{2l}\dot{I}'_j - z'_{\text{I\hspace{-1pt}I}}(l_n-l'_j)\frac{l'_j}{2l}\dot{I}'_j\right] \\ &= \sum_{i=1}^{n}\left[z'-z'\frac{l_n}{2l}+z'_{\text{I\hspace{-1pt}I}}\frac{l_n}{2l}\right]\dot{I}_i l_i + \sum_{j=1}^{m}\left[z'\frac{l'_m}{2l}+z'_{\text{I\hspace{-1pt}I}} - z'_{\text{I\hspace{-1pt}I}}\frac{l'_m}{2l}\right]\dot{I}'_j l'_j \\ &= \sum_{i=1}^{n}\left[z'-(z'-z'_{\text{I\hspace{-1pt}I}})\frac{l_n}{2l}\right]\dot{I}_i l_i + \sum_{j=1}^{m}\left[z'_{\text{I\hspace{-1pt}I}} - (z'_{\text{I\hspace{-1pt}I}}-z')\frac{l'_m}{2l}\right]\dot{I}'_j l'_j\end{aligned} \quad (8.27)$$

8.2.3　不同结线型式牵引变压器电压损失

不同结线型式牵引变压器的电压损失计算方法不同，牵引变压器电压损失与其结线方式、容量、漏抗、负载电流大小及功率因数有关。变压器漏抗越大，低压侧功率因数越低，其压损越大。

8.2.3.1　单相结线牵引变压器

单相牵引变压器绕组电压损失为

$$\Delta \dot{U} = Z_\text{T} \cdot (\dot{I}_1 + \dot{I}_2) \text{（V）} \quad (8.28)$$

式中　$\dot{I}_1$、$\dot{I}_2$——两臂负荷（A）；

Z_T——单相变压器归算到次边的阻抗（Ω）。

8.2.3.2　V结线牵引变压器

Vv 结线牵引变压器可以分解成两个单相变压器，所以可参考 8.2.3.1 的内容。

Vx 结线牵引变压器计算 T 绕组电压损失同 Vv 结线牵引变压器。

8.2.3.3　阻抗匹配平衡结线牵引变压器

$$\Delta U_{\text{T}\alpha} = (2\dot{I}_\alpha \sin\varphi_\alpha + 0.348\,8\dot{I}_\beta \cos\varphi_\beta)Z_\text{T}$$

$$\Delta U_{\text{T}\beta} = (2\dot{I}_\beta \sin\varphi_\beta - 0.348\,8\dot{I}_\alpha \cos\varphi_\alpha)Z_\text{T}$$

式中　$\dot{I}_\alpha$、$\dot{I}_\beta$——引前项和滞后相负荷（A）；

φ_α、φ_β——引前项和滞后相功率因数角；

$\Delta U_{\text{T}\alpha}$——阻抗匹配平衡变压器滞后相电压损失（V）；

$\Delta U_{\text{T}\beta}$——阻抗匹配平衡变压器引前相电压损失（V）。

8.2.3.4　斯柯特平衡结线牵引变压器

$$\Delta \dot{U}_{\text{TM}} = Z_{\text{TM}} \cdot \dot{I}_\text{M}$$

$$\Delta \dot{U}_{\text{TT}} = Z_{\text{TT}} \cdot \dot{I}_\text{T}$$

式中 $\Delta \dot{U}_{TM}$——斯柯特变压器 M 座电压损失（V）；

$\Delta \dot{U}_{TT}$——斯柯特变压器 T 座电压损失（V）。

8.2.4 电力系统电压损失

为了保证列车受电弓上的最低电压水平满足运行要求，应有效减小电力系统的电压损失，要求向牵引变电所供电的电力系统具有较大的系统短路容量。

牵引负荷在电力系统中造成的电压损失 ΔU_S，应根据电力系统运行方式和牵引负荷进行计算。电力部门应保证牵引变电所进线母线电压波动不超过国标规定限值。在缺乏电力系统详细资料的情况下，可按系统短路容量进行估算，其值随牵引变电所距电源点的远近而不同。

$$\Delta \dot{U}_S = Z_S \cdot \dot{I}_S \qquad (8.29)$$

式中 Z_S——电源系统归算到牵引变压器次边的阻抗（Ω）；

I_S——牵引电流（A）。

8.2.5 牵引网电压水平

计算列车受电弓处的接触网最低电压：

$$\dot{U}_{min} = \dot{U}_0 - \Delta \dot{U}_j - \Delta \dot{U}_T - \Delta \dot{U}_S \quad (\text{V}) \qquad (8.30)$$

式中 $\dot{U}_0$——牵引变电所空载电压（V）。

根据《铁路电力牵引供电设计规范》TB 10009 规定，牵引变电所牵引侧母线上的额定电压为 27.5 kV，AT 供电方式为 2×27.5 kV；接触网的额定电压为 25 kV，最高允许电压为 29 kV，最低工作电压为 20 kV。

8.2.6 提高牵引网电压水平的改善措施

目前，我国一般地区高速铁路牵引网电压水平基本满足牵引供电要求，个别地区不满足要求时可采取加强措施。提高牵引网电压水平一般从两方面入手：一是提高电源端（电力系统进线）电压；二是减小牵引供电系统电压损失。

8.2.6.1 调整牵引变电所母线电压

牵引变压器调压方式优先采用高压侧无励磁调压方式，在电压波动较大的牵引变电所，可以采用带有载分接开关的牵引变压器。对外部电源供电电压偏差较大的地区，220 kV（330 kV、110 kV）电压等级牵引变压器调压范围应不限于额定电压 ±2×2.5%，调压范围可根据外部电源情况在 ±2×2.5%、±3×2.5%、±4×2.5% 内选择。这种方法简便有效，但其局限性在于：① 电压调整范围小；② 不宜用于系统电压频繁波动的场合。

8.2.6.2 减小牵引供电系统电压损失

减小牵引供电系统电压损失的主要措施是降低阻抗，主要方法有降低牵引变压器阻抗、增大导线截面或增设加强线、调整供电方式及供电臂长度等。

8.3 牵引网载流能力计算

电能传输系统的载流能力实质上是系统承受热负荷的能力，也称为耐热稳定性或热负荷容量。电气化铁路动车组通过牵引供电系统获取电能，牵引网承受电流的能力，是评价牵引供电系统供电能力的重要指标。牵引网是由多根传输导体和回流导体构成的复杂多导体传输线系统，我国对单导体载流量的计算参照 IEC、IEEE 标准公式，对于牵引网单个导体，由于其结构、材质、运行环境等与电力架空导线差别很大，因此，不能完全照搬电力架空导线载流量计算方法。

牵引网由传输导体和回流导体构成。传输导体为接触线和承力索，对于 AT 供电方式，正馈线也可以视为传输导体。回流导体由回流线（保护线）、钢轨、大地和贯通地线构成。

导体载流量和温度关系主要由热平衡方程描述。热平衡方程包括焦耳热量 dP_J、太阳辐射热量 dP_{in}、存储热量 dP_S、对流换热热量 dP_{out} 和对外热辐射 dP_{out1}，即

$$dP_J + dP_{in} - dP_S - dP_{out} - dP_{out1} = 0 \tag{8.31}$$

8.3.1 热量计算方法

1. 焦耳热量

导体焦耳热量按下式计算：

$$dP_J = I^2 e_{20}[1 + \alpha_R(\theta - 20)](l/A)dt \tag{8.32}$$

式中　I——导体电流（A）；

　　　θ——导体温度（°C）；

　　　e_{20}——导体在 20 °C 时的电阻率（Ω·mm²/m）；

　　　A——导体截面面积（mm²）；

　　　α_R——导体温度系数；

　　　l——导体长度（m）；

　　　dt——时间变化微分量。

2. 太阳辐射热量

导体太阳辐射热量按下式计算：

$$dP_{in} = d\varepsilon p_{so} l \sin\delta dt \tag{8.33}$$

式中　p_{so}——太阳辐射密度（W/m²）；

　　　ε——太阳吸收系数；

　　　d——导体直径（m）；

　　　l——导体长度（m）；

　　　δ——太阳偏角，计算中可按 90° 考虑；

　　　dt——时间变化微分量。

不同表面和不同材质 ε 不同，如表 8.1 所示。

表 8.1　不同表面和材质下的太阳吸收系数 ε

表面	铜	铝
半抛光	0.15	0.08
无光泽的、平滑	0.24	0.23
氧化的、轻微污染	0.6	0.5
重度氧化	0.75	0.7
重度氧化、污染	0.85 ~ 0.95	0.88 ~ 0.93

3. 存储热量

导线内存储的热能按下式计算：

$$\mathrm{d}P_S = C_t \mathrm{d}\theta = CG\mathrm{d}\theta = CrAl\mathrm{d}\theta \tag{8.34}$$

式中　C_t——导体热容量（J/K）；

C——导体材料比热 [J/（kg·K）]；

G——导体质量（kg）；

r——导体质量密度（kg/m³）；

A——导体截面面积（m²）；

l——导体长度（m）；

$\mathrm{d}\theta$——温度变化微分量。

4. 对流换热热量

对流换热热量按下式计算：

$$\mathrm{d}P_{\mathrm{out}} = \alpha_r A(\theta - \theta_{\mathrm{air}})\mathrm{d}t \tag{8.35}$$

式中　A——与流体接触壁面面积（m²），且 $A = Ul$，其中，U 为导体外径周长，l 为导体长度；

θ——壁面温度（°C）；

θ_{air}——流体平均温度（°C）；

α_r——对流换热系数 [W/（m²·K）]，且 $\alpha_r = (Nu \cdot \lambda)/l_w$，其中，$\lambda$ 为空气特定热传导率 [W/（m·K）]，l_w 为导体滑移接触长度或导体定型尺寸（m）（流体外掠平板时，选用板长为定型尺寸；管内流体换热，选用管内径为定型尺寸；外掠圆管流动换热，选用管外径为定型尺寸；对于非圆形管，可采用当量直径；对于接触导线，可取导线周长的一半），Nu 为努塞尔数，表达式为

$$Nu = 0.17 Re_{\mathrm{tr}}^{0.62} \tag{8.36}$$

式中，Re_{tr} 为综合自由和强迫对流情况下的雷诺数，取值范围：$10^3 < Re_{\mathrm{tr}} < 10^4$；其与自由对流分量 Re_f 和强迫对流分量 Re 的关系为

$$Re_{\mathrm{tr}} = \sqrt{Re_f^2 + Re^2} \tag{8.37}$$

式中，Re_f 和 Re 计算式分别见式（8.38）和式（8.39）。

$$Re_f = 6.97(G_r P_r)^{0.403} \tag{8.38}$$

$$Re = \frac{v_{air} l_w}{v_{ni}} \tag{8.39}$$

式中　G_r——格拉晓夫数；

　　　P_r——普朗特数；

　　　v_{ni}——运动黏度（$\times 10^{-6} \, m^2/s$）；

　　　v_{air}——风速（m/s）。

5. 热辐射热量

基于斯蒂芬-玻尔兹曼定律，由于通常壁面温度 T 近似等于流体平均温度 T_{air}，热辐射热量 dP_{out1} 计算式为

$$dP_{out1} = h\sigma A\left[\left(\frac{T}{100}\right)^4 - \left(\frac{T_{air}}{100}\right)^4\right] = h\sigma A \frac{\left[\left(\frac{T}{100}\right)^4 - \left(\frac{T_{air}}{100}\right)^4\right]}{\theta - \theta_{air}}(\theta - \theta_{air})$$

$$\approx 4h\sigma A T_{air}^3 (\theta - \theta_{air}) \tag{8.40}$$

式中　σ——斯蒂芬-玻尔兹曼常数，值为 $5.67 \times 10^{-8} \, W/(m^2 \cdot K^4)$；

　　　h——物体表面黑度。

接触线下部表面可认为是光亮的，顶部被氧化和污染，相应辐射率上部为 0.93，下部为 0.24，磨耗 10% 的接触线，上下部比值为 0.79/0.21。因此，dP_{out1} 可表示为

$$dP_{out1} = 4 \times (0.21 \times 0.24 + 0.79 \times 0.93)\sigma A\left[\left(\frac{T}{100}\right)^4 - \left(\frac{T_{air}}{100}\right)^4\right]$$

$$\approx 3.1404\sigma A T_{air}^3(\theta - \theta_{air}) \tag{8.41}$$

将 dP_J、dP_{in}、dP_S、dP_{out}、dP_{out1} 计算式分别代入式（8.31）所示的热平衡方程中，则

$$k_1[1 + \alpha_R(\theta - 20)] + k_2 - k_3\frac{d\theta}{dt} - k_4(\theta - \theta_{air}) = 0 \tag{8.42}$$

式中，$k_1 = \dfrac{I^2 e_{20}}{A}$；$k_2 = d\varepsilon p_{so}\sin\delta$；$k_3 = CrA$；$k_4 = \alpha_r U + 4h\sigma U(\theta_{air} + 273)^3$。

8.3.2　导线温升计算

式（8.42）对 t 求导，并就求导所得方程进行求解，设 θ_1、θ_2 为记录时间内导体起止温度，即 $t = 0$ 时 $\theta = \theta_1$ 和 $t = +\infty$ 时 $\theta = \theta_2$，则

$$\theta(t) = \theta_1 e^{-\frac{t}{T}} + \theta_2\left(1 - e^{-\frac{t}{T}}\right) \tag{8.43}$$

式中

$$T = \frac{CrA}{\alpha_r U + 4h\sigma U(\theta_{air} + 273)^3 - \alpha_R I^2 e_{20}/A} \tag{8.44}$$

8.3.3 导体正常载流量计算

将导体允许最高温度设为 $\theta_{\lim}$，并考虑单位长度导体处于稳定状态，即 $dq/dt = 0$，代入热平衡方程，可推导牵引网单导体正常载流量计算式为

$$I = \sqrt{\frac{A[\alpha_r U(\theta_{\lim} - \theta_{air}) + \sigma U h(\theta_{\lim}^4 - \theta_{air}^4) - d\varepsilon p_{so} \sin\delta]}{e_{20} \cdot [1 + \alpha_R(\theta_{\lim} - 20)]}} \quad (8.45)$$

8.3.4 导体短路载流量计算

短路时，牵引网导体电流瞬时可以达到正常工作电流的几倍甚至几十倍，这会导致导体上的焦耳热量急剧增加，甚至引起导体软化或熔化，造成事故。计算中对导体允许短路载流量分析中做出的假设如下：① 不考虑导体集肤效应；② 导体电阻和温度成线性关系变化；③ 导体单位热耗恒定；④ 温升过程是绝热的。根据上述假设，可以认为：在整个短暂的短路过程中，导体产生的热量都用于提升自身温度。此时热平衡方程只计及焦耳热量和存储热量，方程为

$$\frac{I^2 e_{20}}{A}[1 + \alpha_R(\theta - 20)] - CrA = 0 \quad (8.46)$$

通过公式转化，并在等式两侧进行关于 t 和 q 积分可得：

$$I = \sqrt{\frac{CrA^2}{e_{20}\alpha_R t_k} \ln\left(\frac{[1 + \alpha_R(\theta_{\lim} - 20)]}{1 + \alpha_R(\theta_a - 20)}\right)} \quad (8.47)$$

式中　t_k——短路持续时间；

$\theta_{\lim}$——导体允许的极限温度，即导体允许软化的可能温度，比导体正常载流量的允许温度高很多；

θ_a——短路前导体温度。

8.3.5 牵引网综合载流能力计算

在得到牵引网各导体载流量 I_i 后，需计算各导体电流分配系数 k_i，然后以导体载流量除以对应的电流分配系数得到对应各导体的牵引网载流能力 I_{ki}，即 $I_{ki} = \frac{I_i}{k_i}$。取对应各导体的牵引网载流能力的最小值 $I = \min_{i=1,2,\cdots,n}\{I_{ki}\}$ 即为牵引网综合载流能力。对于带回流线直接供电方式，传输回路有接触线和承力索，按照传输回路各导体计算综合载流能力即可；对于 AT 供电方式，除了考虑传输回路导体接触线和承力索外，还需考虑正馈线，按照这三个导体最先达到允许载流量值为条件，确定牵引网综合载流能力。

对于高速牵引供电系统，主要存在分开供电、并联供电和全并联供电的运行方式，与分开供电相比，并联供电和全并联供电利用上、下行负荷的差异，通过上、下行电气连接，将负荷在上、下行牵引网均匀分配，以此提高牵引供电系统的供电能力。若上、下行负荷完全相同，则并联供电、全并联供电与分开供电的供电能力并无差异。为供电安全起见，复线牵引网综合载流能力按分开供电运行方式确定。

1. AT 供电方式

以接触悬挂 JTMH-120+CTS-150 为例，长回路中各传输导体电流分配系数、载流量和综合载流量计算

结果如表 8.2 所示。

表 8.2 复线 AT 供电方式长回路电流分布和载流量计算结果

导 体	电流分配系数	95 ℃ 载流量 /A	综合载流量 /A
接触线（CTS-150）	0.293 5	541	1 238
承力索（JTMH-120）	0.270 3	416	
正馈线（LBGLJ-240/30）	0.436	540	

2. 带回流线直接供电方式

以接触悬挂 JTMH-120+CTS-150 为例，结合复线带回流线直接供电方式牵引网电流分布情况，各传输导体电流分配系数和载流量以及综合载流量计算结果如表 8.3 所示。

表 8.3 复线带回流线直接供电方式电流分布和载流量计算结果

导 体	电流分配系数	95 ℃ 载流量 /A	综合载流量 /A
接触线（CTS-150）	0.525	541	875
承力索（JTMH-120）	0.475	416	

3. 相关说明

正馈线通常采用 LBGLJ 导线，该型导线在电力系统中使用广泛，对其载流量计算有较多的资料可以参考，因此，这里没有对该导线载流量计算进行详细分析，而是直接引用环境温度 40 ℃、最高工作温度 80 ℃ 数值。

带回流线直接供电方式综合载流量的控制导体是承力索。AT 供电方式长回路综合载流量的控制导体是正馈线。

8.4 牵引变压器容量计算

牵引变压器的容量计算取决于供电臂负荷电流大小及变压器结线型式。供电臂负荷电流主要与动车组类型、牵引质量、牵引供电方式、线路坡道、行车量和线路通过能力等有关。

牵引变压器容量计算主要遵循以下原则：

（1）牵引变压器容量一般按照近期行车组织的需要计算，牵引变电所预留远期行车组织要求的牵引变压器增容改造的条件，并校验跨线列车通过的能力需求；

（2）一般干线铁路牵引变压器容量按照线路行车组织确定的动车组类型在不同设计年度平图能力进行计算；

（3）充分利用牵引变压器过负荷能力。

8.4.1 容量计算

8.4.1.1 单相牵引变压器

单相结线牵引变压器容量计算如下：

$$s = UI_x \tag{8.48}$$

$$I_x = \sqrt{I_{1x}^2 + I_{2x}^2 + 2I_{1p}I_{2p}}$$

式中　I_{1x}、I_{1p}——重负荷臂电流有效值和平均值（A）；

　　　I_{2x}、I_{2p}——轻负荷臂电流有效值和平均值（A）。

8.4.1.2 V结线牵引变压器

Vv结线牵引变压器容量计算如下：

$$s_1 = UI_{1x}$$

$$s_2 = UI_{2x}$$

式中　I_{1x}、I_{2x}——重、轻负荷臂电流有效值（A）。

Vx结线牵引变压器的高压绕组容量可以用下式确定：

$$s_1 = UI_{1x}$$

$$s_2 = UI_{2x}$$

式中　I_{1x}、I_{2x}——重、轻负荷臂电流有效值（A）。

Vx结线牵引变压器的低压（27.5 kV）绕组容量根据供电臂T、F绕组负荷电流确定。

$$S_T = UI_T$$

$$S_F = UI_F$$

式中　I_T、I_F——T、F绕组负荷电流有效值（A）。

8.4.1.3 阻抗匹配平衡结线牵引变压器

阻抗匹配平衡结线牵引变压器容量计算如下：

$$s = k_t UI_{1x} \sqrt{(2+\sqrt{3})+(2-\sqrt{3})n^2} \tag{8.49}$$

式中　k_t——温度系数，$k_t = 0.06n+0.94$；

$$n = I_{x2}/I_{x1}$$

　　　I_{x1}——重负荷臂对应正常运行列车对数时电流有效值（A）；

　　　I_{x2}——轻负荷臂对应正常运行列车对数时电流有效值（A）。

8.4.1.4 斯科特平衡结线牵引变压器

斯科特平衡结线牵引变压器容量计算如下：

当$I_{Tx}>I_{Mx}$时：

$$s = 2UI_{Tx} \tag{8.50}$$

当 $I_{Mx} > I_{Tx}$ 时：

$$s = U\sqrt{3I_{Mx}^2 + I_{Tx}^2} \tag{8.51}$$

式中　I_{Tx}——T 座有效电流（A）；

　　　I_{Mx}——M 座有效电流（A）。

8.4.2　牵引变压器的过负荷能力

牵引变压器的工作寿命主要取决于其绝缘水平。目前，牵引变压器基本为油、纸绝缘系统，变压器油作为绝缘和散热介质，通常采用燃点为 165 ℃ 的矿物油，绕组导体包绕绝缘纸，线圈对地间采用纸板绝缘。绝缘寿命的决定因素是绕组绝缘纸的工作温度，目前，牵引变压器绝缘耐热等级一般为 A 级，牵引变压器的绕组平均温升按 60 K、顶层油温升按 50 K 控制。

牵引变压器的运行寿命可通过蒙托辛格氏法则计算，即寿命 = $De^{-p\theta}$，D 为变压器正常寿命，通常为 30 年，按照维持正常使用寿命的热点温度为 98 ℃，温度每增加 6 ℃，绝缘寿命减少一半，可得 p 等于 0.115 5（℃$^{-1}$），θ 等于变压器热点温度减去 98。

根据《电力牵引供电设计规范》及《电气化铁路牵引变压器》的规定，牵引变压器要求环境温度 30 ℃，绕组最热点温度不超过 140 ℃，顶层油温不超过 105 ℃，一般满足图 8.8 所示的过负荷曲线。

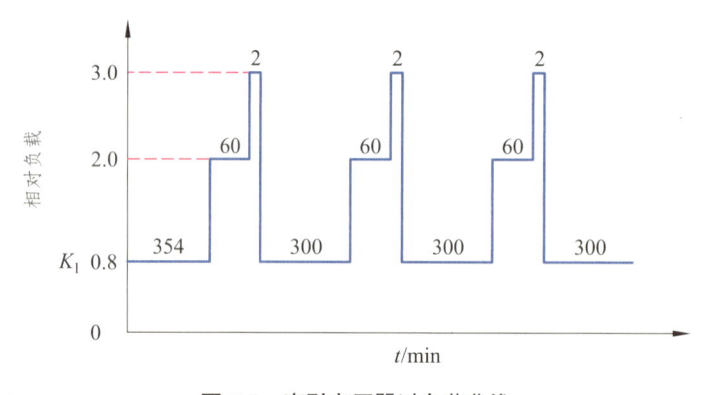

图 8.8　牵引变压器过负荷曲线

8.4.3　安装容量的确定

根据铁路运输给定的年运量大小和行车组织的要求确定计算容量，再根据列车紧密运行时供电臂的有效电流和充分利用牵引变压器的过负荷能力计算校核容量，然后结合牵引变压器备用方案、基本电费计费方式等因素，按实际牵引变压器系列产品的规格选定安装容量。

8.5　钢轨电流分布和钢轨电位计算

对于钢轨电流和钢轨电位问题，按干扰耦合机理分为阻性耦合、感性耦合和容性耦合。我国牵引供电系统中，钢轨和大地作为回流系统的重要组成，当牵引负荷运行或牵引网发生短路时，将有一定比例的运行电流或短路电流通过钢轨与大地流回牵引变电所，负荷电流经由钢轨泄漏进入大地时，将会通过钢轨—大地间过渡电阻产生钢轨电位，通常将这种耦合关系称为阻性耦合。同时，接触线、承力索、正馈线、回流线（保护线），也会在钢轨—大地回路空间中产生交变磁通，进而产生钢轨电位，通常将这种耦合关系称为感性耦合。另外，接触网、承力索、正馈线、回流线（保护线）也通过与钢轨—大地回路间的耦合电容，产生钢轨电位，通常将这种耦合关系称为容性耦合。如果钢轨电位过高且该电位可以被人体接触的部分超过允许接触电压，则会产生对人体的危害。

8.5.1 激励源分析

从牵引供电系统回路的观点出发，如图 8.9 所示，以带回流线的直接供电方式为例，钢轨—大地回路的入射场激励主要有两个方面：一方面是作为回流通路，牵引供电系统注入的回流电流；另一方面是钢轨和大地外其他牵引网导体电流和导体电位在钢轨—大地回路中产生的干扰性入射场激励响应。此外，单根钢轨与大地构成的回路还受到来自其他钢轨与大地回路的干扰性入射场激励。

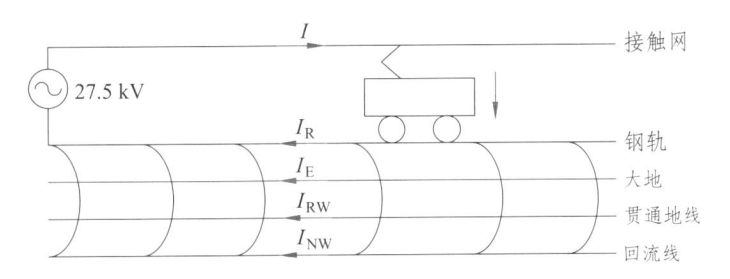

图 8.9 单线带回流线直接供电系统结构

8.5.2 回流电流注入钢轨—大地回路激励源响应

钢轨—大地回路通常按照分布参数构建等效模型。分布参数基本微元如图 8.10 所示，它由串联阻抗 $Zdx = rdx + j\omega Ldx$、并联导纳 $ydx = gdx + j\omega Cdx$ 构成，而钢轨—大地回路由无限多个微元构成，如图 8.11 所示。回流电流注入（流出）钢轨—大地回路构成的钢轨回流电流和大地回流电流，按照两者在钢轨—大地回路中产生的激励源响应分别进行分析。为了分析方便，这里考虑回流导体仅由钢轨和大地构成。钢轨回流电流在回路中产生的单位长度磁通为 $\dfrac{\mu i(x)}{2\pi}\ln\left(\dfrac{D}{r_0}\right)/2$ [式中 μ 为土壤导磁系数，$i(x)$ 为钢轨电流，D 为等值地回线深度，r_0 钢轨计算半径]；而大地回流电流在回路中产生的单位长度磁通为 $\dfrac{\mu[I_0 - i(x)]}{2\pi}\ln\left(\dfrac{D}{r_0}\right)/2$（$I_0$ 为牵引负荷电流）。根据钢轨和大地两回流电流方向，它们在钢轨—大地回路中产生的磁通见式（8.59）。

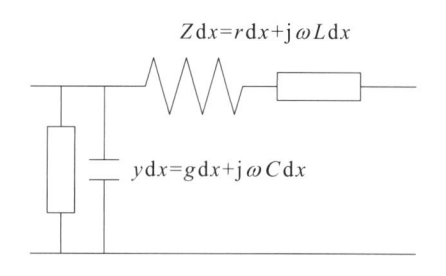

图 8.10 钢轨—大地回路分布参数模型

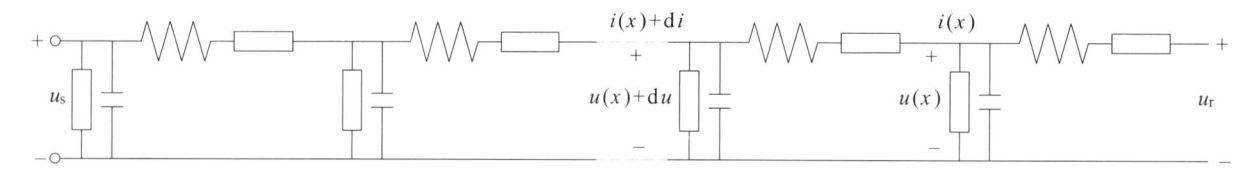

图 8.11 牵引网的钢轨—大地回路分布参数模型

$$\frac{\mu i(x)}{2\pi}\ln\left(\frac{D}{r_0}\right)/2 - \frac{\mu[I_0 - i(x)]}{2\pi}\ln\left(\frac{D}{r_0}\right)/2 = \frac{\mu[i(x) - I_0/2]}{2\pi}\ln\left(\frac{D}{r_0}\right) = [i(x) - I_0/2]L \quad (8.52)$$

式中 L——钢轨—大地回路单位长度电感。

结合钢轨—大地回路分布参数模型，可进一步得出如式（8.53）所示的钢轨电位 $u(x)$ 和钢轨电流 $i(x)$ 的微分方程组。

$$\begin{cases} \dfrac{\mathrm{d}u(x)}{\mathrm{d}x} = Zi(x) = (r + \mathrm{j}\omega L)\left[i(x) - \dfrac{I_0}{2}\right] \\ \dfrac{\mathrm{d}i(x)}{\mathrm{d}x} = yu(x) = (g + \mathrm{j}\omega C)u(x) \end{cases} \quad (8.53)$$

解该微分方程组，可得 $u(x) = A_1 \mathrm{e}^{\gamma x} + A_2 \mathrm{e}^{-\gamma x}$，$i(x) = \dfrac{A_1}{Z_\mathrm{C}}\mathrm{e}^{\gamma x} - \dfrac{A_2}{Z_\mathrm{C}}\mathrm{e}^{-\gamma x} + \dfrac{I_0}{2}$，式中 $\gamma = \sqrt{(r + \mathrm{j}\omega L)(g + \mathrm{j}\omega C)}$ 为传播常数，$Z_\mathrm{C} = \sqrt{\dfrac{(r + \mathrm{j}\omega L)}{(g + \mathrm{j}\omega C)}}$ 为特征阻抗或波阻抗，A_1 和 A_2 为根据边界条件计算得出的待定常数。

以牵引变电所位置为坐标 0 点，回流电流激励注入点坐标为 L，电流大小为 I_0，Z_{02} 对应无穷远分布参数等效阻抗（$Z_{02} = Z_\mathrm{C}$）。根据图 8.12 列钢轨回流点处（$x = 0$）的方程组：

$$\begin{cases} U_{0\mathrm{E}} = A_1 + A_2 \\ I_{0\mathrm{T}} = (A_1 - A_2)/Z_\mathrm{C} + I_0/2 \\ I_{0\mathrm{T}} = I_0 - I_{0\mathrm{E}} - I_{02} \\ I_{0\mathrm{E}} + I_{02} = -U_{0\mathrm{E}}/(Z_\mathrm{E} // Z_\mathrm{C}) \end{cases} \quad (8.54)$$

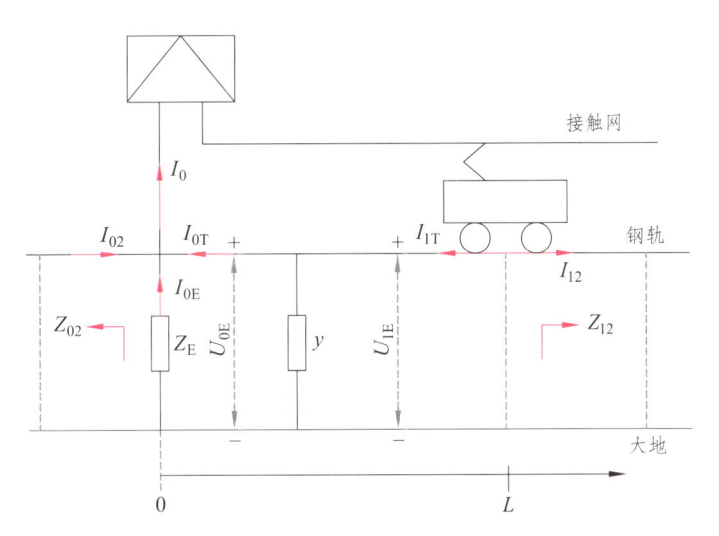

图 8.12 一个牵引变电所与一个负荷情况下的单相交流路段

对于电流注入点处（$x = L$），Z_{12} 对应无穷远分布参数等效阻抗（$Z_{12} = Z_C$）。根据图 8.12 列方程组：

$$\begin{cases} U_{1E} = A_1 e^{\gamma L} + A_2 e^{-\gamma L} \\ I_{1T} = (A_1 e^{\gamma L} - A_2 e^{-\gamma L})/Z_C + I_0/2 \\ I_{1T} = I_0 - I_{12} \\ I_{12} = U_{1E}/Z_C \end{cases} \quad (8.55)$$

根据式（8.54）和式（8.55），可得 $A_1 = \dfrac{I_0}{4} Z_C e^{-\gamma L}$，$A_2 = -\dfrac{I_0 Z_C}{4(Z_C + 2Z_E)}(2Z_E + Z_C e^{-\gamma L})$。将 A_1 和 A_2 计算式代入式（8.53），得式（8.56）。

$$\begin{cases} u(x) = \dfrac{I_0}{4} Z_C e^{-\gamma(L-x)} - \dfrac{I_0 Z_C Z_E}{2(Z_C + 2Z_E)} e^{-\gamma x} - \dfrac{I_0 Z_C^2}{4(Z_C + 2Z_E)} e^{-\gamma(L+x)} \\ i(x) = \dfrac{I_0}{4} e^{-\gamma(L-x)} + \dfrac{I_0 Z_E}{2(Z_C + 2Z_E)} e^{-\gamma x} + \dfrac{I_0 Z_C}{4(Z_C + 2Z_E)} e^{-\gamma(L+x)} + \dfrac{I_0}{2} \end{cases} \quad (8.56)$$

这里推导的公式适合于电流注入点左侧的钢轨电位和电流情况，对于电流注入点右侧的钢轨电位电流，其分布参数微分方程组为 $\dfrac{\mathrm{d}u(x)}{\mathrm{d}x} = (r + j\omega L)i(x)$ 和 $\dfrac{\mathrm{d}i(x)}{\mathrm{d}x} = (g + j\omega C)u(x)$。解该微分方程组，假定 $Z_E = \infty$，将 $u(+\infty) = 0$ 和 $u(L+) = u(L-)$ 代入，可得 $u(x) = \dfrac{I_0}{4} Z_C e^{-\gamma(x-L)} - \dfrac{I_0}{4} Z_C e^{-\gamma x}$ 与 $i(x) = \dfrac{I_0}{4} e^{-\gamma(x-L)} + \dfrac{I_0}{4} e^{-\gamma x}$。

8.5.3 干扰性入射场激励响应

干扰性入射场激励是由电磁场耦合产生的，电磁场耦合分为感性耦合和容性耦合两种。对于牵引供电系统而言，感性耦合为主要入射场干扰源。

1. 感性耦合影响

除了 8.5.2 节中分析的钢轨电流和大地电流在钢轨—大地回路中产生的激励响应外，其他导体中的电流也会在钢轨—大地回路中产生交变磁通，进而产生感性干扰性入射场激励——感应电势。感应电势在钢轨—大地回路中产生感应电流，该电流以涡流的型式呈现，在大地表层与钢轨回流方向相反，而在大地深层与大地回流电流方向相同。以带回流线直接供电方式为例，其导体编号如表8.4所示。

表 8.4 单线带回流线直接供电方式导体编号

导线	接触线 JW	承力索 CW	回流线 NW	贯通地线 EW	钢轨 R1	钢轨 R2	大地 E
编号	1	2	3	4	5	6	7

假设表8.4所示导体1、导体2、导体3、导体4的电流分配系数分别为 k_1、k_2、k_3、k_4，负荷电流为 I'，则导体1、导体2、导体3、导体4的电流分别为 k_1I'、k_2I'、k_3I'、k_4I'。假设它们与钢轨 R1-大地回路之间的互感系数分别为 M10、M20、M30、M40。单位长度内牵引网其他导体与钢轨 R1-大地回路之间的感应电动势为

$$E_P = j\omega(-M_{10}k_1I' - M_{20}k_2I' + M_{30}k_3I' + M_{40}k_4I') \\
= j\omega I'(-M_{10}k_1 - M_{20}k_2 + M_{30}k_3 + M_{40}k_4) = j\omega I'M_{g1} \tag{8.57}$$

式中，M_{g1} 是牵引网其他导体与钢轨 R1—大地回路之间的单位长度综合互感系数。

此时，根据该激励列出微分方程为

$$\frac{dE_P(x)}{dx} = -j\omega I'M_{g1} \tag{8.58}$$

考虑感性耦合影响，在式（8.53）的基础上应用叠加原理，可得：

$$\begin{cases} \dfrac{du(x)}{dx} = (r + j\omega L)[i(x) - I_0/2] - j\omega M_{g1}I' \\ \dfrac{di(x)}{dx} = (g + j\omega c)u(x) \end{cases} \tag{8.59}$$

解方程组（8.59），可得：

$$\begin{cases} u(x) = A_1 e^{\gamma x} + A_2 e^{-\gamma x} \\ i(x) = \dfrac{A_1}{Z_C} e^{\gamma x} - \dfrac{A_2}{Z_C} e^{-\gamma x} + \dfrac{I_0}{2} + \dfrac{j\omega M_g I}{r + j\omega L} \end{cases} \tag{8.60}$$

同8.5.2节的推导过程，根据图8.13可列钢轨回流点处（$x = 0$）的方程组：

$$\begin{cases} U_{0E} = A_1 + A_2 \\ I_{0T} = (A_1 - A_2)/Z_C + \dfrac{I_0}{2} + \dfrac{j\omega M_{g1}I'}{r + j\omega L} \\ I_{0T} = I_0 - I_{0E} - I_{02} \\ I_{0E} + I_{02} = -U_{0E}/(Z_E // Z_C) \end{cases} \tag{8.61}$$

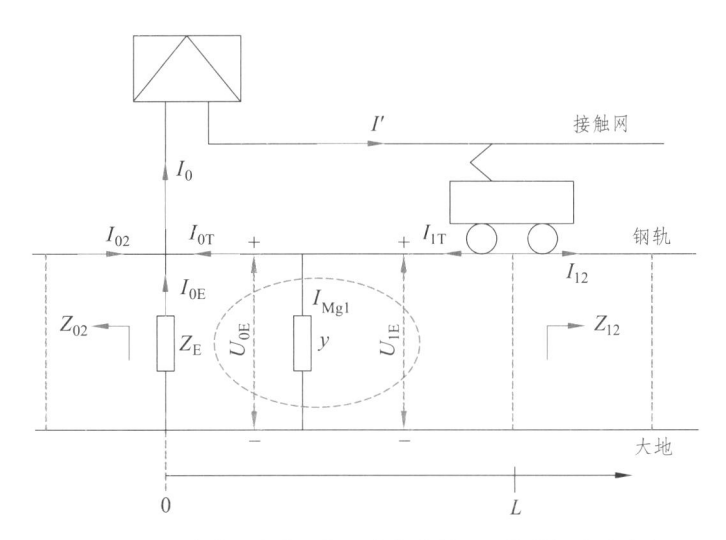

图 8.13 一个牵引变电所与一个负荷情况下的单相交流路段

对于电流注入点处（$x = L$）方程组为

$$\begin{cases} U_{1E} = A_1 e^{\gamma L} + A_2 e^{-\gamma L} \\ I_{1T} = (A_1 e^{\gamma L} - A_2 e^{-\gamma L})/Z_C + \dfrac{I_0}{2} + \dfrac{j\omega M_{g1} I'}{r + j\omega L} \\ I_{1T} = I_0 - I_{12} \\ I_{12} = U_{1E}/Z_C \end{cases} \quad (8.62)$$

求解式（8.62）可得 $A_1 = \left[\dfrac{I_0}{4} - \dfrac{j\omega M_{g1} I'}{2(r + j\omega L)}\right] Z_C e^{-\gamma L}$，$A_2 = -\dfrac{\left(I_0 - \dfrac{2j\omega M_{g1} I'}{r + j\omega L}\right) Z_C}{4(Z_C + 2Z_E)}(2Z_E + Z_C e^{-\gamma L})$，则

$$\begin{cases} u(x) = \left(\dfrac{I_0}{4} - \dfrac{j\omega M_{g1} I'}{2(r + j\omega L)}\right)\left[Z_C e^{-\gamma(L-x)} - \dfrac{2Z_C Z_E}{Z_C + 2Z_E} e^{-\gamma x} - \dfrac{Z_C^2}{Z_C + 2Z_E} e^{-\gamma(L+x)}\right] \\ i(x) = \left(\dfrac{I_0}{4} - \dfrac{j\omega M_{g1} I'}{2(r + j\omega L)}\right)\left[e^{-\gamma(L-x)} + \dfrac{2Z_E}{Z_C + 2Z_E} e^{-\gamma x} + \dfrac{Z_C}{Z_C + 2Z_E} e^{-\gamma(L+x)}\right] + \dfrac{I_0}{2} + \dfrac{j\omega M_{g1} I'}{r + j\omega L} \end{cases} \quad (8.63)$$

2. 容性耦合影响

牵引供电系统的激励电压为 27.5 kV，在此电压作用下的回路为主传输回路。以带回流线直接供电方式为例，传输导体接触线、承力索与回流导体钢轨、大地、回流线、贯通地线构成主传输回路，通过与钢轨—大地回路间的耦合电容，主传输回路电压会在钢轨—大地回路中产生容性干扰性入射场激励——容性耦合电势。

假设接触线与钢轨、大地、回流线、贯通地线分别构成回路 1—回路 4；承力索与钢轨、大地、回流线、贯通地线分别构成回路 5—回路 8。对于直接带回流线的牵引供电系统而言，回路 1—回路 8 与钢轨—大地回路之间容性耦合感应电压为

$$E_P^C = j\omega R_L C_0 \cdot U_S = j\omega R_L C_0 \cdot U_S \quad (8.64)$$

式中，E_P^C 为各牵引网主回路加载在钢轨—大地回路上的容性耦合感应电压；U_S 为各牵引网主回路电压；R_L 为钢轨—大地回路阻抗；C_0 为牵引网各回路与钢轨—大地回路间耦合电容。考虑容性耦合影响，应用叠

加原理，可得钢轨电位和电流微分方程为

$$\begin{cases} \dfrac{\mathrm{d}u(x)}{\mathrm{d}x} = (r + \mathrm{j}\omega L)[I(x) - I_0/2 + \mathrm{j}\omega C_0 U_\mathrm{S}] \\ \dfrac{\mathrm{d}i(x)}{\mathrm{d}x} = (g + \mathrm{j}\omega C)u(x) \end{cases} \tag{8.65}$$

解该微分方程组，可得：

$$\begin{cases} u(x) = A_1 \mathrm{e}^{\gamma x} + A_2 \mathrm{e}^{-\gamma x} \\ i(x) = \dfrac{A_1}{Z_\mathrm{C}} \mathrm{e}^{\gamma x} - \dfrac{A_2}{Z_\mathrm{C}} \mathrm{e}^{-\gamma x} + \dfrac{I_0}{2} - \mathrm{j}\omega C_0 U_\mathrm{S} \end{cases} \tag{8.66}$$

根据图 8.13，列写的钢轨回流点处（$x = 0$）的方程组为

$$\begin{cases} U_\mathrm{0E} = A_1 + A_2 \\ I_\mathrm{0T} = (A_1 - A_2)/Z_\mathrm{C} + \dfrac{I_0}{2} - \mathrm{j}\omega C_0 U_\mathrm{S} \\ I_\mathrm{0T} = I_0 - I_\mathrm{0E} - I_\mathrm{02} \\ I_\mathrm{0E} + I_\mathrm{02} = -U_\mathrm{0E}/(Z_\mathrm{E} // Z_\mathrm{C}) \end{cases} \tag{8.67}$$

根据图 8.13，列写的钢轨回流点处（$x = L$）的方程组为

$$\begin{cases} U_\mathrm{1E} = A_1 \mathrm{e}^{\gamma L} + A_2 \mathrm{e}^{-\gamma L} \\ I_\mathrm{1T} = (A_1 \mathrm{e}^{\gamma L} - A_2 \mathrm{e}^{-\gamma L})/Z_\mathrm{C} + \dfrac{I_0}{2} - \mathrm{j}\omega C_0 U_\mathrm{S} \\ I_\mathrm{1T} = I_0 - I_\mathrm{12} \\ I_\mathrm{12} = U_\mathrm{1E}/Z_\mathrm{C} \end{cases} \tag{8.68}$$

通过求解，可得 A_1 和 A_2 的表达式，将 A_1 和 A_2 的表达式代入式（8.66）可得：

$$\begin{cases} u(x) = \left(\dfrac{I_0}{4} + \dfrac{\mathrm{j}\omega C_0 U_\mathrm{S}}{2}\right)\left[Z_\mathrm{C} \mathrm{e}^{-\gamma(L-x)} - \dfrac{2Z_\mathrm{C} Z_\mathrm{E}}{Z_\mathrm{C} + 2Z_\mathrm{E}} \mathrm{e}^{-\gamma x} - \dfrac{Z_\mathrm{C}^2}{Z_\mathrm{C} + 2Z_\mathrm{E}} \mathrm{e}^{-\gamma(L+x)}\right] \\ i(x) = \left(\dfrac{I_0}{4} - \dfrac{\mathrm{j}\omega C_0 U_\mathrm{S}}{2}\right)\left[\mathrm{e}^{-\gamma(L-x)} + \dfrac{2Z_\mathrm{E}}{Z_\mathrm{C} + 2Z_\mathrm{E}} \mathrm{e}^{-\gamma x} + \dfrac{Z_\mathrm{C}}{Z_\mathrm{C} + 2Z_\mathrm{E}} \mathrm{e}^{-\gamma(L+x)}\right] + \dfrac{I_0}{2} - \mathrm{j}\omega C_0 U_\mathrm{S} \end{cases} \tag{8.69}$$

8.5.4 钢轨—大地回路间互感影响

计算某根钢轨上的电流和电位分布时还需要考虑其他钢轨与大地回路在此钢轨—大地回路上产生的感应电势影响。仍以带回流线直接供电方式为例。由于系统的对称性，同时两钢轨间隔一定距离进行连接，两钢轨—大地回路中的电流和电势相等，因此钢轨 R2—大地回路在钢轨 R1—大地回路中产生的感应电动势为

$$\mathrm{d}E'_\mathrm{P}(x) = \mathrm{j}\omega M_\mathrm{g2}[I(x) - I_0/2]\mathrm{d}x \tag{8.70}$$

式中，M_g2 是钢轨 R2—大地回路与钢轨 R1—大地回路之间的互感系数。

为了反映钢轨—大地回路间的互感影响，应用叠加原理，可得：

$$\begin{cases} \dfrac{\mathrm{d}u(x)}{\mathrm{d}x} = [r + \mathrm{j}\omega(L + M_\mathrm{g2})][i(x) - I_0/2] \\ \dfrac{\mathrm{d}i(x)}{\mathrm{d}x} = (g + \mathrm{j}\omega c)u(x) \end{cases} \tag{8.71}$$

该微分方程组的求解方法同求解方程组（8.53），得到考虑钢轨—大地回路间互感影响后钢轨电位电流分布，此时传播常数 $\gamma = \sqrt{(r+j\omega L+j\omega M_{g2})(g+j\omega C)}$，波阻抗 $Z_C = \sqrt{\dfrac{(r+j\omega L+j\omega M_{g2})}{(g+j\omega C)}}$。

8.5.5 激励叠加

将 8.5.2、8.5.3 和 8.5.4 节推导得到的回流电流注入（流出）钢轨—大地回路激励响应、感性干扰性入射场激励响应和容性干扰性入射场激励响应以及其他钢轨—大地回路产生的感应电势的计算式，进行叠加可以得到如式（8.72）所示考虑引起钢轨电位电流的三类激励源的钢轨电位电流的计算式。

$$\begin{cases} u(x) = \left(\dfrac{I_0}{4} + \dfrac{j\omega C_0 U_S}{2} - \dfrac{j\omega M_{g1} I'}{2(r+j\omega L+j\omega M_{g2})} \right) \left[Z_C e^{-\gamma(L-x)} - \dfrac{2 Z_C Z_E}{Z_C+2Z_E} e^{-\gamma x} - \dfrac{Z_C^2}{Z_C+2Z_E} e^{-\gamma(L+x)} \right] \\ i(x) = \left(\dfrac{I_0}{4} + \dfrac{j\omega C_0 U_S}{2} - \dfrac{j\omega M_{g1} I'}{2(r+j\omega L+j\omega M_{g2})} \right) \left[e^{-\gamma(L-x)} + \dfrac{2 Z_E}{Z_C+2Z_E} e^{-\gamma x} + \dfrac{Z_C}{Z_C+2Z_E} e^{-\gamma(L+x)} \right] + \dfrac{I_0}{2} + j\omega C_0 U_S \end{cases}$$

（8.72）

式中，传播常数 $\gamma = \sqrt{(r+j\omega L+j\omega M_{g2})(g+j\omega C)}$，波阻抗 $Z_C = \sqrt{\dfrac{(r+j\omega L+j\omega M_{g2})}{(g+j\omega C)}}$。

8.5.6 考虑回流导体横连点的钢轨电流电位计算

在前面分析中为了方便，假定回流导体仅由钢轨和大地构成，实际牵引供电系统大多存在其他金属性回流导体，如回流线、贯通地线等。钢轨与这些金属性回流导体相隔一定距离会进行金属性连接，如回流线间隔 1.2～1.5 km 通过扼流变压器或空心线圈中性点等与钢轨进行连接。牵引回流电流通过列车轮轨注入钢轨，在临近的金属性连接点处，从钢轨注入回流线或贯通地线等金属性导体，对钢轨—大地回路产生电流激励，引起钢轨电流和电位变化。对于这类激励源产生的钢轨电流和电位响应，其机理和分析与钢轨和大地回流电流激励源响应类似。

考虑回流导体横连点时，以离负荷最近的回流导体横连点为分界点，将牵引变电所至负荷之间的路段划分为 2 个路段。将负荷到离负荷最近的回流导体横连点之间的路段记为路段 1；将离负荷最近的回流导体横连点至牵引变电所之间的路段记为路段 2。路段 1 中，回流电流分布于钢轨和大地；在路段 1 和路段 2 的衔接处，一部分回流电流从钢轨电流分离并注入其他回流导体中；路段 2 中，回流电流分布于钢轨、大地和回流线中且钢轨、大地和回流线的电流分配系数保持恒定，不受其他回流导体横连点的影响（根据电桥理论）。鉴于此，可以将牵引变电所至负荷之间的钢轨电位电流分布看成两个注入钢轨—大地回路的激励源的叠加。

如图 8.14 所示，假设在离负荷最近的回流导体横连点处从钢轨电流分离并注入回流线的电流为 I_{out}，则分别在负荷处注入钢轨和在牵引变电所处流出钢轨的激励源 I_0 引起的钢轨电位电流与分别在负荷处注入钢轨和在牵引变电所处流出钢轨的激励源（$-I_{out}$）引起的钢轨电位电流的叠加即为考虑回流导体横连点时的钢轨电位电流分布。

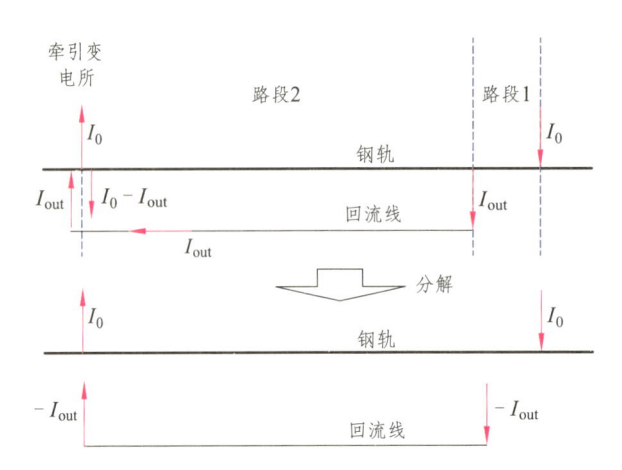

图 8.14 考虑回流导体横连点时的激励叠加

在考虑感性和容性干扰性入射场激励响应的前提下，分别在负荷处注入钢轨和在牵引变电所处流出钢轨的激励源 I_0 引起的钢轨电位电流计算式见式（8.72）。由于 NW（回流线或综合地线）的电流分配系数为 k_3，则 $I_{\text{out}} = k_3 I'$。因此，假设牵引变电所至离负荷最近的回流导体横连点之间的距离为 L_1，分别在负荷处注入钢轨和在牵引变电所处流出钢轨的激励源 I_{out} 引起的钢轨电位电流计算式为

$$\begin{cases} u'(x) = \left(\dfrac{k_3 I'}{4} + \dfrac{j\omega C_0 U_S}{2} - \dfrac{j\omega M_{g1} I'}{2(r + j\omega L + j\omega M_{g2})} \right) \left[Z_C e^{-\gamma(L_1 - x)} - \dfrac{2Z_C Z_E}{Z_C + 2Z_E} e^{-\gamma x} - \dfrac{Z_C^2}{Z_C + 2Z_E} e^{-\gamma(L_1 + x)} \right] \\ i'(x) = \left(\dfrac{k_3 I'}{4} + \dfrac{j\omega C_0 U_S}{2} - \dfrac{j\omega M_{g1} I'}{2(r + j\omega L + j\omega M_{g2})} \right) \left[e^{-\gamma(L_1 - x)} + \dfrac{2Z_E}{Z_C + 2Z_E} e^{-\gamma x} + \dfrac{Z_C}{Z_C + 2Z_E} e^{-\gamma(L_1 + x)} \right] + \dfrac{k_3 I'}{2} + j\omega C_0 U_S \end{cases}$$

（8.73）

因此，考虑回流导体横连点的钢轨电位 $u(x)$ 与电流 $i(x)$ 计算式为式（8.72）和式（8.73）的叠加，则

$$\begin{cases} u'(x) = \left[\dfrac{I_0}{4} + \dfrac{j\omega C_0 U_S}{2} - \dfrac{j\omega M_{g1} I'}{2(r + j\omega L + j\omega M_{g2})} \right] \left[Z_C e^{-\gamma(L_1 - x)} - \dfrac{2Z_C Z_E}{Z_C + 2Z_E} e^{-\gamma x} - \dfrac{Z_C^2}{Z_C + 2Z_E} e^{-\gamma(L_1 + x)} \right] - \\ \left[\dfrac{k_3 I'}{4} + \dfrac{j\omega C_0 U_S}{2} - \dfrac{j\omega M_{g1} I'}{2(r + j\omega L + j\omega M_{g2})} \right] \left[Z_C e^{-\gamma(L_1 - x)} - \dfrac{2Z_C Z_E}{Z_C + 2Z_E} e^{-\gamma x} - \dfrac{Z_C^2}{Z_C + 2Z_E} e^{-\gamma(L_1 + x)} \right] \\ i'(x) = \left[\dfrac{I_0}{4} + \dfrac{j\omega C_0 U_S}{2} - \dfrac{j\omega M_{g1} I'}{2(r + j\omega L + j\omega M_{g2})} \right] \left[e^{-\gamma(L_1 - x)} + \dfrac{2Z_E}{Z_C + 2Z_E} e^{-\gamma x} + \dfrac{Z_C}{Z_C + 2Z_E} e^{-\gamma(L_1 + x)} \right] + \dfrac{I_0}{2} + j\omega C_0 U_S - \\ \left[\dfrac{k_3 I'}{4} + \dfrac{j\omega C_0 U_S}{2} - \dfrac{j\omega M_{g1} I'}{2(r + j\omega L + j\omega M_{g2})} \right] \left[e^{-\gamma(L_1 - x)} + \dfrac{2Z_E}{Z_C + 2Z_E} e^{-\gamma x} + \dfrac{Z_C}{Z_C + 2Z_E} e^{-\gamma(L_1 + x)} \right] - \dfrac{k_3 I'}{2} - j\omega C_0 U_S \end{cases}$$

（8.74）

8.5.7 钢轨电流分布和钢轨电位的计算

8.5.7.1 AT 供电方式

假定 AT 段长度为 15 km，牵引负荷位于 AT 段中部，大小为 500 A，钢轨—大地泄漏电导为 1 S/km。负荷左侧 0.6 km 处、负荷右侧 0.6 km 处分别设置 PW 线（保护线）、贯通地线、钢轨金属连接，考虑回流电流注入钢轨—大地回路激励源响应、干扰性入射场激励响应和其他钢轨—大地回路通过电磁耦合在

所研究的单根钢轨—大地回路中产生的干扰性入射场激励响应时钢轨电流和钢轨电位幅值曲线如图 8.15 所示。

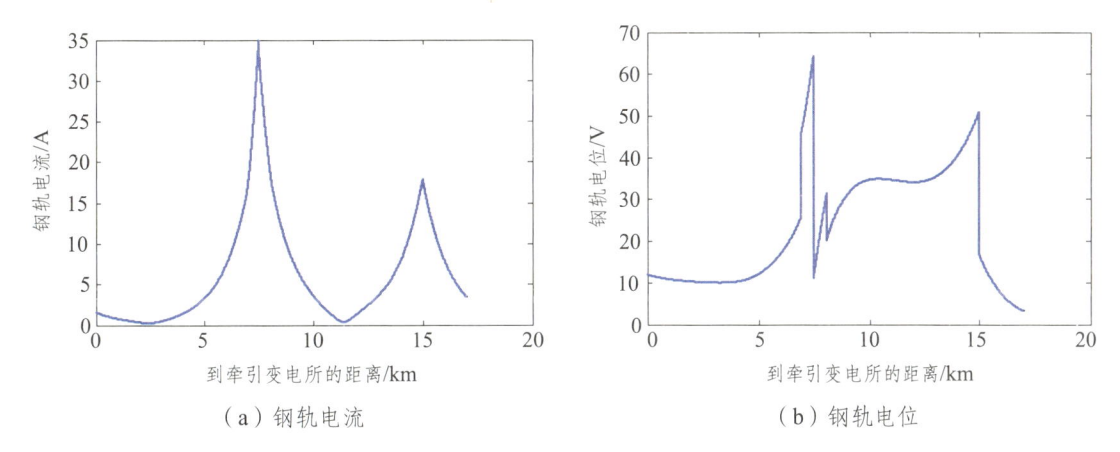

(a) 钢轨电流

(b) 钢轨电位

图 8.15　AT 供方式钢轨电流电位分布

8.5.7.2　带回流线直接供电方式

假定供电臂长度为 25 km，牵引负荷位于供电臂末端，大小为 500 A，钢轨—大地泄漏电导为 1 S/km。考虑回流电流注入钢轨—大地回路激励源响应、干扰性入射场激励响应和其他钢轨—大地回路通过电磁耦合在所研究的单根钢轨—大地回路中产生的干扰性入射场激励响应时钢轨电流和钢轨电位幅值曲线如图 8.16 所示。

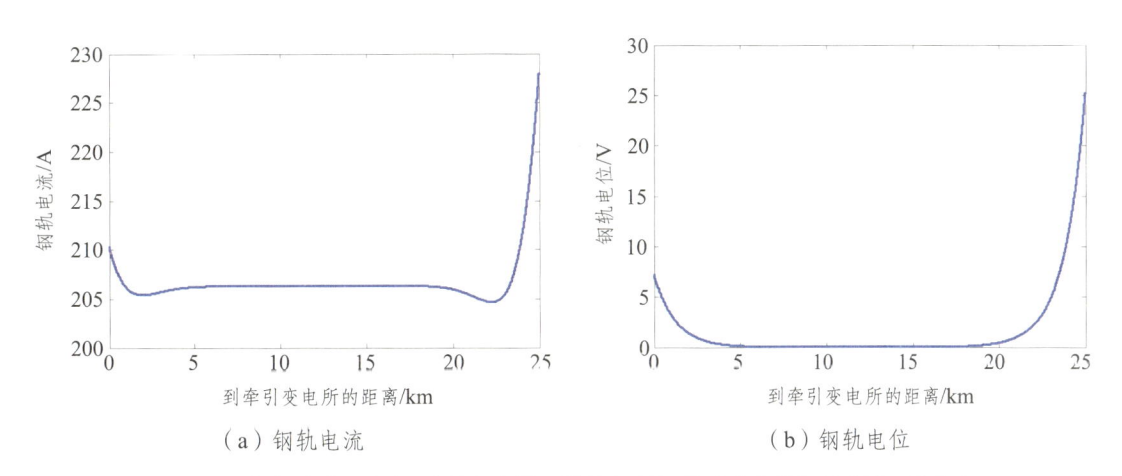

(a) 钢轨电流

(b) 钢轨电位

图 8.16　考虑激励源响应、感性和容性干扰性入射场激励响应的钢轨电流电位分布

假定在供电臂末端 1.2 km 处设置回流线、贯通地线、钢轨金属连接，考虑回流电流注入钢轨—大地回路激励源响应、干扰性入射场激励响应和其他钢轨—大地回路通过电磁耦合在所研究的单根钢轨—大地回路中产生的干扰性入射场激励响应时钢轨电流和钢轨电位幅值曲线如图 8.17 所示。

（a）钢轨电流　　　　　　　　　　　　（b）钢轨电位

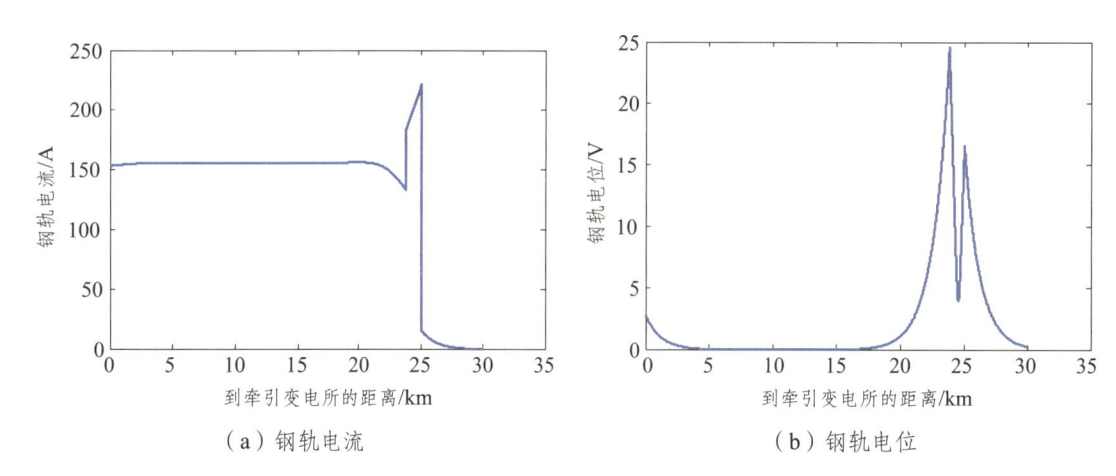

图 8.17　考虑回流导体横连点、激励源响应、干扰性入射场激励响应的钢轨电位电流分布

8.5.8　钢轨电位标准

GB/T 28026.1—2018《轨道交通 地面装置 电气安全、接地和回流 第 1 部分：电击防护措施》对运行接触电压和接触电压与轨道对地电压之间的关系进行了规定，如表 8.5 所示。

表 8.5　交流牵引供电系统最大允许接触电压有效值

持续时间 /s	$U_{tc,\,max}$/V（短时）	$U_{tc,\,max}$/V（长时）
>300	60	—
300	65	—
1	75	—
0.9	80	—
0.8	85	—
0.7	90	—
<0.7	—	155
0.6	—	180
0.5	—	220
0.4	—	295
0.3	—	480
0.2	—	645
0.1	—	785
0.05	—	835
0.02	—	865

在均匀土壤电阻率和走行轨直接接地条件下，沿交流电气化铁路轨道垂直方向的钢轨电位衰减如表 8.6 所示。

表 8.6　钢轨电位梯度的指导值

a/m	$U_{PE}/U_{RE} \times 100\%$	$U_{RP}/U_{RE} \times 100\%$
1	70	30
2	50	50
5	30	70
10	20	80
20	10	90
50	5	95
100	0	100

注：a 为走行轨（路基）至测量点的距离；U_{PE} 为测量点和地的电位；U_{RE} 为钢轨电位；U_{RP} 为走行轨（路基）对测量点的电位差。

按照人员距离走行轨 2 m，对应钢轨电位限值如表 8.7 所示。

表 8.7　不同持续时间交流牵引供电系统最大钢轨电位有效值

持续时间 /s	$U_{RE,\,max}$/V（短时）	$U_{RE,\,max}$/V（长时）
>300	120	—
300	130	—
1	150	—
0.9	160	—
0.8	170	—
0.7	180	—
<0.7	—	310
0.6	—	360
0.5	—	440
0.4	—	590
0.3	—	960
0.2	—	1 290
0.1	—	1 570
0.05	—	1 670
0.02	—	1 730

注：钢轨电位考核限值，对于正常运行，取 >300 s 时 120 V；短路情况下，取 0.1 s 时 1 570 V。

8.6 牵引供电系统电能损耗计算

牵引供电系统电能损耗主要包括变压器（含牵引变压器和自耦变压器）损耗、牵引网损耗和绝缘子泄漏电流损耗等。绝缘子损耗与绝缘子的运行环境、绝缘状态有关，随着绝缘子绝缘状态的劣化，绝缘子泄漏电流可能成数倍甚至几十倍或更高倍数增长，由于牵引供电系统绝缘子数量庞大，绝缘子泄漏电流损耗在绝缘子绝缘状态劣化的情况下会比较突出。

1. 牵引变压器损耗

牵引变压器的损耗主要有两个部分：一部分是牵引变压器的空载损耗；另一部分是负载损耗。牵引变压器全年的电能损耗为

$$\begin{cases} \Delta A_\text{t} = 8\,760 \dfrac{I_\text{t}^2}{I_\text{N}^2} \cdot \Delta P_\text{tN} \\ \Delta A_\text{C} = 8\,760 \Delta P_\text{CN} \\ \Delta A_\text{T} = \Delta A_\text{C} + \Delta A_\text{t} \end{cases} \quad (8.75)$$

式中 ΔA_t——牵引变压器年负载损耗（kW·h）；

ΔA_C——牵引变压器年空载损耗（kW·h）；

ΔA_T——牵引变压器年损耗（kW·h）；

ΔP_tN——牵引变压器额定负载损耗（kW·h）；

ΔP_CN——牵引变压器额定空载损耗（kW·h）；

I_t——牵引变压器绕组有效电流（A）；

I_N——牵引变压器绕组额定电流（A）。

2. 自耦变压器损耗

自耦变压器损耗公式与牵引变压器损耗计算公式一致。如图 8.18 所示，AT 供电系统供电臂由两个 AT 段构成：第一个 AT 段由牵引变压器低压绕组和供电臂中部 AT 所自耦变压器绕组构成；第二个 AT 段由供电臂中部 AT 所和供电臂末端分区所中自耦变压器绕组构成。此时自耦变压器有效电流可以采取下列方法进行近似计算：

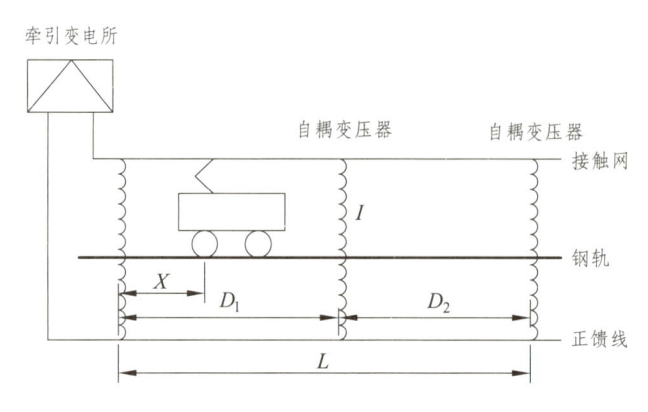

图 8.18 AT 供电方式电路结构

第一个 AT 孔内产生的对 AT1 的平均电流为 $I_{PAT1} = \dfrac{1}{4}\dfrac{D_1}{L}I_P$；

第二个 AT 孔内产生的对 AT1 的平均电流为 $I_{PAT1} = \dfrac{1}{4}\dfrac{D_2}{L}I_P$；

第二个 AT 孔内产生的对 AT2 的平均电流为 $I_{PAT2} = \dfrac{1}{4}\dfrac{D_2}{L}I_P$。

式中 I_{PAT}——自耦变压器平均电流，角标 1 表示 AT 所自耦变压器，角标 2 表示分区所自耦变压器；

D——AT 段的长度（km），角标 1 表示第一个 AT 段长度，角标 2 表示第二个 AT 段长度；

L——供电臂长度（km）；

I_P——供电臂的平均电流。

$$I_x = K_x I_{PAT}$$

式中 I_x——自耦变压器有效电流；

K_x——有效电流系数；

I_{PAT}——自耦变压器平均电流。

根据公式（8.11）有效系数计算方法：

$$K_x = \sqrt{1 + \dfrac{1.1 - p}{np}}$$

则自耦变压器的电能损耗为

$$\begin{cases} \Delta A_{t1} = 8\,760\dfrac{I_{t1}^2}{I_{N1}^2}\cdot \Delta P_{tN1} \\ \Delta A_{C1} = 8\,760\Delta P_{CN1} \\ \Delta A_{T1} = \Delta A_{C1} + \Delta A_{t1} \end{cases} \quad (8.76)$$

式中 ΔA_{t1}——自耦变压器年负载损耗（kW·h）；

ΔA_{C1}——自耦变压器年空载损耗（kW·h）；

ΔA_{T1}——自耦变压器年损耗（kW·h）

ΔP_{tN1}——自耦变压器额定负载损耗（kW·h）；

ΔP_{CN1}——自耦变压器额定空载损耗（kW·h）；

I_{t1}——自耦变压器绕组有效电流（A）；

I_{N1}——自耦变压器绕组额定电流（A）。

3. 牵引网电能损耗

带回流线的直接供电方式（复线）牵引网年电能损耗计算式如下：

$$\Delta A_j = 8.76 m I^2 L \left[\dfrac{1.1\alpha(2r_I + r_{I-II})}{3} + (0.5m-1)\dfrac{5r_I + 3r_{I-II}}{24} + \dfrac{m(3r_I + 5r_{I-II})}{48}\right] \text{（kW·h）} \quad (8.77)$$

AT 供电方式牵引网年电能损耗计算式如下：

$$\Delta A_j = \left[10.96I^2L\left(\sum_{i=1}^{m}N_it_g\right)\left(2r_L+\frac{r_L}{n}\right)+5.07I^2p^2Tr_LD(n-1)(14n-13)+15.2096n^2I^2p^2Tr_LL\right]\times10^{-4} \quad (\text{kW}\cdot\text{h})$$
(8.78)

式中 m——列车对数（对）；

N_i——供电臂内列车对数；

t_g——供电臂内列车带电运行时间；

I——列车平均电流（A）；

L——供电臂长度（km）；

α——间断系数；

r_I——牵引网等值单位阻抗中有效电阻（Ω/km）；

r_{I-II}——双线区段上、下行牵引网等值单位互阻抗中有效电阻（Ω/km）；

D——AT 段的平均长度（km）；

p——平均带电概率；

r_L——AT 牵引网长回路单位电阻；

r_L'——AT 牵引网段中单位电阻；

n——供电臂内 AT 段总数。

4. 绝缘子泄漏电流损耗

绝缘子损耗可以用下式来计算：

$$A = n \times A_0 \quad (8.79)$$

式中 A——某种类型绝缘子总损耗（kW）；

n——某种类型绝缘子数量；

A_0——某种类型绝缘子有功损耗（kW）。

$$A_0 = UI\cos\varphi \quad (8.80)$$

式中 A_0——某种类型绝缘子有功损耗（kW）；

U——某种类型绝缘子两端电压差（kV）；

I——某种类型绝缘子泄漏电流（A）；

φ——某种类型绝缘子电压和泄漏电流之间的相角。

5. 牵引供电系统电能损耗的影响因素

牵引变压器和自耦变压器电能损耗与变压器的空载损耗和负载损耗成正比关系；牵引网的电能损耗与牵引网阻抗、供电臂长度成线性关系，与运输组织及运量密切相关；绝缘子电能损耗与绝缘子数量成正比，主要与绝缘子的运行环境及绝缘状态有关。

6. 减少电能损耗的措施

使用节能型的牵引供电设备、优化牵引网运行方式、保持绝缘子清洁等措施，可进一步减少牵引供电系统的电能损耗。如：采用损耗小的节能变压器，可降低变压器的电能损耗；采用电阻低的接触网导线，采用接触网上、下行并联或全并联运行方式，可降低牵引网损耗；加强绝缘子的监测和清扫，保持绝缘子清洁，可大幅度降低绝缘子泄漏电流损耗。

8.7 牵引供电系统仿真

仿真是利用计算机系统模拟牵引供电系统的研究方法。牵引负荷具有波动性大、涉及面广的特点，加之越区供电等不同的运行方式，采用动态仿真模拟技术研究不同工况下牵引供电系统运行状态，精确模拟牵引供电系统的实际负荷情况，为牵引供电系统工程设计提供了依据。

行车牵引计算与牵引供电的计算是相互影响的关系，因此仿真模拟主要包含三部分：牵引计算部分、牵引供电计算部分、牵引计算与牵引供电计算耦合部分。

众所周知，无论是 AT 供电方式，还是带回流线的直接供电方式，它们都可看作由多条平行导体组成的导线—大地回路系统，如图 8.19 所示。

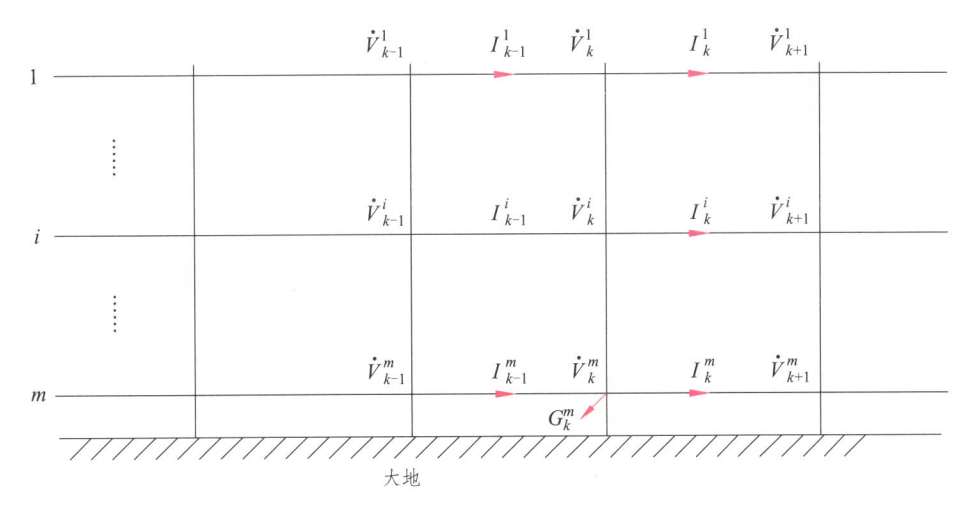

图 8.19 多条平行导体—大地回路系统

通过把牵引网分成若干段，这样牵引网的分布参数就转化为集中参数，从而易于计算机求解。利用网络分析理论的节点电压法，对牵引供电网络进行分析，得到等效的数学模型，并利用计算机对网络进行编程计算。

为使对供电网络的分析具有普遍性，如图 8.19 所示为牵引网之第 k 段构成的多导体—大地回路，它由 m 个导体组成，各导体—大地回路间存在着互感，且在垂直线路方向各断面存在节点导纳。

由图 8.19 可得到第 k 段的支路电压矩阵方程为

$$[Z]_k [\dot{I}]_k = [\dot{V}]_k - [\dot{V}]_{k+1} \tag{8.81}$$

k 断面对应节点集的节点电流方程为

$$[Y]_k [\dot{V}]_k = [\dot{I}]_{k-1} - [\dot{I}]_k + [\dot{G}]_k \tag{8.82}$$

式（8.81）两端同时左乘 $[Z]_k^{-1}$，得

$$[\dot{I}]_k = [Z]_k^{-1}([\dot{V}]_k - [\dot{V}]_{k+1}) \tag{8.83}$$

式中，$[Z]_k$ 表示第 k 段支路阻抗矩阵，即从断面 k 到断面（$k+1$）间具有平行互感线路的阻抗矩阵，它可由各导线的自阻抗和互阻抗直接得出。

$$[Z]_k = \begin{bmatrix} Z_k^{11} & Z_k^{12} & \dots & Z_k^{1m} \\ Z_k^{21} & Z_k^{22} & \dots & Z_k^{2m} \\ \dots \\ Z_k^{m1} & Z_k^{m2} & \dots & Z_k^{mm} \end{bmatrix} \tag{8.84}$$

其中，Z_k^{11} 为第 k 段导体 i 大地回路的自阻抗；$Z_k^{ij}(i \ne j)$ 为第 k 段导体 i 大地回路与导体 j 大地回路间的互阻抗；$[Z]_k^{-1}$ 为第 k 段支路阻抗矩阵的逆矩阵，即第 k 段支路导纳矩阵；$[Y]_k$ 为 k 断面节点导纳矩阵，$[Y]_k$ 为该节点上各元件（AT、负荷、故障、吸上线和钢轨泄漏阻抗等）导纳矩阵之和。

$$[Y]_k = \begin{bmatrix} Y_k^{11} & Y_k^{12} & \dots & Y_k^{1m} \\ Y_k^{21} & Y_k^{22} & \dots & Y_k^{2m} \\ \vdots \\ Y_k^{m1} & Y_k^{m2} & \dots & Y_k^{mm} \end{bmatrix} \tag{8.85}$$

其中，Y_k^{11} 为 k 断面导体 i 的自导纳；$Y_k^{ij}(i \ne j)$ 为 k 断面导体 i 与导体 j 间的互导纳。

$[\dot{I}]_k$ 为第 k 段支路电流矩阵。

$$[\dot{I}]_k = \begin{bmatrix} \dot{I}_k^1 \\ \dot{I}_k^2 \\ \vdots \\ \dot{I}_k^m \end{bmatrix} \tag{8.86}$$

其中，$\dot{I}_k^1$ 为第 k 段支路集中第 i 根导体上的电流。

$[\dot{V}]_k$ 为 k 截面节点电压矩阵。

$$[\dot{V}]_k = \begin{bmatrix} \dot{V}_k^1 \\ \dot{V}_k^2 \\ \vdots \\ \dot{V}_k^m \end{bmatrix} \tag{8.87}$$

其中，$\dot{V}_k^1$ 为 k 截面节点集中第 i 根导体—大地回路上的电压。

$[\dot{G}]_k$ 为 k 截面注入电流源矩阵。

$$[\dot{G}]_k = \begin{bmatrix} \dot{G}_k^1 \\ \dot{G}_k^2 \\ \vdots \\ \dot{G}_k^m \end{bmatrix} \tag{8.88}$$

其中，$\dot{G}_k^1$ 为 k 截面节点集中第 i 根导体—大地回路上的注入电流源。

由式（8.82）和式（8.83）可得供电牵引网第 k 段的四端口网络，将多个四端口网络连接即得供电牵引网的链形网模型。由链形网模型可写出 k 断面的节点电压方程：

$$[Z]_k^{-1}([\dot{V}]_k - [\dot{V}]_{k+1}) - [Z]_{k-1}^{-1}([\dot{V}]_{k-1} - [\dot{V}]_k) + [Y]_k[\dot{V}]_k = [\dot{G}]_k \tag{8.89}$$

式（8.89）可化简为

$$-[Z]_{k-1}^{-1}[V]_{k-1} + ([Y]_k + [Z]_k^{-1} + [Z]_{k-1}^{-1})[V]_k - [Z]_k^{-1}[V]_{k+1} = [G]_k \quad (k=1,2,\cdots,N) \tag{8.90}$$

若令 $[D]_k = -[Z]_{k-1}^{-1}$ （$2 \leqslant K \leqslant N$），$[D]_1 = 0$；

$[E]_k = -[Z]_k^{-1}$ （$1 \leqslant K \leqslant N-1$），$[E]_N = 0$；

$[M]_k = [Y]_k + [Z]_k^{-1} + [Z]_{k-1}^{-1}$ （$2 \leqslant K \leqslant N-1$）。

而 $[M]_1 = [Y]_1 + [Z]_1^{-1}$，$[M]_N = [Y]_N + [Z]_{N-1}^{-1}$

则式（8.90）可以简记为

$$[D]_k[\dot{V}]_{k-1} + [M]_k[\dot{V}]_k + [E]_k[\dot{V}]_{k+1} = [\dot{G}]_k \tag{8.91}$$

由此可写出供电牵引网断面 1 到断面 n 的链形网络矩阵方程为

$$\begin{bmatrix} [M]_1 & [E]_1 & 0 & \cdots & \cdots & \cdots & \cdots & 0 \\ [D]_2 & [M]_2 & [E]_2 & 0 & \cdots & \cdots & \cdots & 0 \\ 0 & [D]_3 & [M]_3 & [E]_3 & 0 & \cdots & \cdots & 0 \\ \vdots & \vdots & \vdots & \vdots & \vdots & \vdots & \vdots & \vdots \\ 0 & \cdots & \cdots & \cdots & \cdots & 0 & [D]_{N-1} & [M]_{N-1} & [E]_{N-1} \\ 0 & \cdots & \cdots & \cdots & \cdots & \cdots & 0 & [D]_N & [M]_N \end{bmatrix} \begin{bmatrix} [\dot{V}]_1 \\ [\dot{V}]_2 \\ [\dot{V}]_3 \\ \vdots \\ [\dot{V}]_{N-1} \\ [\dot{V}]_N \end{bmatrix} = \begin{bmatrix} [\dot{G}]_1 \\ [\dot{G}]_2 \\ [\dot{G}]_3 \\ \vdots \\ [\dot{G}]_{N-1} \\ [\dot{G}]_N \end{bmatrix} \tag{8.92}$$

该链式网络模型适用于 AT、带回流线的直接供电方式。该链形网络复矩阵方程的求解采用大型对顶三角矩阵通用解法。由式（8.92）求得各断面的电压矩阵 $[\dot{V}]$ 后，从而各支路的电流矩阵 $[\dot{I}]$ 可由式（8.83）求得。

初始仿真，线路上的每列车均按额定电压运行，由于系统和牵引网阻抗的影响，列车受电电压发生变化，不再是额定值，导致列车的电机功率发挥将受到不同程度的影响，进而影响列车的整体牵引特性。通过将列车运行模拟（牵引计算）、运行图和牵引供电仿真进行耦合，接触网电压变化对所有列车的影响可以得到实时反馈，因而其模拟结果更准确、更科学。由于系统模拟是以时间为步长，每个时刻都对牵引变电所供电范围内所有列车进行同步分析，所以在运行中出现的列车间由于网压变化或延迟造成的相互影响可以在模拟中反映出来，从而将整个系统的基础误差控制在尽可能小的范围内。

牵引供电系统全动态仿真模拟软件的图形用户界面如图 8.20 所示。

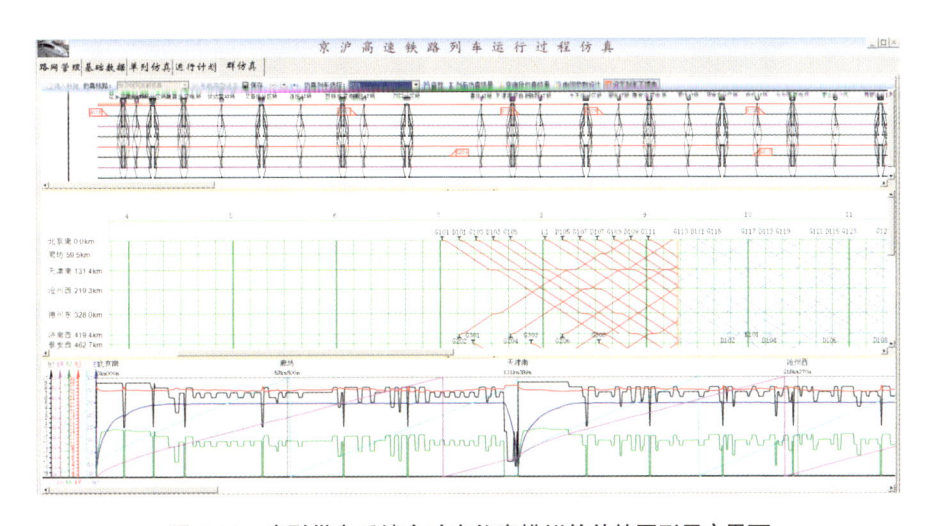

图 8.20 牵引供电系统全动态仿真模拟软件的图形用户界面

通过仿真模拟,可以得出牵引供电系统各个时刻各个网络断面上的电气参数(如牵引网电流、电压、功率、钢轨电位等),用以指导牵引变压器、无功补偿装置、接触网导线等设备及材料的选型,核算接触网电压水平,校核越区供电能力,提供继电保护整定资料等。

9 牵引供电系统电能质量

牵引供电系统为电气化铁路牵引负荷供电，其供电质量优劣将影响电气化铁路供电安全、可靠及经济运行，并间接对电网产生影响。采用单相工频交流制式的牵引供电系统，不可避免会造成电能质量影响，这引起了电力部门和铁路部门的关注，也使得外部电源方案的协调成为牵引供电系统设计中的关键和难点问题。电气化铁路是电力系统中的特殊用户，其直接接入高压系统，具有明显的不对称性、非线性和波动性，对电能质量的影响较为显著。其负荷特点主要体现在以下几个方面：

（1）直接接入高压系统。一般电气化铁路牵引供电系统接入 110 kV 电压等级电网。随着铁路高速和重载的不断发展，牵引负荷功率不断增大，110 kV 电压等级电网已不能满足高速、重载电气化铁路的需求。新建高速铁路一般采用 220 kV（330 kV）电压供电。

（2）负荷不对称性。牵引供电系统运行方式与牵引变压器接线型式相对应，以两相（异相）供电方式为主。因此，对于三相电力系统而言，牵引负荷具有不对称性，导致三相不平衡，对电力系统的正常运行产生一定的负序影响。

（3）负荷非线性。我国早期电气化铁路广泛采用交-直型电力机车，其功率因数低、谐波含量大，加之电网较为薄弱，对电力系统的经济与安全运行造成不良影响。我国于 2006 年已停止交-直型电力机车生产，新建铁路全部采用交-直-交型动车组和电力机车。高速铁路在功率因数、谐波含量等方面已得到根本改善，谐波含量大幅度降低，但牵引负荷仍存在非线性影响，且谐波频谱变宽，个别情况下会出现谐振。

9.1 电能质量相关国家标准及电能质量计算

电能质量是协调供电、用电及电气设备和谐共存、正常工作和经济运行的基础，我国根据国情并参照 IEC 等国际标准制定了国家电能质量标准，经过 30 多年的发展和完善，已逐渐形成了我国的电能质量标准体系，是供电、用电及电气设备需共同遵守的准则。电气化铁路作为电网的重要用户，应该根据国家电能质量标准，并结合我国电网条件和电气化铁路负荷特性，共同协调做好电能质量方面的工作，促进铁路、电力和谐发展。

9.1.1 供电电压偏差

9.1.1.1 供电电压偏差标准

电压偏差是指实际运行电压对系统标称电压的偏差相对值。我国国标《电能质量 供电电压偏差》

（GB/T 12325—2008）按三个不同等级对电压偏差进行了规定：35 kV 及以上供电电压正、负偏差绝对值之和不超过标称电压的 10%[供电电压上下偏差同号（均为正或负）时，取较大的偏差绝对值作为衡量依据]；20 kV 及以下三相供电电压偏差为标称电压的 ±7%，220 V 单相供电电压偏差为标称电压的 -10% ~ +7%；对供电点短路容量较小、供电距离较长以及对供电电压偏差有特殊要求的用户，由供、用电双方协议确定。

电气化铁路电压偏差主要与电力系统容量、铁路牵引负荷的大小及波动息息相关。随着我国电力系统的持续发展、铁路交-直-交牵引技术的全面推广应用、牵引变电所 220 kV（330 kV）进线电源的普遍采用，高速铁路牵引供电负荷在电网中产生的电压损失较小，供电电压偏差通常满足规范要求。

9.1.1.2 供电电压偏差计算

根据《电能质量 供电电压偏差》（GB/T 12325—2008）规定：35 kV 及以上供电电压正、负偏差的绝对值之和不超过标称电压的 10%。电压偏差根据电压测量值计算：

$$电压偏差（\%）= \frac{电压测量值 - 系统标称电压}{系统标称电压} \times 100\% \tag{9.1}$$

9.1.2 功率因数

9.1.2.1 功率因数标准

功率因数是指供电系统有功功率对视在功率的比值，该参数是衡量供电系统运行效率高低的一个重要参数。为节约能源，提高供电系统运行效率，1983 年原国家物价局和水利电力部联合发布了水电财字第 215 号《关于颁发功率因数调整电费办法》（以下简称 215 号文），对功率因数考核标准、收费标准进行了规定。1993 年，我国电气化铁路牵引用电开始采用大工业类两部制电价并开始征收功率因数调整电费，依据 215 号文要求，功率因数考核指标为 0.9，该指标一直沿用至今。

我国电气化铁道早期采用交-直型电力机车，功率因数较低，通常仅 0.82 左右，加之牵引网和牵引变压器的影响，高压侧计量点处往往仅 0.78 左右，需交纳大量无功罚款，后采取无功功率补偿措施，功率因数有了很大改善。全面推广交-直-交型电力列车（动车组）后，功率因数较高，高压侧计量点处一般不低于 0.93，全路电气化铁路功率因数调整电费普遍为奖励，彻底解决了长期困扰电气化铁路的功率因数问题。

9.1.2.2 功率因数计算

牵引变电所功率因数计算：

$$\cos\phi = \frac{P}{S} \tag{9.2}$$

$$S = \sqrt{P^2 + Q^2} \tag{9.3}$$

式中　$\cos\phi$——牵引变电所功率因数；
　　　P——牵引变电所有功功率（kW）；
　　　Q——牵引变电所无功功率（kvar）；
　　　S——牵引变电所视在功率（kVA）。

9.1.3 谐 波

9.1.3.1 谐波标准

1. 国标《电能质量 公用电网谐波》

国标《电能质量 公用电网谐波》（GB/T 14549—1993）规定了不同电压等级下的谐波电压限值和谐波电流允许值，110 kV 电压等级电压谐波总畸变率限制为 2%，220 kV 电压等级比照 110 kV 电压等级执行。

2. IEC 谐波电压标准

国际电工委员会（IEC）为了统一各国电气标准和规范，陆续制定了电磁兼容（EMC）61000 系列标准，其中相当部分已被采用为国标或国标指导性技术文件。

国标 GB/Z 17625.4《电磁兼容 限值 中、高压电力系统中畸变负荷发射限值的评估》等同于 IEC 61000-3-6《中压和高压电力系统中畸变负荷发射限值的评估》标准文件。该标准文件提出了"规划水平"或"规划值"概念。"规划值"等于或低于兼容值，由电力企业根据电网结构和其他条件来确定，作为企业内部质量目标值。

3. 电气化铁路谐波标准有关情况

1992 年，《公用电网谐波》标准制定时，原能源部、铁道部在原国家技术监督局协调下形成了《关于发送〈电能质量电力系统高次谐波分量〉国家标准起草协调会纪要的函》（技监标发〔1992〕052 号文），规定"鉴于目前电气化铁道的特殊性，公用电网谐波标准暂不适用于电气化铁道，对电气化铁道接入公用电网的谐波要求，由两部另行签订协议解决。"随后电力、铁路等部门进行了多次研究和协商，取得了一些研究成果，还需要各部门进一步努力，早日达成共识。

电气化铁路是电网重要负荷，也是一个典型谐波源，协调好电气化铁路供电可靠性和安全性及其对电网的谐波影响，对促进铁路和电网的和谐发展具有重要意义。

9.1.3.2 谐波计算

1. 第 h 次谐波电压含有率 HRU_h

$$HRU_h = \frac{U_h}{U_1} \times 100\% \tag{9.4}$$

式中 U_h——第 h 次谐波电压（方均根值）；

U_1——基波电压（方均根值）。

2. 第 h 次谐波电流含有率 HRI_h

$$HRI_h = \frac{I_h}{I_1} \times 100\% \tag{9.5}$$

式中 I_h——第 h 次谐波电流（方均根值）；

I_1——基波电流（方均根值）。

3. 谐波电压含有量 U_H

$$U_H = \sqrt{\sum_{h=2}^{\infty}(U_h)^2} \tag{9.6}$$

4. 谐波电流含有量 I_H

$$I_H = \sqrt{\sum_{h=2}^{\infty}(I_h)^2} \tag{9.7}$$

5. 电压总谐波畸变率 THD_u

$$THD_u = \frac{U_H}{U_1} \times 100\% \tag{9.8}$$

6. 电流总谐波畸变率 THD_i

$$THD_i = \frac{I_H}{I_1} \times 100\% \tag{9.9}$$

9.1.3.3 电气化铁路谐波

我国电力系统交流电采用 50 Hz 正弦波。当电网接入整流、逆变、变频、气体光源等非线性负荷时，会产生谐波，引起波形畸变，一般用谐波电压畸变率来评估谐波的影响程度。

电气化铁路由于电力机车（动车组）存在整流、逆变等环节，会产生谐波注入电网。我国电气化铁路早期普遍采用交-直型电力机车、相控整流方式，谐波影响明显，铁路对超过标准的牵引变电所采取了滤波等措施进行治理。我国高速电气化铁路全面采用交-直-交型动车组，其传动回路采用四象限变流器脉冲宽度调制技术，牵引电流波形接近于正弦波，总体谐波含量小，远低于交-直型电力机车，加之我国电网不断发展壮大，电气化铁路在电网公共连接点处的谐波电压畸变率较小，从根本上改善了电气化铁路对电力系统的谐波影响。

电气化铁路作为电网的重要用户，其负荷为单相负荷，具有非线性、不对称性、波动剧烈等特性。电气化铁路谐波与其他电力用户相比，具有如下特点：

（1）特征谐波差异明显。

电气化铁路牵引供电系统谐波本质上是电力机车、动车组变流器的非线性特性产生的。以前的直流传动机车采用晶闸管相控整流，开关频率低，特征谐波是 3、5、7、9 次等低次数奇次谐波，且谐波含量随着谐波次数升高而下降，即 3 次谐波最大。交流传动电力机车和动车组采用 IGBT 功率器件，通过脉冲宽度调制方式实现变流，目前的车型开关频率可高达 1 kHz 左右，列车向网侧注入的高次谐波一般仍为奇次，频谱较宽，从 3 次到 51 次不等，各次谐波幅值无明显规律，如图 9.1 所示。由于车载变压器漏感对高频分量有较好的滤波效果，因此一般情况下牵引网侧谐波频谱高次端电流含有率会相对较低。此外，在车网电气参数失配的情况下，可能发生高次谐波谐振，从而导致交流传动机车或动车组发出的高次谐波电流在牵引网上激发幅值很高的高次谐振过电压，有记录表明高次谐波电压有效值可达 10 kV 及以上。

（2）谐波初相角分布随机。

电气化铁路各次谐波的初相角，几乎都可在复平面的 0°～360° 随机分布。而一般电力谐波的初相角在复平面上分布范围与谐波次数有关：3、5、7 次谐波在 0°～90°，11～13 次谐波在 0°～270°，大于 13 次谐波在 0°～360°。

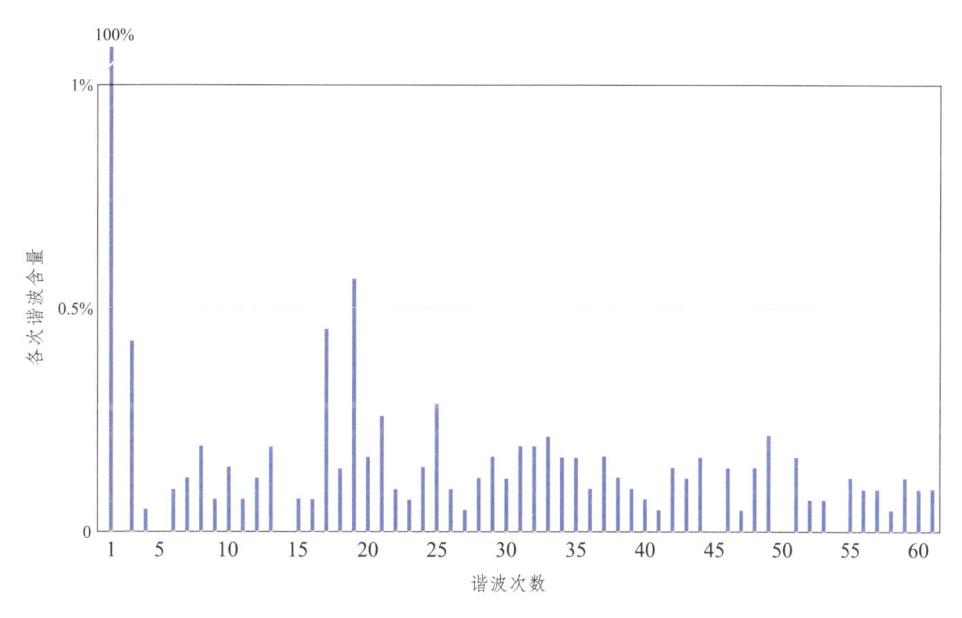

图 9.1 动车组谐波电流检测频谱实测示例

（3）谐波幅值波动剧烈。

根据相关研究和现场实测，电气化铁路谐波幅值波动剧烈，且无明显规律。按照收集整理的谐波概率分布曲线监测数据，谐波电流峰值的持续时间一般不超过 0.5 min；95% 概率最大值谐波电流的平均持续时间不超过 3 min，其与日馈线谐波电流有效值之比，复线约为 1.5，单线约为 2.5。此外，由于电气化铁路谐波有三相不对称性，与一般电力用户产生的谐波相比，对电力设备的发热影响相对较小。

9.1.4 三相电压不平衡

9.1.4.1 三相电压不平衡标准

电力系统是一个三相对称的平衡系统，三相不平衡的程度，用电压或电流负序基波分量与正序基波分量的方均根值百分比表示。电气化铁路牵引变电所从电力系统接引三相平衡电源后，转换成两相或一相给两侧供电臂接触网供电，与电力系统对应的另一相或两相不能直接利用而形成空载。所以，电气化铁路对电力系统是一个不平衡负荷，存在不平衡影响，即使是牵引变电所采用了平衡结线牵引变压器，也只是在牵引变电所两侧供电臂电流相等时对电力系统才是平衡的。我国电气化铁路牵引变电所采用相序轮换接入电网（各牵引变电所依次按照 A、B、C 三相组合轮换接入电网），从一定范围来看电力系统是平衡的，可以有效降低电气化铁路对电力系统的不平衡影响。

国标《电能质量　三相电压不平衡》（GB/T 15543—2008）规定电力系统公共连接点电压不平衡度（也称负序）限值为：电网正常运行时，负序电压平衡度不超过 2%，短时不得超过 4%。该值为电力系统正常运行的最小方式（或较小方式）下，最大的生产（运行）周期中负荷所引起的电压不平衡度的实测值。

9.1.4.2 负序电流的计算

1. 负序电流的计算

对于三相电流 $\dot{I}_A$、$\dot{I}_B$、$\dot{I}_C$，其正、负、零序电流为

$$\begin{bmatrix} \dot{I}^+ \\ \dot{I}^- \\ \dot{I}_0 \end{bmatrix} = \frac{1}{3} \begin{bmatrix} 1 & a & a^2 \\ 1 & a^2 & a \\ 1 & 1 & 1 \end{bmatrix} \begin{bmatrix} \dot{I}_A \\ \dot{I}_B \\ \dot{I}_C \end{bmatrix} \quad (9.10)$$

式中　a——复数运算符号（或单位相量算子）。

$$a = e^{j120°} = -\frac{1}{2} + j\frac{\sqrt{3}}{2}$$

$$a^2 = e^{-j120°} = -\frac{1}{2} - j\frac{\sqrt{3}}{2}$$

2. 不平衡度的表达式

$$\begin{cases} \varepsilon_{u-} = \dfrac{U^-}{U^+} \times 100\% \\ \varepsilon_{u0} = \dfrac{U_0}{U^+} \times 100\% \end{cases} \quad (9.11)$$

式中　ε_{u-}——负序电压不平衡度（%）；

　　　ε_{u0}——零序电压不平衡度（%）；

　　　U^+——三相电压的正序分量方均根值（V）；

　　　U^-——三相电压的负序分量方均根值（V）；

　　　U_0——三相电压的零序分量方均根值（V）。

$$\begin{cases} \varepsilon_{I-} = \dfrac{I^-}{I^+} \times 100\% \\ \varepsilon_{I0} = \dfrac{I_0}{I^+} \times 100\% \end{cases} \quad (9.12)$$

式中　ε_{I-}——负序电流不平衡度（%）；

　　　ε_{I0}——零序电流不平衡度（%）；

　　　I^+——三相电流的正序分量方均根值（A）；

　　　I^-——三相电流的负序分量方均根值（A）；

　　　I_0——三相电流的零序分量方均根值（A）。

3. 不平衡度的近似公式

设公共连接点的正序阻抗与负序阻抗相等，则负序电压不平衡度为

$$\varepsilon_{u-} = \frac{\sqrt{3} I^- U_L}{S_k} \times 100\% \quad (9.13)$$

式中　I^-——负序电流值（A）；

　　　S_k——公共连接点的三相短路容量（VA）；

　　　U_L——线电压（V）。

4. 负序理论计算

一次侧电力系统的相电压、相电流分别为 $\dot{U}_A$、$\dot{U}_B$、$\dot{U}_C$ 和 $\dot{i}_A$、$\dot{i}_B$、$\dot{i}_C$，设共有 n 个端口且其电气量

分别记为 $\dot{i}_p$、$\dot{U}_p$，$p = 1, 2, \cdots, n$。

设电力系统电压是三相对称的电压源，并取 $\dot{U}_A$ 为参考向量，则有

$$[\dot{U}_A \quad \dot{U}_B \quad \dot{U}_C]^T = [1 \quad a^2 \quad a]^T \dot{U}_A \tag{9.14}$$

设牵引侧端口电压与一次侧线电压 $\sqrt{3}U_A$ 之比为 K_p，即变比为

$$K_p = \frac{U_p}{\sqrt{3}U_A}, \quad p = 1, 2, \cdots, n \tag{9.15}$$

$\dot{U}_p$ 滞后 $\dot{U}_A$ 的相角为 ψ_p（称为端口 p 的接线角），$p = 1, 2, \cdots, n$，则

$$\dot{U}_p = U_p \mathrm{e}^{-\mathrm{j}\psi_p} = \sqrt{3}U_A K_p \mathrm{e}^{-\mathrm{j}\psi_p} \tag{9.16}$$

当取端口 p 电流 $\dot{i}_p$ 滞后端口 p 端压 $\dot{U}_p$ 的功率因数角为 φ_p 时，有

$$\dot{i}_p = i_p \mathrm{e}^{-\mathrm{j}(\psi_p + \varphi_p)}, \quad p = 1, 2, \cdots, n \tag{9.17}$$

牵引侧任一端口单独运行时都不在三相电力系统侧产生零序电流，则由 $\dot{i}_p$ 造成的三相电流与 $\dot{i}_p$ 共线并满足：

$$\dot{i}_{Ap} + \dot{i}_{Bp} + \dot{i}_{Cp} = 0 \tag{9.18}$$

根据功率守恒原理（电压取共轭，忽略变压器内部损失）得：

$$\dot{U}_A^* \dot{i}_{Ap} + \dot{U}_B^* \dot{i}_{Bp} + \dot{U}_C^* \dot{i}_{Cp} = \dot{U}_p^* \dot{i}_p \quad p = 1, 2, \cdots, n \tag{9.19}$$

利用叠加原理可得 n 个单相端电流共同作用时的原边三相电流：

$$\begin{bmatrix} \dot{i}_A \\ \dot{i}_B \\ \dot{i}_C \end{bmatrix} = \frac{1}{\sqrt{3}} \begin{bmatrix} 1 & 1 & 1 \\ 1 & a & a^2 \\ 1 & a^2 & a \end{bmatrix} \begin{bmatrix} 0 \\ \sum_{p=1}^{n} K_p \dot{i}_p \mathrm{e}^{-\mathrm{j}\psi_p} \\ \sum_{p=1}^{n} K_p \dot{i}_p \mathrm{e}^{\mathrm{j}\psi_p} \end{bmatrix} \tag{9.20}$$

若分解正、负序电流，并把式（9.17）代入得：

$$\dot{i}^{(+)} = \frac{1}{\sqrt{3}} \sum_{p=1}^{n} K_p i_p \mathrm{e}^{\mathrm{j}\varphi_p} \tag{9.21}$$

$$\dot{i}^{(-)} = \frac{1}{\sqrt{3}} \sum_{p=1}^{n} K_p i_p \mathrm{e}^{-\mathrm{j}(2\psi_p + \varphi_p)} \tag{9.22}$$

9.1.4.3 不同结线变压器负序电流计算

由于电气化铁路是单相负荷，当三相电力系统为其供电时，牵引负荷电流经过牵引变压器变换后向电网注入负序电流，不同结线的牵引变压器负序电流计算方法不同。

1. 单相结线变压器

单相结线电流变换矩阵为

$$\begin{bmatrix} \dot{I}_A \\ \dot{I}_B \\ \dot{I}_C \end{bmatrix} = \frac{1}{K} \begin{bmatrix} 1 & 1 \\ -1 & -1 \\ 0 & 0 \end{bmatrix} \begin{bmatrix} \dot{I}_1 \\ \dot{I}_2 \end{bmatrix} \tag{9.23}$$

式中 K——牵引变压器变比；

$\dot{I}_1$——左侧供电臂负荷电流；

$\dot{I}_2$——右侧供电臂负荷电流。

与式（9.10）联立得正序电流和负序电流的表达式为

$$\dot{I}^+ = \frac{1}{6K}(3 - \sqrt{3}i) \times (\dot{I}_1 + \dot{I}_2) \tag{9.24}$$

$$\dot{I}^- = \frac{1}{6K}(3 + \sqrt{3}i) \times (\dot{I}_1 + \dot{I}_2) \tag{9.25}$$

单相结线牵引变压器电流不平衡度为

$$\varepsilon = \frac{I^-}{I^+} = 1 \tag{9.26}$$

式中 ε——电流不平衡度（注：牵引负荷在三相电力系统侧不产生零序，因此，不平衡度仅针对负序不平衡度）。

当牵引变电所采用单相结线变压器时，其负荷在三相电力系统中引起的负序电流绝对值与正序电流相等，负序功率等于正序功率，也等于牵引负荷功率。

2. 三相 Vv 结线变压器

三相 Vv 结线电流变换矩阵为

$$\begin{bmatrix} \dot{I}_A \\ \dot{I}_B \\ \dot{I}_C \end{bmatrix} = \frac{1}{K} \begin{bmatrix} 1 & 0 \\ -1 & -1 \\ 0 & 1 \end{bmatrix} \begin{bmatrix} \dot{I}_1 \\ \dot{I}_2 \end{bmatrix} \tag{9.27}$$

与式（9.10）联立得正序电流和负序电流的表达式为

$$\dot{I}^+ = \frac{1}{6K}[(3 - \sqrt{3}i) \times \dot{I}_1 - 2\sqrt{3}i \times \dot{I}_2] \tag{9.28}$$

$$\dot{I}^- = \frac{1}{6K}[(3 + \sqrt{3}i) \times \dot{I}_1 + 2\sqrt{3}i \times \dot{I}_2] \tag{9.29}$$

按两侧负荷功率因数角度一致，则进一步可得正序电流和负序电流的表达式为

$$I^+ = \frac{\sqrt{3}}{3K} \times (I_1 + I_2) \tag{9.30}$$

$$I^- = \frac{\sqrt{3}}{3K}\sqrt{I_1^2 + I_2^2 - I_1 I_2} \tag{9.31}$$

三相 Vv 结线牵引变压器电流不平衡度为

$$\varepsilon = \frac{\sqrt{I_1^2 + I_2^2 - I_1 I_2}}{I_1 + I_2} \tag{9.32}$$

Vv 结线牵引压器电流不平衡度与两个供电臂的负荷电流比及阻抗角之间的相位差有关，当两供电臂电流相等时，负序电流为正序电流的一半，三相不平衡度为 0.5，此时对电网的影响最小。

3. 三相 Vx 结线变压器

三相 Vx 结线电流变换矩阵为

$$\begin{bmatrix} \dot{I}_A \\ \dot{I}_B \\ \dot{I}_C \end{bmatrix} = \frac{1}{K} \begin{bmatrix} 1 & -1 & 0 & 0 \\ -1 & 1 & -1 & 1 \\ 0 & 0 & 1 & -1 \end{bmatrix} \begin{bmatrix} \dot{I}_{T1} \\ \dot{I}_{F1} \\ \dot{I}_{T2} \\ \dot{I}_{F2} \end{bmatrix} \tag{9.33}$$

与式（9.10）联立得正序电流和负序电流的表达式为

$$\dot{I}^+ = \frac{1}{6K} \times [(3-\sqrt{3}i) \times (\dot{I}_{T1} - \dot{I}_{F1}) - 2\sqrt{3}i \times (\dot{I}_{T2} - \dot{I}_{F2})] \tag{9.34}$$

$$\dot{I}^- = \frac{1}{6K} \times [(3+\sqrt{3}i) \times (\dot{I}_{T1} - \dot{I}_{F1}) + 2\sqrt{3}i \times (\dot{I}_{T2} - \dot{I}_{F2})] \tag{9.35}$$

按两侧负荷功率因数角度一致，则进一步可得正序电流和负序电流的表达式为

$$I^+ = \frac{\sqrt{3}}{3K} \times (I_{T1} + I_{F1} + I_{T2} + I_{F2}) \tag{9.36}$$

$$I^- = \frac{\sqrt{3}}{3K} \times (\sqrt{(I_{T1} + I_{F1})^2 + (I_{T2} + I_{F2})^2 - (I_{T1} + I_{F1})(I_{T2} + I_{F2})}) \tag{9.37}$$

三相 Vx 结线牵引变压器电流不平衡度为

$$\varepsilon = \frac{\sqrt{(I_{T1} + I_{F1})^2 + (I_{T2} + I_{F2})^2 - (I_{T1} + I_{F1})(I_{T2} + I_{F2})}}{I_{T1} + I_{F1} + I_{T2} + I_{F2}} \tag{9.38}$$

4. 阻抗匹配平衡结线变压器

阻抗匹配平衡结线电流变换矩阵为

$$\begin{bmatrix} \dot{I}_A \\ \dot{I}_B \\ \dot{I}_C \end{bmatrix} = \frac{1}{2\sqrt{3}k} \begin{bmatrix} -\sqrt{3}+1 & \sqrt{3}+1 \\ -2 & -2 \\ \sqrt{3}+1 & -\sqrt{3}+1 \end{bmatrix} \begin{bmatrix} \dot{I}_x \\ \dot{I}_y \end{bmatrix} \tag{9.39}$$

与式（9.10）联立得正序电流和负序电流的表达式为

$$\dot{I}^+ = \frac{1}{4\sqrt{3}K} \times [(\sqrt{3}+1) \times \dot{I}_x - (\sqrt{3}-1)i \times \dot{I}_x + (1-\sqrt{3}) \times \dot{I}_y - (\sqrt{3}+1)i \times \dot{I}_y] \tag{9.40}$$

$$\dot{I}^- = \frac{1}{4\sqrt{3}K} \times [(\sqrt{3}+1) \times \dot{I}_x + (\sqrt{3}-1)i \times \dot{I}_x + (1-\sqrt{3}) \times \dot{I}_y + (\sqrt{3}+1)i \times \dot{I}_y] \tag{9.41}$$

按两侧负荷功率因数角度一致，则进一步可得正序电流和负序电流的表达式为

$$I^+ = \frac{\sqrt{6}}{6K} \times |I_x + I_y| \tag{9.42}$$

$$I^- = \frac{\sqrt{6}}{6K} \times |I_x - I_y| \tag{9.43}$$

阻抗匹配平衡结线变压器电流不平衡度为

$$\varepsilon = \frac{|I_x - I_y|}{I_x + I_y} \tag{9.44}$$

5. 斯科特平衡结线变压器

斯科特平衡结线电流变换矩阵为

$$\begin{bmatrix} \dot{I}_A \\ \dot{I}_B \\ \dot{I}_C \end{bmatrix} = \frac{1}{k} \begin{bmatrix} \frac{2}{\sqrt{3}} & -\frac{2}{\sqrt{3}} & 0 & 0 \\ -\frac{1}{\sqrt{3}} & \frac{1}{\sqrt{3}} & 1 & -1 \\ -\frac{1}{\sqrt{3}} & \frac{1}{\sqrt{3}} & -1 & 1 \end{bmatrix} \begin{bmatrix} \dot{I}_{T\alpha} \\ \dot{I}_{F\alpha} \\ \dot{I}_{T\beta} \\ \dot{I}_{F\beta} \end{bmatrix} \tag{9.45}$$

与式（9.10）联立得正序电流和负序电流的表达式为

$$\dot{I}^+ = \frac{1}{3K} \times [\sqrt{3} \times (\dot{I}_{T\alpha} - \dot{I}_{F\alpha}) + \sqrt{3}i \times (\dot{I}_{T\beta} - \dot{I}_{F\beta})] \tag{9.46}$$

$$\dot{I}^- = \frac{1}{3K} \times [\sqrt{3} \times (\dot{I}_{T\alpha} - \dot{I}_{F\alpha}) - \sqrt{3}i \times (\dot{I}_{T\beta} - \dot{I}_{F\beta})] \tag{9.47}$$

按两侧负荷功率因数角度一致，则进一步可得正序电流和负序电流的表达式为

$$I^+ = \frac{\sqrt{3}}{3K} \times (I_{T\alpha} + I_{F\alpha} + I_{T\beta} + I_{F\beta}) \tag{9.48}$$

$$I^- = \frac{\sqrt{3}}{3K} \times |I_{T\alpha} + I_{F\alpha} - I_{T\beta} - I_{F\beta}| \tag{9.49}$$

斯科特平衡结线变压器电流不平衡度为

$$\varepsilon = \frac{|I_{T\alpha} + I_{F\alpha} - I_{T\beta} - I_{F\beta}|}{I_{T\alpha} + I_{F\alpha} + I_{T\beta} + I_{F\beta}} \tag{9.50}$$

阻抗匹配平衡结线牵引变压器与斯科特结线牵引变压器引起的电力系统不平衡度相似，与供电臂两臂负荷电流有关，当两臂电流相等时，三相不平衡度为0。

9.2 电能质量影响及治理措施

我国高速铁路全面采用交-直-交动车组，外部电源大多采用 220 kV、330 kV 电源供电，电能质量的电压偏差、功率因数、谐波电压、负序电压不平衡度等一般满足国家标准等相关规范要求。在少数电网薄弱地区，可能出现个别牵引变电所谐波电压偏高或负序电压不平衡度超过国家标准的情况，可以通过加强电网供电容量或提高供电电压等级等措施解决，也可以设置补偿装置进行治理。

此外，高速铁路动车组和牵引供电系统（简称车网）参数匹配可能会偶发高次谐波谐振和低频振荡问题，在极端条件下会造成接触网、动车组主电路上的电压、电流严重畸变或异常波动，需要对牵引供电系统与动车组参数匹配进行优化或采取相应治理措施。

9.2.1 高次谐波谐振

9.2.1.1 高次谐波谐振现象

2007 年 7 月,我国发生了首例牵引供电系统高次谐波谐振,造成了避雷器等高压电气设备烧毁、牵引变电所保护动作跳闸,严重影响了列车的正常运行,后又在不同线路发生了多次类似故障。图 9.2 为高次谐波谐振过程的实测电气特征示例。

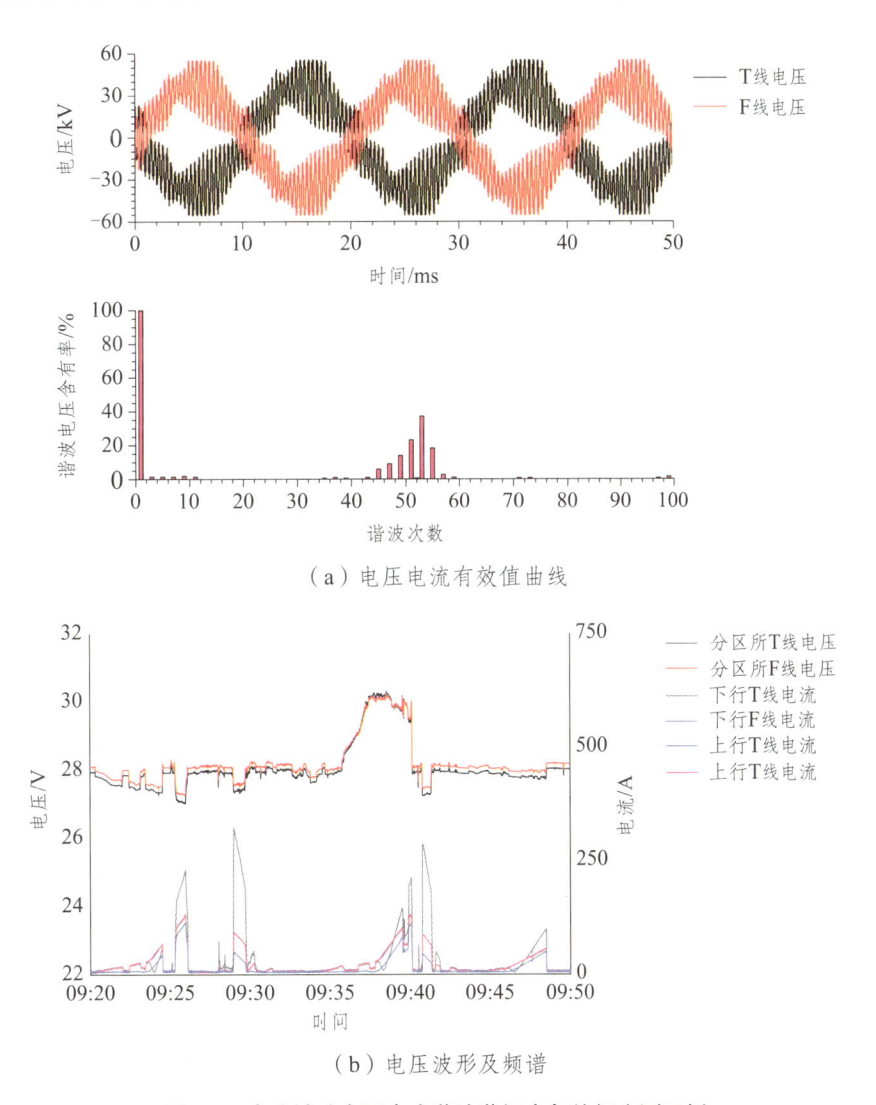

(a)电压电流有效值曲线

(b)电压波形及频谱

图 9.2　高速铁路车网高次谐波谐振电气特征实测示例

根据铁路供电、机辆相关专业技术人员针对发生的高次谐波谐振问题进行大量现场测试获得的成果,归纳出我国电气化铁路高次谐波谐振的以下特性:

(1)频率:潜在谐振频率范围较宽,17～75 次(750～3 750 Hz)谐波谐振均有发生记录,但某一供电区段谐振时,谐波放大频带不变且带宽基本在 500 Hz 以内(有研究表明在包含站场的区段谐振带宽会相对较宽)。

(2)过电压:谐振总是引起很高的谐振过电压,单一频率高次谐波电压有效值在几千伏以上的水平,甚至超过 15 kV，这些高次谐波电压叠加在基波电压上可能使接触网电压有效值超过 31 kV。

（3）持续时间：谐振通常持续时间几秒至几十秒不等，但可时断时续长达近 10 min。

（4）线路区段：发生谐振的线路、区段多样，并无明显规律，包括客运、货运、高速、普速各种线路，有正线，也有站场枢纽等区段。

（5）危害：谐振过电压会损伤地面和车载高压电气设备，其中避雷器易受高频过电压作用发生热崩溃甚至炸裂，此类情况对车网电气运行安全存在威胁；谐振过程也可能触发牵引变电所、分区所、动车组或电力机车的保护逻辑，严重时可能影响行车秩序。

9.2.1.2 高次谐波谐振机理

从经典电路理论出发，对车网电气耦合系统建立简化等效模型来揭示谐振机理。如图 9.3（a）所示，由于牵引变电所主接线型式、牵引网平行多导体结构、动车组交 - 直 - 交牵引传动系统结构的存在，高速铁路车 - 网电气耦合系统比较复杂，理论上车 - 网电气主回路中的所有元件都有参与谐振的可能。在此，为了对谐振机理进行简化分析，将车 - 网电气耦合系统简化描述为图 9.3（b）所示，基于单相分布参数的简化等效电路模型，其中 L 表示牵引变电所等值电感（包含外部电源和牵引变压器等值电感），z 和 c 分别表示等值单相线路单位长度的串联电感和并联电容，i_h 表示动车组谐波源，供电臂总长度为 D，谐波源距牵引变电所距离为 x。

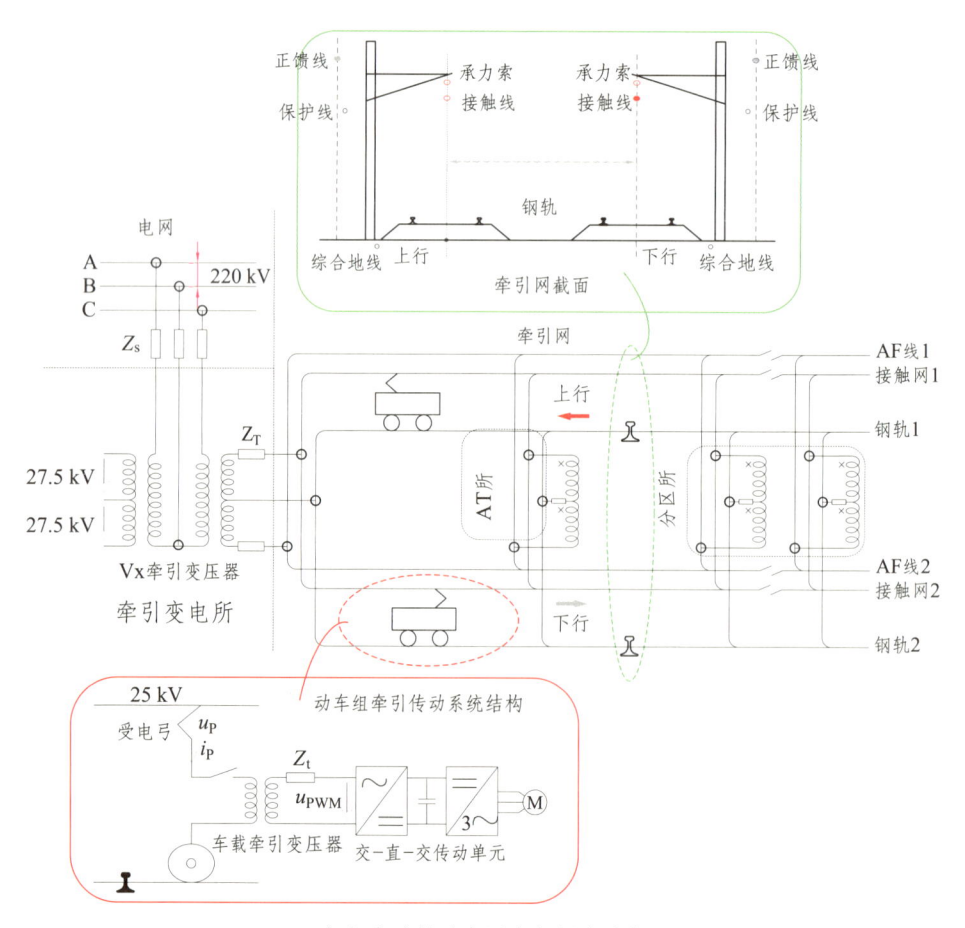

（a）高速铁路车网电气耦合系统

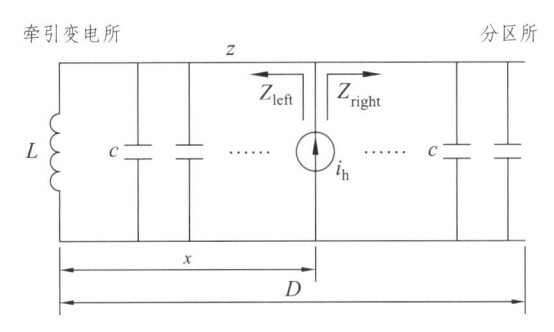

（b）高速铁路车网电气耦合简化等效电路模型

图 9.3　高速铁路车网电气耦合系统及其等效建模电路模型

从谐波源处向牵引变电所侧（左侧）看和向分区所侧（右侧）看的等值阻抗分别为

$$\begin{cases} Z_{\text{left}} = Z_c \dfrac{j\omega L \text{ch}\gamma x + Z_c \text{sh}\gamma x}{j\omega L \text{sh}\gamma x + Z_c \text{ch}\gamma x} \\ Z_{\text{right}} = \dfrac{Z_c}{\text{th}\gamma(D-x)} \end{cases} \quad (9.51)$$

其中，Z_c 和 g 分别为等值单相线路的特征阻抗和传播常数。

$$\begin{cases} Z_c = \sqrt{\dfrac{R + j\omega z}{j\omega c}} \\ \gamma = \sqrt{(R + j\omega z)j\omega c} \end{cases} \quad (9.52)$$

从谐波源处看的系统总的阻抗为

$$Z = \dfrac{Z_{\text{left}} Z_{\text{right}}}{Z_{\text{left}} + Z_{\text{right}}} = Z_c \text{ch}\gamma(D-x) \dfrac{j\omega L \text{ch}\gamma x + Z_c \text{sh}\gamma x}{j\omega L \text{sh}\gamma D + Z_c \text{ch}\gamma D} \quad (9.53)$$

易知谐振点位于 $Z = \infty$ 处，令式（9.52）中分母等于 0，于是可得谐振的条件为

$$j\omega L = \dfrac{-Z_c}{\text{th}\gamma D} \quad (9.54)$$

由于 $\gamma D \ll 1$，有 $\text{th}\gamma D \approx \gamma D$，代入式（9.57）得：

$$j\omega L \approx \dfrac{-Z_c}{\gamma D} = \dfrac{-1}{j\omega c D} = \dfrac{-1}{j\omega C} \quad (9.55)$$

其中，$C = cD$，为牵引网总的并联等效电容，从而得到谐振频率的近似公式：

$$f \approx \dfrac{1}{2\pi\sqrt{LC}} \quad (9.56)$$

根据以上分析高次谐波谐振的机理如下：

（1）高次谐波谐振从本质上可以看作是牵引网分布电容与牵引变电所等值电感（包含变压器漏电感和系统电感）的并联谐振，并联谐振会导致比较高的谐波电压。

（2）在相同外部电源、牵引变压器和接触网参数条件下，供电臂越长，接触网总并联电容越大，牵引网谐振频率越低，谐振频率近似与供电臂长度的平方根成反比。

（3）动车组是激发高次谐波谐振的谐波源，谐振发生与否取决于动车组发出的谐波电流频率是否与系统谐振频率重合或接近。

9.2.1.3 高次谐波谐振治理技术

高次谐波谐振本质上是车-网电气匹配失稳问题，涉及牵引供电系统和动车组两方面。因此，治理对策可以从车网两方面入手。不论采取哪种手段，基本思路应该是设法破坏谐振发生的条件，应本着先易后难、先简单后复杂、先软件后硬件的思路进行。

从动车组的角度而言，首先可以考虑优化牵引变流器网侧四象限整流环节，通过优化控制策略和脉冲宽度调制算法消除或降低谐振频段谐波含量。实际上我国个别早期动车组车型通过优化四象限整流器控制或调制参数实现了谐波特性优化，避免了谐振再发生。其次可以考虑加装车载滤波装置，即在谐波激励端就近滤除，从而减小注入网侧的谐波电流。国外某些早期车型曾经使用这一技术方案，而综合考虑轻量化、可靠性等因素，我国动车组车型现已不再采用此类设计。

从牵引供电系统的角度而言，首先可以采取一些应急处理手段，如倒换外部电源、改变运行方式等，本质上这些手段均改变了牵引供电系统的阻抗频率特性，即通过改变谐振频率避开动车组发出的谐波电流频率。另一种较为成熟的方案是在牵引供电系统中安装滤波器，一般采用在牵引变电所、分区所、开闭所安装无源滤波器的方案。无源滤波器一方面在牵引供电系统内提供了一条对高次谐波的低阻通路，另一方面其主电路元件的接入也会改变原有系统的阻抗频率特性，即调整谐振频率。图 9.4 给出了一组我国应用二阶阻尼无源高通滤波器解决高次谐波谐振问题的示例。

（a）无源滤波装置实景照片

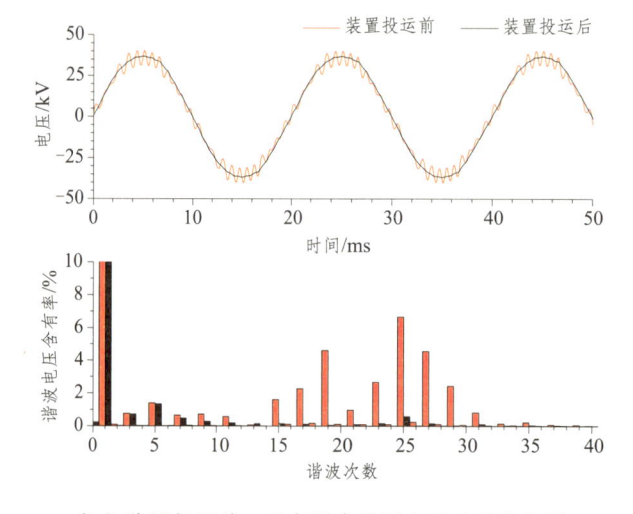

（b）装置投运前、后实测牵引网电压波形及频谱

图 9.4　基于无源滤波器技术的高次谐波谐振治理技术应用案例

9.2.2 低频振荡

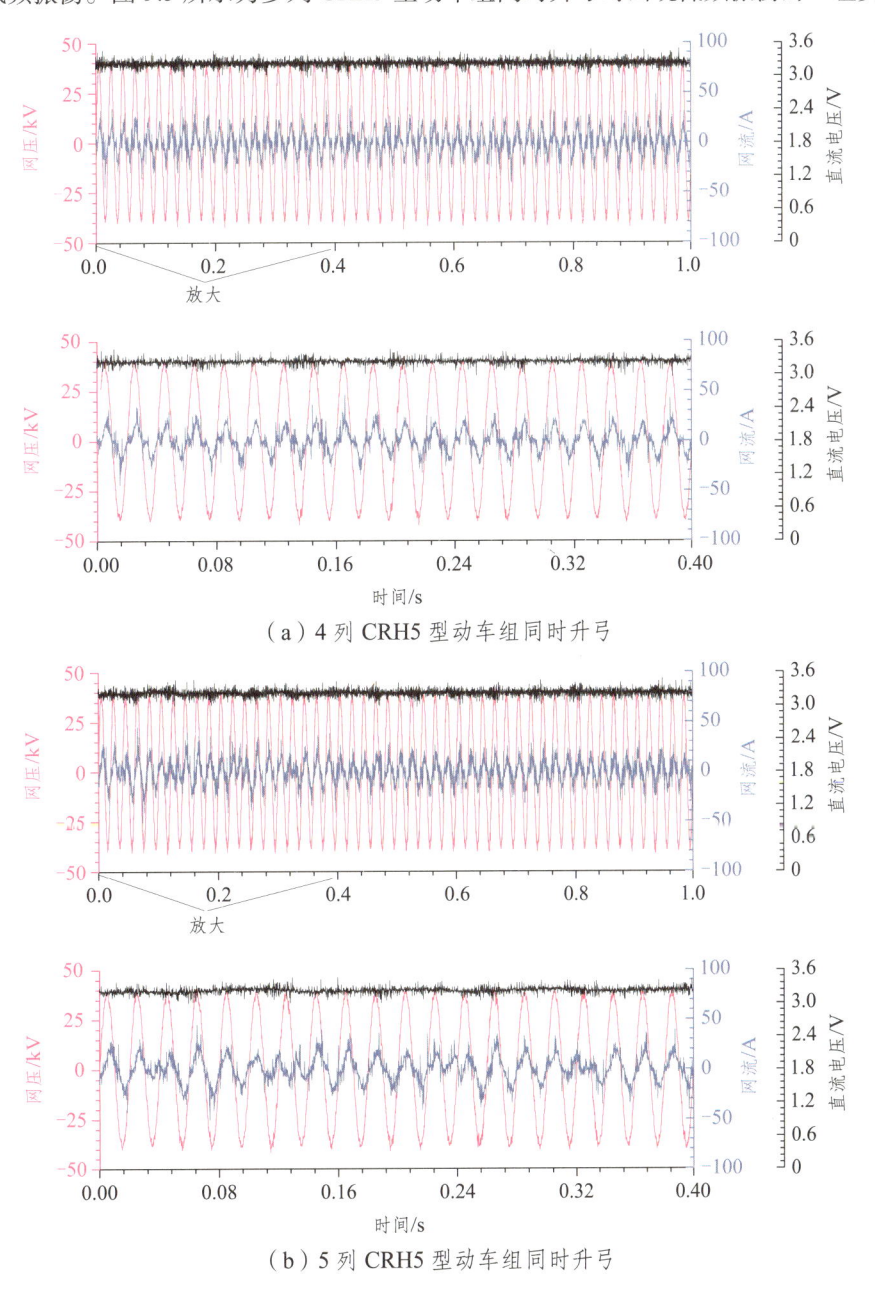

对于车-网电气低频振荡过程,往往难以用经典电路理论解释。国内外相关文献通常将其视作一类稳定性问题。考虑到在低频振荡过程中,接触网和动车组的电压、电流均会出现异常波动,因此本书将低频振荡问题视作电气化铁路的一类特殊电能质量问题。

9.2.2.1 低频振荡现象

我国首例低频振荡发生于 2007 年年底,某机务段的多台交流电力机车同时升弓,在准备发车时出现了牵引网电压 3 ~ 4 Hz 的低频振荡,导致机车牵引封锁,影响正常运输。此后在其他机务段、动车段(所)也相继发生过低频振荡。图 9.5 所示为多列 CRH5 型动车组同时升弓时出现低频振荡的一组实测波形。

(a) 4 列 CRH5 型动车组同时升弓

(b) 5 列 CRH5 型动车组同时升弓

(c) 6 列 CRH5 型动车组同时升弓

(d) 7 列 CRH5 型动车组同时升弓

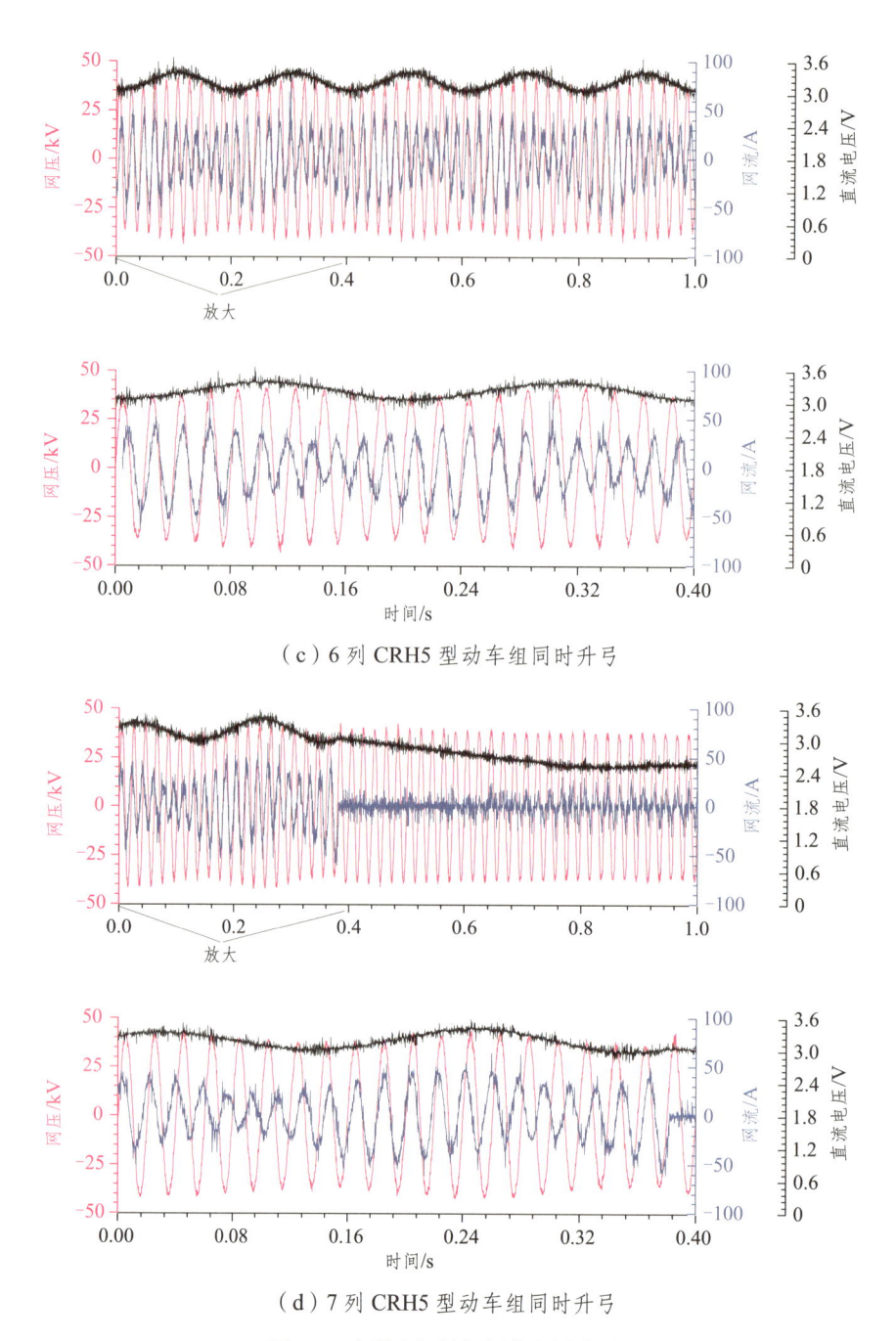

图 9.5　车网电气低频振荡实测波形

根据图 9.5 所示波形，在动车所同时投入 4 列动车组时，动车组网压、网流及直流电压平稳；投入 5 列时，动车组网压、网流和直流电压有轻微波动；投入 6 列时，动车组网压、网流和直流电压都呈现频率为 5 Hz 的大幅度波动，此时动车组转换为牵引运行方式时，可能会出现牵引封锁；投入 7 列时，动车组网压、网流与直流电压呈现剧烈振荡，迅速导致牵引封锁。

根据文献资料报道，其他站场低频振荡的测试结果与本节实测波形相似，可以归纳我国低频振荡问题的以下特性：

（1）低频振荡发生在动车段、机务段、车站等动车组或电力机车集中的供电区段。

（2）低频振荡发生时有多列同型号动车组或电力机车同时升弓，并处于整备状态（通常是准备发车状态）。

（3）低频振荡过程是随着升弓列车数量增加而网压从稳定到不稳定的过程，对特定区段存在一个保持临界稳定的列车数量，该数量实际上取决于区段供电参数和运用的动车组或电力机车车型参数，例如对于图 9.5 所示波形，临界数量为 6 列。

（4）低频振荡过程车网电压、电流波动的幅度和频率通常不足以直接损伤车网电气设备，但容易触发动车组牵引系统保护逻辑，导致牵引封锁，其直接影响是列车发车延误，不利于维持正常运输秩序。

9.2.2.2 低频振荡机理及治理对策

研究低频振荡机理可以采用不同方法，如现场实测、时域仿真、频域稳定性分析等，但不论采用何种技术方法，目的都是试图解释车网电气耦合系统的低频不稳定现象。本小节不对稳定性问题进行深入探讨，仅对低频振荡机理做简要定性描述。首先借鉴 EN 50388—2022，定性低频振荡是由采用四象限变流器的列车与牵引供电系统相互作用引起的。进一步，不同学者运用不同稳定性判据（或稳定性判据的不同型式）得到了车网低频不稳定的解析解，已形成对低频振荡机理的一般共性认识：

（1）在设计动车组四象限变流器的控制器参数时，一般考虑理想工况，即额定运行功率、理想供电电源等条件。当实际运用场景与设计考虑条件差距较大时，例如升弓准备发车时的轻载工况、牵引变电所外部电源较弱或接触网输电距离较长等，控制器无法按照既定控制对象和控制目标完成控制任务，动车组四象限变流器与网侧能量交互出现异常状态。

（2）低频振荡是由采用四象限变流器的列车与牵引供电系统相互作用引起的，是一类典型的变流器并网稳定性问题。车、网构成了一个"源-荷"闭环系统，源、荷两侧阻抗存在匹配关系，当系统的频域模型为欠阻尼状态但十分接近临近阻尼时，由于系统内存在不同型式的持续干扰源，使得车网系统以主导极点对应的频率持续振荡，并处于一个临界状态，此时，车网系统中的电气量均以该频率波动，形成低频振荡。

（3）当处于同一供电区段的同型号（四象限变流器相同）的动车组数量增多时，车网系统发生不稳定，而不稳定的频率以及临界列车数量均取决于四象限变流器控制器参数和牵引供电系统电气参数，根据公开文献资料报道，我国发生的低频振荡频率在 2 ~ 7 Hz。

对于低频振荡的治理对策，与高次谐波谐振相似，也可从车网两方面着手。从动车组方面考虑，调整四象限变流器控制参数，从而优化其功率变换控制性能是较好的办法，实际上这在我国相关车型上已经有成功经验；从网侧考虑，倒换牵引变电所进线电源、采用低短路阻抗的牵引变压器等手段也是可行的；此外，从运输组织的角度，控制同型动车组在站场同时升弓的数量也是一种针对低频振荡的应急处理办法。

10 牵引供电电源

10.1 牵引供电系统负荷与供电电源关系

高速电气化铁路速度快,运输能力强,在国民经济和社会生活中具有十分重要的作用。高速铁路运输必须确保安全、可靠、正点。高速电气化铁路作为电力系统的一种重要的特殊负荷,牵引负荷大,可靠性要求高。其重要性和负荷特性要求电网提供稳定可靠的电源,以保证高速列车的正常运行。

牵引变电所正常供电是高速电气化铁路正常运行的基础。较高的外部电源电压等级具有相对较强的供电能力和较高的供电可靠性,世界各国采用单相工频交流制的高速电气化铁路无一例外地采用了高电压等级作为供电电源。世界主要高速铁路国家供电电源如表 10.1 所示。

表 10.1 世界主要高速铁路国家供电电源

国家	铁路名称	设计/运营速度/(km/h)	供电电压/kV	备注
日本	东海道新干线	270~300	275	154 kV、220 kV、275 kV
	山阳新干线	300	275	
	北陆新干线	260	275	
	东北新干线	320(260)	275	
	上越新干线	240	275	
法国	巴黎—里昂	270	225	225 kV、400 kV
	巴黎—图尔	300	225	
	里昂—瓦朗斯	300	225	
	瓦朗斯—马赛	300	225	
德国	曼海姆—斯图加特	280	110	110 kV
	汉诺威—维尔茨堡	280	110	
	科隆—法兰克福	300	110	
	汉堡—柏林	300	110	
中国	京沪高铁	350	220	220 kV、330 kV
	沪杭高铁	350	220	
	郑西高铁	350	220/330	
	西成高铁	250	220/330	

10.2 电源供电能力及其影响因素

牵引变电所外部电源供电能力，即供电容量，一般用短路容量来衡量。更高的供电电压等级意味着电源的系统短路容量也将随之提高，即具有更高的供电能力和相对高的供电可靠性。

把电力系统元件的电抗归算到统一的基准容量后，便可以应用等效原理将网络化简，得出电力系统到牵引变电所进线点的总电抗标幺值 $X_{*\Sigma}$。电力系统在牵引变电所进线点短路时的短路容量便为

$$S_\mathrm{d} = \frac{S_\mathrm{j}}{X_{*\Sigma}} \tag{10.1}$$

式中　S_j——基准容量（MVA）；

　　　$X_{*\Sigma}$——电力系统的等效电抗标幺值。

电力系统的短路容量同电力系统的发电容量有关，还同负荷接入电网的网架结构、电气距离等有关。一般电力系统的发电容量越大，短路容量越大；负载距离电力系统电源越近，短路容量也越大。负载点距离电力系统电源的远近，可用等效输电线阻抗大小来表示。

$$X_* = X \frac{S_\mathrm{j}}{U_\mathrm{j}^2} \tag{10.2}$$

式中　X——线路实际阻抗（W）；

　　　U_j——线路电压基准值（kV）。

由式（10.2）可知，输电线阻抗同电压平方成反比。因而提高输电线的电压等级，可显著提高电力系统的短路容量。

10.3 电源供电方式

高速电气化铁路为电力系统重要的一级负荷，外部电源足够的供电能力和高可靠性是高速铁路安全可靠运行的基本保证。

牵引供电系统设计规范规定：牵引变电所应由两路电源供电，当其中任一路发生故障时，另一路应仍能正常供电。两回路互为备用，均处于带电状态，一旦一条回路发生供电故障，另一条回路自动投入，从而保证不间断供电。

高速铁路牵引变电所外部电源方案除了要求两路电源可靠且相互独立外，基于越区供电需求还要求相邻的两个牵引变电所不能同时停电。

牵引变电所外部电源供电方式（电力系统向牵引变电所供电的方式）通常可分为双电源双回路供电方式、单电源双回路供电方式、双电源单回路（双回路）环形供电方式等几种基本类型。

10.3.1 双电源双回路供电方式

如图 10.1 所示。牵引变电所两路进线分别来自两个不同变电站（或发电厂），线路 L1 和 L2 为向电气化铁路供电专用线。L1 和 L2 及相应电源一组工作时另外一组作为备用，两者互为备用。双电源双回路两

个电源点相互独立，可靠性高，是牵引变电所基本的外部电源供电方式之一，特别是高速铁路宜采用此外部电源方案。

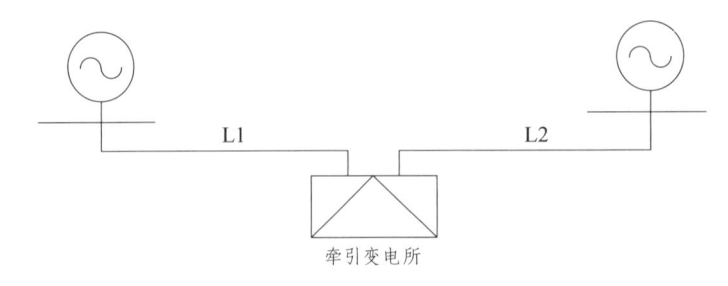

图 10.1　双电源双回路供电方式

10.3.2　单电源双回路供电方式

如图 10.2 所示。牵引变电所两路电源进线来自同一个变电站，取自不同母线段，线路 L1 和 L2 为向电气化铁路供电专用线。L1 和 L2 及相应电源一组工作时另外一组作为备用，两者互为备用。该供电方式可靠性较高，高速铁路牵引变电所根据电网条件也可采用此外部电源方案。

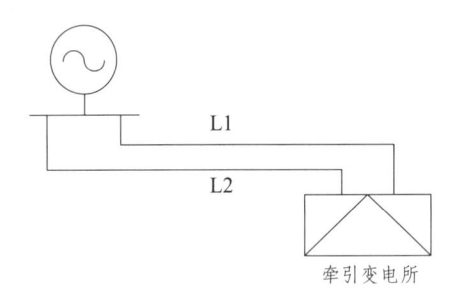

图 10.2　单电源双回路供电方式

10.3.3　双电源单回路（双回路）环形供电方式

如图 10.3 所示。两座牵引变电所进线电源分别来自不同的变电站，其中各有一路分别直接取自变电站，另一路通过相邻牵引变电所供电，两座牵引变电所各自的两路电源线路为供电专用线。牵引变电所的两路电源一组工作时另外一组作为备用，两者互为备用，此方案通常不作为高速铁路牵引变电所外部电源供电方案。若此方案中两座变电站之间有联络线，可较大幅度提高该方案外部电源的可靠性，如图 10.4 所示，带联络线的双电源双回路环形供电方式可作为高速铁路的牵引变电所外部电源供电方案。

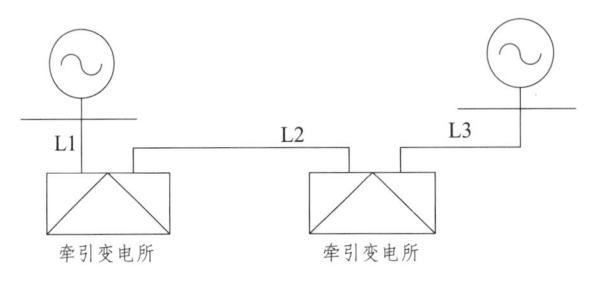

图 10.3　双电源单回路环形供电方式

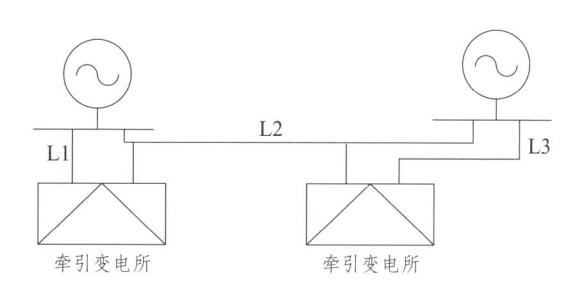

图 10.4 带联络线的双电源双回路环形供电方式

10.4 高速铁路牵引供电系统供电电源选择

高速铁路牵引供电系统供电电源选择需考虑可靠性、供电能力、电能质量等因素。

10.4.1 可靠性

电气化铁路是电力系统的重要负荷，要求电力系统提供安全可靠的供电电源，供电电源的可靠性是电气化铁路特别是高速铁路正常运营的基础条件。为了保证对高速铁路牵引供电系统不间断供电，供电电源的选择十分重要，首先应考虑采用可靠性高的供电方式，即双电源双回路供电方式。如果受地区电网条件限制无法提供双电源，仅能实现单电源，则必须要求架设双回输电线路。如果这两条输电线来自同一个电网变电站，那么这两条输电线须接至该变电站的不同母线。

一般来说，电力系统电压等级越高，可靠性越高。因此，选择电压等级高的系统作为高速铁路牵引供电系统电源也是提高供电可靠性的有效途径之一，我国高速铁路一般选用 220 kV（330 kV）电压等级供电，以适应高速铁路的供电需要。

10.4.2 供电能力

电源的短路容量是衡量电源供电能力的基础指标。由 10.2 节可知，一般电力系统的发电容量越大，短路容量就越大；负载点距离电力系统电源越近，短路容量也越大。因此高速铁路牵引供电系统接入点应尽量选择短路容量大的接入方案。表 10.2 给出了 110 kV 及以上电压等级部分电力系统的输电能力参数。

表 10.2 110 kV 及以上电压等级（部分）电力系统的输电能力

额定电压 /kV	输送功率 /MVA	输送距离 /km
110	10 ~ 50	50 ~ 150
220	50 ~ 500	100 ~ 300
330	200 ~ 800	200 ~ 500

通常情况下，电压等级越高，系统的短路容量越大，供电能力越强，但同时配电间隔、断路器、牵引变压器等设备费用相应增加，但因各项技术指标的改善对电力系统和牵引供电系统会产生较好的经济效益

和社会效益，因此应通过全面的技术经济比较进行电源供电方案对比分析研究。

10.4.3 电源选择原则

双电源双回路供电方式中两个电源点相互独立，可靠性高，是牵引变电所基本的外部电源供电方式之一。高速铁路输电线宜采用此供电方案。

如果外部电源不具备双电源双回路条件，也可选择单电源双回输电线路供电方式或双电源双回路环形供电方式，这两种方式均可作为高速铁路的牵引变电所外部电源供电方案。

11 枢纽客站供电

铁路枢纽是铁路运输组织车流交换的重要节点。高速铁路引入枢纽时，一般新建大型客站或特大型客站（为方便表述，本书称之为枢纽客站）。有时为便于旅客换乘和出行、增加运输组织灵活性，也可引入既有客站。同时配套设置动车段、动车运用所。

牵引供电系统是枢纽旅客运输的重要配套设施，与枢纽的结构、客站分布和供电需求相匹配，满足铁路旅客运输组织的需要。

11.1 枢纽客站供电一般原则

枢纽客站牵引供电方案需要结合枢纽内线路走向、客站和动车段（所）设施分布、运输组织、引入枢纽各线路建设时序、外部电源情况、供电单元划分、电分相和电分段设置、牵引变电所备用条件等统筹规划，合理布局牵引供电设施，并符合以下基本要求：

（1）枢纽内高速、城际和客货共线铁路牵引供电系统尽可能相互独立；无法相互独立时，枢纽内牵引供电系统的技术标准宜与高速铁路或城际铁路的标准一致，且需要满足高速铁路、城际铁路与客货共线铁路维修天窗不同步的要求。

（2）枢纽客站宜由同一相电源供电。当客站由同一相电源供电困难时，尽量保证普速车场外的客运车场等相关区域由同一相电源供电，不同相电源之间的电分相设置位置应满足行车组织要求。

（3）大型及特大型客站、动车段（所）优先在邻近负荷中心处设置牵引变电所，所址需考虑外部电源和 27.5 kV 馈线路径条件。当不设牵引变电所时，宜设开闭所，开闭所进线电源原则从就近相邻的牵引变电所接引。

（4）位于同一客站的牵引变电所和电力变电所，可协商电力部门采用共用外部电源的合建方案，以节省外部电源资源和城市电源线路通道资源。

（5）邻近大型或特大型客站、动车段（所）的牵引变电所 27.5 kV 馈线数量过多时，可在附近设置开闭所，由牵引变电所通过开闭所向客站、动车段（所）供电。

（6）动车段（所）及有检修作业的动车存车场应采用两回电源供电，其中至少一回宜来自牵引变电所或由牵引变电所提供独立电源的开闭所。

（7）高速铁路、城际铁路和客货共线铁路共用牵引变电所时，牵引变电所馈线母线宜分开设置，便于牵引变电所 27.5 kV 母线及馈线设备检修。

（8）特大型客站和重要大型客站牵引变电所，应有可靠的备用供电条件。特大型客站可采用全备用牵引变电所方案，满足牵引变电所因故退出运行时全部负荷的正常供电需求；既有牵引变电所或场地受限时可采用备用开闭所方案；重要大型客站根据需要可采用备用开闭所方案。

（9）由两条或以上铁路交汇的接轨站，原则按线路别划分为不同相供电分区，分别由各自牵引供电系统供电。当各铁路线间设置电分相困难无法按线路别划分供电分区时，整个站场划分为同一相供电分区，供电方案需考虑天窗检修模式的影响。

11.2 牵引变电所外部电源要求

枢纽客站连接着多条高速铁路干线，其供电可靠性是维持高速铁路正常运输的可靠保证。枢纽客站供电在满足牵引变电所接引两路独立、可靠电源的基础上，还需要统筹考虑相邻牵引变电所外部电源的可靠性和独立性。

（1）为保证给牵引变电所供电的两路电源独立可靠，枢纽特大型客站牵引变电所的两路电源应取自电力系统不同的两座变电站、两路电源上一级变电站电源宜独立。

（2）为高速铁路枢纽客站牵引变电所供电的两路电源线不应同塔架设或同沟敷设；两路电源线路中一回应列为重要负荷供电线路，按重要线路设计，另一回运行检修特别困难的局部线段也应按重要线路设计。

（3）牵引变电所外部电源线路保护应配置适应电气化铁路负荷特性的保护装置，并符合以下原则：① 在满足系统稳定切除要求的前提下，外部电源线路宜采用单端保护装置；② 外部电源线路配置纵联保护装置时，不应跳牵引变压器电源侧断路器；③ 外部电源线路保护的保护范围延伸到牵引变压器低压侧母线时，动作时限应与牵引变压器高压侧过电流时限满足配合关系。

牵引变电所外部电源线路保护及与牵引供电系统保护的关系，可结合现场实际运行经验与电力部门进一步优化完善。

11.3 枢纽客站内电分相、电分段设置原则

牵引供电系统通过设置电分相、电分段把枢纽客站内正线、站线以及各类车场、动车段（所）划分成不同的供电分区或供电单元，其划分应遵循有利于降低故障对铁路运输组织的影响，有利于牵引供电设施运营维护。铁路枢纽客站内电分相、电分段设置应符合以下原则：

（1）枢纽客站、动车段（所）可根据各铁路线路引入方式、各类车场的平面结构按照干线别划分为不同相的供电分区；不具备按线路别划分供电分区时，可以全部或部分划分为同一相供电分区。在不同供电分区间设置电分相，应尽量减少电分相数量。

（2）正线上电分相应避免设置在长大坡道、列车起动加速或限速等低速区段。

（3）联络线需设置电分相时，应综合考虑联络线长度、坡度、曲线半径以及行车进路等情况，满足动车组运行要求。

（4）设置在高速正线上的电分相应采用关节式电分相；联络线上电分相宜采用关节式电分相，个别困难地段可采用器件式电分相。

（5）大型或特大型客站可按行车组织进路或站台分区分束供电，并满足基本站台独立停电检修的要求。

（6）高速铁路车站两端应按满足上、下行区间接触网独立检修以及区间接触网故障时能够方便区间列车应急进入车站的要求设置电分段和隔离开关。

（7）动车段、动车所、存车场及动车组出入段线，应根据运输需求和检修需要设置电分段和隔开开关。

11.4 枢纽客站牵引变电所备用方案

枢纽客站牵引变电所供电可靠性和灵活性直接影响到枢纽及相关高速干线铁路的旅客运输秩序。枢纽牵引变电所应根据枢纽结构、客站规模及连接的高速干线铁路等因素确定牵引变电所备用方案。

11.4.1 相邻牵引变电所越区供电备用方案

对于一般小型枢纽或车站分布较为分散的大型枢纽，在牵引变电所分布时，一般在临近枢纽内牵引变电所一个供电臂距离左右设置1座牵引变电所，作为枢纽牵引变电所后备支援供电的牵引变电所，如图11.1所示。

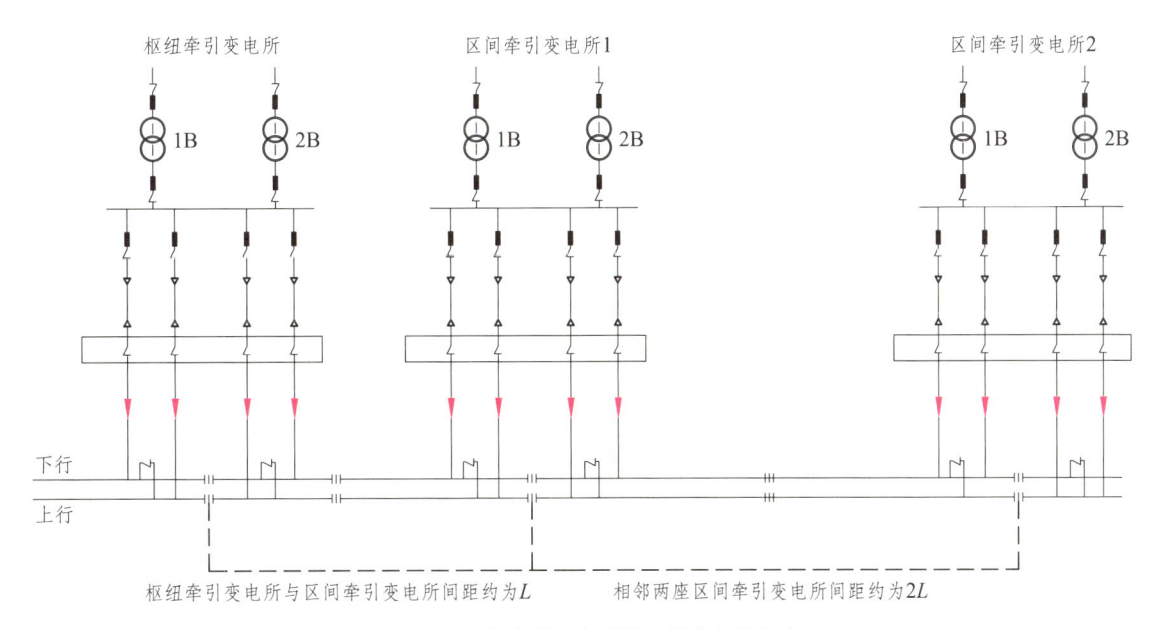

图11.1 相邻牵引变电所越区供电备用方案

当枢纽牵引变电所因故障或检修停电时，由备用牵引变电所越区供电，承担牵引变电所的主要供电负荷。

11.4.2 全备用牵引变电所备用方案

对于枢纽内大型、特大型客站，连接高铁线路多，影响面广。为客站供电的牵引变电所因故障或检修停电后，会对运输组织造成较大混乱和引起比较严重的社会影响，在实际铁路工程中可采用全备用牵引变电所方案来提高这类牵引变电所供电可靠性。

全备用牵引变电所方案的基本思路就是在枢纽牵引变电所的基础上，再邻建一座完全独立的备用牵引变电所。考虑到枢纽牵引变电所两路外部电源可靠性高、独立性强，备用牵引变电所直接利用枢纽牵引变电所的外部电源；牵引变电所电源侧牵引变压器等高压设备，实际运行故障较少，备用牵引变电所按单套配置；27.5 kV、2×27.5 kV 馈线及交、直流所用电源等设备操作频繁、相对电源侧高压设备故障较多，按枢纽牵引变电所标准全套配置。全备用牵引变电所供电方案如图 11.2 所示。

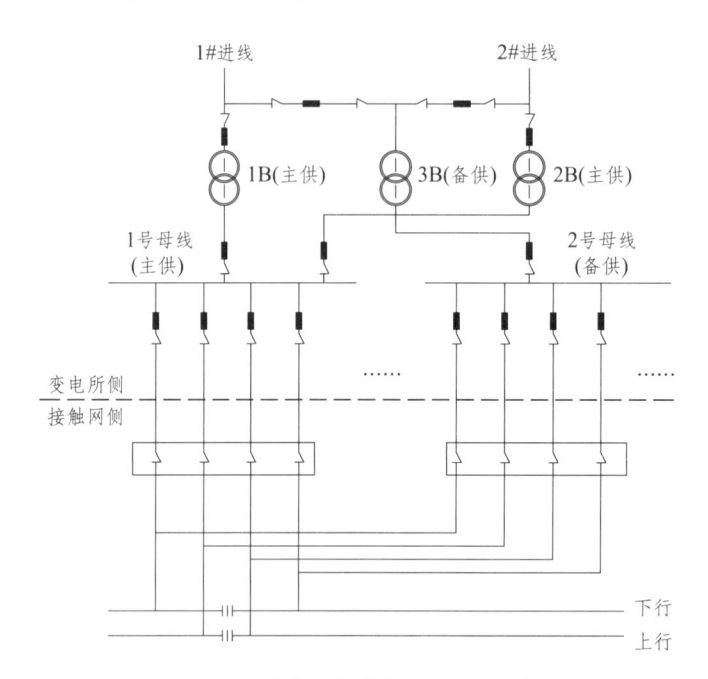

图 11.2　全备用牵引变电所供电方案

全备用牵引变电所方案，在型式上是共用外部电源的 2 座 1 对 1 备用的完全独立的牵引变电所。正常运行时，由枢纽牵引变电所供电，备用牵引变电所处于备用状态。当枢纽牵引变电所因故障或检修停电时，备用牵引变电所投入运行，完全承担枢纽牵引变电所的全部供电负荷，从根本上解决了枢纽客站牵引供电可靠性的问题。备用牵引变电所投入操作复杂，需要在实际运行中积累经验、不断优化完善并规范化。

11.4.3 备用开闭所方案

全备用牵引变电所方案较好地解决了枢纽牵引变电所的备用及供电可靠性问题。但对于部分既有枢纽特大型客站，牵引变电所改造可能存在场地困难，无法实施备用牵引变电所的问题。鉴于牵引变电所故障大多发生在 27.5 kV、2×27.5 kV 馈线侧，此时可因地制宜，重点备用 27.5 kV、2×27.5 kV 侧设备及相关保护等配套设施，即在备用牵引变电所的基础上取消故障概率较低的牵引变压器等电源侧高压设备，可称之为备用开闭所。备用开闭所可解决枢纽牵引变电所除发生严重故障解列外的大部分故障的备用问题，也能解决枢纽牵引变电所27.5 kV、2×27.5 kV高压室难以停电检修的问题。备用开闭所供电方案如图11.3所示。

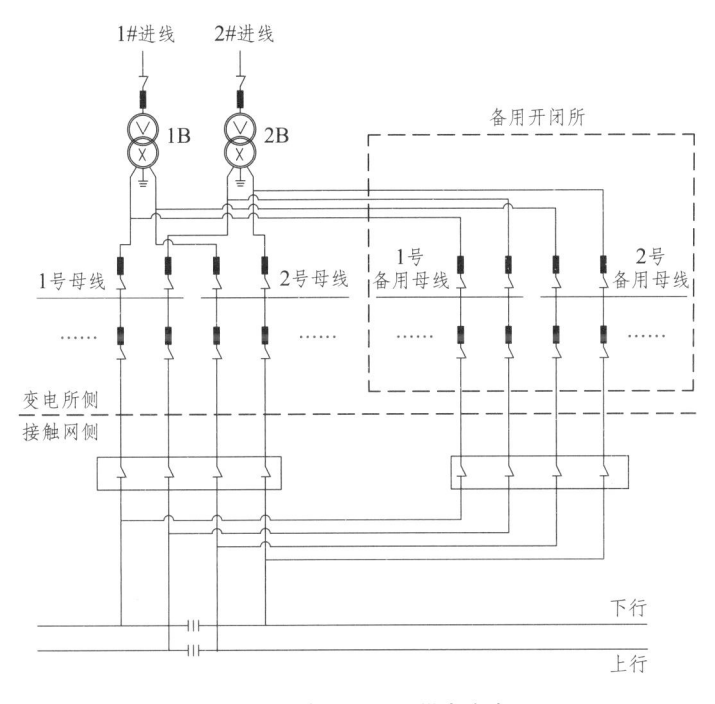

图 11.3 备用开闭所供电方案

对于新建枢纽重要大型客站牵引变电所或特大型客站牵引变电所场地受限时，可采用开闭所备用方案。

11.4.4 移动备用牵引变电所方案

枢纽外的区间牵引变电所数量较多，目前基本上都是采用越区供电备用方式，即某座牵引变电所因故障或检修停电时，由相邻的牵引变电所通过分区所越区代替供电，此时供电距离长，供电能力大幅度下降；如遇牵引变电所火灾烧毁等严重故障解列时，牵引变电所抢修恢复的时间很长，所在高铁干线较长时间只能采用越区供电方式组织运输，势必严重影响高铁干线的通过能力和输送能力，打乱高铁旅客运输秩序。对此，可采用移动备用牵引变电所方案。建议在全国主要客运中心节点，如北京、武汉、广州、成都等地配置移动牵引变电所。移动牵引变电所由电源侧组合单元、牵引侧组合单元、所用电源组合单元等集成模块组成。

当某座牵引变电所发生故障解列且抢修恢复时间较长时，可将就近的移动牵引变电所各集成模块组合单元运输到现场，快速组装完成整座牵引变电所恢复正常供电，确保供电能力和运输能力不受影响。

11.5 枢纽客站典型供电方案

各枢纽功能、作用和结构型式不同，其供电需求和供电方案也不同。以下通过郑州东站、广州白云站、南昌枢纽横岗接轨站、上饶东南/西南联络线、长沙南站西北/东南联络线、广州枢纽新塘动车所和城南动车基地为例，分别介绍大型客站、编组站（区段站）、接轨站、联络线、动车设施的牵引供电方案。

11.5.1 郑州东站供电方案

郑州枢纽主要衔接京广、徐兰、郑渝、郑济、郑合、郑太等高速铁路，在郑州东站形成"米"字形结构。郑州东站总规模16台32线，设置有京广场、徐兰场、城际场。其中，京广场7台16线，引入京广、郑济、郑太、徐兰高铁及郑开城际；徐兰场7台12线，引入徐兰、郑渝、郑合、郑济高铁；城际场2台4线，引入郑机、郑开城际。

京广高铁引入郑州枢纽，在郑州东站设置郑州东牵引变电所，在郑州东站、郑州东动车运用所附近分别设置郑州东站开闭所、郑州东动车所1号开闭所；徐兰、郑渝、郑济高铁引入郑州东站时，接引郑州东牵引变电所馈线供电，同时增设郑州东动车所2号开闭所和动车走行线开闭所。郑州东牵引变电所27.5 kV馈线最终规模达到18回馈线，其中10回AT馈线，分别为京广高铁、徐兰高铁、郑济高铁供电；8回直供馈线，分别为郑开城际、郑州东站开闭所、郑州东动车所1号和2号开闭所、动车走行线开闭所供电。郑州东站车站及动车运用所范围采用同一相电源供电。

郑州枢纽内郑州东站牵引供电方案如图11.4所示。

郑州东牵引变电所供电范围大，供电可靠性要求高，在郑州东牵引变电所检修或故障停电时，将会影响引入的相关线路及枢纽内客运站、动车所的正常行车。牵引供电系统方案在由邻近的大官庄牵引变电所

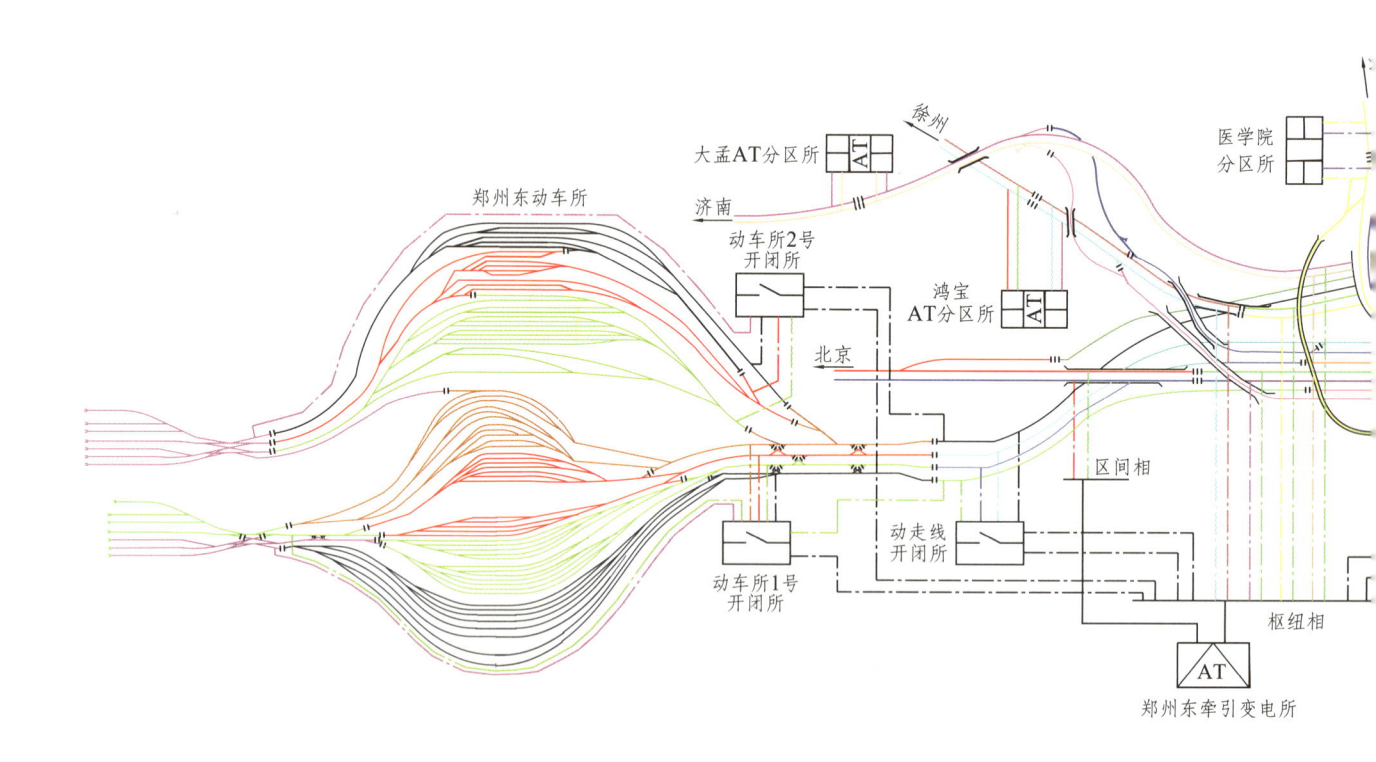

图 11.4

对郑州东牵引变电所进行越区供电的基础上,在郑济高铁引入郑州枢纽时,利用郑州东牵引变电所的既有条件,设计新建备用开闭所,实现郑州东牵引变电所枢纽内 27.5 kV 馈线全备用,其主接线如图 11.3 所示。正常运行时,由郑州东牵引变电所供电。当郑州东牵引变电所枢纽相 27.5 kV 母线或某一馈线设备检修或故障时,可切换至备用开闭所的 27.5 kV 母线和馈线供电。当郑州东牵引变电所牵引侧发生永久故障或检修停电时,可将郑州东牵引变电所全部负荷切换至备用开闭所供电。

11.5.2 广州枢纽白云站供电方案

广州枢纽白云站主要衔接广湛高铁、京广高铁、广清城际铁路、既有京广和广茂铁路。车站总规模 11 台 23 线,设置有东、西高铁场,城际场,普铁场。其中,东、西高铁场 5 台 11 线,引入京广、广湛高铁;城际场 1 台 2 线,引入广清城际;普铁场 5 台 11 线,引入既有京广、广茂铁路。

白云站工程在白云站新建广州牵引变电所、大朗开闭所,广州牵引变电所总馈线规模共 19 回,其中近期实施 13 回馈线,分别为广湛高铁正线、京广高铁联络线、既有京广铁路正线、白云站普速场以及大朗开闭所供电;远期预留 6 回馈线,为今后广清城际引入等负荷供电。广州牵引变电所采用单相牵引变压器,白云站为同一相电源供电。白云站牵引供电方案如图 11.5 所示。

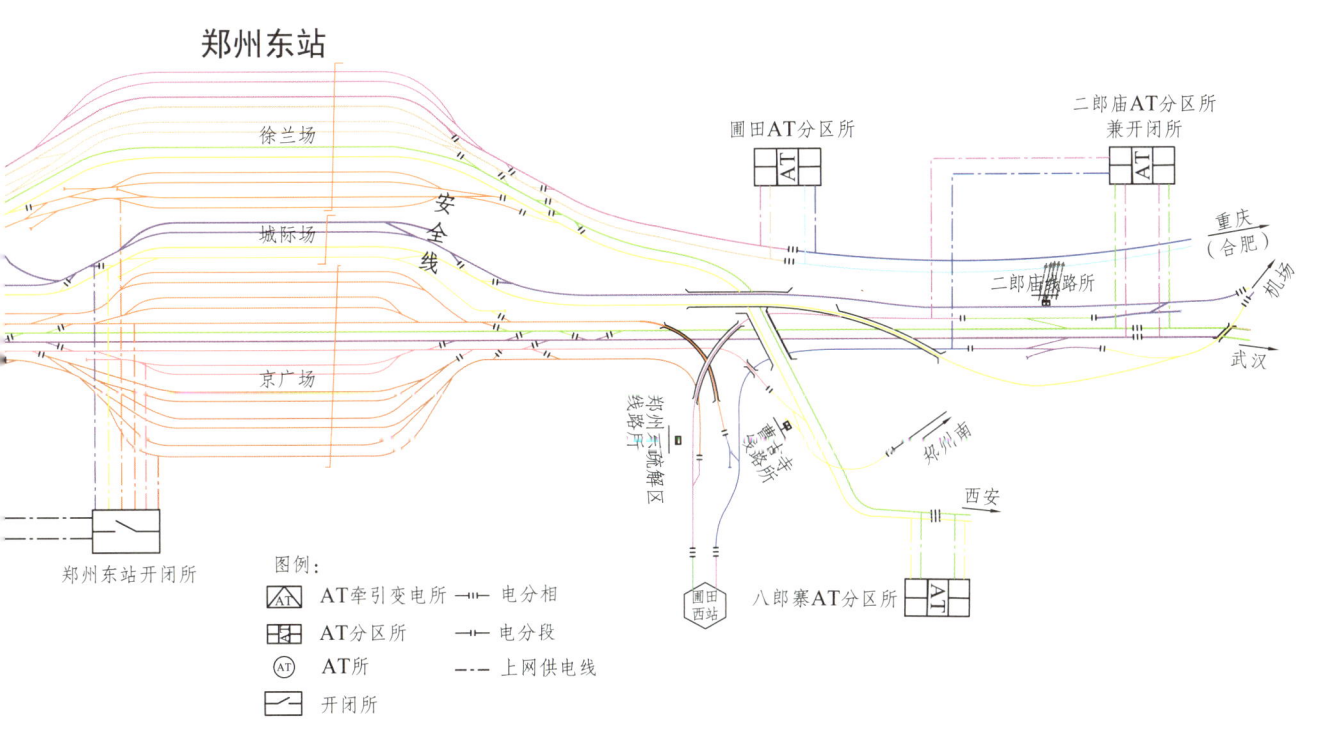

126　第 2 篇　牵引供电

广清城际上行线
广清城际下行线
京广高铁下行联络线
京广高铁上行联络线
京广普速下行线
客车走行一线
客车走行二线
京广普速上行线
客车走行三线(区间预留)
广湛高铁上行
广湛高铁下行

清远
北京
广州北

大朗开闭所
预留

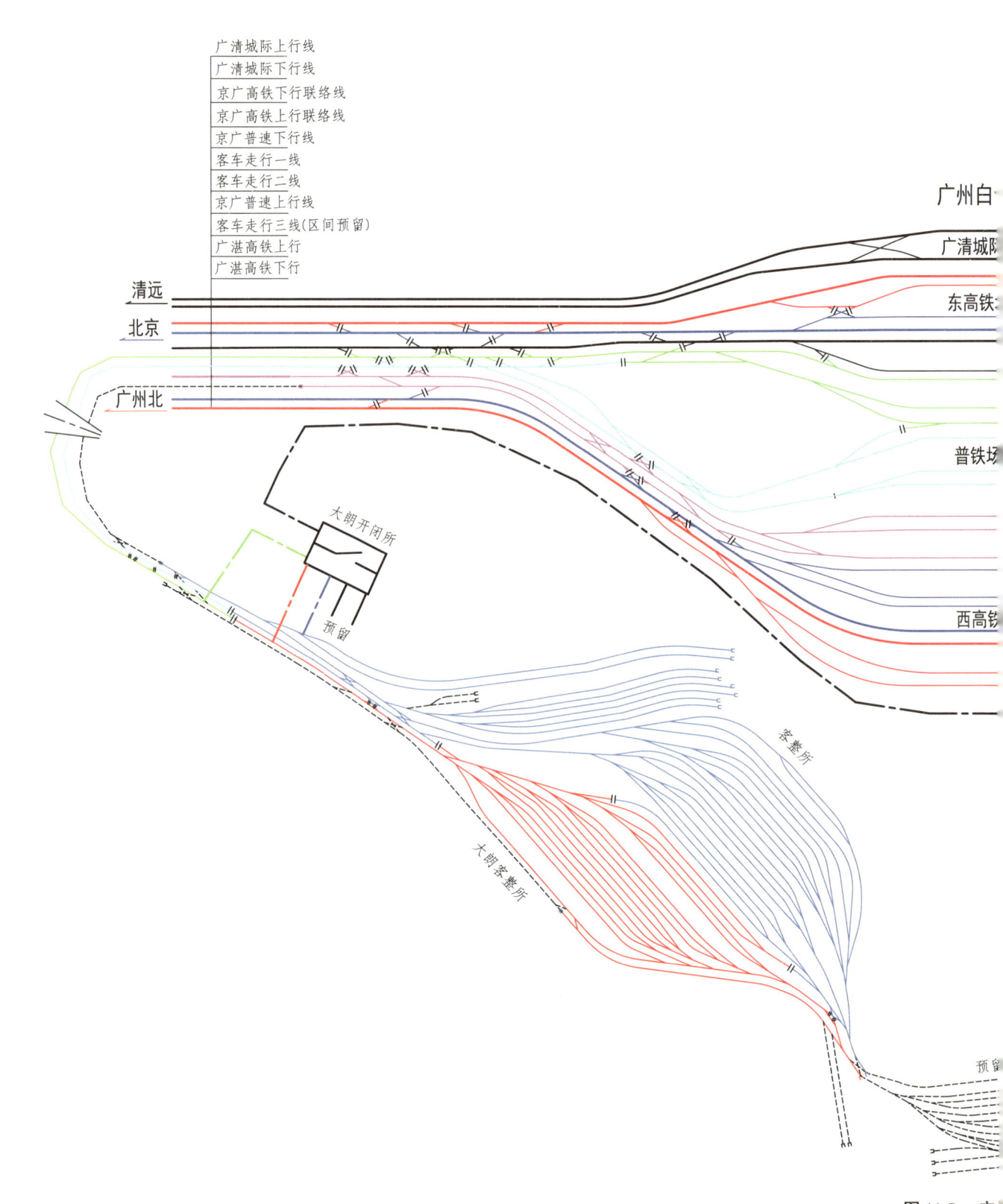

客整所
大朗客整所

预留

广州白
广清城际
东高铁
普铁场
西高铁

图 11.5　广

11 枢纽客站供电

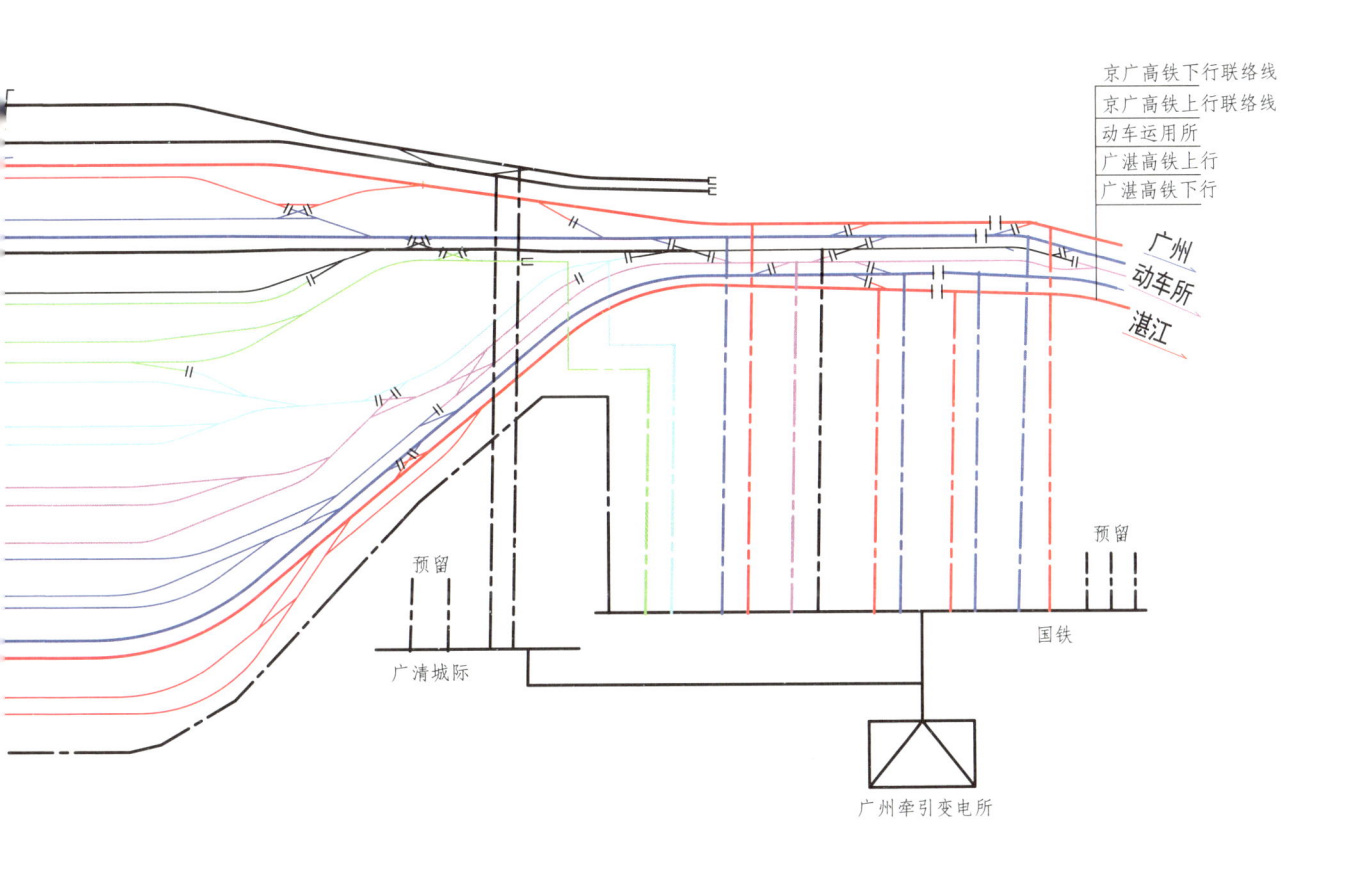

京广高铁下行联络线
京广高铁上行联络线
动车运用所
广湛高铁上行
广湛高铁下行

广州动车所

湛江

预留

预留

广清城际

国铁

广州牵引变电所

图例：
- ▲ 牵引变电所
- ▭ 开闭所
- ||| 中分相
- ⊢⊣ 电分段
- —·— 上网供电线

牵引供电方案

白云站工程新建的广州牵引变电所采用全备用牵引变电所方案。在常规牵引变电所的基础上，共用两路外部电源新建一座单牵引变压器的独立牵引变电所作为备用牵引变电所。正常运行时，由常规牵引变电所供电；当常规牵引变电所停电时，转换到备用牵引变电所供电，负责正常牵引变电所供电范围的全部负荷。全备用牵引变电所供电方案如图 11.2 所示。

11.5.3 横岗接轨站供电方案

横岗站原为南昌枢纽内既有京九铁路的一座中间站，随着沪昆高铁联络线、昌赣高铁联络线以及昌景黄高铁的引入，形成了高速铁路和客货共线铁路共站共场格局。横岗站共 3 台 8 线，另设置 1 条专用线。

既有京九铁路电气化改造时，横岗站位于向塘至南昌供电臂中部，由向塘西牵引变电所供电。沪昆高铁、昌赣高铁均通过联络线简单引入横岗站，在引入车站前均设置电分相，使其各自的牵引供电系统与既有京九铁路、昌景黄高铁的牵引供电系统相互独立。

横岗站为高速铁路和客货共线铁路共站共场车站，站场结构复杂难以按线别划分供电分区，只能作为整体由 1 条干线的牵引供电系统供电。考虑减小既有京九铁路和昌景黄高铁的行车组织、后期运营维护天窗时间不同步的影响，将既有京九铁路向塘至南昌供电臂由原向塘西牵引变电所供电调整纳入昌景黄高铁南昌东牵引变电所供电（越区供电时横岗站关联的供电臂统一考虑越区供电方案），横岗站内按照昌景黄、京九铁路上下行划分为 4 个供电单元，相互之间设置供电分段划分供电分区，如图 11.6 所示。正常供电时，横岗站、昌景黄高铁南昌东至塘村区段、既有京九铁路向塘至南昌站区段均由南昌东牵引变电所供电。当京九铁路白天需要维修天窗检修或昌景黄高铁晚上固定天窗停电时，打开南昌东牵引变电所相应馈线开关及接触网电分段隔离开关，满足相应供电分区单独停电需要。

当既有京九铁路在维修天窗（其"V"停检修天窗一般在白天）检修接触网时，打开京九铁路横岗至南昌站供电臂上、下行上网接触网开关和横岗站南咽喉（向塘侧）外正线电分段隔离开关，保证被检修区段接触网无电。当昌景黄高铁在维修天窗（垂停检修天窗一般在夜间）检修接触网时，此时打开昌景黄高铁横岗南咽喉（向塘侧）外正线电分段隔离开关，保证被检修区段接触网无电。当横岗站内接触网检修时，此时打开京九铁路横岗至向塘西供电臂上、下行上网接触网开关和昌景黄高铁南昌东至塘村供电臂上、下行上网接触网开关，保证被检修区段接触网无电。

11 枢纽客站供电

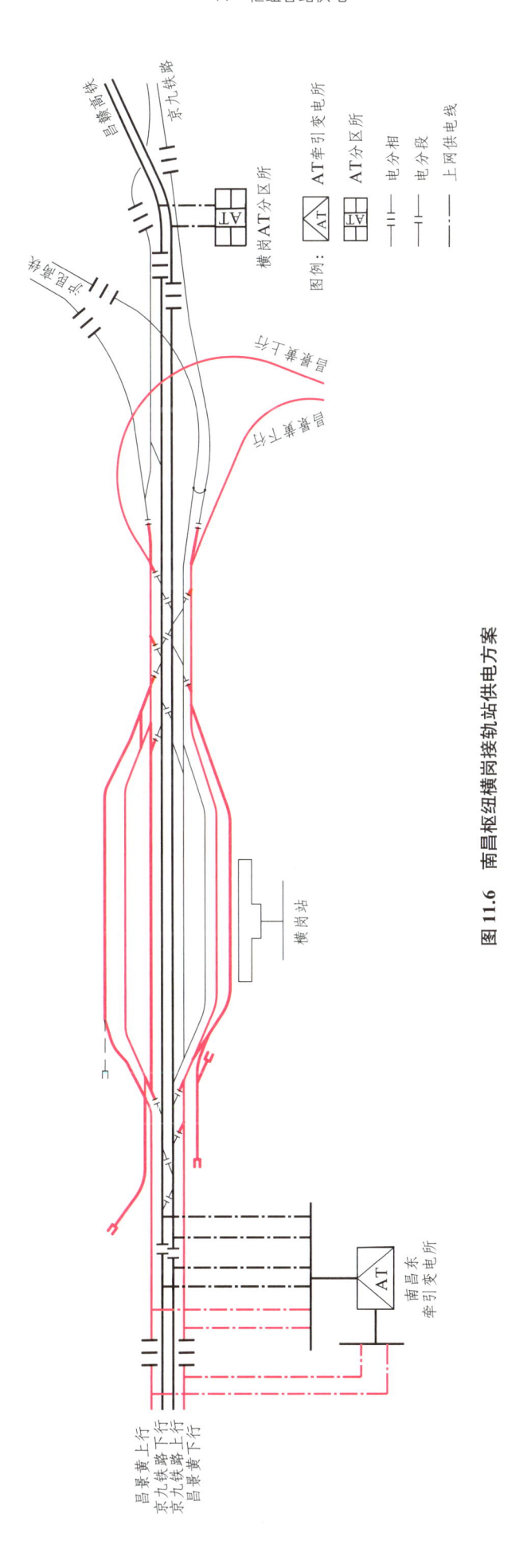

图 11.6 南昌板枢纽横岗接轨站供电方案

11.5.4 联络线供电方案

联络线连接不同线路、车站或车场,在牵引供电系统中联络线成为不同供电分区或供电单元的衔接点。联络线的供电方案重点要做好不同供电分区或供电单元的电气隔离。

1. 联络线上设置电分相方案

联络线连接的不同线路、车站或车场为不同相供电且联络线满足设置电分相并具备形成独立供电单元条件时,一般在联络线一端设置电分相,另一端设置电分段;当联络线不具备形成独立供电单元时,一般在联络线中部设置电分相,电分相两边的联络线由与之相连的供电单元供电。电分相和电分段设置位置应结合现场具体条件确定。以上饶站东南、西南联络线为例说明联络线一端设置电分相另一端设置电分段形成独立供电单元的供电方案。

上饶站沪昆高铁与京福高铁共站分场设计,为满足沪昆高铁与京福高铁互联互通需求,在两条高铁间设置了东南、西南联络线。沪昆高铁、京福高铁均由上饶客专牵引变电所供电,在东南、西南联络线沪昆高铁端设电分相,在东南、西南联络线京福高铁端设电分段。东南、西南联络线由上饶客专牵引变电所提供独立馈线供电。上饶站东南、西南联络线供电方案如图 11.7 所示。

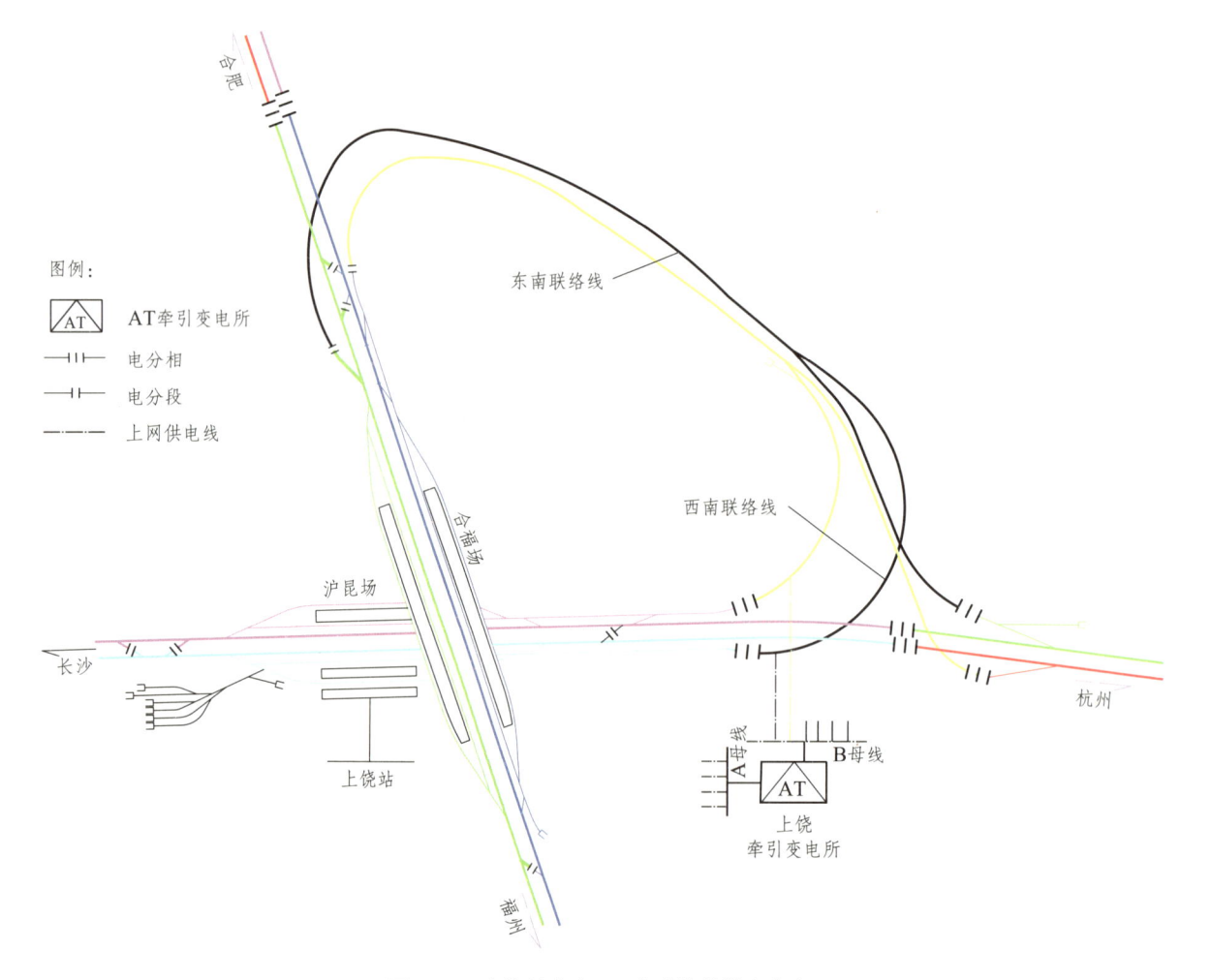

图 11.7 上饶站东南、西南联络线供电方案

2. 联络线上设置电分段方案

联络线与其连接不同线路、车站或车场的牵引供电属同一相供电时，不需要在联络线上设置电分相。在联络线具备形成独立供电单元条件时，一般在联络线两端各设置一组电分段，使联络线形成独立的供电单元；当联络线不具备形成独立供电单元条件时，一般在联络线中部设置电分段，电分段两边的联络线由与之相连的供电单元供电。以长沙南站西北、西南和东南联络线为例说明联络线两端设置电分段形成独立供电单元的供电方案。

京广高铁与沪昆高铁在长沙南按共站分场设计，为满足京广高铁与沪昆高铁互联互通需求，在两条高铁间设置了西北、西南和东南联络线。由于长沙南西北、西南和东南联络线均无法设置电分相，长沙南站范围内京广高铁、沪昆高铁、动车所和各种联络线只有同一座牵引变电所供电。结合长沙南站站场结构、联络线长度及列车径路，为降低西北、西南联络线故障对正线的运营影响，西北和西南联络线形成独立供电单元，并由平丰塘分区所兼开闭所提供独立馈线供电，东南联络线直接并联在沪昆高铁正线供电单元。长沙南站西北、西南和东南联络线供电方案如图 11.8 所示。

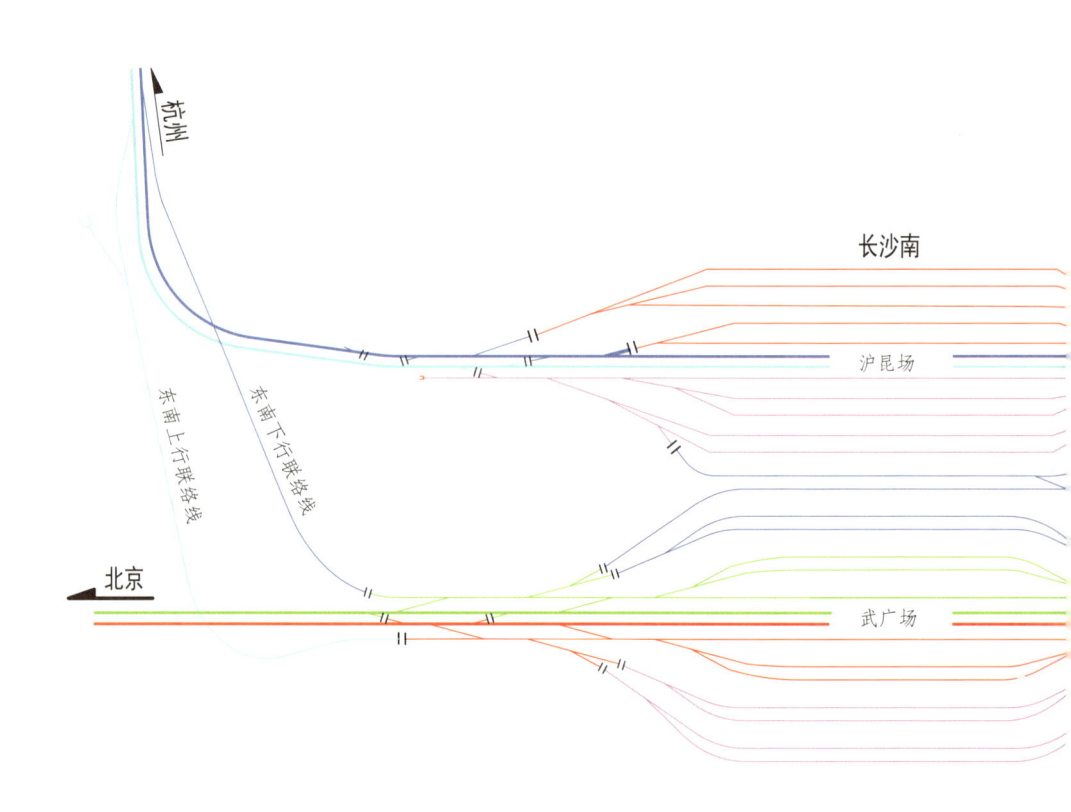

图 11.8　长沙南站

11 枢纽客站供电

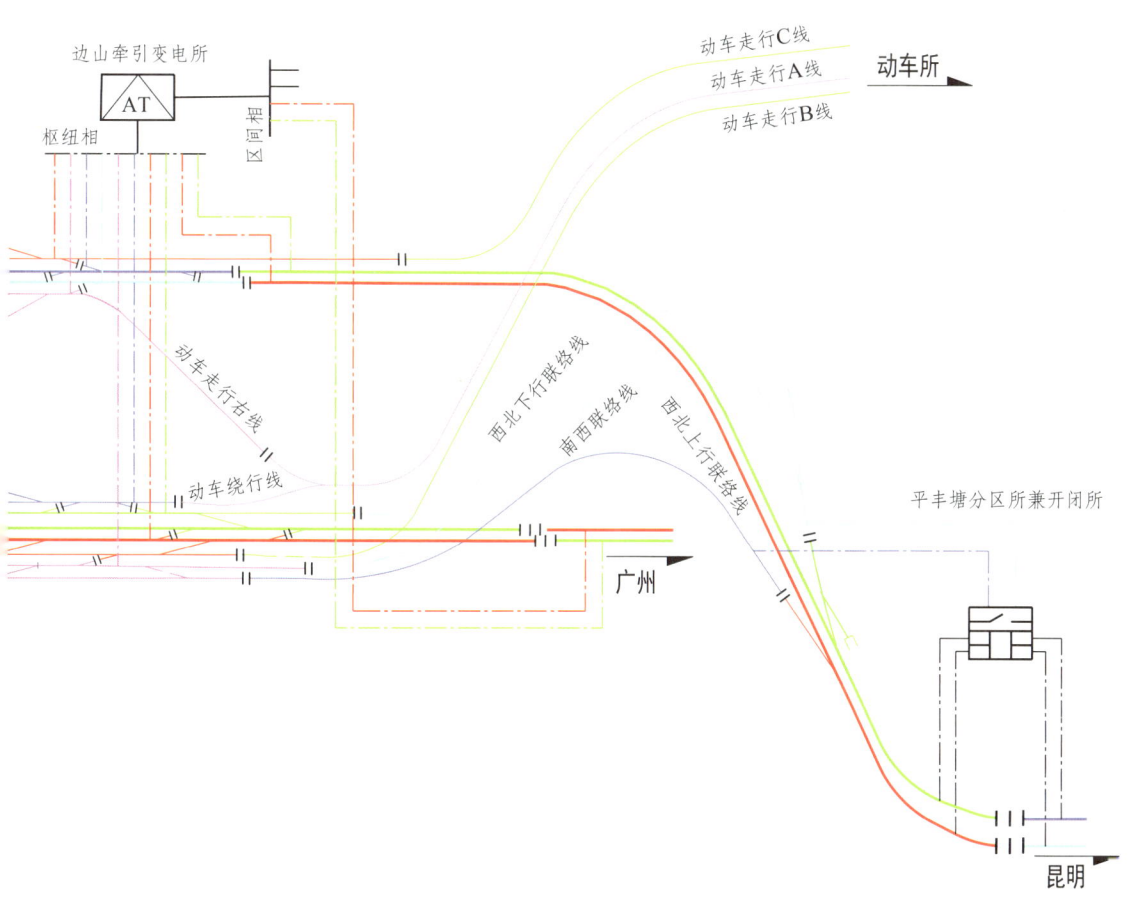

东南联络线供电方案

11.5.5 新塘动车所、城南动车基地的供电方案

动车段、动车运用所及有检修作业的动车存车场，在夜间天窗时间内存在动车组检修或转场作业，需不间断供电。

当动车段（所）馈线数量过多、供电线较长或路径困难时，可通过开闭所向动车段（所）供电，开闭所由牵引变电所提供一路或两路独立馈线。广州枢纽内新塘动车所距离新塘牵引变电所约 6 km，动走线由牵引变电所独立馈线直接供电，动车所内存车场和检查库近期需要 4 回电源馈线。如从新塘牵引变电所直接接引 4 回馈线供电，供电线路长，路径困难，且难以满足远期需要。工程采用了在动车所新建岗尾开闭所供电方案，岗尾开闭所 2 回进线电源引自新塘牵引变电所。新塘动车所供电方案如图 11.9 所示。

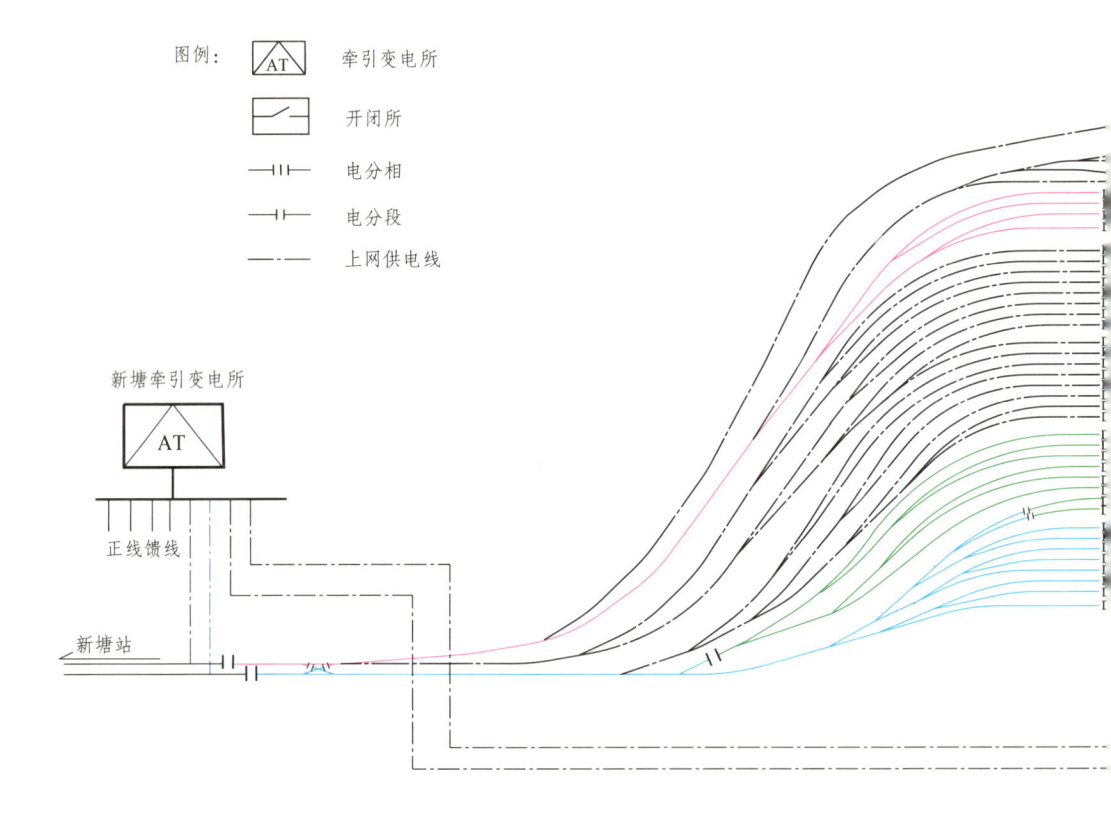

图 11.9

11 枢纽客站供电

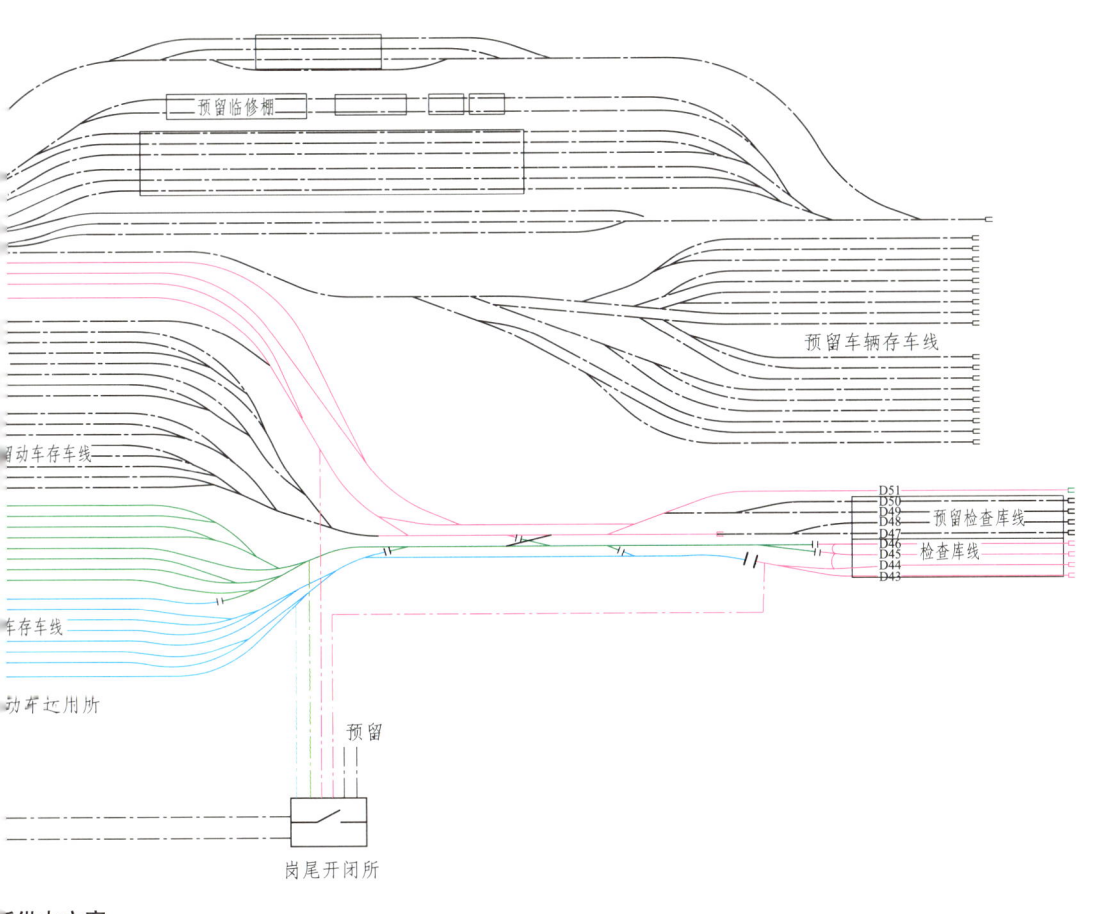

预留临修棚

预留车辆存车线

D51
D50
D49 预留检查库线
D48
D47
D46
D45 检查库线
D44
D43

预留

岗尾开闭所

当高速铁路牵引供电系统不具备向动车运用所或夜间带有供电需求的存车场提供独立电源条件时，可采用 35/27.5 kV 或 10/27.5 kV 升压牵引变电所向动车段（所）供电。

台州市域铁路 S1 线在城南站附近设置动车基地，负责 S1 线运行的市域动车组（单车功率为 4 800 kW）检修作业和夜间存车。城南动车基地位于供电臂末端（距离路桥牵引变电所约 26 km），附近无其他牵引变电所，为保证动车段 24 h 不间断供电，经过技术经济比较后，在城南动车基地内新建 10/27.5 kV 升压牵引变电所，同时在动车出入段线上设置电分相。城南 10/27.5 kV 升压牵引变电所引入 2 路 10 kV 电源，经升压后馈出 4 回馈线向动走线、存车线、检修库、洗车库及临修不落轮镟库供电。城南动车基地供电方案如图 11.10 所示。

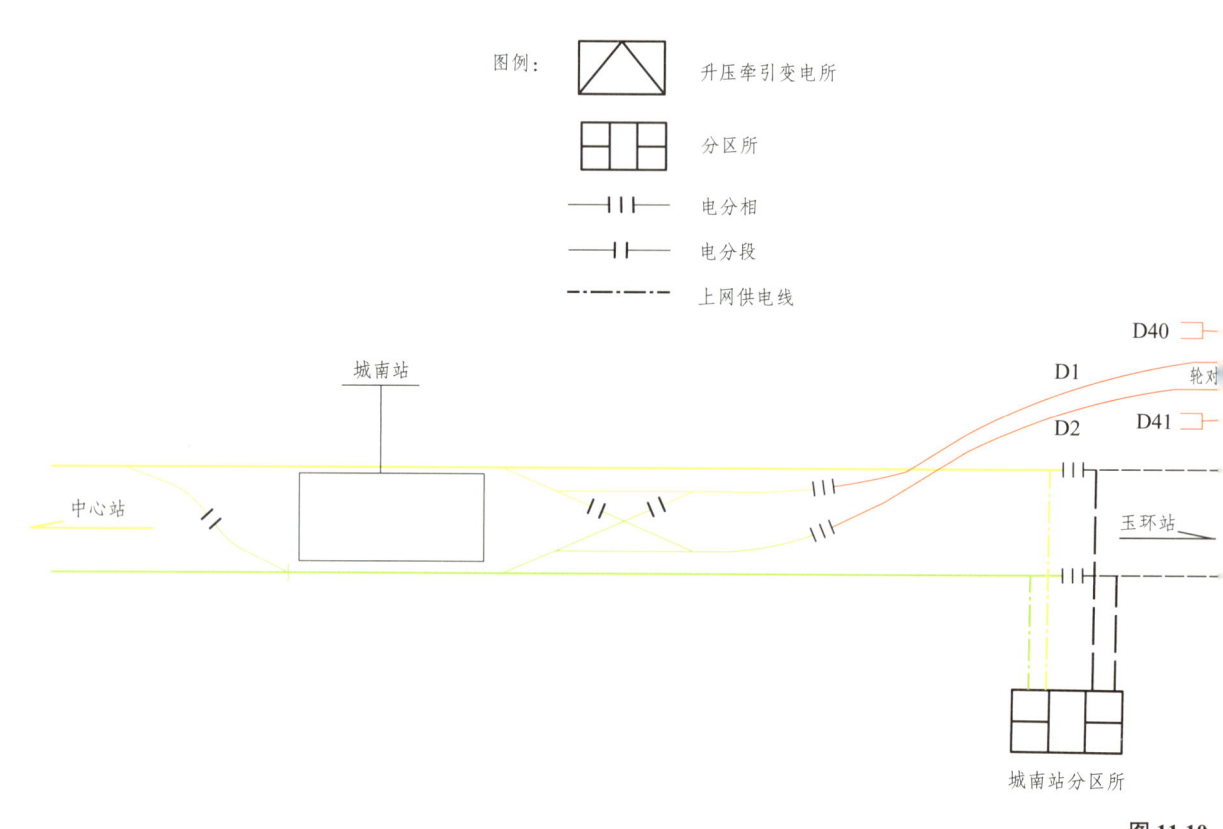

图 11.10

城南动车基地

- D3 D4 临修不落轮镞库及边跨
- D5 洗车库及边跨
- D6
- D7
- D8
- D9
- D10
- D11
- D12
- D13
- D14
- D15
- D16
- D17
- D18
- D19
- D20
- D21
- D22
- D23
- D24
- D25
- D26
- D27
- D28
- D29 D30 D31 D32 工程车库
- D33 材料棚
- D34 D35 二线检查库
- D36 D37 D38 D39 四线检查库

LL SW XF

城南 10/27.5 kV 升压牵引变电所

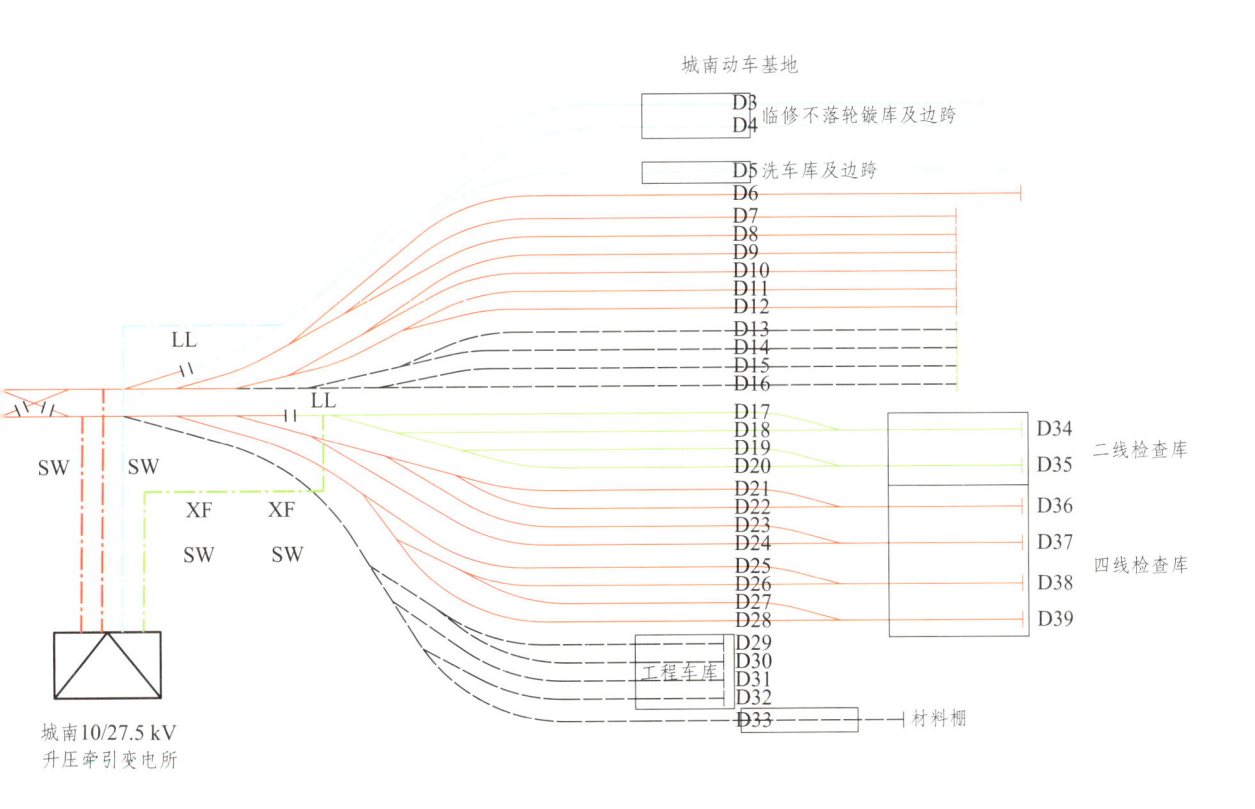

基地供电方案

12 同相供电技术

牵引负荷具有不对称性，会在电力系统中产生负序影响，为降低负序影响，我国现行电气化铁路牵引变电所普遍采用相序轮换方式接入电力系统；此外，我国电气化铁路采用单边供电方式，作为相邻牵引变电所间电气绝缘分割以及同所相邻供电臂单元间电气绝缘分割，电分相设置于牵引变电所出口处接触网和分区所处接触网。列车通过电分相时，采用断电方式通过，当采用车载自动过分相断电通过电分相区段时，列车依靠惯性通过无电区过渡到下一个供电区段，由于列车在这一过程中处于无电惰性工况，若该无电区位于长大上坡坡段，则运行较为困难，容易出现"坡停""坡缓"现象，将严重影响列车的安全、正常行驶；同时，电分相绝缘分割在电气回路上形成供电孤岛，降低了整个供电系统的运行效能。为更好地提高牵引供电系统性能，借助现代电力电子技术和控制理论，实现电气化铁路同相供电和更高层次的贯通供电是目前研究的重要方向。

同相供电指某一牵引变电所用三相电网中的某一相（线）电压供给其牵引网的供电方式，亦指一条线路上的多个牵引变电所均用同一三相电网中相同的一相（线）电压供给全线牵引网的供电方式，采用该方式可以取消同一牵引变电所相邻供电臂间的电分相。对于分区所处电分相，若两个相邻牵引变电所的牵引网实行双边供电，即分区所贯通供电，则可以取消不同牵引变电所相邻供电臂间的电分相，既分区所处电分相。同时，应用同相供电技术和双边供电方式，则线路上的多个牵引变电所的牵引网形成的同相供电称之为贯通供电。

12.1 同相供电

同相供电的技术关键是取消牵引变电所处的电分相，在牵引变电所处实现三相/单相对称变换，改善三相电压不平衡。

同相供电方案中主要包括牵引变压器（TT）和同相供电装置（CPD）。同相供电装置（CPD）包括高压匹配变压器（HMT）、交直交变流器（ADA）和牵引匹配变压器（TMT）。

牵引变压器和高压匹配变压器均为单相变压器。两者可根据设计需要进行组合，也称为单相组合式同相供电方案。采用单相组合式同相供电方案的原理如图12.1所示。

牵引变压器和高压匹配变压器构成不等边斯柯特连接组，即构成一种供电容量不等、电压幅值不等、电压相位垂直的特殊的三相-两相平衡变压器。牵引变压器和同相供电装置共同给牵引网的牵引负荷供电，牵引变压器担负主要供电任务，同相供电装置担负次要供电任务。同相供电装置同时具有对进线处三相电压不平衡度的调整作用。

与其他同相供电方案相比，单相组合式同相供电具有以下特点和优势：

（1）最大限度减小价格昂贵的同相补偿装置中交直交变流器的容量及其所占变电所总供电容量的比重，有效减少同相供变电装置的一次性投资。

（2）牵引变压器和同相补偿装置优化组合，提高了牵引变电所同相方案的适应性和灵活性。

（3）在同相补偿装置的交直交变流环节，采用模块级、单元级等备用方式，在可靠性和经济性之间可取得最佳的平衡。

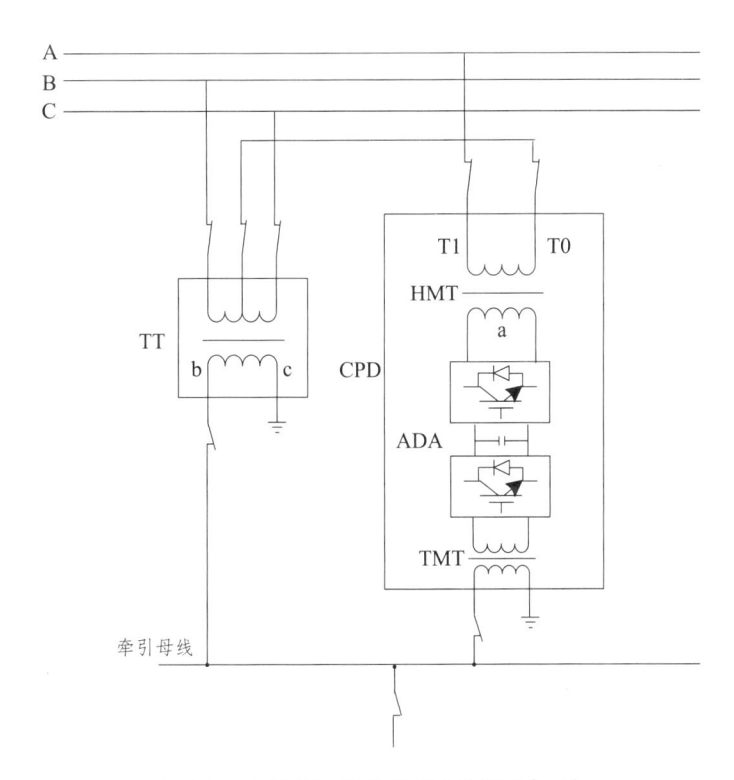

图 12.1　同相供电方案原理（单相组合式）

（4）可进一步提高牵引变电所的供电资源与设备利用率，减少相关一次投资和固定容量收费。

（5）单相组合式同相供电方案中单相高压匹配变压器易于与单相牵引变压器以共箱方式制造，可节省占地。

（6）除了适于直接供电方式的牵引变电所和牵引网外，也可用于 AT 供电牵引网及其牵引变电所。

同相供电方案中高压匹配变压器也可采用三相变压器，方案原理如图 12.2 所示。

图 12.2 所示方案中牵引变压器为单相变压器，高压匹配变压器为三相变压器，两者可灵活组合，也称为单三相组合式同相供电方案。

图 12.2 所示同相供电方案原理为当牵引负荷功率不大于同相供电装置容量的 2 倍时，牵引变压器和同相供电装置分别供给牵引负荷功率的 1/2，此时负序电流得以完全补偿，由此引起的三相电压不平衡度为零；当牵引负荷功率大于同相供电装置容量的 2 倍时，高压匹配变压器按同相供电装置的容量供给，其余部分由牵引变压器供给，此时有剩余负序电流流通，但产生的三相电压不平衡度满足国标要求。此时要求单相牵引变压器具有较强的短时过负荷能力。

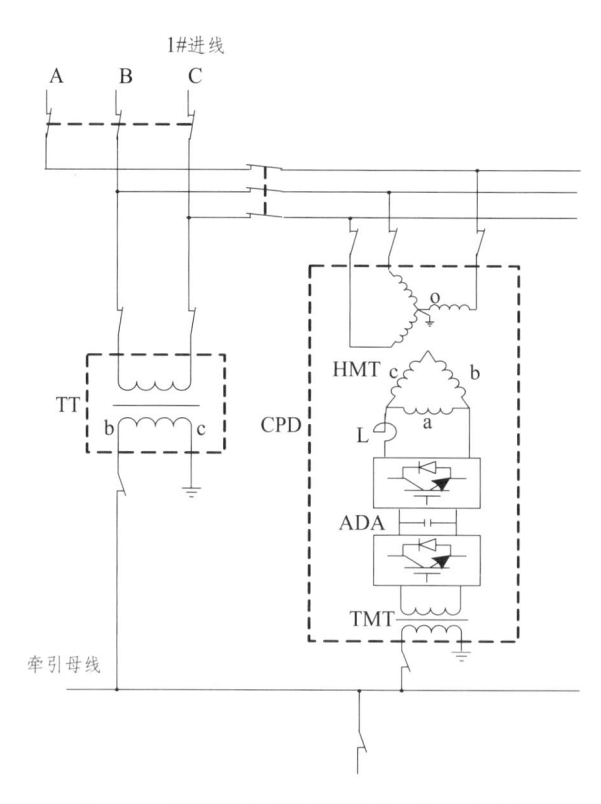

图 12.2　同相供电方案原理（单三相组合式）

与单相组合式同相供电方案相比，单三相组合式同相供电方案使用三相变压器代替单相高压匹配变压器。高压匹配变压器采用 YNd11 接线，可根据系统运行方式，实现大电流接地。

12.2　贯通供电

贯通供电的关键技术是在采用同相供电技术、取消牵引变电所出口处电分相的基础上，进一步取消分区所处电分相。取消分区所处电分相采用双边供电方式。

双边供电可通过分区所处的断路器合闸实现，至少满足以下两个条件：

（1）两相邻牵引变电所需由同一电力系统供电，以确保相同的频率；

（2）两相邻牵引变电所馈出电压应同相。

根据前述电气化铁路外部电源的供电方式，将电气化铁路双边供电主要分为以下 2 种类型：树形双边供电 [见图 12.3（a）] 和平行双边供电 [见图 12.3（b）]。

(a) 树形双边供电　　　　　　　　　　(b) 平行双边供电

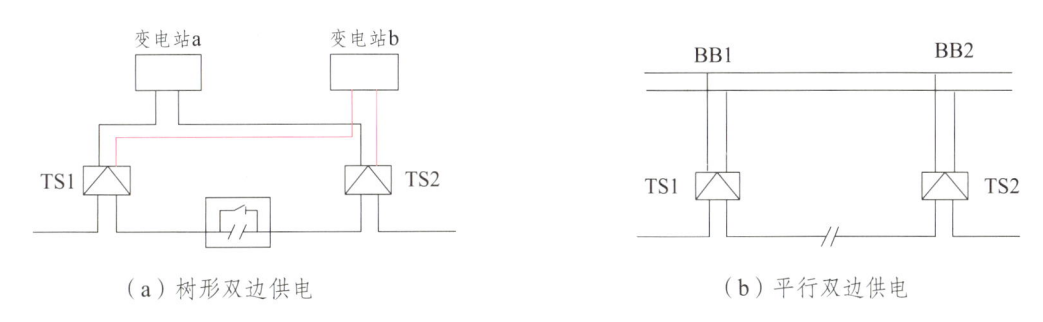

图 12.3　电气化铁路双边供电类型

双边供电可能在牵引供电系统中产生均衡电流。均衡电流是指双边供电时牵引网因与电力系统输电线（等效）或者母线并联而在牵引网中产生的电流分量。

当两个相邻牵引变电所电源来自同一个变电站，进线处电压相同，闭合分区所处断路器形成树形双边供电时，不产生均衡电流，如图 12.3（a）所示。当两个相邻牵引变电所电源进线接入同一输电回路（等效）时，如果两个接入点存在电压差，闭合分区所处断路器形成平行双边供电时，在牵引网中产生均衡电流，如图 12.3（b）所示。

牵引网的均衡电流可以通过外部供电方式加以调节。双边供电方式其他电能质量问题与单边供电基本相同。

综上所述，组合式同相供电技术可取消牵引变电所处的电分相，同时补偿负序达到国标要求。双边供电技术可取消分区所处的电分相，同时采用组合式同相供电技术和双边供电技术可同时取消牵引变电所处和分区所处的电分相，实现贯通供电。

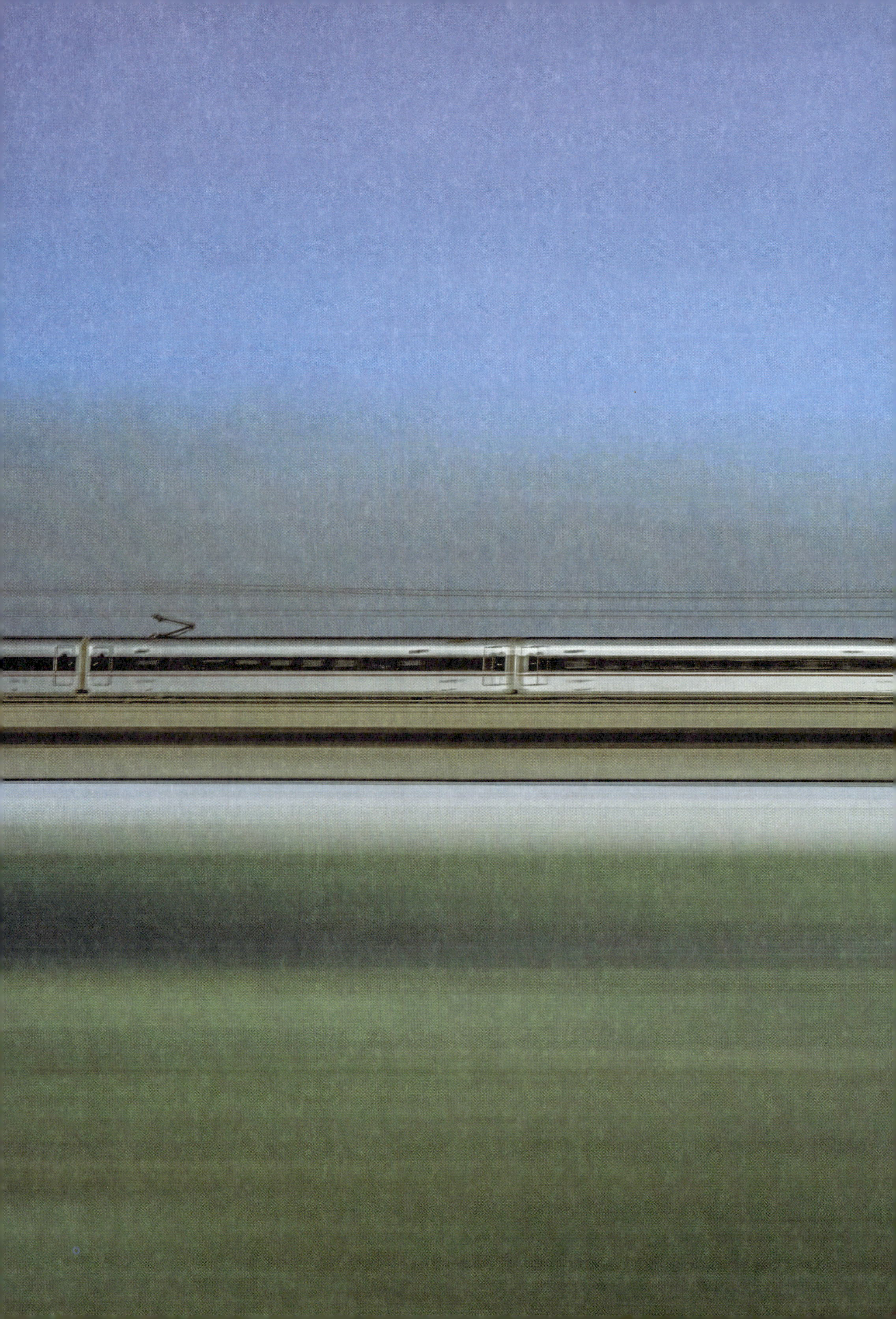

第3篇

牵引变电

高速铁路在铁路沿线设置牵引变电设施，将从电网接引的电源转换为适用于电力牵引的电能，通过接触网为列车供电。根据各牵引变电设施在牵引供电系统中的功能的不同，一般可将其分为牵引变电所、分区所、AT所、开闭所、网上开关站等不同类型。

牵引变电所是连接电网和接触网的核心设施，可实现变压、变相并向接触网提供电源。牵引变电主要设备采用冗余或备用设置方案，以提高供电的可靠性和灵活性。接地、防雷是牵引变电所等变电设施的薄弱环节，除做好接地网及接地极、避雷设施外，还要做好接地、防雷的系统性协调和兼容。特大型客站、重要大型客站客流量大、联结线路多、牵引供电负荷复杂，牵引变电所需采用可靠的备用方案，确保供电的可靠性和灵活性。

牵引变电设施全部采用远动系统，推广无人值班、无人值守模式，实现集中调度运营管理。

13 牵引变电主接线

13.1 牵引变电所主接线

牵引变电所主接线一般根据铁路等级、运行环境、设备特点、馈出线要求等因素,并结合外部电源条件确定,满足供电安全可靠、接线简单灵活、操作方便和节约投资的要求。

13.1.1 牵引变压器电源侧主接线

牵引变电所从电网引入两路互为备用的电源。由于高速铁路运行速度高、行车密度大,使得牵引变电所的负荷功率大、波动频繁、冲击性强,变电所电源一般采用可靠性高、短路容量大的 220 kV 或 330 kV 电压等级。

所内设置两套互为备用的牵引变压器。牵引变压器电源侧主接线主要有线路变压器组接线、分支接线、外桥接线等接线型式。线路变压器组接线具有接线简单、电源切换时间短的特点,在采用 220 kV 或 330 kV 电源供电的高速铁路中广泛采用。部分城际铁路采用了 110 kV 电源,为了提高可靠性和灵活性,缩短事故停电时间,一般采用带跨条的分支接线;当两路电源线路间有穿越功率时,一般采用外桥接线或单母线接线。

13.1.1.1 线路变压器组接线

牵引变电所两回进线电源之间无电气连接,每 1 回电源进线只连接对应的 1 组牵引变压器形成直列供电方式。

正常运行时由 1 回电源通过对应的牵引变压器供电,另 1 回电源及对应的牵引变压器热备用。当运行的电源线路或牵引变压器因故退出运行时,通过自投装置自动投切到另 1 回电源及对应的牵引变压器,快速恢复供电。

图 13.1 为牵引变压器电源侧线路变压器组接线。该接线简洁明了,高压设备相对较少,牵引变电所平面布置用地面积小,每组牵引变压器由固定的 1 回电源供电。

该接线适用于地区电网发达、牵引变电所外部电源可靠性高且两回进线电源独立无穿越功率情况，我国高速铁路普遍采用。

13.1.1.2 分支接线

牵引变电所两回进线电源之间设有带隔离开关的跨条，每1回电源进线可以向本侧的牵引变压器形成直列供电，或通过跨条向另外一侧的牵引变压器形成交叉供电。

正常运行时，如由1#进线电源为1#牵引变压器供电，则2#进线电源和2#牵引变压器备用。当1#进线电源线路或1#牵引变压器因故退出运行时，通过自投装置将2#进线电源或2#牵引变压器自动投入运行，快速恢复供电。自投装置提供直列供电和交叉供电有两种方式，正常运行时一般优先选用直列供电方式。

图13.2为牵引变压器电源侧分支接线。该接线两回电源与两台牵引变压器之间可任意组合供电，提高了牵引变电所电源侧的可靠性和灵活性。但高压设备相对较多，牵引变电所平面布置用地面积稍大。

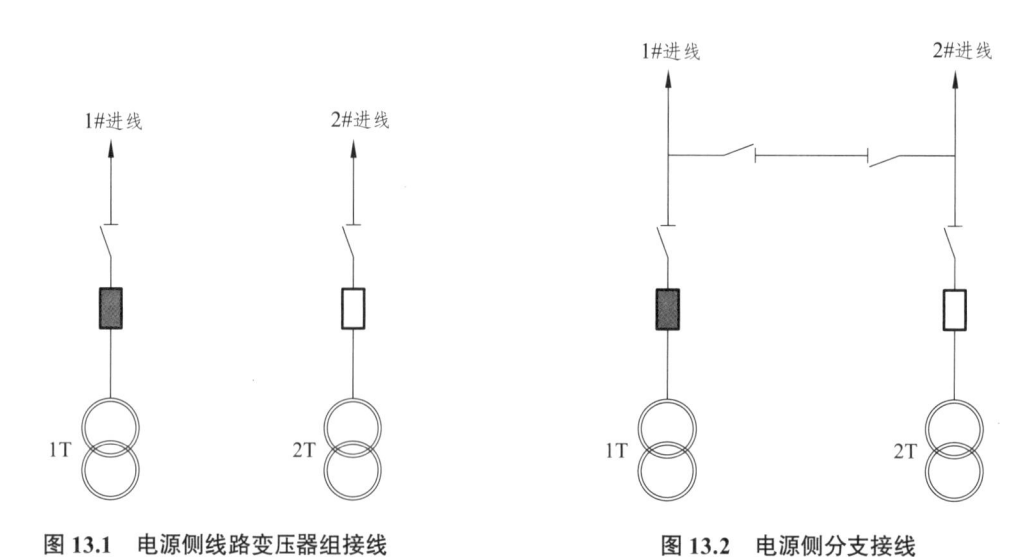

图 13.1　电源侧线路变压器组接线　　　　图 13.2　电源侧分支接线

该接线适用于地区电网局部相对薄弱、牵引变电所两回进线电源可靠性或独立性略低且无穿越功率的情况，我国部分高速铁路采用。

13.1.1.3 外桥接线

在外部电源线路有穿越功率时，牵引变电所两回进线之间设有带断路器的跨条，每1回电源进线可以向本侧的牵引变压器形成直列供电，或通过跨条向另外一侧的牵引变压器形成交叉供电。

一般情况下，正常运行时两路电源并列运行，牵引变压器1组运行1组备用。当运行牵引变压器因故退出运行时，通过自投装置自动投切到备用牵引变压器，快速恢复供电。

图13.3为牵引变压器电源侧外桥接线。该接线两回电源与两组牵引变压器之间可任意组合供电，牵引变电所电源侧的可靠性和灵活性较高；但与线路变压器组相比，高压设备相对较多，牵引变电所平面布置用地面积稍大，设备闭锁和操作关系较复杂，一般在牵引变电所外部电源有穿越功率通过时采用。

13.1.1.4 单母线接线

单母线接线与外桥接线相似,不同之处在于电源进线侧加设了断路器,单个变压器回路可独立投切,可缩短外电线路和变压器交叉投切时间,并可设置独立的外电线路保护,有利于减小外部电源切换时对变电所运行的影响,适用于电力配电所与牵引变电所共用外部电源及引接多个变压器回路的变电所。

图 13.4 为牵引变压器电源侧单母线接线。

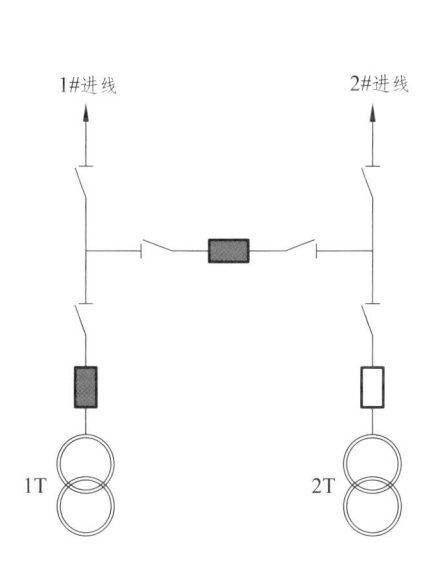

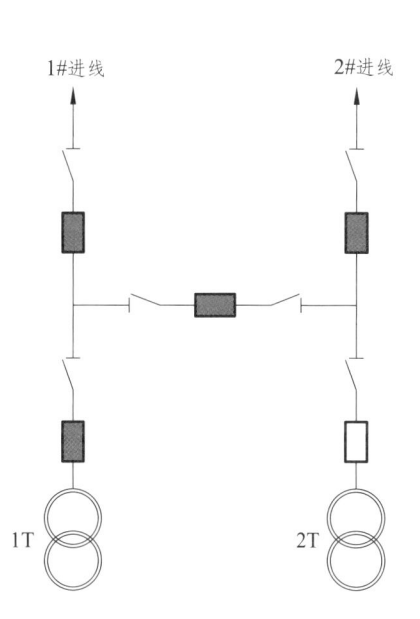

图 13.3　电源侧外桥接线　　　　　　图 13.4　电源侧单母线接线

13.1.2 牵引变压器牵引侧主接线

牵引变压器牵引侧通过断路器、隔离开关接入 2×27.5 kV(27.5 kV)母线。2×27.5 kV(27.5 kV)母线采用单母线或单母线分段接线;采用室内 GIS 开关柜的牵引变电所,母线一般采用不分段型式。在每段母线上均设置一组电压互感器,用于测量和继电保护。牵引变电所牵引侧断路器采用固定备用方式,一般采用馈线断路器之间并联隔离开关实现互为备用,或采用旁路断路器备用。

13.1.2.1 馈线断路器通过隔离开关互为备用方式

上、下行馈线断路器之间通过并联隔离开关实现互为备用,当运行的馈线断路器故障或需要检修时,闭合并联隔离开关,由另一台馈线断路器向两回馈线同时供电。该备用方式馈线设备少、运行闭锁逻辑和接线简单,在 AT 供电方式牵引变电所普遍采用。

图 13.5 为牵引变压器牵引侧馈线上、下行断路器采用互为备用方式接线。

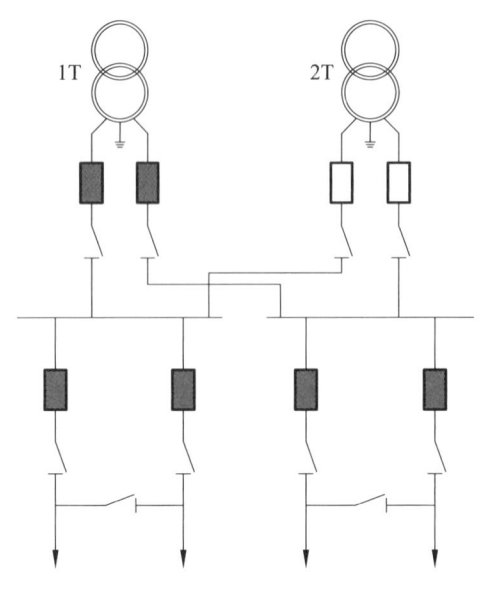

图 13.5 牵引侧接线方式一

13.1.2.2 馈线断路器采用旁路断路器备用方式

馈线断路器采用旁路断路器备用接线方式可靠性高，当运行的馈线断路器故障或需要检修时，可使用旁路断路器向该馈线供电。该备用方式馈线设备较多、运行闭锁逻辑和接线复杂，一般在枢纽牵引变电所馈线较多时采用。

图 13.6 为牵引变压器牵引侧馈线断路器采用旁路断路器备用方式接线。

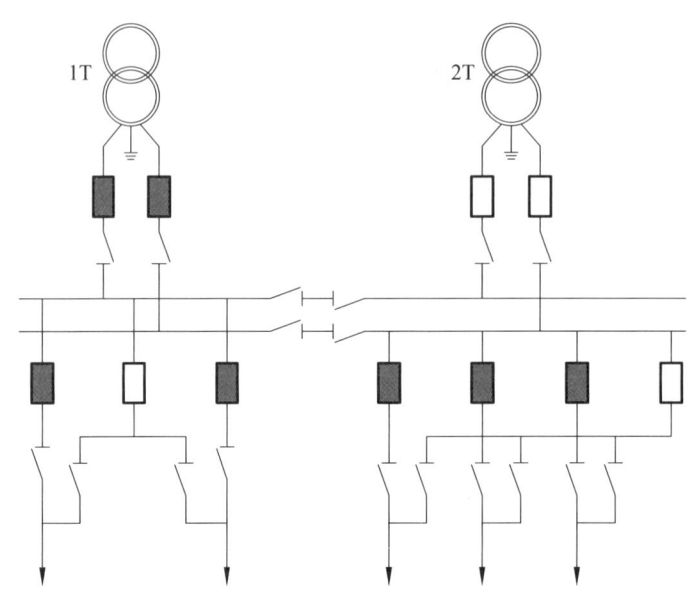

图 13.6 牵引侧接线方式二

13.1.3 牵引变电所主接线示例

13.1.3.1 一般牵引变电所主接线

AT 牵引变电所引入两回进线电源，电源侧一般采用线路变压器组接线；两组牵引变压器一主一备运行；牵引变压器牵引侧通过断路器接入 2×27.5 kV 母线，2×27.5 kV 母线采用单母线隔离开关分段或单母线结构；两回馈线断路器之间采用隔离开关实现互为备用方式。

图 13.7 为牵引侧设备采用室外单体设备的 AT 牵引变电所主接线。

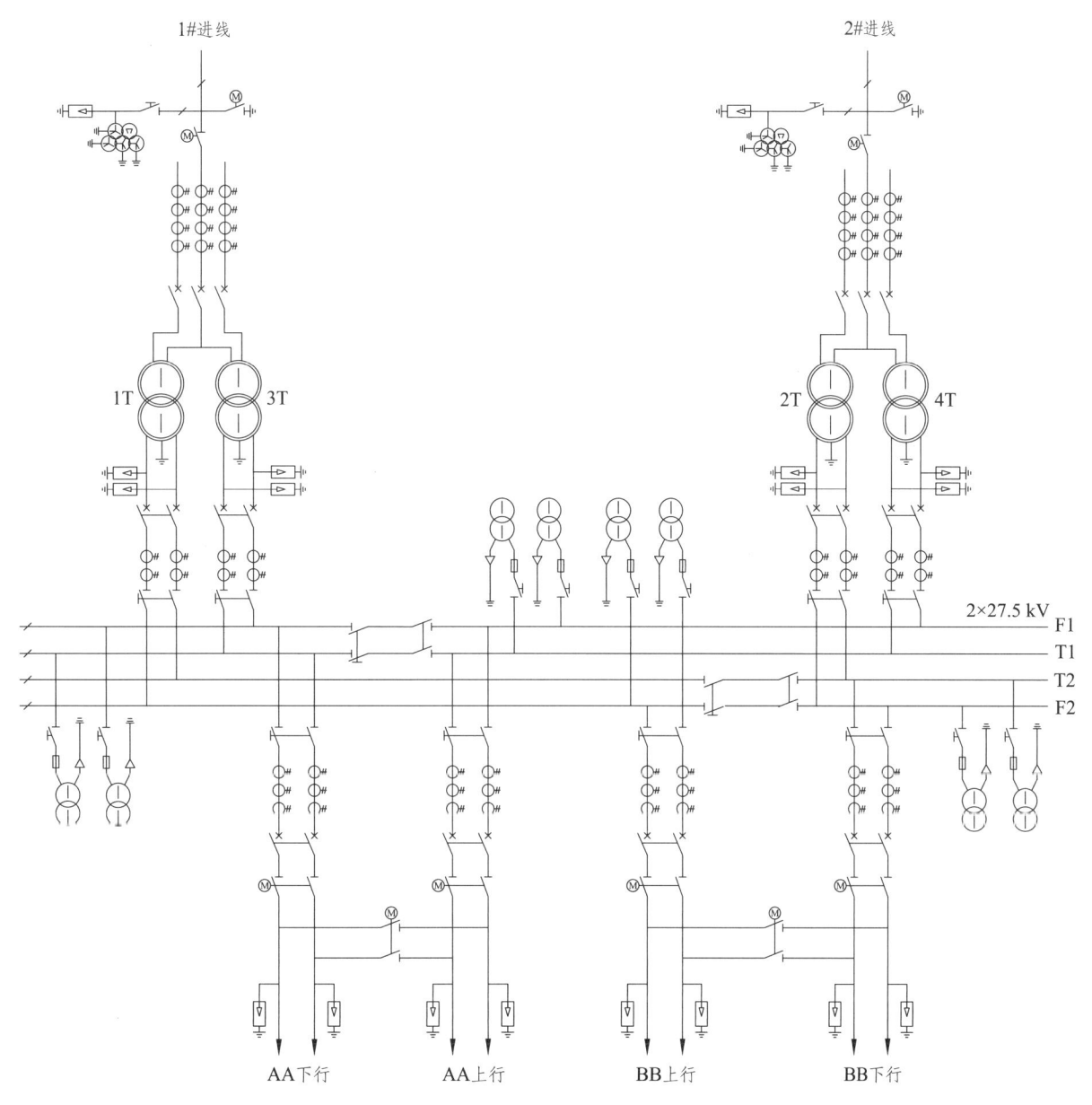

图 13.7 牵引变电所主接线一

图 13.8 为牵引侧设备采用 GIS 开关柜的 AT 牵引变电所主接线。

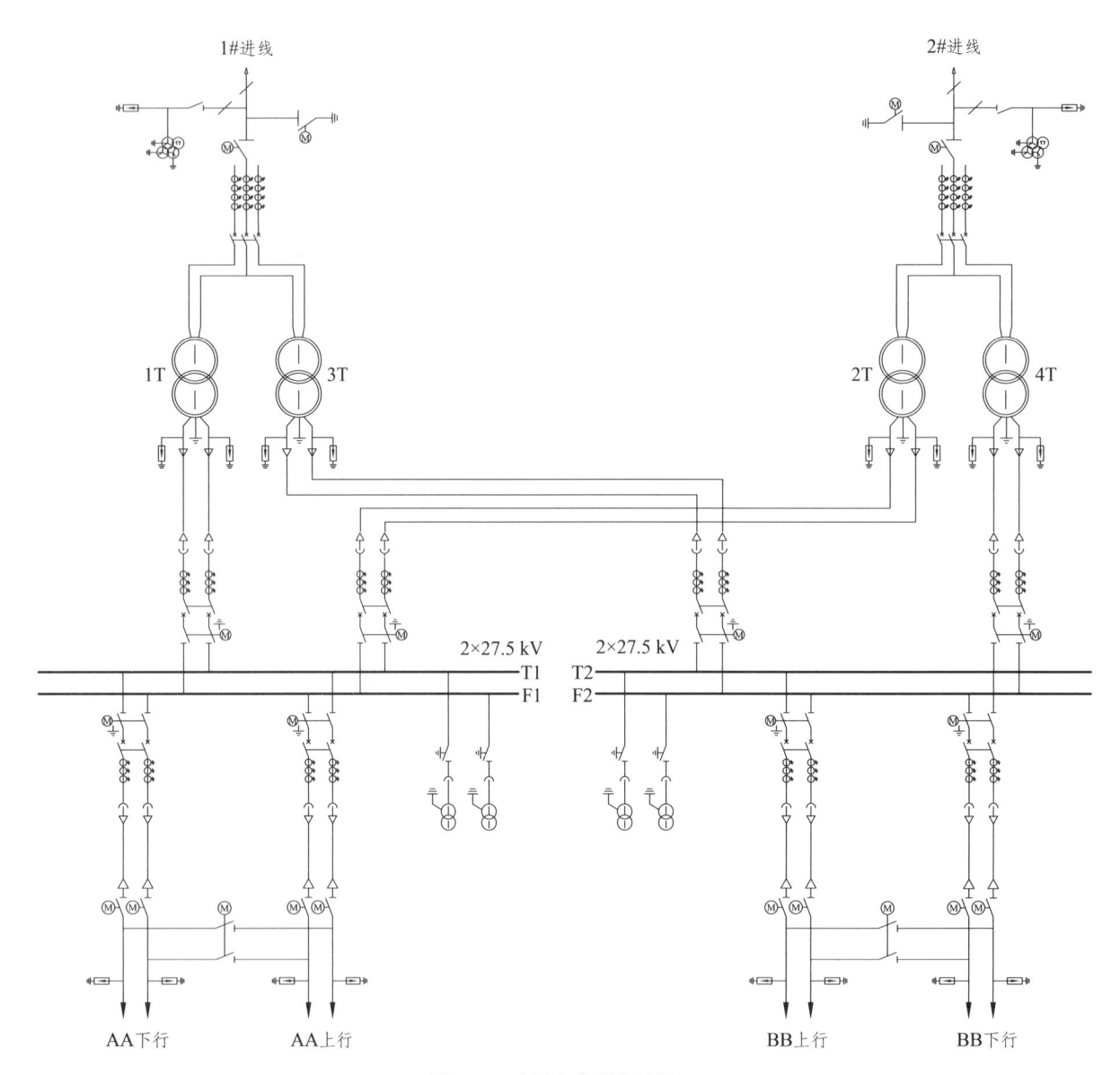

图 13.8　牵引变电所主接线二

图 13.9 为直供牵引变电所主接线。

直供牵引变电所引入两回进线电源，电源侧一般采用分支接线；两组牵引变压器一主一备运行；牵引变压器牵引侧通过断路器接入 27.5 kV 母线，27.5 kV 母线采用单母线隔离开关分段结构；变电所的馈线断路器采用旁路备用断路器备用方式。

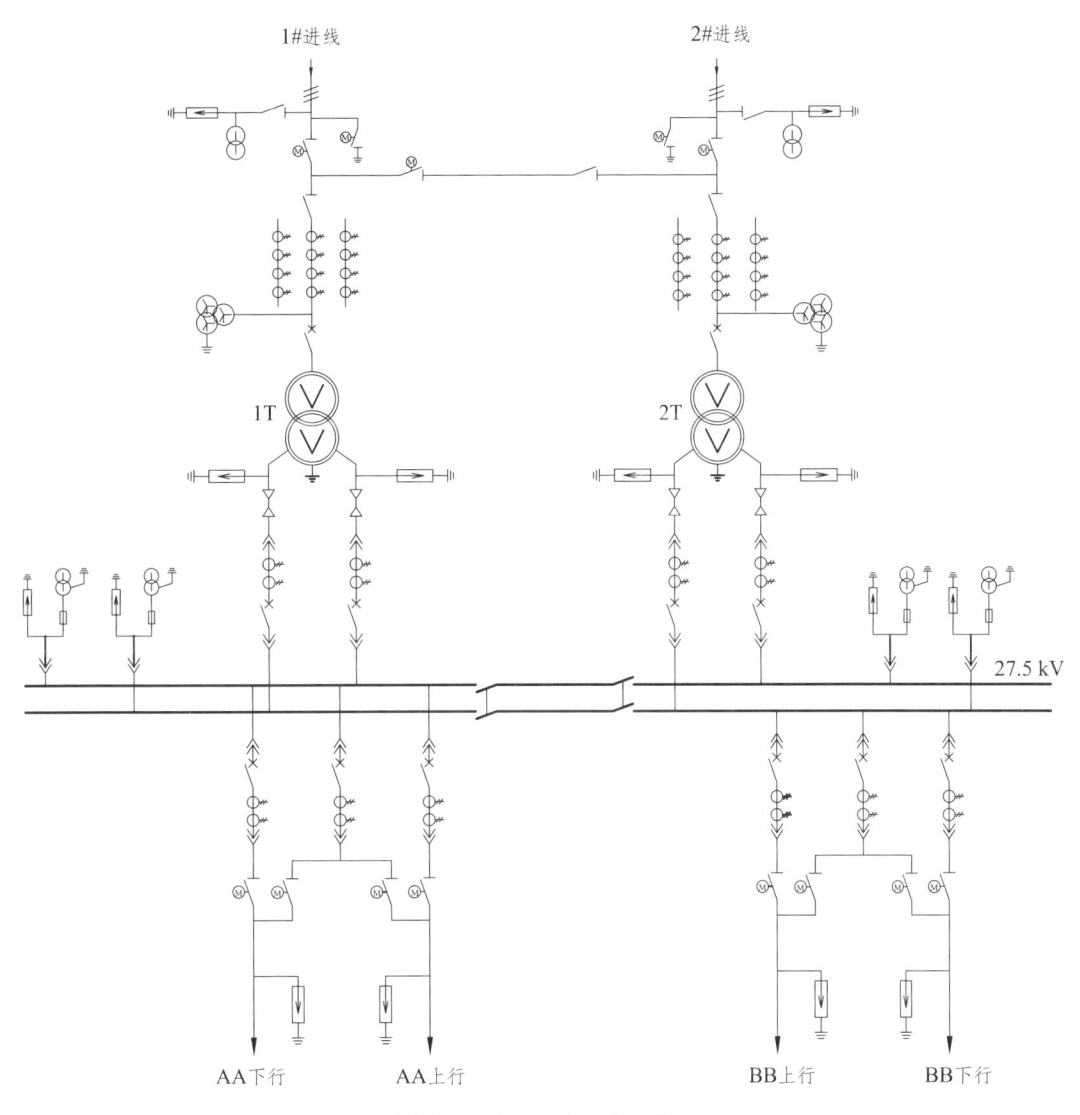

图 13.9　牵引变电所主接线三

13.1.3.2　枢纽全备用牵引变电所主接线

枢纽内特大或大型客站规模大，连接的高速干线多，一般设有动车段（所）。客站牵引变电所供电范围大，供电分区复杂，高压母线等设施停电维修困难，且一旦发生故障或检修停电，停电影响范围大，给高速铁路旅客运输带来严重影响。根据枢纽牵引供电的特殊性和供电需求，采用全备用牵引变电所方案，可大大提高牵引变电所的供电可靠性，并方便高压母线等设施停电维修。

枢纽全备用牵引变电所主接线一般分为两类：① 第 3 组牵引变压器全备用方式；② 馈线全备用方式即备用开闭所方式。

1. 第 3 组牵引变压器全备用方式

牵引变电所故障一般发生在牵引侧设备或二次设备，两路电源同时故障的概率很低。为了确保枢纽牵引供电的可靠性，利用枢纽牵引变电所的两路电源，增设由第 3 组牵引变压器及配套的一、二次设备组成的备用牵引变电所，与枢纽牵引变电所组成全备用牵引变电所，即全备用牵引变电所由枢纽牵引变电所和备用牵引变电所两部分组成。备用牵引变电所按设置单组牵引变压器独立设计，牵引侧通过备用 2×27.5 kV（27.5 kV）配电装置向接触网供电。

正常运行时由枢纽牵引变电所按常规方式供电，备用牵引变电所处于备用状态。当发生严重故障枢纽牵引变电所全部退出时，备用牵引变电所通过手动切换投入运行，从而快速恢复枢纽全部负荷的供电。

第 3 组牵引变压器全备用牵引变电所主接线如图 13.10 所示。

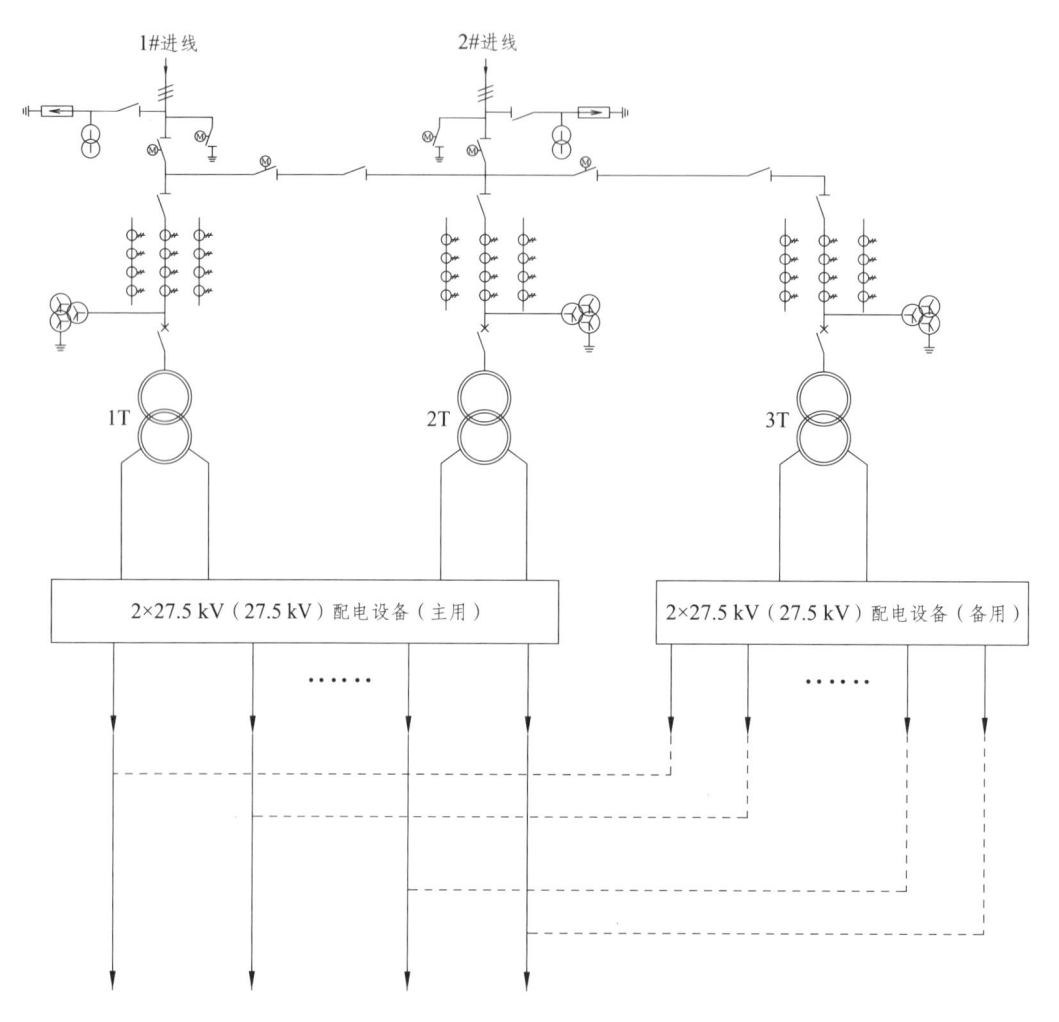

图 13.10　枢纽第 3 组牵引变压器全备用牵引变电所主接线

2. 馈线全备用方式（备用开闭所方式）

在既有大型枢纽牵引变电所由于用地面积限制不适用采用第 3 组牵引变压器全备用牵引变电所时，采用馈线全备用方式。牵引变电所设置主、备两套 2×27.5 kV（27.5 kV）配电装置，两组牵引变压器共同向主、备两套 2×27.5 kV（27.5 kV）配电装置供电。备用 2×27.5 kV（27.5 kV）配电装置配置相对独立的操作电源和控制保护系统，相当于独立的开闭所。

正常运行时由牵引变压器通过主用 2×27.5 kV（27.5 kV）配电装置向枢纽接触网供电；当主用 2×27.5 kV（27.5 kV）配电装置停电维修或发生严重故障全部退出时，通过手动切换投入备用 2×27.5 kV（27.5 kV）配电装置，从而快速恢复枢纽全部负荷供电。

馈线全备用牵引变电所主接线如图 13.11 所示。

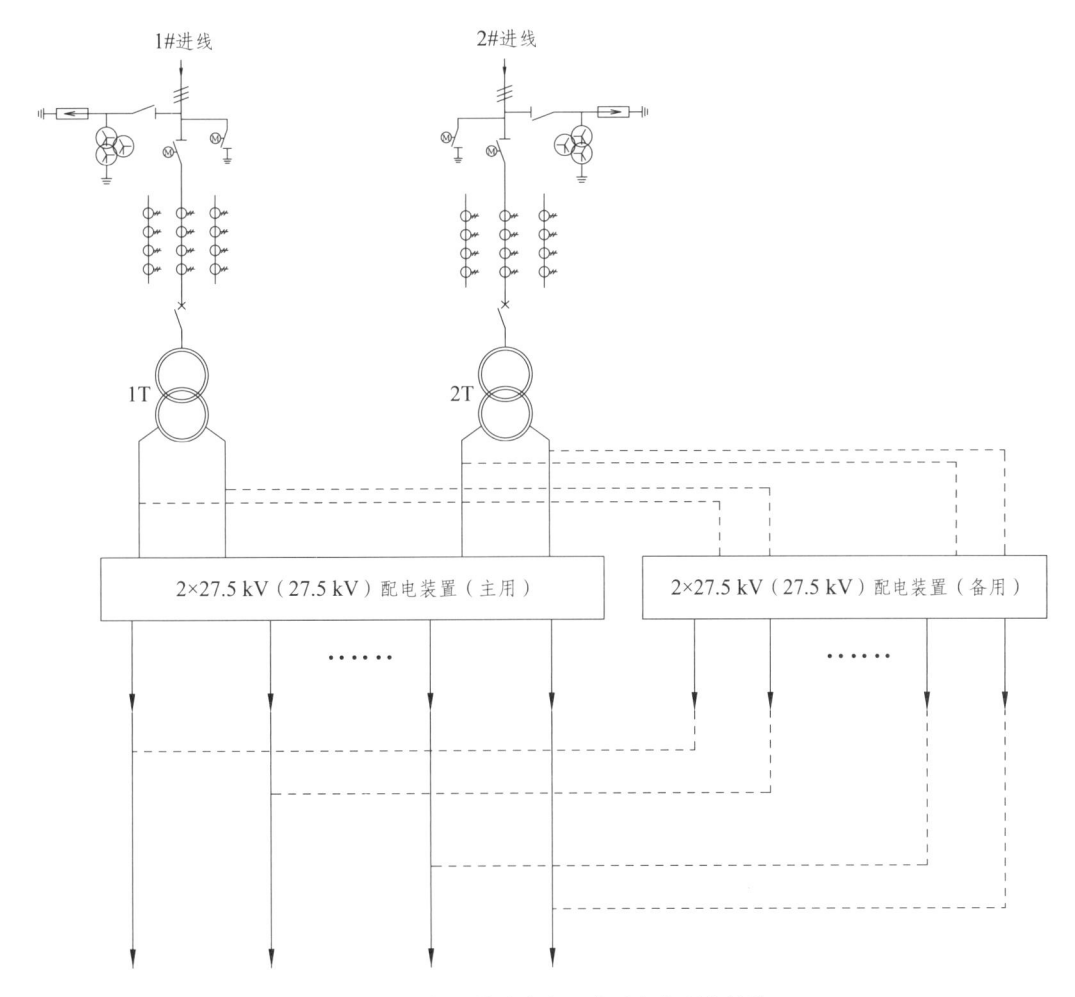

图 13.11 枢纽馈线全备用牵引变电所主接线

13.1.3.3 与电力变配电所共用外部电源的牵引变电所主接线

为综合利用外部电源条件和城市电力通道资源，电力变配电所可与牵引变电所共用外部电源。

牵引变电所引入两回进线电源，分别设置两组牵引变压器和两台电力变压器。

牵引变压器的接线和运行方式与常规牵引变电所一致。正常情况下，两台电力变压器同时运行，由两回电源分别向两台电力变压器供电。采用线路变压器组接线时，当 1 回电源或 1 台电力变压器因故退出运行时，由另 1 台电力变压器向铁路电力供电系统供电。采用单母线分段接线时，当 1 回电源故障时，可由另 1 回电源向两台电力变压器供电；当 1 台电力变压器因故退出运行时，由另 1 台电力变压器向铁路电力供电系统供电。

与电力变配电所共用外部电源牵引变电所主接线如图 13.12 和图 13.13 所示。

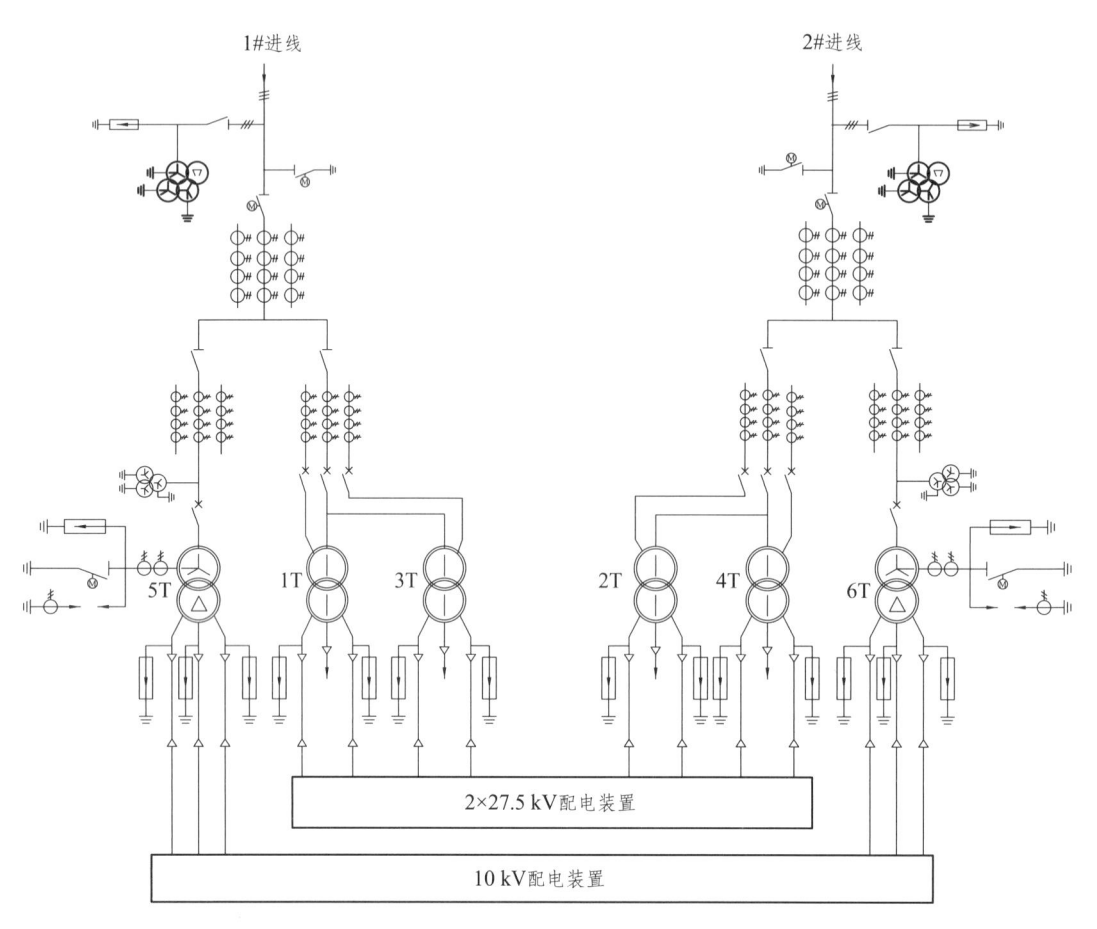

图 13.12　与电力变配电所共用外部电源牵引变电所主接线一（电源侧线路变压器组接线）

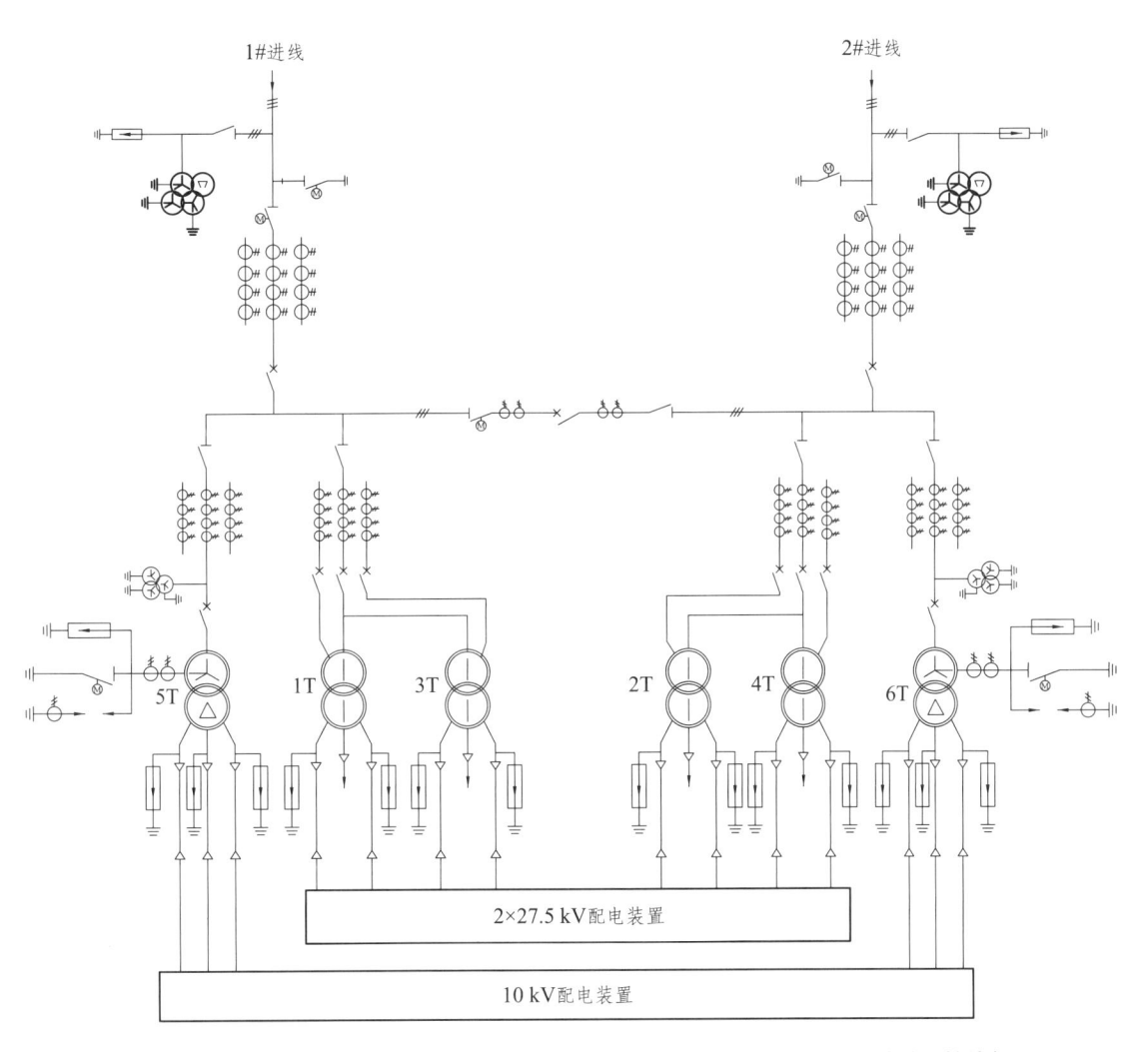

图 13.13　与电力变配电所共用外部电源牵引变电所主接线二（电源侧单母线分段接线）

13.2　分区所主接线

分区所设于供电臂末端，实现同一方向上、下行供电臂并联供电和相邻供电臂越区供电功能。

分区所主接线按其功能需要并结合牵引供电方式确定，满足接线简单灵活、操作方便要求。

13.2.1　直供分区所主接线

直供分区所同一方向上、下行供电臂通过 1 台断路器连接。正常运行时断路器闭合，实现供电臂上、下行并联供电。当上行（下行）供电臂故障时，并联断路器打开，可实现上、下行分别供电。

两相邻供电臂上、下行之间分别设置电动隔离开关实现越区供电。

直供分区所主接线如图 13.14 所示。

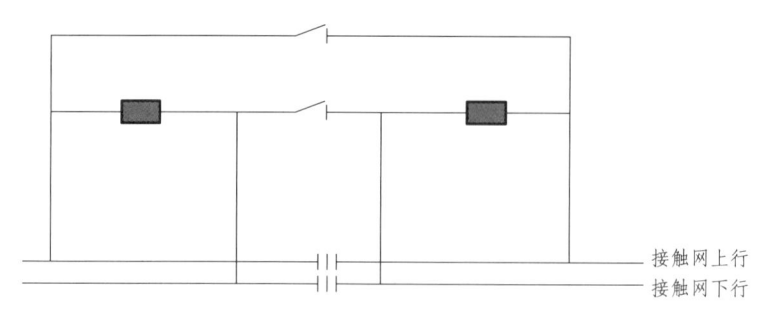

图 13.14　直供分区所主接线

13.2.2　AT 分区所主接线

AT 分区所根据并联方式分为两种类型：单台断路器并联和两台断路器并联。

13.2.2.1　单台断路器并联 AT 分区所主接线

AT 分区所同一方向供电臂上、下行之间采用 1 台断路器实现并联。正常运行时断路器闭合，实现供电臂上、下行并联供电。当上行（下行）供电臂故障时，并联断路器打开，可实现上、下行分别供电。

AT 分区所每个供电臂的并联母线上设有两台自耦变压器，正常运行时 1 台自耦变压器运行，另 1 台备用；当运行的自耦变压器因故退出运行时，另 1 台自耦变压器通过自投装置自动投入运行。自耦变压器通过断路器接于母线上。

两相邻供电臂上、下行之间分别设置隔离开关，实现越区供电。

2×27.5 kV 配电装置采用室外单体设备时，分区所主接线采用单台断路器并联方式，主接线如图 13.15 所示。

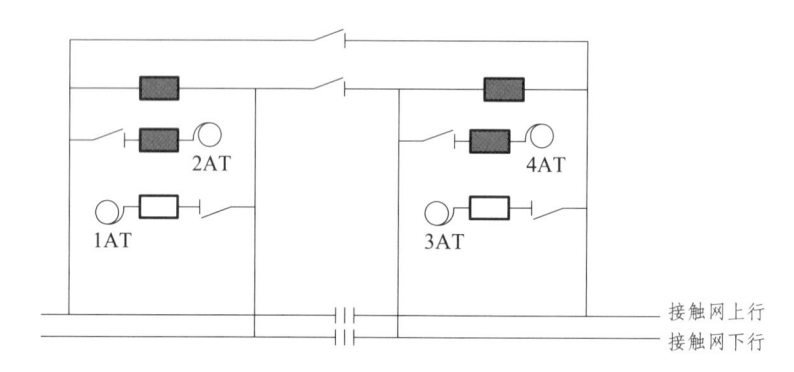

图 13.15　单台断路器并联 AT 分区所主接线

13.2.2.2　两台断路器并联 AT 分区所主接线

AT 分区所同一方向供电臂上、下行分别采用 1 台断路器和隔离开关接入母线。正常运行时，断路器和隔离开关闭合，实现供电臂上、下行并联供电。当上行（下行）供电臂故障时，该供电臂断路器打开，可实现上、下行分别供电。

同一供电臂的 2×27.5 kV 并联母线采用隔离开关分段结构，正常运行时分段隔离开关闭合，上、下行并联供电运行；也可打开分段隔离开关实现上、下行分别供电。

AT 分区所每个供电臂的并联母线上设有两台自耦变压器，正常运行时 1 台自耦变压器运行，另 1 台备用；当运行的自耦变压器因故退出运行时，另 1 台自耦变压器通过自投装置自动投入运行。每台自耦变压器通过断路器和隔离开关接于母线上。

在相邻供电臂并联母线之间设有隔离开关，实现越区供电。

2×27.5 kV 配电装置采用室内 GIS 开关柜时，分区所主接线采用两台断路器并联方式，主接线如图 13.16 所示。

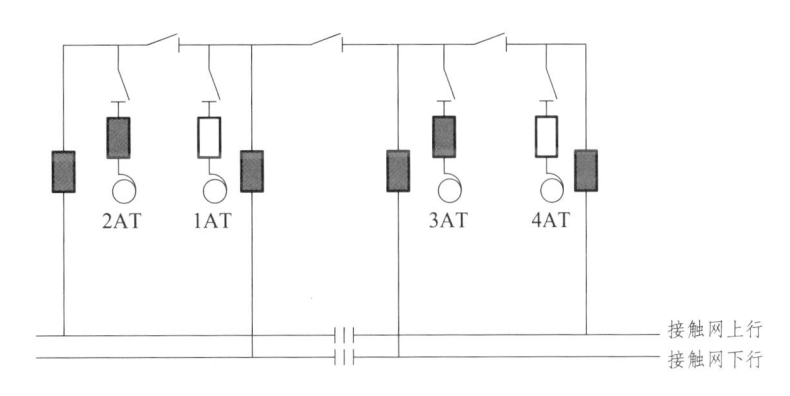

图 13.16　两台断路器并联 AT 分区所主接线

13.3　AT 所主接线

AT 所除在供电臂中部加强 AT 功能外，还可实现上、下行供电臂中部并联供电功能。

AT 所根据并联方式分为两种类型：单台断路器并联和两台断路器并联。

13.3.1　单台断路器并联 AT 所主接线

AT 所供电臂上、下行之间采用 1 台断路器实现并联。正常运行时断路器闭合，实现供电臂上、下行并联供电。当上行（下行）供电臂故障时，并联断路器打开，可实现上、下行分别供电。

AT 所并联母线上设有两台自耦变压器，正常运行时 1 台自耦变压器运行，另 1 台备用；当运行的自耦变压器因故退出运行时，另 1 台自耦变压器通过自投装置自动投入运行。自耦变压器通过断路器接于母线上。

2×27.5 kV 配电装置采用室外单体设备时，AT 所主接线采用单台断路器并联方式，主接线如图 13.17 所示。

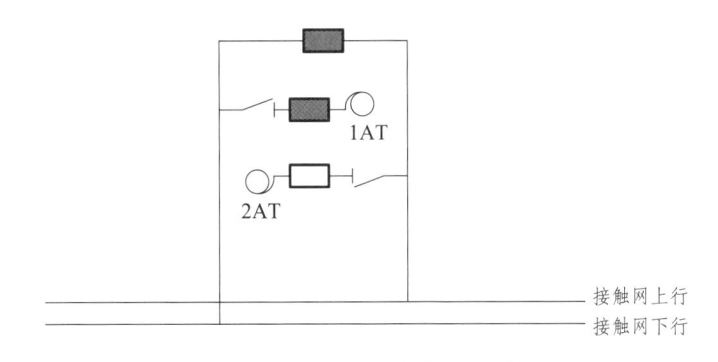

图 13.17　单台断路器并联 AT 所主接线

13.3.2 两台断路器并联 AT 所主接线

AT 所供电臂上、下行分别采用 1 台断路器和隔离开关接入并联母线。正常运行时,断路器和隔离开关闭合,实现供电臂上、下行并联供电。当上行(下行)供电臂故障时,该供电臂断路器打开,可实现上、下行分别供电。

AT 所并联母线上设有两台自耦变压器,正常运行时 1 台自耦变压器运行,另 1 台备用;当运行的自耦变压器因故退出运行时,另 1 台自耦变压器通过自投装置自动投入运行。每台自耦变压器通过断路器和隔离开关接于母线上。

2×27.5 kV 配电装置采用室内 GIS 开关柜时,AT 所主接线采用两台断路器并联方式,主接线如图 13.18 所示。

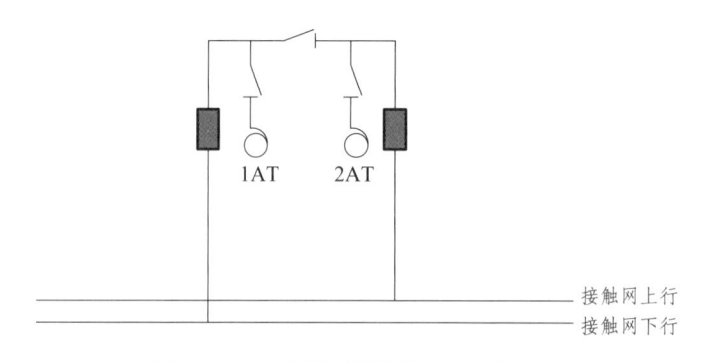

图 13.18 两台断路器并联 AT 所主接线

13.4 开闭所主接线

开闭所用于为大型车站、车场、动车段(所)、联络线等供电分区提供独立的供电线或缩短供电线长度。开闭所一般接引 2 回同相的电源,馈出多路馈线。开闭所也可根据需要接引 1 回或多回电源进线。

母线一般采用单母线型式,也可根据需要设置母线分段隔离开关。开闭所馈线侧断路器一般采用固定备用,设置旁路断路器作为备用断路器。旁路断路器设置数量可根据馈线数量及供电可靠性要求,设置 1 台或多台。开闭所主接线如图 13.19 所示。

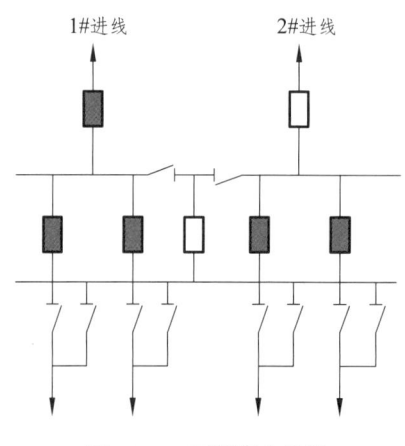

图 13.19 开闭所主接线

对于配电装置采用室内 GIS 开关柜的开闭所，采用馈线断路器之间通过隔离开关互为备用方式。

当与采用 AT 供电方式的干线铁路交汇时，相关的联络线也为干线 AT 供电通道的一部分，当这些联络线由开闭所供电时，相当于开闭所与 AT 所合建成 AT 所兼开闭所。AT 所兼开闭所主接线如图 13.20 所示。

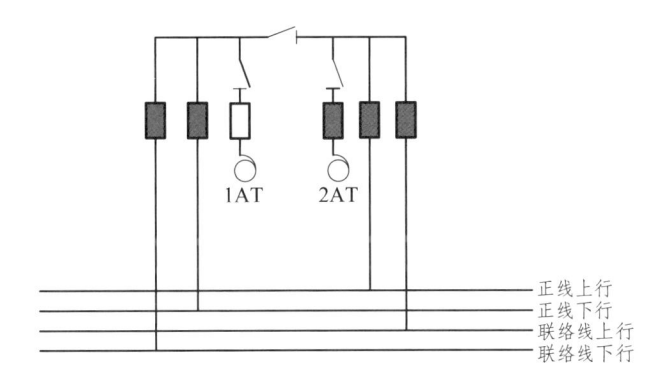

图 13.20　AT 所兼开闭所主接线

14 牵引变电设施总平面及房屋布置

14.1 所址选择

牵引变电设施应结合牵引变电设施规模及总平面布置进行选址，同时应考虑一定的发展条件及今后改扩建的可能性。

牵引变电设施的选址一般应综合考虑如下因素：

（1）便于架空或电缆线路的引入和引出，且尽量靠近电分相。

（2）不占或少占农田。

（3）进所道路应便于与公路衔接，并不应跨越站场。

（4）具有适宜的地质条件及地基承载力，并避开危岩、流砂、滑坡、落石等地质不良地带；不宜设在高土壤电阻率地区。

（5）避开高填方、大量拆迁建筑物和地下设施的地区。

（6）不宜设在空气污秽地区。

（7）所址高程在 100 年一遇的高水位、蓄滞洪水或最高内涝水位之上。当分区所、AT 所、开闭所位于降水量较少、气候干燥的干旱地区或地势较高地区，如西北地区时，经比选可采用 50 年一遇洪水位或内涝水位。所内场坪宜高于或局部高于所外自然场地高程 0.5 m 以上，所址不应被积水淹没；山区牵引变电设施的防洪、排洪设施应满足泄洪要求。

（8）与电台、雷达站、机场、弱电设施以及地下管道、电缆、储油设施和周围环境的相互关系应符合《架空电力线路、变电站（所）对电视差转台、转播台无线电干扰防护间距标准》（GB 50143）、《架空电力线路与调幅广播收音台的防护间距》（GB 7495）、《气象探测环境保护规范 天气雷达站》（GB 31223）、《交流电气化铁路对油（气）管道干扰的防护》（TB/T 2832）、《交流架空输电线路对无线电台影响防护设计规范》（DL/T 5040）、《交流高压架空输电线路与对空情报雷达站防护距离要求》（DL/T 1841）等相关标准的规定。

（9）与所外的铁路线路、建筑物、堆场储罐之间的防火净距，应符合《建筑设计防火规范》（GB 50016）、《火力发电厂与变电站设计防火标准》（GB 50229）及《铁路工程设计防火规范》（TB 10063）等相关标准的规定。

另外，牵引变电设施的选址还应考虑所在位置的地理情况及环境条件，充分考虑具体工程特殊要求，主要有：

（1）对于位于城市区域或环境条件恶劣地区的牵引变电设施，考虑与环境协调牵引变电设施可按全室内布置方式选址。

（2）对于位于地下的线路或城市规划有特殊要求地区，牵引变电设施可按地下布置方式选址。

（3）对于位于山区铁路长大隧道区段选址特别困难时，牵引变电设施可按隧道内布置方式或隧道辅助坑道洞口布置方式进行选址。

14.2 总平面及房屋布置

14.2.1 主要布置原则

14.2.1.1 总平面布置

总平面布置应在符合总体规划和工艺要求的前提下，结合自然条件和工程特点，充分满足安全、防火、卫生、运行、检修、交通运输、环境保护等方面的要求，做到因地制宜、统筹安排、合理紧凑、方便运维、节约用地和投资。总平面布置宜按近远期结合原则，按最终规模规划。

电气布置根据外部电源进线方向、线路位置、馈线方向、进出所道路的相对关系，确定高压配电装置和生产生活房屋的方位，要利于开通运营后的维护管理，保证电气设备和人员的安全。

场坪一般采用平坡布置，当地形高差较大时，可采用阶梯式布置方式。所内场坪坡度应根据自然地形、工艺布置和排水方式综合确定，坡度不小于0.5%，不宜大于2%。室外设备区可铺设碎石或砾石，也可全部硬化。室外配电装置区内宜根据工艺要求设置操作地坪。

所内管沟布置在满足工艺和使用要求的前提下，路径尽量短捷，坡向与场坪坡向一致，避免倒坡。室外电缆沟应有排水措施，保证排水通畅。220 kV、330 kV和110 kV牵引变电所道路应满足设备运输及消防要求，所外进所道路路面宽度分别不小于4.5 m、6 m和4 m，所内主干道路宽度分别不小于4.5 m、5.5 m和4 m。分区所、AT所、开闭所通所道路满足检修汽车、消防车通行和设备运输要求，一般进所道路和所内主干道路宽度不小于4 m。为满足设备运输和消防需要，所内主干道需具备回车条件，如在道路尽端设"T"形或"十"字路口。所内巡视小道宽度宜为1 m，并可利用电缆沟盖板作为巡视小道。围墙采用实体墙，高度一般为2.5 m。实体围墙顶部设安全防范措施，如上部安装高度不小于0.5 m金属防护网或刺丝滚笼。大门采用轻型实体铁门，上加内外翻尖刺。位于城区或站场内的牵引变电设施，可根据城市规划、环境要求等对围墙和大门进行适当艺术处理，与周围建筑相协调，并满足无人值守的要求。

14.2.1.2 房屋布置

牵引变电设施房屋应按远期需求规划，可布置成单层或多层建筑；按无人值班、无人值守方式来配置生产房屋和辅助生产房屋。生产房屋的底层室内地坪高出室外地坪不小于0.6 m。所内各建（构）筑物的火灾危险类别及其最低耐火等级，符合《建筑设计防火规范》（GB 50016）、《火力发电厂与变电站设计防火标准》（GB 50229）和《铁路工程设计防火规范》（TB 10063）等的要求。主要生产房屋布置要求如下：

1. 控制室

控制室用于安装所内控制保护、交-直流电源等低压或控制屏柜设备，按成排布置方式设置。控制室的位置选择应满足便于巡视和观察室外主要设备、节约控制电缆、噪声干扰小的要求，并与27.5 kV高压室靠近。牵引变电所控制室设置两个通向室外的出口；位于楼上的控制室，其中一个出口可通向室外楼梯的平台，满足消防疏散的要求。

控制室内屏柜单列或双列布置时，正面操作通道不小于1 500 mm，背面维护通道不小于1 000 mm。屏柜两侧设不小于800 mm的巡视通道，确有困难时可设单侧巡视通道。

控制室顶棚至地面的净空高度一般为3.4 ~ 4.4 m。

为满足控制室内设备不间断运行的温、湿度要求，控制室内设置机房专用空调；牵引变电所控制室需设置气体灭火装置。空调室内机柜、气体灭火柜在控制室内靠墙安装，控制室布置时需综合考虑上述设备的安装位置，避免侵占操作、维护或巡视通道。

图14.1为牵引变电所控制室实景照片。

图14.1 牵引变电所控制室实景照片

2. 27.5 kV 高压室

27.5 kV高压室用于安装2×27.5 kV（27.5 kV）开关柜设备，按成排方式布置。高压室设置两个通向外面的出口，并能满足室内设备运输需要。

高压室净空根据室内设备满足电气安全距离要求，一般应大于开关柜设备高度1 000 mm；当两列开关柜之间设有母线桥时，高压室净空高度一般大于母线桥高度800 mm。

高压室需设置必要的通风设施，用于正常情况下室内空气循环、温度调节和事故通风。采用SF_6充气开关柜时，高压室和电缆夹层还设置有低位排风设施，用于SF_6气体泄漏时及时排出气体，保障运营维护人员人身安全。

3. 高压组合电器（GIS）室

对电源侧设备采用室内高压组合电器（GIS）的牵引变电所，需设置高压组合电器室。高压组合电器室设置两个通向外面的出口，其中一个通向室外道路或室外吊装平台；当长度大于 60 m 时，宜再增设 1 个出口。高压组合电器室净空根据室内设备单元起吊高度确定；室内需配置起吊装置或预留吊装吊钩，起吊重量满足设备最大检修单元要求。

高压组合电器（GIS）室和电缆夹层（如有）设置必要的通风设施，用于正常情况下室内空气循环和事故通风，并设置低位排风设施，用于 SF_6 气体泄漏时及时排出气体，保障运营维护人员人身安全。

4. 电缆夹层

对于采用高压组合电器（GIS）或 27.5 kV 侧采用电缆进、出线的牵引变电所、分区所、AT 所、开闭所等，因高压电缆数量多，为便于电缆敷设和维护，一般在生产设备房屋房间下设置电缆夹层。

电缆夹层设置两个出口，并设置固定式楼梯。为便于维护管理，电缆夹层净空不小于 2 m。为了保证电缆的安全运行，电缆夹层要采取可靠的防水措施并在夹层地面设置集水坑；室外电缆沟引入电缆夹层处，在电缆敷设完成后要做好防火防水封堵。

电缆夹层内电缆采用在电缆支架和吊架上敷设方式，高、低压电力电缆和控制电缆分层敷设。电缆支架的层间距离需满足能方便地敷设电缆及固定的要求，且在多根电缆同置于一层情况下，可更换任一根电缆。所有电缆支、吊架上设置贯通的接地导体，并且与室外的主接地网可靠连接。

14.2.2 牵引变电设施总平面及房屋布置

牵引变电所牵引变压器、电源侧配电装置、分区所和 AT 所的自耦变压器，一般采用室外布置。对于牵引变电所、分区所、开闭所和 AT 所的 2×27.5 kV（27.5 kV）配电装置，AT 供电方式采用室内 GIS 开关柜布置或室外单体布置。带回流线的直接供电方式一般采用空气绝缘开关柜室内布置。在用地特别困难、城市规划有特殊要求或环境恶劣的地区，牵引变电所可采用全室内布置方式，牵引变压器在室内布置，电源侧配电装置采用高压组合电器（GIS）。分区所、开闭所、AT 所在类似特殊地区，也可根据需要采用全室内布置方式。

14.2.2.1 牵引变电所平面及房屋布置

牵引变电所的牵引变压器电源侧配电装置一般采用室外中型布置，牵引变压器采用室外低式布置。外部电源进线一般采用架空引入，27.5 kV 牵引侧采用架空线或电缆馈出。当采用电缆馈出时，如供电线（正馈线）采用架空线接引至接触网，在变电所出口进行电缆-架空线转换。

27.5 kV 配电装置采用室内 GIS 开关柜布置时的 220 kV 牵引变电所总平面布置实例如图 14.2（a）所示，27.5 kV 配电装置采用室外单体设备布置时的 220 kV 牵引变电所总平面布置实例如图 14.2（b）所示。图 14.3、图 14.4 分别为牵引变电所 27.5 kV 配电装置采用室内 GIS 开关柜布置和室外单体设备布置时的现场实景照片。

（a）实例一

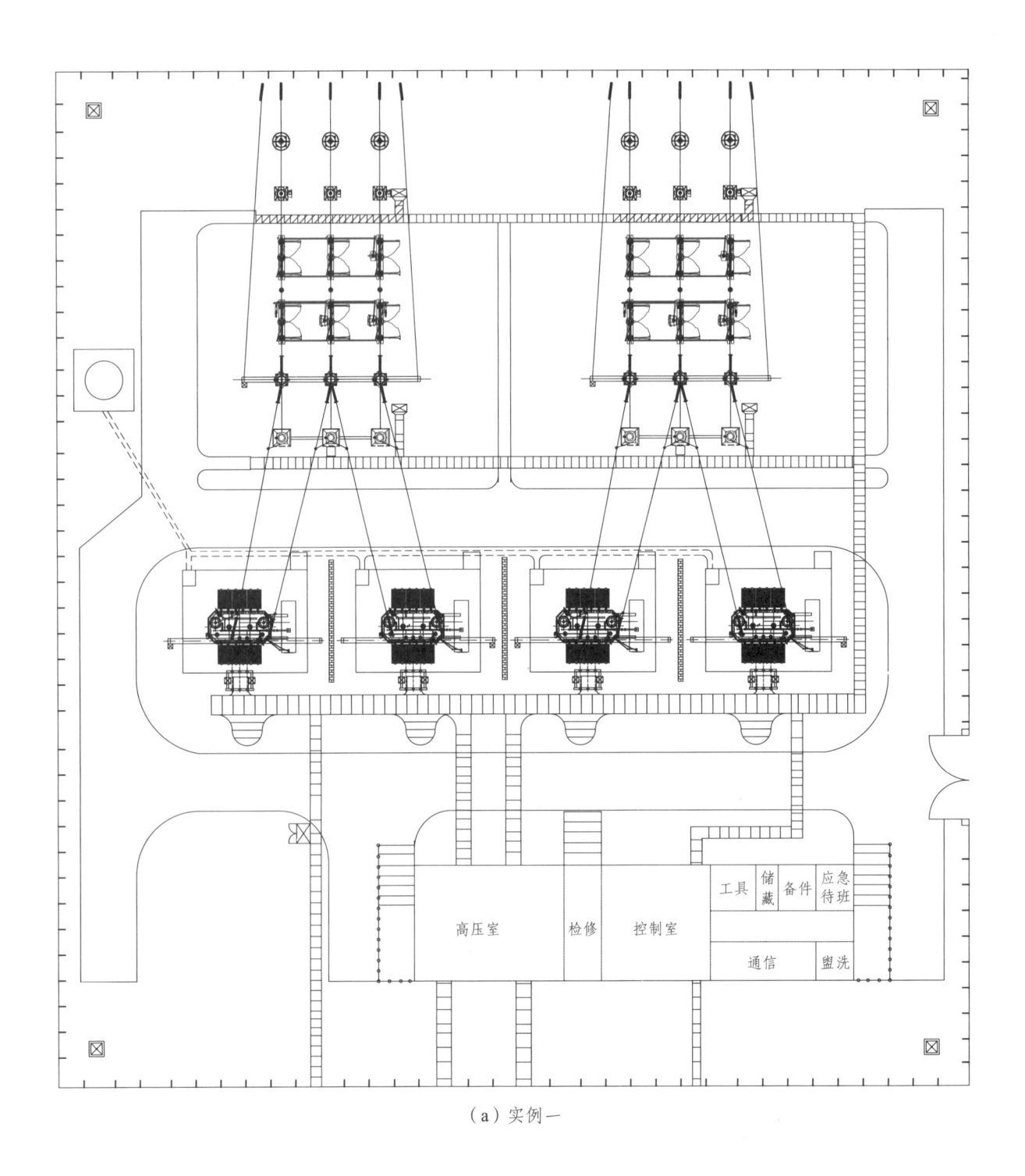

（b）实例二

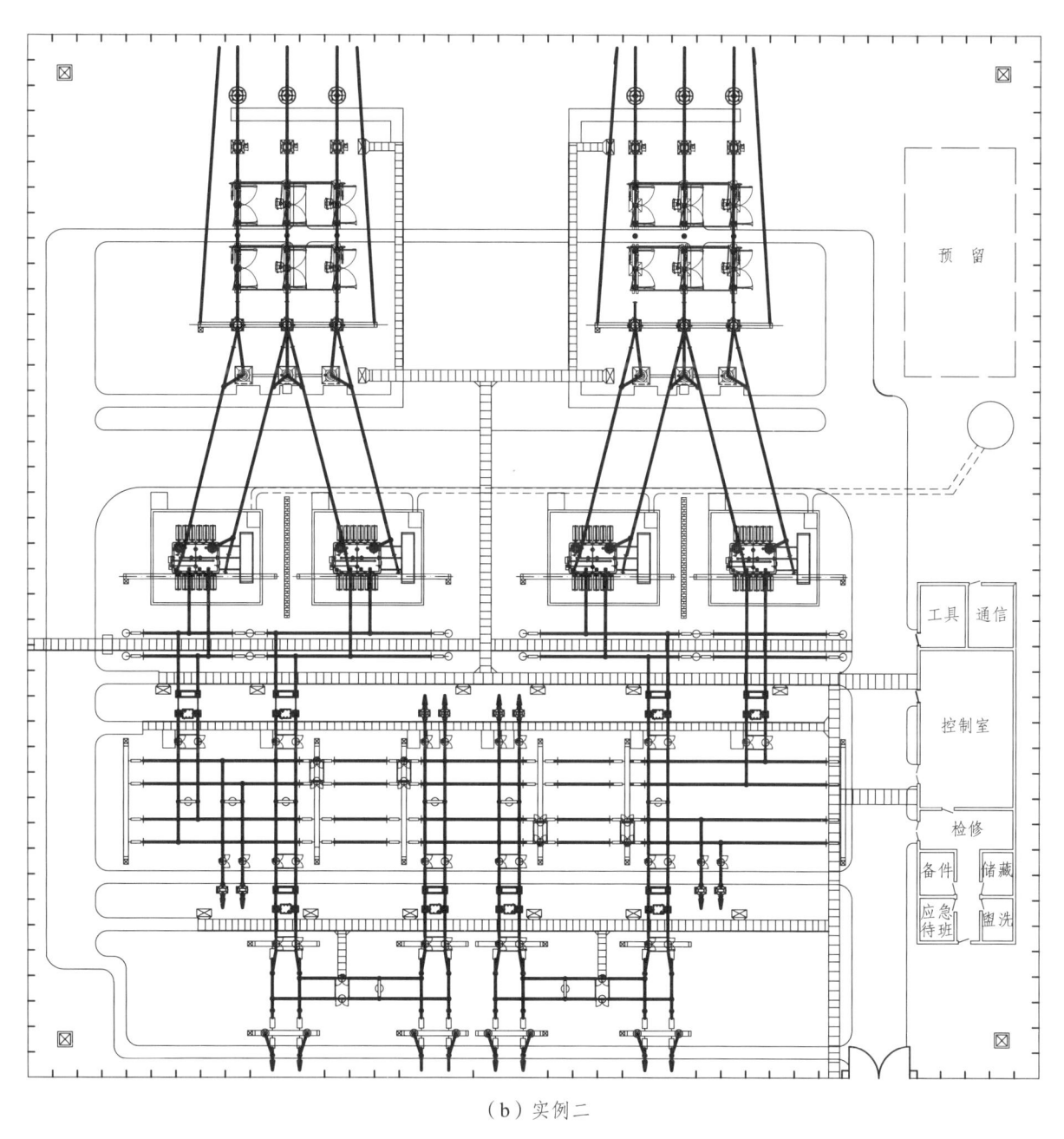

图 14.2　220 kV 牵引变电所总平面布置实例

图 14.3　220 kV 牵引变电所总平面布置实景照片一

图 14.4　220 kV 牵引变电所总平面实景照片二

牵引变电所房屋一般按一层平房设置，设控制室、通信机械室等生产房屋，并设有检修室、盥洗室等辅助房屋。采用室内 GIS 开关柜布置时还设有 27.5 kV 高压室和电缆夹层。

14.2.2.2 分区所

1. 直供分区所

直供分区所 27.5 kV 进线隔离开关和避雷器采用室外布置，其余 27.5 kV 配电装置采用室内布置，进线一般采用架空方式引入。

直供分区所总平面布置实例如图 14.5 所示。

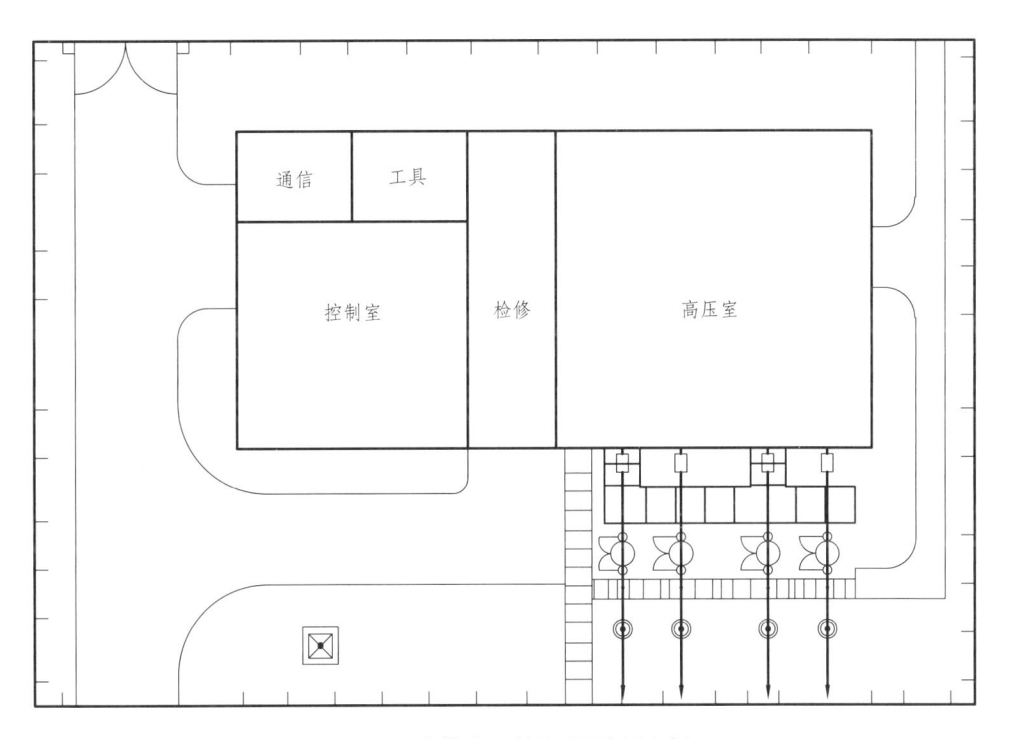

图 14.5 直供分区所总平面布置实例

直供分区所房屋按一层平房设置，设有 27.5 kV 高压室、控制室、通信机械室等生产房屋，并设有检修室等辅助房屋。采用室内 GIS 开关柜布置时还设有电缆夹层。

2. AT 分区所

自耦变压器采用室外低式布置方式，AT 分区所采用 GIS 开关柜布置方式时，进线一般采用电缆引入，也可结合供电线的布置方式转换为架空方式。采用全室外布置方式时，进线采用架空方式。

采用室内 GIS 开关柜布置的 AT 分区所总平面布置实例如图 14.6 所示，采用全室外设备布置的 AT 分区所总平面布置实例如图 14.7 所示。

AT 分区所房屋按一层平房设置，设有控制室、通信机械室等生产房屋，并设有检修室等辅助房屋；采用室内 GIS 开关柜布置时，还设有 27.5 kV 高压室和电缆夹层。

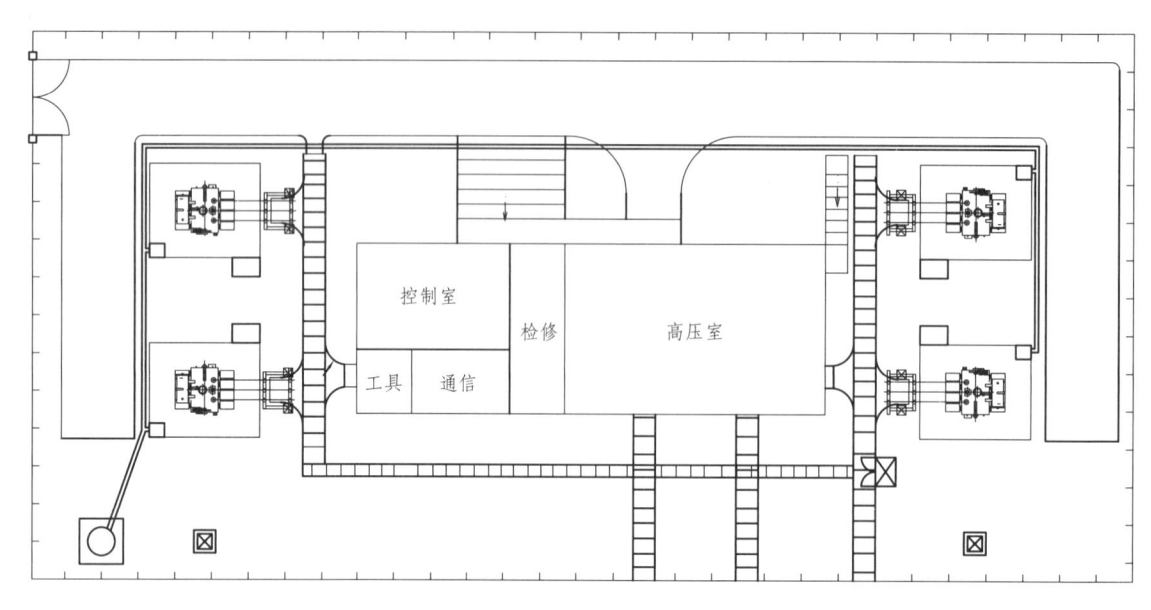

图 14.6 AT 分区所总平面布置实例一

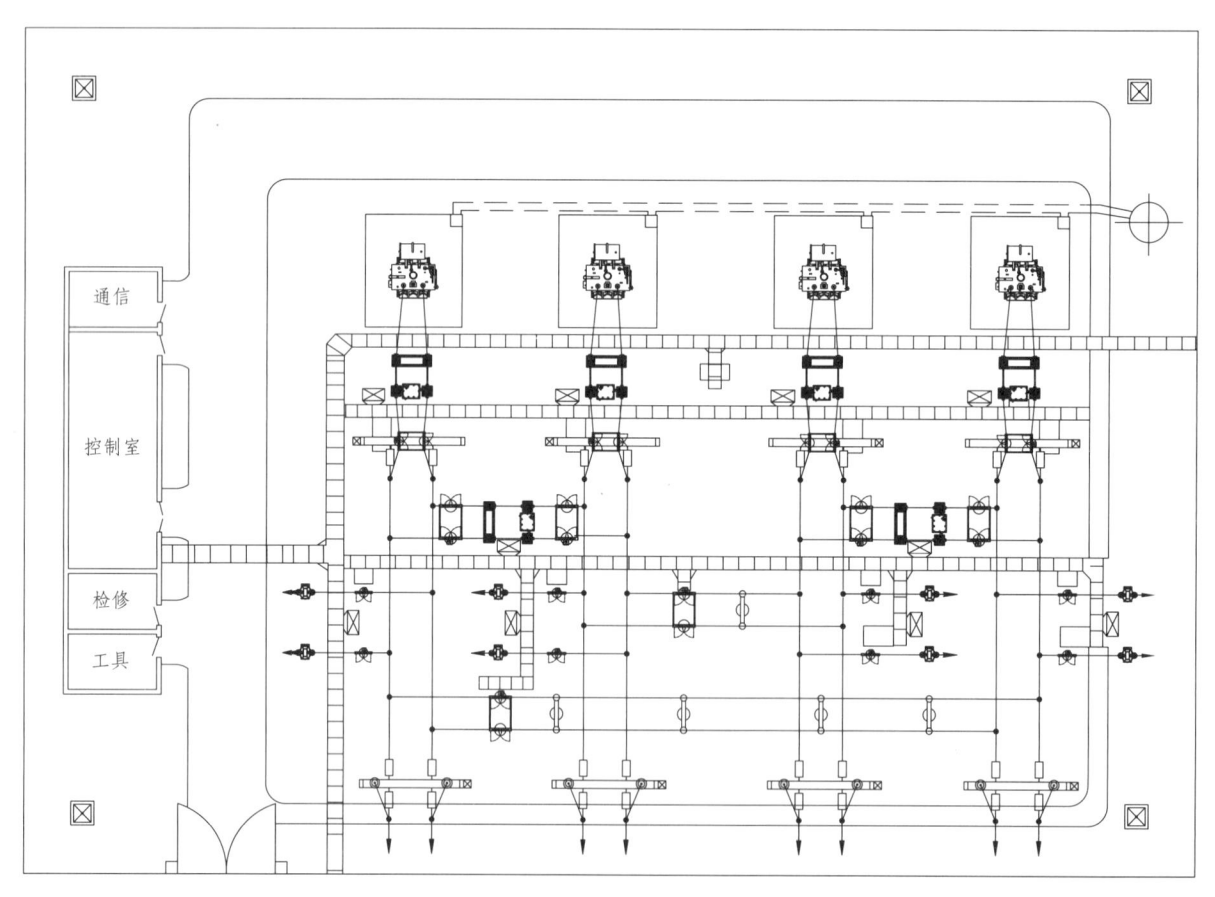

图 14.7 AT 分区所总平面布置实例二

14.2.2.3 AT 所

AT 所的布置与 AT 分区所类似，采用室内 GIS 开关柜布置的典型 AT 所总平面布置实例如图 14.8 所示，采用全室外设备布置的 AT 所总平面布置实例如图 14.9 所示。

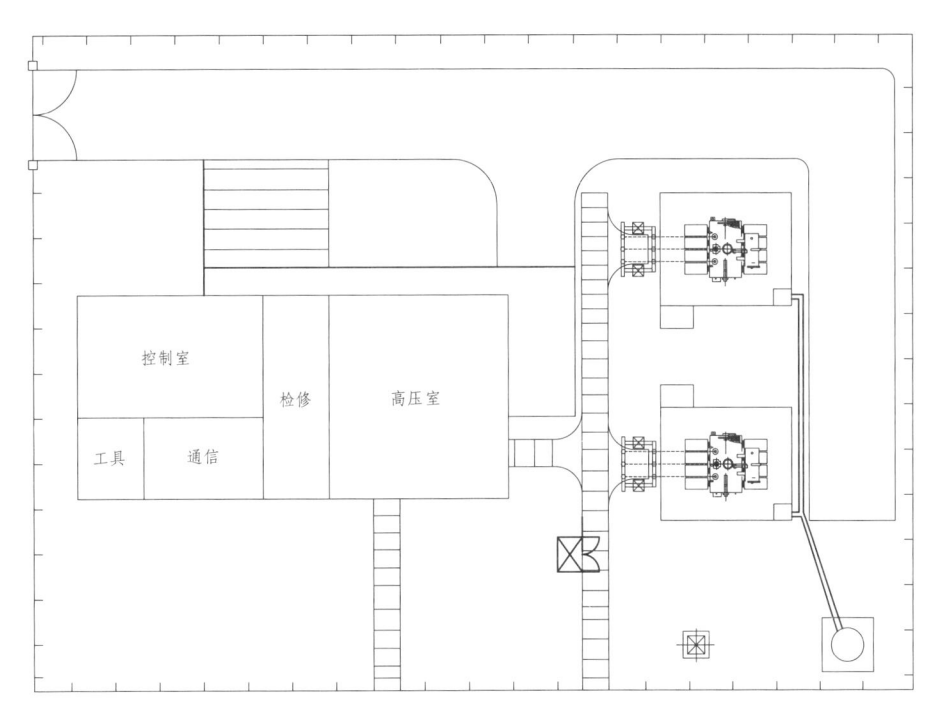

图 14.8 AT 所总平面布置实例一

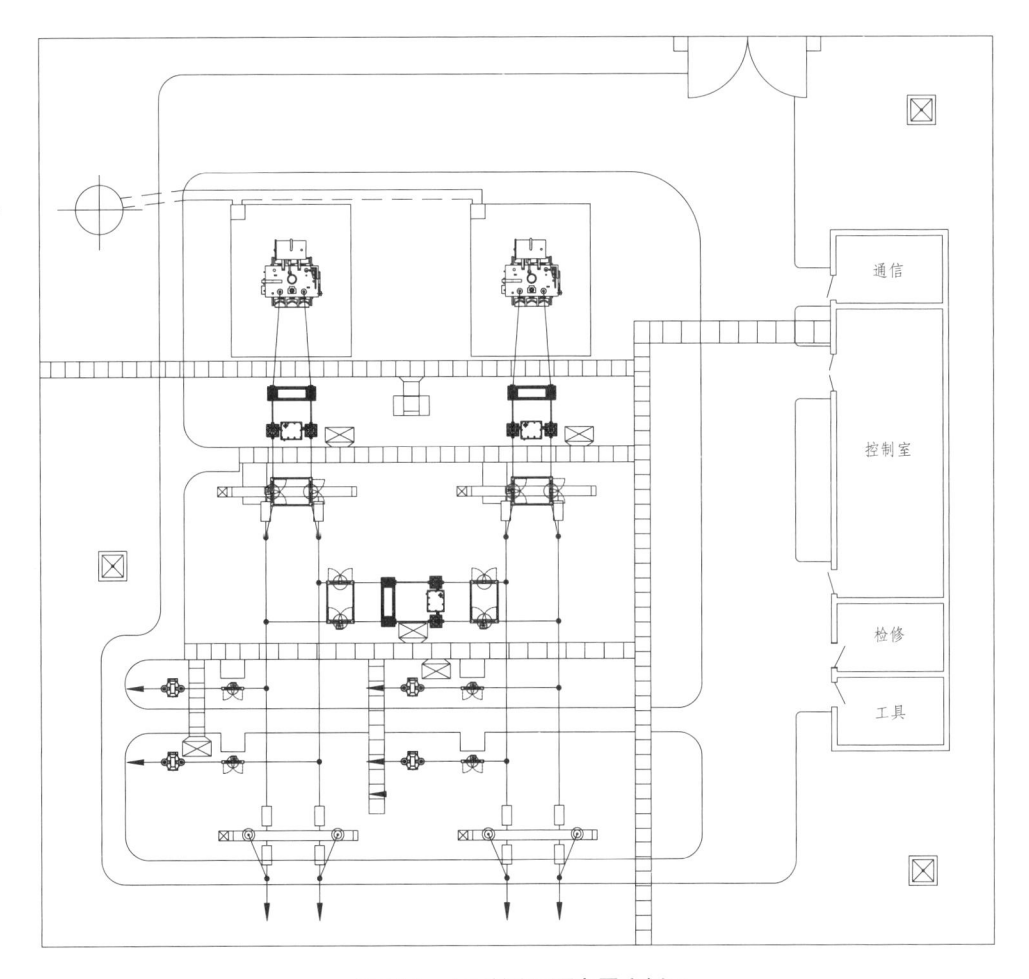

图 14.9 AT 所总平面布置实例二

AT 所房屋按一层平房设置，设有控制室、通信机械室等生产房屋，并设有检修室等辅助房屋；采用室内 GIS 开关柜布置时，还设有 27.5 kV 高压室和电缆夹层。

14.2.2.4 开闭所

开闭所通常采用直接供电方式。

开闭所进、出线隔离开关和避雷器一般采用室外中型布置，其余 27.5 kV 配电装置采用室内布置。进线一般采用架空引入，条件困难时也可采用电缆引入。

开闭所总平面布置实例如图 14.10 所示。

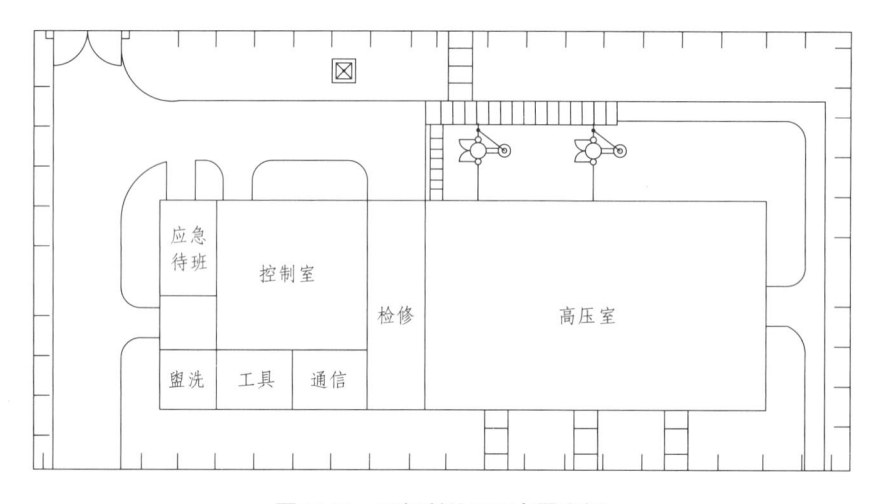

图 14.10 开闭所总平面布置实例

开闭所房屋按一层平房设置，设有 27.5 kV 高压室、控制室、通信机械室等生产房屋，并设有检修室、盥洗室等辅助房屋；采用室内 GIS 开关柜布置时，还设有电缆夹层。

14.2.3 特殊类型牵引变电设施总平面及房屋布置

14.2.3.1 电源侧采用高压组合电器（GIS）牵引变电所总平面及房屋布置

图 14.11 为电源侧采用室外复合式高压组合电器（HGIS）的两条铁路合建牵引变电所总平面布置实景照片，分线路设置牵引变压器，每条线路设置 4 台牵引变压器。因牵引变电所临近车站，用地紧张，而 220kV 配电装置规模较大，牵引变电所 220 kV 配电装置室外复合式高压组合电器（HGIS）。牵引变压器采用室外布置；2×27.5 kV 配电装置采用室内 GIS 开关柜设备。牵引变电所 220 kV 进线及 2×27.5 kV 馈线分别采用电缆引入、馈出。

图 14.12 为牵引供电与电力合建变电所（共用外部电源）总平面布置实景照片。牵引变电所邻近车站，用地困难，牵引变电所 220 kV 配电装置采用室内 GIS 组合电器。

牵引变压器及电力变压器采用室外布置；2×27.5 kV 配电装置采用室内 GIS 开关柜。牵引变电所 220 kV 进线及 2×27.5 kV 馈线、10 kV 馈线分别采用电缆引入、馈出。

为节约占地面积，牵引变电所房屋可按两层楼房设计，设有 220 kV 高压室、27.5 kV 高压室、10 kV

高压室、无功补偿室、调压器室、低电阻接地室、低压室、控制室、通信机械室等生产房屋，检修室、应急待班室、储藏间、卫生间等辅助生产房屋。设备房屋下方设有电缆夹层。

图 14.11　牵引变电所总平面实景照片一

图 14.12　牵引变电所总平面实景照片二

14.2.3.2　全室内牵引变电所总平面及房屋布置

图 14.13 为全室内布置的牵引变电所总平面布置实景照片。220 kV 高压组合电器（GIS）、2×27.5 kV 开关柜及牵引变压器等设备全部采用室内布置方式。牵引变电所 220 kV 进线采用架空方式接入，2×27.5 kV 馈线采用电缆引入、馈出。

图 14.13　牵引变电所总平面实景照片三

为节约占地面积，牵引变电所房屋可按局部两层楼房设置，设有 220 kV 高压室、27.5 kV 高压室、控制室、通信机械室等生产房屋和检修室、储藏室、值守室、卫生间等辅助生产房屋。设备房屋下方设有电缆夹层。

14.2.3.3　全地下牵引变电所总平面及房屋布置

牵引变电所采用全地下布置方案时，需在地面设置两处出口作为运行维护、消防疏散及排风通道，同时需设置一处吊装孔作为设备运输通道。

图 14.14 为典型全地下牵引变电所地面部分总平面布置实例，图 14.15 为全地下牵引变电所断面实例。

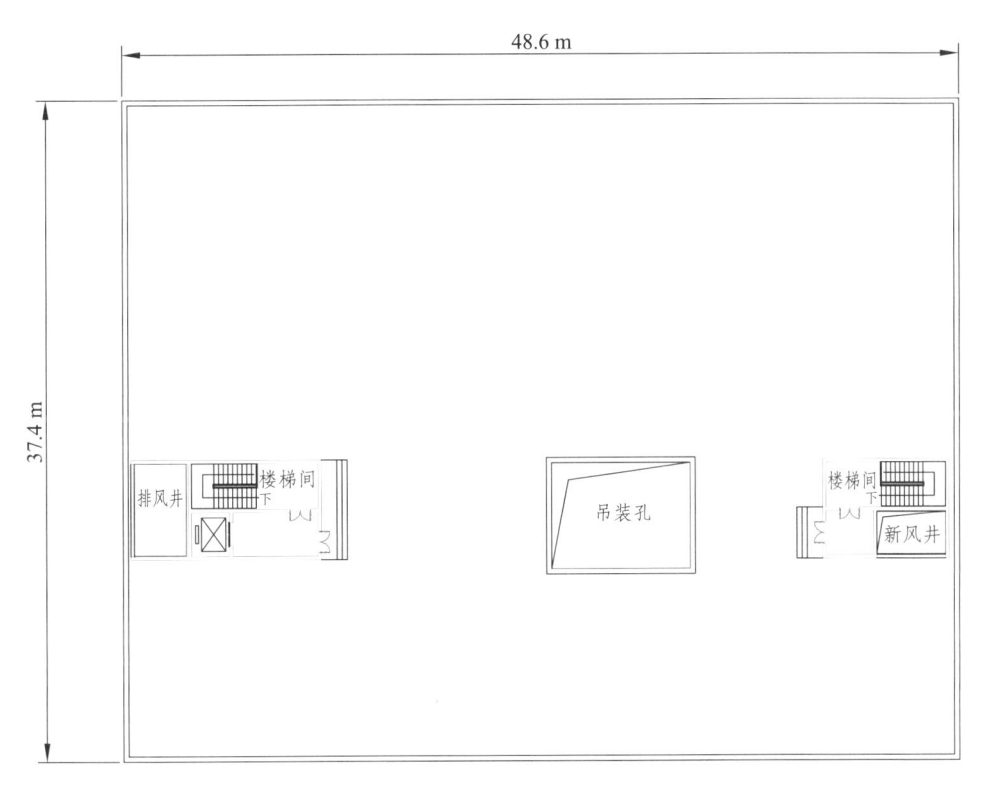

图 14.14　全地下牵引变电所总平面布置实例

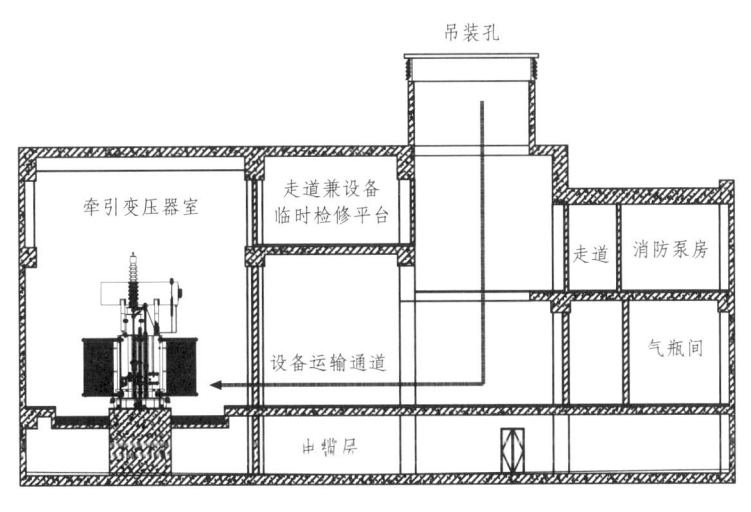

图 14.15　全地下牵引变电所断面实例

全地下布置牵引变电所生产房屋一般采用地下两层布置方式,并设电缆夹层。地下一层主要设置控制室、交-直流电源室、通信室、检修室、应急待班室等生产房屋,并设置消防类相关房屋(消防水池、消防泵房、消防细水雾泵房等)和环控机房。地下二层主要设置牵引变压器室、220 kV 组合电器室、27.5 kV 高压室、所用变电室等房屋,并设与消防有关的加压机房、气瓶室等房屋。

全地下布置牵引变电所地下一层、二层生产房屋平面布置实例如图 14.16 和图 14.17 所示。

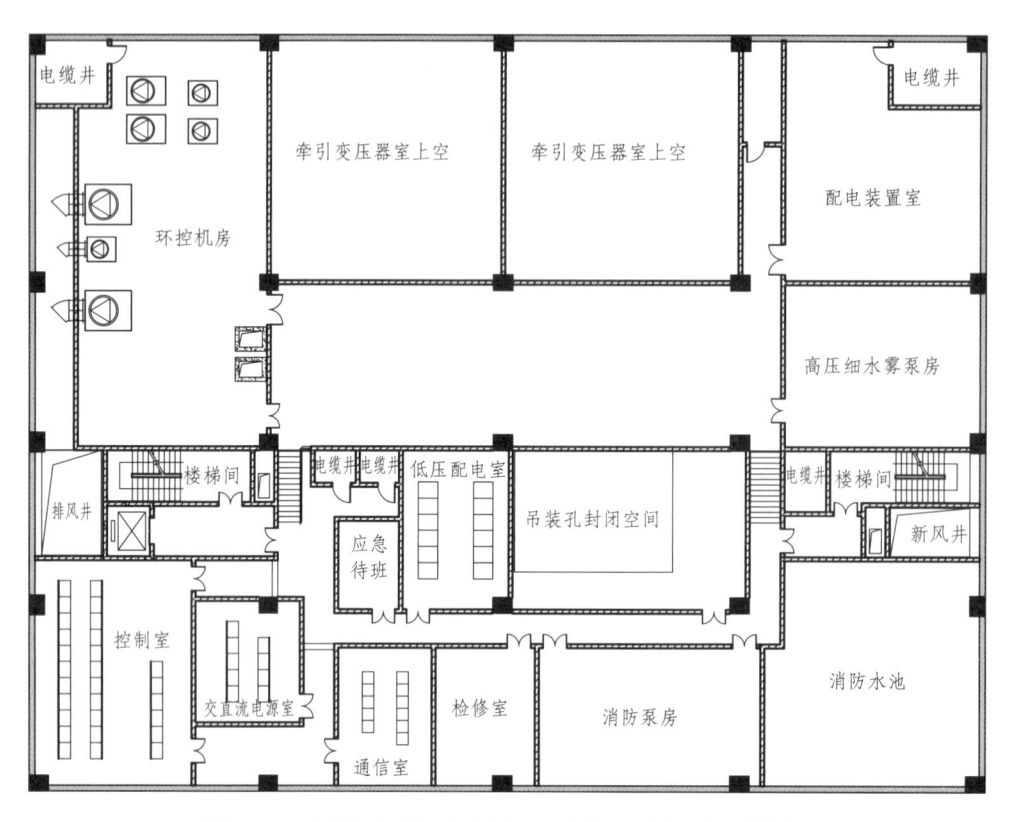

图 14.16　全地下牵引变电所地下一层生产房屋平面布置实例

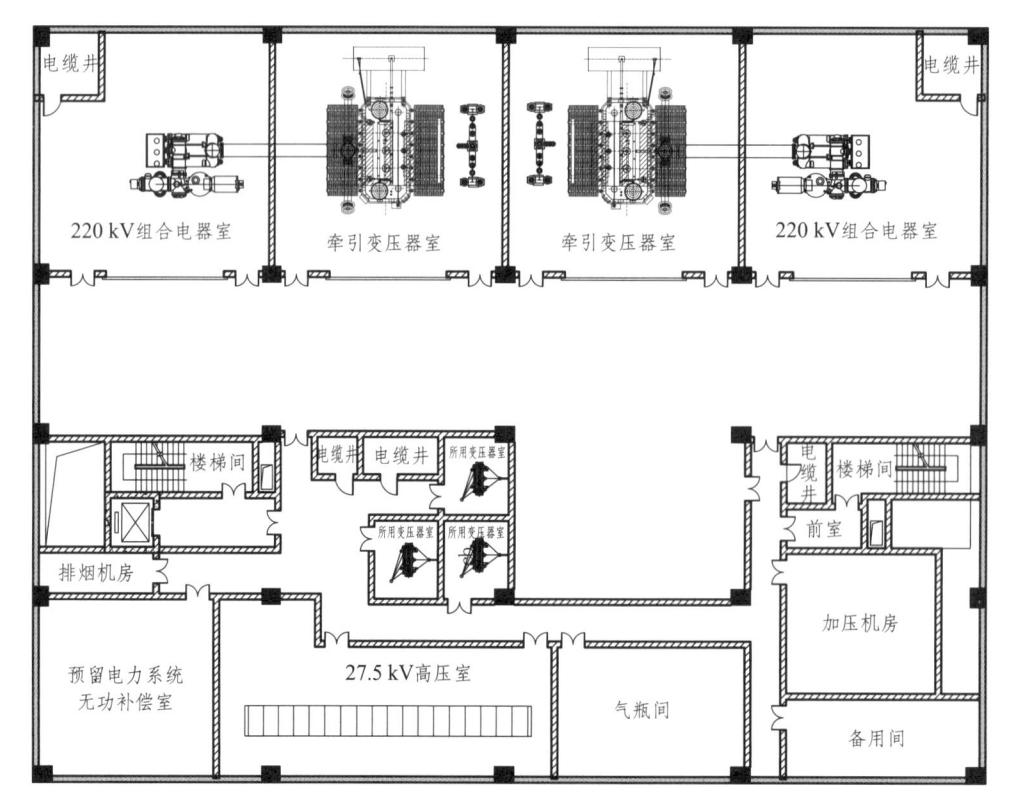

图 14.17　全地下牵引变电所地下二层生产房屋平面布置实例

图 14.18 为全地下牵引变电所实景照片。

图 14.18　全地下布置牵引变电所总平面布置实景照片

14.2.3.4　隧道内牵引变电设施总平面及房屋布置

隧道内牵引变电设施一般为分区所或 AT 所。通过在隧道侧壁开挖形成设备洞室，或利用隧道斜井、横洞等空间设置。为减小隧道内开挖工程量，牵引变电设备选用 GIS 开关柜等集成化、小型化设备；为适应隧道内运行环境，采用高燃点油绝缘自耦变压器或 SF_6 气体绝缘自耦变压器。设备洞室的通风和消防设计应满足相关防火设计规范和设备运行要求。

图 14.19 和图 14.20 分别为隧道侧壁内 AT 所、隧道斜井内 AT 所平面布置实例。在铁路正线隧道或斜井侧壁开挖专用洞室，自耦变压器单独设置洞室，控制室和 2×27.5 kV 配电装置集中设置洞室。专用洞室设置与正线隧道连通的通道，用于设备运输和运营检修维护，并设置防护门。专用洞室与正线间隔除考虑洞室结构需要外，隔墙厚度还需满足防火要求。其中采用隧道侧壁开挖时，可结合隧道工程设计方案和实施条件，采取专用洞室平行或垂直线路布置方式。

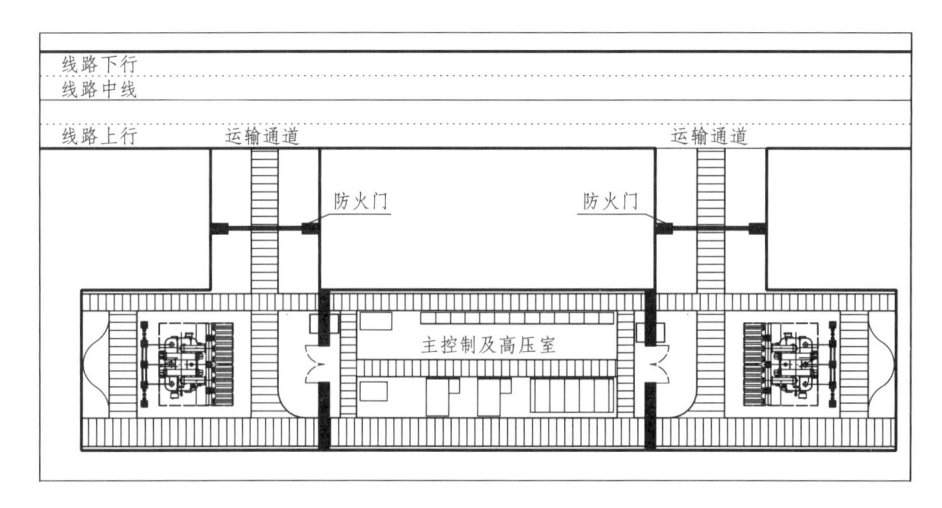

图 14.19　隧道侧壁内 AT 所总平面及房屋布置实例

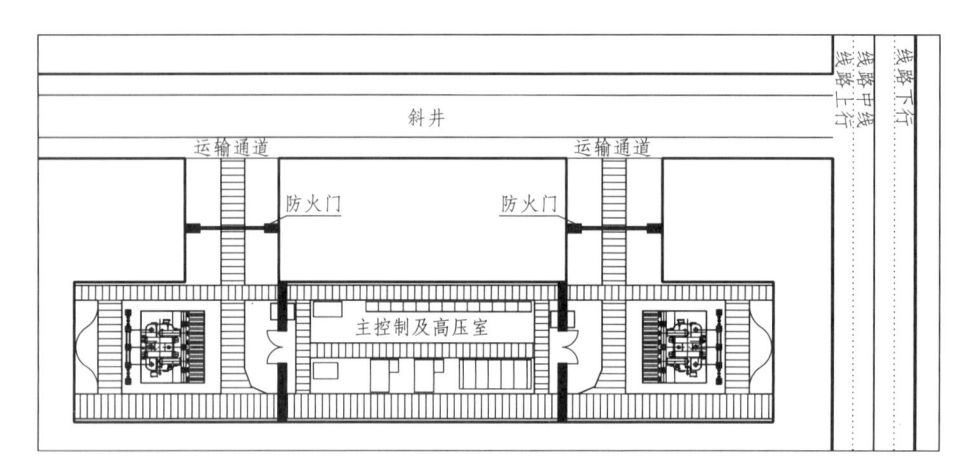

图 14.20　隧道斜井内 AT 所总平面及房屋布置实例

15 牵引变电设备

牵引变电设备一般分为电气一次设备和电气二次设备。电气一次设备主要包括牵引变压器、自耦变压器、断路器、开关柜、隔离开关、互感器、避雷器及所用变压器等；电气二次设备主要包括控制保护设备和辅助监控系统等。下面主要介绍一次设备。

15.1 使用条件

牵引变电设备根据国家标准《环境条件分类》（GB/T 4796 和 GB/T 4797）对环境条件的划分，结合所处自然环境和应用场合，合理确定工程所属的环境条件类型作为产品试验和应用时选择适当的环境条件严酷程度。电气设备选型通常需确定以下环境参数：

（1）海拔高度；
（2）环境温度，包括最高温度、最低温度；
（3）相对湿度，包括月平均值、日平均值；
（4）最大风速；
（5）覆冰厚度；
（6）地震烈度；
（7）污秽等级。

15.2 变压器

高速铁路牵引供电系统变压器主要包括牵引变压器和自耦变压器两大类。

15.2.1 牵引变压器

牵引变压器结构和实景照片如图 15.1 和图 15.2 所示。

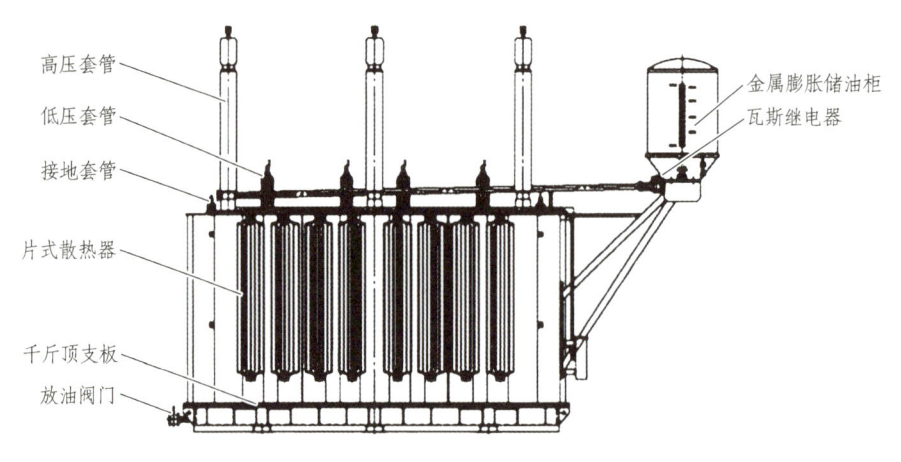

图 15.1　牵引变压器结构

图 15.2　运行中的 220 kV 牵引变压器实景照片

15.2.1.1　牵引变压器的主要技术特点

我国使用的牵引变压器主要技术特性及参数如下：

1. 额定容量

高速铁路（含城际铁路）常用的牵引变压器额定容量一般如下：16 MVA、20 MVA、25 MVA、31.5 MVA、40 MVA、50 MVA、63 MVA，额定容量根据高速铁路的速度等级及行车组织决定的负荷选用。

2. 冷却方式

牵引变压器的冷却方式一般采用油浸自冷（ONAN），预留风冷条件。由于风冷可以改善散热条件，提高过负荷能力，因此在高速铁路的增容改造时，可以采用加装变压器风冷装置的方式达到变压器增容的目的。

3. 连续额定容量下的温升限值

牵引变压器内部热量传播不均匀，各部位温度差别很大，在额定负荷条件下各部分的允许温升不同。牵引变压器的温升限值满足顶层油温升 ≤ 50 K（温度计法），绕组平均温升 ≤ 60 K（电阻法）。

4. 短路阻抗

短路阻抗的选取根据线路的速度等级和电网容量，综合考虑牵引网的电压降和短路电流等因素确定。110 kV 牵引变压器的短路阻抗一般为 8.4% ~ 10.5%，220 kV 牵引变压器的短路阻抗一般为 8.4% ~ 12.5%，330 kV 牵引变压器的短路阻抗一般为 10.5% ~ 14%。

5. 空载电流

空载电流由磁化电流和铁损电流组成。在额定电压和额定频率条件下，牵引变压器的空载电流一般不大于额定电流的 0.3% ~ 0.6%。卷铁芯牵引变压器的空载电流可降至额定电流的 0.2% 左右。

6. 过负荷能力

过负荷能力指在不损坏牵引变压器绕组绝缘和不减少牵引变压器使用寿命的前提下，牵引变压器高于额定负荷运行的能力。

牵引变压器负荷曲线是表征牵引负荷随时间变化的一种图形，反映了牵引用电的特点和规律。牵引变压器的过负荷曲线是基于对大量实测数据统计得到的牵引负荷主要特征数字，绘制的与实际负荷数字特征接近的典型负荷曲线。我国电气化铁路牵引负荷具有波动性、非线性、冲击性的特点，根据负荷曲线进行设计，可以使牵引变压器容量选择更合理、更经济。牵引变压器的过负荷曲线结合不同线路行车组织方案而有所不同，需要根据实际负荷情况进行调整。典型负荷曲线如图 8.8 所示。

7. 承受短路能力

为了保证牵引变压器在牵引供电负荷频繁波动冲击下的正常运行，牵引变压器具有一定的承受短路能力，能承受牵引网近端和远端频繁短路的能力不少于 70 次/年。其中 40% 为近端短路：在一次侧额定电压、二次侧短路情况下 3 s 内连续两次冲击、3 min 后第三次冲击，而不影响其使用寿命。

8. 绕组的绝缘水平

为了保证牵引变压器能够在系统电压、工频过电压、操作过电压及雷电冲击过电压条件下正常运行，规定了变压器绕组的 1 min 工频耐受电压、操作冲击耐受电压、雷电冲击耐受电压，如表 15.1 所示。

表 15.1 变压器绕组的绝缘水平

系统标称电压/kV	系统最高工作电压/kV	1 min 工频耐受电压（方均根值）/kV	操作冲击耐受电压（相对地，峰值）/kV	雷电冲击耐受电压（峰值）/kV	
				全波	截波
330	363	510	950	1 175	1 300
220	252	395	750	950	1 050
110	126	200	—	480	530
27.5	31.5	85	—	200	220

9. 声 级

牵引变压器噪声主要是由变压器本体及冷却系统产生的不规则、间歇、连续或随机引起的机械噪声及空气噪声组成的总和。自冷式牵引变压器在额定条件下的声功率级不应超过表 15.2 的限值。

表 15.2 牵引变压器的声功率级

额定容量/MVA	声功率级 L/dB（A）		
	110 kV 级	220 kV 级	330 kV 级
16	79	83	—
20	81	84	85
25	82	85	87
31.5	84	87	88
40	85	88	90
50	86	90	91
63	88	92	93

10. 损 耗

牵引变压器损耗包括空载损耗和负载损耗。变压器的损耗与变压器结构、材料和相关参数及负荷大小有关。通过降低铁芯的磁通密度和采用不同的叠积型式，可降低空载损耗。如采用卷铁芯制作技术，空载损耗可降低 40%～45%。

11. 储油柜

储油柜通常横放于油箱上方，用管道与变压器油箱连接。密封式储油柜的结构可防止绝缘油受潮或氧化，其中金属波纹密封式按结构可分为内油式和外油式储油柜，并设置有油位指示装置。

15.2.1.2 牵引变压器的应用

单相结线变压器主要应用在沿线地方电网发达、系统短路容量较大的铁路中，如广深港高铁、莞惠城际、佛肇城际等。

三相 Vv 结线牵引变压器一般应用在采用带回流线的直接供电方式高速或城际铁路中，如海南环线铁路、汉宜铁路、成灌铁路等。

三相 Vx 结线牵引变压器一般应用在 AT 供电方式的高速铁路中，如京沪高铁、京张高铁、京沈客专等。

15.2.2 自耦变压器

自耦变压器一般采用油浸方式，在隧道内或地下、室内等场所布置时，可采用 SF_6 气体绝缘或高燃点油绝缘的自耦变压器。油浸式自耦变压器结构和实景照片如图 15.3 和图 15.4 所示。

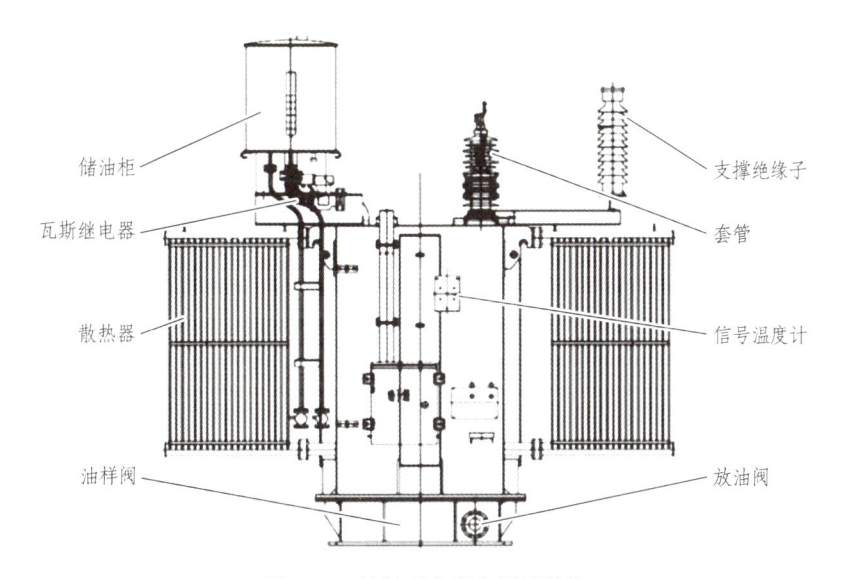

图 15.3　油浸式自耦变压器结构

图 15.4　油浸式自耦变压器实景照片

15.2.2.1 自耦变压器主要技术特点

我国目前使用的自耦变压器主要技术特性及参数如下：

1. 额定容量

高速铁路常用的自耦变压器额定容量大概如下：16 MVA、20 MVA、25 MVA、32 MVA、40 MVA，额定容量根据高速铁路的速度等级及行车组织决定的负荷选用。

2. 冷却方式

自耦变压器的冷却方式一般采用自冷（ONAN），预留风冷条件。

3. 连续额定容量下的温升限值

变压器内部热量传播不均匀，变压器各部位温度差别很大，变压器在额定负荷条件下各部分的允许温升不同。自耦变压器规定顶层油温升 ≤ 55 K（温度计法），绕组平均温升 ≤ 65 K（电阻法）。

4. 空载电流

空载电流由磁化电流和铁损电流组成。在额定电压和额定频率的条件下，自耦变压器的空载电流一般不大于额定电流的 0.3% ~ 0.6%。

5. 过负荷能力

自耦变压器允许在 300% 额定电流情况运行 2 min（绕组最热点不超过 140 ℃，顶层油温不超过 105 ℃），其过负荷曲线结合不同线路行车组织方案而有所不同。

6. 承受短路电流的能力

自耦变压器能承受 25 倍额定电流的短路电流 2 s，不应造成对自耦变压器的任何热损伤；在最大暂态短路电流峰值下，动稳定能力 0.25 s 内不应造成对自耦变压器的任何机械损伤。

7. 绕组的绝缘水平

自耦变压器绕组的绝缘水平如表 15.3 所示。

表 15.3 绕组的绝缘水平

系统标称电压 /kV	系统最高工作电压 /kV	1 min 工频耐受电压（方均根值）/kV	雷电冲击耐受电压峰值 /kV	
			全波	截波
27.5	31.5	85	200	220
6（中点）	—	25	60	65

8. 声 级

自耦变压器噪声主要是由变压器本体及冷却系统产生的不规则、间歇、连续或随机引起的机械噪声及空气噪声组成的总和，自耦变压器在额定条件下的声功率级一般在满足相关标准的前提下，尽量降低噪声。

9. 损 耗

自耦变压器损耗包括空载损耗和负载损耗。变压器的损耗与变压器结构、材料和相关参数及负荷情况有关。通过降低铁芯的磁通密度和采用不同型式的叠积型式，降低空载损耗。

10. 储油柜

储油柜通常横放于油箱上方，用管道与变压器油箱连接。密封式储油柜的结构可防止绝缘油受潮或氧化，其中金属波纹密封式按结构可分为内油式和外油式储油柜，并设置有油位指示装置。

15.2.2.2 自耦变压器的应用

油浸式自耦变压器在采用 AT 供电方式的电气化铁路分区所、AT 所中设置，应用范围广泛。油浸式自耦变压器主要适用于室外布置方式，如京沪高铁、京张高铁、京沈客专等。

SF_6 气体绝缘自耦变压器一般应用于隧道内或室内等防火要求高的使用环境中，如京张高铁九仙庙隧道 AT 所等。

15.2.3 环保节能型变压器

15.2.3.1 卷铁芯变压器

卷铁芯变压器是一种将传统叠片拼接（积）铁芯改为卷铁芯的节能型变压器。该变压器空载电流小、空载损耗低、噪声低、抗短路能力强、过负荷能力强，是新一代节能环保型变压器。卷铁芯变压器包括卷铁芯牵引变压器、卷铁芯自耦变压器。卷铁芯牵引变压器铁芯如图 15.5 所示。

（a）卷铁芯牵引变压器铁芯　　　　（b）叠铁芯牵引变压器铁芯

图 15.5　卷铁芯牵引变压器铁芯

传统叠片式铁芯变压器的铁芯是将纵向剪成一定宽度的硅钢带，横剪成一定形状和尺寸的硅钢片，叠积起来组成变压器铁芯。由于叠积时接缝的存在，磁通在此处发生畸变，导致损耗增加。卷铁芯变压器的铁芯采用硅钢片带料连续卷绕而成，卷绕紧密且无接缝，经过高温退火消除应力，空载损耗得到大幅度降低，磁阻小、损耗低。空载电流降低约 60%，空载损耗降低 40%~45%，使产品性能更为优化，结构更加紧凑，节能效果显著，噪声大幅度降低。

目前，卷铁芯变压器已在京沈高铁等铁路工程中应用。

15.2.3.2 植物油变压器

植物油变压器是新一代环保型变压器，是一种采用以植物油为原料炼制的天然酯（植物）作为绝缘油的变压器。

矿物绝缘油难以生物降解，一旦泄漏就会造成环境污染，并且燃点、闪点低。植物油为原料炼制的天然酯（植物）绝缘油，具有燃点高、可生物降解及可再生等优点，成为一种可取代传统矿物绝缘油的新型绝缘油。

15.3 断路器

断路器用于关合、承载和开断正常运行电气回路中的电流,并能在规定的时间内关合、承载和开断异常条件下电流(如短路电流)。

15.3.1 110/220/330 kV SF$_6$ 断路器

高速电气化铁路中牵引变电所电源侧的 110/220/330 kV 断路器一般采用六氟化硫(SF$_6$)断路器。

15.3.1.1 主要技术参数

我国目前使用的 110/220/330 kV SF$_6$ 断路器主要技术参数如表 15.4 所示。

表 15.4　110/220/330 kV SF$_6$ 断路器主要技术参数

设备及技术性能		110 kV 断路器	220 kV 断路器	330 kV 断路器
额定频率		50 Hz		
系统标称电压		110 kV	220 kV	330 kV
系统最高电压		126 kV	252 kV	363 kV
额定电流		1 250 A/1 600 A/2 000 A/2 500 A/3 150 A/4 000 A		
额定短时工频耐受电压(1 min)(有效值)	断口	230(+73)kV	460(+146)kV	510(+210)kV
	对地	230 kV	460 kV	510 kV
额定雷电冲击耐受电压(峰值)	断口	550(+103)kV	1 050(+206)kV	1 175(+205)kV
	对地	550 kV	1 050 kV	1 175 kV
额定短时耐受电流		25 kA/31.5 kA	25 kA/31.5 kA/40 kA	31.5 kA/40 kA/50 kA
额定峰值耐受电流		63 kA/80 kA	63 kA/80 kA/100 kA	80 kA/100 kA/125 kA
额定短路持续时间		3 s		

15.3.1.2 主要结构特点

断路器一般采用室外柱上式安装,以 SF$_6$ 气体作为绝缘和灭弧介质。断路器一般采用室外三极瓷瓶支柱式结构,330 kV 断路器也可采用罐式结构,配备弹簧操动机构,采用三相联动。操作机构能实现远方电动操作和就地手动快速合、分闸操作。六氟化硫断路器实景照片如图 15.6 所示。

图 15.6　220 kV 六氟化硫（SF_6）断路器实景照片

15.3.2　2×27.5 kV/27.5 kV 断路器

2×27.5 kV/27.5 kV 断路器一般采用真空断路器。27.5 kV 断路器为单极断路器，2×27.5 kV 断路器为单相双极断路器。27.5 kV 断路器适用于带回流线的直接供电方式，2×27.5 kV 断路器适用于 AT 供电方式。

15.3.2.1　主要技术参数

我国目前使用的 2×27.5 kV/27.5 kV 真空断路器主要技术参数如表 15.5 所示。

表 15.5　2×27.5 kV/27.5 kV 室外断路器主要技术参数

设备及技术性能		27.5 kV 断路器	2×27.5 kV 断路器
额定频率		50 Hz	50 Hz
系统标称电压		27.5 kV	2×27.5 kV
系统最高电压		31.5 kV	2×31.5 kV
额定电流		1 250 A/1 600 A/2 000 A/2 500 A	
额定短时工频耐受电压（1 min）（有效值）	对地	110 kV	110 kV
	断口	95 kV	95 kV/140 kV
额定雷电冲击耐受电压（峰值）	对地	220 kV	220 kV
	断口	200 kV	200 kV/325 kV
额定短时耐受电流		16 kA/20 kA/25 kA/31.5 kA	16 kA/20 kA/25 kA/31.5 kA
额定峰值耐受电流		40 kA/50 kA/63 kA/80 kA	40 kA/50 kA/63 kA/80 kA
额定短路持续时间		3 s/4 s	

15.3.2.2 主要结构特点

室外断路器一般采用室外柱上式安装,利用真空绝缘和灭弧,配备弹簧操动机构,2×27.5 kV 断路器采用双极联动。操作机构能实现远方电动操作和就地手动快速合、分闸操作。室外真空断路器实景照片如图 15.7 所示。

图 15.7　2×27.5 kV 室外真空断路器实景照片

15.4　隔离开关

隔离开关主要在电气回路中用于隔离电源、倒闸操作,可以关合和切断小电流回路,无灭弧功能。

15.4.1　主要技术参数

我国目前使用的隔离开关主要技术参数如表 15.6 和表 15.7 所示。

表 15.6　110/220/330 kV 隔离开关主要技术参数

设备及技术性能		110 kV 隔离开关	220 kV 隔离开关	330 kV 隔离开关
额定频率		50 Hz		
系统标称电压		110 kV	220 kV	330 kV
系统最高电压		126 kV	252 kV	363 kV
额定电流		1 250 A/1 600 A/2 000 A/2 500 A/3 150 A/4 000 A		
额定短时工频耐受电压（1 min）（有效值）	断口	230（+73）kV	460（+146）kV	510（+210）kV
	对地	230 kV	460 kV	510 kV
额定雷电冲击耐受电压（峰值）	断口	550（+103）kV	1 050（+206）kV	1 175（+205）kV
	对地	550 kV	1 050 kV	1 175 kV
额定短时耐受电流		25 kA/31.5 kA	25 kA/31.5 kA/40 kA	31.5 kA/40 kA/50 kA
额定峰值耐受电流		63 kA/80 kA	63 kA/80 kA/100 kA	80 kA/100 kA/125 kA
额定短路持续时间		3 s/4 s		

表 15.7　2×27.5 kV/27.5 kV 隔离开关主要技术参数

设备及技术性能		27.5 kV 隔离开关	2×27.5 kV 隔离开关
额定频率		50 Hz	50 Hz
系统标称电压		27.5 kV	2×27.5 kV
系统最高电压		31.5 kV	2×31.5 kV
额定电流		1 250 A/1 600 A/2 000 A/2 500 A	
额定短时工频耐受电压（1 min）（有效值）	断口	110 kV	110 kV
	对地	95 kV	95 kV/140 kV
额定雷电冲击耐受电压（峰值）	断口	220 kV	220 kV
	对地	200 kV	200 kV/325 kV
额定短时耐受电流		16 kA/20 kA/25 kA/31.5 kA	16 kA/20 kA/25 kA/31.5 kA
额定峰值耐受电流		40 kA/50 kA/63 kA/80 kA	40 kA/50 kA/63 kA/80 kA
额定短路持续时间		3 s/4 s	

15.4.2　结构特点

隔离开关一般采用室外柱上式安装，配备电动操动机构，一般采用水平打开方式。仅用于检修用的隔离开关可采用手动操作机构。隔离开关实景照片如图 15.8 和图 15.9 所示。

图 15.8　220 kV 三极双柱水平打开式隔离开关实景照片

图 15.9　27.5 kV 隔离开关实景照片

15.5 互感器

互感器分为电压互感器和电流互感器两种类型，主要作用是提供用于测量、保护和计量的电压和电流信号。

15.5.1 电压互感器

电压互感器是依据电磁感应原理将一次侧高电压转换成二次侧低电压的测量设备。

电压互感器一次侧跨接在相间或相地间，二次侧接电压表或功率表、电度表以及继电保护或自动装置的电压线圈，用于测量电压。

我国目前使用的电压互感器主要技术参数如表 15.8 所示。

表 15.8 电压互感器主要技术参数

设备及技术性能	110 kV 电压互感器	220 kV 电压互感器	330 kV 电压互感器	27.5 kV 电压互感器
安装方式	室外	室外	室外	室内或室外
额定频率	50 Hz			
相数	单相			
额定电压	110 kV	220 kV	330 kV	27.5 kV
最高工作电压	126 kV	252 kV	363 kV	31.5 kV
额定工频耐受电压	200 kV	460 kV	510 kV	95 kV
额定雷电冲击耐受电压（峰值）	480 kV	1 050 kV	1 175 kV	200 kV
额定电压比	$(110/\sqrt{3})/(0.1/\sqrt{3})/(0.1/\sqrt{3})/0.1$ kV	$(220/\sqrt{3})/(0.1/\sqrt{3})/(0.1/\sqrt{3})/0.1$ kV	$(330/\sqrt{3})/(0.1/\sqrt{3})/(0.1/\sqrt{3})/0.1$ kV	27.5/0.1 kV
准确等级	计量用二次线圈 0.2，测量用二次线圈 0.5 保护用二次线圈 3P			0.5/3P

高速电气化铁路 110 kV、220 kV 电压互感器一般采用电容式或电磁式，330 kV 电压互感器一般采用电容式。27.5 kV 电压互感器一般采用电磁式。

110 kV/220 kV/330 kV 电容式电压互感器一般为室外型、油浸式结构；110 kV、220 kV 电磁式电压互感器一般为室外型、油浸式半绝缘结构。27.5 kV 电磁式电压互感器一般为室外型、油浸式全绝缘结构。

电压互感器实景照片如图 15.10、图 15.11 所示。

图 15.10　室外 220 kV 油浸电容式电压互感器实景照片

图 15.11　室外 27.5 kV 油浸电磁式电压互感器实景照片

15.5.2　电流互感器

电流互感器是依据电磁感应原理将一次侧大电流转换成二次侧小电流的测量设备。

电流互感器一次侧串接在线路中，二次侧接电流表、电度表以及继电保护或自动装置的电流回路，用于测量电流。

110 kV、220 kV 电流互感器分为油浸正立式、油浸倒立式、SF$_6$ 气体绝缘式，一般采用油浸正立式。330 kV 电流互感器分为油浸倒立式和 SF$_6$ 气体绝缘式，一般采用油浸倒立式。27.5 kV 电流互感器分为油浸正立式和环氧树脂浇注式，一般采用环氧树脂浇注式。

我国目前使用的电流互感器主要技术参数如表 15.9 所示。

表 15.9　电流互感器主要技术参数

设备及技术性能	110 kV 电流互感器	220 kV 电流互感器	330 kV 电流互感器	27.5 kV 电流互感器
安装方式	室外	室外	室外	室内或室外
额定频率	50 Hz			
相数	单相			
额定电压	110 kV	220 kV	330 kV	27.5 kV
最高工作电压	126 kV	252 kV	363 kV	31.5 kV
额定工频耐受电压	200 kV	460 kV	510 kV	95 kV
额定雷电冲击耐受电压（峰值）	450 kV	1 050 kV	1 175 kV	185 kV
二次额定电流	5 A 或 1 A	5 A 或 1 A	5 A 或 1 A	5 A 或 1 A
准确等级	计量用二次线圈 0.2S，测量用二次线圈 0.2 或 0.5			测量用二次线圈 0.5
	保护用二次线圈 5P 或 10P			

电流互感器实景照片如图 15.12、图 15.13 所示。

图 15.12　220 kV 油浸式电流互感器实景照片

图 15.13　27.5 kV 油浸式电流互感器实景照片

15.6　避雷器

避雷器用于牵引供电设施的雷电过电压和操作过电压的保护，一般采用氧化锌避雷器。

氧化锌避雷器主要是由氧化锌电阻片组装而成的。避雷器的护套有有机合成材料和瓷护套两种，在牵引变电所等场所内一般选用瓷护套避雷器。

我国目前使用的避雷器主要技术参数如表 15.10 所示。

表 15.10　避雷器的主要技术参数

设备及技术性能	110 kV 避雷器	220 kV 避雷器	330 kV 避雷器	27.5 kV 避雷器
安装方式	室外	室外	室外	室内/室外
系统标称电压	110 kV	220 kV	330 kV	27.5 kV
系统最高电压	126 kV	252 kV	363 kV	29 kV
避雷器额定电压有效值	102 kV	204 kV	228 kV	42 kV
持续运行电压有效值	79.6 kV	159 kV	228 kV	34 kV
标称放电电流	10 kA	10 kA	10 kA	10 kA
2 ms 方波通流容量	600 A	800 A	1 000 A	400 A
陡波冲击电流下残压峰值	不大于 297 kV	不大于 594 kV	不大于 814 kV	不大于 138 kV
雷电冲击电流下残压峰值	不大于 266 kV	不大于 532 kV	不大于 727 kV	不大于 120 kV
操作冲击电流下残压峰值	不大于 226 kV	不大于 452 kV	不大于 618 kV	不大于 98 kV

避雷器实景照片如图 15.14、图 15.15 所示。

图 15.14　220 kV 避雷器实景照片

图 15.15　27.5 kV 避雷器实景照片

15.7 电源侧高压组合电器（GIS 组合电器）

电源侧高压组合电器（简称 GIS 组合电器）是把 110 kV/220 kV/330 kV 断路器、隔离开关、母线、接地开关、互感器、出线套管或电缆终端头等设备以 SF$_6$ 气体作为绝缘介质，组合成气体绝缘金属封闭开关设备。高压组合电器分为室内和室外两种型式。

GIS 组合电器采用惰性的 SF$_6$ 气体作为绝缘介质，可以大幅度减小牵引变电所的占地面积，还具有可靠性高、安全性好、对外界影响小、安装周期短、维护方便等优点。

15.7.1 主要技术参数

我国目前使用的高压组合电器主要技术参数如表 15.11 所示。

表 15.11 高压组合电器主要技术参数

设备及技术性能		110 kV 组合电器	220 kV 组合电器	330 kV 组合电器
额定频率		\multicolumn{3}{c}{50 Hz}		
系统标称电压		110 kV	220 kV	330 kV
系统最高电压		126 kV	252 kV	363 kV
额定电流		\multicolumn{3}{c}{2 000 A/2 500 A/3 150 A/4 000 A}		
额定短时工频耐受电压（1 min）（有效值）	断口	230（+73）kV	460（+146）kV	510（+210）kV
	对地	230 kV	460 kV	510 kV
额定雷电冲击耐受电压（峰值）	断口	550（+103）kV	1 050（+206）kV	1 175（+205）kV
	对地	550 kV	1 050 kV	1 175 kV
SF$_6$ 气体年泄漏率		≤ 0.1%	≤ 0.1%	≤ 0.1%
额定短时耐受电流		31.5 kA	50 kA	50 kA
额定峰值耐受电流		80 kA	125 kA	125 kA
额定短路持续时间		\multicolumn{3}{c}{3 s/4 s}		

15.7.2 结构特点

GIS 组合电器一般分为单相单筒式和三相共筒式两种型式。110 kV 电压等级及母线可以做成三相共筒式，220 kV、330 kV 采用单相单筒式。

组合电器分为若干个气室，各个气室由绝缘隔板隔开，壳体内充以 SF$_6$ 气体。各气室压力不同，设有压力表或密度计，用于监测各气室的 SF$_6$ 气体密度。为了防止 SF$_6$ 压力过高，超出正常压力，还装有压力释放装置。GIS 组合电器分为若干个气室方便检修，当某一元件发生故障时，只需要将该元件所在气室的 SF$_6$ 气体抽出即可进行检修，不对其他气室造成影响，减小了故障范围。220 kV 组合电器的构成和实景照片如图 15.16、图 15.17 所示。

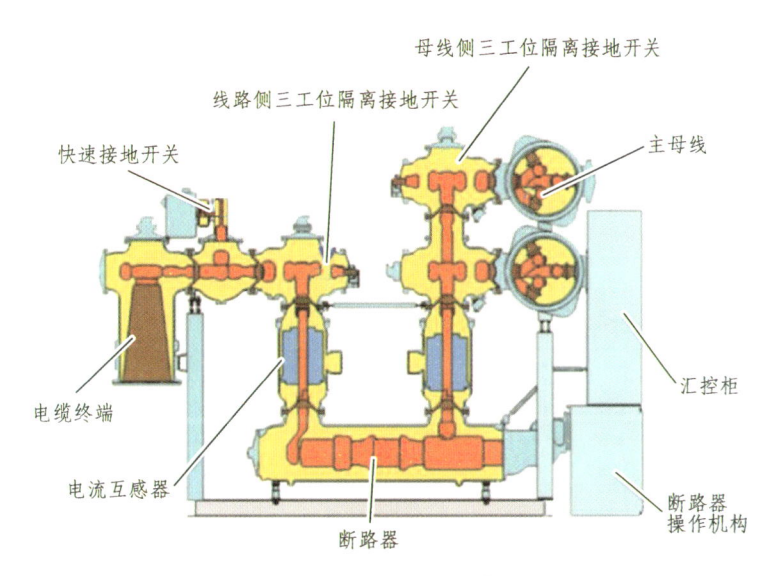

图 15.16　220 kV GIS 组合电器的构成

图 15.17　220 kV GIS 组合电器实景照片

15.8　2×27.5 kV（27.5 kV）金属封闭开关设备

2×27.5 kV（27.5 kV）金属封闭开关设备分为气体绝缘金属封闭开关设备（简称 GIS 开关柜）和空气绝缘金属封闭开关设备（简称 AIS 开关柜）。

GIS 开关柜是把 2×27.5 kV（27.5 kV）断路器、隔离开关、母线、互感器等装置组合成金属封闭开关设备，以 SF_6 气体作为主回路的绝缘介质，一般用于 250 km/h 以上采用 AT 供电方式的高速铁路。

AIS 开关柜是把 27.5 kV 断路器、隔离开关、母线、互感器等装置组合成金属封闭开关设备，以空气作为绝缘介质，用于 250 km/h 及以下采用带回流线的直供方式的高速铁路或城际铁路。

15.8.1　主要技术参数

我国目前使用的牵引侧开关柜主要技术参数如表 15.12 所示。

表 15.12 开关柜主要技术参数

设备及技术性能		27.5 kV GIS 及 AIS 开关柜	2×27.5 GIS 及 AIS 开关柜
额定频率		50 Hz	50 Hz
系统标称电压		27.5 kV	2×27.5 kV
设备额定电压		31.5 kV	2×31.5 kV
额定电流		1 600 A/2 000 A/2 500 A/3 150 A	
额定短时工频耐受电压 （1 min）（有效值）	极对地	95 kV	95 kV
	隔离断口	110 kV	110 kV
	极间	—	140 kV
额定雷电冲击耐受 电压（峰值）	极对地	200 kV	200 kV
	隔离断口	220 kV	220 kV
	极间	—	325 kV
额定短时耐受电流		25 kA/31.5 kA	25 kA/31.5 kA
额定峰值耐受电流		63 kA/80 kA	63 kA/80 kA
额定短路持续时间		3 s/4 s	

15.8.2 结构特点

AIS 开关柜采用空气绝缘，柜体分为高压室、低压室等隔室，隔室之间由金属隔板隔离。低压室内部设有设备元件安装板，便于各类控制保护设备的安装及更换；可安装综合保护设备，实现系统的遥控、遥测、遥信等远程监控功能。图 15.18、图 15.19 为 27.5 kV AIS 开关柜结构和实景照片。

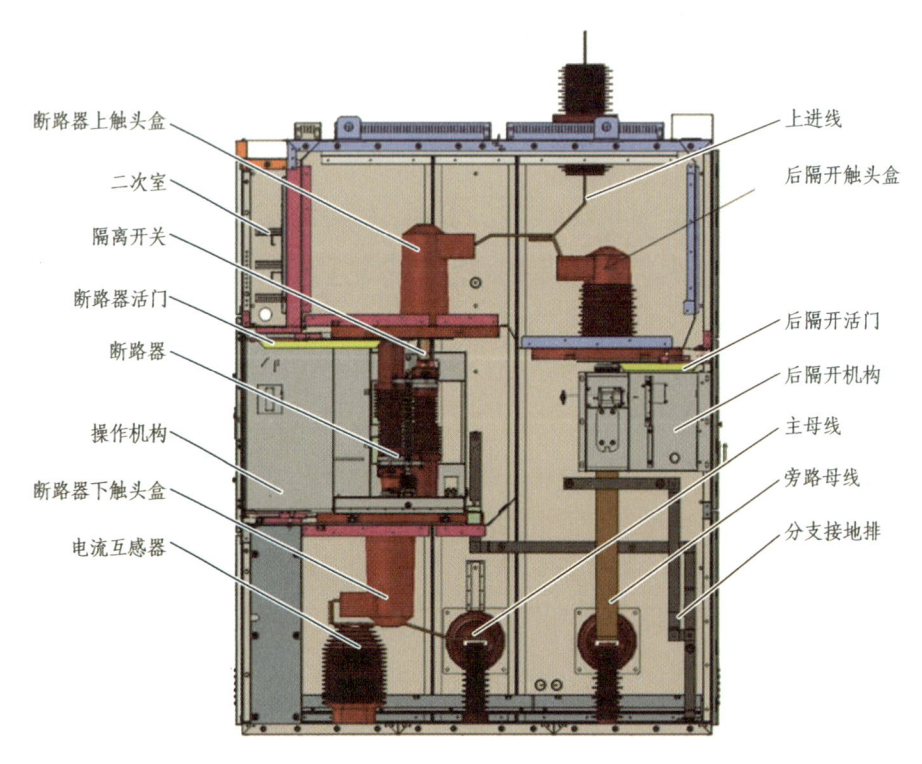

图 15.18 27.5 kV AIS 开关柜结构

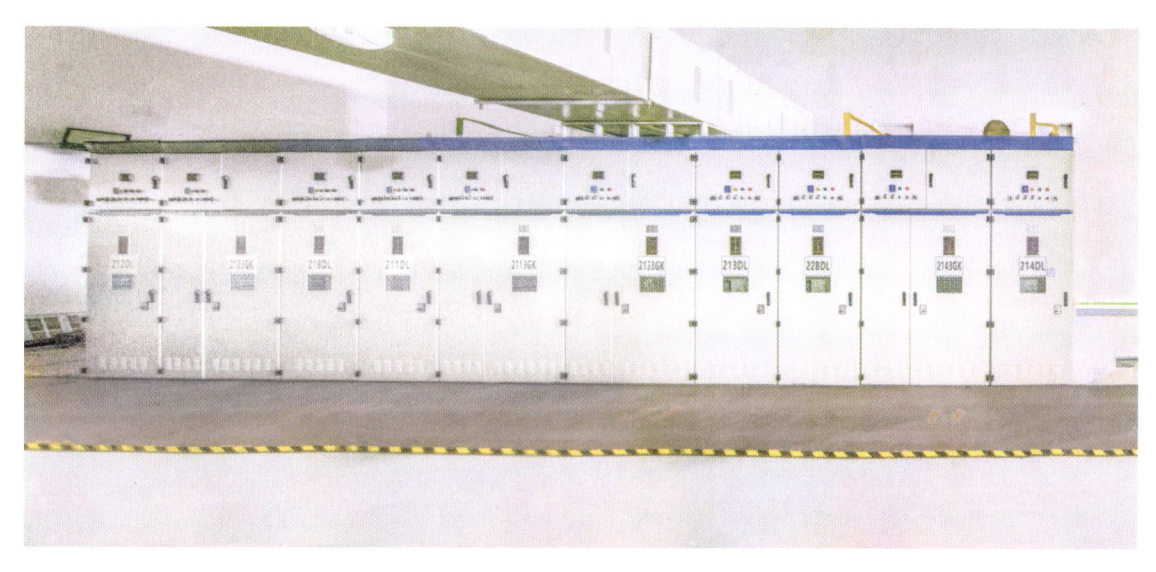

图 15.19　AIS 开关柜实景照片

在 AIS 开关柜的基础上，GIS 开关柜利用比空气绝缘性能更好的 SF_6 气体作为绝缘介质，主要的高压单体设备和母线均密封在 SF_6 气室内部，与空气及外部环境完全隔绝，同时断路器室、母线室等一般为独立气室，互相不会发生干扰。GIS 开关柜集成度高，维护工作量小，安全性好。图 15.20、图 15.21 为 27.5 kV GIS 开关柜结构和实景照片。

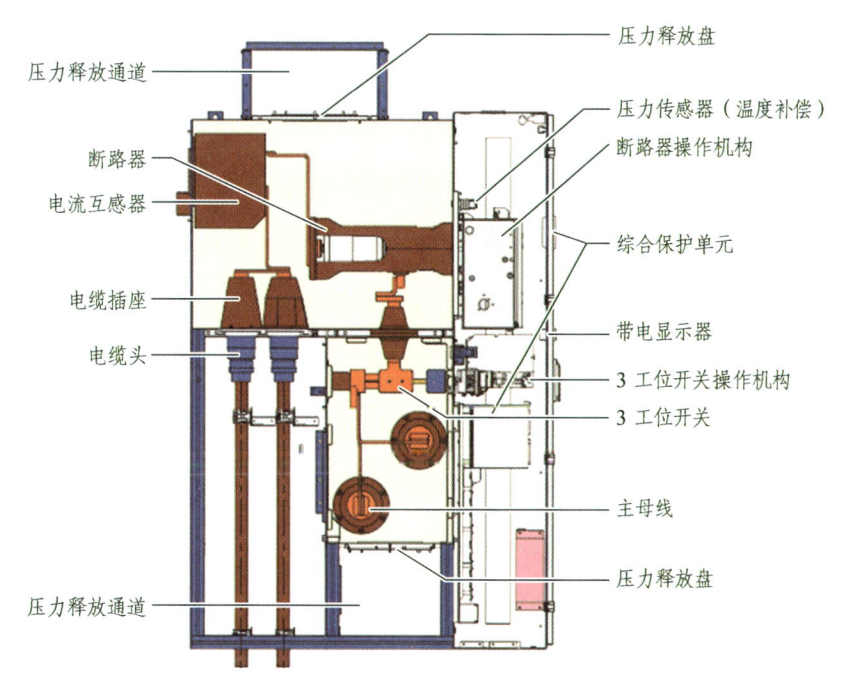

图 15.20　27.5 kV GIS 开关柜结构

图 15.21　GIS 开关柜实景照片

16 综合自动化系统

16.1 系统结构及功能

综合自动化系统是把现代计算机技术、电子技术、通信信号处理技术同传统的继电保护原理结合起来，经过功能的整合和优化，实现站级控制系统所有测量、控制、保护、自动装置等功能的系统。同时，它具备远动系统被控站的功能，可以同远方调度所进行数据和信息的交互，实现遥控、遥测、遥信和遥调（四遥）功能。

16.1.1 系统结构

综合自动化系统采用分层分布式的系统结构，按照集中监控、分散控制的原则设计，由站控层、通信网络和间隔层组成。站控层由当地监控系统、通信管理装置、打印机、逆变电源、时钟同步装置等设备组成。当地监控系统由当地监控计算机和操作台组成。通信管理装置由多组通信装置组成，支持多种类型的标准通信接口和通信规约，通过网络层实现综合自动化系统内各种保护、测控装置的互联，并通过铁路专用通信网络接入远方调度所和运营维护管理系统。

通信网络是站控层和间隔层之间数据传输的通道，采用双星形或环形以太网，其他监控单元可通过网关或通信管理装置接入系统。间隔层由各类保护测控装置单元组成，包括牵引变压器保护测控装置、自耦变压器保护测控装置、动力变压器保护测控装置、馈线保护测控装置、故障测距装置、故障录波装置和通用保护测控装置等。

牵引变电所综合自动化系统结构如图 16.1 所示。

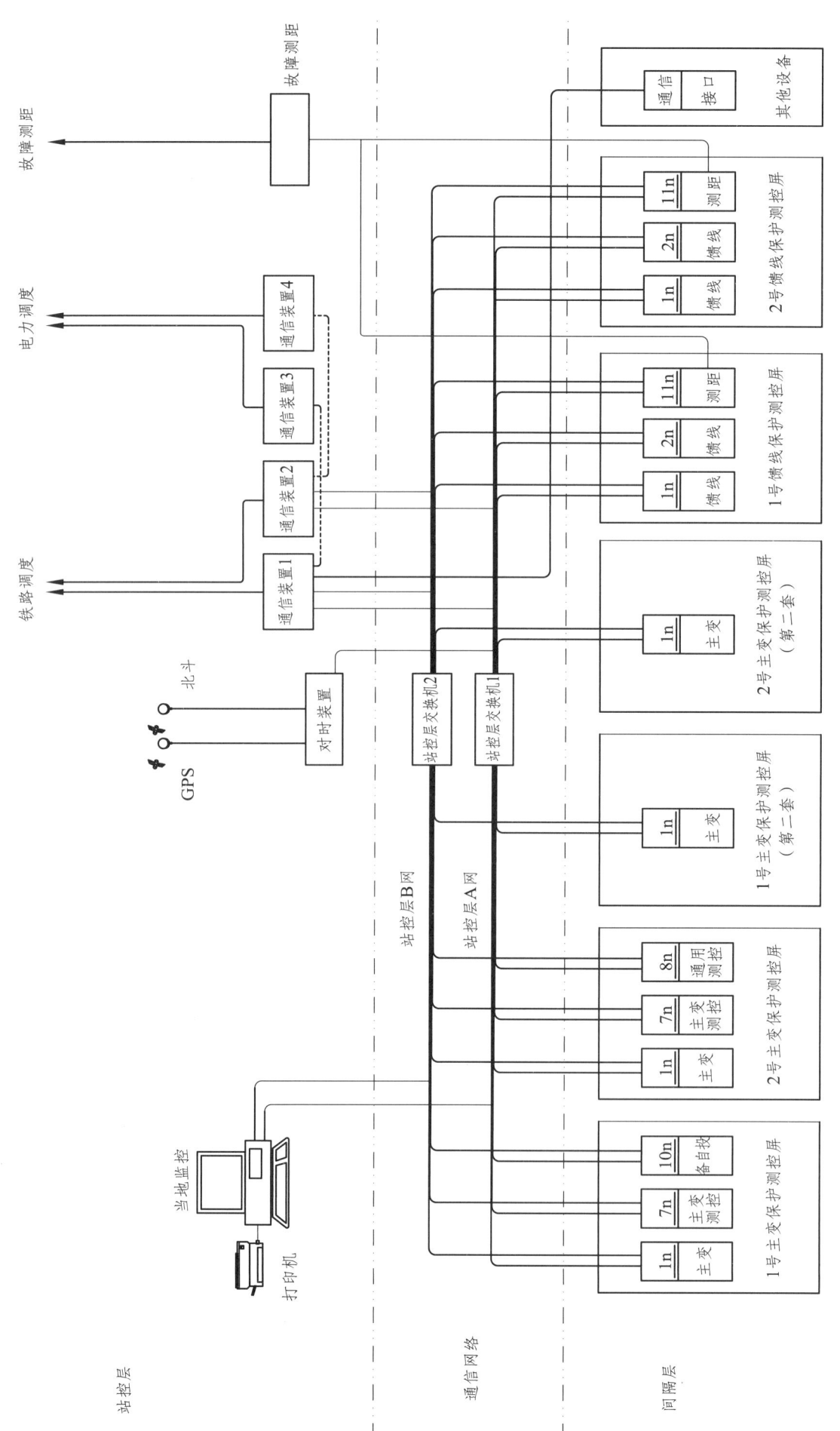

图 16.1 牵引变电所综合自动化系统结构

16.1.2 基本功能

16.1.2.1 站控层主要功能

1. 当地监控功能

通过当地监控计算机实现牵引变电设施内的当地监控，主要功能有：实时采集和处理各类模拟量、开关量、故障报警信息、保护跳闸信息和网络通信异常信息等，并可以对实时数据进行统计、计算和分析；实现对各类开关设备的所级集中控制、信号复归及设备启停等控制；对继电保护定值、故障报告等进行维护；数据存储和信息管理功能；系统维护功能；等等。

2. 远程通信功能

实现综合自动化系统与调度所之间的数据交互，上传牵引变电设施各类保护、测控、告警数据和各类高、低压设备运行状态数据等，同时接收、转发自来调度所的各种调度指令和信息，实现牵引供电系统的遥测、遥信、遥控、遥调功能。站控层与调度所之间冗余配置远动通信单元，保证同远方调度系统之间的通信可靠性。远动通信单元具备双机热备用和自动切换功能，并具备恢复和自启功能。系统采用完善的防护措施，保证系统内外的隔离，防止将系统外部故障引入系统内部。

16.1.2.2 通信网络主要功能

通信网络为站控层与间隔层之间通信的传输媒介，一般采用光纤或屏蔽双绞线。

16.1.2.3 间隔层主要功能

间隔层实现变压器、断路器、隔离开关等高压设备的保护、测量、控制和通信功能，进线备自投、馈线重合闸、故障测距、故障录波等自动化功能。

牵引变压器保护测控装置具备差动保护、低压起动过电流保护、过负荷保护、零序过电流保护、失压保护、非电量（瓦斯、压力释放、温度等）保护等功能。

自耦变压器保护测控装置具备差动保护、失压保护、过负荷保护、非电量保护、自耦变压器互投等功能。

动力变压器保护测控装置具备差动保护、电流速断保护、过电流保护、失压（或缺相）保护、非电量（瓦斯、压力释放、温度等）保护等功能。

馈线保护测控装置配置三段距离保护、电流速断保护、低压起动过电流保护、电流增量保护、失压保护、PT断线闭锁、自投、检压重合闸等功能。

故障测距装置具备吸上电流比法、电抗法、上下行电流比法和横联线电流比法等方法的测距功能，可正确判断故障类型（T-R故障、F-R故障、T-F故障）和故障点位置。

故障录波装置能够记录与故障有关的运行参数，其开关量和模拟量输入应满足牵引变电设施运行的要求，具有故障录波数据波形分析、管理和上传功能。

各类保护测控装置均采用模块化结构，可以集中组屏，也可以下放到一次设备本体处分散安装。我国牵引变电所一般采用集中组屏的方式，4回馈线的AT牵引变电所组屏如图16.2所示。

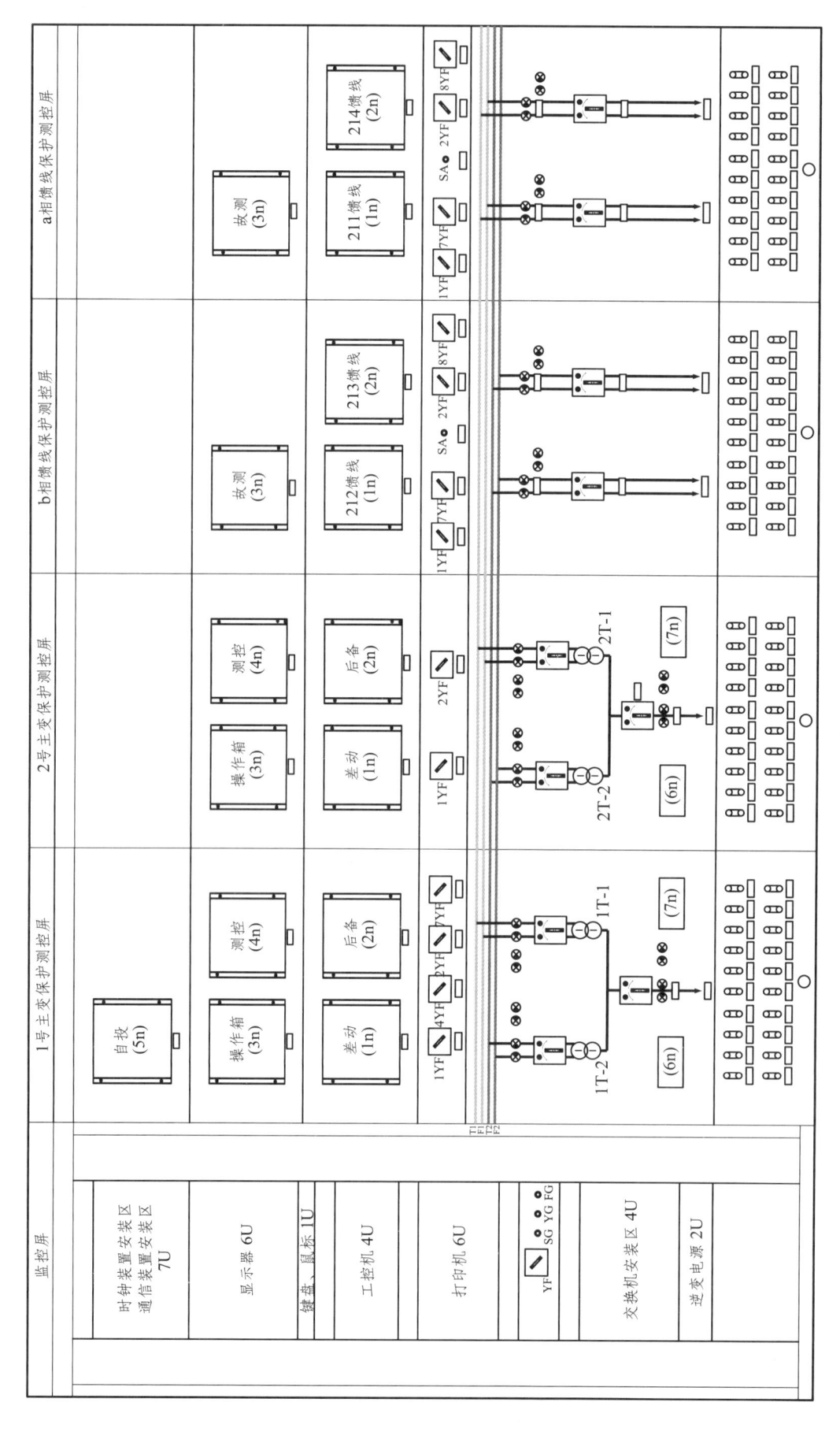

图 16.2　AT 牵引变电所屏面布置

两台牵引变压器和 A 相、B 相馈线的保护测控单元分别各自组成一面屏。监控屏实现当地监控和数据远传功能，屏内设置工业控制用计算机，并通过网络适配器与计算机网络相联。

16.2 测量与计量

16.2.1 电气测量内容

电气测量是通过互感器和测量表计对各电气回路的电压值、电流值进行采集，用于监视回路工作状态。牵引变电所、分区所、AT 所、开闭所电气测量的主要内容如表 16.1 所示。

表 16.1 电气测量内容

变电设施	牵引变电所	分区所	AT 所	开闭所
110/220/330 kV 电源进线电压	√			
牵引变压器一次侧电流	√			
牵引变压器二次侧电流	√			
2×27.5 kV/27.5 kV 母线电压	√	√	√	√
2×27.5 kV/27.5 kV 馈线电流	√	√	√	√
2×27.5 kV/27.5 kV 进线电压				√
2×27.5 kV/27.5 kV 进线电流				√
自耦变压器回路电流		√	√	√（如有 AT）
回流系统各回流支路电流	√	√	√	√

16.2.2 计 量

牵引变电所的电度计量一般采用高压侧计费方式，即在牵引变压器前装设电压互感器和电流互感器，设置独立的计量线圈采集回路电压和电流。计量屏上装设主表和副表以校验读数，并设置电能量采集终端，将相关数据传至电力公司。计量表一般采用 0.2S 级。

16.2.3 互感器配置

16.2.3.1 互感器装设位置

互感器的装设位置主要根据电压、电流测量和计量需求及继电保护要求确定。

1. 牵引变电所

（1）在牵引变电所进线装设电压互感器，用于进线电源电压的测量，同时用于计量和保护。

（2）在牵引变压器电源侧和牵引侧均装设电流互感器，用于牵引变压器回路电流的测量，同时用于计量及牵引变压器的保护。

（3）在牵引变电所牵引侧母线装设电压互感器，馈线回路装设电流互感器，用于母线电压、馈线回路电流的测量及馈线的继电保护和故障测距。

2. AT 分区所、AT 所

（1）在 AT 分区所、AT 所的馈线回路装设电压互感器和电流互感器，用于馈线回路电压、电流的测量及馈线的保护。

（2）在 AT 分区所、AT 所的自耦变压器回路装设电流互感器，用于自耦变压器回路电流的测量及自耦变压器的保护。

3. 直供分区所

在分区所的馈线回路装设电压互感器和电流互感器，用于馈线回路电压、电流的测量及馈线的保护。

4. 开闭所

（1）在开闭所的进线回路装设电压互感器和电流互感器，用于进线回路电压、电流的测量及进线的保护。

（2）在开闭所的母线装设电压互感器，馈线回路装设电流互感器，用于母线电压、馈线回路电流的测量及馈线的保护和故障测距。

16.2.3.2 互感器二次参数选择

电压互感器的选择需满足电压测量的精度。用于计量的线圈精度一般不低于 0.2 级，用于测量的线圈精度一般不低于 0.5 级，用于保护的线圈精度一般选用 3P 级。

电流互感器的选择不但要考虑正常运行时一次电流的大小和测量精度，还要考虑线路短路时的准确度要求，根据所内短路电流的大小合理确定准确限值系数，使保护装置能够准确测量和可靠动作。用于计量的线圈精度一般不低于 0.2S 级，用于测量的线圈精度一般不低于 0.5 级，用于保护的线圈精度一般选用 5P 或 10P 级，准确限制系数可取 10、15、20、30 和 40。

互感器的额定二次负荷容量需根据实际需要进行计算，并使实际需求容量位于互感器额定二次负荷容量的 25%~100%。

16.3 继电保护与自动装置

牵引变电设施设置可检测和排除变电设备、接触网短路故障或异常运行状态的继电保护装置。继电保护装置通过采集供电回路的电压、电流值及开关设备运行状态，对供电系统运行的异常情况进行检测并发出报警信号，尽可能在最短时间和最小区域内对故障进行切除及隔离，实现供电系统安全运行。继电保护系统在技术上须满足选择性、速动性、灵敏性和可靠性等基本要求。

牵引变电设施内的继电保护系统，可有效识别和切除所内故障和接触网故障。牵引变电所内设置有牵引变压器保护、馈线保护，AT分区所、AT所内设置有自耦变压器保护、馈线保护，直供分区所内设置有馈线保护，开闭所内设置有进线保护和馈线保护。当分区所、AT所及开闭所各自的供电区域发生短路故障时，其所内继电保护应可靠动作。当所内继电保护未能正确动作时，由上级牵引变电所内设置的继电保护作为后备保护实现故障切除。

根据保护范围及作用，继电保护可分为主保护、后备保护。当牵引变压器、母线、接触网等发生故障时，本级主保护应能可靠动作，当主保护未动作时，本级后备保护应可靠动作；当本级主保护及后备保护均未动作时，上一级保护作为本级的远后备保护应可靠动作，即上级保护需作为下级保护的远后备保护。各级保护通过延时来实现配合。

16.3.1 牵引变压器保护

牵引变压器设置比率差动保护、差动速断保护等主保护，高压侧低压起动过电流保护、低压侧低压起动过电流保护、失压保护和过负荷保护等后备保护，以及非电量保护等。当变压器高压侧有中性点时，设置零序过电流保护。

主保护用于切除变压器内部故障，低压侧低压起动过电流保护用于切除所内母线故障，并作为所内馈线保护的后备保护。高压侧低压起动过电流保护作为变压器差动保护的后备保护。低压侧低压起动过电流保护用于切除母线故障并作为所内馈线保护的后备保护。

220 kV及以上牵引变压器设置双套保护，以提高牵引变压器保护的可靠性。双套保护的电气量采集回路、装置供电回路、断路器跳闸回路均相互独立。当牵引变压器发生故障时，双套保护同时启动断路器的两个跳闸回路实现断路器可靠跳闸。

16.3.1.1 主保护

1. 比率差动保护

差动保护是利用基尔霍夫电流定理工作的，当变压器正常工作或区外故障时，变压器高压侧电流和低压侧电流（折算至高压侧后）一致，差动保护不动作。当变压器内部故障时，高压侧向故障点提供短路电流，高、低压侧出现电流差，差动保护动作跳开高、低压侧断路器。

但在实际运行中，变压器区外故障引起的穿越电流流过变压器时，变压器损耗、电流互感器特性、测量误差等原因使变压器高、低压侧电流值不匹配。此时，需引入制动电流来防止差动保护误动作，并且将制动电流设置为按区外电流成比例增大。

比率制动差动保护采用"三折线"动作特性，如图16.3所示。二次谐波是变压器空载投入时励磁涌流所具有的特征之一，比率制动差动保护应投入二次谐波闭锁判据。

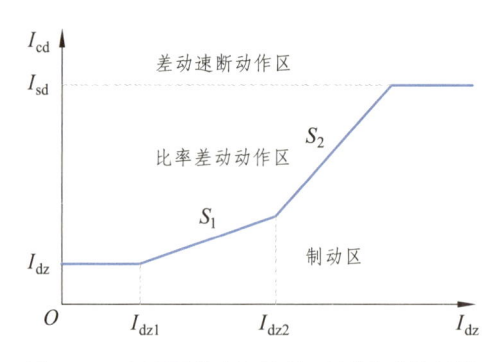

图 16.3　变压器差动保护"三折线"动作特性

2. 差动速断保护

当变压器内部出现严重故障时，由于故障电流很大，可能对变压器造成严重损害，此时差动速断保护瞬时作用于跳闸，不再引入制动电流及谐波闭锁。

差动速断电流按躲过变压器最大励磁涌流整定。

3. 非电量保护

牵引变压器非电量保护主要指瓦斯保护、温度保护、压力释放保护等，用于保护牵引变压器本体运行，非电量保护动作后发出报警信号或跳开两侧断路器，将牵引变压器退出运行。当牵引变压器发生内部短路故障时，电弧会使绝缘油分解产生气体，引起瓦斯继电器动作，其中轻瓦斯动作于报警，重瓦斯动作于跳闸；当大量气体积聚时，将触发压力释放装置，变压器内部温度出现异常时，温度继电器动作，其中温度 I 段动作于报警，温度 II 段动作于跳闸；瓦斯继电器、温度继电器及压力释放装置的动作值一般由生产商在出厂时设定。

16.3.1.2　后备保护

1. 零序过电流保护

牵引变压器高压侧存在接地中性点时，配置零序过电流保护。该类牵引变压器在倒闸时采用中性点直接接地系统，在系统运行中，接地故障是主要的故障型式，因此要求在系统中装设零序保护，作为牵引变压器主保护的后备保护及馈线接地短路的后备保护。

动作电流一般取 0.5 倍变压器额定电流。

2. 低压起动过电流保护

低压起动过电流保护包含高压侧低压起动过电流和低压侧低压起动过电流保护，并作为馈线保护的后备保护。引入低压判据的目的是避免过负荷引发的误动作。动作电压按躲过变压器低压侧母线最低工作电压进行计算，对于 2×27.5 kV AT 供电方式，低压判据采用 T 母线对地电压。动作电流按保护能够覆盖接触网供电回路全长进行考虑。

3. 失压保护

失压保护在牵引变电所进线失压或缺相运行时动作。失压保护动作后可启动进线电源自投程序，将牵引变电所电源自动投切到另一路进线，快速恢复供电。

4. 过负荷保护

过负荷保护在牵引变压器过负荷运行并超出给定的电流值和时限时动作，防止因过高的温升导致变压器内部绝缘水平下降。过负荷Ⅰ段保护报警，整定值取 2.0 倍变压器额定电流；过负荷Ⅱ段跳闸，整定值取 2.5 倍变压器额定电流。

16.3.1.3 非电量保护

牵引变压器非电量保护主要指瓦斯保护、温度保护、压力释放保护等，用于保护牵引变压器本体运行。非电量保护动作后发出报警信号或跳开两侧断路器，将牵引变压器退出运行。当牵引变压器发生内部短路故障时，电弧会使绝缘油分解产生气体，引起瓦斯继电器动作，其中轻瓦斯动作于报警，重瓦斯动作于跳闸；当大量气体积聚，将触发压力释放装置，变压器内部温度出现异常时，温度继电器动作，其中温度Ⅰ段动作于报警，温度Ⅱ段动作于跳闸；瓦斯继电器、温度继电器及压力释放装置的动作值一般由生产商在出厂时设定。

16.3.2 自耦变压器保护

自耦变压器保护设置比率差动、差动速断等主保护，失压保护、过负荷保护等后备保护，以及非电量保护。保护原理和整定计算原则基本同牵引变压器保护。

16.3.3 牵引网保护

16.3.3.1 牵引变电所牵引网保护

接触网在每座牵引变电所、分区所处通过电分相装置隔开，牵引变电所与分区所之间的接触网成为一个独立的供电臂单元，供电臂中部设置 AT 所。牵引变电所馈线引出所外后，分别为两侧的供电臂供电。当某一座牵引变电所因故退出运行时，与之相邻的两侧牵引变电所通过分区所分别为该区域的 2 个供电臂供电，即越区供电。

牵引变电所的馈线保护主要用于快速切除供电臂单元内的接触网故障，主要设有馈线距离保护、电流速断保护、低压起动过电流保护、电流增量保护等。馈线距离保护为主保护，保护范围为馈线供电臂的接触网全长，当运行方式调整为越区供电或其他非正常运行方式时，需同时切换整定值以延伸保护范围。

1. 距离保护

距离保护也称阻抗保护，通过测量馈线回路的阻抗值来区分线路正常与故障情况。根据馈线供电臂长度和单位阻抗，可以计算出馈线总阻抗值 Z_0，当馈线供电臂发生接地故障时，距离保护的测量阻抗 Z 将小于 Z_0，此时距离保护动作。

距离保护的动作特性一般采用如图 16.4 所示的多边形动作特性，当距离保护装置测量阻抗落在多边形区域内时，距离保护动作。横轴为电阻整定边，采用最小负荷阻抗的电阻值，即最低工作电压下的最大负荷电流进行计算。纵轴为电抗整定边，采用被保护供电臂长度的电抗值。

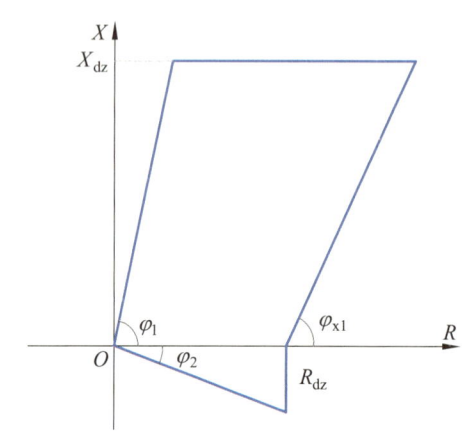

图 16.4　距离保护动作特性

图中，φ_1 为躲涌流偏移角，一般取 85°；φ_2 为容性偏移角，一般取 –15°；φ_{x1} 为线路阻抗角，根据接触网悬挂类型确定；X_{dz} 为电抗定值，按保护运行时的线路全长进行计算；R_{dz} 为电阻定值，按运行最大负荷电流时的阻抗进行计算。

2. 电流速断保护

电流速断保护用于保护馈线供电臂近端短路，此时短路电流较大，需快速切除短路故障。

动作电流按躲过最大负荷电流和末端最大短路电流计算。

3. 低压起动过电流保护

馈线过电流保护一般按能切除线路末端最小短路电流或躲过线路最大负荷电流进行计算，并有足够灵敏度。当电网系统供电能力比较薄弱或牵引负荷电流比较大时，会出现最大牵引负荷电流大于末端最小短路电流的情况，此时最大牵引负荷可能被误判为末端短路的情况。因此，引入一个低电压判据，即列车正常运行时的母线最低工作电压。当馈线出现过电流且母线电压低于最低工作电压时，低压起动过电流保护延时跳开馈线断路器。

4. 电流增量保护

牵引网金属性短路可以通过距离保护、电流保护快速切除，但在牵引网经过渡电阻接地或摆动性接地时，会出现母线电压较高、短路电流较小的情况，上述保护可能无法正确动作。这时，需要设置电流增量保护来避免这一情况的发生。

动作电流按躲过馈线负荷电流一个工频周期内最大增量计算，一般按单列动车组额定电流估算。

16.3.3.2　分区所、AT 所牵引网保护

牵引变电所、AT 所、分区所构成一个供电臂单元，当供电臂单元内上行或下行接触网发生短路故障时，牵引变电所馈线保护检测到故障并跳闸，将整个供电臂电源切除。此时，AT 所、分区所馈线失压，其馈线失压保护延时 1 s 动作，将 AT 所、分区所脱离接触网，牵引变电所上、下行馈线延时 2 s 启动自动重合闸，故障馈线重合闸失败，非故障馈线重合闸成功则恢复供电。

分区所、AT所馈线设置失压保护和检有压重合闸，失压保护用于将AT方式牵引网解列，将分区所、AT所退出运行。检有压重合闸用于恢复牵引网正常AT供电方式，当牵引网故障排除，馈线保护装置检测到上、下行电压恢复正常时，延时启动重合闸，恢复整个供电臂的正常供电。

16.3.3.3 开闭所牵引网保护

开闭所设置于大型车站、动车段(所)等场所，其电源进线来源于牵引变电所或接触网，馈出多条供电线。馈线保护设置距离保护、低压起动过电流保护、电流增量保护，进线保护设置根据运行方式不同而有所区别，进线一主一备运行时，进线只设失压自投，两路并列运行时设距离保护和检有压重合闸。各保护整定原则同牵引变电所馈线保护。

16.3.4 外电源线路保护

牵引负荷为电网重要的一级负荷，牵引变电所从电网接引两路220 kV或330 kV、110 kV电源进线，一主一备运行，两路电源均为专线电源。牵引变电所一般作为电网的终端用户，由电网侧变电站设置电源线路保护。但在电源侧线路保护灵敏度无法满足要求等情况下，有可能影响系统安全运行时，需要设置电源线路光纤差动保护。

16.3.5 应急保护

当牵引变电所操作电源失效时，若此时发生短路故障，保护装置将无法起动断路器进行跳闸，对牵引供电系统的运行安全造成影响，严重时可能影响到上级电网的变电站。为了解决这类问题，牵引变电所增设了独立的应急保护装置，并配置独立的电源系统，电气上与主体保护装置没有直接联系。在继电保护电源失效时，应急保护根据触发信号跳开主变压器电源侧断路器，将牵引变电所退出运行。

16.3.6 自动装置

牵引变电设施内的自动装置主要功能是实现在故障情况下自动切换运行方式，尽可能缩小停电范围和缩短停电时间。自投装置一般由保护动作后按预先设置的程序自动启动，不需要人工干预和操作。

1. 牵引变电所进线电源及牵引变压器自投

牵引变电所电源侧设备采用一主一备运行方式，当运行的进线电源失压或牵引变压器故障时，自投装置将供电回路切换至备用进线电源或备用牵引变压器回路，快速恢复供电。

2. 开闭所进线自投

开闭所一般接引2路进线电源，一主一备运行。当1路进线电源失压后，自投装置将供电回路切换至另1路进线电源。

3. 自耦变压器自投

AT分区所及AT所中同方向供电臂的自耦变压器设置为一主一备运行，当1台自耦变压器故障退出运行时，自动投入另 1 台自耦变压器。

4. 馈线自动重合闸

牵引变电所、开闭所馈线保护装置中设有一次自动重合闸，以消除接触网的瞬时故障；在分区所、AT 所馈线保护中设置检有压重合闸以自动恢复上、下行并联运行。当牵引网发生短路故障引发牵引变电所馈线保护跳闸后，AT 分区所、AT 所馈线保护可延时 1 s 启动失压保护，将上、下行解列，牵引变电所馈线保护装置延时 2 s 进行自动重合闸。若为永久性故障，启动后加速保护快速切除故障。若为瞬时性故障，则重合成功，线路继续运行，此时 AT 所、AT 分区所馈线保护装置在检测到上、下行均有压后，依次延时 3 s、4 s 自动启动重合闸恢复上、下行并联运行。

馈线保护重合闸仅在保护跳闸后启动，当运维人员通过保护装置对馈线断路器进行分合闸操作时，不应启动自动重合闸。

16.3.7 故障测距

牵引变电所馈线保护装置具备故障测距功能或设置独立的故障测距装置，当牵引网发生短路故障时，通过故障时的电气量自动计算故障点位置，以便抢修人员快速找到故障点。

对于直供方式，可以认为接触网的阻抗与线路长度成正比，故障测距原理比较简单，一般采用单位电抗法。当馈线短路时，保护装置根据测量的阻抗与接触网单位阻抗对比，即可计算出故障点的距离。

对于 AT 供电方式，由于自耦变压器的作用，接触网单位阻抗并不是线性的，因此需配置以供电臂为单元的故障测距装置，牵引变电所、分区所、AT 所同方向上、下行馈线分别配置一台故障测距装置，由牵引变电所故障测距装置召唤分区所、AT 所的故障测距装置数据，经计算后给出故障测距数据。可采用吸上电流比、上下行电流比和横联线电流比等方法。测距装置适用于不同运行方式下发生的各类故障。

16.4 控制方式及防误闭锁

16.4.1 控制方式

牵引变电设施内设备的控制，分为调度所远控、控制室屏控和设备本体控制 3 种方式。3 种方式互为闭锁，控制方式通过转换开关进行选择。调度所远程控制时，根据操作卡片流程，可以对单个操控对象下达操作指令，也可以对一组操控对象下达程序化操作指令，常规的停送电或倒闸作业操作可以使用程序化操作以简化操作指令。

牵引变电设施实行无人值班模式，一般情况下由调度所进行远程控制，在设备巡检时采用控制室屏控或设备本体控制。设备本体控制具有优先权，当设备操作机构控制箱转换开关位于"就地"位时，控制室和调度所均无法对该设备进行操作。

16.4.2 防误闭锁

电气设备的防误闭锁主要有以下 5 个方面内容。

（1）防止误分、合断路器。

（2）防止带负荷分、合隔离开关。

（3）防止带电挂接地线（或合接地开关）。

（4）防止带接地线（或接地开关）合断路器（或隔离开关）。

（5）防止误入带电间隔。

防误闭锁采用的方式主要有机械闭锁、电磁闭锁、电气闭锁和微机防误闭锁装置 4 种。机械闭锁和电磁闭锁主要设置于隔离开关的主刀和地刀之间、隔离开关与断路器之间或者柜式设备的柜门与主设备之间，当采用正确的操作顺序时，才可以自动地步步解锁。电气闭锁是在相关设备的二次控制回路中串入有闭锁关系的常开或常闭辅助接点，当满足相应的逻辑关系时，方可成功操作电气设备。

为了进一步防止误操作，可以采用微机防误闭锁系统，该系统由防误主机、智能钥匙、防误锁具及网络设备组成，分为离线式和在线式。在线式需在牵引变电所内构建无线局域网，以实现操作信息的实时交互。防误主机根据防误逻辑规则和模拟预演步骤，生成实际操作程序储存于智能钥匙之中，智能钥匙作为一个节点在网内漫游，按操作提示进行顺序操作，可实现操作终端与控制室之间的实时信息交互，实现防误逻辑判断。微机防误闭锁系统具备权限管理、模拟预演、逻辑判断、设备强制闭锁等功能，可构筑全方位实时防误网络。

17 辅助监控系统及在线监测系统

目前，牵引变电所、分区所、AT 所、开闭所实行无人值班、无人值守，牵引变电所等各变电设施不设置固定的运行维护值班和值守人员，通过所内自动化装置和辅助监控系统向供电调度和运维管理部门上传高、低压设备的运行状况，安全环境，气象条件的遥测、遥信、遥控、遥调和遥视等信息，并接收和执行供电调度下发的遥控、遥调等各项指令。牵引变电设施的控制操作和应急处置由供电调度进行，所内设备采取定期巡检和定期状态维修。

牵引变电设施的辅助监控系统以牵引变电所为例进行概述。牵引变电所的无人化不仅对设备的可靠性和自动化程度提出了更高的要求，而且需在牵引变电所设置功能完备、性能可靠的辅助监控系统。辅助监控系统实现对牵引变电所视频监控及巡检、环境监测、安全防范、火灾报警、动力照明控制，统一采集、编码、存储、告警、联动和上传，并通过辅助监控系统平台实现整个系统的全面监控、一体展示、统一管理和维护。

17.1 辅助监控系统

17.1.1 辅助监控系统的构成

牵引变电所的辅助监控系统由系统平台和各类监控设备组成，在网络结构上采用分层架构型式，分为站控层和间隔层。站控层网络采用星形以太网。站控层设置在牵引变电所控制室内，由综合应用服务器、站级终端、通信管理机、视频服务器和网络设备等构成。当辅助监控系统与广域保护测控系统存在数据交互时，应安装防火墙等网络安全设备，具备逻辑隔离、报文过滤、访问控制等功能，阻隔来自外网的网络攻击。间隔层设备分散地设置在牵引变电所各被监控点附近，主要包括视频监控及巡检子系统、环境监测子系统、安全防范子系统、火灾报警子系统、动力照明控制五个系统，同时可根据牵引变电所实际情况灵活配置其他子系统。系统的组网如图 17.1 所示。

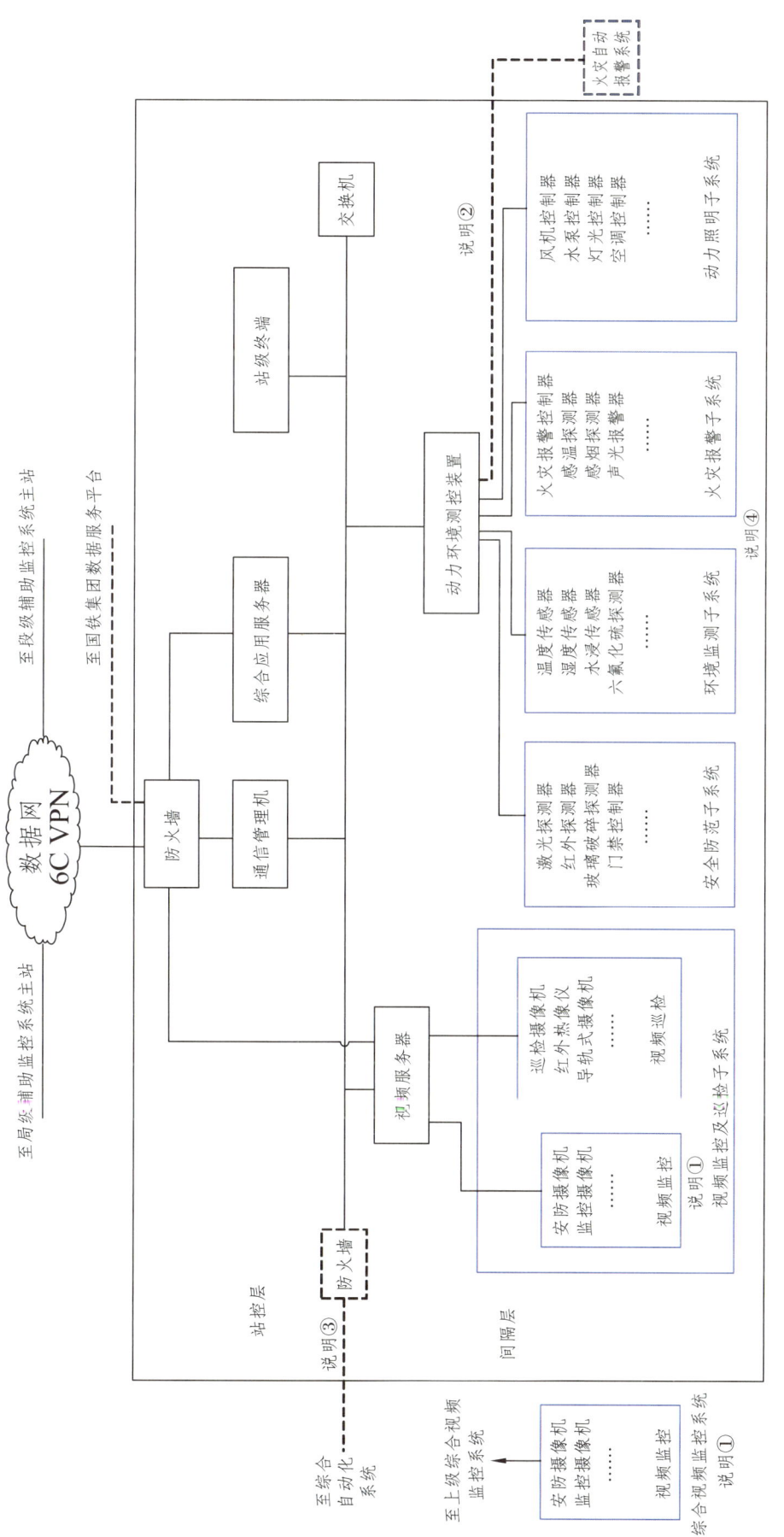

17 辅助监控系统及在线监测系统

图 17.1 牵引变电所辅助监控系统组网

说明：① 采用综合视频监控系统，视频监控及巡检子系统的视频监控部分不设置，由综合视频监控系统实现。
② 满足消防要求时可接入火灾自动报警系统。
③ 网络安全保护符合要求时，可与综合自动化系统连接。
④ 安全防范子系统、环境监测子系统、火灾报警子系统、动力照明子系统支持通信的设备，可直接接入网络。

17.1.2 主要功能

辅助监控系统实现对全所视频监视、环境信息监测、安全防范、火灾报警、动力照明控制、设备巡检等功能的高度集成和一体化监控，支持采集接入、数据存储、告警处理、通信传输、联动和监控等功能。辅助监控系统横向可以实现与牵引变电所综合自动化系统的信息交互；纵向可以实现与辅助监控系统主站的信息交互。其主要功能配置如表 17.1 所示。

表 17.1 辅助监控系统功能配置

序号	功能名称	功能说明
1	数据采集和接入功能	视频监控及巡检信息；安全防范信息；火灾报警信息；环境监控信息；动力照明设备运行信息
2	视频监控及巡检	视频显示；图像存储及回放；视频设备控制；视频巡检；智能图像识别；红外热成像监测
3	安全防范及门禁管理	通过各种探测和传感技术的综合应用，针对牵引变电所周界场所，实现在入侵破坏前的预警作用
4	环境及火灾监测	监测环境、气象参数，检测室内 SF_6 气体和火灾隐患
5	报警	安防及门禁报警、环境信息报警、火灾报警
6	控制与联动控制	能对照明、风机、水泵、空调、门禁、摄像头等设备进行远方控制；根据报警信息自动联动事故风机等
7	电子地图	支持通用的 JPEG、BMP 等格式图片，在电子地图上可实现环境信息、安防信息、火灾报警信息的查看及相关设备控制
8	数据存储与回放	支持循环写入和非循环写入两种模式；支持按事件查询录像文件；支持回放时对任意区域进行局部电子放大
9	平台展示和报表	能以平面图、接线图、列表等多种画面方式实时展示辅助设备的运行状态、数据信息、告警提示等；应能在画面上直接控制可控的辅助设备；应能实现告警联动、操作联动的展示；应能以多画面或轮巡的方式展示实时视频，并对实时视频进行录像和抓图；应支持各种报表类型，包括日报、月报、年报及自定义的报表，具有对报表的调用、显示及打印等功能

17.1.3 子系统的设置及功能

1. 视频监控及巡检子系统

视频监控及巡检子系统由安装在变电所内的监控和巡检摄像机、红外热成像仪和视频服务器组成，具有视频显示、图像存储与回放、视频设备控制、视频巡检、智能图像识别、红外热成像监测等功能。

（1）视频监控是对牵引变电所火灾、雷击、暴雨等自然灾害和人为破坏进行监控的系统。安防摄像机和监控摄像机安装在牵引变电所室外场坪、高压室、主控制室等处，实时监控牵引变电所各类异常状况。

（2）视频巡检是利用现代智能图像识别技术，对设备的视频监控、视频巡检外观和运行状态进行周期性的视频图像采集、识别，通过比对巡检对象的标准图谱数据库，判断当前的设备是否运行正常，如果出现异常则自动报警。

视频巡检目前一般采用固定摄像机或轨道巡检结合的方式，摄像机的设置统筹考虑牵引变电所功能区的划分。典型设置方案如下：

① 电源进线侧的每个间隔安装一台摄像机，监视进线侧的隔离开关、断路器等设备的外观和开关的分、合状态。

② 每台牵引变压器间隔安装一台摄像机，监视变压器的外观以及油位计和温度计。

③ 室内的高压室和控制室采用固定式摄像机或轨道巡检系统，监视高压室和控制室的环境安全、高低压设备和保护测控设备的运行状态、隔离刀闸位置、开关柜和保护控制屏的仪表读数。

④ 我国目前部分牵引变电所配置了机器人巡检系统，该系统把移动机器人技术、图像智能识别技术等应用到变电所环境中，由智能巡检机器人、本地监控后台、远程集控后台、机器人室等部分组成。智能巡检机器人由移动载体、通信设备和检测设备等组成，巡检方式采用遥控或程序化全自主运行模式，支持例行巡检、专项巡检、特殊巡检、遥控巡检多种巡检方式。机器人室安装有充电装置、自动门等设备。

（3）红外热成像监视是以设备的热状态分布为依据，通过对设备热成像图的分析，诊断设备的状态和隐患缺陷。红外热成像仪设置数量和巡检方式应根据变电所的室内外高压设备的布置情况进行设置，做到对高压进线、牵引变压器等一次系统主导流设备的红外温度监视，对变压器、互感器、避雷器、导线、线夹等设备的热像图谱的采集和分析。红外热像仪把采集到的温度数据和红外图像同系统内的历史数据库比对，采用表面温度判断法、同类比较判断法、图像特征判断法等方法，判断设备的状态，当出现异常并达到阈值时，发出报警信息。

2. 环境监测子系统

环境监测子系统是监测牵引变电所室内外的工作环境和气象参数的系统。系统通常在控制室、高压室等重要设备的房间内设置温度、湿度探测器；在电缆夹层、电缆沟等易积水区域宜配置水浸传感器；在大风地区的变电所，在室外装设风速传感器。

采用GIS组合电器或GIS开关柜的牵引变电所等变电设施，相应设备房间应设置SF_6气体在线监测系统。SF_6气体在线监测系统主要是通过检测设备附近环境空气中SF_6气体含量和氧气含量，与设定值进行比较判断环境空气中是否存在SF_6气体含量超标或缺氧，检测异常时实时报警，同时自动开启通风机进行通风。

3. 安全防范子系统

该系统采用多种探测和传感技术，设置在围墙和房屋周界处，监视并预防、阻止外人非法入侵造成变电所损害。报警装置一经触发，可发出声光报警信号，并发送至监控主机。系统安装的位置及功能如下：

（1）围墙四周设置激光对射或电子围栏等探测器，人为翻越围墙时触发报警。

（2）大门、房屋的外门设置门禁控制设备，包括主机、读卡器、开门按钮、电磁力锁等组成，符合合格身份的人员才能进入变电所。

（3）房屋窗户设置玻璃破碎探测器，安装在控制室、辅助房屋的玻璃上，当玻璃被外力破碎时，触发报警。

4. 火灾报警子系统

火灾报警子系统采集设备房屋内的火灾探测器报警信息，当有烟雾、温度等火情异常信息被前端探测器检测出时报警，并将信息上传至辅助监控主站，实时掌握牵引变电设施的火灾消防相关信息。

5. 动力照明子系统

在动力配电箱和照明配电箱内的室内外灯光、通风、排水、空调等重要回路设置接触器和控制装置，实现远方调度所、运维管理部门通过辅助监控系统对这些回路的远程控制。

17.2 在线监测系统

在线监测系统实现对牵引变电所内的重要设备如牵引变压器、断路器、隔离开关和避雷器等设备状态的测量、存储、展示、分析和转发，为站内其他系统和远方主站提供基础数据、告警、分析诊断结果以及设备运行工况等信息。在线监测系统可以接入故障预测与健康管理系统（Prognostic and Health Management，PHM）或运维系统。牵引变电所在线监测系统结构如图17.2所示。

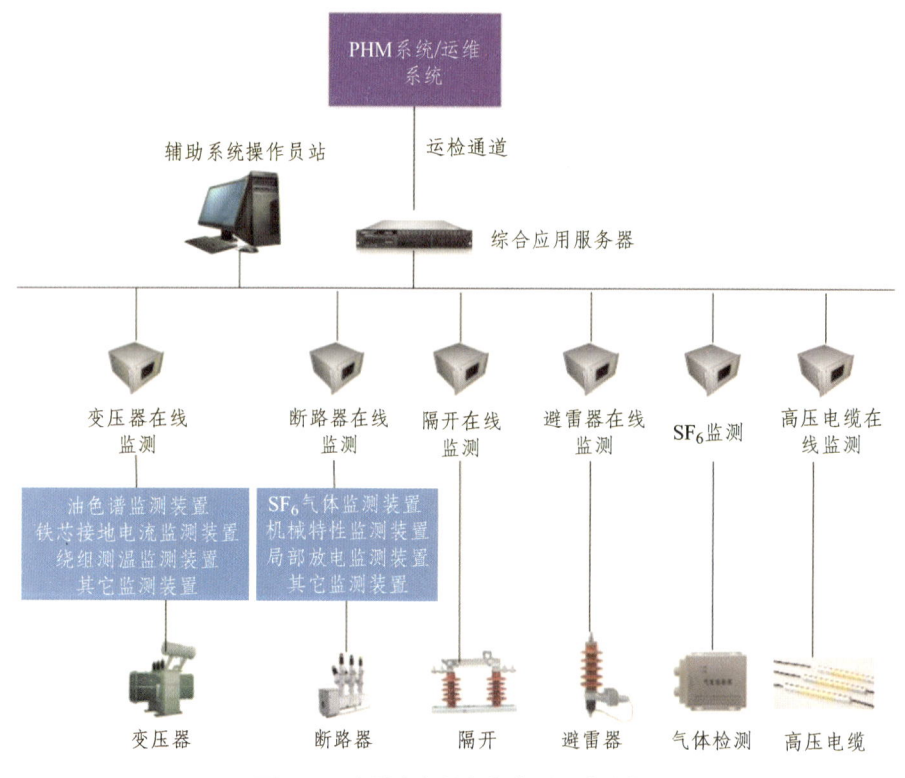

图 17.2　牵引变电所在线监测系统结构

目前，牵引变电设施在线监测技术尚处于发展完善中，以下主要介绍变电所使用较多的变压器、电缆等设备以及材料的在线监测装置。

17.2.1 变压器的油色谱在线监测

变压器长时间过负荷运行或绕组匝间短路时，会引起绝缘油过热气化产生氢气（H_2）、一氧化碳（CO）、二氧化碳（CO_2）、甲烷（CH_4）、乙烯（C_2H_4）、乙炔（C_2H_2）、乙烷（C_2H_6）等气体。油色谱在线监测系统通过对变压器油样的气相色谱的分析，掌握绝缘油中微量故障气体情况，从而实时捕捉到变压器设备可能存在的潜在故障信息。

油色谱在线监测系统从结构上分为油气分离、混合气体分离、数据分析处理和数据传输控制四部分。系统首先通过油泵的推动带动变压器储油箱内的油充分循环，确保取样真实反映变压器内部绝缘油状态；采集到的油样进入油气分离装置，由真空装置抽取真空将特征气体与油样分离，分离出的特征气体再进行气体组分的分离，并通过其他传感器将气体浓度值转换成电压信号，电压信号通过 A/D 转换成为数字信号，并通过通信线路传到系统后台。

系统不仅能做到高精度定量分析、长期连续监测，而且能根据分析长期积累的监测数据，自动判断所监测设备的状态，对设备初期故障进行预测。

17.2.2 变压器绕组温度在线监测

变压器长时间过负荷运行或发生匝间短路时，变压器绕组温度会快速上升，影响变压器寿命并对运行造成危害。变压器内部属于高电压强磁场的环境，通常采用光纤测温装置。传感器（光纤测温探头）直接安装在变压器绕组上，通过光纤把温度信息传送至测温主机上，在不影响变压器运行的情况下，为运维人员提供实时绕组温度数据。

17.2.3 变压器铁芯接地电流在线监测

变压器在运行时会在周围产生强电磁场，受静电感应的作用，变压器的铁芯等金属部件会在表面产生悬浮电位，当电位达到一定值时，就会对地放电。因此变压器铁芯等金属零件除穿心螺杆外，均需可靠接地。铁芯叠片只允许一点接地，当绝缘损坏有两点以上接地时，铁芯内部会产生环流引起发热，严重的时候会烧毁铁芯并使接地片熔断。因此，在线监控铁芯接地电流非常重要。

铁芯接地电流监测系统由穿心式电流互感器、信号采集与处理电路、通信及显示接口等组成。变压器铁芯接地电流通过穿心式电流互感器变换为小电流信号，经信号转换、滤波与放大等调制电路，由模数转换器变换为数字信号，微处理器经过数字滤波与运算获得铁芯接地电流；本地显示接口可显示实时接地电流，当超过报警限值时，具备可视化告警指示；装置可通过通信接口与在线监测系统实时通信。

17.2.4 高压电缆在线监测

牵引变电所电气设备的各种触点和连接点，如开关触点、高压电缆头、变压器引接线接头等，在高电压、大电流的作用下，易使金属氧化和接触电阻升高，在通流时持续发热，严重时可使开关柜烧毁和电缆头炸裂。高压电缆在线监测装置主要由光纤光栅解调仪和光纤光栅传感器组成。通过多路光缆，将传感器连接起来构成电气设备温度监测网络，通过以太网连接设备将光栅解调仪、数据库服务器、上位机等构成温度监测预警管理系统,并可实现同在线监测系统通信,实时共享温度数据。

17.2.5　GIS 组合电器和 GIS 开关柜在线监测

　　GIS 组合电器和 GIS 开关柜都是以 SF_6 气体作为绝缘介质的装置。装置对气体额定工作压力和年泄漏率要求严格,因此 GIS 装置一般设置气体密度继电器,实时监测气压。当气压值过低时,可闭锁开关的操作,并发出报警信息。GIS 装置还可设置微水密度在线监测装置,用于监控 SF_6 气体内的水分含量;设置局部放电在线监测装置,通过监测 GIS 内部局部放电时产生的高频信号评估 GIS 设备的运行状态等。在线监测装置可以通过 GIS 装置内的控制和保护单元向远方监控系统上传 GIS 设备运行状态的相关数据。

18 交、直流所用电系统

交、直流所用电系统是牵引变电所等变电设施内一、二次设备正常工作的重要辅助设施,用于提供控制、信号、保护及自动装置以及其他二次回路的交直流工作电源。

所用电系统分为交流系统和直流系统。交流负荷包括所内动力照明、消防设备、通信设备、直流设备等。直流负荷包括信号装置、继电保护和自动装置、冲击负荷、事故照明、逆变电源等。

18.1 交流所用电系统

18.1.1 电源选择

交流所用电系统通常引入两路电源,并设置两台所用变压器,两路电源可根据铁路供电条件分别引自 10 kV 一级贯通线、10 kV 综合贯通线或 27.5 kV 牵引供电母线,并根据电源方案设置 10 kV 或 27.5 kV 所用电变压器。

18.1.2 系统构成

交流所用电系统由所用电变压器、交流屏及连接电缆等组成。交流所用电系统变压器电源侧采用变压器组接线,低压侧采用单母线分段接线,设母线联络开关。一般采用母线联络开关合闸运行,一路交流电源供电,另一路备用,当工作电源失压时,备用电源自动投入。也可采用母线联络开关分闸运行,两路交流电源各带一段母线供电,互为备用,当任一路工作电源失压时,母线联络开关合闸运行。交流所用电系统示例如图 18.1 所示。

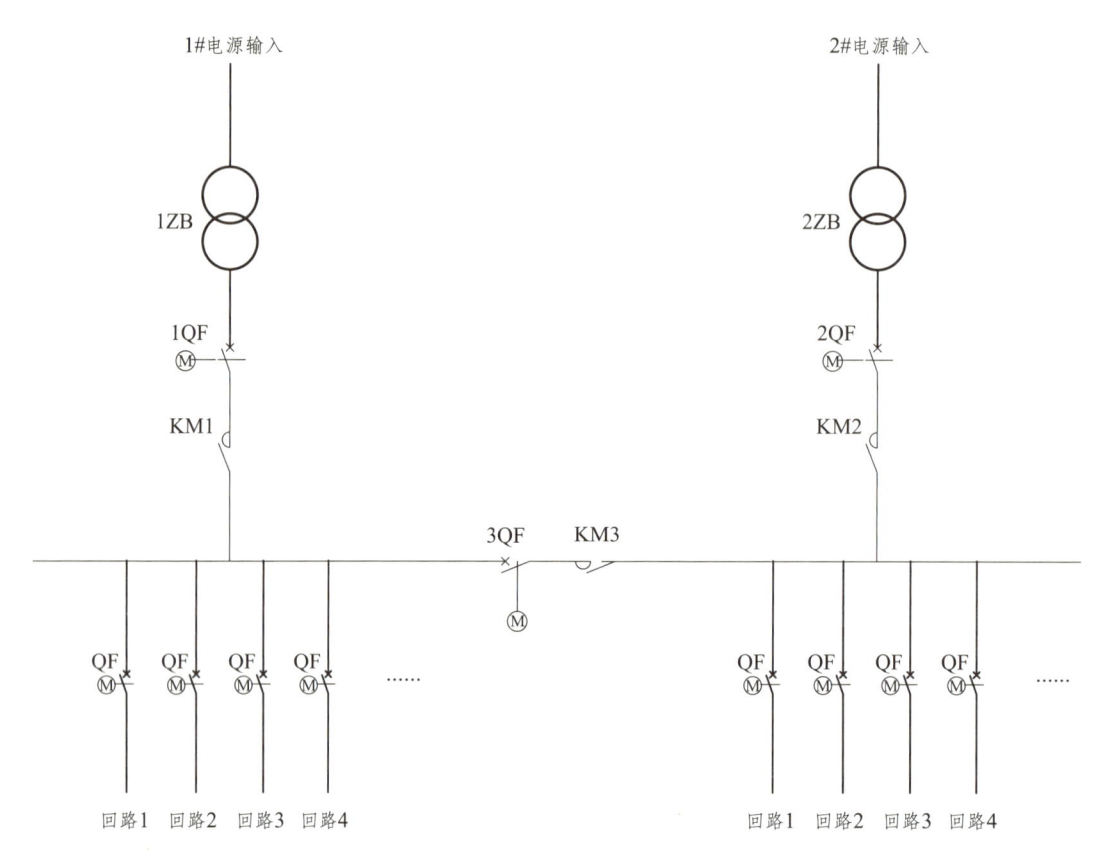

图 18.1 交流所用电系统

18.1.3 主要技术要求

18.1.3.1 所用变压器

10 kV 所用变压器一般采用三相 Dyn11 接线、干式变压器。

牵引变电所的 27.5 kV 所用变压器根据牵引变压器接线选择对应的所用变压器接线型式，分区所、AT 所、开闭所的 27.5 kV 所用变压器采用单相变压器。

所用变压器容量选择应满足所内全部动力照明负荷的用电要求，包括操作电源以及照明、空调、通风、通信等设备用电负荷。

18.1.3.2 交流屏

（1）交流屏由进线回路、低压母线、出线回路等组成，一般根据需要设置 1～2 面。

（2）交流屏包括直流电源回路、综合自动化回路、操作机构加热回路、动力照明回路等，适当预留发展需要。交流屏所有回路开关均需配置电动操作机构和相应的控制设备，并配置位置和故障信号元件，能通过监控单元与综合自动化系统通信并纳入牵引供电远动系统。

（3）设置母线电压监视装置，当母线失压时，延时发送当地和远方信号。

（4）交流屏在交流三相/单相电压 AC 380/220 V 输入条件下，能正常工作，并设置过电压保护装置，超出范围时自动切断输入电源。

18.2 直流所用电系统

18.2.1 系统构成

直流所用电系统由电源进线、充电装置、调压装置、直流开关设备、蓄电池组及连接电缆等组成。常用的直流所用电系统示例如图 18.2 所示。

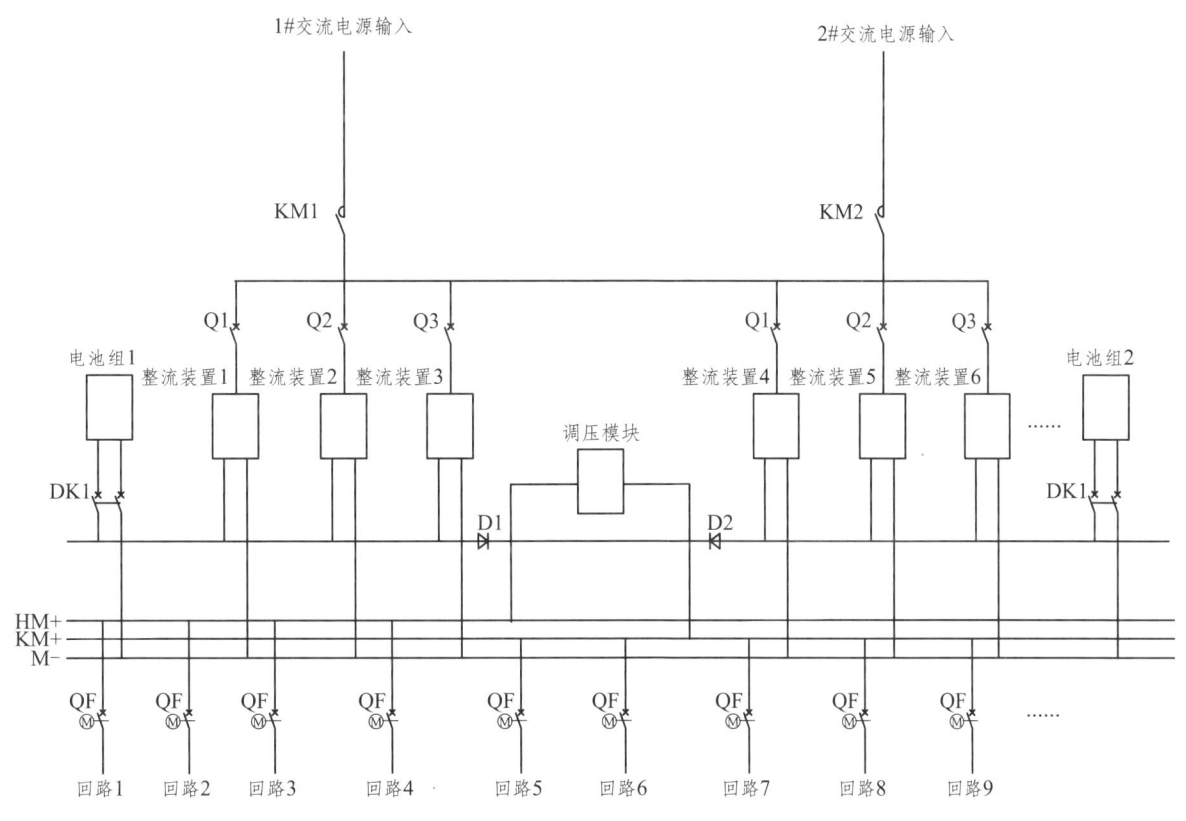

图 18.2 直流所用电系统

18.2.2 主要技术要求

18.2.2.1 直流系统基本接线

一般采用单母线或单母线分段接线，做到安全可靠、接线简单、供电范围明确、操作方便。

控制母线及合闸母线输出电压：DC 220 V 或 DC 110 V。

充电装置配置：为保证直流系统供电的可靠性，充电装置采用模块化配置，并采用 $N+1$ 备用方式。

蓄电池组数配置：为保证直流系统供电的可靠性，一般配置 2 组蓄电池组。

18.2.2.2 充电装置

充电装置包括交流输入、整流、滤波、输出等模块，一般采用高频开关整流，满足蓄电池充电和浮充电要求，具有稳压、稳流及限流功能，采用微机型，具有自动和手动浮充电、均衡充电等功能，应为长期连续工作制。每组蓄电池配置至少一组高频开关电源模块，模块数量按 $N+1$ 原则配置。

18.2.2.3　蓄电池组

蓄电池组在正常浮充电运行方式下，直流母线电源为直流系统额定电压的 105%。其他运行方式下，直流系统母线电压不超过直流用电设备所允许的电压波动范围。

目前应用较多的是免维护阀控式高性能密封铅酸蓄电池。随着技术的发展，可选择高性能的安全型磷酸铁锂电池等新型电池。

蓄电池组的容量应满足全所事故停电 2 h 的放电容量和事故放电末期最大冲击容量的要求。

18.2.2.4　直流开关设备

直流开关选用具有瞬时电流速断保护和反时限过电流保护的直流断路器，配置位置和故障信号元件，在发生故障跳闸时应有显示，并发送远方信号。直流系统所有回路开关均配置电动操作机构和相应的控制设备，能通过监控装置与综合自动化系统通信并纳入牵引供电远动系统。

18.2.2.5　监控装置

监控装置的主要功能是对充电装置进行监视、控制和对蓄电池组实施动态管理，并通过接入综合自动化系统与牵引供电调度所进行通信，实现遥控、遥信、遥测等功能。

18.2.2.6　直流屏

直流屏由蓄电池屏、充电装置屏、馈线屏组成。直流屏操作开关、触摸操作显示屏等设于屏体正面。

19 牵引变电绝缘、防雷、接地与回流

19.1 绝缘与绝缘配合

变电设备绝缘有气体绝缘、液体绝缘和固体绝缘。绝缘水平指电气设备能够承受电压的能力，是通过对考核的电气设备施加规定的一定波形和幅值的试验电压值来确定的。绝缘水平确定得太低，容易发生绝缘击穿，造成事故，维护成本高；绝缘水平定得太高，则会导致成本大幅度增加，且不利于牵引供电系统内不同设备间的绝缘配合。良好的绝缘是保证电气设备与供电线路安全运行最基本和必要的手段。

牵引变电绝缘配合就是确定牵引变电各电气设备绝缘水平以及与接触网等牵引供电系统相关电气设备绝缘协调的原则和方法。牵引变电电气装置外绝缘应符合现场污秽度等级下的耐受持续运行电压要求，电气设备能在设计寿命期内承受持续运行电压；电气装置的空气间隙及电气设备能耐受通常出现的暂时过电压；按照过电压选择牵引变电设施的绝缘时，以金属氧化物避雷器的残压为基础。绝缘配合要综合考虑系统中可能出现的各种电压、保护装置特性和设备的绝缘特性，全面考虑造价、维修费用和故障损失三个要素，以安全可靠、经济合理地确定设备的绝缘水平，并与牵引供电系统其他电气设施的绝缘协调与匹配。从而使设备绝缘故障率或停电事故率降低到在经济和安全运行合理的水平。

19.1.1 污秽度等级与爬电比距

现场污秽度（SPS）等级按 GB/T 26218 划分为以下 5 个等级划分，表征污秽度从很轻到很重：

a——很轻；
b——轻；
c——中等；
d——重；
e——很重。

考虑到铁路运行环境恶劣，确定污秽度等级时，当线路经过地区污秽等级轻于 c 级时，污秽度等级统一按 c 级选取。目前实际应用中，一般不低于 d 级。

为便于工程应用，一般对应于各污秽等级的参考统一爬电比距（RUSCD）按表 19.1 选取；特殊情况下，需根据实际测量的污秽程度根据 GB/T 26218 确定。

表 19.1　各污秽等级的参考统一爬电比距

污秽等级	a	b	c	d	e
RUSCD	22.0	27.8	34.7	43.3	53.7

19.1.2　绝缘子串、空气间隙的绝缘配合

（1）牵引变电设施根据污秽环境和安装条件选定绝缘子类型，每串绝缘子片数符合相应现场污秽度等级下耐受持续运行电压的要求。

（2）以避雷器的相应保护水平为基础，牵引变电设施操作过电压要求的所内绝缘子串相应正极性操作冲击 50% 放电电压取 1.27 的过电压配合系数，雷电过电压要求的绝缘子串相应正极性雷电冲击电压波 50% 放电电压取 1.4 的过电压配合系数。

（3）牵引变电设施内的配电装置中空气间隙包括 A、B、C、D 等各值，其中基本带电距离 A 值为最小空气间隙。海拔 1 000 m 及以下地区各种电压要求的变电设施室外配电装置最小空气间隙如表 19.2 所示。

表 19.2　变电设施室外配电装置最小空气间隙　　　　单位：mm

系统标称电压 /kV	工频过电压		操作过电压		雷电过电压	
	相对地	相间	相对地	相间	相对地	相间
25	150	—	400	—	400	—
2×25	150	300	400	650	400	650
110	300	500	900	1 000	900	1 000
220	600	900	1 800	2 000	1 800	2 000
330	1 100	1 700	2 000	2 300	1 800	2 000

19.1.3　电气设备的绝缘配合

电气设备绝缘与持续运行电压、过电压的绝缘配合符合下列要求：

（1）电气设备外绝缘符合相应现场污秽度等级下耐受持续运行电压的要求。

（2）电气设备能承受持续运行电压及一定幅值暂时过电压。

（3）330 kV 及以上还需考虑操作过电压及其限值措施。

海拔 1 000 m 及以下地区一般条件下 220 kV 及以下电气设备的额定耐受电压应满足表 19.3 的要求。

海拔 1 000 m 及以下地区一般条件下 330 kV 电气设备的额定耐受电压应满足表 19.4 的要求。

表 19.3　220 kV 及以下电气设备的额定耐受电压

系统标称电压/kV	设备最高电压/kV	设备类别	额定雷电冲击耐受电压/kV				额定短时（1 min）工频耐受电压（有效值）/kV			
			相对地	相间	断口		相时地	相间	断口	
					断路器	隔离开关			断路器	隔离开关
27.5	31.5	变压器	185/200	185/200	—	—	80/85	80/85	—	—
		开关	185	185	185	215	85	85	85	118
2×27.5	2×31.5	变压器	185/200	185/200	—	—	80/85	80/85	—	—
		开关	185	325	185	215	85	140	85	118
110	126	变压器	450/480	450/480	—	—	185/200	185/200		
		开关	450、550	450、550	450、550	520、630	200、230	200、230	200、230	225、265
220	252	变压器	850、950	850、950	—	—	360、395	360、395	—	—
		开关	850、950	850、950	850、950	950、1 050	360、395	360、395	360、395	410、360

注：① 分子、分母数据分别对应外绝缘和内绝缘；
② 开关类设备将设备最高电压称作"额定电压"；
③ 110 kV 开关、220 kV 开关和变压器给出两种额定耐受电压，表中用"、"分开，选用时应考虑所处电网结构及过电压水平、过电压保护装置的配置及其性能、设备类型及绝缘特性、可接受的绝缘故障率等。

表 19.4　330 kV 电气设备的额定耐受电压

系统标称电压/kV	设备最高电压/kV	额定雷电冲击耐受电压/kV		额定操作冲击耐受电压/kV			额定短时工频耐受电压（有效值）/kV	
		相对地	断口	相对地	相间	断口	相对地	断口
330	363	1 050/1 050	1 050+205 或 1 050+295	850	1 275	800+295	460	460+150 或 460+210
		1 175/1 175	1 175+205 或 1 175+295	950	1 425	850+295	510	510+150 或 510+210

注：① 分子、分母数据分别对应变压器和断路器；
② 表中给出两种额定耐受电压，选用时应考虑所处电网结构及过电压水平、过电压保护装置的配置及其性能、设备类型及绝缘特性、可接受的绝缘故障率等。

19.2　防　雷

19.2.1　雷电对牵引变电设施的影响

雷电对牵引变电设施的影响主要有以下几方面：

（1）直击雷的危害。高速铁路牵引变电设施分布在铁路沿线，多位于较空旷地带，且变电设施架构较高，易受到直击雷的危害。直击雷击中变电设施时，在极短时间内释放出巨大的能量，容易造成电气设备绝缘击穿或损毁，金属导体连接部分断裂破损，甚至引起火灾或爆炸。

（2）雷电侵入波的危害。雷电波侵入的方式主要有两种。第一种是直接雷击所外线路时，雷电流会以波的型式向两侧传导，从而侵入牵引变电设施内。第二种是来自感应雷的高电压脉冲，即由于雷云对大地放电或雷云之间迅速放电形成的静电感应和电磁感应，在架空线路或金属管道中感应出几千伏到几十千伏的高电位，以波的型式沿导体传播而引入所内。雷电侵入波可造成电气设备和电气线路绝缘击穿或损毁。雷电侵入波侵入牵引变电设施二次系统时，可能造成所内控制保护系统出现误动，甚至出现系统损毁，导致保护失效的情况。

（3）雷电反击。遭受直击雷的金属接地装置（包括接闪器、接地引下线和接地体），在引导雷电流入大地时，在它的引下线、接地体以及与它们相连接的金属导体上会产生高电位，对邻近的室内外电气设备、电气线路产生反击造成损害。

19.2.2 牵引变电设施直击雷防护

牵引变电设施对直击雷的防护常用的措施是设置避雷针。当雷云的先导通道向下发展时，地面上较高的导电物体顶部聚集起许多异号电荷而形成局部强场区，并向上发展为迎面先导。由于避雷针高于被保护对象，它们的迎面先导开始早，发展快，从而最先影响雷云下行先导的发展方向，使雷击中避雷针，并顺利泄入地下，使周边的被保护设施得到保护，免遭雷击。

根据配电装置的高度和布置区域，牵引变电设施一般设置单支或多支避雷针，使配电装置均处于避雷针的保护范围之内。

为避免雷击避雷针后雷电流入地对周围配电装置形成反击，独立避雷针与配电装置带电部分间的空气距离一般大于 5 m，独立避雷针的接地装置与所内接地网间的地中距离一般大于 3 m，以保证配电装置的运行安全。独立避雷针的设置一般避开人经常通行的区域，避雷针及其接地装置与道路或出入口等的距离不小于 3 m，否则需采取均压措施，或铺设砾石、沥青地面。

控制室和高压室等生产房屋一般在屋顶设避雷带等直击雷保护装置。避雷带沿屋角、屋脊和屋檐等易受雷击的部位敷设，并在整个屋面组成避雷带网格。避雷带沿建筑物四周引下与接地网连接，并在连接处加装集中接地装置。

19.2.3 牵引变电设施雷电侵入波防护

19.2.3.1 一次系统防护措施

牵引变电所等变电设施一次系统雷电侵入波防护主要措施为设置避雷器。

牵引变电所高压电源进线和牵引变电所、分区所、AT 所、开闭所的 27.5 kV 母线及馈线均设置金属氧化物避雷器。避雷器接地端子以最短的接地线与所内接地网连接，并在其连接处装设集中接地装置。

19.2.3.2 二次系统防护措施

牵引变电所等变电设施二次系统主要包括综合自动化系统、交直流系统、接触网开关控制系统、辅助监控系统等几部分。雷电侵入波主要通过二次系统至室外设备的电源线、控制线、信号线等途径侵入，严重影响设备运行的安全。二次系统雷电侵入波防护的主要措施为设置电涌保护器和隔离变压器等。

雷电侵入波经电源线路侵入交直流系统，可造成交直流系统断路器跳闸、设备烧损，甚至造成全所失电事故。因此，需在交直流系统进线入口和各种室外馈线回路出口等处设置电涌保护器。从交流屏引出的接触网隔离开关电源回路遭受线路上雷电波侵入的风险较高，一般在交流屏该馈出回路设置隔离变压器，经由隔离变压器馈出至接触网隔离开关，以加强雷电侵入防护。

综合自动化系统通过线缆与室外设备相连，实现一次设备的控制、保护功能。辅助监控系统通过线缆与室外的各种前端监控设备相连。接触网开关控制系统通过控制电缆与安装于线路上的接触网隔离开关相连。雷电波侵入以上系统，会造成相关设备不能正常工作，甚至损毁设备。因此，由室外引至室内综合自动化系统、辅助监控系统的控制线缆以及由线路上接触网隔离开关引至所内接触网隔离开关控制系统的控制线缆，均在室内端设置电涌保护器。同时，在上述二次系统的交流以及直流电源入口处，设置电涌保护器。

19.3　接地与回流

19.3.1　牵引变电设施接地

19.3.1.1　接地原则

电气装置或设备接地按功能可分为工作接地、保护接地、防雷接地。牵引变电所等牵引变电设施内不同用途和不同额定电压的电气装置或设备共用一个总的接地网。

高速铁路线路通常采用综合接地系统，铁路沿线的牵引变电的接地网均与综合接地系统相连。

牵引变电设施中的下列金属部分需接地：

（1）变压器、高压电气设备等的底座和外壳；

（2）互感器的二次绕组；

（3）各类开关柜的接地端子、封闭母线的外壳等；

（4）配电、控制、保护用的屏（柜、箱）等的金属框架；

（5）室内外配电装置的金属架构和钢筋混凝土架构以及靠近带电部分的金属围栏；

（6）交、直流电力电缆接线盒、终端盒的外壳和电力电缆及控制电缆的金属护套、电缆金属支架等；

（7）金属门、窗、管道等其他各类金属件。

19.3.1.2　接地装置设置

牵引变电所、分区所、AT所、开闭所的接地装置，充分结合工程地点的地形地貌、土壤的种类和分层状况，并经实测或搜集所址地层土壤电阻率分布资料、土壤腐蚀性能等数据，充分了解所址处较大范围土壤的不均匀程度，因地制宜进行设计。同时，还应考虑土壤干燥或降雨和冻结等季节变化的影响，接地电阻、接触电位差和跨步电位差应全年均能满足安全运行的要求。

接地装置一般采用由水平接地体和垂直接地体组成的人工接地网，接地网以水平接地体为主。接地网的外缘闭合，外缘各角为圆弧形。接地网内敷设水平均压带，接地网埋设深度一般不小于 0.8 m。

人工接地体一般采用铜材质，截面除考虑设计使用年限内土壤的腐蚀外，还应符合热稳定的要求。

19.3.1.3 接地装置的接地电阻及均压要求

1. 接地电阻

根据接地所起的作用不同，接地电阻分为工频接地电阻和冲击接地电阻两类。

1）工频接地电阻

工频接地电阻是工频电流流过接地装置时所呈现的电阻。牵引变电设施接地装置的接地电阻应符合式（19.1）要求。

$$R_j \leqslant \frac{2\,000}{I_j} \tag{19.1}$$

式中　R_j——考虑到季节变化后的接地装置的最大接地电阻（Ω）；

　　　I_j——计算用的流经接地装置的入地短路电流（A）。

计算用的流经接地装置的入地短路电流是指短路时经接地装置流入地中的最大短路电流稳定值，并考虑系统中各接地中性点间的短路电流分配，以及避雷线中分走的接地短路电流。

在高土壤电阻率地区，接地电阻不能满足要求时，可采用下列降低接地电阻的措施：

（1）在牵引变电设施附近一定范围内有电阻率较低的土壤时，可敷设引外接地装置，具体位置根据牵引变电设施周边地形、地貌、建构筑物分布等情况确定。引外接地装置用不少于两根导体在不同地点与接地网连接。

（2）当地下较深处的土壤电阻率较低时，可采用井式或深钻式接地体。

（3）填充电阻率较低的物质如降阻剂，但需确保填充材料不会加速接地体的腐蚀，并保证自身的热稳定。

（4）敷设水下接地网。

2）冲击接地电阻

冲击接地电阻是当冲击电流通过接地体注入大地时呈现的接地电阻。冲击接地电阻通常指用于防雷接地的接地装置的接地电阻。

牵引变电所等变电设施设置的独立避雷针一般设独立的接地装置。在非高土壤电阻率地区，避雷针接地电阻一般不大于10 Ω。在高土壤电阻率地区，当要求做到规定的10 Ω确有困难时，避雷针接地装置可与主接地网连接。从避雷针与主接地网的地下连接点至27.5 kV及以下各设备的接地线与主接地网的地下连接点，沿接地体的长度不小于15 m。

2. 接触电位差和跨步电位差

接地故障（短路）电流流过接地装置时，大地表面形成分布电位，在地面上到设备水平距离为1.0 m处与设备外壳、架构或墙壁到地面的垂直距离2.0 m处两点间的电位差为接触电位差；地面上水平距离为1.0 m的两点间的电位差为跨步电位差。

所内的接触电位差和跨步电位差可按《交流电气装置的接地设计规范》（GB/T50065）附录D计算。

牵引变电设施发生短路故障时，为保障所内人员安全，牵引变电所、分区所、AT所及开闭所接地装置的接触电位差和跨步电位差均不大于以下允许值：

$$E_{\mathrm{j}} = \frac{174 + 0.17\rho_{\mathrm{b}}C_{\mathrm{b}}}{\sqrt{t}} \tag{19.2}$$

$$E_{\mathrm{k}} = \frac{174 + 0.7\rho_{\mathrm{b}}C_{\mathrm{b}}}{\sqrt{t}} \tag{19.3}$$

式中　E_{j}——接触电位差（V）；

　　　E_{k}——跨步电位差（V）；

　　　ρ_{b}——人脚站立处地表面的土壤电阻率（Ω·m）；

　　　C_{b}——表层衰减系数，按《交流电气装置的接地设计规范》（GB/T50065）附录C的规定确定；

　　　t——接地短路电流的持续时间（s）。

当人工接地网局部地带的接触电位差和跨步电位差超过规定值时，可采取局部增设水平均压带、垂直接地体或铺设砾石、沥青等高阻性路面等措施，降低接触电位差和跨步电位差或使其允许值提高，以保障所内人员安全。

19.3.2　牵引变电设施回流

带回流线的直接供电方式时，牵引负荷电流主要经由钢轨与回流线、综合接地线回流至牵引变电所，如图19.1所示；AT供电方式时，牵引负荷电流主要经由钢轨与AF线、保护线、综合接地线回流至牵引变电所，如图19.2所示。因钢轨与大地之间存在泄漏，部分电流经由大地回流至牵引变电所。

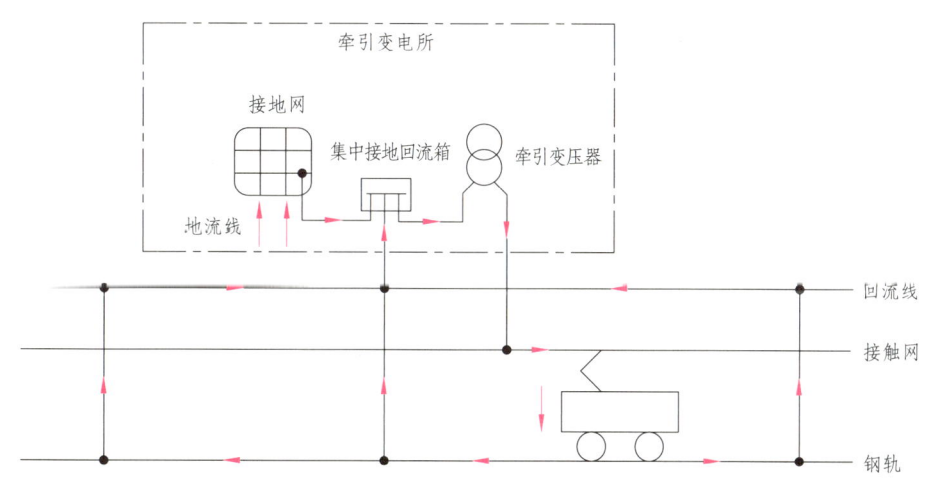

图19.1　直供方式牵引供电系统回流

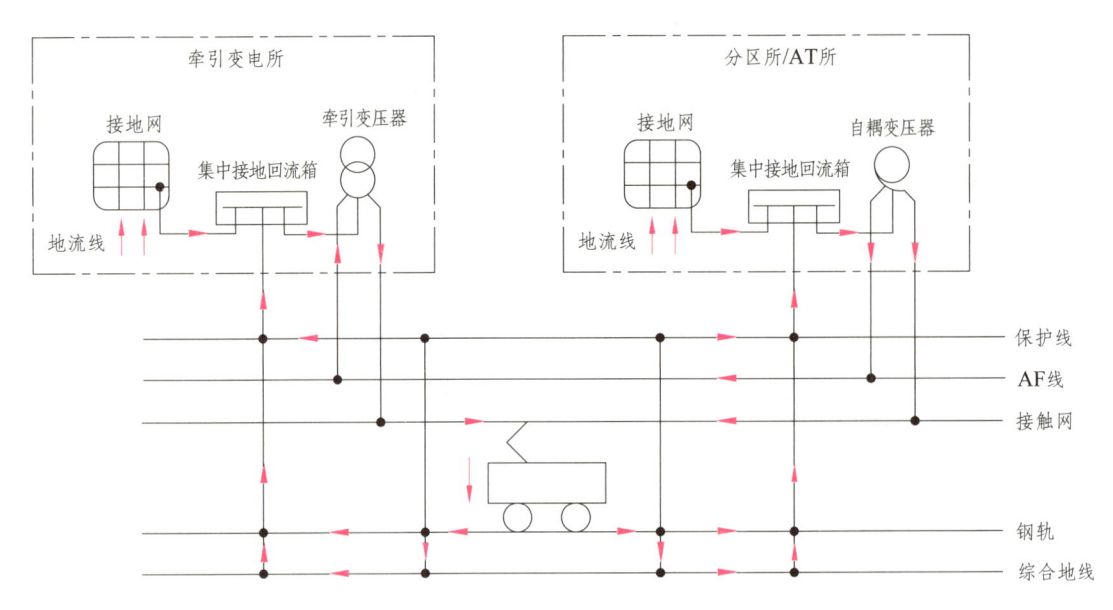

图 19.2　AT 供电方式的牵引供电系统回流

牵引变电所中的牵引变压器、分区所及 AT 所中的自耦变压器的回流端均应与钢轨及大地构成可靠的电气通路，以满足牵引负荷电流回流的要求。

牵引变电所、分区所、AT 所设集中接地回流箱。集中接地回流箱通过回流导体与钢轨信号扼流变压器、接触网回流线或保护线、综合接地线等连接，构成回流通路；集中接地回流箱与所内接地网连接，将地中电流接入集中接地回流箱。集中接地回流箱在回流母排处通过回流导体与牵引变压器或自耦变压器回流端连接，形成完整的牵引供电系统的回流回路。回流导体根据工程情况通常选用电缆或架空导线，导体截面应满足回流电流的需求。

20 铁路供电调度控制系统

铁路供电调度控制系统是对铁路供电系统进行远程数据采集、通信、监视、测量、控制、保护、辅助监控的系统，又称为SCADA（Supervisory Control And Data Acquisition）系统，包括远动监控区和辅助监控区，主要监控供电系统沿线各牵引变电所、分区所、AT所、开闭所及接触网隔离开关、变配电所、箱式变电站等的设备运行状态，完成遥测、遥信、遥控、遥调、遥视、保护及调度管理，事故分析及处理、辅助监控等功能。SCADA系统有助于调度人员正确掌握系统运行状态、快速故障诊断、提高管理效率，在保证牵引供电设备安全稳定运行，实现调度自动化和智能化，提高管理效率和水平等方面发挥着重要的作用。

我国高速铁路大规模建设初期，为适应发展需要，针对高速铁路网规划，对SCADA系统进行了统筹规划和顶层设计。从2007年开始，按照全路"统一规划、统一标准、分层分步"实施的原则，建设高速铁路牵引供电和电力供电综合调度系统，采用了国铁集团调度中心系统、铁路局集团公司调度所系统分层分级的调度管理体系，牵引供电调度系统与电力供电调度系统合并设置。

随着智能铁路的发展，供电调度步入智能化时代。智能供电调度主要包括智能SCADA系统和智能供电调度运行管理两个系统。智能SCADA系统具有数据采集、遥测、遥信、遥控、遥调等基本功能和远端维护、重构自愈、智能告警、作业管理、辅助监控等高级功能。智能供电调度运行管理具有铁路供电调度值班信息自动获取与统计、作业计划及作业命令智能审核与网络流转、应急处置智能分析与决策、业务培训智能管理、运行及工作质量智能统计分析等专业化管理功能。

供电调度系统可通过调度电话、信息传输等方式，与电网调度进行沟通，便于电网调度及时掌握牵引变电所的运行状态，确保电力系统正常运行。供电调度系统与行车调度系统可通过接口实现信息交换，在供电调度系统中显示列车运行位置等实时状态。

20.1 SCADA系统构成

SCADA系统采用分层、分布式结构，包括国铁集团-铁路局集团公司-供电段三级架构，由设在国铁集团调度中心和铁路局集团公司调度所内的主站系统、复示终端、沿线设置的被控站以及远动通道组成。国铁集团调度中心主站系统可通过铁路局集团公司调度所主站系统的通信，实现远动监控，必要时可接管铁路局集团公司调度所主站系统功能。图20.1为SCADA系统层级架构。

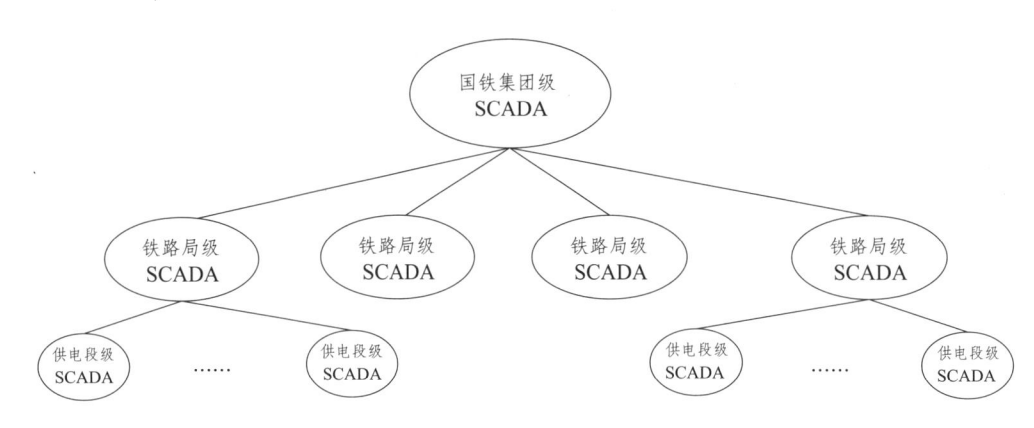

```
                    国铁集团级
                     SCADA
        ┌──────────┬─────┴────┬──────────┐
    铁路局级      铁路局级    铁路局级    铁路局级
     SCADA        SCADA      SCADA      SCADA
    ┌───┐        ┌───┐      ┌───┐      ┌───┐
  供电段级     供电段级    供电段级    供电段级
   SCADA  …… SCADA      SCADA  ……  SCADA
```

图 20.1　SCADA 系统层级架构

主站系统采用基于冗余的开放式分布架构，硬件平台及软件平台的配置除满足功能要求外，还应考虑系统的 RAMS 要求。

复示终端设置在铁路局集团公司相关部门、供电段或其他需要监视供电系统运行情况的处所，采用通用 WEB 浏览器或专用复示工作站实现。

被控站包括：

（1）设置在牵引变电所、分区所、AT 所、开闭所内的牵引综合自动化系统、辅助监控系统；

（2）接触网开关控制站；

（3）电力变配电所、箱式变电站等。

主站系统与被控站系统间的通信通道设置两条互为备用的通信通道。

20.1.1　主站构成

SCADA 系统主站主要由远动监控区、辅助监控区构成，主要设备包括服务器、工作站、存储设备、网络及安全防护设备、其他辅助设备等，如图 20.2 所示。为了确保系统的可靠性，关键设备采用冗余配置。

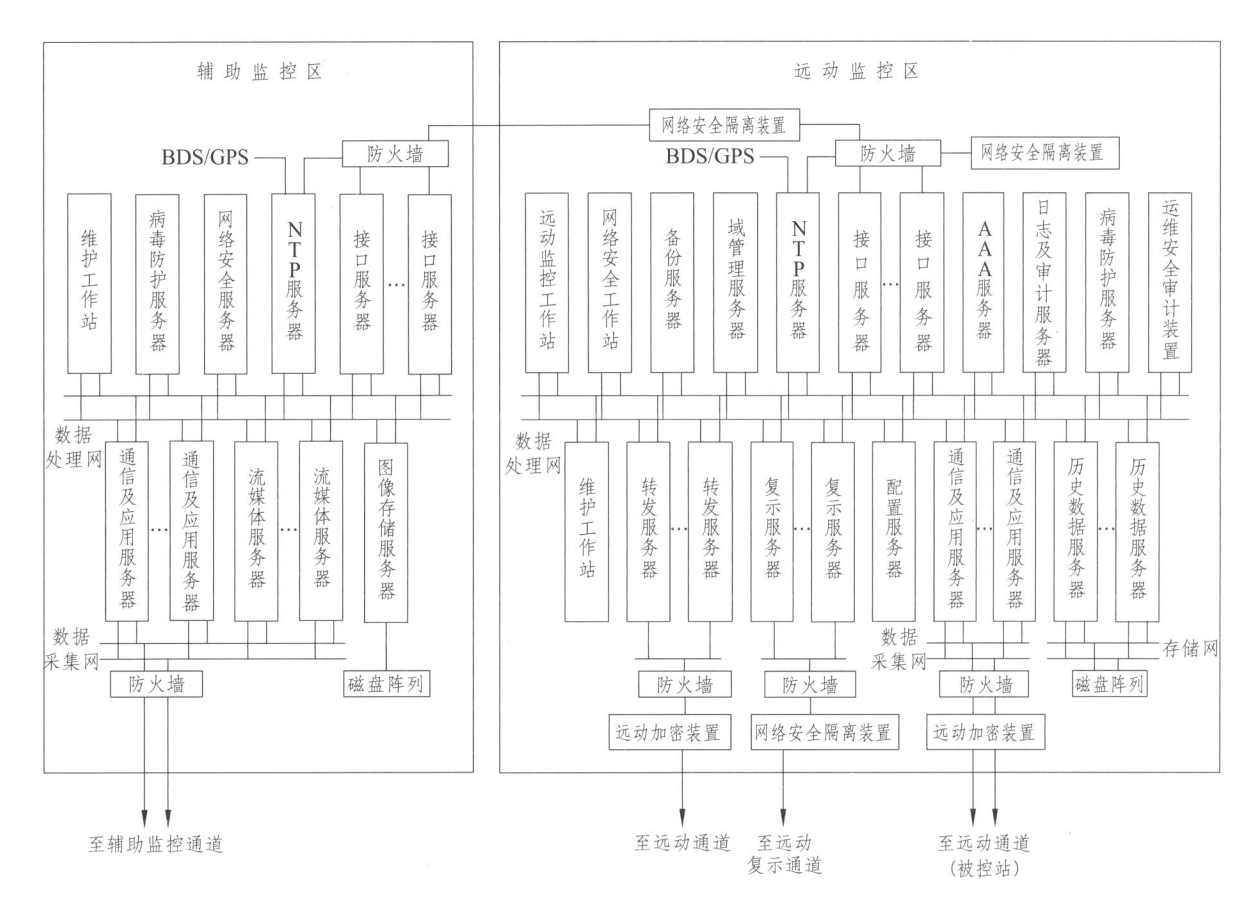

图 20.2 SCADA 系统主站

20.1.2 主站硬、软件配置

1. 硬件配置

SCADA 系统主站硬件配置主要包括服务器、调度工作站、维护工作站、存储系统、局域网络设备、网络安全设备、通信接口设备、不停电电源设备、时钟同步设备、打印设备和大屏幕显示系统等。

（1）远动监控区服务器可分为远动服务器及信息安全等级保护服务两大类。远动服务器采用冗余配置，包括通信及应用服务器、历史数据服务器、配置服务器、复示服务器、转发服务器、接口服务器，用于完成远动业务逻辑处理及与被控站的通信、历史数据存储、系统配置管理、WEB 信息发布、与外部接口系统的通信等功能。信息安全等级保护服务器采用单机配置，包括 AAA 认证服务器、日志和审计服务器、备份服务器等。

辅助监控区服务器包括流媒体、通信及应用、图像存储和接口服务器，用于实现对辅助监控系统的故障报警数据及实时监控图像的远程采集、数据存储以及与远动监控应用接口等功能。

（2）每个调度台配置 2 台工作站级计算机，互为热备用；系统配置一台维护工作站，负责提供主站系统静态数据的增、添、修、改以及对 SCADA 运行状态进行监视等功能。

（3）存储系统采用存储区域网络（SAN），配置光纤存储交换机、磁盘阵列和磁带库。磁盘阵列的 RAID 级别不低于 5 级，硬盘采用光纤硬盘，磁盘阵列和磁带库容量满足历史数据的存储要求。

（4）局域网络设备配置双套冗余的模块化核心交换机。

（5）网络安全设备包括域管理服务器、网闸、防火墙、入侵防御设备等。其中，域管理服务器应冗余配置，以实现统一的用户权限管理和安全管理。

（6）不同的新线接入系统采用相对独立的、冗余配置的通信接口设备，实现与远程通信通道的接口功能。该通信接口设备采用可堆叠的三层交换机或路由器设备。

（7）系统配置在线式不间断电源系统（UPS），具备远程网络报警功能。交流电源失电时，UPS维持系统正常工作时间不少于30 min。

（8）时钟同步设备具备接收卫星定位系统和铁路时间同步网的时间信息功能。

（9）其他配套设备包括彩色网络打印机设备、大屏幕显示系统等。

2. 软件配置

SCADA系统主站软件可分为系统软件、平台软件和应用软件三大类。

系统软件包括操作系统和商用数据库管理系统。

平台软件采用成熟稳定的工业级监控平台，支持二次开发。平台软件的监控I/O点数、历史数据存储点数和节点授权数应满足主站管辖范围内监管线路的容量需求。

应用软件具备分布部署和扩充修改的功能，包括以下组成：

（1）数据管理软件：实现历史数据处理、存储、分析等功能；

（2）业务逻辑软件：实现通信管理、协议转换、数据采集、实时数据处理等功能；

（3）人机界面软件：实现调度人员的人机界面显示，以完成各种监控操作；

（4）维护管理软件：实现系统配置、系统维护、网络管理及病毒防护等功能。

20.2　SCADA系统主站功能

SCADA系统主站功能主要包括远动监控、辅助监控、告警处理、历史数据存储、制表打印、拓扑着色、事故追忆、人机界面交互等。SCADA系统主站与被控站通信，实现遥测、遥信、遥控、遥调、遥视等功能。

20.2.1　远动监控区功能

1. 数据采集与处理

采集和接收被控站的数据，如模拟量、数字量、状态量、带时间标志的事件顺序记录量SOE、故障报告、故障录波、整定值等，并进行以下数据处理、运算和存储：

（1）实时数据处理：包括数据合理性检查及处理、异常数据处理、事件分类处理、多源数据处理等。

（2）历史数据处理：具有规定时期的历史数据的存储能力；具有统计计算能力和历史数据查询的能力。

（3）支持各种常用运算功能，包括调度参数运算、算术运算、代数运算、三角运算及逻辑运算等。

2. 遥测

对供电系统主要电气量进行遥测，主要包括：牵引变电所进线电压、进线电流，牵引变压器的电流、功率、功率因数，电表读数，牵引变电设施的 27.5 kV 侧母线及馈线电压，馈线电流，集中接地箱各回流电流，电力（变）配电所和箱式变电站的回路电流、电压等。

3. 遥信

对牵引供电系统运行状态进行远程监视。遥信对象主要包括：遥控对象的位置信号，牵引变压器和自耦变压器的故障信号，馈线的各类故障信号，自动装置的运行位置和动作信号，断路器、隔离开关等设备的操动机构的工作状态信号，控制回路和电压互感器二次回路断线信号，综合自动化设备故障信号，交、直流系统故障信号，牵引变电所进线电压有压（失压）信号，控制方式状态信号，GIS 设备气室压力信号等。

4. 遥控

对被控站内的可控对象进行远程控制。遥控对象主要包括：牵引变电所、分区所、AT 所、开闭所内断路器、电动隔离开关及自用变压器负荷开关；接触网及供电线上的电动隔离开关；自动装置的复归；自动装置、成组控制装置的投切开关；继电保护软压板；交直流系统进馈线开关；等等。

5. 遥调

对被控站内可调节元件进行远程调节的功能，如继电保护定值调整、有载调压变压器抽头位置调整等。

6. 遥视

通过与辅助监控区的接口交换视频信息，远动监控区可实现遥视功能。

7. 数据通信

与被控站、复示终端及其他相关外部系统如行车调度等进行数据通信的功能。
SCADA 系统被控站上传调度端所需信息的采集和处理功能，接收主站对被控站设备的遥控、遥调功能。

20.2.2　辅助监控区功能

辅助监控区具有与牵引变电设施内的辅助监控系统进行远程数据交互和图像采集的功能，包括对辅助监控系统视频前端设备进行远程控制，对牵引变电设施进行自动或手动视频巡检，与遥控操作和开关跳闸、火灾报警等重大故障信息联动或响应手动召唤命令远程获取辅助监控系统相应设备的实时图像，接收辅助监控系统的重要报警信息等。

20.3　SCADA 系统通信传输和网络安全

20.3.1　通信网络和通道

目前，SCADA 系统主站与被控站通信使用铁路专用通信网络作为传输通道。高速铁路 SCADA 系统通道组网如图 20.3 所示。

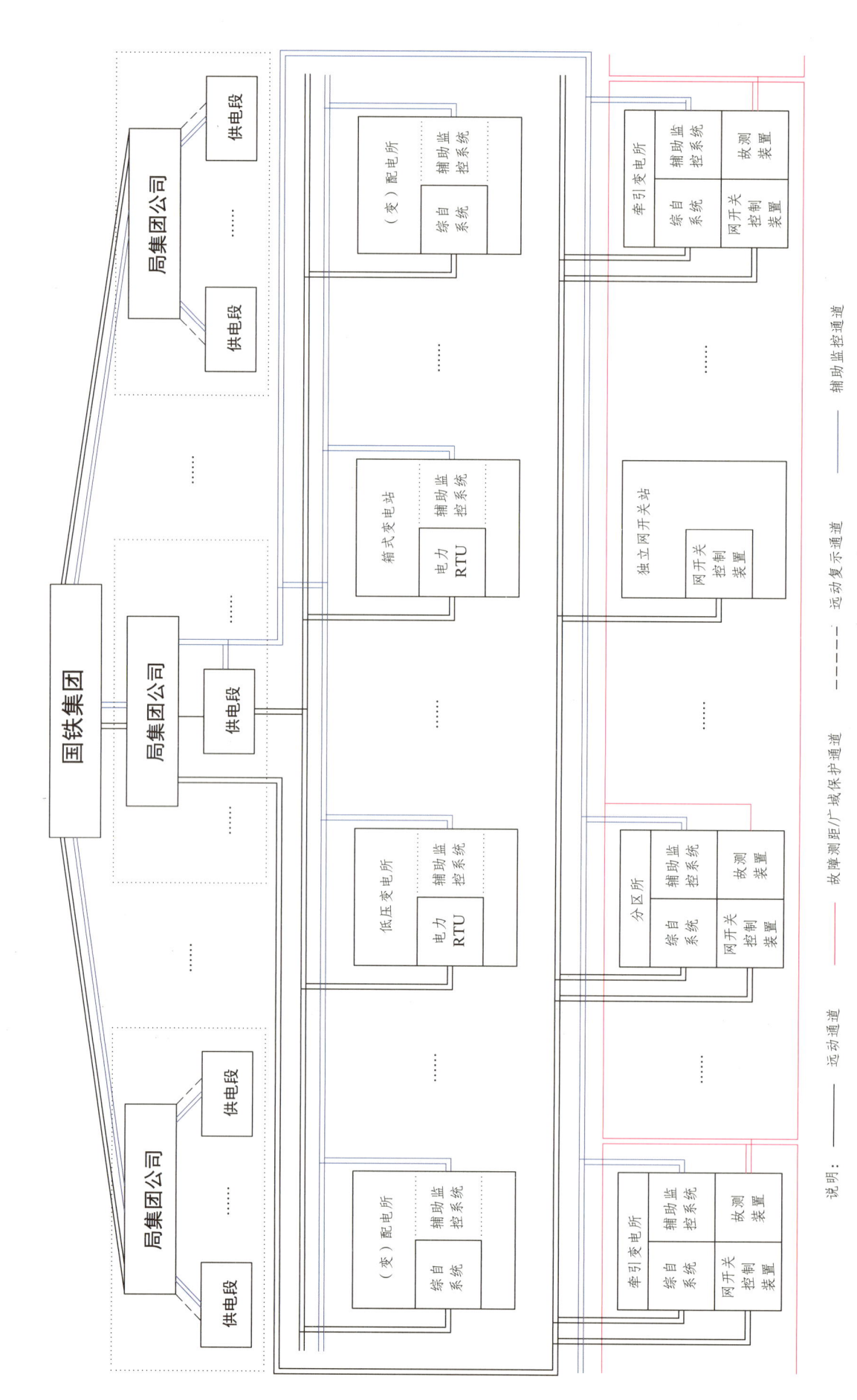

图 20.3 高速铁路 SCADA 系统通道组网示例

20.3.2 远动通信协议

目前，SCADA 系统远动传输主要采用国际电工委员会制定的远动通信系列协议 IEC 60870-5。

其中，IEC 60870-5-101 规约是问答式（Polling）规约，可以用于传输遥测、遥信、设备状态、文件、控制命令、调节命令、对时命令、参数设置等信息；IEC 60870-5-104 规约规定了 IEC 60870-5-101 的应用层与 TCP/IP 提供的传输功能的结合。在 TCP/IP 框架内，可以运用不同的网络类型，包括 X.25.FR（帧中继）、ATM（异步传输模式）和 ISDN（综合数据服务网络）。

20.3.3 网络安全

随着计算机和网络通信技术在 SCADA 系统中的广泛应用，网络安全日益重要。为了加强 SCADA 系统的安全管理，防范黑客及恶意代码等对 SCADA 系统的攻击侵害，需要对 SCADA 系统进行网络安全防护。

SCADA 系统面临的主要网络安全威胁为黑客入侵、旁路控制、完整性破坏、越权操作、无意或故意行为、拦截篡改、非法用户、信息泄露、网络欺骗、身份伪装、拒绝服务攻击、窃听等。

网络安全防护遵循的基本原则和措施如下：

（1）建立健全防护体系。逐步建立 SCADA 系统网络安全防护体系，主要包括基础设施安全、体系结构安全、系统本体安全、可信安全免疫、安全应急措施、全面安全管理等。

（2）分区分级保护重点。根据 SCADA 总体的业务特性和业务模块的重要程度，遵循国家信息安全等级保护的要求，准确划分安全等级，合理划分安全区域。

（3）网络专用多重防护。SCADA 系统采用专用局域网络和广域网络，与外部因特网和企业管理信息网络之间进行物理层面的安全隔离。

（4）全面融入安全生产。将安全防护技术融入 SCADA 系统的采集、传输、控制等各个环节业务模块。

（5）风险管控保障安全。全面加强网络安全风险管控，保障 SCADA 系统安全。

SCADA 系统主站目前满足 GB/T 22239 规定的网络安全等级保护的第三级安全要求，供电调度控制系统主站中不同的安全分区间应配置网络安全隔离装置，并应配置相应的安全防护策略，以确保分区间的网络安全。

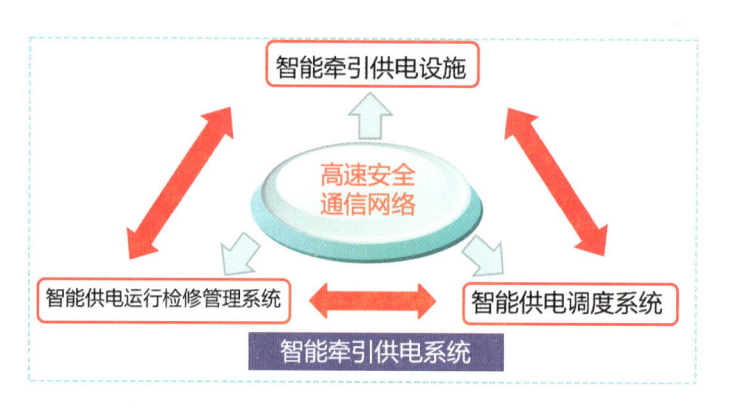

21 智能牵引供电系统

智能牵引供电系统运用了先进的测量、传感、控制、通信、信息、人工智能等技术，以智能化牵引供电设施和高速双向通信网络为基础，以信息化、网络化、自动化、互动化为特征，具备全息感知、多维融合、重构自愈、智慧运维等特性。智能牵引供电系统为铁路运行提供了安全可靠、高效优质的牵引动力。

瓦日铁路综合试验段中开展了数字化牵引变电所研究试验，随后我国自主研发的智能牵引供电系统在京沈客运专线上成功完成试验并投入运营，在此基础上我国首条智能高铁——京张高速铁路全面采用了智能牵引供电系统。

智能牵引供电系统由智能牵引供电设施、智能供电调度系统、智能供电运行检修管理系统及通信网络构成，系统构成如图 21.1 所示。

图 21.1 智能牵引供电系统构成

智能牵引供电设施包括基于智能设备组成的变电设施（包含牵引变电所、分区所、AT 所、开闭所及接触网开关控制站等）和接触网，是智能牵引供电系统的采集和执行层，由分布于牵引变电所、分区所、AT 所、开闭所内的智能高压设备和广域保护测控系统及接触网上的智能设备组成，实现电气设备之间和各所之间的信息共享和互操作。

智能供电调度系统实现对牵引供电系统的远程监视控制、调度运行管理、辅助监控等功能，并支持与其他相关系统的协调联动，具备运行数据全景化、报警分析综合化、调度作业自动化、调度决策精细化等特征。

智能供电运行检修管理系统对智能牵引供电设施等设备进行基础数据管理、检测监测、运行检修作业、设备状态评估与预测等全寿命周期管理，由国铁集团、铁路局集团公司、供电段、车间/工区四级系统组成。

智能牵引供电系统的应用可提高牵引供电系统的可靠性，降低故障发生率，缩短停电时间，对保障铁路正常运输秩序、提高运维效率、降低运营成本具有重要意义。

智能牵引供电系统组网如图 21.2 所示。

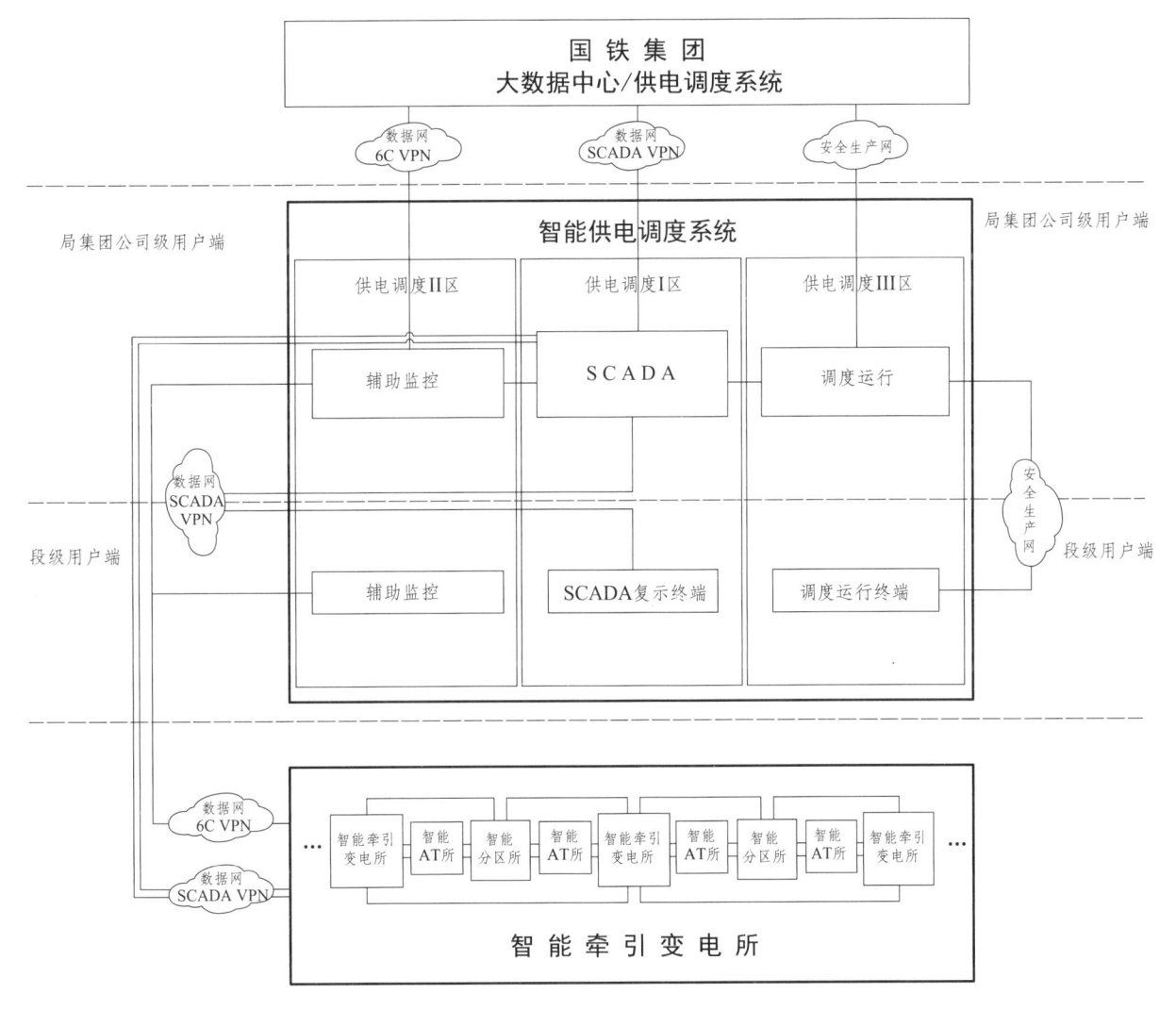

图 21.2 智能牵引供电系统组网

22 特殊环境地区的影响及对策

我国地域辽阔,气象地理环境复杂多变,有很多高速铁路地处环境恶劣地区,如兰新第二双线途经高海拔、高地震、大风区,最高海拔 3 600 m,最大风速 55 m/s;哈大高铁处于高寒地区,极端最低气温 –39.9 °C;海南环线等沿海铁路常年处于高盐雾、高湿热、台风频发的环境中。对于不同地域的高速铁路,牵引变电设施在常规设计之外,要根据环境的不同特点和要求考虑采取针对性的应对措施。

22.1 高海拔和地震高发地区

22.1.1 高海拔环境的电气绝缘参数修正

在高海拔地区,其特殊的自然气候环境条件对电气设备的影响很大,主要体现在以下几个方面:由于空气压力和密度的降低,电气设备的外绝缘强度会随之降低,空气间隙的击穿电压会相应降低;随着太阳辐射强度的增大,设备的外绝缘容易老化;昼夜温差的增大使得设备表面更容易形成凝露,增大了绝缘子闪络放电的概率,操作机构和二次设备的故障率也会增大。

为解决上述影响,通常采取的措施包括提高设备的空气间隙、绝缘爬距、绝缘耐受电压;采用全室内布置;设备选用全封闭的 SF_6 气体绝缘的组合电器或 SF_6 气体绝缘开关柜等方案。对于 SF_6 气体绝缘的成套开关设备,由于主要电气设备和母线都密闭在金属外壳内,高海拔对其内部的绝缘影响甚微,因此可靠性大大提高。由于气室内外的气压差的变化,对气室的强度需要进一步增强,其配套的气体密度继电器也应满足安装环境下的测量指示的精度要求。

根据国内外相关标准对高海拔环境的电气修正方法的规定,借鉴川藏铁路高海拔地区的牵引供电工程研究成果,对电气设备的空气间隙、绝缘爬距、绝缘耐受电压的修正方法如下。

22.1.1.1 空气间隙

《铁路电力牵引供电设计规范》(TB10009)规定了牵引变电设施室内、外配电装置的最小安全净距,在所址海拔高度超过 1 000 m 时需进行修正,一般按《绝缘配合第 1 部分:定义、原则和规则》(GB 311.1)的规定进行海拔修正,修正系数采用其中公式 B.3 进行计算。海拔 1 000 ~ 4 000 m 的空气间隙修正结果如表 22.1、表 22.2 所示。对于海拔超过 4 000 m 地区,可参照相关标准或采用试验方法获取。

表 22.1 室内配电装置空气间隙修正值　　　　　　　　　　　单位：mm

标称电压 /kV	海拔高度 H/m											
	1 000		2 000		2 500		3 000		3 500		4 000	
	A1	A2	A1	A2	A1	A2	A1	A2	A1	A2	A1	A2
27.5	300	300	340	340	361	361	384	384	408	408	434	434
110	850	900	962	1 018	1 022	1 082	1 088	1 152	1 156	1 224	1 229	1 301
220	1 800	2 000	2 036	2 262	2 164	2 404	2 303	2 558	2 447	2 718	2 601	2 890

注：A1 为带电部分至接地部分之间的安全净距；
　　A2 为不同相的带电部分之间的安全净距。

表 22.2 室外配电装置空气间隙修正值　　　　　　　　　　　单位：mm

标称电压 /kV	海拔高度 H/m											
	1 000		2 000		2 500		3 000		3 500		4 000	
	A1	A2	A1	A2	A1	A2	A1	A2	A1	A2	A1	A2
27.5	400	400	453	453	481	481	512	512	544	544	578	578
110	900	1 000	1 018	1 131	1 082	1 202	1 152	1 279	1 224	1 359	1 301	1 445
220	1 800	2 000	2 036	2 262	2 164	2 404	2 303	2 558	2 447	2 718	2 601	2 890

22.1.1.2 绝缘爬距

在高海拔地区，由于空气稀薄，电气设备的绝缘爬距需要加大，一般按《输电线路用绝缘子污秽外绝缘的高海拔修正》（DL/T 368）附录 B 表 B.1 的规定，不同海拔高度下采用表 22.3 的修正系数进行计算。对于海拔超过 4 000 m 地区，可参照相关标准或采用试验方法获取。

表 22.3 高海拔地区污秽条件下统一爬电比距（USCD）的修正系数

系统类型	修正系数	海拔高度 H/m					
		1 000	2 000	2 500	3 000	3 500	4 000
交流	k	1.0	1.08	1.12	1.17	1.22	1.28

22.1.1.3 绝缘耐受电压

在高海拔地区，电气设备的绝缘耐受电压均需进行修正，绝缘耐受电压的海拔修正系数应采用 GB 311.1 中公式 B.3 进行计算，见式（22.1），此公式参自国际标准 IEC 60721-2-3。

$$K_\mathrm{a} = \mathrm{e}^{q\frac{H-1000}{8150}} \tag{22.1}$$

式中　H——设备安装地点的海拔高度（m）；
　　　q——指数，对于短时工频耐受电压和雷电冲击耐受电压，取 1。

不同海拔的修正系数 K_a 见表 22.4。对于海拔超过 4 000 m 地区的修正系数，可参照相关标准或采用试验方法获取。

表 22.4 不同海拔的修正系数

海拔 1 000 m	海拔 2 000 m	海拔 2 500 m	海拔 3 000 m	海拔 3 500 m	海拔 4 000 m
1.000	1.131	1.202	1.279	1.359	1.445

22.1.2 地震高发区的抗震措施

地震的随机性和复杂性使电气抗震设计成为重要的研究课题。汶川大地震后，相关学者对地震作用效应与电气设备的影响进行了大量研究，从理论研究出发，结合场地条件、抗震设防烈度、安装方式等因素，分析典型设备抗震验算的类型和方法，并通过模拟震动试验提出了抗震设计的要求。《电力设施抗震设计规范》（GB 50260）对抗震设防 6 度至 9 度地区的电力设施抗震设计进行了相关规定，处于地震区的牵引变电设施需要进行系统性的抗震设计，以保证高铁牵引变电工程达到"大震不倒、中震可修、小震不坏"的抗震设防目标，保障铁路运输安全可靠。

1. 地震对变电设施破坏情况

地震除了直接破坏电气设备结构、影响设备性能外，还会因为次生灾害使电气设备间接受到影响，如出现地面变形、不均匀沉降、房屋倒塌或者周边山体滑坡等情况，使电气设备受损。地震对牵引变电所的影响主要为：设备本体、支持绝缘子断裂，变压器发生移位、套管折断，控制室盘柜倾倒，设备基础开裂，房屋吊顶脱落，墙体倒塌地面开裂等情况，严重时造成牵引变电所全所供电中断。

2. 牵引变电设施抗震措施

牵引变电所的抗震主要从所址选择、设备选型、布置方式、设备及架构的基础安装等方面采取相应的措施。

（1）牵引变电所应选择在地质、地形、地貌上对抗震有利的地段，并避开可能因地震引发次生灾害的区域。

（2）所内电气设备选型应考虑抗震性能，位于地震高烈度区时，对设备的抗震等级按照相应的地震烈度进行设计。尽量选择抗震性能较好的 GIS 设备，布置于室内时安装于一楼地面基础上。GIS 设备比单体柱上式设备具有更好的抗震性能，例如汶川大地震中映秀镇的电力变电站 220 kV GIS 设备震后基本完好。采用单体设备时，110 kV 及以上电压等级的断路器宜采用罐式断路器，降低设备高度，提高抗震能力。

（3）牵引变压器套管宜采用柔韧性较好的复合材料套管代替易碎易断裂的瓷质套管。牵引侧引出线采用硬母排加软连接。牵引变压器宜采用减震底座 + 限位器的安装方式。

（4）柱上式设备安装时根部与支承柱的连接部件要选择有利于抗震的型式，以提升设备的整体稳固性能，并采用在设备底部装设减震器或阻尼器、改进外瓷套的形状等措施，尽可能使设备的自振频率与安装场地地震频率相距较远，避免电气设备与地震波发生共振；同时应尽可能提高瓷套管的强度，如采用高强度的高硅瓷等。

（5）变压器套管、GIS套管尽量采用垂直安装。设备之间连接导线，需留有充分的拉扯余量，避免地震时发生拉扯导致瓷柱弯矩负荷的增大；硬导体与设备之间的连接应设置伸缩节。

（6）对于开关柜、蓄电池等室内屏柜设备，应加强设备本体与基础的连接，或设置必要的拉绳，以防止这些设备在地震中发生滑移、倾倒。控制保护屏、交直流屏等可在重心位置以上连成整体。蓄电池可采用抗震架安装。

（7）导线架构采用格构式角钢支柱和硬横梁架构，设备支柱采用钢柱。部分间距较小的设备或有整体位移要求的多个设备，采用整体联合基础。

22.2 大风沙地区

环境风速直接影响到牵引变电设施设备选型、布置方式、架构类型及受力等多个方面。基本最大风速分别有30年、50年、100年一遇，综合考虑相关设计规范、投资和相关专业防风工程的经验，最大风速选择按50年一遇最大风速考虑。

例如，兰新第二双线新疆段大风区段线路总长度约460 km，大风特征主要表现为：风速高，百里风区50年一遇最大风速达51 m/s；风期长，局部地段大于8级风的天数超过200天。考虑到新疆地区的气候特点，大风对供电设备的布置及选型影响较大，采取了如下防风措施。

（1）安装在室外的设备，加强高压设备接线端子等连接件的机械荷载。

（2）室外导线采用加强型钢芯铝绞线。

（3）提高室外悬式绝缘子、支持绝缘子、绝缘套管以及高压设备的绝缘水平和机械强度。

（4）避雷针选用迎风面积小的结构型式，如圆钢格构式结构或锥形钢管塔结构。

（5）在风力最大、风沙危害最严重的区段，牵引变电所或分区所、AT所、开闭所高压电气设备采用室内布置方式，必要时牵引变压器也采用室内布置方式，减少大风沙对设备的影响，图22.1为220 kV牵引变压器室内布置实景照片。

图 22.1　220 kV 牵引变压器室内布置实景照片

22.3 沿海地区

在沿海地区，牵引变电设施面临台风威胁和盐雾侵蚀，需根据当地环境条件制定相应方案。台风造成的危害及应对措施可参考大风沙地区。盐雾侵蚀在设计或运行中需采取相应的保护措施。

沿海地区盐雾密度大，污秽环境中的各种污秽物质对电气设备和线路的危害，取决于污秽物质种类及其导电性、吸水性、附着力、数量、相对密度以及污秽源的距离和气象条件。为保证电气设备的安全运行，根据污秽等级选择设备或采取相应措施。

（1）增大绝缘子的有效爬电比距，选用有利于防污的材料或造型，如采用硅橡胶、大小伞、大倾角、钟罩式等特制绝缘子。

（2）采用防污闪涂料，如 PRTV 涂料。

（3）采用 SF_6 气体绝缘高压组合电器或室内配电装置。

（4）加强运行维护，进行清扫，减少污秽的沉积。

（5）室外设备及安装构筑物的金属构件受环境条件、材质、工艺、服役年限、施工技术和维护管理等因素影响，其腐蚀度会影响设备的安全运行，需加强防腐措施。

（6）根据大气腐蚀等级增加钢结构受力部件厚度；各类设备防护罩与设备外壳不易积水；各类端子箱、机构箱应密封处理，箱体内设防凝露装置。

22.4 寒温及寒冷地区

寒温及寒冷地区是指《环境条件分类 自然环境条件 温度和湿度》（GB/T 4797.1）中所规定的寒温及寒冷地区。寒温及寒冷地区的极端低温环境对牵引变电设施内的设备和材料的性能、安全运行存在着很大影响。

低温环境造成的影响主要包括：钢结构在低温下的塑性、韧性和强度降低；电缆附件的可靠性下降；绝缘子强度下降且容易断裂；开关设备中的 SF_6 气体在低温下易发生液化，影响开关的绝缘性能和开断能力。以哈大高铁为例，从主要设备及材料参数的低温适应性、房屋等土建设施的防寒防冻等方面采取的应对措施如下：

（1）220 kV 高压断路器采用了 $SF_6 + CF_4$ 混合气体作为灭弧介质，保证 40 ℃ 低温开断能力。

（2）对于承重的钢结构钢材，降低钢材脆性破坏发生的概率，如选用 Q345B 耐候型钢材。

（3）设备采用新型的阻尼隔振缓冲材料，对水泥胶合剂与瓷件之间、水泥胶合剂与附件之间的应力起到缓冲作用，减少绝缘子的断裂故障。

（4）冻土层形成的高土壤电阻率层厚度较浅时，可将接地网埋设在高土壤电阻率层下不小于 0.2 m；高土壤电阻率层厚度较深时，可将水平接地网正常埋设，在接地网周围及内部接地体交叉节点布置短垂直接地体，其长度一般伸入季节高土壤电阻率层下不小于 2 m。同时，应充分利用铁路综合接地系统及周边土壤电阻率较低区域的接地条件，以降低牵引变电设施的接地电阻。

（5）设备房屋采用外保温措施，控制室及 GIS 高压室设置相应的取暖措施，满足设备正常运行需要。

（6）高、低压电缆沟全部采用混凝土现浇制作方式，提高周边土壤的防渗水和抗冻胀能力。

（7）钢柱采用混凝土扩底基础，同时加大埋深，使其通过季节性冻土区至稳定层。

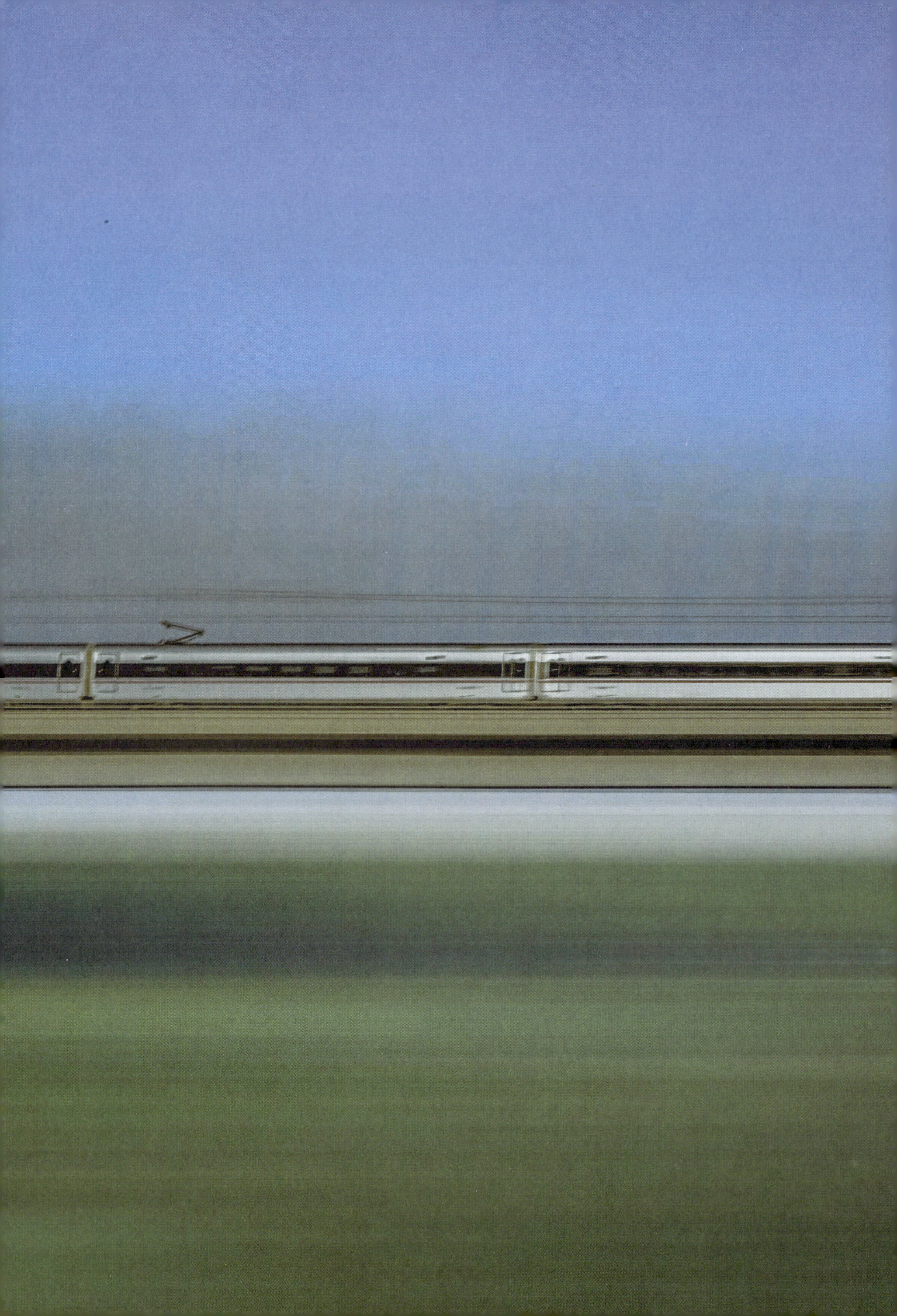

第 4 篇

接触网

接触网是为高速铁路列车直接提供持续牵引动力的核心设施，其与列车受电弓构成的弓网系统是影响速度提高的关键环节，是能否实现高速运行的控制技术之一。接触网对高速铁路牵引供电可靠性、持续性和稳定性具有举足轻重的作用。

接触网悬挂类型、导线型号及张力和接触网主要技术参数选择，应满足弓网受流要求，还需考虑接触网结构和主要零部件的运行稳定性。

接触网沿铁路线架设，运行环境恶劣，且无备用。接触网一旦故障停电，将直接影响行车。所以，接触网是整个牵引供电系统最薄弱的环节。接触网应避免出现大范围绝缘污闪、导线结冰、结构大风损伤等大面积故障发生。接触网应尽可能采用先进、可靠的技术和装备，提高工程质量、设备质量和运营管理水平，以确保牵引供电系统安全可靠供电，保障列车安全正点运行。

23 环境条件

高速铁路列车通过受电弓在接触线上滑动接触来获取电能，接触网由外露在自然环境中众多的线材、零部件、结构件、设备等构成，运行工况复杂、外部环境恶劣。接触网的外部条件一般包括气象、环境和运行条件。气象、环境条件主要指温度（气温）、湿度、风速、覆冰（霜、雪）、雨、雷电、日照和污染等。我国幅员辽阔，地形复杂，气候多变，有高海拔的高山高原地区，西部有世界地势最高的青藏高原，许多地区海拔在 4 000 m 以上。西北地区深处内陆，属于温带大陆性气候，气候干旱，风沙较大，有著名的新疆三十里风区、百里风区。东北、内蒙古及新疆北部是典型的严寒地区，部分地区极限最低温度达 – 45 ℃。东南沿海地区为海洋性气候环境，温度和湿度较高，夏秋季台风多发，其中不乏超强台风。此外，我国部分地区雷电活动频繁，广东、广西地区平均年雷电日达 90 ~ 120 天，雷州半岛、海南岛是我国年雷电日最高的地区，局部高达 124 天。运行条件主要指高速列车作为接触网的移动负荷，其受电弓性能及数量、列车运行速度、载流要求，以及运行时的温度（导线温度和温升）等，对接触网及弓网受流均有较大的影响。接触网的设计、施工、设备制造、运营均需考虑各类复杂环境条件和高速运行条件的影响，确保接触网在各种复杂环境条件下具有良好的电气和机械性能，能安全、可靠地稳定运行，并具备良好的可维修性和预期使用寿命。

23.1 温 度

23.1.1 温度对高铁接触网系统的影响

温度是高速铁路接触网首先考虑的气象条件之一。温度对接触网系统的影响包括环境温度和工作温度两方面。环境温度对接触网工作温度、接触网运行状态等存在直接影响。工作温度是评估接触网载流能力和悬挂定位及下锚位移的重要技术参数，尤其是接触网导线的工作温度范围，是高速铁路接触网系统的重要影响因素。

接触网导线最高工作温度需考虑最高环境温度、日照辐射热和牵引负荷电流产生的热能，这些是决定接触导线载流量的重要因素。高速铁路接触网导线最高工作温度一般按 80 ℃ 设计，在我国南方等环境温度较高、日照辐射较多的地区，在载流量验算的基础上可适当放宽至 90 ℃。导线最高工作温度与最低环境温度之差，定义为最大工作温度变化值，是影响接触网腕臂安装偏移、导高精度、锚段长度、下锚补偿装置行程的关键因素之一。

导线软化温度取决于导线材质的特性，涉及导线在过热工作条件下的机械安全，是导线选型需考虑的重要因素。

我国北方寒温及寒冷地区的高速铁路接触网，还需考虑低温冰冻等对结构及零部件的工艺设计和材料选型影响，以提高系统结构的可靠性。

23.1.2　隧道外温度

高速铁路隧道外接触网设计选用和计算的主要温度如表 23.1 所示。

表 23.1　高速铁路隧道外接触网设计温度选用和计算方法

序号	设计温度	选用和计算方法	典型取值
1	最低度环境温度	气象台或相邻运营线路调查统计的最低度环境温度	福建、广东、广西、海南，贵州和云南南部地区一般为 0 ℃ 寒温及寒冷地区一般为 −40 ℃ 其他地区一般为 −20 ℃
2	最高度环境温度	气象台或相邻运营线路调查统计的最高度环境温度	一般地区 +40 ℃ 华南地区 +45 ℃
3	最高导线工作温度	根据导线载流发热进行计算	一般地区 80 ℃ 华南地区 90 ℃
4	最大工作温度变化	最高导线工作温度 − 最低环境温度	一般地区 100 K 寒温及寒冷地区 120 K
5	吊弦及定位器正常位置时安装温度	(最高导线工作温度 + 最低环境温度)/2	按实际计算值

23.1.3　隧道内温度

根据《轨道交通　设备环境条件　第 2 部分：地面电气设备》（GB/T 32347.2），由于列车的活塞效应和强制通风系统会造成空气流动，隧道内温度会受到空气流动的影响。隧道壁的温度基本保持恒定，该温度是隧道内的平均环境温度。隧道内最终的温度主要与列车的运行频率和强制通风系统的运行状态有关。明挖隧道内的环境温度和隧道外环境温度范围比较接近。

结合我国高铁的建设和运营经验，隧道进、出口区段容易受到隧道外气候的影响，隧道内接触网设计气温选用原则如下：

（1）2 km 以下的隧道，设计气温按隧道外设计；

（2）2 km 以上的隧道，隧道口深入隧道内的第一个锚段的设计气温比照隧道外设计，隧道内其他锚段的设计气温按比隧道外设计气温最低值高 5 ℃，最高值低 10 ℃ 设计。

23.1.4　寒温及寒冷地区装备选型原则

我国东北、西北和华北部分地区的高速铁路多处于寒温及寒冷地区，其低温等恶劣气候环境对设备和材料的性能、运行有着重大影响，如造成支柱基础冻拔和溶陷、钢材冷脆等。寒温及寒冷地区为《环境条

件分类 自然环境条件 温度和湿度》（GB/T 4797.1）所规定的低温地区，最低计算温度按 15 年重现期计算。

为进一步提高寒温及寒冷地区铁路运行的安全可靠性，寒温及寒冷地区的接触网系统及设备零部件选取原则如下：

（1）接触网锚段长度的选取需充分考虑对转换柱双腕臂底座间距和补偿装置安装调整的影响。

（2）主要设备零部件选型需满足国家标准《机械产品环境技术要求 寒冷环境》（GB/T 14093.2）规定。25 kV 绝缘子的结构、材质、爬电距离等需考虑低温、覆冰的影响。钢结构的材质需根据其重要性、连接方式和所处的环境温度进行合理选择，受冲击荷载影响时需具有良好的最低工作温度冲击韧性，钢制零部件需选用磷含量低的材质，结构类杆件低温下加工要求按照《钢结构设计标准》（GB 50017）执行。采用过盈配合的零部件按极限温差的配合要求选用。

（3）接触网基础型式需考虑土壤的冻结深度、土壤的冻拔和溶陷等特性。季节性冻土区段优先采用扩大基础或扩底钻孔灌注桩基础，且采取有效的防止冻胀措施，基础埋深一般大于土壤的最大冻结深度，且不小于最大冻结深度以下 0.6 m。

（4）膨胀系数差别较大的接触网零部件连接配合时，需考虑配合间隙在极限温差下的变化。零部件间装配采用过盈配合时，需考虑极限温差下的过盈配合量。

（5）接触网工程充分考虑跨线建筑物排水孔、结构变形缝、隧道口等处落水、结冰的影响。在跨线建筑物、隧道口等易发生落水处，接触网需采取绝缘、防护措施。

23.2 风 速

23.2.1 环境风

环境风对接触网而言，不仅增大其机械荷载，当其速度和方向变化时，还会使接触网导线产生摆动、振动或舞动。当气流遇到接触线时，会在接触线背风面形成涡流。这种涡流作用会使接触线产生一个向上或向下的力，从而对接触线产生周期性的冲击，造成接触线上下振动。在特大风作用下，甚至会出现支柱断裂、接触网断线、接触网零部件断裂的情况。风速大小、方向还有湿度等的不同，会产生许多类型的风，如天然风、旋风、焚风、台风、龙卷风、山谷风、海陆风、季风、信风等。表 23.2 为我国高铁分布区域和风类别，不同类型及不同区域的风对接触网的导线、零部件及其配套的结构的影响也不同。

表 23.2 我国高铁分布区域及风类别

序号	类别	分布区域	典型高铁分布	主导风类别
1	高原气候区	西北及西南部分地区	兰新第二双线、云桂、贵广等高铁	信风、山谷风等
2	热带季风性气候区	东南沿海地区	广深港、海南环线、厦深、福厦等高铁	海陆风、季风、台风等
3	亚热带季风性气候区	东南部地区	武广、京沪等高铁	天然风
4	温带季风性气候区	北方地区	哈大、京沈等高铁	信风
5	温带大陆性气候区	西北和华北北部地区	郑西、京石武等高铁	信风、焚风

风是空气从气压大的地方向气压小的地方流动而形成的，气流遇到结构物的阻塞，会形成压力气幕，即风压，风压与风速有直接的关系。设计用风荷载主要是由风速决定的，风速越大，其对结构产生的压力也越大。风荷载属于典型的可变荷载，接触网是完全暴露在露天环境中的大型空间结构，所以受外部气候环境的作用影响较大。

为了进行结构风工程计算，需要确定风速值，但是结构所承受的风荷载并非规律的，随机性很大，具有明显的非重现性的特征，一般是根据气象站测风仪所得的大量数据，用时距、重现期、重要度等进行修正，通过数理统计方法进行分析计算，得到工程结构强度校验风荷载所需要的设计风速。

23.2.2　接触网设计风速

高速铁路接触网需考虑风速对其正常运行和结构安全的影响，需确定出校验风偏的运行风速和校验结构强度的结构风速。接触网需根据结构风速分别进行承载能力极限状态和正常使用极限状态验算。

根据《铁路技术管理规程（高速铁路部分）》（TG/01—2017A）规定：环境风速不大于 15 m/s 时，列车可以正常速度运行；环境风速不大于 20 m/s 时，运行速度不大于 300 km/h；环境风速不大于 25 m/s 时，运行速度不大于 200 km/h；环境风速不大于 30 m/s 时，运行速度不大于 120 km/h；环境风速大于 30 m/s 时，严禁动车组列车进入风区。

结构基本风速根据现行国家标准《建筑结构荷载规范》（GB 50009），按 50 年一遇基本风压计算确定。

计算运行风速和结构风速时，需根据地区、地形、高度对相应基本风速进行修正使用，并保证接触网主要构件在结构设计风速下不被破坏，隧道内结构需考虑驶过列车引起的气动力的影响。

23.2.3　风荷载基本计算方法

垂直于接触网构件表面上的风荷载标准值，一般按照《建筑结构荷载规范》（GB 50009）、《轨道交通 地面装置 电力牵引架空接触网》（GB/T 32578）、《铁路电力牵引供电设计规范》（TB 10009）等相关规定计算。即：

$$W_k = \beta_z \mu_s \mu_z W_0 \tag{23.1}$$

式中　W_k——风荷载标准值（kN/m²）；

　　　β_z——高度 z 处风振系数；

　　　μ_s——风荷载体型系数；

　　　μ_z——风压高度变化系数；

　　　W_0——基本风压（kN/m²）。

对于工程结构设计计算来说，风力（风荷载）作用的大小以风压表示，风压也与该地区空气稀薄程度有关。

我国基本风压值是基于规定的地形、地貌条件、测量高度、测量时距及规定的概率条件下确定的，即根据当地比较空旷平坦的地面，在离地面 10 m 高度处，统计重现期 50 年一遇 10 min 年最大平均风速值，按式（23.2）计算得到基本风压值。

$$w_0 = \frac{1}{2}\rho v^2 \tag{23.2}$$

式中　w_0——基本风压（kN/m²）；

　　　v——基本风速（m/s）；

　　　ρ——近似空气密度（kg/m³）。

由于各地的地理位置不同，空气的密度及重力加速度不同，空气密度是气压、气温和湿度的函数，重力加速度随着高度及纬度变化而变化。

当海拔低于 1 000 m 时，统一标准空气密度 ρ=1.25 kg/m³，根据牛顿第二定律 $F=ma$，可知 1 N=1 kg·m/s²，基本风压计算可简化为

$$w_0 = v^2/1\,600 \tag{23.3}$$

式（23.3）计算方法广泛适用于亚热带季风性气候、温带季风性气候和温带大陆性气候。

我国高原铁路，按式（23.4）根据海拔进行空气密度修正。

$$\rho = 1.25\mathrm{e}^{0.000\,1} \times Z \tag{23.4}$$

式中　Z——海拔高度（m）。

热带季风区中的东南沿海地区等非标准地区空气密度与本地区的气候有关，主要受当地的空气温度及水汽压影响，确定非标准地区的空气密度往往使用风杯式测风仪，其计算公式如下：

$$\rho = \frac{0.001\,276}{1+0.003\,66t}\left(\frac{p - 0.375p_{\mathrm{vap}}}{100\,000}\right) \tag{23.5}$$

式中　t——空气温度（℃）；

　　　p_{vap}——水汽压（Pa）。

风荷载除了平均风力外，还有脉动风力。高速铁路接触网多处于高架桥、高路基区段，柔性结构需根据各地区风压和风特性分布，考虑脉动风引起的效应。一般结构在脉动风作用下的动力增大效应，通常通过随机振动方法或谱方法求解。工程中，结构上的动态风压按式（23.1）中的风振系数 β_z 来综合考虑结构在风荷载作用下的动力响应。风振系数 β_z 可按《建筑结构荷载规范》（GB 50009）进行计算，无确切资料时可按《轨道交通　地面装置　电力牵引架空接触网》（GB/T 32578）中的 G_q 取值，进行承载能力极限状态验算。

23.2.4　特殊风区接触网风荷载的确定及试验方法

我国幅员辽阔，地形复杂，由于地理位置、地势等条件的不同，各地气候相差悬殊。新疆的百里、三十里大风区，风区内大风频繁、风力强劲、风力变化剧烈，列车运行受横向风影响大，沿线铁路风害影响显著，威胁铁路运输安全。防风研究仅依靠经验公式已无法满足要求。对于沿线的电气化铁路建设，我国采集各风速监测站的原始数据，利用统计原理进行分类处理，建立样本空间，为深入研究大风引起的接触网及其结构等的动态变形问题提供数据来源及基础资料。

根据兰新第二双线相关研究，综合考虑各测风站点最大风速、极大风速、2 min 平均最大风速风力、频率、风向及与线路交角、对大风有影响地形地貌、植被情况、线路高度及工程类型、既有铁路、公路对应

段落风害情况、沿线大气环流特征及风蚀影像（卫星、航片）特征，对新疆等特殊大风区进行工程分区：

Ⅰ区（大风极少区）：极大风速 <25 m/s，且大于 20 m/s 大风出现频率小于 5%；地形平缓不利大风形成、植被良好；最大风速、极大风速、2 min 平均最大风速的三种风速相关性良好；既有铁路、公路没有发生过大的风害。

Ⅱ区（大风低发区）：25 m/s< 极大风速 <30 m/s 或极大风速 >30 m/s 出现频率不大于 3%；地形平缓不利大风形成，植被一般；最大风速、极大风速、2 min 平均最大风速的三种风速相关性一般；既有铁路、公路没有发生过影响铁路运营的风害。

Ⅲ区（大风一般区）：极大风速 >30 m/s，3%< 出现频率 ≤ 5%；地形起伏、植被一般；大风风向与线路呈 35°～65° 交角，最大风速、极大风速、2 min 平均最大风速的三种风速相关性一般；既有铁路、公路段风害偶有发生。

Ⅳ区（大风易发区）：极大风速 >30 m/s，5%< 出现频率 ≤ 10%；地形起伏、植被少；部分线路高度大于 20 m；大风风向与线路呈 35°～65° 交角，最大风速、极大风速、2 min 平均最大风速的三种风速相关性差；既有线对应段经常发生风害；既有铁路、公路风害有影响运营的情况。

Ⅴ区（大风频繁区）：极大风速 >30 m/s，出现频率 >10%；地形起伏、植被少；部分线路高度大于 20 m；大风风向与线路呈更大交角，最大风速、极大风速、2 min 平均最大风速的三种风速相关性良好；既有铁路、公路对应段出现过重大风害事故。

大风作用会使接触网发生更大更复杂的振动，加速接触网疲劳，影响弓网高速运行动态受流质量，甚至引发弓网故障。在设挡风墙地段，大风经过挡风墙后，会在墙体上部形成大风增速区，在挡风墙后部形成涡流区，对接触网产生更不利的影响。研究风场的手段有三种：① 数值模拟；② 风洞试验；③ 现场实测。结构物的局部风场研究历来以风洞实验为主，计算方法为全隐式耦合算法，采用 RNG（重整化群模型）湍流模型，考虑流线弯曲以及二阶流动等影响因素。

23.2.4.1 流场数值模拟计算

用流场数值计算软件，按三维黏性流对各种工况接触网、挡风墙及车辆受到的大风空气动力影响分别进行数值模拟计算，湍流模型采用 $k\text{-}\varepsilon$ 双方程模型。主要步骤如下：

（1）建立计算模型；对接触网、路堤、挡风墙、列车等建立模型图。

（2）流场网格离散划分；整个计算区域采用非结构网格离散，列车、路堤、挡风墙表面为三角形面网格，如图 23.1 所示。流场空间采用四面体网格，如图 23.2 所示。

图 23.1　列车面网格离散

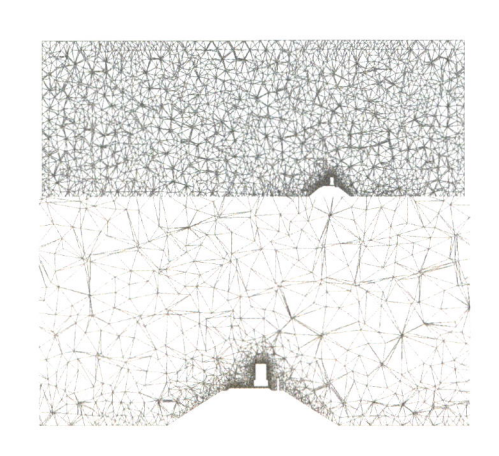

图 23.2　流场体网格离散

通过上述几个步骤建立 n 个计算模型，由此，按各种工况输入相关参数进行第一次流场计算，得到各种车辆、挡风墙承受的风荷载及接触网高度位置空气流动的有关参数。

（3）接触网各节点流场气流参数二次计算。通过流场第一次计算，得到各种工况接触网各节点位置空气流动的有关参数：① 主受力方向的风速分量及合成风速；② 正对来流方向的静压值。为得到大风绕流接触网各部位风压合成的作用力，必须在每一节点处重新建立局部流场，进行二次计算而最终得出各节点 1 m 长度范围接触网受到的风荷载。

23.2.4.2　气弹模型风洞试验

研究选取接触网风洞缩尺模型参数，利用西南交通大学工业风洞 XNJD-3，建立接触网气动弹性模型风洞试验条件。该风洞为大型低速风洞，风洞空置条件下，风速范围为 0～16.5 m/s，紊流度小于 1.0%。采用竖向回流式设计，试验段长 36 m，宽 22.5 m，高 4.5 m。该试验段可通过安装尖塔、锯齿板和粗糙元等装置模拟大气边界层。

大气边界层、风场模拟、弹性测试、动态测试布置及试验工况确立须根据实际工程确定，设计与制作的接触网风洞试验缩尺模型及气弹模型如图 23.3 所示。

图 23.3　风洞试验接触网气弹模型

接触网气弹模型试验在均匀流场和模拟大气边界层的紊流流场中进行，均匀流场试验主要用于评估接触网的静力失稳性能以及舞动特性，紊流流场试验主要评估接触网的抖振响应。主要测试内容如表 23.3 所示，在每一测点处，均同步测量竖向和水平方向位移。

各工况的最大试验风速换算成实际风速，如果能满足设计风速要求，试验所设定的风速范围基本满足各项抗风安全性能检验的要求。

表 23.3 气弹模型风洞试验测试内容

试验模型	内　　容	测　点
均匀流	静力失稳 + 舞动性能	正定位
		跨中
		反定位
紊流	静风偏量 + 抖振响应	正定位
		跨中
		反定位

23.2.4.3 均匀流风洞实验

大风区段接触网悬挂风洞试验一般在均匀流场中完成，以兰新第二双线为例，根据沿线挡风墙（屏）结构对接触网高度处流场的影响，分别测试攻角为 0°、10°、15°、20° 和 30° 共 5 种试验工况下接触网的平均静风偏量，并与理论值进行比较。接触网的平均位移用于评价静风作用下的接触网的竖向和横向刚度，同时测量竖向位移和水平位移。考虑到正、反定位处横向约束刚度较大，试验仅测量了竖向位移，其中风洞试验风速数据（兰新第二双线）的换算风速比为 3.88。

23.3　覆　冰

23.3.1　覆冰的形成与危害

接触网导线上覆冰的发生需要具备一定的气象条件：空气温度、湿度和风速及风向。一般覆冰大多出现在空气相对湿度 85% 以上时；空气的流动带动小水滴附着在导线上，雨凇多发生在风速 3 ~ 15 m/s；附在导线上的水滴凝固需要气温低于冰点；风向也是影响覆冰的重要因素，若导线的延伸方向与风向一致，覆冰很难发生，只有当导线与风向交角较大时，才会使导网覆冰。

从机械角度讲，覆冰后接触线出现下垂、冰坠，造成受电弓滑板损伤。从电气角度讲，由于接触线被覆冰包裹，导致受电弓取流不畅，影响列车获取电能，覆冰严重时弓网间会产生较大的电弧甚至燃弧，影响动车组正常运行。而且，接触网覆冰后在微风的作用下舞动快、幅度大，弓网运行关系发生改变，对动车组正常运行造成不良影响。因此，高速铁路接触网防冰、融冰对保障正常运行十分重要。

在接触网容易出现覆冰的季节和区段，可结合天气预报并充分利用高铁综合视频、高速铁路供电安全检测监测系统（6C）等手段，动态掌握接触网积雪、覆冰、受电弓取流、上跨构筑物冰凌等情况，便于及时采取应对措施，保证列车的安全运行。

23.3.2 覆冰厚度的取值原则

接触网设计时通常需调查沿线电网架空线路、户外设备等运营环境中的覆冰厚度或冰区分布图（冰区分类见表23.4），参考《电网冰区分布图绘制技术导则》（GB/T 35706）的计算方法，分析确定接触网导线覆冰厚度。

（1）接触网系统中，各线索、结构、部件的覆冰厚度以承力索覆冰厚度为标准进行计算。

（2）承力索覆冰厚度根据线路所经地区的观测资料或运行经验取50年一遇的最大值。

（3）接触线的覆冰厚度一般为承力索覆冰厚度的50%。

表 23.4 冰区分类

冰区分类	设计覆冰厚度范围 /mm	典型高铁工程
轻冰区	（0，5]	武广高铁广东省境内
	（5，10]	京沪高铁江浙地区
中冰区	（10，15]	武广高铁湖南省境内
	（15，20]	京沪高铁山东省境内
重冰区	（20，30]	哈大高铁、沪昆及成贵等云贵高原部分地区

23.4 雷 电

雷电是由带电荷的云体引起的大气放电现象，评估雷电参数主要有雷暴日和地闪密度。接触网沿铁路线分布，直接暴露在雷电活动环境中。雷云对地放电受到气象、地质和地形等众多自然因素影响，雷电活动的频繁程度也因地域而异。供电线路遭受雷击分为两种类型：一种是雷电直击线路，称为直击雷；另一种是雷击线路附近地面或设施，电磁感应到供电线路上，称为感应雷。

当沿铁路线路的雷云放电时，无论是雷电直击接触网或雷击接触网附近地面引起的过电压，都有可能造成接触网绝缘子闪络，引起牵引变电所保护跳闸。

我国高铁分布广、地形复杂、南北地区雷电活动差异大，需要客观了解雷电的实际影响并采取合理的防护措施。

23.4.1 年平均雷暴日及雷电分区

雷电活动强度按年平均雷暴日数划分。年平均雷暴日在20天以下的地区为少雷区，年平均雷暴日在20~40天以内的地区为中雷区，年平均雷暴日在40~60天以内的地区为多雷区，年平均雷暴日在60天以上的地区为强雷区。

中国气象局国家气象信息中心对我国三十年（1971—2000）雷电资料进行了统计整理，依照国际气象组织（WMO）规定，根据我国 2 600 多个气象站实际观测资料经过反复对比分析和校准而得出了我国年平均雷暴日分布图。其中：云南南部和海南岛南部为雷暴极值区，雷暴日超过 100 天；华南地区为雷暴高值区，平均年雷暴日多为 80～120 天；青藏高原北缘和东缘由于地形的抬升作用，雷暴日相对高于同纬度地区，为次高值区，一般为 50～80 天；而最低值区在戈壁、沙漠地带或盆地，一般少于 20 天。

高速铁路接触网设计需参照中国气象局调查的年平均雷暴日分布情况，结合现场地形、地貌等方面的调研，确定雷电分区和差异化防雷措施。

23.4.2　地闪密度

地闪密度可由广域雷电地闪监测系统通过探测雷电电磁辐射信号经反演计算获得，监测系统只统计地闪放电，既能给出区域范围的地闪密度，也可给出线状走廊的地闪密度，表征雷电活动更准确。

高速铁路因距离长、跨度大，呈明显条带状分布。高铁沿线地域、环境条件、土壤电阻率、雷电活动等差异很大，优先采用基于广域雷电地闪监测系统获得走廊沿线地闪密度。当缺乏广域雷电地闪监测数据时，可通过雷暴日近似换算地闪密度，优先采用国际大电网会议组织（CIGRE）推荐的公式，见式（23.6）：

$$N_g = 0.023 \cdot T_d^{1.3} \quad (23.6)$$

式中　N_g——地闪密度 [次/（km²·a）]；

　　　T_d——雷暴日（天），即某地区一年中的有雷天数，一天中只要听到一次以上的雷声或看到一次以上的闪电，就算一个雷暴日。

我国目前已建成国家电网公司的广域雷电地闪监测系统和中国气象局的闪电监测及定位系统（ADTD）。雷电地闪密度需要根据大量雷电监测数据统计得出，需要 5～10 年的监测数据样本。

我国已开展铁路沿线雷电地闪密度研究及监测工作，以京津城际、沪甬铁路等高速铁路为例，沿线左右各 5 km 的窄带状区域监测雷电地闪密度分布如表 23.5 所示，供参考。

表 23.5　典型线路沿线监测雷电地闪密度值

线　　路	易受雷击区段地闪密度 N_g[次/（km²·a）]
京津城际	3.2<N_g<4.4
沪甬铁路	7.9<N_g<13.2
甬温铁路	7.9<N_g<13.8
温福铁路	5.5<N_g<7.9
福厦铁路	5.0<N_g<5.6

23.4.3　雷电流幅值概率分布

《交流电气装置的过电压保护和绝缘配合设计规范》（GB/T 50064）、《高速铁路牵引供电系统雷电防护技术导则》（TB/T 3551）给出了雷电流幅值概率函数。我国除西北地区（不包括陕南）和内蒙古自治区的部分少雷地区以外的一般地区雷电流幅值概率分布可按式（23.7）计算：

$$P(I_0 \geq i_0) = 10^{-\frac{i_0}{88}} \quad (23.7)$$

式中　$P(I_0 \geq i_0)$——雷电流幅值超过i_0（kA）的概率；

　　　I_0——雷电流幅值（kA）。

陕南以外的西北地区、内蒙古自治区的部分少雷地区雷电流幅值较小，雷电流幅值概率分布可按式（23.8）计算：

$$P(I_0 \geq i_0) = 10^{-\frac{i_0}{44}} \quad (23.8)$$

23.4.4　雷电对接触网的影响

一般情况下，高速铁路接触网因 AF 线、PW 线或避雷线的安装高度高于承力索、接触线的安装高度，雷电直接击中正馈线的概率大于击中承力索或接触线的概率。

雷电击中接触网附近大地或高耸物体时，通过电磁耦合作用在 AF 线、承力索、接触线上，产生感应过电压。由雷感应过电压的形成机制可知，其感应过电压的大小，与主放电流幅值及导线高度成正比，与到雷击点的距离成反比。

接触网雷电故障多发生在多雷区或强雷区，雷击一般容易造成接触网发生绝缘闪络。若在大雨季节，可能顺着绝缘子形成较大水流，降低了绝缘子的湿闪耐压水平，当雷击产生的电位差大于绝缘子的湿闪耐压水平时，容易发生闪络甚至损坏绝缘子。雷电还可能由于接触网支柱接地阻抗值较大，当雷击中支柱或导线时，因接地阻抗较高，容易引起雷电反击。

23.5　环境污染

23.5.1　环境污染源

高速铁路接触网系统在自然环境中运行，工业粉尘、其他排放气体及污染物和潮湿空气等混合后会对绝缘产生不利影响。如化工厂、钢铁厂、火电厂等污染类企业排放的污染物，会对接触网绝缘及结构和零部件带来污闪、腐蚀等危害。雾霾和海洋也是接触网重要污染源，特别是近海 5 km 范围内接触网系统易受到海盐环境的污染和腐蚀，影响接触网供电的可靠性。

根据《污秽条件下使用的高压绝缘子的选择和尺寸确定》（GB/T 26218）和《电气化铁路接触网用绝缘子选用导则》（TB/T 2007），将环境描述为荒漠型、沿海型、工业型、农业型、内陆型五种类型，将能导致闪络的绝缘子污秽基本类型分为 A、B 两类。

A 类：沉积在绝缘子表面上的有不溶成分的固体污秽，湿润时该沉积物变成导电的物质；

B 类：沉积物在绝缘子上的不溶成分很少或没有不溶成分的液体电解质。

高速铁路基本上按照途经地域环境类型确定，接触网除了考虑环境条件外，同时还要考虑沿线化工厂等污染源的影响。

23.5.2 污秽等级划分

污秽等级的选用和划分需考虑地理环境并结合具体工作条件的特点确定。接触网相对于电网的电力线路来说，具有架设高度低、离地面近、铁路列车运行造成地面粉尘飞扬和弓网受流摩擦产生导电粉末等特点，接触网的污秽环境比电网电力线路更加恶劣。

在《污秽条件下使用的高压绝缘子的选择和尺寸确定》（GB/T 26218）中，将现场污秽度（SPS）等级定性地定义为 a、b、c、d、e 共 5 个污秽等级，表征污秽度从很轻到很重；同时，对每一污秽水平给出了某些典型的相应环境示例和大致描述。

电气化铁路在《电气化铁路接触网用绝缘子选用导则》（TB/T 2007）中规定，接触网绝缘器件污秽等级根据接触网所处环境的污湿特征和运行经验，并结合电瓷外绝缘表面污秽物质的等值附盐密度（简称盐密）三个因素综合考虑决定污秽等级。因此，结合我国接触网绝缘的实际运行经验，综合考虑接触网绝缘表面污秽物质的等值附盐密度等因素，接触网运行环境污秽等级的划分如表 23.6 所示。

表 23.6　接触网运行环境污秽等级划分标准

污秽等级	典型环境的描述
c	TB/T 2007 中表 1 示例 E1、E2 和无混合牵引及非工业污染的站场和区间在污闪季节中干燥少雾（含毛毛雨或雨量较多时）
d	TB/T 2007 中表 1 示例 E4、E5 和 E 6，有双机或三机混合牵引的站场和区间枢纽站
e	TB/T 2007 中表 1 示例 E7，大气特别重污染地区，海岸 1 km 以内的线路站场、货物装线和隧道内

注：接触网安装高度低，列车运行过程中易产生粉尘污染，一般 a、b 污秽等级不适用。

23.6　海　拔

23.6.1　适用海拔

我国高速铁路大多分布在中东部地区，海拔一般在 1 000 m 以下，有比较成熟的技术标准和装备。西部地区通常海拔较高，海拔高度影响接触网系统的空气绝缘间隙、设备耐受电压、绝缘爬电距离等外绝缘性能。对于海拔 1 000～4 000 m 的地区，我国电网和高速铁路接触网系统具有外绝缘修正方面的成熟经验。目前，我国在高海拔地区开通运营的 250 km/h 兰新第二双线最高海拔为 3 600 m。通过高海拔电气绝缘及设备的系统研究，在建设和运营中积累了比较丰富的实践经验，逐步建立和完善了我国高海拔地区接触网绝缘技术理论和工程标准体系。

23.6.2　绝缘水平

23.6.2.1　空气绝缘间隙的海拔修正系数

对于海拔高于 1 000 m，但不超过 4 500 m 的地区，根据《绝缘配合 第 1 部分：定义、原则和规则》（GB/T 311.1）、《特殊环境条件 高原电工电子产品 第 1 部分：通用技术要求》（GB/T 20626.1），接触网空气绝缘间隙按式（23.9）进行海拔修正，同时考虑耐受电压安全因数 K_S，用于空气绝缘间隙修正时取值为 1.0，用于设备外绝缘修正时取值为 1.05。

$$K_a = K_S \cdot e^{\left(\frac{H-1}{8.15}\right)} \tag{23.9}$$

式中　K_a——海拔修正系数；

　　　K_S——安全因数；

　　　H——海拔（km），一般按线路最高海拔或按每 1 km 为一级选取。

23.6.2.2　绝缘子爬电距离的海拔修正系数

对于海拔高于 1 000 m，但不超过 4 500 m 的地区，根据《输电线路用绝缘子污秽外绝缘的高海拔修正》（DL/T 368），接触网用绝缘子污耐受电压及统一爬电比距的海拔修正系数按式（23.10）进行计算。

$$\lambda = \frac{1}{K_H} = \frac{1}{1 - 0.12n(H-1)} \tag{23.10}$$

式中　λ——高海拔地区污秽条件下统一爬电比距（USCD）的海拔修正系数；

　　　K_H——在高海拔地区污秽条件下绝缘子的污耐受电压修正系数；

　　　n——海拔影响特征指数，一般情况下根据现场实验结果确定，可取 0.55～0.60；

　　　H——海拔（km），一般按线路最高海拔或按每 1 km 为一级选取。

我国青藏铁路格尔木至拉萨段平均海拔 4 438 m、海拔最高 5 072 m 的 35 kV 电力贯通线路，以及海拔高于 3 000 m 的兰新、敦格、格库、拉林等电气化铁路，对高海拔地区的电气绝缘进行了系统的研究、试验，开通运营情况表明，高海拔地区接触网系统外绝缘相应加大空气绝缘间隙、提高设备耐受电压，可以适应高原地区接触网绝缘运行的需要，为接触网系统安全可靠运行提供保障。

23.7　地　震

接触网系统结构较为复杂、与土建结合紧密，除了承受列车受电弓带来的冲击外，还要承受地震、冰、风等外界自然荷载。在我国"5·12"汶川特大地震中，宝成线、成都枢纽和成渝线等接触网支柱、装备遭到不同程度的损坏。接触网受地震的影响主要表现为支柱基础及防护墩开裂，混凝土支柱倾斜、开裂，定位器非正常偏移，下锚补偿装置失衡等，以及相应引起的接触悬挂参数异常。

高速铁路接触网需根据接触网系统各部分的设计使用年限，分别确定抗震设防目标、抗震设防类别，并根据所处地区的抗震设防烈度、场地类别等进行抗震设计。为提高接触网系统的抗震性能，需充分采取科学合理的抗震减震措施，如接触网支柱需选用震害影响小、便于更换恢复的钢结构法兰支柱；接触网结构的自振周期需避免与桥梁、建筑等自振周期接近；供电线路径和杆位选择尽量避开地震时易发生危险的地段等。

高速铁路接触网系统的抗震设计验算可采用《中国地震动参数区划图》（GB 18306）所提供的地震动参数。地震烈度对接触网的结构件、供电线地基处理或其他防震减灾措施有影响，需根据地震基本烈度数值查取地震动峰值加速度，结合高速铁路路基、桥梁、隧道、车站等地震响应进行校验。

23.8 其他外部条件

高速铁路接触网系统的外部条件除了上述环境气象条件外,还需关注接触网系统与其他系统等运行条件的接口协调和兼容性,以确保接触网系统的高速受流性能和结构安全可靠。

23.8.1 系统条件

23.8.1.1 系统寿命

根据《高速铁路设计规范》(TB 10621)提出的顶层设计规定,在正常运行维护的修程修制条件下,我国高速铁路接触网系统设计使用年限不小于30年。

各零部件的耐久性及使用年限与外界环境和工况引起的疲劳或腐蚀有关,疲劳与损伤机理与外部环境密切相关。接触线使用年限根据磨耗确定,均不少于200万弓架次,实际运行中目标值的实现还与系统维护维修业紧密相关。

吊弦的使用年限受接触网平顺性、轨道平顺性、受电弓性能和列车密度等影响较大,因高速弓网振动疲劳的影响而比普速铁路的寿命低。

支柱和基础的使用年限按基础设施要求,一般不小于30年,具体还跟支柱类型和运行环境有关,实际使用年限往往大于30年。预埋构件可达到与土建主体工程相同的使用年限。

23.8.1.2 可靠性、可用性、维修性及安全性(RAMS)要求

接触网系统在自然环境和运行环境中需符合可靠性、安全性的要求,有足够的机械强度、电气强度和安全性能,具体见第34章。

23.8.2 线路主要技术条件

为适应高速铁路运输需要,接触网需满足线路主要技术标准和相关专业接口条件:
(1)线路上运行的列车的最大速度和运行能力;
(2)正线设计运行速度目标值和试验速度的余量能力;
(3)站线、联络线、走行线等的运行速度;
(4)线路的平面图和纵断面图,包括道岔和联络线等;
(5)道岔的类型:我国高速铁路车站正线一般采用1/18号道岔,联络线与正线间的道岔采用1/30、1/42、1/50号道岔;
(6)车站、路基、桥梁、隧道、轨道的横断面图,以及过渡段的结构特征;
(7)声屏障、高架站房、雨棚、综合管线等分布及结构;
(8)运行控制信号模式等。

23.8.3 限界条件

接触网系统需满足在线路上开行的各类列车限界、建筑限界和电气安全限界等要求,需对下列限界条

件予以明确，并进行检测确认：

（1）静态机车车辆限界和动态机车车辆限界、机车车辆的外轮廓和动态包络线，符合 TB 10621 要求。

（2）基本建筑限界，符合 TB 10621 要求。

（3）同时取流受电弓的数量和间距。我国高速铁路运输密度大，开行重联动车组或长编组动车组，同时取流受电弓为双弓，双弓间距一般为 200～215 m，原则上两取流受电弓不进行高压母线的相互连接。

23.8.4 受电弓

受电弓是将接触网传输的电能接收到列车电动牵引装置上的受电设备。它的运行质量对确保列车正常受流具有举足轻重的作用。因此，接触网需要与受电弓相匹配，确保良好的弓网受流关系。受电弓的特性是高速接触网动态匹配和兼容的重要因素，具体包括以下内容：

（1）受电弓弓头的宽度、长度和外形尺寸；

（2）滑板的数量、材料类型和间距；

（3）运行高度处的受电弓平均静态接触力；

（4）受电弓弓头横向位移；

（5）受电弓弓头的横向工作范围；

（6）工作高度范围和落弓高度；

（7）动态特性等效数学模型。

23.8.5 隧道内环境条件

隧道内的环境条件参数主要涉及温度、湿度、空气流动引起的风速和污染等，这些参数又由于隧道衬砌地质条件、隧道断面和种类、股道数、线路坡度、行车密度和运行维护等条件的不同有所差异。隧道内温度见 23.1.3 小节。

23.8.5.1 隧道内结构风速

高速铁路隧道内接触网通过预留槽道结构固定吊柱悬挂等结构件，结构设计需考虑驶过列车引起的气动力的影响。根据我国高速铁路隧道气动力影响试验数据和运营经验，在行车速度 ≤ 140 km/h 的隧道中，动车组通过时产生的气动力影响可忽略。在 250 km/h 的双线隧道内，结构风速一般按不小于 41 m/s 考虑；在 350 km/h 的双线隧道内，结构风速一般按不小于 49 m/s 考虑；由于隧道内风形成湍流，结构风速在隧道内考虑对最不利的方向进行检算。

由于风、列车运动、隧道通风等因素的影响，可能存在局部大气压力、冲击和振动的特殊情况，在隧道进出口、换气竖井等气压波动较大，对接触网振动和弓网动态受流影响较大时，接触网需采取加强措施。

23.8.5.2 隧道内耐火要求

隧道等地下建筑内接触网系统支持结构、预埋结构的耐火性能需符合《建筑设计防火规范》（GB 50016）的第 12 章规定，并满足附录 C "隧道内承重结构体的耐火极限试验升温曲线和相应的判定标准"中的以下要求：

（1）RABT 和 HC 标准升温曲线符合现行国家标准《建筑构件耐火试验 可供选择和附加的试验程序》（GB/T 26784）的规定。

（2）耐火极限判定标准：

① 当采用 HC 标准升温曲线测试时，耐火极限的判定标准为：受火后，当距离混凝土底表面 25 mm 处钢结构的温度超过 250 ℃ 或者混凝土表面的温度超过 380 ℃ 时，则判定为达到耐火极限。

② 当采用 RABT 标准升温曲线测试时，耐火极限的判定标准为：受火后，当距离混凝土底表面 25 mm 处钢筋的温度超过 300 ℃ 或者混凝土表面的温度超过 380 ℃ 时，则判定为达到耐火极限。

23.8.5.3　隧道内腐蚀环境条件

长大隧道内或近海、长大江河附近的特殊山体隧道内，接触网的导线、零部件、支持结构等容易在以下环境条件中受到腐蚀，需加强腐蚀防护措施，设备选用足够的防护 IP 等级。

（1）湿度及腐蚀性气体：高速铁路的隧道衬砌均设置了防水措施，但是长大隧道内的中部，由于空气流动较慢，被动车组运动带进的湿气较难排除。另外，隧道外山体或河海条件的变化也会导致渗漏，若不能设置或开启通风设施保持隧道的干燥条件，水汽或污染物可能吸附在接触网绝缘或结构和零部件上，导致绝缘水平降低或加速腐蚀。

（2）来自不同原因的粉尘：闸瓦对车轮表面的摩擦和车轮对钢轨的摩擦形成包含金属颗粒和铁氧化物的粉尘，与来自受电弓、接触线磨损的碳和铜颗粒，黏附在绝缘子上，可能降低绝缘强度。检修的柴油机作业车辆的烟雾会污染接触网设备的绝缘体表面。

（3）虫害：隧道内存在微生物和寄生虫，能引起接触网绝缘材料的破坏、零部件表面腐蚀和预埋结构的损坏。

23.8.6　牵引供电系统主要技术条件

接触网系统需符合牵引供电系统确定的电气特性要求，包括下列技术条件内容：

（1）牵引供电方式；

（2）牵引变电所、分区所、AT 所、开闭所分布；

（3）牵引网阻抗；

（4）供电臂持续电流、短路电流；

（5）电分相、电分段、供电分束；

（6）回流系统及要求；

（7）接地和安全防护；

（8）电磁兼容要求等。

23.8.7　交叉跨越电力线路

当电力线路在铁路上方交叉跨越时，可能因绝缘距离不够对接触网放电，或断线滑落到接触网上引起接触网短路，严重影响接触网正常供电。因此，电力线路跨越接触网时，需符合以下要求：

（1）35 kV、10 kV及以下电力线路禁止架空跨越高速电气化铁路，可采用电缆下穿铁路方式通过。

（2）110 kV及以上架空电力线路跨越高铁时，按国家标准和规范要求，保证对接触网带电部分足够的绝缘距离及倒杆距离要求。

（3）110 kV及以上架空电力线路跨越高速铁路时，一般跨越挡单独耐张，跨越杆（塔）不得有任何缺陷（如钢筋外露等），跨越挡内导线不得有接头。

23.8.8 跨线建筑物

高速铁路沿线存在各类跨线建筑物，如上跨的铁路桥、公路桥、天桥、高架候车室等。跨线建筑物需满足对接触网带电部分的绝缘距离，并做好跨线建筑物的接地防护，同时还要防止跨线建筑物抛物或坠物损伤接触网或引起接触网短路。

接触网通过跨线建筑物时，根据跨线建筑物的种类、结构、几何尺寸等条件确定接触网悬挂安装方案，有条件时可利用跨线建筑物的结构柱或在高架候车室底部安装接触网支持装置。

24 接触网悬挂类型

高速铁路接触悬挂是接触网系统的核心组成部分，不同的悬挂方式将影响接触网的弹性、弓网接触力、硬点分布、磨耗等参数。它是影响高速弓网受流质量的关键控制技术，且在工程造价、受流性能、安全性能上均有各自的特点。

高速铁路要求接触网悬挂具有良好的受流质量，并且安全可靠，尽量做到结构简单、维修方便、工程造价低、寿命长和较高的性价比。世界上高速铁路接触网悬挂方式主要有简单链型悬挂、弹性链型悬挂和复链型悬挂（以下简称：简链、弹链、复链）。理论研究和各国的运营实践证明，尽管三种悬挂在结构上存在较大的差异，有着各自的特点，但均满足 200 ～ 350 km/h 的高速铁路运营要求。

我国幅员辽阔、人口众多、高速铁路客流大、运距长，与其他国家相比有着自身的特点和要求。我国高速动车组采用动力分散模式，8 节编组采用单弓受流，高速长途客运以 16 节长编组为主，采用双弓受流。接触网悬挂类型及主要技术标准应能适应双弓受流要求。

我国高速接触网在六次大提速和广深准高速铁路、秦沈客运专线建设经验的基础上，并参考国外高速铁路接触网技术，根据自主仿真研究、工程创新实践和试验研究，选择了经济合理的简单链型悬挂和弹性链型悬挂两种悬挂类型，如图 24.1 和图 24.2 所示。复链型悬挂结构复杂、施工和维护麻烦，世界上只在日本大量使用，我国未使用，如图 24.3 所示。

图 24.1 简单链型悬挂

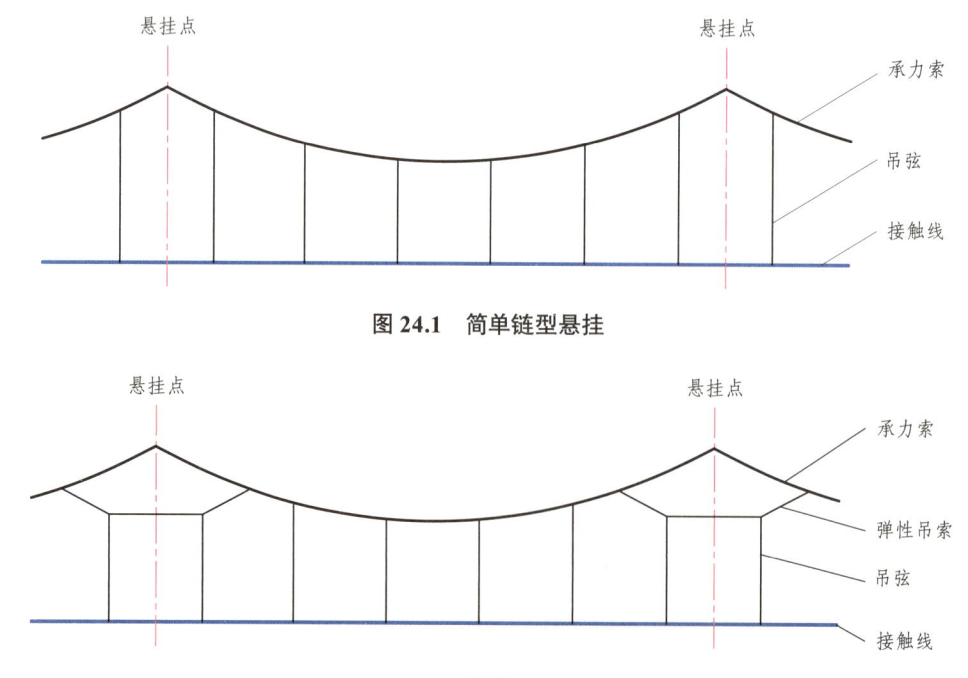

图 24.2 弹性链型悬挂

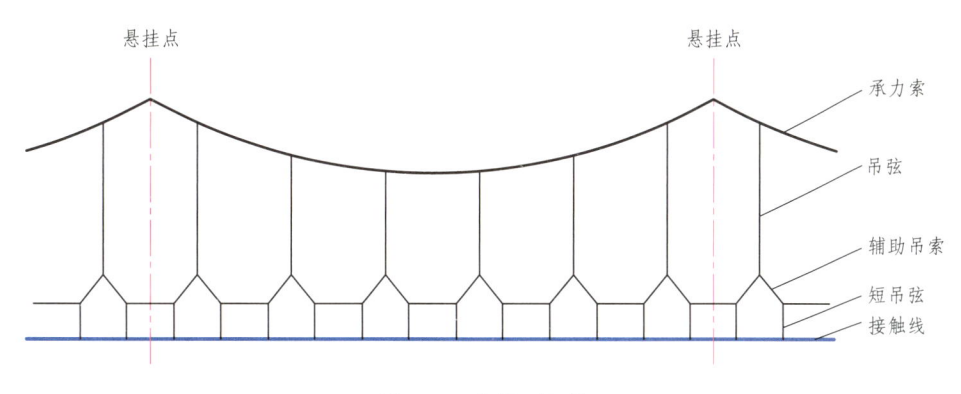

图 24.3 复链型悬挂

24.1 高速接触网悬挂系统的基本要求

高速铁路接触网是列车运行时直接取流的牵引供电设施，是影响列车高速行驶的关键因素。因此，高速铁路接触网悬挂系统研究的重点是高速状态的下弓网受流关系，同时还需满足供电能力、稳定性、寿命等其他方面的要求。基本要求如下：

（1）满足16节长编组动车组按运营速度目标值双弓运行弓网受流要求。

弓网受流质量满足 TB 10621 和 TB 10009 的有关要求，如表 24.1 所示。

表 24.1 接触网 - 受电弓系统受流质量评价标准

评价项目	数值
平均接触力 F_m/N	见图 24.4 [注a]
最高运行速度下的接触力最大标准偏差 σ/N	$0.3 \times F_m$ [注a]
最高运行速度下的燃弧率 /%	200 ~ 250 km/h：≤ 0.1 300 ~ 350 km/h：≤ 0.2
运行速度 / 波动传播速度	≤ 0.7

注a：由图 24.4 可知，当运行速度分别为 250 km/h、300 km/h 和 350 km/h 时，平均接触力分别为 130 N、160 N 和 190 N；接触力最大标准偏差为平均接触压力的 30%，对应的接触力最大标准偏差分别为 40 N、48 N 和 57 N。

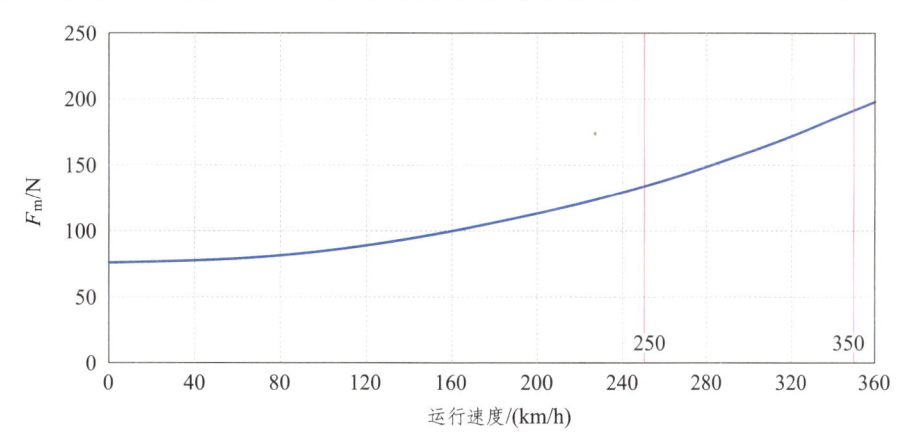

图 24.4 平均接触力 F_m 与运行速度的关系曲线

（2）满足列车按行车组织方案间隔运行最大牵引负荷载流需要。

（3）接触线磨耗、振动疲劳满足 200 万弓架次受流需要。

（4）接触悬挂及相关零部件满足振动、防松脱、防腐等设计寿命需要。

24.2 简单链型悬挂

24.2.1 悬挂结构

简单链型悬挂由接触线、承力索、吊弦等线索和设备组成，由于结构简单，运营维修方便，是我国电气化铁路采用的主要悬挂型式。我国京津城际、石太客专、广深港高铁等高速铁路采用了简单链型悬挂。目前，250 km/h 以下高速铁路或城际铁路一般采用简单链型悬挂。工程应用实例如图 24.5 所示。

图 24.5 简单链型悬挂实景照片

在大风特殊气候区，如新疆、东南部沿海和岛屿等地区的海域飓风、台风、内陆季风等区段，采用具有较好整体稳定性及良好运维特性的整体腕臂简单链型悬挂，如海南东环铁路、广深港高铁、兰新第二双线等。其中，海南环线、广深港高铁分别自 2010 年 12 月、2011 年 12 月开通以来均经历了多次台风，兰新第二双线 2014 年 10 月开通至今经历了多个风季（最大瞬时风速 60 m/s，17 级），适应了强大风区接触悬挂及支撑装置的结构稳定性要求。工程应用实例如图 24.6 所示。

图 24.6 整体腕臂简单链型悬挂实景照片

24.2.2 仿真结果与评价

简单链型悬挂 250 km/h 高速铁路实例一，采用 20 kN + 25 kN 张力组合，弓网仿真结果如图 24.7 所示。

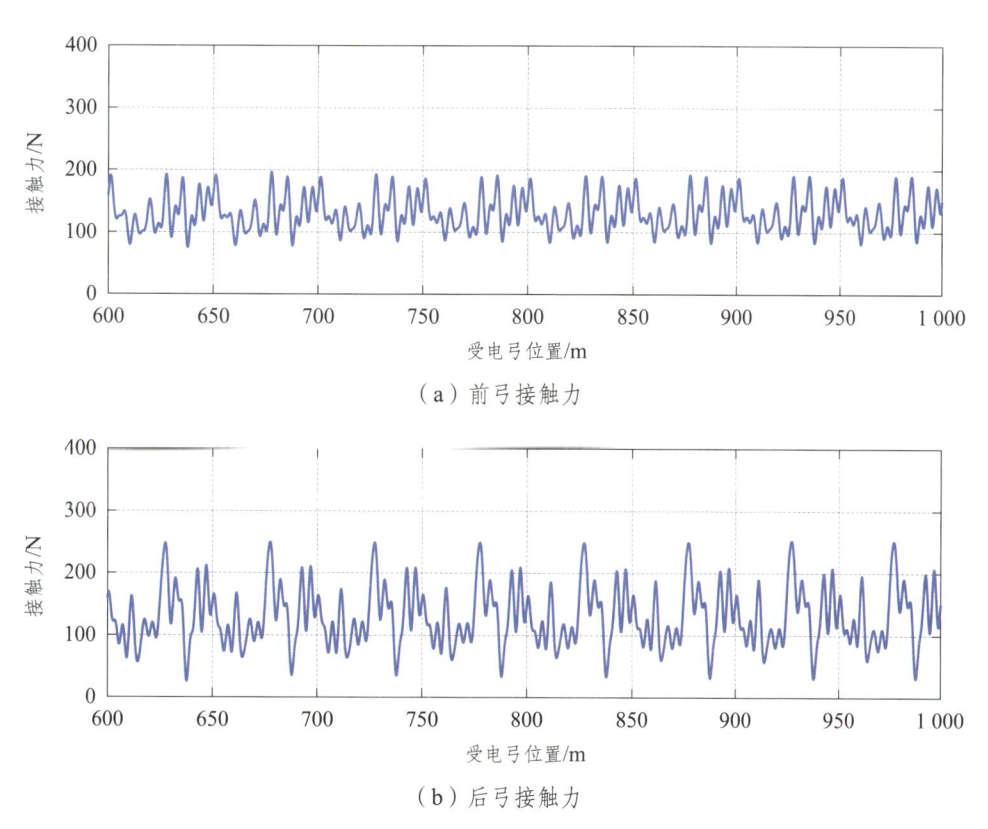

（a）前弓接触力

（b）后弓接触力

图 24.7 实例一、250 km/h 20 kN + 25 kN 简单链型悬挂接触力仿真曲线

简单链型悬挂 350 km/h 高速铁路实例二，采用 21 kN + 27 kN 张力组合，弓网仿真结果如图 24.8 所示。
简单链型悬挂 350 km/h 高速铁路实例三，采用 23 kN + 28.5 kN 张力组合，弓网仿真结果如图 24.9 所示。

(a)前弓接触力

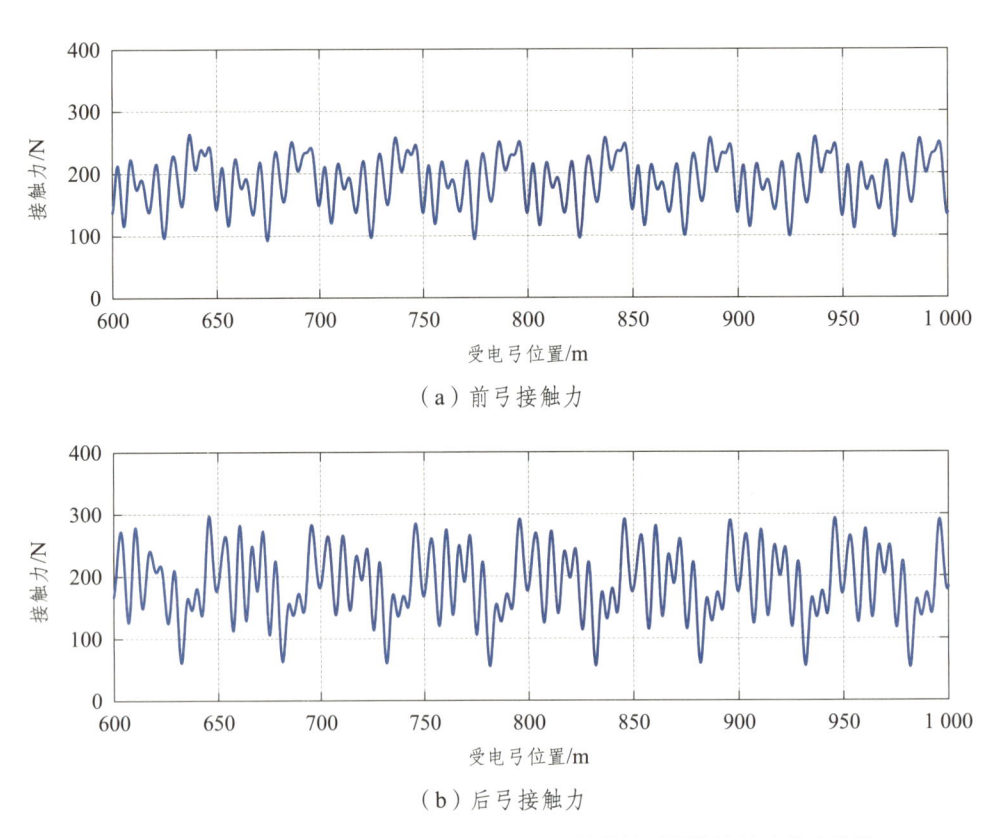

(b)后弓接触力

图 24.8　实例二、350 km/h 21 kN + 27 kN 简单链型悬挂接触力仿真曲线

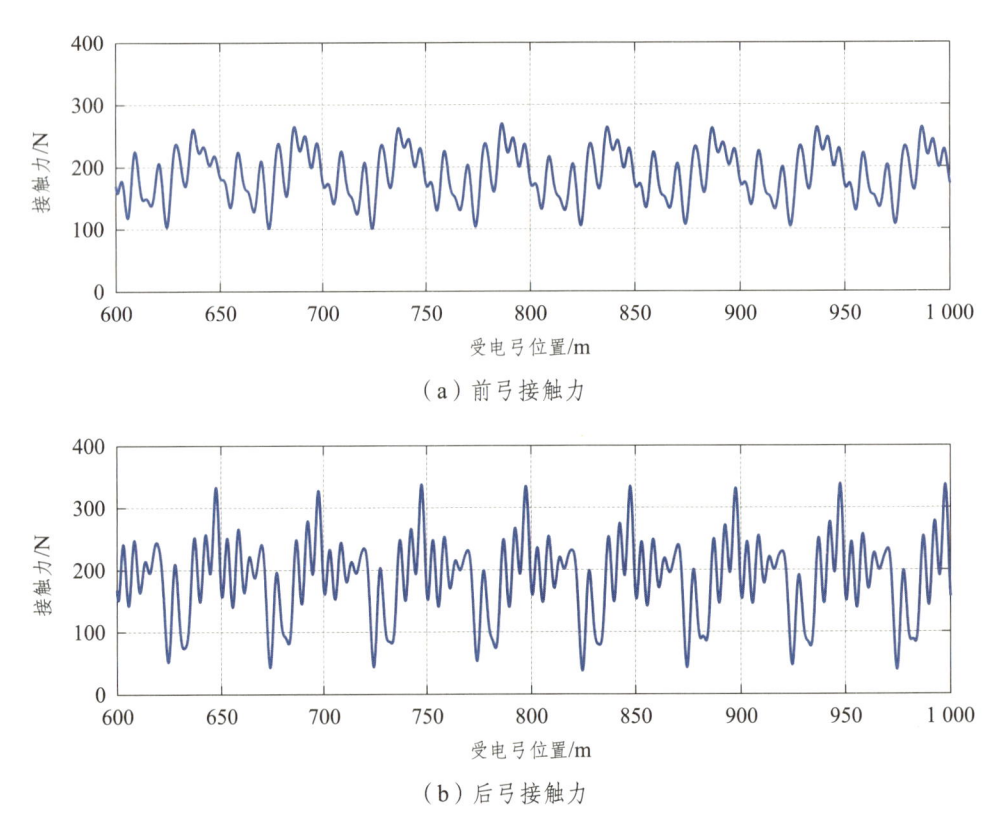

(a)前弓接触力

(b)后弓接触力

图 24.9　实例三、350 km/h 23 kN + 28.5 kN 简单链型悬挂接触力仿真曲线

仿真评价：根据 350 km/h 双弓运行的仿真结果，可以看到后弓接触力峰值接近 400 N，接触力接近 0 N 的情况也偶有出现。这些接触力峰值和最小值可能导致离线、接触线的局部磨耗以及影响受电弓取流，也可能产生火花或燃弧（由于简单链型悬挂 350 km/h 高速铁路工程应用较少，缺乏进一步加大张力的工程案例）。

24.2.3 工程特性

从环境适应性、结构特性、稳定性、工程经济性、施工难度、导线磨耗分析、运营维护便利性等方面，简单链型悬挂的性能和工程特征分析如表 24.2 和表 24.3 所示。

表 24.2 简单链型悬挂性能

项 目	内 容
速度目标值的适应性	250 km/h 时可与弹链适当类似，300 km/h 及以上时可适当减小跨距、增大张力
环境对接触网状态影响	抵抗风、雪等环境因素影响方面较好
接触网结构复杂性	结构相对简单，需要设置接触线预留弛度
弹性不均匀度	350 km/h 的接触网系统，理论计算一般不大于 30%
导线抬升量	较小，但跨中、定位点差异大，幅值不均匀，振动抬升后衰减频率较高、衰减速度稍慢
稳定性	结构稳定性较好，弓网动态性能略差于弹链

表 24.3 简单链型悬挂工程特征

项 目	内 容
技术特点	要求按接触线的预留弛度精确计算和预制吊弦
施工和运营	具有丰富的施工、运营经验
系统寿命	能满足安全通过 200 万弓架次的要求
适应性	受风、冰、雪等环境变化影响较小，环境适应性强
工程经济性	无弹性吊索的材料及安装费用，投资稍节省
施工难度	速度越快，要求的接触网导线高度平顺度越严格，需要精确施工计算、精确预配和一次安装到位的一体化工艺
导线磨耗	由于较大的最大接触力，导线磨耗稍大

24.2.4 应用范围

（1）250 km/h 以下高速铁路一般采用全补偿简单链型悬挂。

（2）250 km/h 及以上高速铁路环境风速较大、单弓受流运行的区段可采用全补偿简单链型悬挂。

24.3 弹性链型悬挂

24.3.1 悬挂结构

弹性链型悬挂在悬挂点处增设了一根弹性吊索，能显著改善悬挂点处接触网的弹性，系统弹性更均匀，有利于受电弓受流。

目前，我国 250 km/h 及以上高速铁路主要采用弹性链型悬挂，如京沪高铁、京广高铁、沪昆高铁、京哈高铁、郑万高铁等。工程应用实例如图 24.10 所示。

图 24.10　接触网弹性链型悬挂实景照片

24.3.2　仿真结果与评价

对于前弓，简链和弹链的动态受流特性相差不大，在后弓上明显看到两种悬挂类型上的差异。

弹性链型悬挂 250 km/h 高速铁路实例一，采用 20 kN + 25 kN 张力组合，弓网仿真结果如图 24.11 所示。

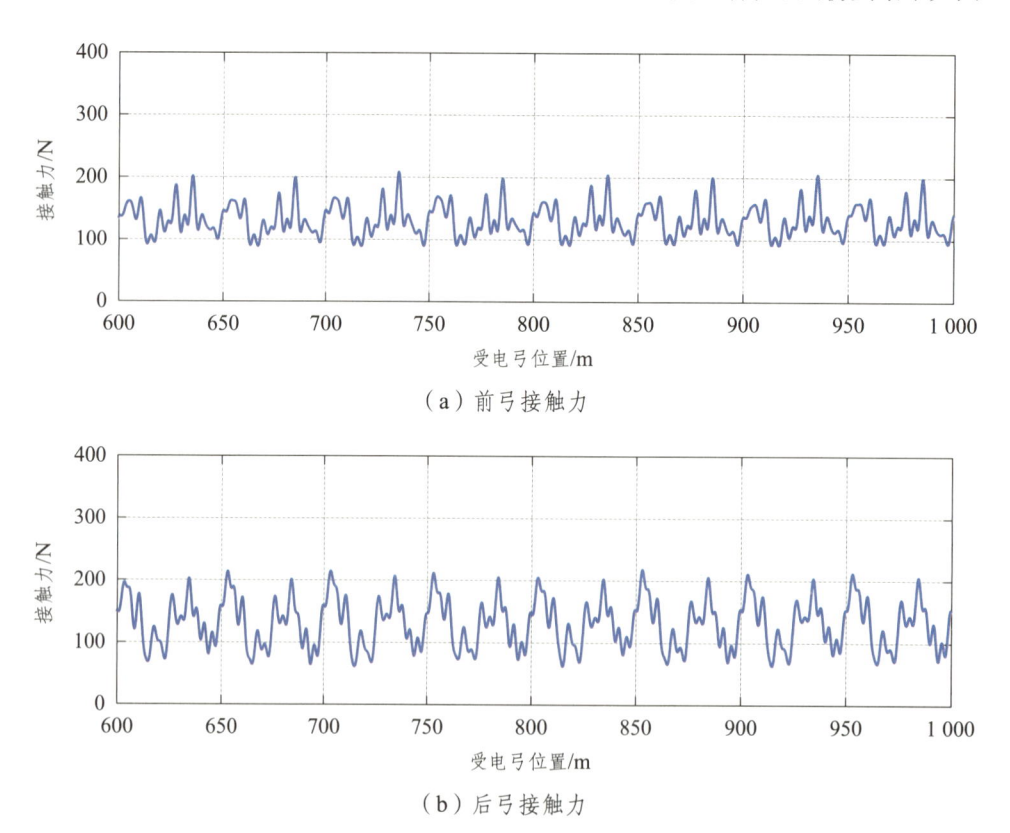

（a）前弓接触力

（b）后弓接触力

图 24.11　实例一、250 km/h　20 kN + 25 kN 弹性链型悬挂接触力仿真曲线

弹性链型悬挂 350 km/h 高速铁路实例二，采用 23 kN + 28.5 kN 张力组合，弓网仿真结果如图 24.12 所示。

(a)前弓接触力

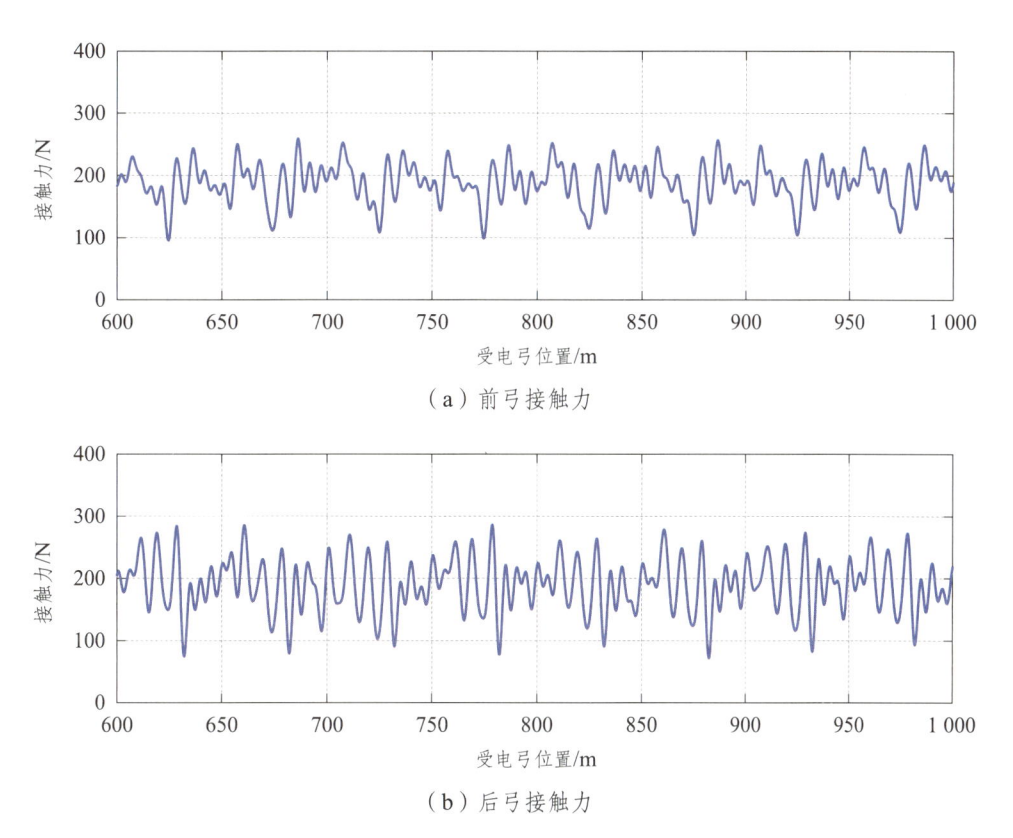

(b)后弓接触力

图 24.12 实例二、350 km/h 23 kN + 28.5 kN 弹性链型悬挂接触力仿真曲线

弹性链型悬挂 350 km/h 高速铁路实例三，采用 21 kN + 30 kN 张力组合，弓网仿真结果如图 24.13 所示。

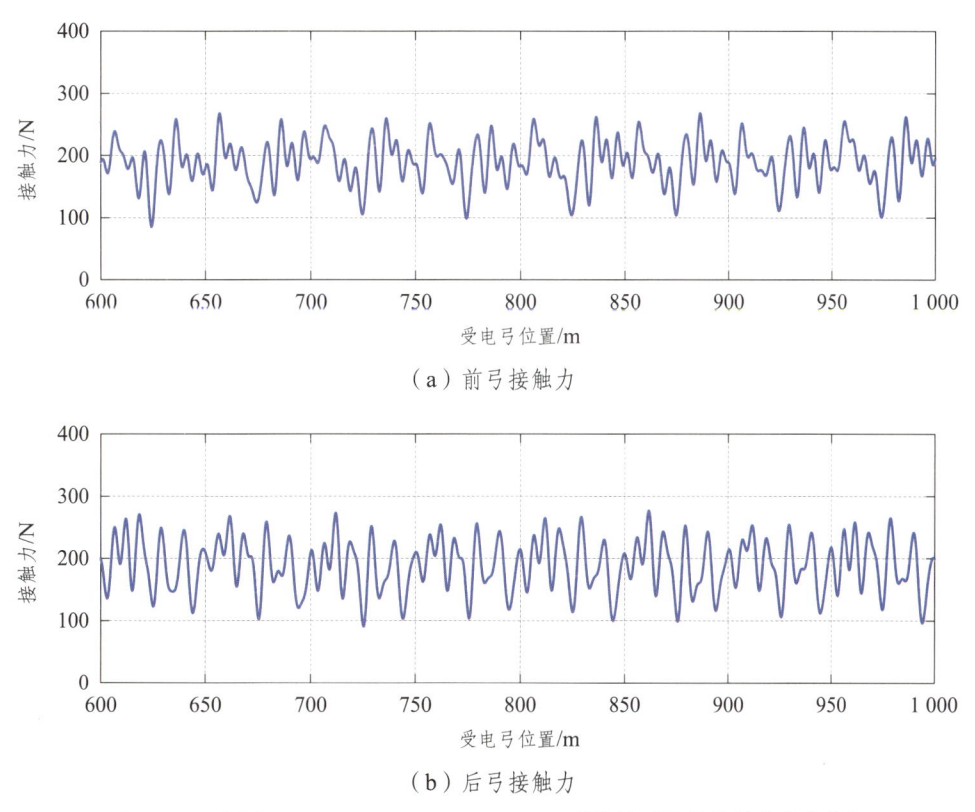

(a)前弓接触力

(b)后弓接触力

图 24.13 实例三、350 km/h 21 kN + 30 kN 弹性链型悬挂接触力仿真曲线

弹性链型悬挂 380 km/h 高速铁路实例四，采用 20 kN + 34 kN 张力组合，弓网仿真结果如图 24.14 所示。

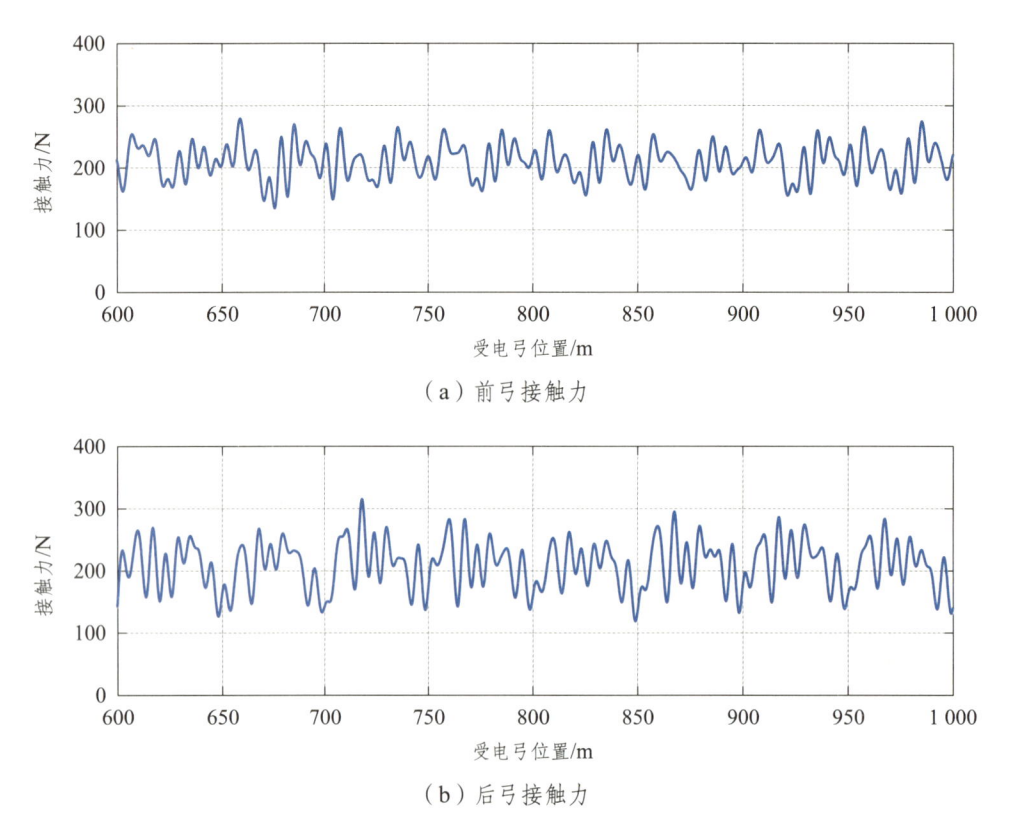

（a）前弓接触力

（b）后弓接触力

图 24.14　实例四、380 km/h 20 kN + 34 kN 弹性链型悬挂接触力仿真曲线

仿真评价：弹性链型悬挂系统在高速运行的动态仿真中，接触力最大值和最小值均比简单链型悬挂更优，尤其是双弓取流时的后弓性能。虽然接触线最大抬升量明显要高，但是弹性吊索的使用，使接触点轨迹平缓，弹链比简链的抬升量变化要小。因此，我国 250 km/h 及以上高速铁路按双弓取流时一般采用弹性链型悬挂系统。

应结合运行速度、使用环境条件和接触网悬挂的结构特点，综合考虑弓网受流性能，结构及零部件的运行稳定性、可维护性和使用寿命，形成统一的标准体系。

24.3.3　工程特性

弹性链型悬挂的性能与工程特征分析如表 24.4 和表 24.5 所示。

24.3.4　应用范围

综合仿真结果及评价和工程特性分析，我国高铁弹性链型悬挂的应用范围主要如下：

（1）300 ~ 350 km/h 高速铁路一般采用弹性链型悬挂。

（2）250 km/h 高速铁路双弓取流时优先采用弹性链型悬挂。

表 24.4 弹性链型悬挂特性

项 目	内 容
速度目标值的适应性	对 250 km/h、300 km/h、350 km/h 的适应性较好。弹链的弹性不均匀度较小,前弓受流质量与简链相当,后弓优于简链
环境对接触网状态影响	受温度影响弹性吊索略有变化,但对系统性能的变化影响不大
接触网结构复杂性	弹性吊索的张力、长度与跨距长度和速度等相关,接触网结构略复杂于简链
弹性不均匀度	300～350 km/h 的接触网系统,不大于 10%
导线抬升量	较大,但幅值均匀,振荡后衰减较快
稳定性	稳定性好,抗风性能略低于简链

表 24.5 弹性链型悬挂工程特征

项 目	内 容
技术特点	要求逐支柱对弹性吊索的张力、长度及吊弦长度进行计算,计算和预制要求精确高且比较烦琐
施工和运营	具有丰富的施工、运营经验,但施工、抢修较复杂
系统寿命	能满足安全通过 200 万弓架次的要求
适应性	与简单链型悬挂相比,受环境影响稍大
工程经济性	与简单链型悬挂相比,有弹性吊索的材料及安装费用,投资稍大
施工难度	需要精确施工计算、精确预配和一次安装到位的一体化工艺
导线磨耗	由于较小的最大接触力,导线磨耗较小

25 导线与张力

接触网导线主要包括接触线、承力索、吊弦、弹性吊索、附加导线等。接触线是接触网中最重要的导线，是直接与列车受电弓接触实现供电取流的关键装备，承力索通过吊弦悬挂接触线，实现接触线受流面平顺并兼顾载流。导线选型时，一般需要综合考虑抗拉强度、导电性能、耐热性、耐磨性、耐疲劳等因素。

25.1 接触线

接触线与受电弓直接接触，其功能是保证向列车可靠、持续地供电，是接触网最重要的组成部分。接触线除要求有较小的电阻率、较大的导电能力外，还要求有高强度的机械性能，良好的耐磨损性能、耐腐化性能和高温软化性能及较长的使用寿命。铜合金接触线截面如图 25.1 所示。

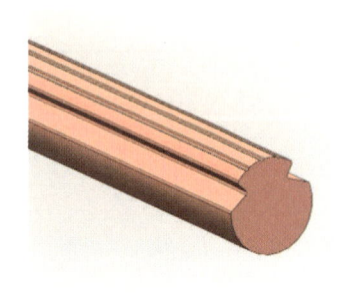

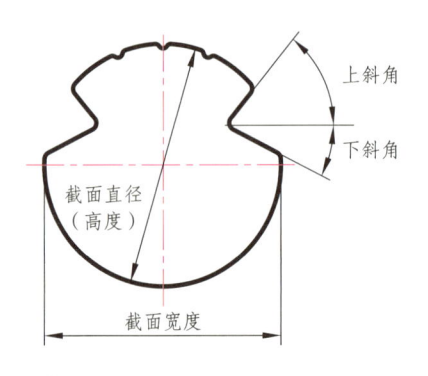

图 25.1　铜合金接触线截面

25.1.1 接触线材质

目前，我国高速铁路采用的接触线主要为铜锡合金及铜镁合金两种材质，详见《电气化铁路用铜及铜合金接触线》（TB/T 2809）。为了进一步提高接触网导线的机械强度及载流能力，以满足提升接触网品质和进一步提速的需求，我国结合京沪高铁试验段工程成功研制出了高强高导铜铬锆新型接触网导线，创造了双弓运行条件下 486.1 km/h 世界最高运行试验速度，为我国高铁进一步提高速度提供了技术储备。

25.1.2 接触线选型

接触线型号按铜及其合金元素类别、抗拉强度等级及标称截面面积分类。

目前，高铁接触线一般选择铜镁、铜锡合金材质，具体型号选择时需考虑载流量、额定张力值、安全系数、施工难易程度、造价等因素。选型原则如下：

（1）根据牵引供电系统载流量需求，确定接触线型号及规格；

（2）接触线选用的额定工作张力，根据线路最高设计速度、导线抗拉强度及安全系数、弓网仿真评估、试验或运营经验等条件确定；

（3）导线的安全系数需考虑各种不利因素后经计算确定，并满足相应规范要求。

《高速铁路设计规范》（TB 10621）中规定接触线"安全系数不应小于 2.0。在考虑接触线、承力索允许工作温度、接触线最大磨耗、风和冰载、补偿装置精度和效率等因素引起的折减系数后，接触线、承力索允许工作应力不应大于其抗拉强度或拉断力的 65%。"

接触线安全系数按式（25.1）计算：

$$K = F_{B\min} \times K_{\text{wear}} / F \tag{25.1}$$

式中 $F_{B\min}$——未软化的导线最小拉断力（kN）；

K_{wear}——导线允许磨耗系数，接触线工作允许最大磨耗按 20% 计算时，该系数取值为 1 − 20% = 0.8；

F——导线额定工作张力（kN）。

接触线最大许用应力按式（25.2）计算：

$$\sigma_{\text{w}} = \sigma_{\min} \times 0.65 \times K_{\text{temp}} \times K_{\text{wear}} \times K_{\text{icewind}} \times K_{\text{eff}} \times K_{\text{clamp}} \times K_{\text{joint}} \tag{25.2}$$

式中 σ_{w}——接触线最大许用应力（N/mm²）；

$\sigma_{\min}$——接触线最小抗拉强度（N/mm²）；

K_{temp}——接触线最高温度系数，在最大导线温度为 80 ℃ 时，铜及铜合金导线取 1.0；

K_{wear}——接触线的允许磨耗系数，最大磨耗按 20% 计算时，取 0.8；

K_{icewind}——冰风荷载系数，取决于风荷载、冰荷载以及接触悬挂的下锚设计型式，对于全补偿链型悬挂，风、冰荷载组合存在时取 0.95，仅有风荷载时取 1.0；

K_{eff}——接触悬挂下锚补偿装置的精度和效率系数，在常规的制造和施工水平情况下，采用供货商提供的自动补偿装置的实际检测的补偿效率，高速正线设计时一般取 0.97；

K_{clamp}——接触线终端锚固线夹系数，高速接触网的接触线终端锚固线夹的抗拉强度大于双沟形接触线的抗拉强度 95% 及以上，系数取 1.00；

K_{joint}——接触线焊接接头系数，高速接触网的正线导线无接头，系数取 1.00。

25.1.3 接触线张力

接触线张力对高速铁路接触网特性有重要影响，接触线的张力及线材单位质量（线密度）直接影响接触线的波动传播速度，最高设计速度与波动传播速度的比一般不大于 0.7。

根据以上理论结合导线磨耗等要求，我国高速铁路按照不同的速度等级对应选取接触线的材质及张力，基本配置原则如表 25.1 所示。

表 25.1 接触线型号及张力配置

材质/张力	速度等级		
	200 km/h	200 ~ 250 km/h	300 ~ 350 km/h
正线接触线	CTA120、CTS120、CTA150、 CTAH150、CTM120、 CTMH120、CTM150、CTS150	CTAM150、CTSM150、CTM150、CTA150、CTMH150、CTCZ150	CTSH150、CTMH150、CTMM150、CTCZM150、CTCZH150
正线接触线张力 /kN	20	25	28.5 或 30
站线接触线	CT120、CTSM120	CTSM120、CTA120、CT120	CTSM120、CT120、CTA120
站线接触线张力 /kN	15	15	15

25.2 承力索

承力索主要是在链型悬挂中通过吊弦来承受接触线重力荷载、调节接触线弛度、保证接触线的平顺性，同时还要承担接触网载流功能。承力索除要求有高强度的机械性能、良好的高温软化性能外，还要求有良好的导电性能。铜合金承力索截面如图 25.2 所示。

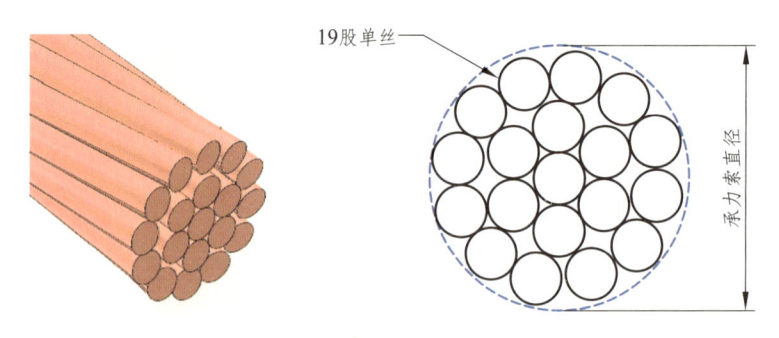

图 25.2 铜合金绞线截面

25.2.1 承力索材质

我国高速铁路承力索一般采用铜镁合金绞线，详见《电气化铁路用铜及铜合金绞线》（TB/T 3111）。铜镁合金绞线抗拉强度高、耐软化性能优异，在高温下仍保持较高的强度，经 300 °C 加热并保温 2 h 后其抗拉强度损失小于 10%；其允许最高导线温度可达 150 °C，导电率可达到 75% 及以上。

铜铬锆合金绞线的抗拉强度可达到 520 MPa 及以上，与普通铜镁合金绞线相当，而其导电率可达 87%，因此在载流量需求大的工况下，优势明显。

25.2.2 承力索选型

承力索型号按铜及其合金元素类别、抗拉强度等级及标称截面面积分类。

目前，高铁承力索一般选择铜镁合金材质，具体型号选择时需考虑载流量、额定张力值、安全系数、施工难易程度、造价等因素。选型原则如下：

（1）根据牵引供电系统载流量需求，确定承力索型号及规格；

（2）承力索选用的额定工作张力，根据线路最高设计速度、导线抗拉强度及安全系数、弓网仿真评估、试验或运营经验等条件确定；

（3）承力索的安全系数需考虑各种不利因素后经计算确定，并需满足相应规范要求。

承力索选型在满足载流量要求的前提下，按相应规范校核导线的强度安全系数。

TB 10009 规定"铜合金绞线承力索的强度安全系数不应小于 2.0"。计算按式（25.1）。

TB 10621 规定，承力索允许工作张力计算按式（25.3）：

$$F_\text{w} = F_\text{Bmin} \times 0.65 \times K_\text{temp} \times K_\text{wind} \times K_\text{ice} \times K_\text{eff} \times K_\text{clamp} \times K_\text{load} \quad (25.3)$$

式中　F_w——承力索最大许用张力（kN）；

F_Bmin——承力索未软化的最小拉断力（kN）；

K_temp——承力索绞线最高温度系数，在最大导线温度为 80 ℃ 时，铜及铜合金绞线取 1.0；

K_wind——风荷载系数，高速铁路运行设计风速时，全补偿下锚取 0.95，无补偿下锚取 0.9；

K_ice——冰荷载系数，全补偿下锚时取 1.00，无补偿下锚时取 0.95；

K_eff——承力索绞线下锚补偿装置的精度和效率系数，在常规的制造和施工水平情况下，采用供货商提供的自动补偿装置的实际检测的补偿效率，高速正线设计时一般取 0.97；

K_clamp——承力索绞线终端锚固线夹系数，高速接触网的接触线终端锚固线夹的抗拉强度大于双沟形接触线的抗拉强度 95% 及以上，系数取 1.00；

K_load——承力索绞线垂直荷载系数，取值 0.8。

25.2.3　承力索张力

承力索的张力根据接触网的锚段长度、结构高度、吊弦结构等因素综合确定，根据式（25.3）可知，我国高速铁路规定在考虑承力索允许工作温度，风和冰载，补偿装置精度和效率等因素引起的折减系数后，承力索允许工作张力不大于其抗拉强度或拉断力的 65%，承力索工作张力需根据实际工况并经弓网仿真计算后确定。结合以上因素，承力索张力一般配置如表 25.2 所示。

表 25.2　承力索型号及张力配置

型号 / 张力	速度 / 等级		
	200 km/h	200～250 km/h	300～350 km/h
正线承力索	JTMM95	JTMM120	JTMM（H）120
正线承力索张力 /kN	15	20	21、23
站线承力索	JTMH95	JTMM95	JTMM95
站线承力索张力 /kN	15	15	15

25.3 吊 弦

吊弦由吊弦线和承力索吊弦线夹、接触线吊弦线夹等组成。接触线通过吊弦悬挂在承力索上，调节吊弦的长度可以保证接触悬挂的结构高度和接触线距轨面的工作高度及接触线的平顺度。

25.3.1 吊弦材质

整体吊弦材质一般选用 JTMH10 铜镁合金绞线，我国高速接触网系统结合运营经验研发了耐高速疲劳性能更优的整体吊弦，从单丝材料成分、绞线工艺、零件和压接工艺等多方面进行了优化，适应我国高铁大密度、长编组、高速运行的弓网振动特征。

在低结构高度的整体腕臂简单链型悬挂中，采用刚性绝缘吊弦，其本体一般选用磷青铜棒。

25.3.2 吊弦选型

我国高速铁路接触网一般采用柔性不可调整体吊弦，部分高铁采用整体腕臂时，选用了刚性整体吊弦。

此外，接触线吊弦线夹需与最大行车速度时受电弓良好配合，确保左右偏转 ±30° 时不打弓。整体吊弦可通过计算进行预配，现场施工简单、安装调整工作量小。常用的不可调整体吊弦，以及可调整体吊弦外形如图 25.3 所示。

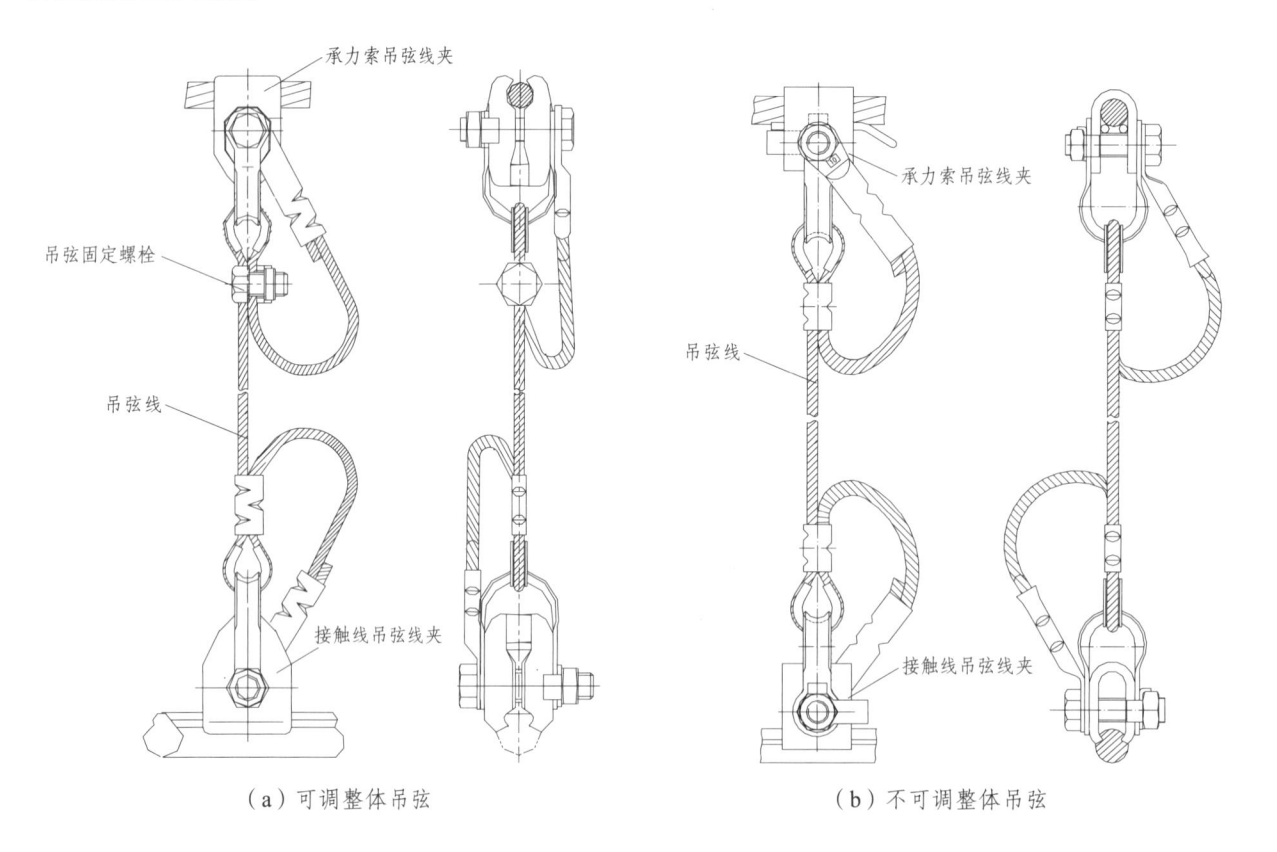

（a）可调整体吊弦　　　　　（b）不可调整体吊弦

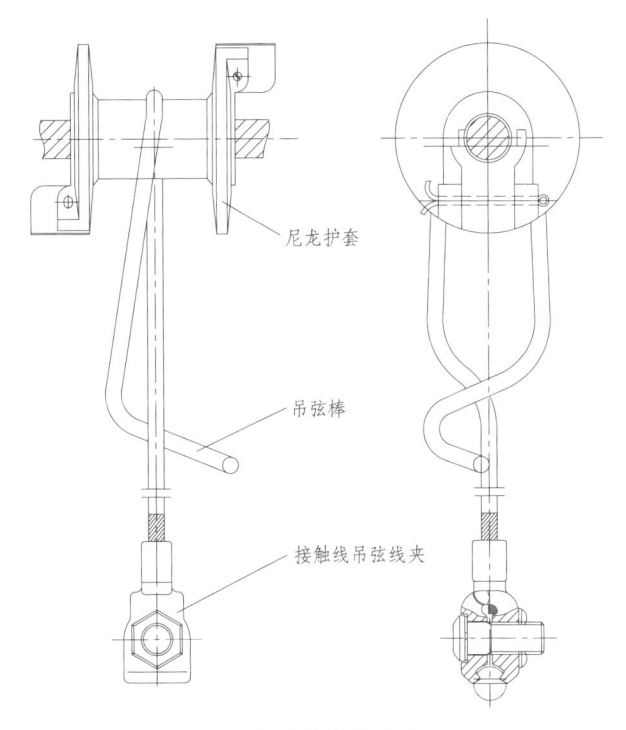

(c) 刚性整体吊弦

图 25.3 整体吊弦安装

25.4 弹性吊索

25.4.1 弹性吊索构成

弹性链型悬挂中，为改善支柱腕臂定位处的弹性，降低接触网的弹性不均匀度，在腕臂装置定位处承力索和接触线间设置了弹性吊索，使支持定位处和两定位点之间的接触网的弹性差异变小，从而提高弓网受流质量。弹性吊索安装在弹性链型悬挂的定位点处，一般采用 Π 形结构。弹性吊索构成如图 25.4 所示。

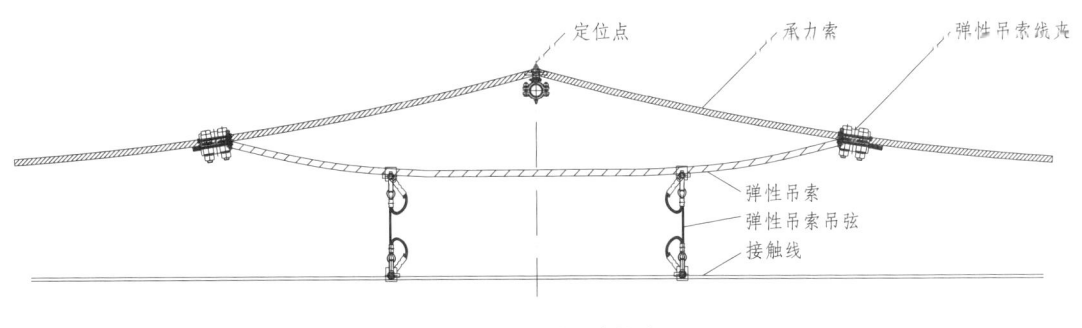

图 25.4 弹性吊索构成

25.4.2 弹性吊索选型及长度、张力配置

弹性吊索一般采用 JTMH35 铜镁合金绞线，弹性吊索的选型及张力根据接触悬挂张力体系匹配确定，

抗振动及抗疲劳能力需满足高速铁路弓网受流性能的仿真和运行要求。

弹性吊索的安装长度（两弹性吊索线夹间距）和张力配置根据弓网仿真分析确定，我国高铁不同速度等级接触网弹性吊索配置如表25.3所示。

表25.3 不同速度等级接触网弹性吊索选型及张力配置

速 度	200 km/h	250 km/h	350 km/h
弹性吊索材质	JTMH35	JTMH35	JTMH35
额定张力 /kN	2.3	2.8	3.5
安装长度 /m	14、18	18	22

25.5 附加导线

25.5.1 附加导线材质

接触网附加导线指牵引网除接触悬挂（主要是接触线、承力索）以外的其他各种导线，包括沿接触网架设的直接供电方式的回流线（NF线）、AT供电方式的正馈线（AF线）和保护线（PW线）、架空地线（GW线）、避雷线，以及牵引变电所、分区所、AT所、开闭所连接到接触网的供电线（T线或F线）、中性线（N线）和电缆等。

架空附加导线除避雷线外，一般采用《圆线同心绞架空导线》（GB/T 1179）的铝包钢芯铝绞线或防腐型铝包钢绞线，避雷线采用镀铝锌钢绞线。

27.5 kV供电线采用电缆方式时选用单相交流交联聚乙烯绝缘电缆及附件，详见《电气化铁路27.5 kV单相交流交联聚乙烯绝缘电缆及附件》（GB/T 28427）。N线、吸上线采用铝芯或铜芯电缆，详见《额定电压1 kV至35 kV挤包绝缘电力电缆及附件》（GB/T 12706）。

25.5.2 架空附加导线选型及张力

附加导线的截面面积一般根据牵引供电计算电流确定，最大张力根据《铁路电力牵引供电设计规范》（TB 10009）第5.1.8条规定"架空线最大工作张力时导线的安全系数不应小于2.5"，结合《圆线同心绞架空导线》（GB/T 1179）中给定的不同截面导线的拉断力，计算确定架空线的张力。表25.4给出了附加导线选型及张力配置。

25.5.3 附加导线电缆选型

电缆选型时，综合考虑电缆导体的各种工况下的最高温度、机械负荷、电场强度等因素选择导体截面。导体截面越大，电缆外径越大，越不利于电缆的敷设。目前，常用的电缆导体截面面积为150 mm^2、185 mm^2、300 mm^2、400 mm^2。表25.5给出了附加导线电缆选型。图25.5为27.5 kV电缆截面。

表 25.4 架空附加导线选型及张力配置

型 号	最大张力 / kN	适用附加导线
JL/LB20A-400/65-26/7	15	供电线
JL/LB20A-300/50-26/7	15、12	供电线、AF 线
JL/LB20A-240/30-24/7	12	供电线、AF 线
JL/LB20A-185/25-24/7	10	NF 线、PW 线、N 线
JL/LB20A-120/20-26/7	8	PW 线
JL/LB20A-60/10-6/1	6.5	GW 线
JLB20A-50 或 JLB20A-80	5	避雷线
Zn-5%Al-RE GJ 1×7 9-1270-B	5	避雷线

注：JL/LB20A 为铝包钢芯铝绞线；JLB20A 为铝包钢绞线；Zn-5%Al-RE GS 1×7 9-1270-B 为锌-5%铝-混合稀土合金镀层钢绞线。

表 25.5 附加导线电缆选型

型 号	适用附加导线
TDDD-YJY$_{72}$-27.5 kV-1×400	供电线或 AF 线电缆
TDWD-YJY$_{73}$-27.5 kV-1×300	供电线或 AF 线电缆
YJY-1 kV-1×400	N 线电缆
YJY-1 kV-1×300	N 线电缆
YJY-1 kV-1×150	N 线、吸上线电缆

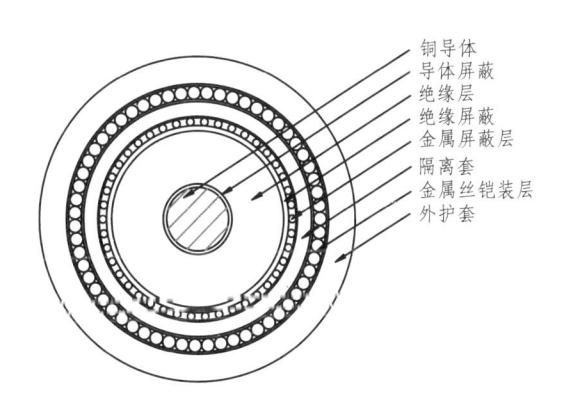

图 25.5 27.5 kV 电缆截面

（铜导体、导体屏蔽、绝缘层、绝缘屏蔽、金属屏蔽层、隔离套、金属丝铠装层、外护套）

26 接触网主要技术参数

接触网主要技术参数是接触网的基本技术指标,包括接触网支柱定位及平面布置的侧面限界、跨距、锚段关节长度,以及接触网支持结构安装的接触线高度、结构高度、拉出值等。接触网主要技术参数是接触网建设和运营管理的依据。

26.1 接触线高度

接触线的安装高度与车辆高度、列车受电弓的工作范围、空气绝缘距离、冰雪附加荷载、工务维修、施工误差等因素相关。我国高速铁路接触线在悬挂点安装高度不小于 5 300 mm,最低点导线高度不小于 5 150 mm。除锚段关节外,接触线悬挂点高度的坡度,速度大于 250 km/h 时坡度为 0,即各悬挂点导线高度等高;速度为 250 km/h 时坡度 ≤ 1‰,坡度变化率 ≤ 0.5‰。

26.2 结构高度

高速铁路接触网系统采用较大的结构高度。按照铜合金绞线整体吊弦的结构特点和疲劳寿命试验,考虑工程造价及施工维护方便,实际工程中大多采用1.4 m 或1.6 m 的结构高度,沿海或大风区采用整体腕臂结构时,结构高度可采用 0.95 m 或 1.1 m。

特殊情况下,速度在 300 km/h、350 km/h 区段时,最短吊弦长度不小于 600 mm,速度为 250 km/h 时,最短吊弦长度不小于 500 mm。

26.3 跨 距

高速接触网跨距根据悬挂类型及导线张力、受电弓类型、支柱容量、线路曲线半径、列车运营速度、风速及相关气象条件等因素确定。

我国高速铁路接触网系统弓网受流仿真和系统性能验证时,跨距是影响高速弓网受流性能的重要技术参数之一。

26.3.1　影响跨距的因素

（1）受电弓弓头工作范围。
（2）承力索和接触线工作张力。
（3）设计风荷载产生的导线风偏。
（4）接触线高度处受电弓的横向偏移。
（5）线路曲线半径。

26.3.2　跨距的确定

跨距通过力学计算和弓网仿真确定。力学计算中一般按最大受风偏移量确定最大跨距值。最大受风偏移量是指导线受到最大风速的风荷载作用时的水平方向偏移量。

对于全补偿简单链型悬挂的最大受风偏移 $b_{j\max}$ 及最大跨距 $L_{\max}$ 计算，一般按以下公式确定：

（1）直线区段等"之"字值布置的风偏移和跨距：

$$b_{j\max} = \frac{mp_j l^2}{8T_j} + \frac{2a^2 T_j}{mp_j l^2} + \gamma_j \tag{26.1}$$

$$L_{\max} = 2\sqrt{\frac{T_j}{mp_j}\left[(b_{jx} - \gamma_j) + \sqrt{(b_{jx} - \gamma_j)^2 - a^2}\right]} \tag{26.2}$$

（2）曲线区段的风偏移和跨距：

$$b_{j\max} = \frac{l^2}{8}\left(\frac{mp_j}{T_j} + \frac{1}{R}\right) - a + \gamma_j \tag{26.3}$$

$$L_{\max} = 2\sqrt{\frac{2T_j}{mp_j + \frac{T_j}{R}}(b_{jx} - \gamma_j + a)} \tag{26.4}$$

（3）缓和曲线上根据曲线区段跨距校核最大受风偏移：

① 跨距全部位于缓和曲线上。

$$b_{j\max} = \frac{mp_j l^2}{8T_j} + \frac{l^3}{8R} \cdot \frac{Z}{l_0} + \frac{m_1 + m_2}{2} - m_0 - \frac{a_1 + a_2}{2} + \gamma_j \tag{26.5}$$

② 跨距跨越直线和缓和曲线。

直线区段长而缓和曲线短 $\left(D \geqslant \dfrac{l}{2}\right)$ 时：

$$b_{j\max} = \frac{mp_j l^2}{8T_j} + \frac{(l-D)^3}{12Rl_0} + \frac{m_2}{2} - \frac{a_1 + a_2}{2} + \gamma_j \tag{26.6}$$

直线区段短而缓和曲线长 $\left(D < \dfrac{l}{2}\right)$ 时：

$$b_{j\max} = \frac{mp_j l^2}{8T_j} + \frac{l^2}{8R} \cdot \frac{Z}{l_0} + \frac{D^3}{12Rl_0} + \frac{m_2}{2} + m_0 - \frac{a_1 + a_2}{2} + \gamma_j \tag{26.7}$$

③ 跨距跨越缓和曲线和圆曲线。

缓和曲线长而圆曲线短 $\left(E<\dfrac{l}{2}\right)$ 时：

$$b_{j\max}=\dfrac{mp_jl^2}{8T_j}+\dfrac{l^2}{8R}\cdot\dfrac{Z}{l_0}+\dfrac{Z^3}{12Rl_0}+\dfrac{m_1+m_2}{2}-m_0-\dfrac{a_1+a_2}{2}+\gamma_j \tag{26.8}$$

缓和曲线短而圆曲线长 $\left(E\geq\dfrac{l}{2}\right)$ 时：

$$b_{j\max}=\dfrac{mp_jl^2}{8T_j}+\dfrac{l^2}{8R}-\dfrac{(l-E)^3}{12Rl_0}+\dfrac{m_1+m_2}{2}-m_0-\dfrac{a_1+a_2}{2}+\gamma_j \tag{26.9}$$

以上诸式中各参数含义如下：

$b_{j\max}$——接触线的最大风偏移值（m）；

$L_{\max}$——计算最大跨距（m）；

m——与导线材质及断面有关的当量系数；

l——跨距长度（m）；

Z——由直缓点到跨距中心的距离（m）；

D——从直缓点至跨距首端的距离（m）；

γ_j——接触线高度水平面内支柱挠度（m）；

m_1——跨距首端受电弓中心相对于线路中心的偏移距离（m）；

m_0——跨距中点受电弓中心相对于线路中心的偏移距离（m）；

m_2——跨距末端受电弓中心相对于线路中心的偏移距离（m）；

a_1——跨距首端拉出值（mm）；

a_2——跨距末端拉出值（mm）；

E——由跨距末端至缓圆点的距离（m）；

p_j——接触线单位长度风负载（kN）；

T_j——接触线额定张力（kN）；

l_0——缓和曲线长度（m）；

R——与缓和曲线相接的圆曲线半径（m）。

其中，m_1、m_2、m_3 的确定与外轨超高有关，在缓和曲线上外轨超高 h 是一个变量。因此，某一点的 m_i 值可由 $m_i=\dfrac{x_i}{l_0}\cdot m_R$ 进行计算，x_i 是从直缓点到 m_0、m_1、m_2 的距离；$m_R=\dfrac{H\cdot h}{S}$，H 为接触线悬挂高度，S 为标准轨距，h 为圆曲线外轨超高。

应用以上计算式进行跨距计算时，在包括直线区段和缓和曲线区段的跨距计算中，若以最大曲线半径算出的跨距大于直线区段的跨距，则采用直线区段跨距。

计算跨距是最终确定设计跨距的基本依据，一般还需结合受弓网动态受流仿真评估、标准支柱容量、支持结构强度、设备安装、平面布置要求等约束条件综合考虑。设计跨距的实际取值会小于计算值，且为了布置美观，一般将跨距取整数。我国箱梁桥梁考虑梁型长度及预留支柱基础和施工方便，一般采用 48 m

跨距；隧道因受净高、断面以及台车模板的影响，一般采用 44～50 m 跨距。一般标准跨距采用与桥隧特性接近的 50 m 选用值，符合我国桥梁、隧道接口的工程实际。

26.4 拉出值

定位点接触线相对于受电弓中心的偏移值称为拉出值或"之"字值。为避免受电弓滑板不均匀磨损，并保证在曲线力和风力的作用下仍能保持接触线与受电弓滑板的连续接触，接触线的悬挂布置在直线区段和大曲线区段一般沿受电弓中心向两侧垂直拉出。

高速接触网系统的拉出值影响接触网空间几何位置和定位器水平荷载，影响定位器的安装和工作角度，因此，除了达到最大风偏限值要求外，还需满足定位器的空间安全要求。

拉出值的确定和布置原则如下：

（1）拉出值的设置，在任何条件下保证接触线的最大水平偏移值不超过规定的允许值，即受电弓的有效工作宽度。

（2）拉出值的大小需结合曲线半径、跨距长度等综合考虑，取值需归类，不能过于零散。我国高铁直线和半径 4 000 m 及以上的曲线区段中间柱拉出值一般采用 200～300 mm，相对受电弓中心"之"字布置。小曲线区段接触线与受电弓中心线相割或相切，即 $l^2/(8R) - \alpha \geq 0$，一般向曲线外侧布置拉出值不大于 400 mm。

（3）拉出值布置时，一般先从站场咽喉区开始。在道岔的岔后曲线末端的支柱处拉出值，可根据曲线半径大小及跨距长短决定，一般取 350 mm，通常不小于 300 mm。

（4）站场布置拉出值时，对于同一组硬横跨，各股道拉出值正、反方向间隔布置，以使硬横跨支柱受力状况良好。

26.5 侧面限界

接触网支柱及相关结构是轨旁设施，需满足侧面限界要求。当支柱在跨距确定的情况下，通过确定侧面限界，实际上就是确定了支柱的绝对坐标。

接触网支柱侧面限界为支柱内缘至邻近线路中心线在轨面高度处的距离，正线不小于 2 500 mm，站线不小于 2 150 mm。曲线区段，侧面限界按《标准轨距铁路建筑限界》（GB 146—2020）规定加宽。

26.5.1 有砟轨道区段

有砟轨道需考虑大型机械养路设施的作业要求，路基地段侧面限界一般不小于 3 100 mm。

26.5.2 无砟轨道区段

无砟轨道没有大型机械养路设施作业，一般根据接触网设备安装的正常空间需求和路基接口条件，路基地段侧面限界一般不小于 3 000 mm。

26.5.3 站 场

站场内接触网侧面限界根据站场具体情况确定，选用如表 26.1 所示。

表 26.1 高速铁路站场内接触网侧面限界选用

建筑物和设备名称			至线路中心线的距离 /m
接触网支柱边缘	位于正线一侧或站场最外线路的外侧	无砟	≥ 3 000
		有砟	≥ 3 100
	位于站线一侧		≥ 2 500

26.5.4 其他情况

接触网支柱受股道间距、电缆沟、排水沟等条件限制时，可按基本建筑限界和相关专业作业需要确定。接触网吊柱的侧面限界选用应保证不能侵限、满足安装要求。

26.6 锚段关节及锚段长度

26.6.1 锚段关节

相邻两个锚段的衔接区段（重叠部分）为锚段关节。锚段关节的设置，使接触网不间断地贯通于全线。仅起机械分段作用的锚段关节为非绝缘锚段关节，该处相邻的两个锚段在电气上是连通的；不仅起机械分段作用，同时又起电分段作用的锚段关节，为绝缘锚段关节。

我国高速铁路锚段关节一般采用弓网受流性能更优的五跨锚段关节，偶尔因为地形或者施工预留原因也会部分采用四跨锚段关节。五跨锚段关节含有五个跨距，其两组悬挂的转换点在中间跨距的中心，能保证接触线的弹性并更平稳过渡；四跨锚段关节含有四个跨距，其两组悬挂的转换点在中心柱处，通过导高调整以保证接触线的相对平稳过渡。

五跨非绝缘锚段关节、绝缘锚段关节，四跨非绝缘锚段关节、绝缘锚段关节分别如图 26.1 ~ 图 26.4 所示。

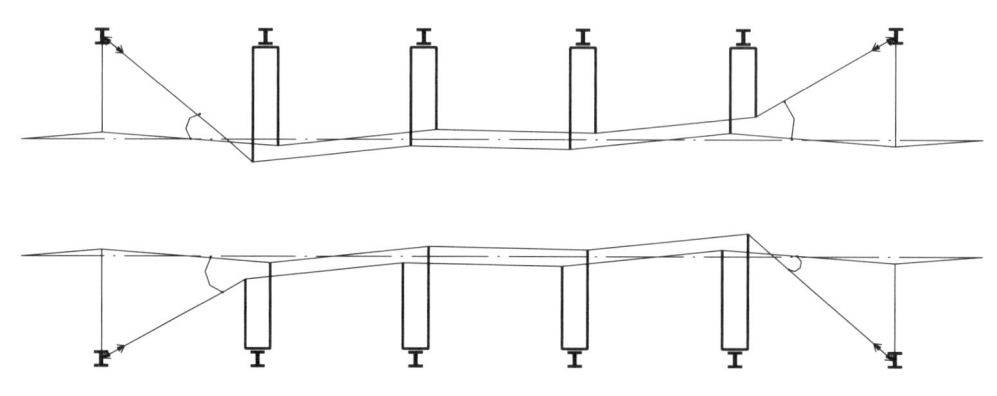

图 26.1 五跨非绝缘锚段关节平面布置

图 26.2 五跨绝缘锚段关节平面布置

图 26.3 四跨非绝缘锚段关节平面布置

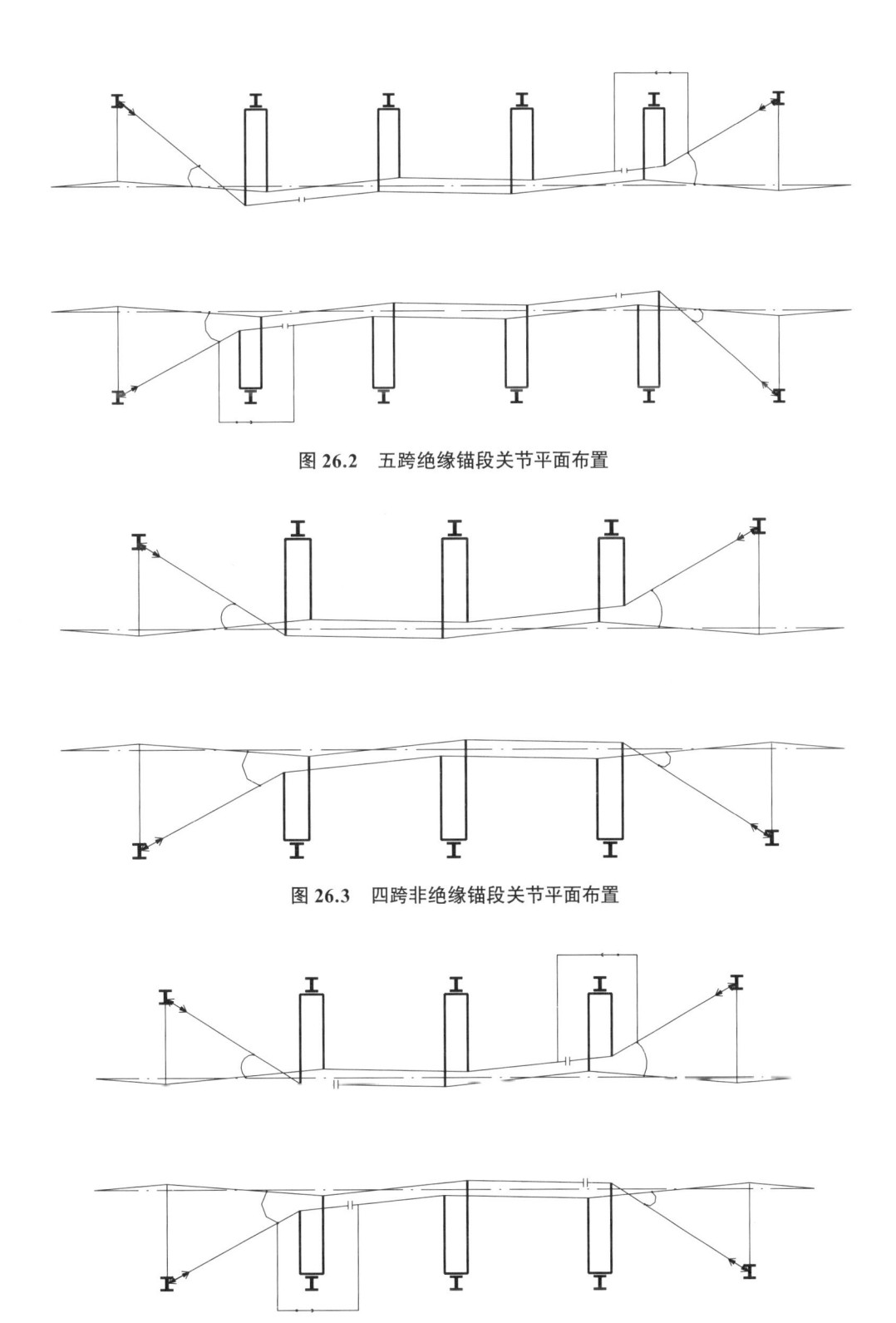

图 26.4 四跨绝缘锚段关节平面布置

26.6.2 中心锚结

中心锚结设置在锚段中部两侧导线张力差相近的位置，将承力索、接触线进行固定，防止两端补偿装置向一侧窜动。

中心锚结的设置可使两侧半锚段线索张力比较均匀，保证接触悬挂固定并处于良好的工作状态。同时，当中心锚结一侧半锚段发生断线事故时，不致影响另一侧接触悬挂，有利于抢修事故和缩短事故抢修时间。另外，中心锚结可防止导线在外力作用下向一侧窜动，如风力、受电弓摩擦力、因坡道和自身重力引起的窜动力。

高速铁路中心锚结根据结构和类型主要分为两跨式防断中心锚结和防窜不防断中心锚结，分别如图 26.5、图 26.6 所示。一般采用防断中心锚结，站线困难条件下采用防窜中心锚结。

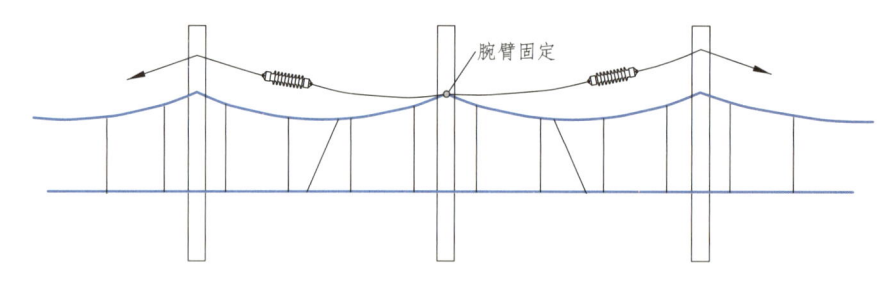

图 26.5　两跨式防断中心锚结

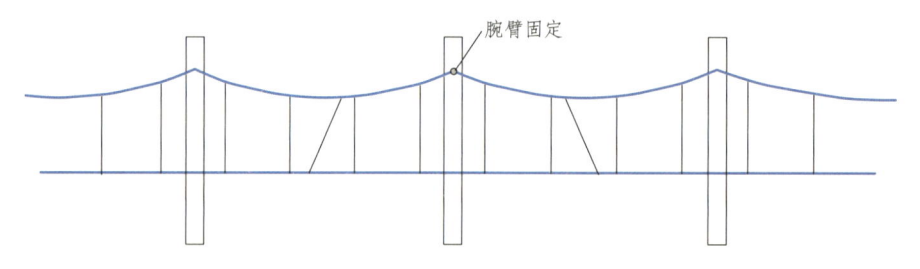

图 26.6　两跨式防窜中心锚结

26.6.3　锚段长度

接触网锚段长度主要根据接触线与承力索从中心锚结到下锚补偿器处的张力差确定。接触网处于大自然露天环境中，工作条件恶劣，且结构复杂，使得吊弦、定位装置、补偿装置等受温度、风、雪等许多因素影响，工作状态发生变化。

影响锚段长度的主要因素如下：

（1）线路条件：直线或不同半径的曲线，站场或区间路基、桥梁、隧道。

（2）气象条件：最高温度、最低温度、定位器和腕臂及吊弦处于正常工作位置时的温度、最大风速、最大覆冰。

（3）导线的截面面积及架设高度、抗拉强度、弹性系数、补偿张力的大小及温度变化时悬挂导线内部的张力变化。

（4）由温度变化引起的接触线在定位点的位移，包括纵向和横向位移；横向位移也是确定锚段长度时重点考虑的因素之一，横向位移不仅使拉出值产生变化，而且使定位线夹承受较大的剪切应力。

（5）补偿装置的结构类型、有效工作范围和补偿效率。

（6）锚段关节的结构类型，两组悬挂间的空气绝缘间隙及其所允许的偏移距离。

锚段长度的选择和确定需综合考虑以上因素，计算分别见 26.6.3.1 至 26.6.3.3 小节。

26.6.3.1　根据导线张力差确定锚段长度

半个锚段长度 L 可由下式确定：

$$L \leqslant \frac{(\delta \cdot T - \sum \Delta T_q - \gamma) \cdot l_D}{f} \tag{26.10}$$

其中：$\Delta T_q = T \cdot \dfrac{l_D}{R} \cdot \dfrac{\alpha \cdot \Delta t \cdot x_i}{d}$

$$\sum \Delta T_q = T \cdot \frac{D}{R} \cdot \frac{\alpha \cdot \Delta t \cdot X}{d} \tag{26.11}$$

式中　L——半个锚段长度（m）；

δ——允许张力偏差，一般为 ±10%；

T——承力索或接触线设计补偿张力（kN）；

ΔT_q——因曲线引起的张力差（kN）；

x_i——曲线区段，中心锚结至所求支持点的距离（m）；

d——旋转腕臂长度（m）；

α——承力索或接触线的膨胀系数；

ΔT——最高（或最低）温度与腕臂（或定位器）处于正常位置时的温度差；

R——曲线半径（m）；

l_D——所研究锚段的当量跨距（m）；

D——锚段所在圆曲线的长度（m）；

X——中心锚结至所求圆曲线中央的距离（m）；

γ——因补偿装置效率和补偿坠砣重量误差等引起的张力差，一般取 0.2 kN；

f——每一旋转腕臂的抑制阻力，一般取 0.03 kN。

26.6.3.2　根据锚段关节腕臂旋转偏移确定锚段长度

在锚段关节处，两支接触悬挂纵向移动造成的腕臂旋转偏移是相向或相反的，即高温时两腕臂旋转相对靠拢或远离，低温时两腕臂旋转相对远离或靠拢，取决于锚段关节处支柱腕臂的装配结构。

设旋转腕臂底座至承力索底座间的距离为 d，腕臂允许旋转裕度为 l'，则由图 26.7 可知，承力索允许的纵向位移量为 $x = \sqrt{d^2 - (d-l')^2}$；设半个锚段长度为 L，新线延伸率为 θ，则锚段关节处，承力索的伸长量为 $x = (\alpha \cdot \Delta t + \theta) \cdot L$。显然以上两式相等，可得：

$$L = \frac{\sqrt{d^2 - (d-l')^2}}{\alpha \cdot \Delta t + \theta} \tag{26.12}$$

式中，L 为半个锚段长度，m；d 为旋转腕臂长度，m；α 为承力索或接触线的膨胀系数；Δt 为最高（或最低）温度与腕臂（或定位器）处于正常位置时的温度差；θ 为新线延伸率；l' 为允许旋转裕度。

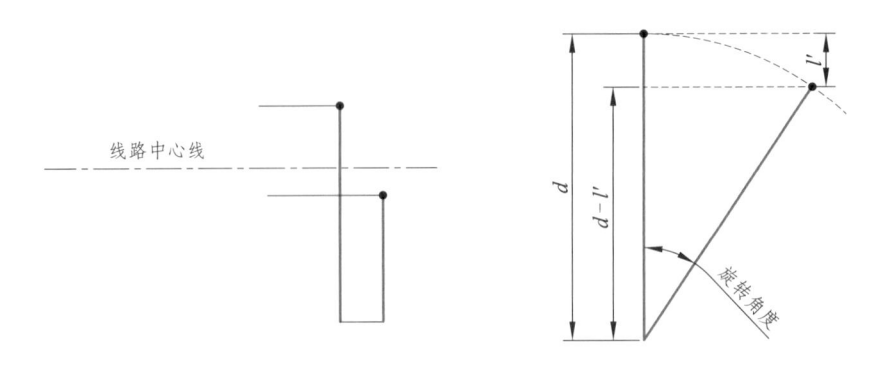

图 26.7 腕臂旋转

26.6.3.3 根据补偿装置工作范围确定锚段长度

根据补偿装置确定锚段长度的主要依据是补偿装置的工作范围，即补偿坠砣的上下移动空间，该空间的大小受接触悬挂的线索补偿张力、线胀系数 α、补偿坠砣串长度、补偿装置安装方式、温度变化范围 Δt 等因素的制约。

设补偿装置限制架上底座安装处距地面高度为 H，坠砣串长度为 l_1，补偿装置传动比为 n，线索的新线延伸率为 θ，则补偿坠砣的有效工作范围为 $l_2 = H - l_1$；接触悬挂的伸缩范围为 $l_3 = \dfrac{l_2}{n} = \dfrac{H - l_1}{n}$；半锚段允许长度计算如下：

$$L \leqslant \frac{l_3}{\alpha \cdot \Delta t + \theta} = \frac{H - l_1}{n(\alpha \cdot \Delta t + \theta)} \qquad (26.13)$$

26.6.3.4 锚段长度选用

根据式（26.10）、式（26.12）、式（26.13）三个计算结果，取最小值的 2 倍值即为计算锚段关节长度，以选用锚段长度的计算结果为基础，综合考虑线路或现场条件、跨距分布等因素确定，锚段长度一般选用如表 26.2 所示。

表 26.2 高速铁路接触网典型锚段长度

设计目标速度等级 /（km/h）	正线锚段长度 /m		站线锚段长度 /m	
	正常	困难时	正常	困难时
200	2×750	2×800	2×800	2×850
250～350	2×700	2×750	2×800	2×850

27 接触网支柱与基础

27.1 接触网支柱

接触网支柱根据功能分为腕臂柱、硬横跨支柱、软横跨支柱、吊柱等。根据制造材料可将支柱分为钢柱和预应力混凝土支柱两大类。250 km/h 及以上高速铁路接触网腕臂柱均采用 H 形钢柱，200～250 km/h 铁路箱梁区段采用 H 形钢柱、路基区段采用 H 形钢柱或环形等径混凝土支柱；站场多股道区段一般采用钢管硬横跨，在动车段（所）股道较多时也采用软横跨；吊柱一般在隧道内、硬横梁或跨线建筑物下使用。

27.1.1 腕臂柱

腕臂柱是用来安装接触网腕臂定位装置及接触悬挂的主要承载结构，其特点是在线路侧安装接触悬挂，田野侧安装各种附加悬挂。腕臂柱根据材料类型可分为 H 形钢柱、环形等径钢管柱、环形等径预应力混凝土支柱。

27.1.1.1 H 形钢柱

H 形钢柱是我国高速铁路应用最普遍的腕臂柱，H 形钢柱与混凝土柱相比，具有结构简单、强度高、垂直线路容量截面比大、质量轻、整齐美观、制造和运输便捷、施工及运营维护方便等特点，且柱身预留孔方便加工和施工，接触网各种装置可通过连接螺栓实现孔内安装，既简洁美观，又安全可靠。

H 形钢柱在主受力方向抗弯强度与刚度较大，适用于单向受力为主的支柱。同时，H 形钢柱抗扭强度与刚度相对较小，需对其抗扭性能进行核算，用作转换柱及锚柱时一般选用加强抗扭型。

我国高速铁路 H 形钢柱详见《电气化铁路接触网支柱 第 4 部分：H 形支柱》（GB/T 25020.4）。H 形钢柱外形如图 27.1 所示，柱身高度根据工程需要一般为 7.5～11 m，支柱标称截面高度 h 有 240 mm、260 mm、280 mm、300 mm 等。H 形钢柱柱脚法兰根据支柱容量由小到大分为图 27.2 中的 A、B、C 三种。图 27.3 为 H 形钢柱实景照片。

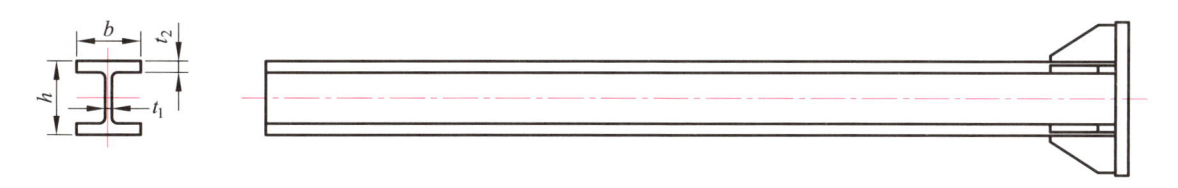

图 27.1　H 形钢柱外形

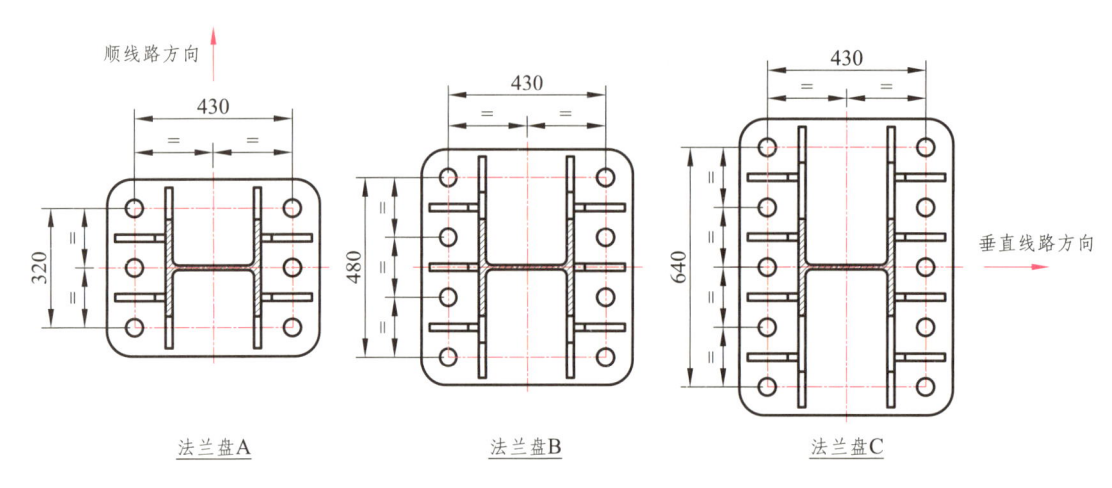

图 27.2　H 形钢柱柱脚法兰

图 27.3　H 形钢柱实景照片

27.1.1.2　环形等径钢管柱

环形等径钢管柱主要用于硬横跨钢柱，少量应用于腕臂柱，具有受力无方向性、受风荷载小的特点。相对于 H 形钢柱来说，其截面尺寸较大，且接触网装置需要抱箍安装。

环形等径钢管柱直径一般为 350 mm，也可根据需要特殊设计。钢管柱一般采用折弯机折压成型，可有纵向焊缝，不允许有中间横向焊缝，也可采用无缝钢管制造。环形等径钢管柱外形如图 27.4 所示，具体规格见《电气化铁路接触网支柱　第 3 部分：环形钢管支柱》（GB/T 25020.3）。图 27.5 环形等径钢管柱硬横跨实景照片。

图 27.4　环形等径钢管柱外形

图 27.5　环形等径钢管柱硬横跨实景照片

27.1.1.3　环形等径预应力混凝土支柱

在我国第一条重载铁路——大秦电气化铁路线上，首次采用了直径 400 mm 环形等径预应力钢筋混凝土支柱。目前 250 km/h 及以下的客运专线路基区段采用直径 350 mm 的环形等径预应力混凝土支柱。

环形等径预应力混凝土支柱与 H 形钢柱相比，具有支柱造价较低、受力无方向性、受风荷载小的特点。但其质量大，相较于 H 形钢柱截面尺寸大、抗弯强度小，支柱运输和安装相对不方便。

环形等径预应力混凝土支柱基础有法兰式和直埋式两种型式，直埋式一般用在普速铁路，高铁采用法兰式支柱。法兰式支柱按照导高处挠度的要求不同分为普通型支柱和 T 形支柱，高速铁路环形等径预应力混凝土支柱采用《电气化铁路接触网预应力混凝土支柱》（TB/T 2286）中的法兰式 T 形支柱。图 27.6 为环形等径预应力钢筋混凝土支柱实景照片。

图 27.6　环形等径预应力混凝土支柱实景照片

27.1.2 硬横跨

硬横跨是由线路两侧的支柱及其上部的横梁组成的门式结构。硬横跨分吊柱式和定位索式两种：前者各股道在机械上相互独立，导线高度、拉出值等变化小，适用于高速区段；后者各股道在机械上相互牵连，稳定性不如吊柱式，适用于动车段（所）等速度较低区段。

采用硬横跨的站场接触网结构简洁、整齐美观。硬横梁的跨度一般不超过 40 m，当跨度超过 40 m 时，需采用连续硬横梁。

高速铁路采用钢管硬横跨结构，支柱采用直径 350 mm 的圆钢管柱，横梁采用三角形桁架梁，支柱与横梁采用法兰连接。横梁根据跨度不同由边段、中间段组成，每两端之间采用法兰连接，横梁设置预起拱，有利于控制挠度变形。吊柱式硬横跨的横梁为正三角形状，定位索式硬横跨的横梁为倒三角形状，如图 27.7 和图 27.8 所示。硬横跨结构、支柱及吊柱、悬挂等如图 27.9 ~ 图 27.12 所示。

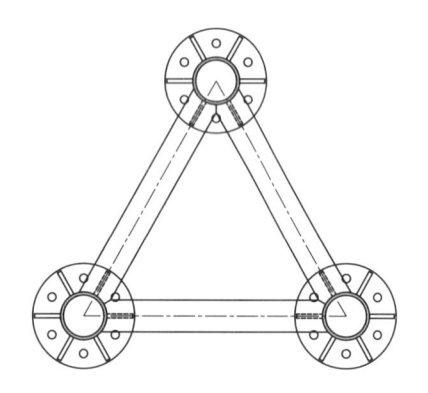

图 27.7　正三角横梁截面及连接法兰

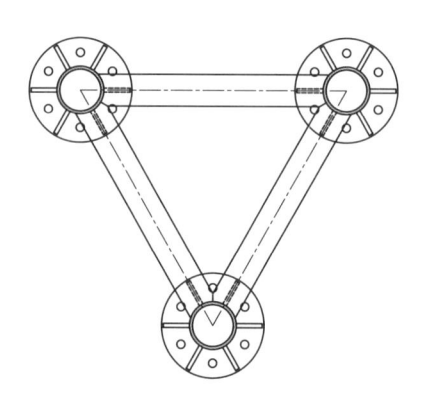

图 27.8　倒三角横梁截面及连接法兰

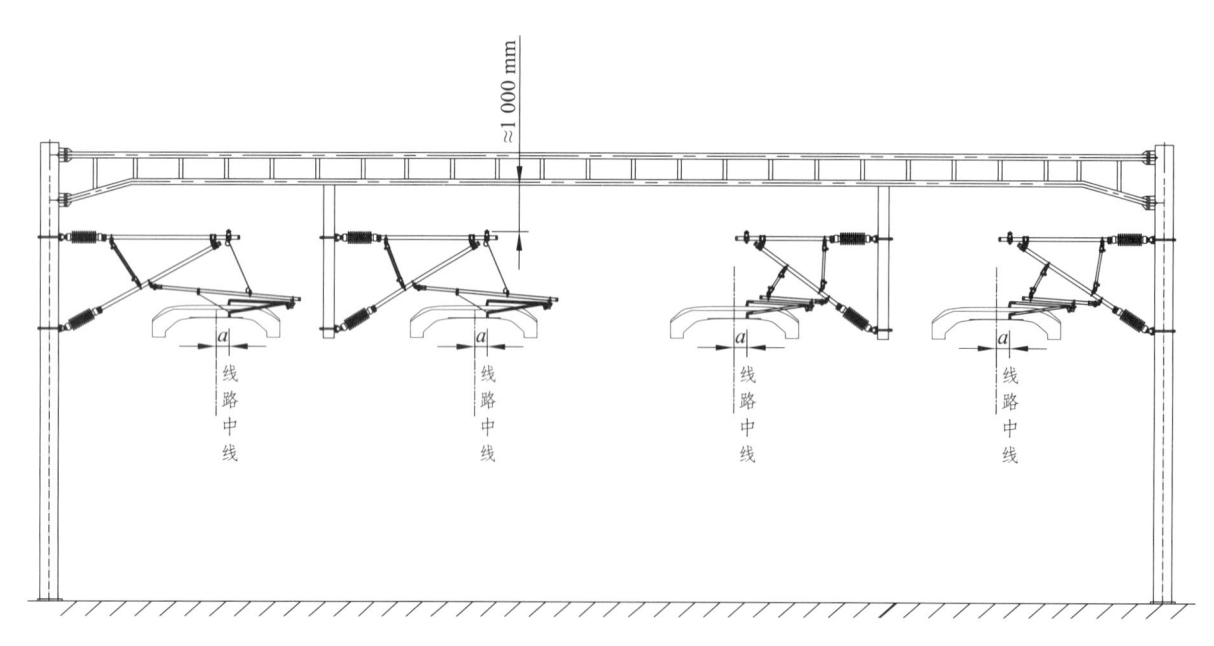

图 27.9　吊柱式硬横跨

图 27.10　吊柱式硬横跨实景照片

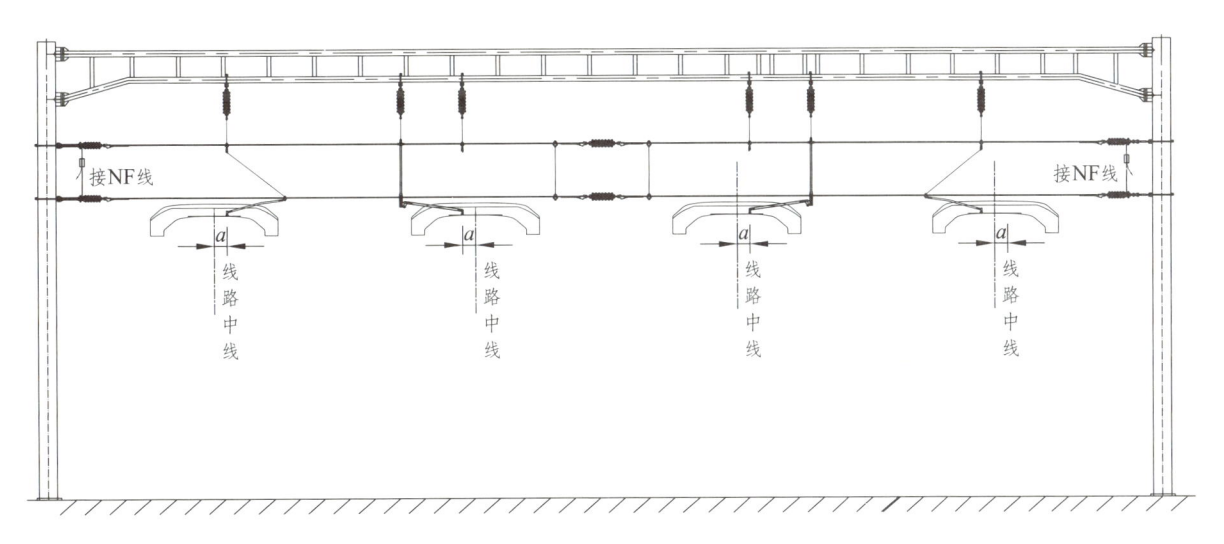

图 27.11　定位索式硬横跨

图 27.12　定位索式硬横跨实景照片

27.1.3 吊　柱

接触网吊柱主要用于隧道内、硬横跨处腕臂系统及附加导线的安装，根据其截面型式可分为矩形钢管吊柱和圆钢管吊柱，根据其用途可分为腕臂吊柱、附加导线吊柱。

隧道内腕臂吊柱一般采用直径 168 mm 的圆形钢管吊柱或 120 mm×160 mm 矩形截面吊柱，附加导线吊柱采用 Z 形单槽钢吊柱或 L 形双槽钢组合吊柱，圆形钢管吊柱如图 27.13 所示。隧道内腕臂吊柱、附加导线吊柱通过预埋槽道进行安装，腕臂吊柱一般设置吊柱支撑，以控制导高处的挠度。

硬横跨下一般采用 120 mm×160 mm 矩形钢管吊柱，如图 27.14 所示。为了便于调整吊柱限界，硬横跨下吊柱一般通过调整底座进行安装。矩形吊柱用于非支转角下锚等扭矩相对较大的地方时，可根据需要加大尺寸。

图 27.13　隧道内吊柱实景照片

图 27.14　硬横梁下吊柱实景照片

27.2　支柱荷载

支柱的荷载是支柱在工作状态下所承受的垂直荷载与水平荷载的统称。支柱荷载越大，柱底处所受的弯矩就越大。支柱荷载分析就是研究工作状态下支柱的荷载分布情况，并进行相应的理论计算，分析计算荷载对支柱基底面处形成的最大弯矩和剪切荷载，为选用或者校验支柱容量提供依据。通常所说的支柱容量，是指支柱本身所能承受的最大允许弯矩值。

最大弯矩值除了与支柱类型、接触悬挂类型、导线张力、导线悬挂高度、支柱跨距及支柱侧面限界有关外，还与计算气象条件有密切关系。最大弯矩可能出现在最大风速、最大覆冰或最低温度时。在计算最大弯矩时，一般在对三种气象条件进行计算后，取其中最大值作为选择支柱容量的依据。支柱的最大计算弯矩多发生在最大风速或最大覆冰荷载时。

支柱荷载计算一般按照水平荷载和垂直荷载分别计算。

（1）垂直荷载包括接触悬挂自重、腕臂自重、附加悬挂自重、附加悬挂肩架自重、线索覆冰重量、腕臂及肩架覆冰重量、检修人员器械重量等。

（2）水平荷载包括接触悬挂"之"字力、接触悬挂曲线力、接触悬挂转角力、接触悬挂风荷载、附加悬挂曲线力、附加悬挂转角力、附加悬挂风荷载、支柱本身的风荷载。

支柱荷载计算分析用的荷载如图 27.15 与图 27.16 所示，图中各参数如表 27.1 所示。

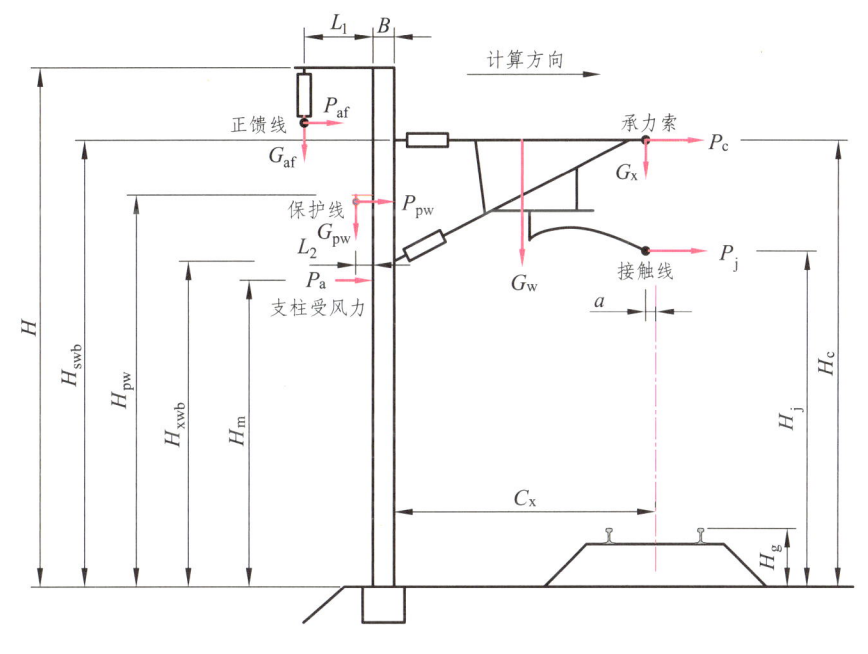

图 27.15　腕臂柱荷载

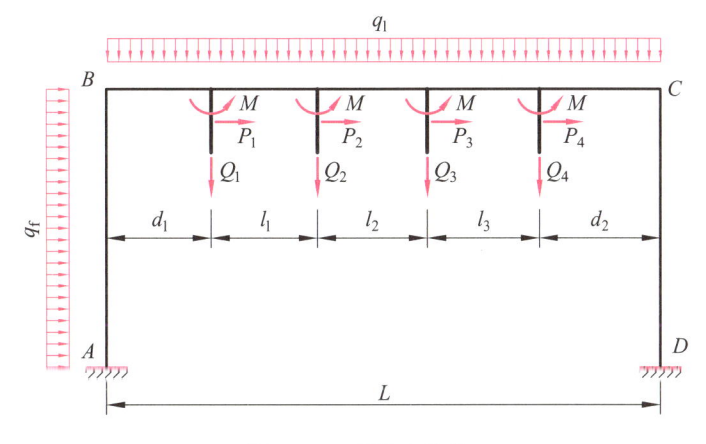

图 27.16　硬横跨荷载

表 27.1　接触网荷载参数

参　　数	名　　称
H	支柱高度
H_{swb}	上腕臂底座距地面高度
H_{pw}	保护线距离地面高度
H_{xwb}	下腕臂底座距地面高度
H_m	支柱风载作用点距地面高度

续表

参　数	名　称
H_j	接触线距地面高度
H_c	承力索距地面高度
H_g	轨地高差
B	支柱宽度
L_1	AF 线到支柱田野侧边缘的距离
L_2	PW 线到支柱田野侧边缘的距离
G_{pw}	PW 线垂直荷载
G_{af}	AF 线垂直荷载
G_x	线索垂直荷载
G_w	腕臂垂直荷载
P_{pw}	PW 线水平荷载
P_{af}	AF 线水平荷载
P_a	支柱风荷载
P_c	承力索水平荷载
P_j	接触线水平荷载
a	拉出值
C_x	侧面限界
q_f	支柱垂直线路向风载
q_l	横梁自重
M	横梁上吊柱安装附加弯矩
P_i	吊柱的水平荷载
Q_i	吊柱的垂直荷载
L_i	吊柱间距
D_i	吊柱到支柱中心的距离

27.3　接触网支柱结构计算

接触网支柱的结构计算采用以概率理论为基础的极限状态设计法，用可靠指标度量结构构件的可靠度，采用分项系数的设计表达式进行设计。结构的极限状态指结构或构件在规定的各种荷载组合作用下或在各种变形或裂缝的限值条件下，满足线路安全运行的临界状态。极限状态分为承载能力极限状态和正常使用极限状态。

承载能力极限状态：结构或构件达到最大承载力、出现疲劳或不适于继续承载的变形。

正常使用极限状态：结构或构件的变形或裂缝等达到正常使用的规定限值。

支柱的强度、稳定和连接强度按承载能力极限状态的要求，采用荷载的设计值和材料强度的设计值进行计算；支柱挠度按正常使用极限状态的要求，采用荷载的标准值和正常使用规定限值进行计算。

随着计算机技术的快速发展，结构有限元方法成为一种应用广泛并且实用高效的数值分析方法。目前，成熟可靠的有限元分析软件也较多，通过其进行模拟仿真计算具有形象直观、可参数化、大数据计算速度快等诸多优势。接触网支柱、硬横跨乃至其他接触网结构件均可以通过有限元仿真进行结构计算，可以达到高效快速、精准计算的目的，分析计算示例如图 27.17 ~ 图 27.20 所示。

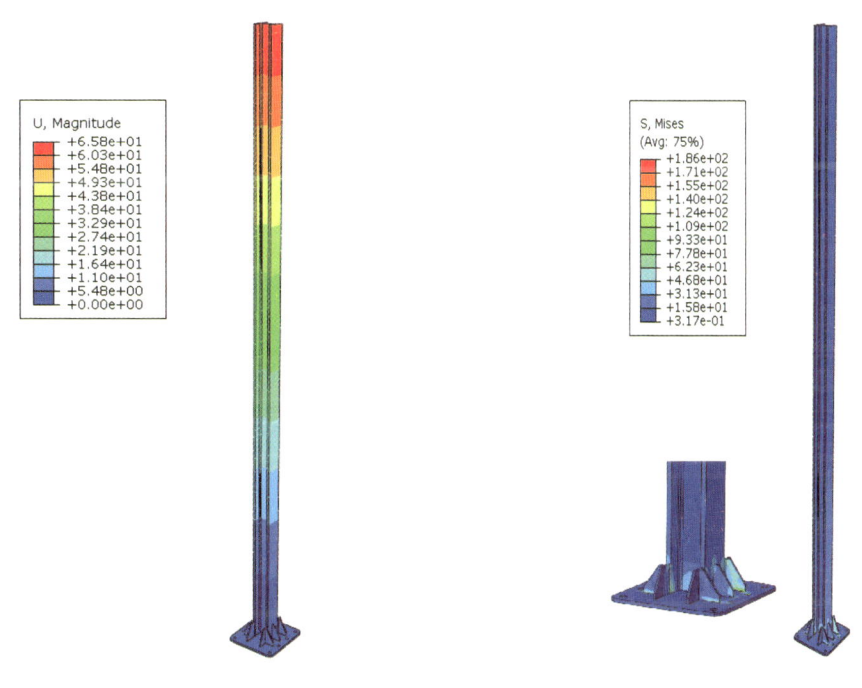

图 27.17　H 形钢柱仿真模拟变形图

图 27.18　H 形钢柱仿真模拟受力图

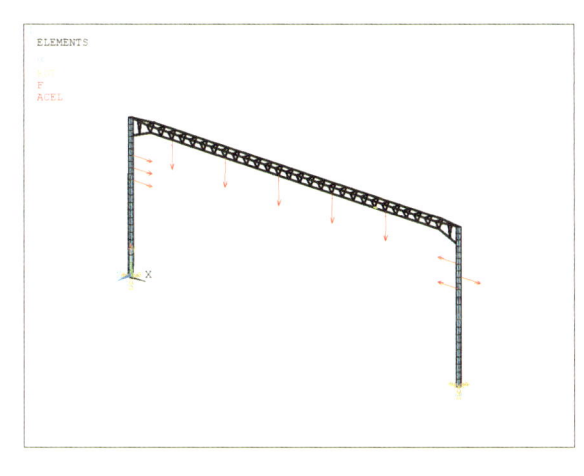

图 27.19　硬横跨仿真计算模型

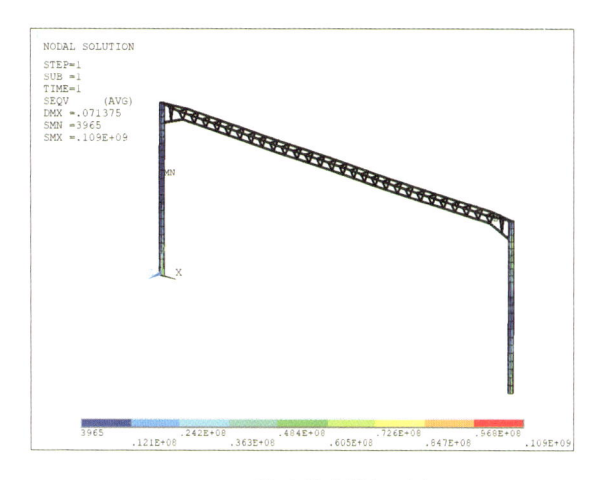

图 27.20　硬横跨仿真模拟受力图

27.4　支柱基础

我国高速铁路接触网支柱基础一般由土建工程完成接口预埋。桥梁、路基上支柱通过法兰与预埋基础地脚螺栓连接固定，隧道内吊柱通过 T 形螺栓与预埋槽道连接固定。

27.4.1 一般地质路基段支柱基础

支柱基础承受由支柱传来的荷载，其受力荷载根据支柱的受力分析计算得到。支柱基础结合支柱类型、路基地质条件及计算的受力荷载确定，一般采用现浇无阶梯混凝土基础或阶梯基础。

当基础埋置较深时，考虑基础受力面上的被动土压力的作用，一般采用无阶梯基础。受区间路基断面宽度及车站股道间距影响时，断面尺寸较小，支柱基础的承受荷载较大，一般垂直线路方向宽度为 700～800 mm。基础本体的构造、承载力计算等参见《建筑桩基技术规范》（JGJ 94）有关规定。

通过计算确定接触网支柱基础的结构型式、截面尺寸和埋置深度。我国高铁工程中一般采用路基预留现浇无阶梯基础，腕臂柱、硬横跨柱基础结构型式如图 27.21、图 27.22 所示。

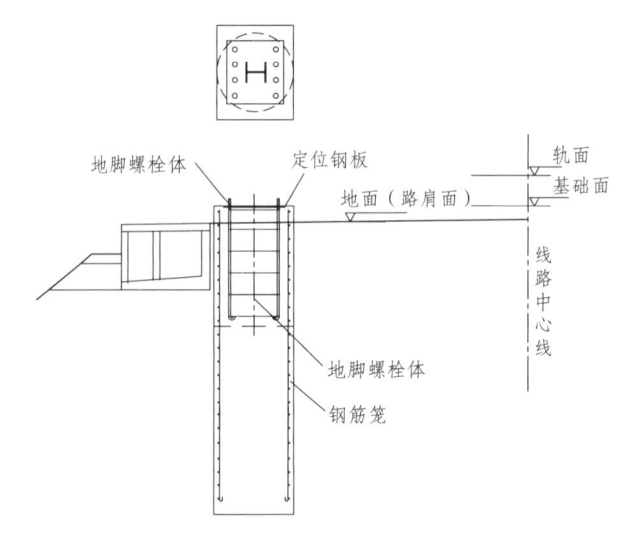

图 27.21　腕臂柱基础结构

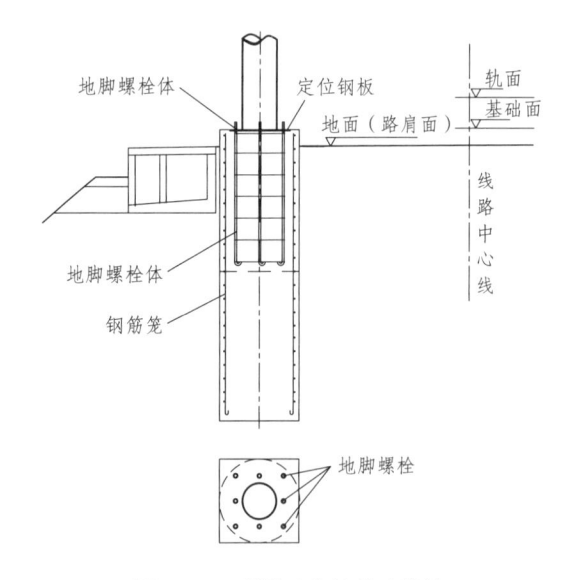

图 27.22　硬横跨支柱基础结构

27.4.2 桥梁区段支柱基础

箱梁桥支柱基础及下锚拉线基础设置在桥面上，桥梁专业根据接触网基础的荷载和技术要求，在桥面上预留，支柱基础与下锚拉线基础顺线路方向对齐布置，下锚拉线按基础与对应支柱基础的距离一般按下锚拉线角度不大于 60° 考虑。高铁箱梁桥接触网支柱与下锚拉线基础如图 27.23 和图 27.24 所示。

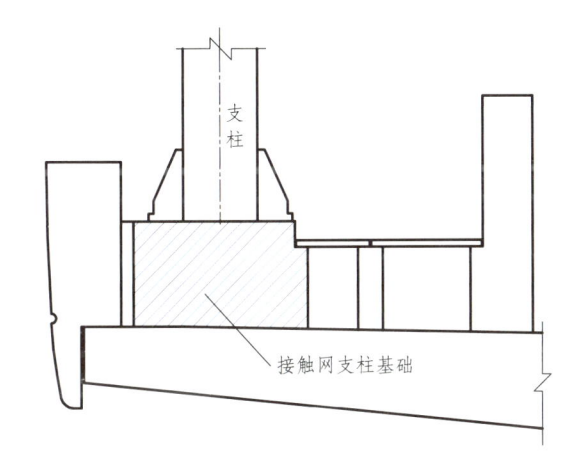

图 27.23 高铁箱梁接触网支柱基础立面

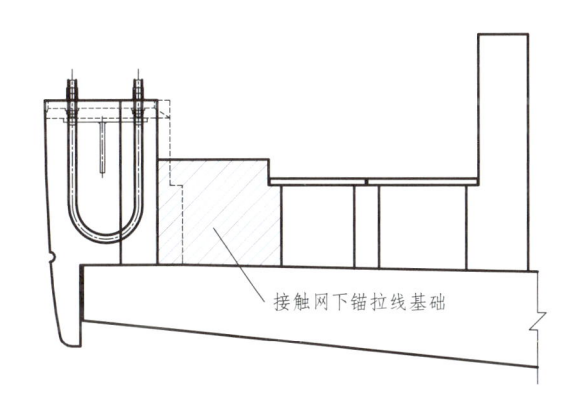

图 27.24 高铁箱梁接触网下锚拉线基础立面

27.4.3 特殊地质条件下支柱基础处理

27.4.3.1 湿陷性黄土地质支柱基础处理

我国高铁的路基设计中，对湿陷性黄土、膨胀土等特殊地质路基地基均采取了针对性的加固处理措施，保证路基基床结构的刚度满足列车运行时产生的弹性变形在一定范围内，强度能承受列车荷载的长期作用。基床标尺结构能防止地表水侵入导致基床软化及翻浆冒泥、冻胀的基床病害，路基工程整体稳定。

设置在上述特殊地质环境下的路基上的接触网支柱基础由于路基工程已做了专门处理，一般不再另做处理，主要需对基础与路基面接合部做好防水措施，确保基础周围排水通畅、不积水。

27.4.3.2 冻土特殊地质支柱基础处理

1. 季节性冻土地区

季节性冻土在冬季冻结而夏季融化，具有低温、易变、温度敏感等特殊工程地质性质，土体冻结时体积膨胀，产生切向、法向冻胀力并作用在基础上，在切向、法向冻胀力共同作用下，埋深不足、外荷载较小的基础被提升、拔起。当接触网支柱基础位于下沉路基内时，将随路基共同下沉，其冬季上拔和夏季融陷对浅基础稳定性危害较大，故季节性冻土区一般采用桩基础。

季节性冻土地区接触网基础需与路基同步施工，基础开挖面小且承载力大，一般采用直径 700 mm 的钻孔灌注桩基础，考虑季节性冻土地质特性，基础底部采用扩底结构，且基底不小于最大冻结深度以下 0.6 m。桩基础除符合国家现行标准《建筑地基基础设计规范》（GB 50007）和《建筑桩基技术规范》（JGJ 94）的有关规定外，还需进行桩基础冻胀稳定性与桩身抗拔承载力验算。

2. 多年冻土地区

多年冻土上层随季节融化或冻结而下层常年冻结，热稳定性差，冻土的融化会造成路基沉降，施工及运行期间应尽量减少热量的输入。施工期间，空气中热量、钻孔机械等热量通过基坑输入路基内，如输入热量大，会造成基坑冻土融化、基坑坍塌。运行期间支柱上热量通过基础源源不断输入路基内，会造成路基冻土融化、退化，导致路基沉降、变形。

多年冻土接触网基础方案采取"保护冻土"原则，在施工期间和运行期间保持地基土处于冻结状态。对于多年冻土地区地基土中的基础除受上部荷载作用外，同样受地基土中切向冻胀力及水平冻结力的作用。路基上接触网基础稳定性计算需考虑路基冻融深度人为上限、路基填料等因素的影响。支柱基础采用便于机械化施工、便于开挖基坑的基础型式，优先考虑预制管桩基础，桩身在多年冻土上限范围内采用二油一膜措施，以减小冻土对管桩的切向冻胀。基础最小埋深不小于冻融深度人为上限，桩基础除符合国家现行标准外，还需符合《冻土地区建筑地基基础设计规范》（JGJ 118）相关要求。

27.5 预埋结构

27.5.1 路基预埋结构

27.5.1.1 预埋支柱基础

路基上接触网支柱基础及下锚拉线基础，由路基工程根据接触网基础的荷载、尺寸等技术要求，在路基施工时同步预埋。在路基上预埋接触网支柱基础需要系统规划，统筹实施，做好专业间接口配合，避免造成二次开挖。

路基上接触网支柱预埋基础如图27.25所示。

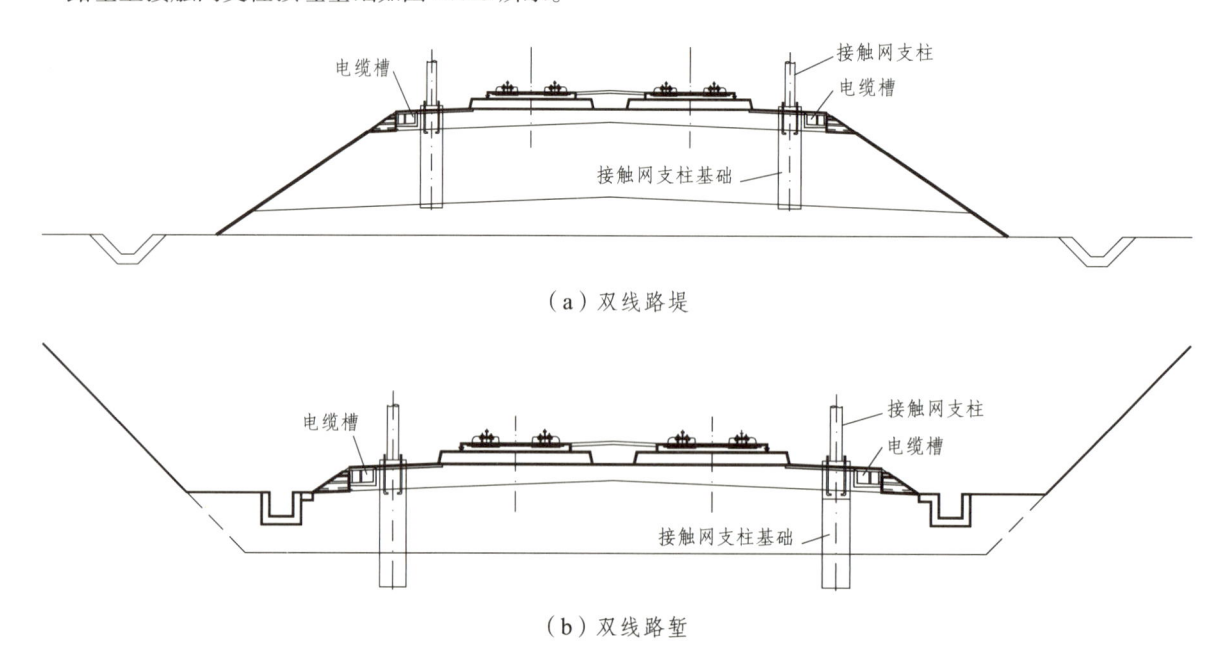

（a）双线路堤

（b）双线路堑

图27.25 路基上接触网支柱预埋基础

27.5.1.2　预埋过轨管线

供电线及回流线采用电缆穿越路基时，需预埋过轨管线。接触网过轨管一般采用聚乙烯双壁波纹管并外包混凝土排管方式，聚乙烯双壁波纹管符合《埋地用聚乙烯（PE）结构壁管道系统 第1部分：乙烯双壁波纹管材》（GB/T 19472.1）的规定。电缆槽跨越排水沟槽时，需进行局部加强，与路基手孔井衔接时，电缆槽需做加深处理。路基上接触网电缆管线预埋如图27.26所示。

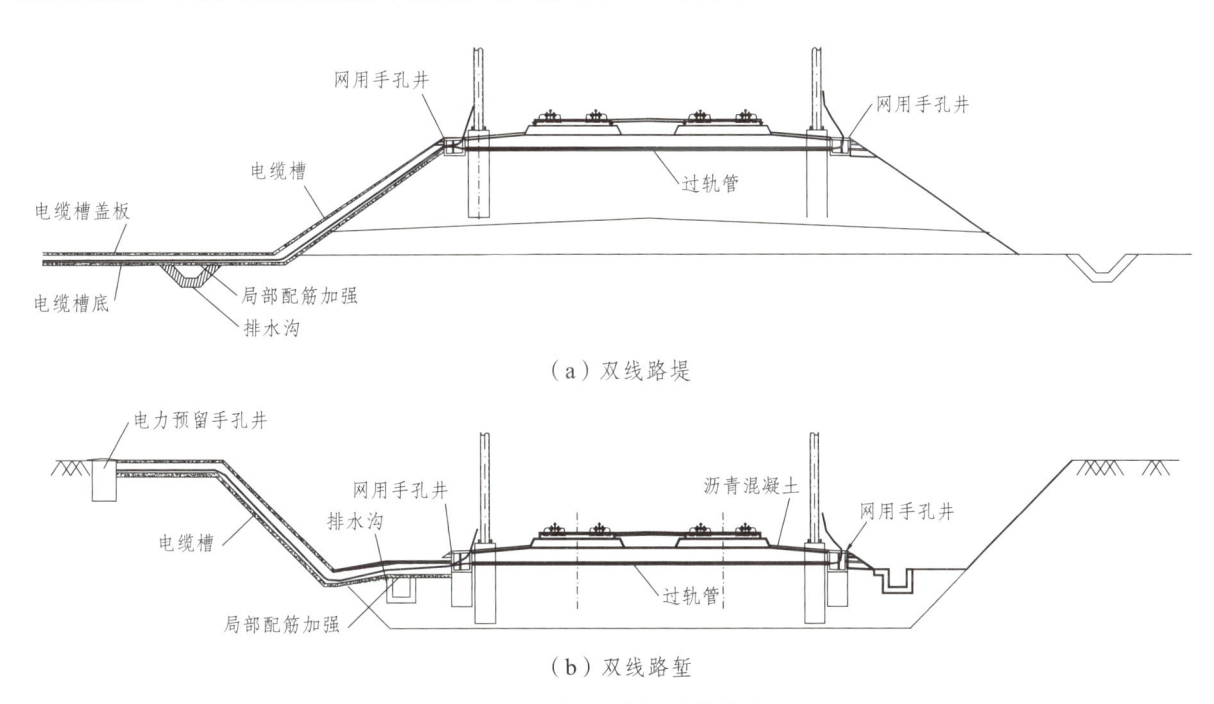

（a）双线路堤

（b）双线路堑

图27.26　路基上接触网电缆管线预埋

27.5.1.3　支柱基础接地预留

路基区段在接触网基础内预留接地钢筋和接地端子，与综合贯通地线连接，作为接触网支柱接地，实例如图27.27所示。

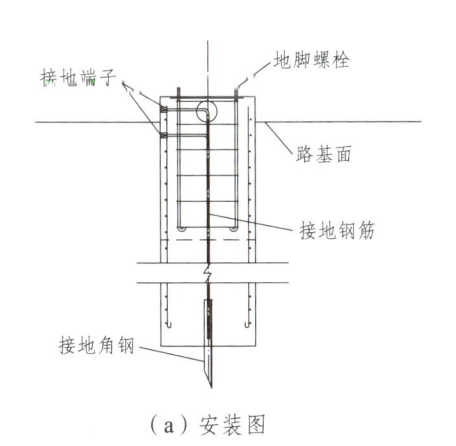

（a）安装图　　　　（b）实景照片

图27.27　支柱基础接地预留及连接

27.5.2 桥梁预埋结构

27.5.2.1 预埋或预留基础

高铁桥梁主要有混凝土结构及钢结构两种。

混凝土结构桥梁一般有预制简支梁及现浇连续梁。高铁简支梁一般为箱梁，部分 200 km/h 铁路也采用 T 形梁。混凝土简支箱梁桥上接触网支柱基础预埋如图 27.28 所示。

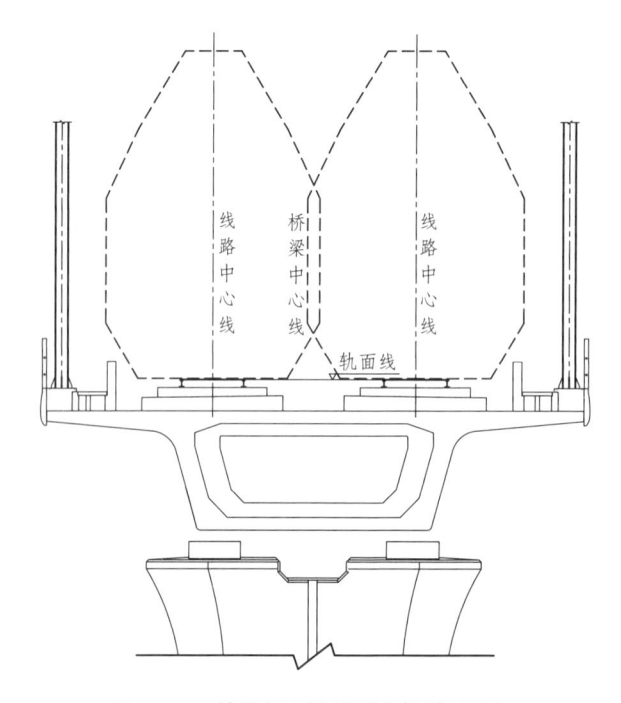

图 27.28 箱梁桥上接触网支柱基础预埋

现浇连续梁上接触网支柱一般对称于连续梁中心线布置，支柱基础与拉线基础同一片梁设置。连续梁桥上接触网预埋基础分布如图 27.29 所示。

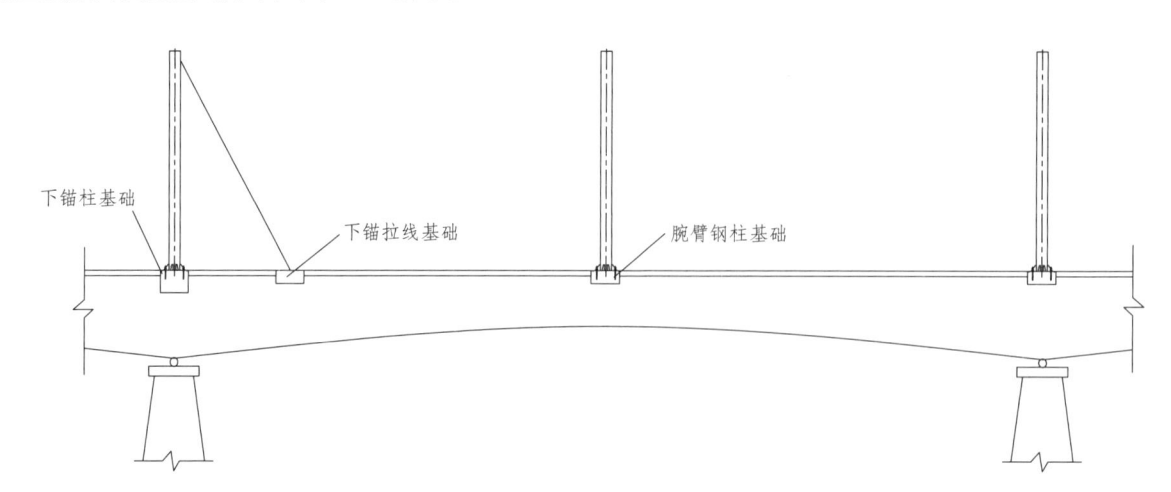

图 27.29 连续梁桥上接触网预埋支柱基础分布

高铁钢结构桥一般为下承式，根据接触网悬挂安装要求，在钢构梁、柱上预留基础预埋件或预留基础螺栓孔，安装接触网吊柱或腕臂。接触网基础预留如图 27.30 所示。

(a) 腕臂安装吊柱基础 　　(b) 下锚安装底座基础

图 27.30　下承式钢结构桥接触网悬挂预留吊柱基础

27.5.2.2　预留电缆桥架

新建铁路的桥梁，在桥墩、桥梁处采用预埋电缆安装桥架的槽道（或锚栓）；既有桥梁采用后置锚栓固定方式。电缆支架、桥架需可靠接地。桥梁上电缆桥架与电缆支架连接如图 27.31 所示。

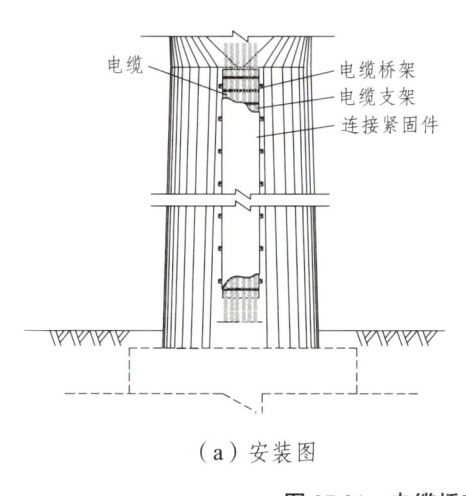

(a) 安装图 　　(b) 实景照片

图 27.31　电缆桥架与电缆支架安装

27.5.3　隧道预埋结构

27.5.3.1　隧道内预埋槽道

隧道内接触网吊柱等结构件一般采用预埋槽道方式连接，具有安全可靠、便于调节、耐受动荷载、防火等优点。预埋槽道基础为两条弧度与衬砌拱顶一致的槽道，垂直隧道中心线预埋于拱顶，两条槽道的间距与吊柱底板孔距相同。根据隧道内接触网平面布置图、相关的安装图及隧道模板台车型号等对接触网预埋槽道进行定位布置。衬砌施工前将两条槽道固定在衬砌台车模板上，拆模后槽道下缘与衬砌表面平齐。

槽道主要有接触网吊柱底座、附加导线底座、接触网下锚及导向轮底座、接触网设备底座等。槽道预埋实例如图 27.32 所示。

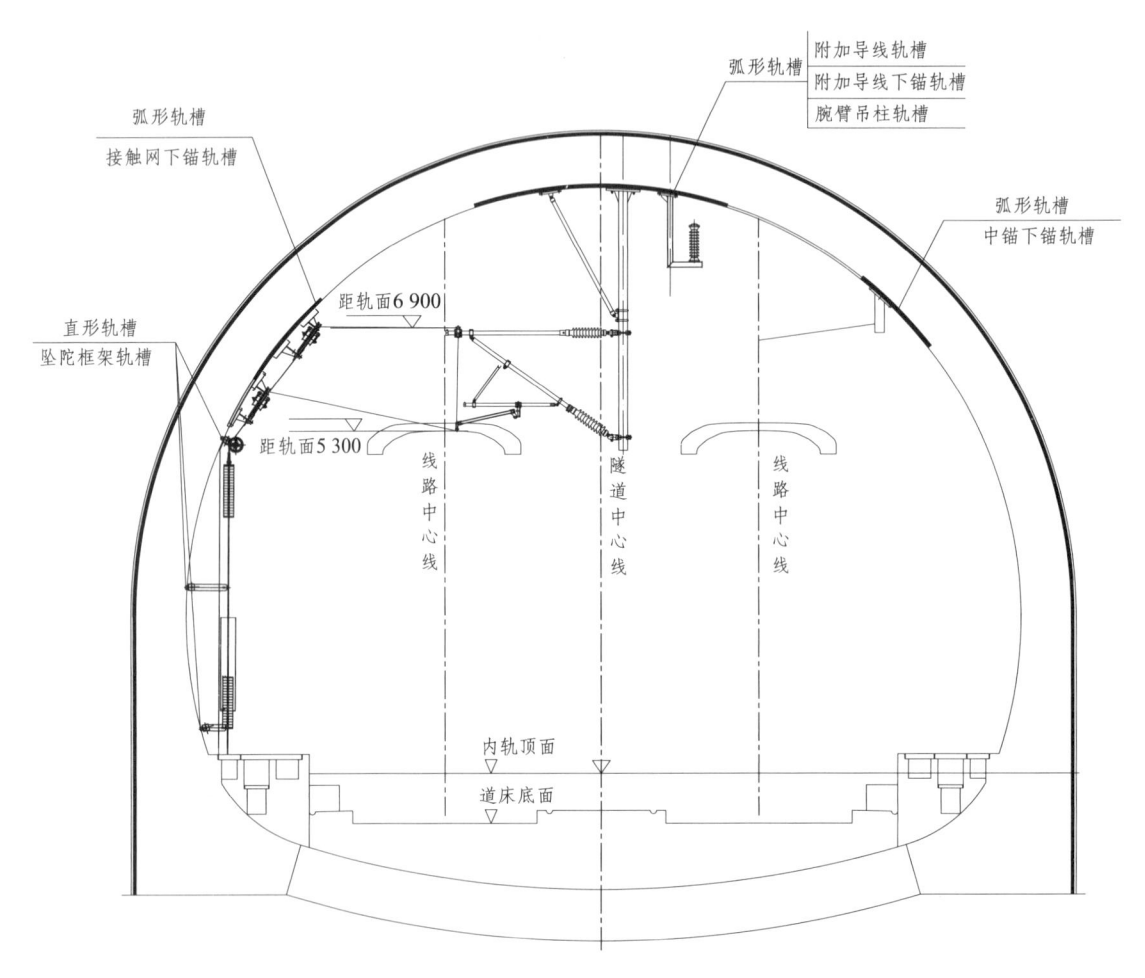

(a) 预埋槽道隧道断面

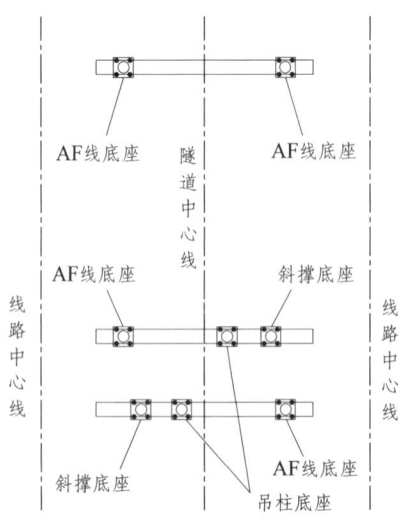

(b) 预埋槽道布置

图 27.32 隧道槽道预埋

槽道及 T 形螺栓主要承受吊柱柱底处的拉力、剪切力及 X、Y 方向的弯矩，通过接触网悬挂及吊柱荷载的计算确定。

预埋槽道外形及荷载如图 27.33 所示。根据吊柱实际所受荷载，参照《电气化铁路接触网隧道内预埋槽道》（TB/T 3329）所受的静态荷载选择槽道的规格。

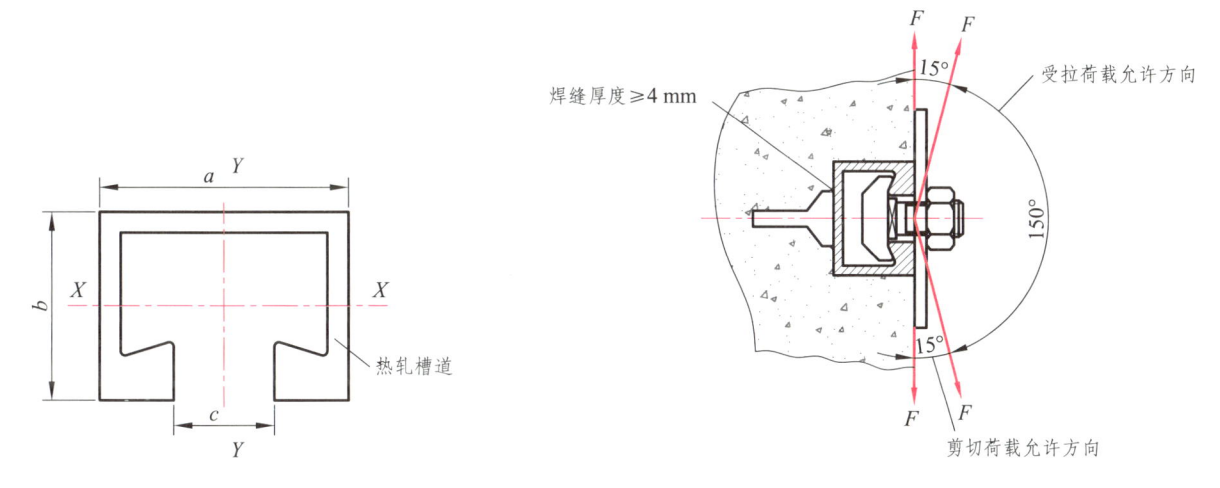

图 27.33 隧道预埋槽道外形及荷载

27.5.3.2 隧道预埋槽道处衬砌内钢筋及接地

接触网结构一般安装在隧道二次衬砌上，衬砌处安装结构的受力除接触网荷载外，还需考虑列车运行时产生的气动力的影响，根据隧道围岩等级和接触网荷载要求，必要时在二次衬砌内进行局部钢筋加强。预埋的结构件需与预埋的接地钢筋连接，保证接触网故障时有可靠的闪络保护金属通路，有效保护隧道内的预应力钢筋及其他设施。预埋槽道及衬砌内钢筋纳入综合接地系统，接地钢筋与槽道锚杆焊接后，通过二次衬砌内环向接地钢筋引入综合接地系统。预埋接触网结构底座槽道处衬砌加强方式如图 27.34 所示。

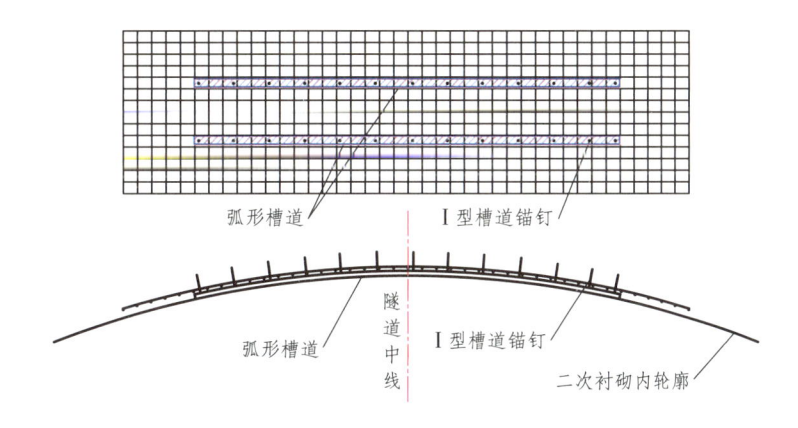

图 27.34 预埋接触网吊柱及 AF 线底座槽道处衬砌加强钢筋

27.5.4 站房等构筑物预埋（预留）结构

车站雨棚、站房范围内的接触网支柱无法在线间立柱时，一般采用接触网支柱与雨棚结构、站房合架，

其合架方式可归纳如下:

27.5.4.1 接触网与雨棚合架

接触网与线间雨棚柱、雨棚横梁合架时,一般预埋(预留)腕臂底座、附加导线底座等结构,充分利用雨棚柱、梁截面特点,做到安装简明、受力合理。接触网在雨棚柱、梁上预留方式如图 27.35 所示。

(a)与线间雨棚柱合架　　(b)与雨棚横梁合架

图 27.35　接触网与雨棚合架实景照片

27.5.4.2 接触网与站房合架

在站房柱或底部结构上预留锚栓、底座等结构安装接触网,需将接触网结构纳入站房结构统筹考虑,强化整体景观效果,使接触网设备与车站景观融为一体。接触网在站房柱预留方式如图 27.36 所示。

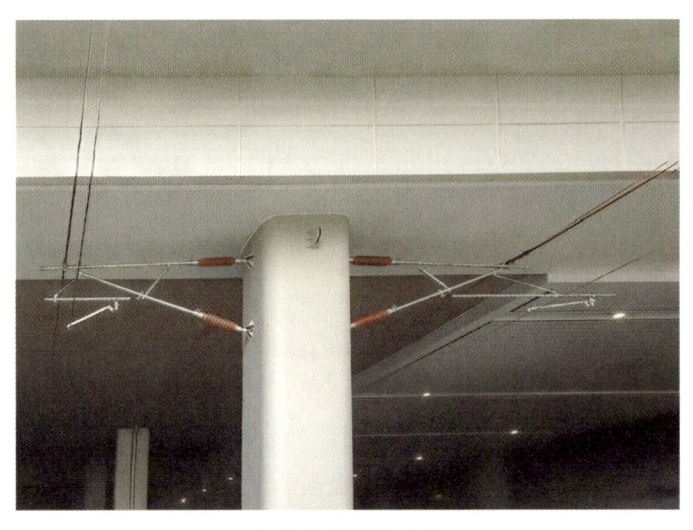

(a)与站房柱合架

(b）与站房横梁合架

图 27.36 接触网与站房结构合架实景照片

28 接触网支持装置

28.1 腕臂安装

接触网是一个复杂的空间串联机械系统，腕臂支持装置是接触网的基本结构单元，直接影响整个接触网系统的稳定性、安全性和可靠性。

我国高速铁路腕臂结构采用铝合金和钢两种材质，通过全旋转的腕臂底座方式安装在支柱或吊柱上，用于承力索和接触线的支撑和定位。

我国 300～350 km/h 的高速铁路接触网一般采用铝合金腕臂结构，其质轻、美观、防腐性能好，易于精确预配和安装，且具有良好的韧性、延展性及抗疲劳和抗振性能，特别在低温环境中优于黑色金属。钢腕臂结构经济性好，多用于 250 km/h 及以下铁路。钢腕臂中的较小结构高度的整体腕臂结构，结构紧凑，稳定性好，具有较好的抗风、抗振性能，可用于环境较为复杂地区，如新疆大风区和沿海地区的高速铁路。

我国高速铁路接触网采用了基于空间数据分析的腕臂结构预配仿真技术和精确一体化施工工艺，通过与土建的精细化接口配合，实施了完整的设计、测量、计算、自动化预配和精确安装的严谨流程，实现了高速铁路接触网系统的一次性安装到位，达到接触导线高度平顺性和弓网受流性能的各种优良指标。

28.1.1 铝合金腕臂结构

铝合金腕臂结构主要由腕臂底座、绝缘子、平腕臂、斜腕臂、腕臂连接装置、承力索座、定位管支撑或定位管吊线、定位装置、腕臂支撑、管帽等组成，如图 28.1 所示。其中，图 28.1（c）为曾创造了运营线 486.1 km/h 世界纪录的京沪高速铁路试验段腕臂结构安装照片。

腕臂结构总体受力性能要求详见表 28.1，表中规定荷载为腕臂整体受力状态，为整体试验提供技术要求，接触悬挂的垂直荷载加载在承力索悬挂处。

28　接触网支持装置　313

（a）定位管吊线型式

（b）定位管支撑型式

（c）京沪高速试验段腕臂装置

图 28.1　铝合金腕臂安装实景照片

表 28.1 铝合金腕臂结构工作荷载

接触悬挂工作类型	荷载类别	工作支 /kN	非工作支 /kN	备 注
接触悬挂	最大垂直荷载	4.0	4.0	非加载
	最大水平荷载	3.0	4.5	
承力索处	最大垂直荷载	4.0	4.0	试验加载
	最大水平荷载	3.0	4.5	

铝合金腕臂零部件的材质及工艺一般根据零件的结构及用途确定。我国高速铁路《电气化铁路接触网零部件》(TB/T 2075)中，明确了铝合金腕臂零部件的组成和主要技术性能，并形成了《电气化铁路接触网零部件技术条件》(TB/T 2073)。主要零部件的材质及工艺特性如表 28.2 所示。

表 28.2 主要零部件的材质及工艺特性

序号	类 型	材 质	工 艺	热处理状态	防腐要求
1	腕臂底座	Q235	金属模锻	淬火	热浸镀锌不低于 2 级
		ZG270-500	金属精密铸造	淬火	热浸镀锌不低于 2 级
2	腕臂管、定位管和支撑管	6082 铝合金	型材，拉挤成型	T_6	阳极氧化或微弧氧化
3	腕臂连接装置	ALSi7Mg0.3	金属模精密铸造	淬火	钝化
4	承力索支座	ALSi7Mg0.6	金属模精密铸造	淬火	钝化
5	定位器	6082 铝合金	型材，拉挤成型	T_6	阳极氧化或微弧氧化

28.1.2 钢腕臂结构

钢腕臂结构主要由腕臂底座、绝缘子、平腕臂、斜腕臂、腕臂连接装置、承力索座、定位管支撑或定位管吊线、定位装置、腕臂支撑、管帽等组成，如图 28.3 所示。

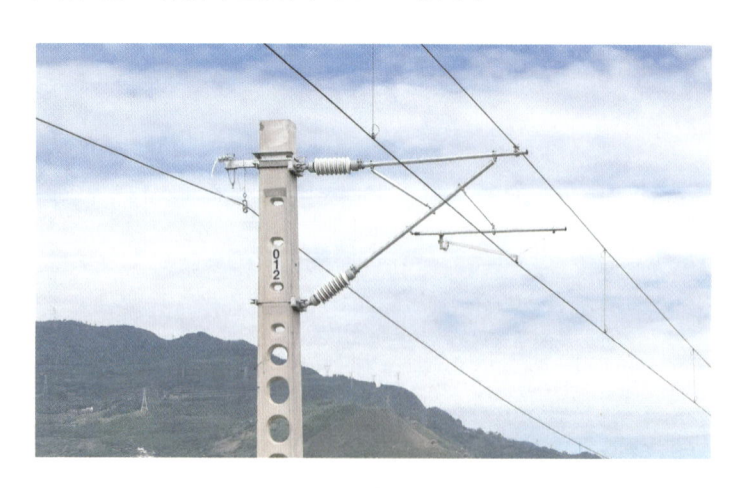

图 28.2 钢腕臂安装实景照片

腕臂结构总体受力性能要求详见表 28.3，表中规定荷载为腕臂整体受力状态，为整体试验提供技术要求，接触悬挂的垂直荷载加载在承力索悬挂处。

表 28.3 钢腕臂结构工作荷载

接触悬挂工作类型	荷载类别	工作支 /kN	非工作支 /kN	备 注
接触悬挂	最大垂直荷载	4.0	4.0	非加载
	最大水平荷载	2.5	4.5	
承力索处	最大垂直荷载	4.0	4.0	试验加载
	最大水平荷载	2.0	4.5	

我国铁路《电气化铁路接触网零部件》（TB/T 2075）、《电气化铁路接触网零部件技术条件》（TB/T 2073）中，明确了钢腕臂零部件的组成、结构、材质和技术性能，主要零部件的材质及工艺特性如表 28.4 所示。

表 28.4 主要零部件的材质及工艺特性

序号	类型	材质	工艺	热处理状态	防腐要求
1	腕臂底座	Q235	金属模锻	淬火	热浸镀锌不低于 2 级
		ZG270-500	金属精密铸造	淬火	热浸镀锌不低于 2 级
2	腕臂管、定位管和支撑管	20#	冷拔无缝钢管		热浸镀锌不低于 2 级
		Q235	型材，直焊缝		热浸镀锌不低于 2 级
3	腕臂连接装置	Q235	金属模锻	淬火	热浸镀锌不低于 2 级
4	承力索支座	Q235	金属模锻	淬火	热浸镀锌不低于 2 级
5	定位器	6082 铝合金	型材，拉挤成型	T_6	阳极氧化或微弧氧化

28.1.3 简统化腕臂结构

简统化腕臂采用结构简约化、零件集成化理念，进行了零部件的集成优化，精简零件数量和结构工艺，连接可靠，降低了维护检修工作量，有利于提高接触网系统的稳定性。简统化腕臂结构按照不同的适应速度等级也分为铝合金和钢腕臂系列。

简统化腕臂结构包括平腕臂、斜腕臂、组合承力索座、腕臂连接器、支撑、支撑连接器、组合定位环、定位管、定位立柱、定位底座、定位器、定位线夹、锚支定位卡子等零件，如图 28.3 所示。

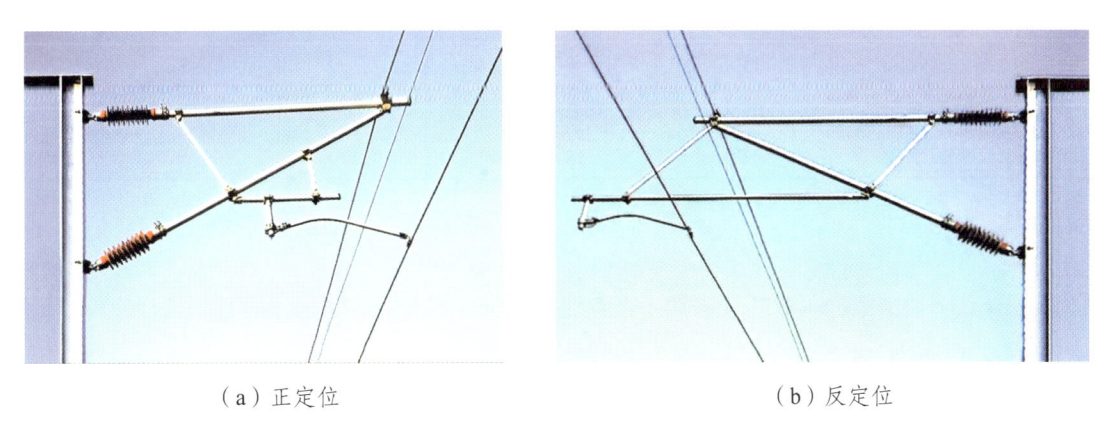

（a）正定位　　　　　　　　　（b）反定位

图 28.3 简统化腕臂安装实景照片

简统化腕臂铝合金系列和钢系列腕臂结构受力及主要零部件的材质与工艺特性分别如表 28.5 和表 28.6 所示。

表 28.5　铝合金系列简统化腕臂结构主要零部件的材质及工艺特性

序号	类型	材质	工艺	热处理状态	防腐要求
1	腕臂底座	Q235	金属模锻	无	3级热浸镀锌
2	腕臂管/定位管	6082	型材	T_6	阳极氧化
3	腕臂连接器	6082	金属模锻	T_6	钝化或微弧氧化
4	组合承力索座	6082	金属模锻	T_6	钝化或微弧氧化
5	定位器	6082	型材，拉挤成型	T_6	阳极氧化
6	组合定位环	6082	金属模锻	T_6	钝化或微弧氧化
7	支撑连接器	6082	金属模锻	T_6	钝化或微弧氧化
8	支撑	6082	型材，拉挤成型	T_6	阳极氧化
9	定位底座	6082	金属模锻	T_6	钝化或微弧氧化
10	定位立柱	6082	型材，拉挤成型	T_6	阳极氧化
11	定位线夹	CuNi2Si	金属模锻	—	—
12	锚支定位卡子	6082	金属模锻	T_6	钝化或微弧氧化

表 28.6　钢系列简统化腕臂结构主要零部件的材质及工艺特性

序号	类型	材质	工艺	热处理状态	防腐要求
1	腕臂底座	Q235	金属模锻	—	3级热浸镀锌
2	腕臂管/定位管	20	型材	—	3级热浸镀锌
3	腕臂连接器	Q355	金属模锻	正火	3级热浸镀锌
4	组合承力索座	Q355	金属模锻	正火	3级热浸镀锌
5	定位器	6082	型材	T_6	阳极氧化
6	组合定位环	Q355	金属模锻	T_6 正火	3级热浸镀锌
7	支撑连接器	Q355	金属模锻	正火	3级热浸镀锌
8	支撑	Q355	型材	正火	3级热浸镀锌
9	定位底座	Q355	金属模锻	正火	3级热浸镀锌
10	定位立柱	Q355	型材	正火	3级热浸镀锌
11	定位线夹	CuNi2Si	金属模锻	—	—
12	锚支定位卡子	Q355	金属模锻	正火	3级热浸镀锌

28.1.4　整体腕臂结构

整体腕臂结构连接紧凑，结构稳定，多用于西北、沿海大风区等环境恶劣地区，主要由腕臂底座、绝缘子、平腕臂（带弯头）、斜腕臂、承力索座、定位管、定位装置、腕臂支撑等组成。整体腕臂支持结构由带弯头的平腕臂整体替代了钢腕臂中平腕臂与定位管支撑（吊线）的功能，直接固定定位管，采用钢质平腕臂和斜腕臂双销钉弧形可调腰孔内相连。正定位定位管与斜腕臂采用抱箍连接、螺栓紧固。反定位定位管与弯形平腕臂采用销钉铰接相连，定位管与斜腕臂采用抱箍连接。整体腕臂装置整体腕臂正、反定位安装如图 28.4 所示。

（a）正定位　　　　　　　　　　　　　　　（b）反定位

图 28.4　整体腕臂安装实景照片

大风区使用的整体腕臂参照《风区 200 ~ 250 km/h 电气化铁路接触网主要装备技术条件（暂行）》（TJ/GD 002），其中在大风区内使用的主要零部件根据来风日及其频率的记录，疲劳试验次数提高至 75 万次，振动提高至 300 万次，其他相关通用技术条件按照《电气化铁路接触网零部件技术条件》（TB/T 2073）执行。主要零部件的材质及工艺特性如表 28.7 所示。

表 28.7　主要零部件的材质及工艺特性

序号	类型	材质	工艺	热处理状态	防腐要求
1	腕臂底座	Q235	金属模锻	淬火	热浸镀锌不低于 2 级
		ZG270-500	金属精密铸造	淬火	热浸镀锌不低于 2 级
2	腕臂管	Q345	冷拔无缝钢管		热浸镀锌不低于 2 级
			型材，直焊缝		热浸镀锌不低于 2 级
3	抱箍型定位环	Q235	型材冲压成型，焊接		热浸镀锌不低于 2 级
4	承力索支座	Q235	型材冲压成型、焊接		热浸镀锌不低于 2 级
5	定位器	A5052TD	型材，拉挤成型	H34	阳极氧化或微弧氧化

28.2　定位装置安装

为了使动车组受电弓滑板在运行中与接触线良好地接触取流，需采用定位装置将接触线按受电弓的运行要求进行定位，使接触线始终在受电弓滑板的工作范围内，且受电弓的磨耗均匀，并将接触线因张力所产生的水平力传递给腕臂结构。

接触网的定位装置主要是保持接触线相对于线路中心的准确空间位置，以及使接触网具有良好的动态性能，在直线及大半径曲线区段使接触线成之字形状布置，小半径曲线区段接触线相对于受电弓的行迹中心线相割或相切，使受电弓在运行过程中能均匀地磨耗。

定位装置中的定位器受到受电弓激励源冲击，容易发生离线，其性能好坏直接影响弓网受流质量。定位器按其功能分为限位定位器和非限位定位器两种型式。定位装置的选型和安装需要满足以下要求：

（1）定位点处接触悬挂弹性良好，振动特征需满足弓网动态性能要求。

（2）定位装置需保证将接触线定位在要求的空间位置上，且当温度变化时，定位管与定位器沿线路方向的移动一致。

（3）定位器静态角度需确保运营过程中定位器的良好工作状态，当列车受电弓通过时，定位器能使接触线均匀抬升不发生跳动，且定位装置不能与受电弓发生机械碰撞。

（4）定位器结构的抬升量，需考虑受电弓最大抬升量和定位器限位空间的影响。

（5）定位器需结构简单、质量轻、抗振动能力强，以导向安全出发，对关键地方采取适当的加强措施。

28.2.1 限位定位装置

我国高速铁路接触网悬挂一般采用限位定位装置，主要有矩形限位定位器、弹性限位定位器两种类型，另外还有一种在多支悬挂点用的T形定位器。矩形限位定位器以武广、哈大高铁采用的直型结构，京沪高铁采用的弯折型结构为代表；弹性限位定位器以广深港、兰新第二双线采用的弹性限位定位器为代表。

28.2.1.1 矩形限位定位装置

矩形定位装置由定位器本体、定位线夹、定位支座、定位环、等电位连接线组成，如图28.5所示。定位器的本体采用铝合金型材，拉挤成型，截面型式为矩形，具有良好的抗弯性能、质量轻、结构简单、旋转灵活等特点，并有故障限位功能。

（a）直型 　　　　　　　　　　　　（b）折角型

图 28.5　矩形限位定位器安装实景照片

《高速铁路设计规范》（TB 10621）中规定，定位器在使用的状态下始终处于受拉状态，最小水平拉力不小于80 N，定位器结构抬升量至少是受电弓最大动态抬升量的1.5倍。

28.2.1.2 圆管形弹性限位定位装置

圆管形弹性限位定位装置用在整体腕臂结构中，由带弹性定位器本体、定位线夹、定位支座、等电位连接线等组成，如图 28.6 所示。弹性限位定位器的本体采用了圆管形弹性弧形管，其端部采用平销轴与垂直销轴连接，不会发生脱钩现象；具有弹性减振机构，吸收振动能量、减少振动；具有断线防脱落功能，即使在接触线断线时，定位器可通过弹簧保持自身平衡，防止定位器线夹脱落引起打弓故障。

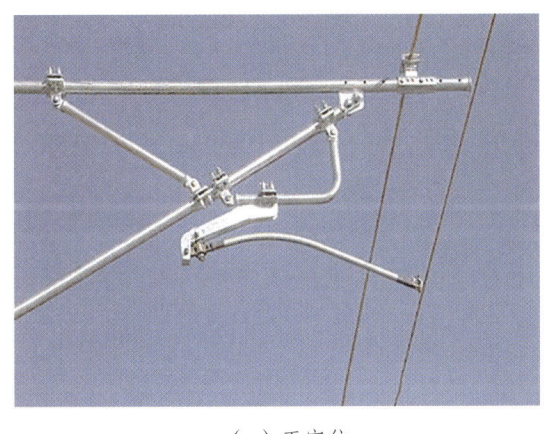

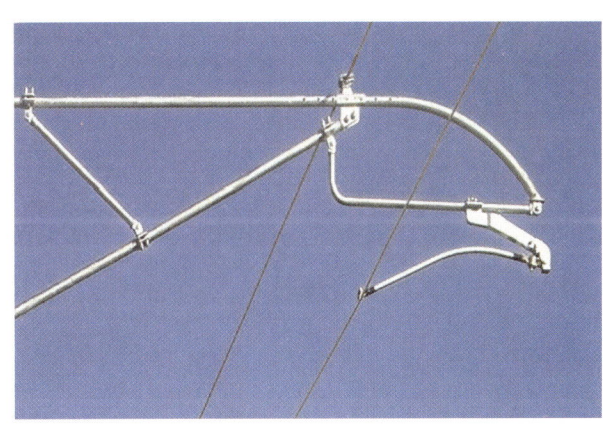

（a）正定位　　　　　　　　　　　　　　（b）反定位

图 28.6　圆管形弹性限位定位器安装实景照片

28.2.1.3　T 形限位定位器

T 形限位定位器用在绝缘锚段关节、关节式电分相及道岔等处，一般本体采用无缝钢管或铝合金管，采用销轴连接，如图 28.7 所示。

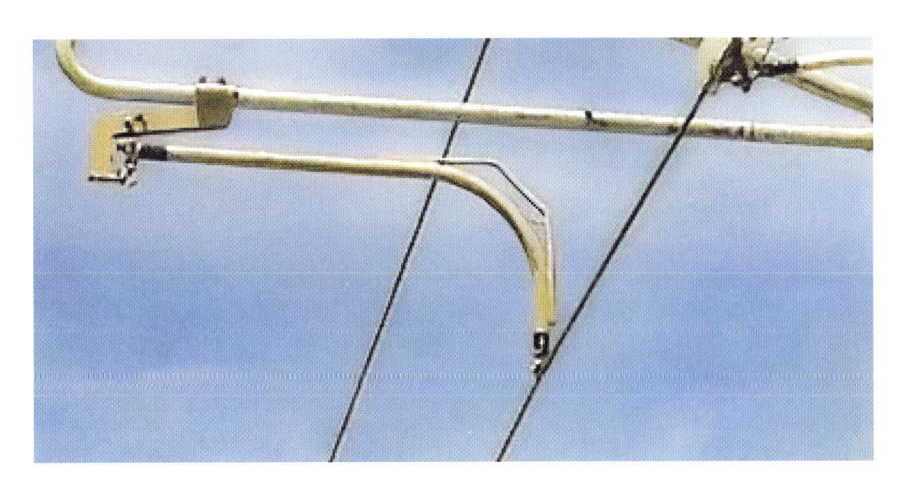

图 28.7　T 形限位定位器安装实景照片

28.2.2　非限位定位装置

28.2.2.1　弓形非限位定位器

简统化腕臂结构使用的定位器采用铰接非限位弓形结构，如图 28.8 所示。定位器与定位底座连接采用比原型钩环结构可靠的销轴铰接式，耐磨性好，不会发生扭转。定位线夹双夹板配套 T 形定位销钉，具有耐磨损、施工便捷的特点。腕臂支撑、定位管支撑采用实心型材代替"管材＋单耳"型式，结构和工艺简单，连接可靠。

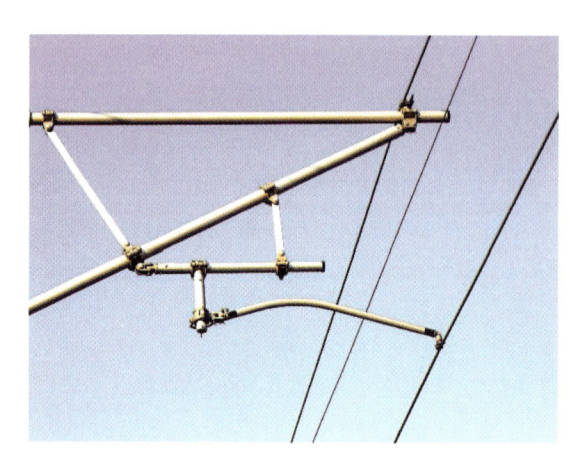

图 28.8　弓形非限位定位器安装实景照片

28.2.2.2　T形非限位定位器

T形非限位定位器一般用于接触网锚段关节、道岔及小限界处悬挂定位。其结构组成为弧形定位器本体、定位线夹、定位支座、定位管、拉线固定钩、定位环、拉线装置及管帽等。非限位定位器按照连接方式可分为钩环连接和销轴连接，一般在风区使用销轴连接，如图28.9所示。

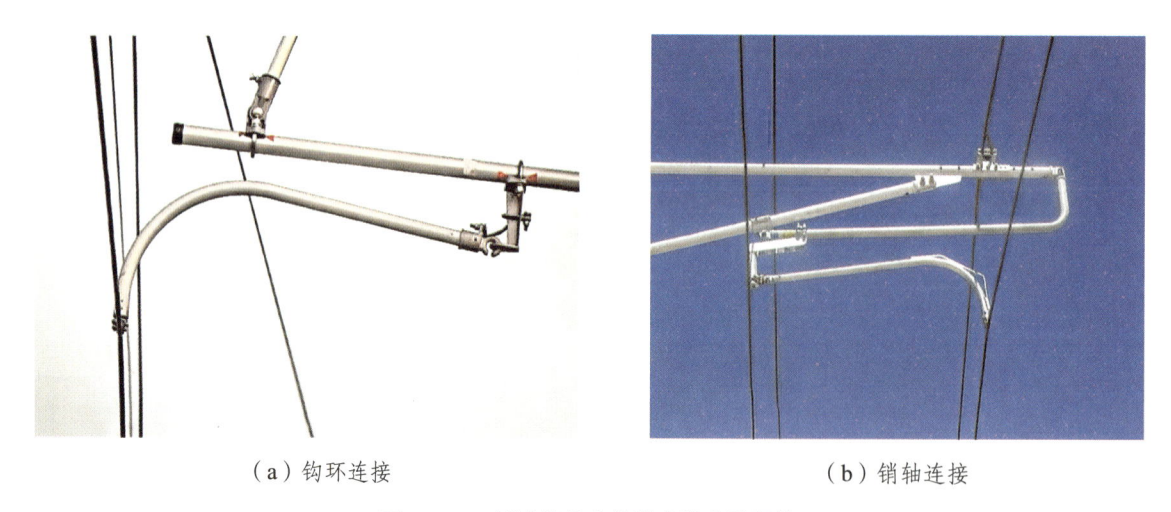

（a）钩环连接　　　　　　　　　　　（b）销轴连接

图 28.9　T形非限位定位器安装实景照片

28.2.3　定位器性能综合比较

我国高速铁路接触网常用的几类定位器性能综合比较如表28.8所示。

表 28.8 定位器性能综合比较

定位器种类	矩形限位定位器	圆管形弹性限位定位器	弓形非限位定位器
结构型式	矩形截面	圆形截面	圆形截面
材料	铝合金	铝合金（铜合金）	20# 无缝钢管
本体与定位支座的连接	定位钩	销轴	定位钩或销轴
最佳受力状态	受拉状态	受拉状态	受拉状态
限位型式	限位	限位	非限位
最大限位抬升	≥动态抬升量的1.5倍	180 mm（风区 230 mm）	500～600 mm
安装高度	350～400 mm	400 mm	500～600 mm
拉伸荷载	3.0 kN	5.25 kN	3.5 kN
耐压性能	不好	较好	不好
减振机构	无	有	无

28.3 车站接触网安装

车站接触网悬挂和附加导线的安装，按满足功能性、可实施性、美观、方便维护等原则，针对线平式、线上式和线下式等不同站型，采用利用站房结构相互配合的安装方案。

车站接触网平面布置与结构安装，在满足功能性的基础上，高度重视车站景观，尽量不在站台上立柱，需充分利用车站路基外侧或线间距较大的股道间立柱。在线间无法立柱时，在站房和雨棚地段原则上尽量利用站房、雨棚结构合架。确需在站台上立柱时，支柱尽量立在基本站台和侧式站台外侧，岛式站台立在站台中间。

28.3.1 车站站房类型

28.3.1.1 线平式站房车站

线平式站房车站的站房与站场股道设置在地面，站房与站场相对独立，旅客需要经过高架桥或者地下通道到达目标站台进出车站，站台上一般设置雨棚，雨棚仅覆盖站台范围。如图 28.10 所示。

图 28.10　线平式站房车站实景照片

线平式站房车站接触网设计方案，主要取决于站内股道的线间距大小。当正线与站线的线间距较大时，优先考虑线间立柱悬挂接触网和附加导线方案；当正线与站线的线间距不足，无法进行线间立柱时，通常采用支柱与雨棚柱合架方式，在雨棚柱顶设置硬横梁悬挂接触网和附加导线。

28.3.1.2　线上式站房车站

线上式站房位于站台及线路上方，站房结构横跨站场两侧，如图 28.11 所示。我国高速铁路采用线上式的大型铁路站房较多，由于地理文化环境、建筑理念、站场规模等因素，这些大型站房的外观、结构等各具特色。线上式站房车站的接触网安装，根据跨线站房净空要求，一般采用与跨线站房结构合架安装，净空和线间距条件允许时也可采用线间立柱方案。站台雨棚区域的接触网安装与"线平式站房车站"的情况类似。

图 28.11　线上式站房车站实景照片

28.3.1.3 线下式站房车站

线下式站房车站多为高架桥车站，站台及股道全部位于架空桥上，将站房修建在高架桥和线路下方，如图 28.12 所示。高架桥车站的接触网安装与"线平式站房车站"的情况类似，根据站内股道的线间距大小，分别采用线间立柱方案、雨棚柱顶设硬横梁方案。当站台雨棚采用全覆盖（股道上方也存在雨棚）方式时，接触网也可在雨棚结构上设置吊柱方案。

图 28.12 线下式站房车站实景照片

28.3.1.4 地下站房车站

地下站房车站的站台、股道和站房结构均设在地下，如图 28.13（a）所示。地下站房车站的接触网与地下站房隧道断面相结合，一般采用隧道顶部预埋结构安装吊柱方案，如图 28.13（b）所示。

（a）外景

（b）地下站房接触网吊柱安装实景照片

图 28.13　地下站房车站实景照片

28.3.2　接触网线间立柱

站场内需综合考虑线间设备、设施的分布情况，一般当线间距 ≥ 5.5 m 时，具备接触网线间立柱条件；特殊情况下，可根据两侧线路限界、支柱宽度精确计算。线间立柱一般采用 H 形钢柱，根据车站整体美观需要也可采用圆钢管柱。线间立柱方案站内通透性好，接触网设施整齐美观，是我国高铁车站接触网安装的常用方案，如图 28.14 所示。

图 28.14　车站线间立柱实景照片

线间立柱实施过程中，需优先考虑支柱对正线的侧面限界，并配合确定支柱基础与线间排水沟等设施的接口。

28.3.3 接触网与雨棚结构合架

当线间距不足,无法在线间立柱时,通常采用与雨棚合架方案。雨棚的结构型式不同,接触网与雨棚的合架方案也有所区别。以下是接触网与雨棚合架的典型工程实例。

28.3.3.1 雨棚柱顶合架硬横跨

站台区设置仅覆盖站台面雨棚时,结合车站平面布置、线间距、站台及雨棚柱设置情况,接触网采用硬横跨结构,硬横跨支柱在雨棚上方与柱顶合架,附加导线在硬横梁上安装,如图 28.15 所示。

图 28.15 雨棚柱顶合架硬横跨实景照片

28.3.3.2 雨棚结构合架吊柱

接触网利用雨棚的顶部结构或跨线拱横梁固定吊柱,腕臂结构在吊柱上安装。当雨棚净空不高时,可采取短吊柱方案。当雨棚净空较大时,吊柱较长,容易发生晃动或变形,进而影响接触网弓网受流质量,因此需增加拉线或斜撑,对吊柱结构进行加强。短、长吊柱与雨棚结构合架如图 28.16 所示。

(a)短吊柱

(b) 设拉线的长吊柱

(c) 设支撑的长吊柱

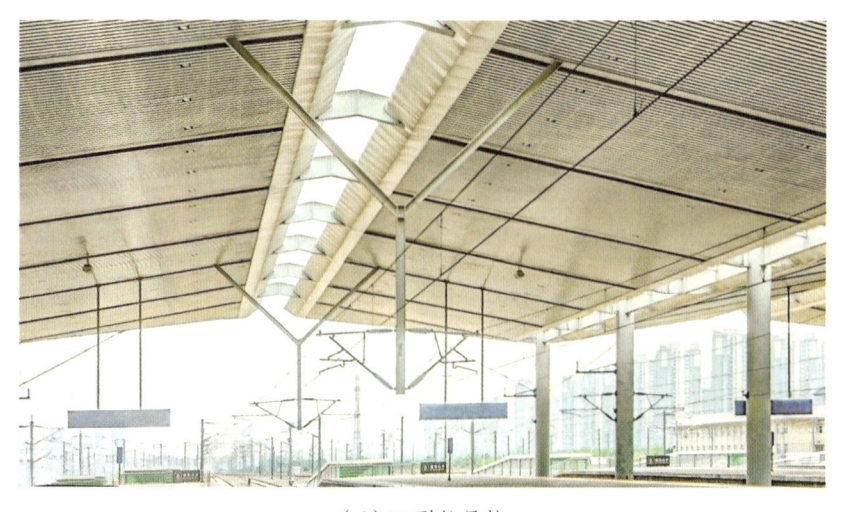

(d) Y形长吊柱

图 28.16　接触网与雨棚结构合架吊柱实景照片

28.3.3.3 雨棚柱合架

大跨度高净空的雨棚范围内,接触网可利用股道间雨棚柱直接安装腕臂支持结构,如图 28.17 所示。

图 28.17　接触网与股道间雨棚柱合架实景照片

28.3.4　接触网与站房结构合架

28.3.4.1　站房柱合架

高架站房下股道间有站房柱时,站房柱在相应高度预留接触网安装条件,接触网腕臂采用与站房柱合架方案,如图 28.18 所示。

图 28.18　接触网与站房柱合架实景照片

28.3.4.2 高架站房下合架吊柱

高架站房下无可利用的站房柱时，可利用站房底部结构安装吊柱方式悬挂接触网，如图 28.19 所示。

（a）钢筋混凝土结构

（b）钢桁架结构

图 28.19 接触网与站房结构合架吊柱实景照片

28.4 桥梁接触网安装

桥梁在高速铁路线路中占有很大比例，我国高速铁路桥梁结构主要为简支箱梁、连续梁等，需从可靠性、安全性及景观协调等方面，完成接触悬挂、附加导线通过桥梁时的安装方案和接口配合。

28.4.1 简支箱梁、连续梁桥上接触网安装

高速铁路正线桥梁大部分采用简支箱梁，部分工点采用连续梁，接触网一般采用在桥梁面上预留接触网支柱基础和组立 H 形钢柱，在 H 形钢柱上安装腕臂定位装置和附加导线，如图 28.20 所示。

图 28.20　简支箱梁、连续梁桥上接触网安装实景照片

28.4.2 系杆拱桥上接触网安装

系杆拱桥空间高大，难以利用桥梁结构悬挂支撑接触网，一般在桥梁面上设立 H 形钢柱，安装腕臂支持装置，附加导线在支柱上悬挂。接触网的安装需注意 H 形钢柱、附加导线与吊杆、拱架的空间位置关系和景观协调，避免相互干扰，并满足安全距离的要求，如图 28.21 所示。

图 28.21　系杆拱桥上接触网安装实景照片

28.4.3 钢桁梁桥上接触网安装

钢桁梁桥一般在高速铁路跨越大江大河时采用,如京沪高铁南京大胜关特大桥等。钢桁梁杆件结构复杂,立柱、桁梁结构密布,接触网的安装可以利用桥梁结构合架。可在钢桁梁上预留腕臂底座和附加导线底座,也可在钢桁梁上预留吊柱连接底座,还可利用钢桁梁结构采用外抱型式,进行安装接触网腕臂支持装置和附加导线。具体悬挂安装方案根据钢桁梁结构型式、钢桁梁与接触网美观协调性及运营维护便利性等因素确定,如图 28.22 所示。

(a)拱顶结构合架

(b)侧面结构合架

图 28.22 钢桁梁桥上接触网安装实景照片

28.4.4 简支 T 梁桥上接触网安装

对于速度较低的联络线、动车走行线桥梁,多采用简支 T 形梁,接触网一般在桥墩台顶面或侧面预留接触网支柱基础和组立格构式钢柱或 H 形钢柱,在钢柱上安装腕臂定位装置和附加导线,如图 28.23 所示。

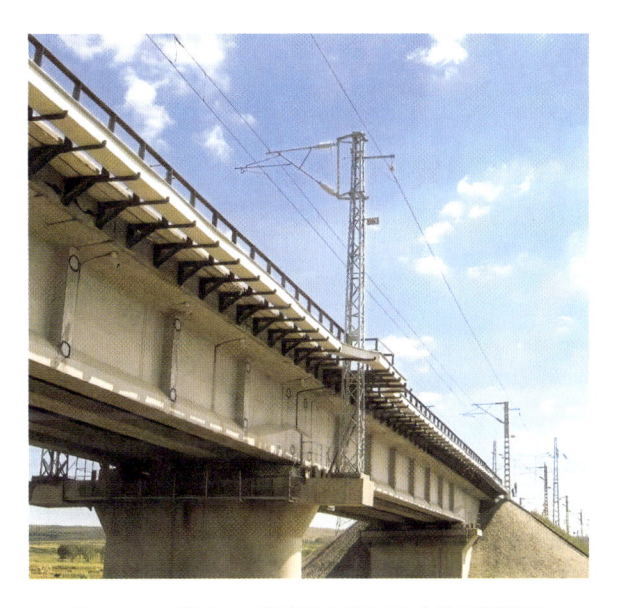

图 28.23 简支 T 形梁桥上接触网安装实景照片

28.5 隧道内接触网安装

隧道内接触网安装包括腕臂支持结构、附加导线、接触悬挂下锚、隔离开关等设备安装，需符合隧道内轮廓、建筑接近限界、空气绝缘间隙、受电弓动态包络线等条件要求，同时考虑动车组高速运行的空气动力影响。高速铁路一般采用双线隧道，少数采用单线隧道，典型断面内接触网安装如图 28.24～图 28.26 所示。

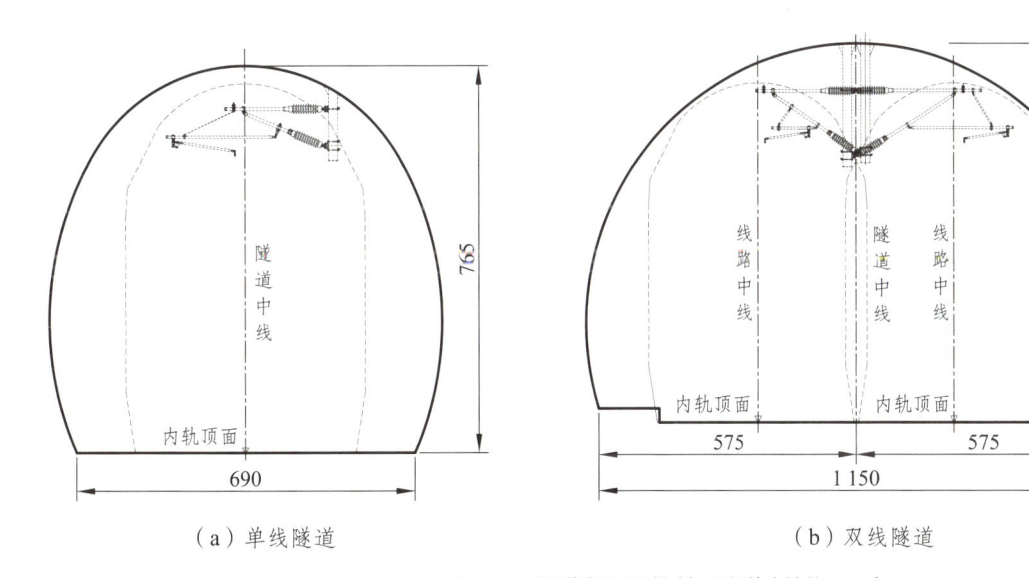

(a) 单线隧道　　　　(b) 双线隧道

图 28.24　200 km/h 隧道断面及接触网安装 (单位: cm)

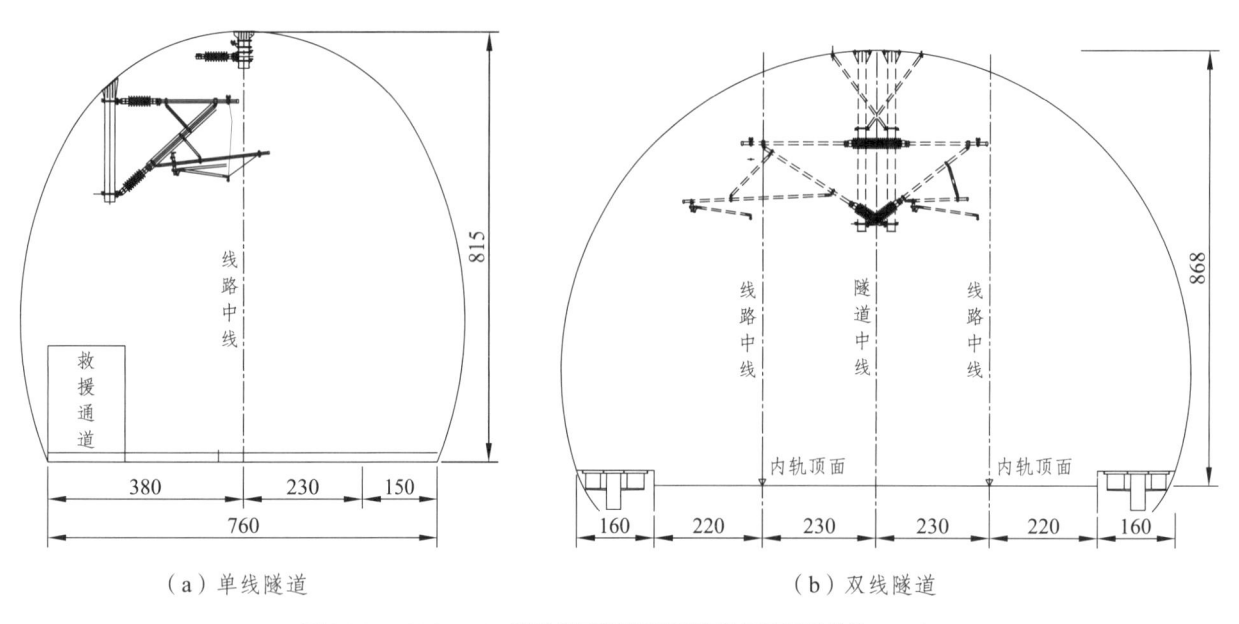

图 28.25　250 km/h 隧道断面及接触网安装示意图（单位：cm）

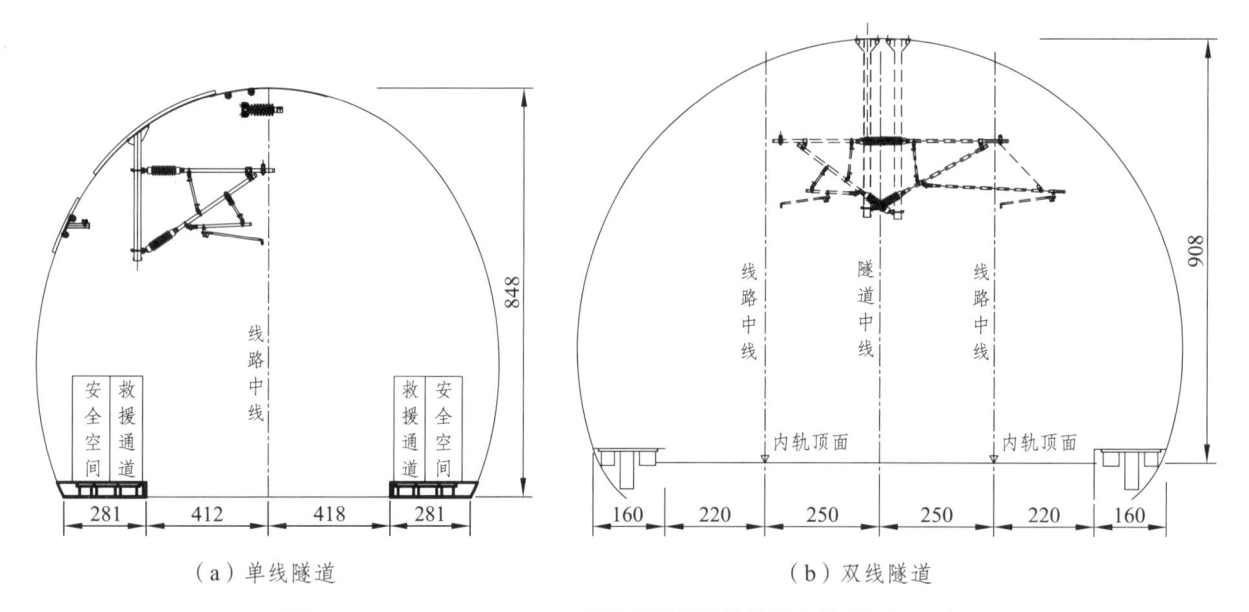

图 28.26　300～350 km/h 双线隧道断面及接触网安装（单位：cm）

28.5.1　腕臂支持结构安装

隧道内腕臂支持结构一般安装在吊柱上，上、下行吊柱分别交错布置，一般相距 5 m。典型腕臂安装如图 28.27～图 28.29 所示。

28　接触网支持装置

线路中线　隧道中线　线路中线

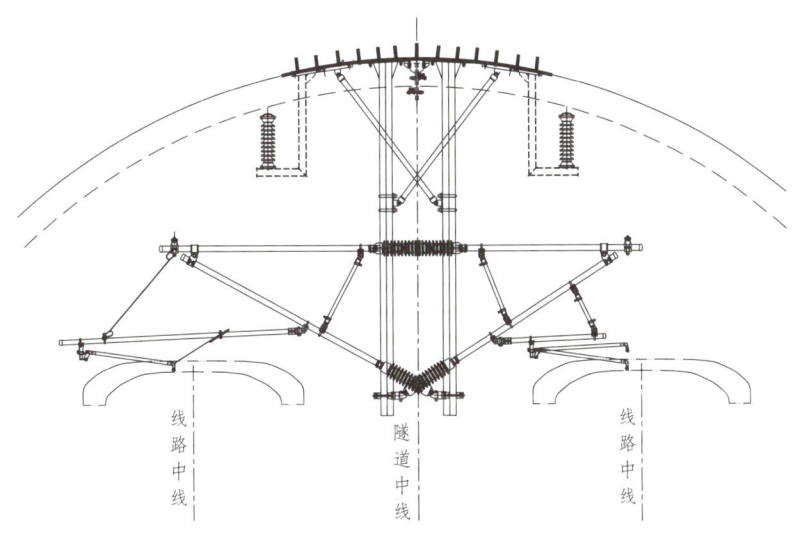

（a）安装图

（b）实景照片

图 28.27　250 km/h 腕臂安装

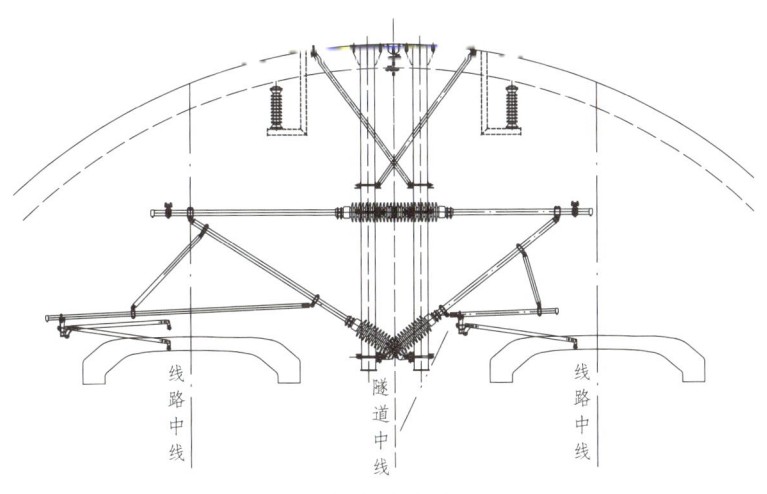

线路中线　隧道中线　线路中线

（a）安装图

(b)实景照片

图 28.28　300~350 km/h 腕臂安装

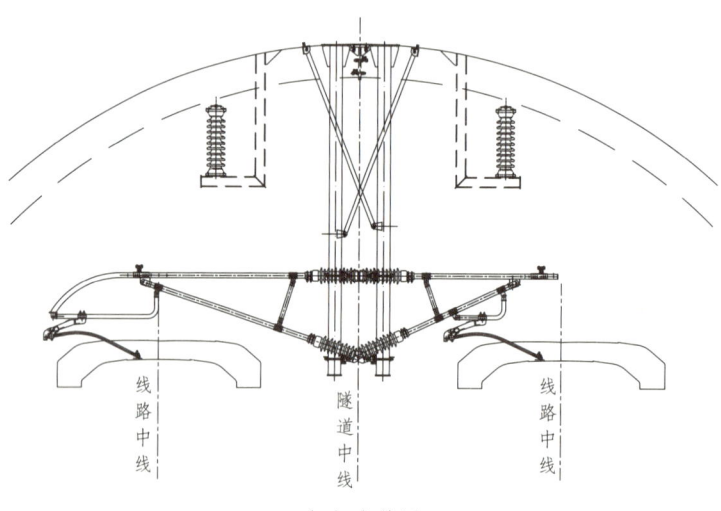

(a)安装图

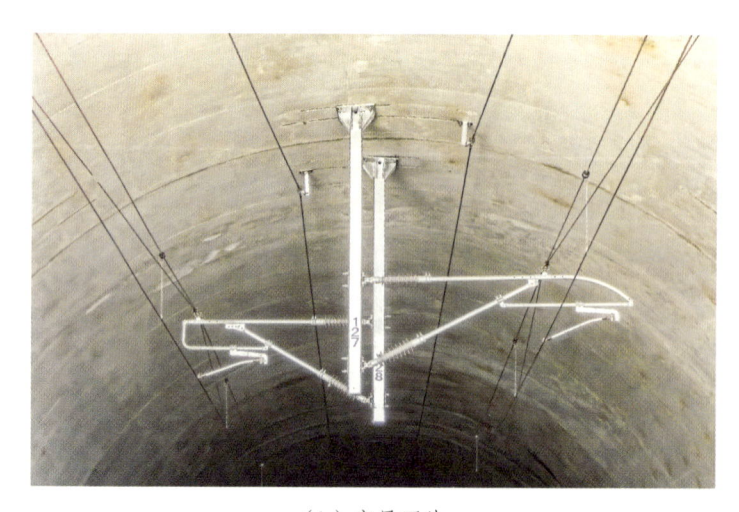

(b)实景照片

图 28.29　250~350 km/h 整体腕臂安装

28.5.2　附加导线安装

隧道内 AF 线、回流线、PW 线等附加导线一般安装在隧道拱顶，可避免附加导线与射流风机、灯具、线缆和接触网隔离开关、下锚补偿装置等相互干扰。

隧道拱顶附加导线典型安装方式如图 28.30 所示。

（a）AT 供电方式

（b）带回流线的直接供电方式

图 28.30　隧道拱顶附加导线安装实景照片

为避免隧道口附近风、雨、覆冰等天气引起的线索间动态空气绝缘间隙不足问题，采取了隧道口正馈线设置对向下锚、保护线或回流线在隧道口侧壁对锚，并分别转至隧道拱顶、正馈线转至线路侧通过硬横跨进入隧道拱顶等减少交叉架设的方式，如图 28.31、图 28.32 所示。

(a)

(b)

图 28.31　AT 供电方式隧道口附加导线转换安装实景照片

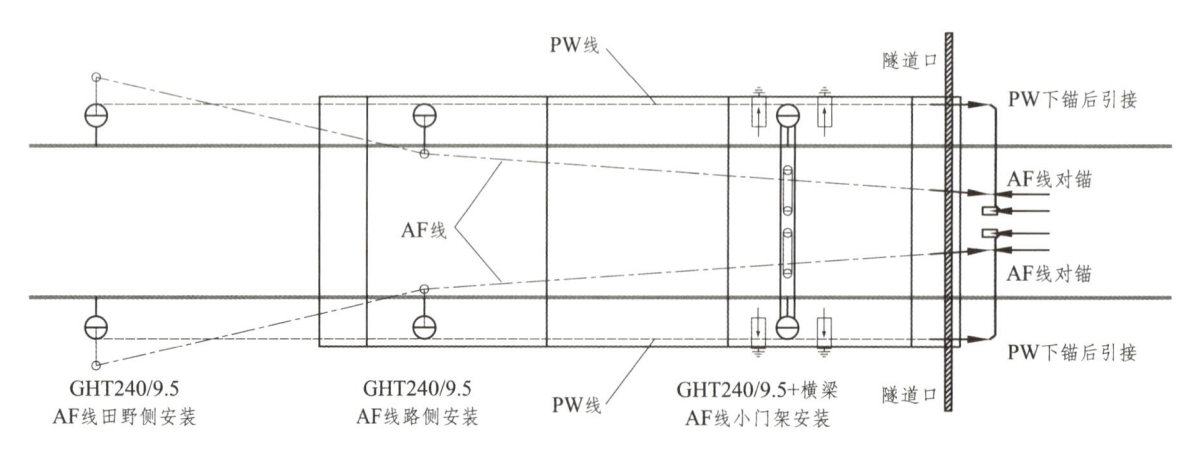

图 28.32　隧道口附加导线平面布置

隧道内和隧道群供电线受隧道净空、线索间绝缘距离的制约，一般采用电缆，有沿隧道侧壁或利用电缆沟两种敷设方式，均需考虑设置一定的电缆余长，沿隧道侧壁安装的电缆必须可靠固定，以满足安全运行要求，典型方案如图 28.33 所示。

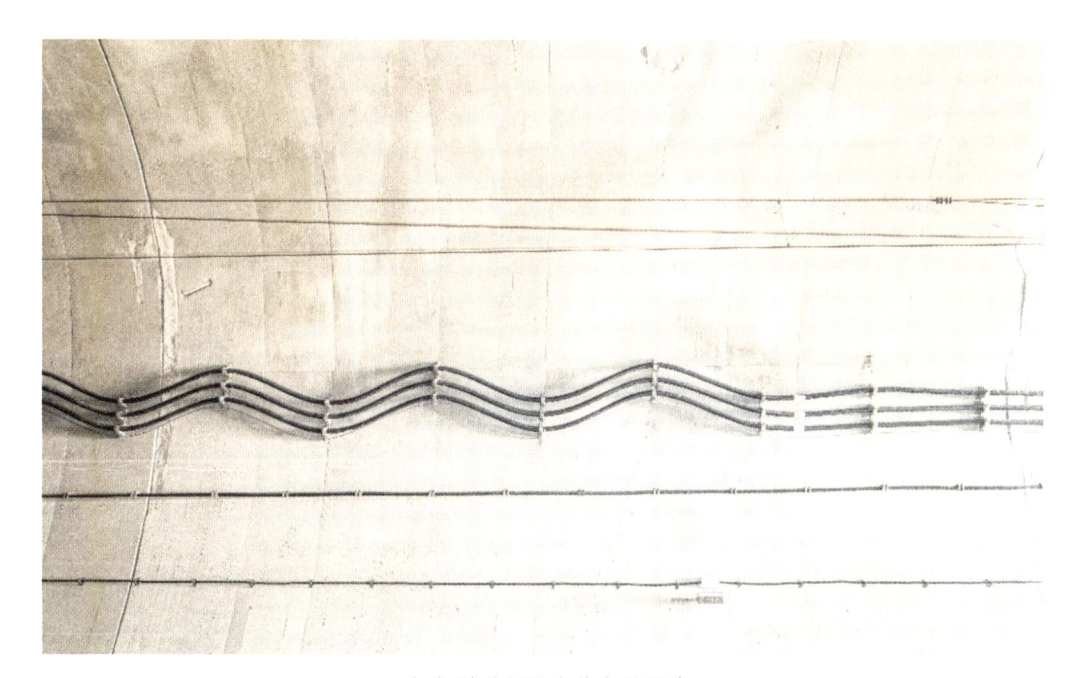

（a）隧道侧壁安装实景照片

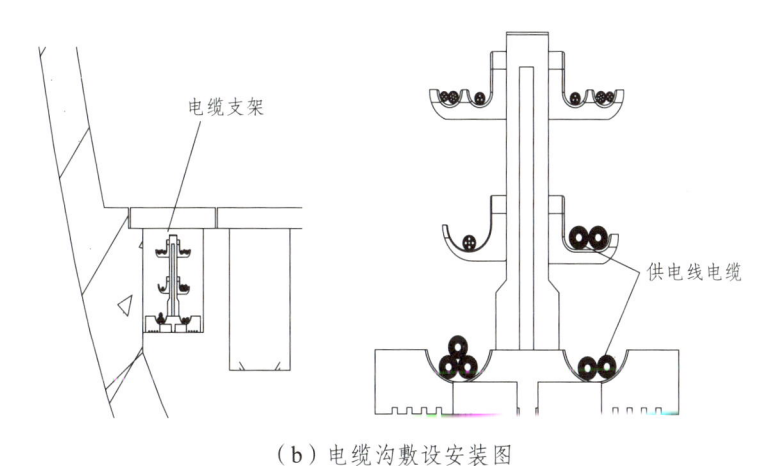

（b）电缆沟敷设安装图

图 28.33　供电线电缆在隧道敷设安装

28.5.3　下锚补偿安装

隧道内接触网下锚一般采用棘轮补偿装置、矩形坠砣，其结构尺寸、安装方式除满足接触网系统要求外，还不能超出救援通道允许局部占用的范围。同时，为了避免补偿装置偏磨、卡滞等问题，坠砣限制架设置了导向轮。隧道内其他线缆在补偿装置处须采取绕避措施，一般采取从补偿装置与隧道拱墙间通过的方式。典型下锚补偿安装如图 28.34 所示。

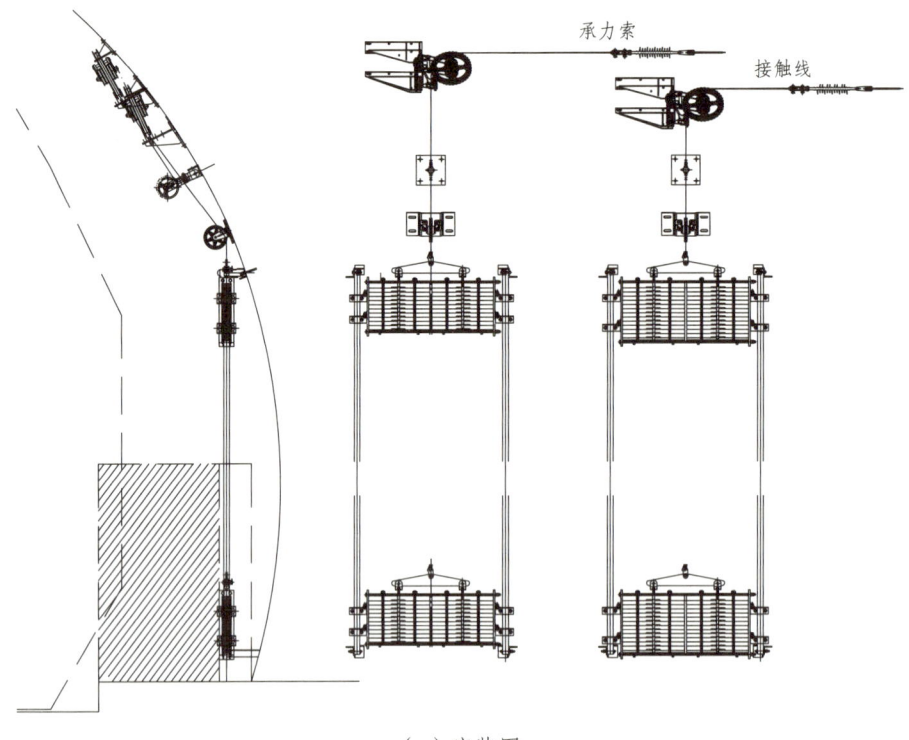

(a)安装图

(b)实景照片

图 28.34 隧道内棘轮下锚补偿装置安装

28.5.4 设备安装

　　隔离开关一般安装在隧道侧壁上,或安装在专门设置的洞室内。开关引线采用软铜绞线,无法满足电气安全距离要求时,可采用电缆。隧道内隔离开关安装时,不能超出救援通道允许局部占用的范围,其他线缆在隔离开关处须采取绕避措施,保证满足电气安全距离要求。

　　隧道内隔离开关典型安装如图 28.35 所示。

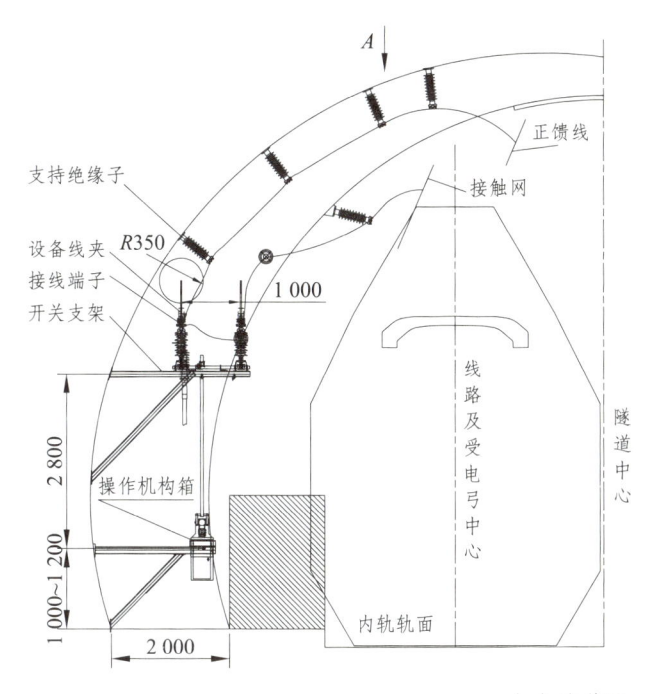

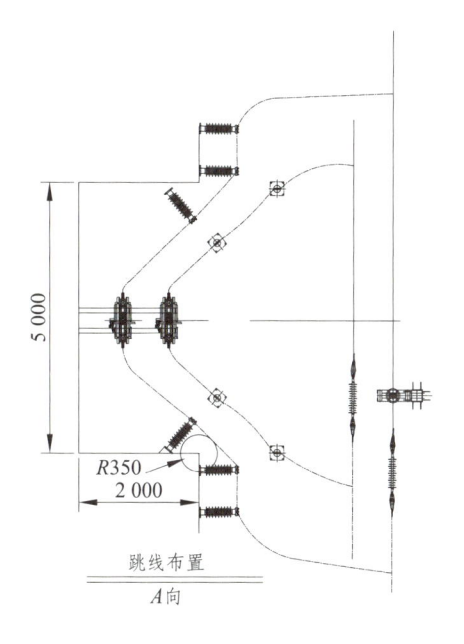

（a）安装图

（b）实景照片

图 28.35 隧道内隔离开关安装

29 接触网主要设施

29.1 接触网锚段关节

接触网锚段关节如图 29.1 所示，相邻两锚段的接触网并行架设，使得列车通过时受电弓由一个锚段平滑地过渡到另一个锚段。

图 29.1 锚段关节

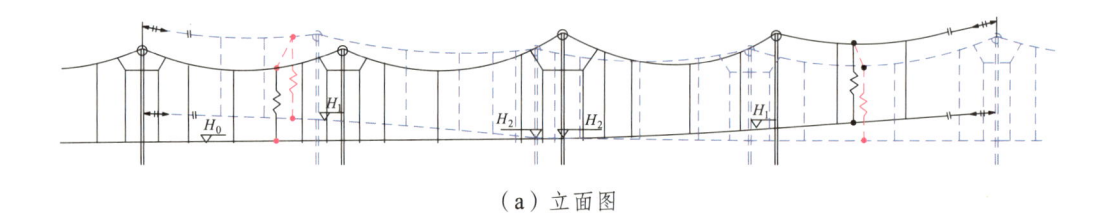

29.1.1 非绝缘锚段关节

非绝缘锚段关节用于接触网的机械分段，相邻接触网锚段间通过设置电连接保持电气可靠连通。高速铁路非绝缘锚段关节主要有四跨和五跨两种类型。

图 29.2 所示为四跨非绝缘锚段关节，其主要悬挂参数：在两转换柱 [图 29.2（b）中的 ZF1-1 和 ZF3-1] 间，两组悬挂在水平面内的投影平行，水平距离一般为 200 mm，预留绝缘关节时为 500 mm；在转换柱处，两组悬挂的垂直距离一般为 500～600 mm；在中心柱 [图 29.2（b）中的 ZF2-1] 处，两接触线等高且高出标准导高 40 mm。

（a）立面图

（b）平面图

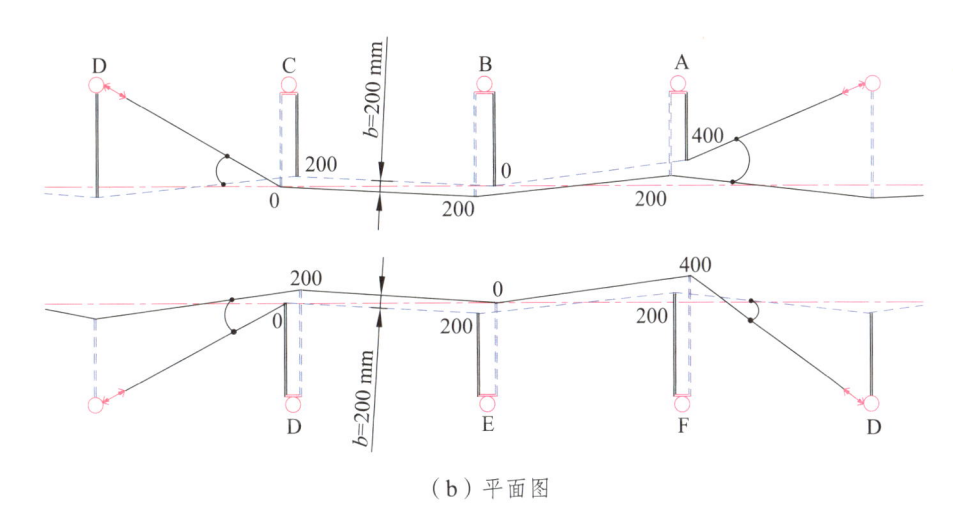

图 29.2　四跨非绝缘锚段关节

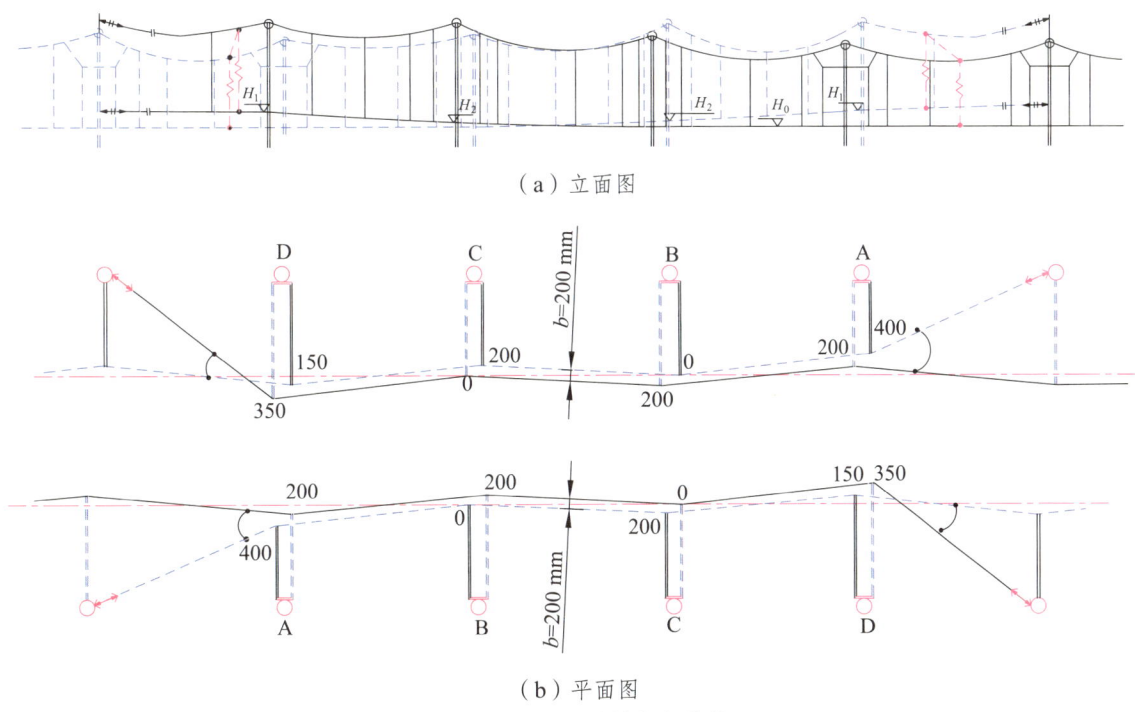

（a）立面图

（b）平面图

图 29.3　五跨非绝缘锚段关节

图 29.3 所示为五跨非绝缘锚段关节，其主要悬挂参数：在两转换柱 [图 29.3（b）中的 ZF1 和 ZF4] 间，两组悬挂在水平面内的投影平行，水平距离一般为 200 mm，预留绝缘关节时设为 500 mm；在转换柱处，两组悬挂的垂直距离为 500～600 mm；在中心柱 [图 29.3（b）中的 ZF2 和 ZF3] 处，两组悬挂的垂直距离为 150 mm。

29.1.2　绝缘锚段关节

绝缘锚段关节同时起机械分段和电分段的作用，一般有四跨和五跨绝缘锚段关节两种类型。

图 29.4 所示为四跨绝缘锚段关节，其主要悬挂参数：在两转换柱 [图 29.4（b）中的 ZJ1-1 和 ZJ3-1] 间，两组悬挂在水平面内的投影平行，且水平距离为 500 mm；在转换柱处，两组悬挂的垂直距离为 500～600 mm；在中心柱 [图 29.4（b）中的 ZJ2-1] 处，两接触线等高且高出标准导高 40 mm。

(a) 立面图

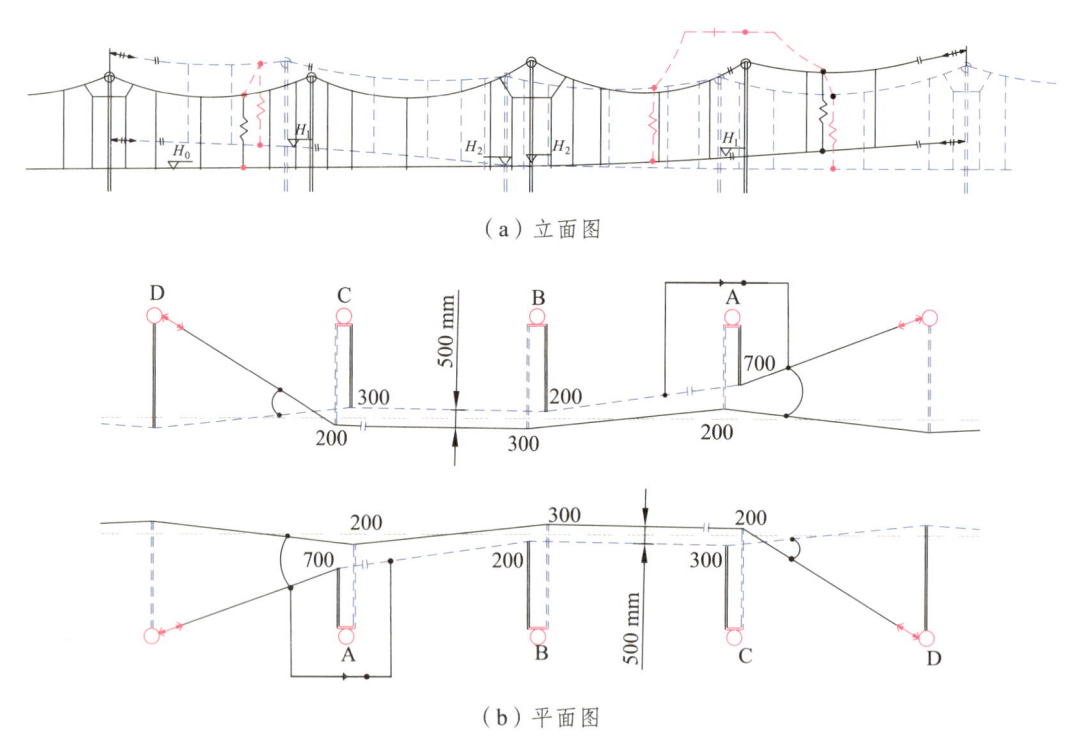

(b) 平面图

图 29.4　四跨绝缘锚段关节

图 29.5 所示为五跨绝缘锚段关节，其主要悬挂参数：在两转换柱 [图 29.5（b）中的 ZJ1 和 ZJ4] 间，两组悬挂在水平面内的投影平行，且水平距离为 500 mm；在转换柱处，两组悬挂的垂直距离为 500～600 mm；在中心柱 [图 29.5（b）中的 ZJ2 和 ZJ3] 处，两组悬挂的垂直距离为 150 mm。

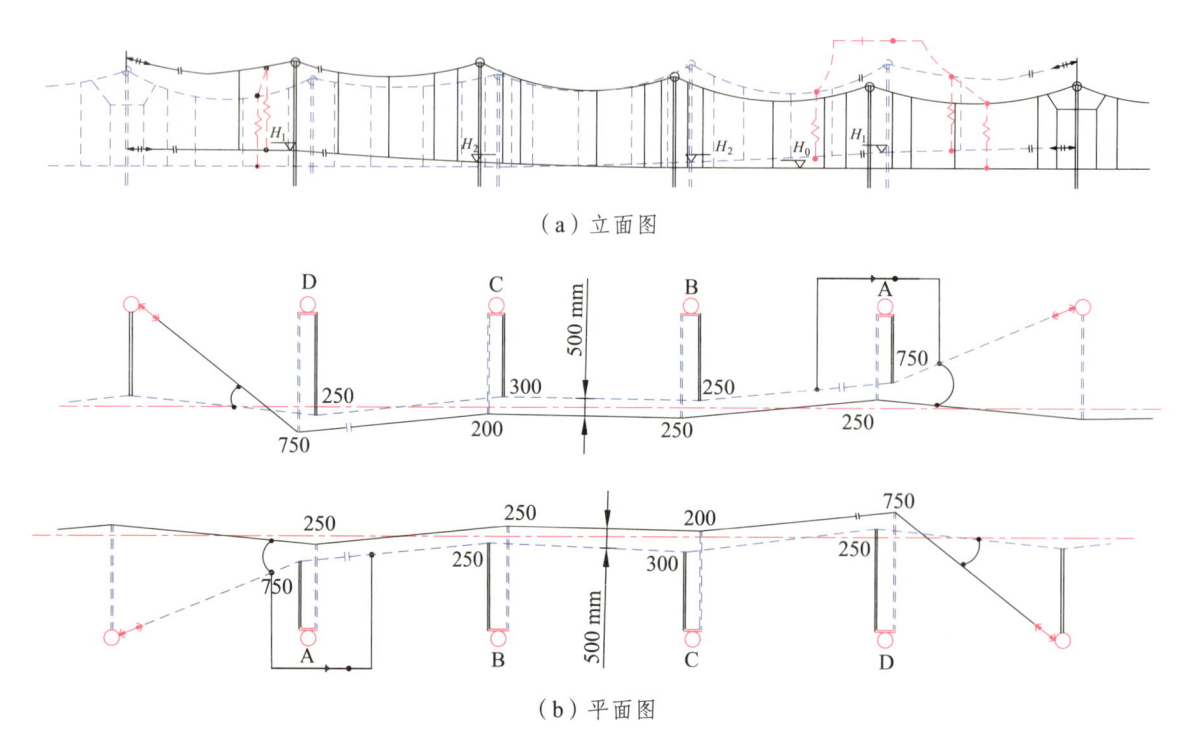

(a) 立面图

(b) 平面图

图 29.5　五跨绝缘锚段关节

29.2 下锚及中心锚结

29.2.1 张力补偿下锚

接触网导线会因环境温度变化伸长或缩短，从而使线索张力、弛度发生变化。为了使接触网导线在长度变化后尽量使接触悬挂中的导线工作张力保持恒定，在接触网锚段的两端设置张力自动补偿装置，并串接在接触线和承力索上，用于补偿线索张力的变化。

接触网张力补偿装置，主要有棘轮式、滑轮式等重力式补偿和弹簧式等几种型式。我国高速铁路接触网张力补偿装置主要采用棘轮或滑轮补偿装置，少量采用弹簧补偿装置。

29.2.1.1 棘轮补偿装置

棘轮补偿装置由平衡轮、棘轮本体、框架、制动卡块、补偿绳和补偿坠砣等组成，其结构特点是棘轮和工作轮共为一体，如图 29.6 所示。在工作状态下，棘齿与制动块之间有一定间隙，棘轮可自由转动；当接触网线索断线后，棘轮和坠砣在重力作用下下落，棘轮卡在制动卡上，从而有效防止坠砣下落、减轻事故影响程度、缩小事故范围。棘轮式补偿装置与滑轮式补偿装置相比，具有转动灵活、传动效率高、断线制动功能良好以及施工安装方便等优点。

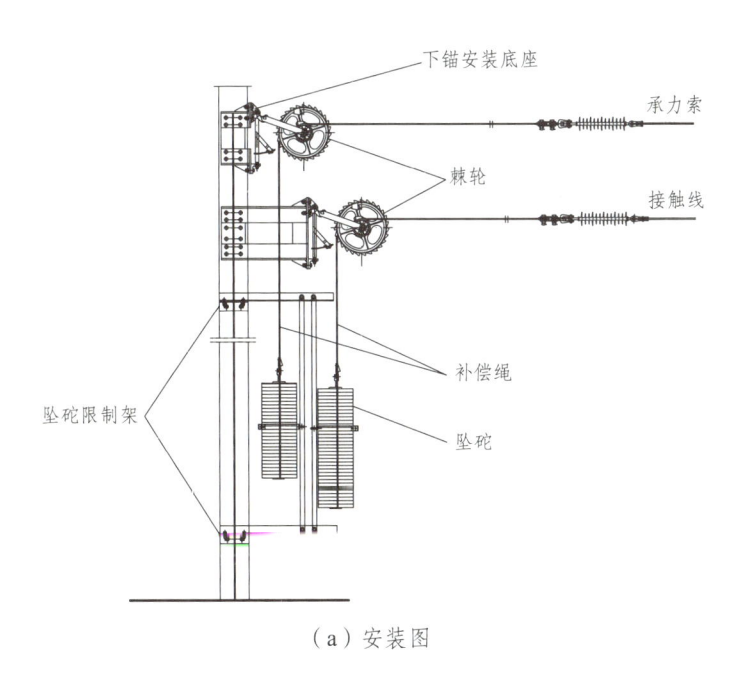

（a）安装图　　（b）实景照片

图 29.6　棘轮补偿装置安装

29.2.1.2 滑轮补偿装置

滑轮补偿装置由补偿滑轮组、补偿绳、补偿坠砣、坠砣杆及其连接零件等组成，如图 29.7 所示。补偿张力的大小由补偿滑轮的传动比（有 1∶2、1∶3 和 1∶4 等）和补偿坠砣的数目决定。滑轮补偿装置的特点是结构简单、安装方便，缺点是占用空间较大，景观效果一般，存在接触网断线造成补偿坠砣跌落及事故影响范围大的问题。

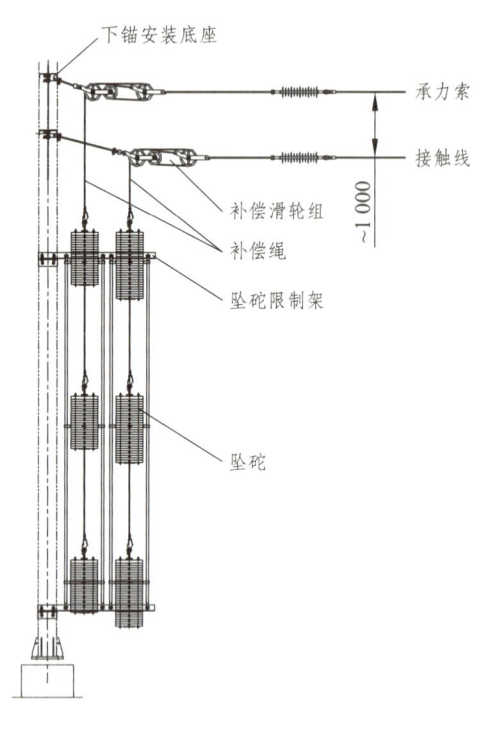

(a) 安装图 　　　　　　　　　　　　(b) 实景照片

图 29.7　滑轮补偿装置安装

29.2.1.3　特殊气象环境下的补偿下锚

极端低温以及大风、强台风等各种复杂特殊气候环境，严重影响到接触网补偿下锚装置的正常运行。位于我国东北寒冷环境下的京哈、哈齐等高铁，须充分考虑极端温度对接触网悬挂参数及补偿坠砣行程影响，通过增大棘轮补偿装置的补偿坠砣行程或减小锚段长度等措施，满足在最高和最低温度时坠砣均能自由上下移动；在京沪高铁更高速度试验段，充分考虑了更大张力体系对下锚坠砣行程的影响，研制了大张力、长距离补偿下锚装置，其补偿距离甚至可达到 2.2 m，能很好地适应更大张力的更高速度接触网系统或超大温差至 120 K 的极端环境下的高速铁路。兰新第二双线百里风区、海南环岛沿海强台风地区等高速铁路，充分考虑了大风对接触网补偿下锚装置的影响，工程中采取了防风型补偿装置，如图 29.8 所示。其中防风型坠砣限制架采用带导向轮限制导管型式，用于引导坠砣串上下移动及限制坠砣串由大风引起的摆动。

图 29.8 防风型接触网补偿装置安装

29.2.2 中心锚结

中心锚结是在接触网锚段的中部设置的固定设施，分防断中心锚结和防窜中心锚结两种类型。中心锚结可以防止接触网线索断线造成整个锚段的接触悬挂垮塌，具有缩小事故影响范围、减小温度变化引起的线索张力差、增强悬挂弹性的均匀性等作用。我国高速铁路接触网一般采用防窜防断型中心锚结，在车站咽喉等困难地段可采用防窜不防断型中心锚结。图 29.9 和图 29.10 分别为隧道外和隧道内中心锚结的立、平面图。

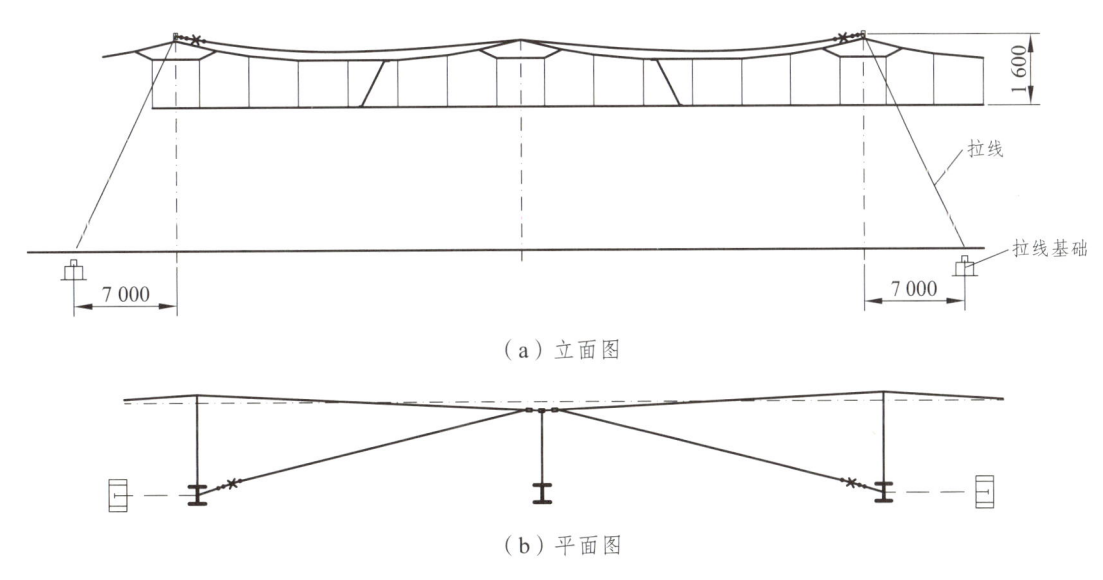

（a）立面图

（b）平面图

图 29.9 隧道外中心锚结安装

（a）立面图

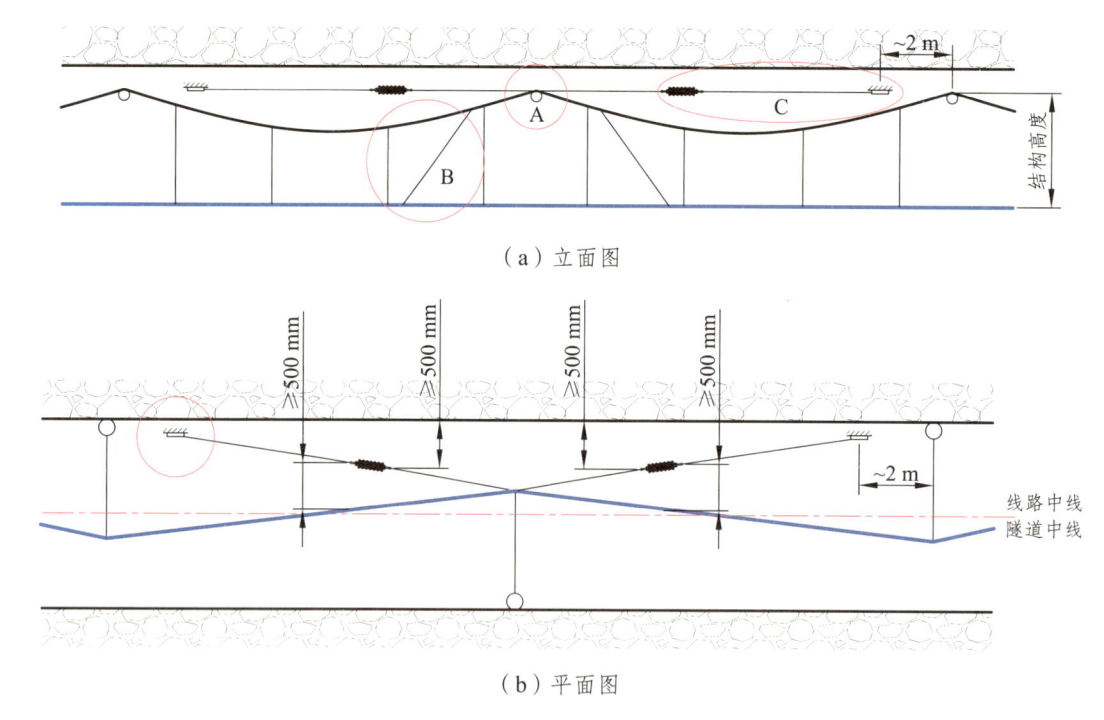

（b）平面图

图 29.10　隧道内中心锚结安装

29.2.2.1　防断中心锚结

高速铁路采用的防断中心锚结如图 29.11 所示，在接触网锚段中部适当位置处的悬挂装置（节点Ⅰ）左右两跨中，采用中心锚结线夹将接触线、接触线中心锚结辅助绳（节点Ⅱ）与承力索间相互固定，同时在该悬挂装置处增加一根承力索中心锚结辅助绳，与两侧支柱进行锚固（节点Ⅲ），使该悬挂装置处两端的承力索、接触线不产生相对位移，减小因中心锚结一侧锚段线索断线对另一侧锚段接触网的影响。

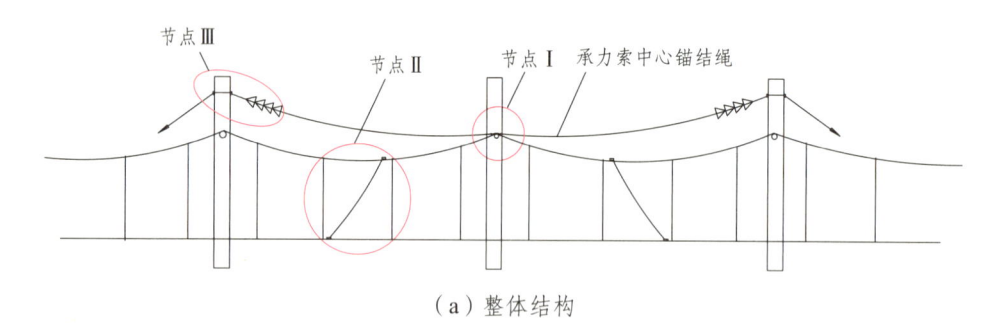

（a）整体结构

承力索中心锚结绳

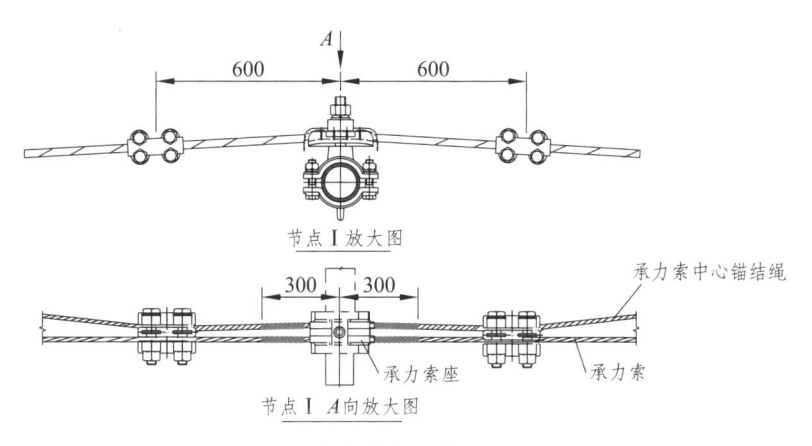

承力索座

承力索

节点Ⅰ A向放大图

(b) 节点Ⅰ放大图

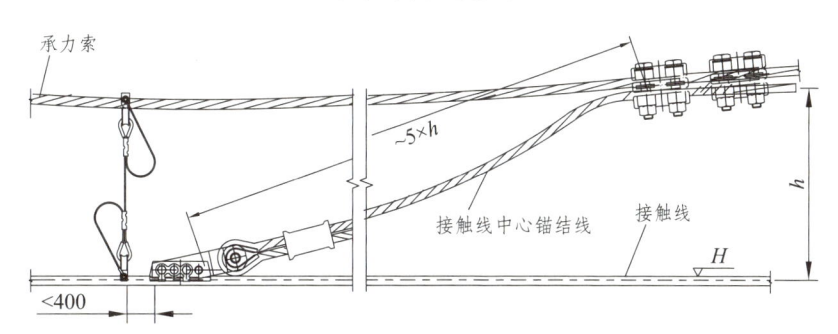

承力索

接触线中心锚结线

接触线

(c) 节点Ⅱ放大图

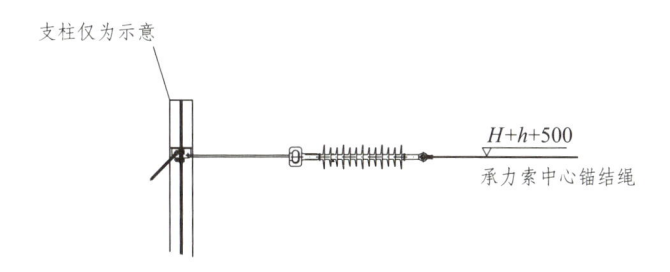

支柱仅为示意

承力索中心锚结绳

(d) 节点Ⅲ放大图

(e) 实景照片

图29.11 防断中心锚结

29.2.2.2 防窜中心锚结

在高速铁路车站咽喉等困难地段,接触网可采用防窜中心锚结,其结构如图29.12所示,在锚段中部适当位置处的悬挂装置(节点Ⅰ)左右两跨中,采用中心锚结线夹将接触线、接触线中心锚结辅助绳(节点Ⅱ)与承力索间相互固定,使该悬挂装置处的承力索、接触线不产生位移。与防窜防断型中心锚结相比,防窜中心锚结没有承力索中心锚结辅助绳,不进行下锚固定,因而不具备防止断线、减小事故范围的功能。

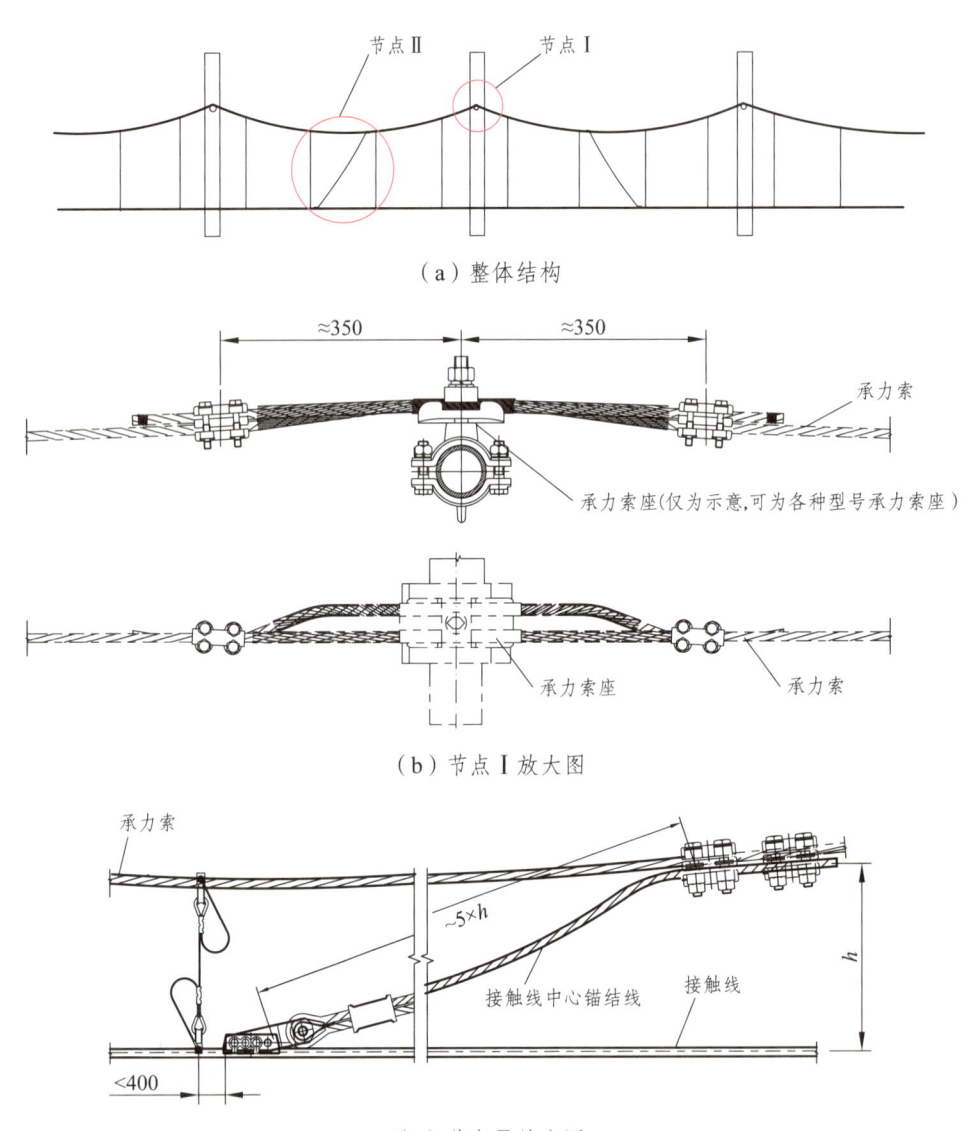

(a)整体结构

(b)节点Ⅰ放大图

(c)节点Ⅱ放大图

(d) 实景照片

图 29.12　防窜中心锚结

29.3　道岔定位

接触网在道岔区的布置，直接影响到受电弓的取流安全和受流质量。我国高速铁路道岔区接触网定位布置根据道岔型号不同，一般采用无交叉定位方式和第三辅助悬挂无交叉定位方式，高速车站的侧线道岔及其他列车通行速度较低的道岔采用交叉定位方式。

29.3.1　无交叉定位布置

接触网无交叉定位即在道岔处的正线和侧线两组接触网无相交点、互不接触，没有线岔装备，减少了硬点以及刮弓事故，既保证了受电弓从正线高速通过时不受侧线接触网的影响，又保证了受电弓在正线与侧线之间的平稳过渡，提高了接触网的弹性均匀度和弓网受流质量。

29.3.1.1　无交叉定位布置原则

道岔处接触网采用无交叉定位布置原则如下：

（1）合理设置定位处的拉出值，优化线索平、立面空间位置关系，充分考虑始触区内的弓网尺寸配合关系，确保受电弓高速通过正线时不与侧线接触网接触，以及受电弓正、侧线转换运行的安全平稳过渡。

（2）道岔处受电弓始触区范围为受电弓中心线间距 600～1 050 mm 及抬升 150 mm（采用非限位定位器时为 200 mm）构成的空间区域，在始触区内不安装除吊弦线夹外的其他线夹或零部件，确保道岔处接触网系统的运行安全。

29.3.1.2　无交叉定位布置

以 1/18 号道岔为例说明接触网无交叉定位的基本布置，它分为岔区侧线接触线大拉出值、小拉出值两种布置方式。

（1）一般采用岔区侧线接触线大拉出值布置方式，如图 29.13 所示。始触区范围内不可安装除吊弦线夹外的任何线夹等零部件，侧线与正线接触线平面距离较大，确保受电弓从正线高速通过时不受侧线接触网的影响。

（2）岔区侧线接触线小拉出值布置方式，如图 29.14 所示。道岔柱位置同侧线接触线大拉出值道岔定位方式，主要区别在于通过调整侧线的接触线高度和拉出值，使受电弓从正线高速通过时受侧线接触网影响很小，同时确保受电弓平稳地从侧线进入正线。

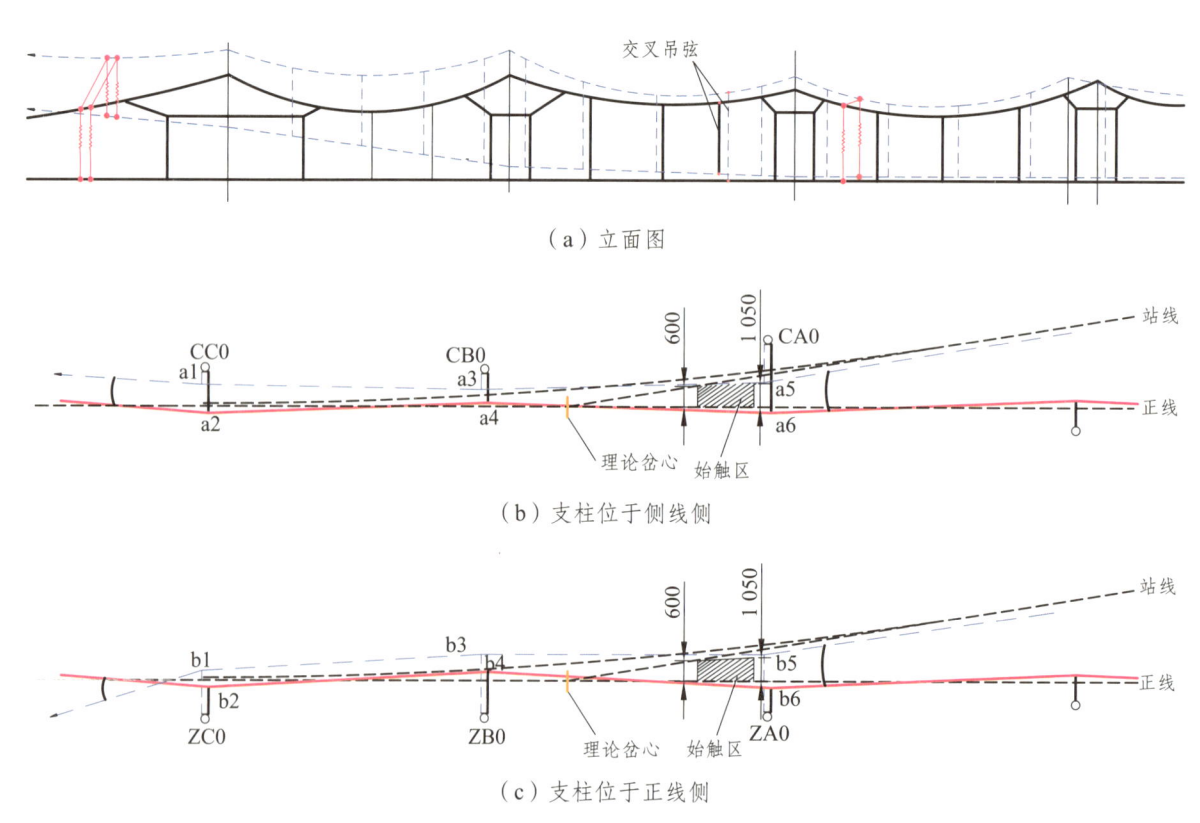

（a）立面图

（b）支柱位于侧线侧

（c）支柱位于正线侧

（d）实景照片

图 29.13　1/18 号道岔处接触网无交叉定位侧线大拉出值布置

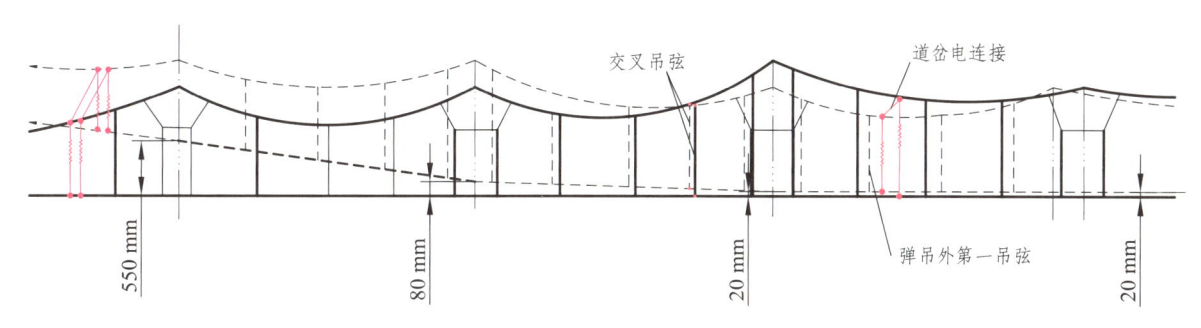

29　接触网主要设施

（a）接触网立面图

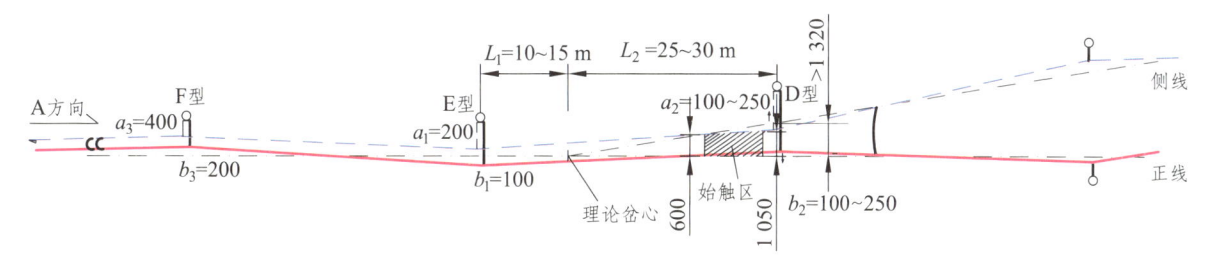

（b）支柱位于侧线侧

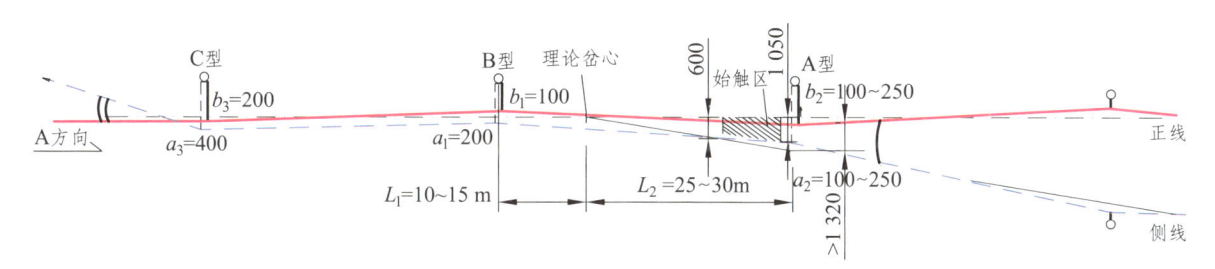

（c）支柱位于正线侧

（d）实景照片

图 29.14　1/18 号道岔处接触网无交叉定位侧线小拉出值布置

29.3.2 第三辅助悬挂式无交叉定位布置

第三辅助悬挂式无交叉定位布置，在我国高速铁路的 1/42 号道岔等大号道岔得到广泛应用，但其结构较一般无交叉定位方式更为复杂。图 29.15 为 1/42 号道岔处接触网第三组辅助悬挂式无交叉定位布置结构，在正线接触网和侧线接触网之间增加一组接触网辅助悬挂，形成侧线与辅助悬挂、辅助悬挂与正线的两组类似锚段关节，以保证受电弓安全平滑通过。

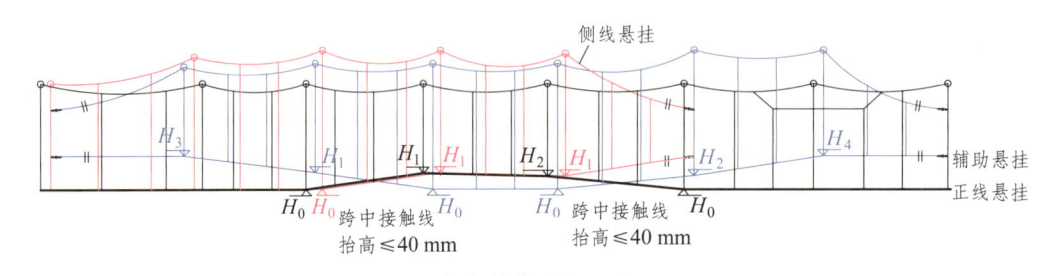

（a）接触网立面图

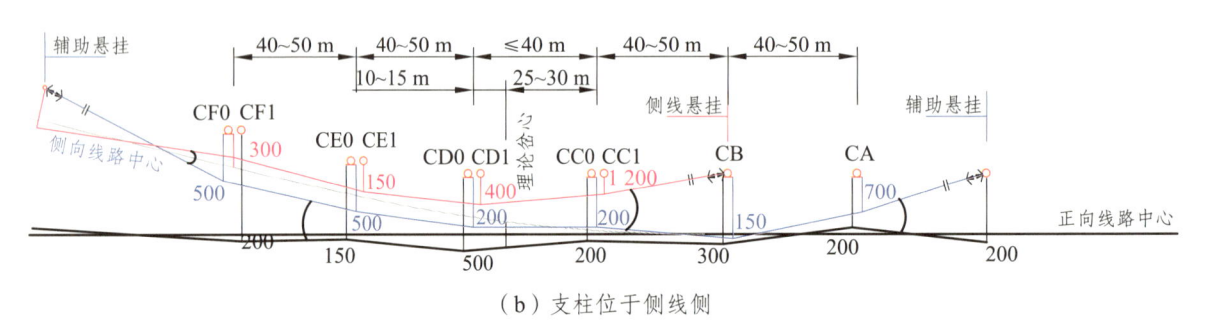

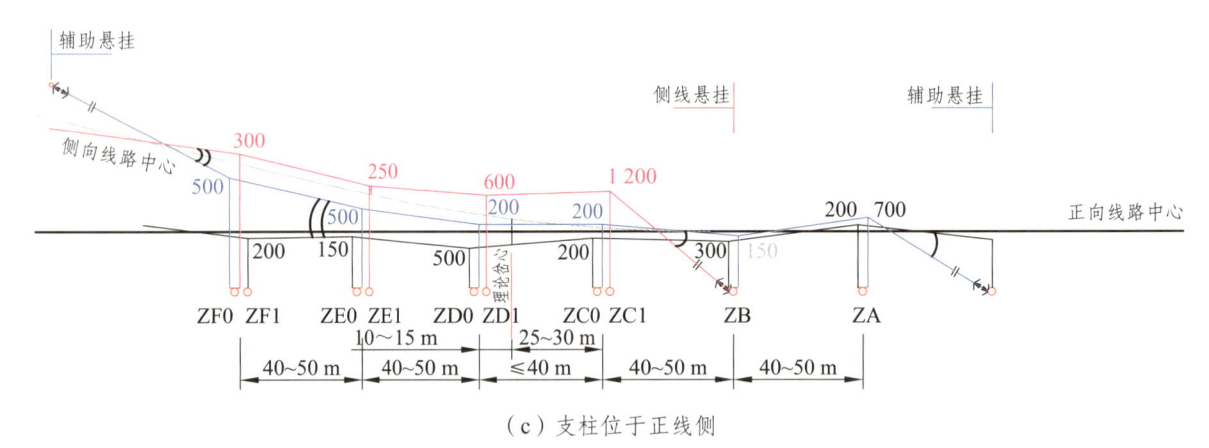

（b）支柱位于侧线侧

（c）支柱位于正线侧

（d）实景照片

图 29.15　1/42 号道岔处接触网第三辅助悬挂式无交叉定位布置

29.3.3　交叉定位安装

29.3.3.1　交叉定位安装原则

道岔处接触网采用交叉定位布置主要原则如下：

（1）在受电弓始触区范围内不得设置接触线定位线夹、弹性吊索线夹、电连接线夹等零部件。

（2）道岔区域正线与侧线的两支接触线，必须架设在受电弓的有效工作范围内，在任何受电弓行驶方向上，两支接触悬挂的接触线需在受电弓半宽的同一侧。

（3）道岔定位处定位装置不得侵入受电弓包络线，定位器处于受拉状态。

29.3.3.2　典型的交叉定位的布置安装

1/18 号单开道岔接触网交叉定位布置如图 29.16 所示。

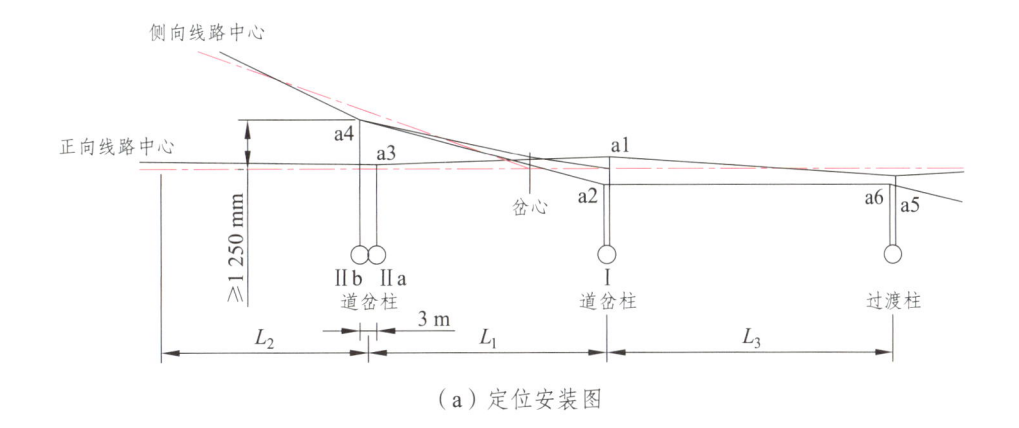

（a）定位安装图

（b）实景照片

图 29.16　1/18 号单开道岔接触网交叉定位布置

29.4　电连接

电连接由电连接线和电连接线夹组成，用于把不同股道或不同锚段的接触悬挂间或接触网与供电线间等处进行电气连接，用于传导工作电流和短路电流并降低接触阻抗，确保电流畅通。

高速铁路接触网的电连接设备采用无螺栓压接线夹和连续的软铜绞线，以降低对弓网受流性能的影响，减少硬点和减小打弓概率。根据电连接的功能或安装位置不同，主要包括横向电连接，锚段关节、线岔电连接，股道间电连接，接触网电分段、电分相电连接，接触网上网处电连接等。

29.4.1　横向电连接

根据牵引供电系统供电载流要求，按一定间隔在接触网锚段内设置的接触线和承力索间电气连接线，一般设在锚段的 1/3 和 2/3 处，采用 C 形或 S 形横向电连接，安装如图 29.17 所示。

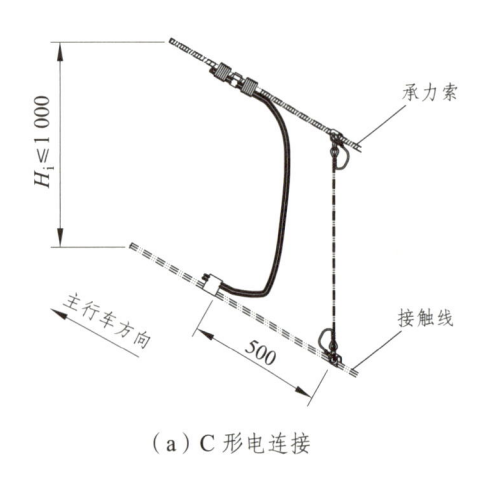

（a）C 形电连接 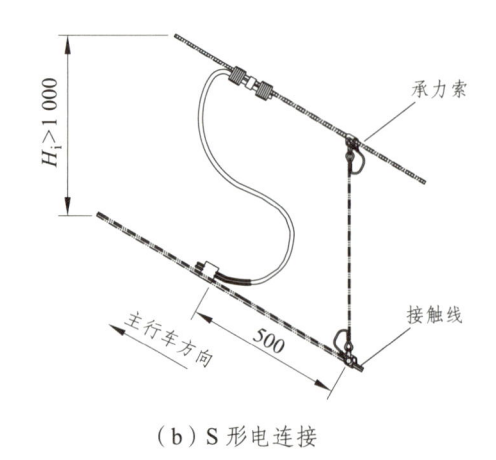　　　　　　　　　　　（b）S 形电连接

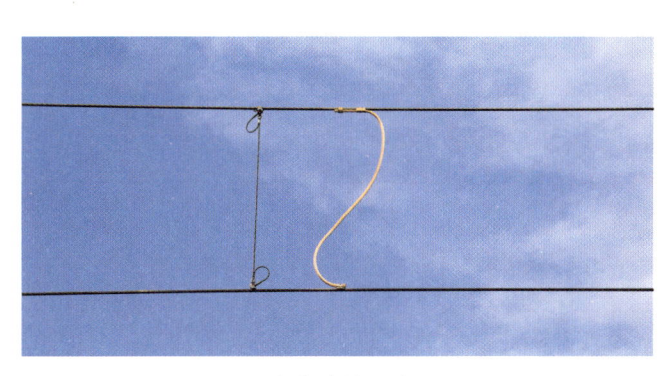

（c）实景照片

图 29.17　横向电连接

29.4.2　锚段关节、道岔电连接

锚段关节处电连接一般安装在关节两侧转换柱处，道岔定位处电连接一般安装在岔尖侧，如图 29.18 所示。

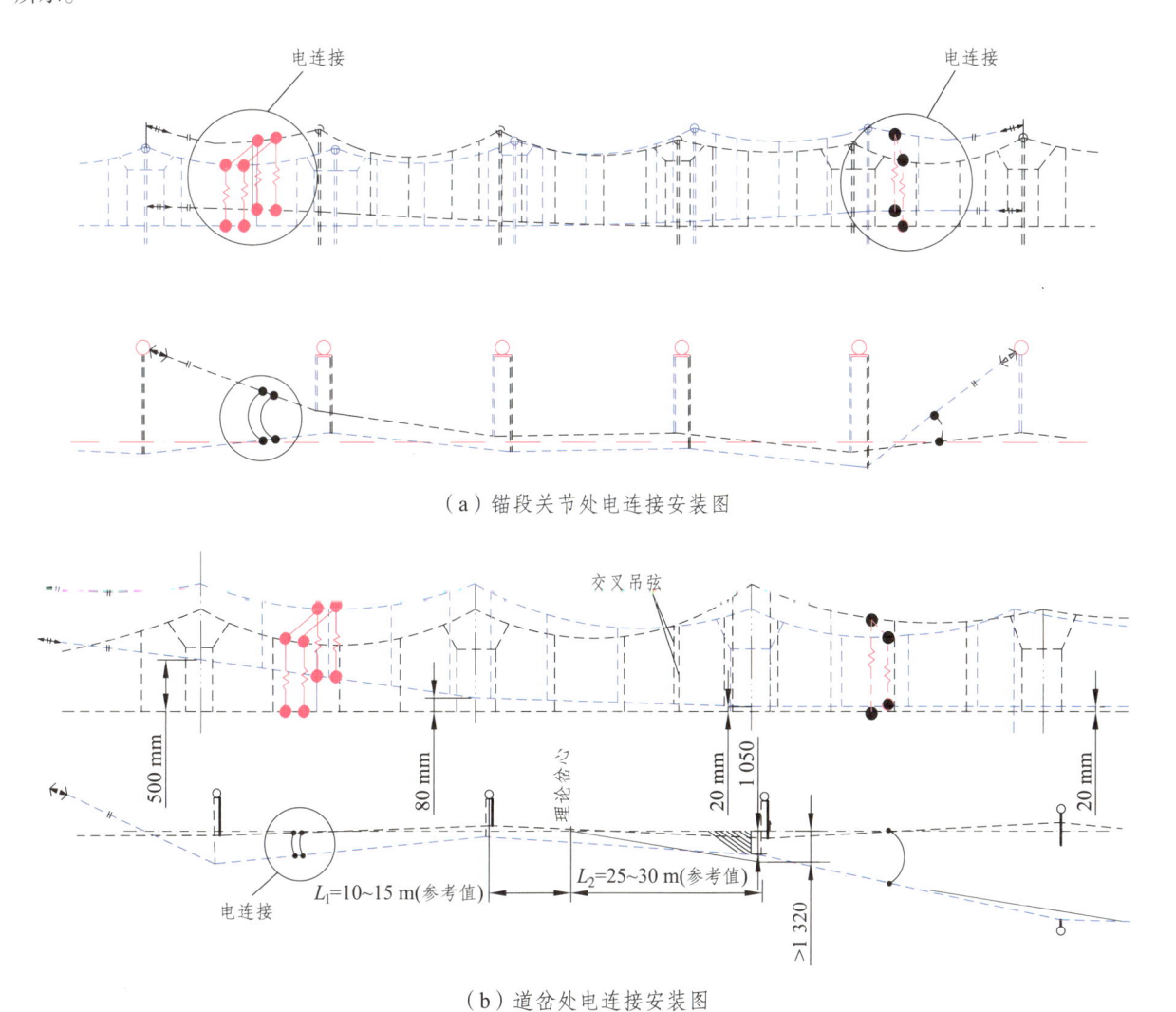

（a）锚段关节处电连接安装图

（b）道岔处电连接安装图

（c）2 根 C 形电连接　　　　　　　　　　（d）2 根 S 形电连接

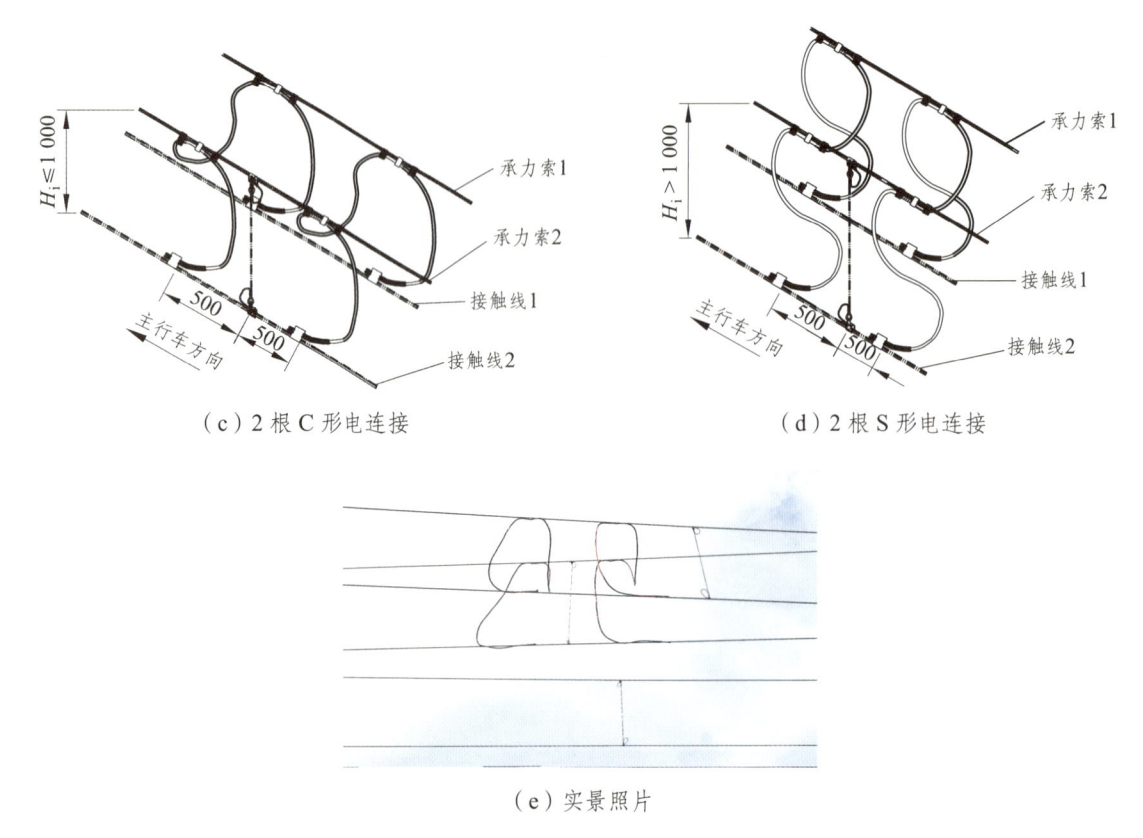

（e）实景照片

图 29.18　道岔、关节电连接

29.4.3　股道间电连接

股道间电连接一般安装于多股道车站或编组场，使相同供电分束中的多股道不同接触悬挂并联，降低接触网阻抗，如图 29.19 所示。

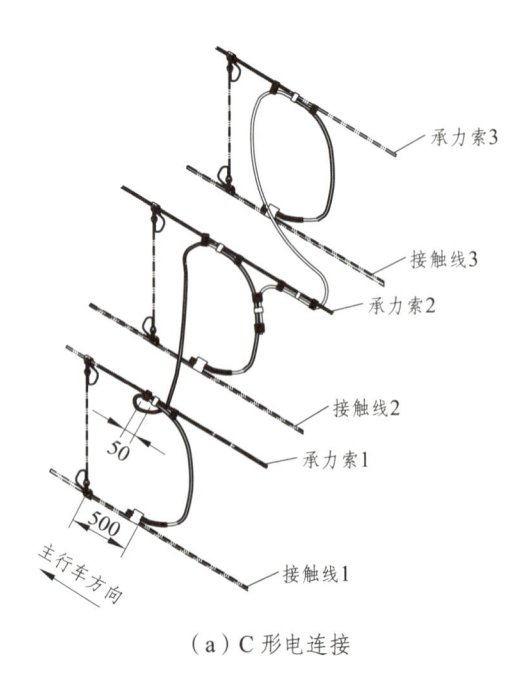

（a）C 形电连接

(b)实景照片

图 29.19 股道间电连接

29.4.4 接触网电分段、电分相电连接

接触网电分段、电分相电连接用于绝缘锚段关节、电分相锚段关节处,安装在隔离开关附近,通过隔离开关的开合,构成不同接触网锚段间的电气分段,如图 29.20 所示。

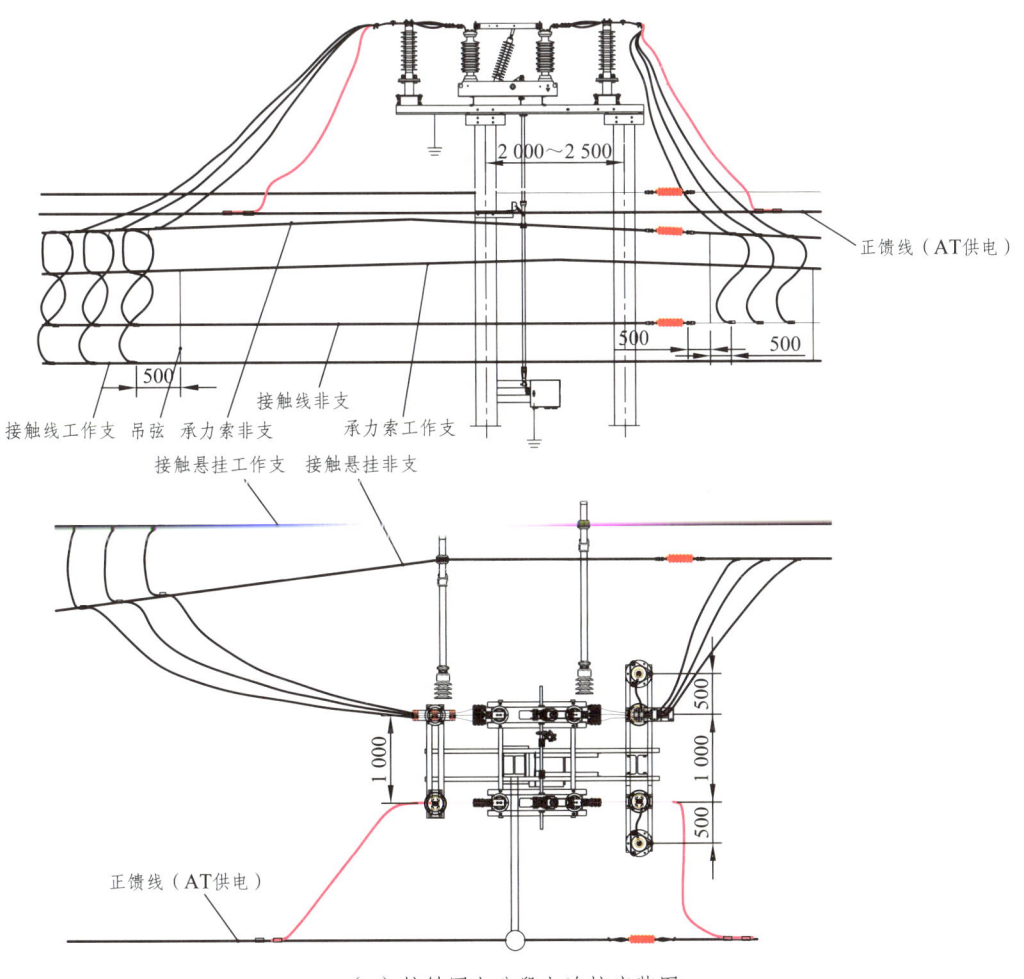

(a)接触网电分段电连接安装图

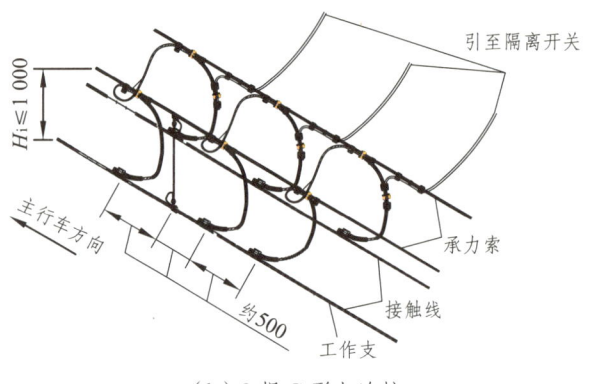

（b）3 根 C 形电连接

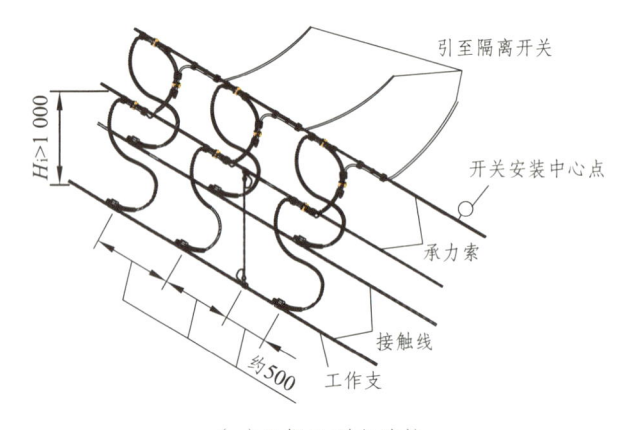

（c）3 根 S 形电连接

（d）实景照片

图 29.20　接触网电分段、电分相电连接

29.4.5　接触网上网处电连接

接触网上网处电连接用于牵引变电所等变电设施供电线与接触网的连接处，确保牵引供电系统的电气连通，如图 29.21 所示。

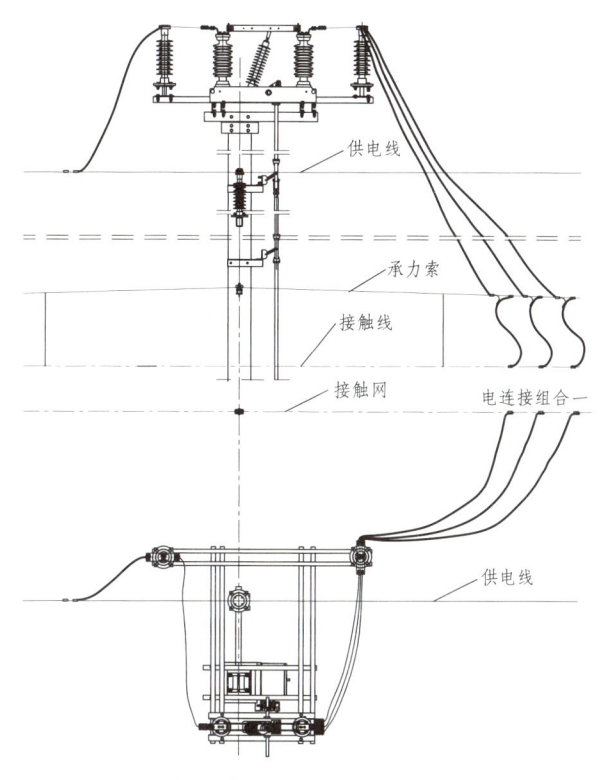

（a）供电线上网电连接安装

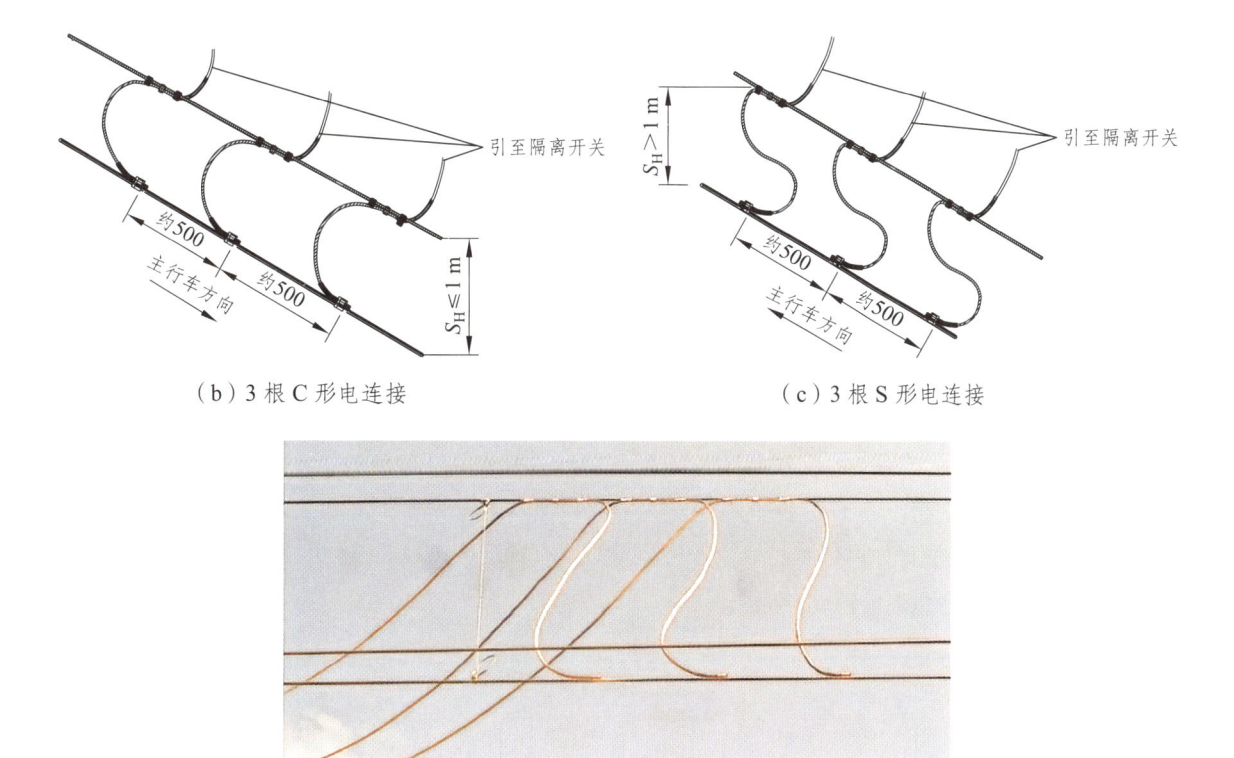

（b）3根C形电连接

（c）3根S形电连接

（d）上网电连接安装实景照片

(e)供电线上网全景照片

图 29.21　接触网上网电连接

29.5　电分段

接触网电分段有绝缘锚段关节式、器件式两种主要型式，我国高速铁路一般采用绝缘锚段关节式电分段。绝缘锚段关节式电分段弹性好，但耐受电位差能力弱；器件式电分段耐受电位差能力稍强，但硬点较大。需根据使用地点和要求选用电分段型式，有条件时一般选用绝缘锚段关节式电分段。

29.5.1　绝缘锚段关节式电分段

利用绝缘锚段关节的空气绝缘间隙构成电分段，在关节两侧转换柱附近设置隔离开关及关节电连接，实现电分段的断合功能。

高速铁路一般采用五跨绝缘锚段关节，部分采用四跨绝缘锚段关节，如图 29.22 所示，空气绝缘间隙不小于 450 mm。当某一侧接触网停电检修或发生故障时，打开绝缘锚段关节处的隔离开关，将该部分接触网断电，另一侧接触网仍能正常供电。

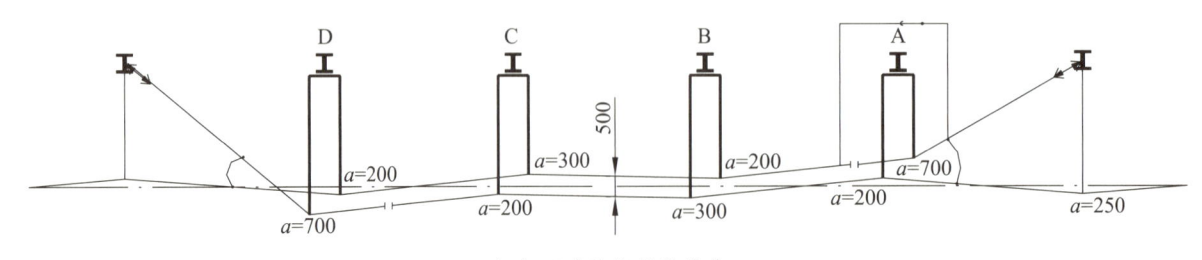

(a)五跨绝缘锚段关节

(b) 四跨绝缘锚段关节

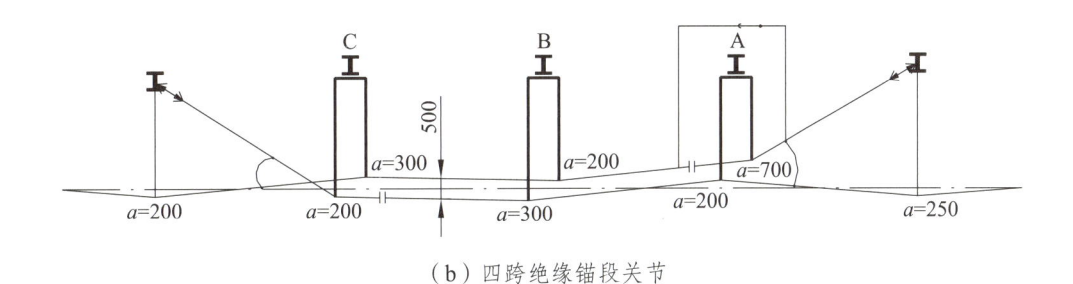

图 29.22　绝缘锚段关节式电分段

29.5.2　器件式分段绝缘器

利用绝缘器件构成分段绝缘器，并设置了引弧间隙，具有一定的灭弧功能。分段绝缘器从结构型式和运行模式上，一般分为接触式分段绝缘器和非接触式分段绝缘器。一般采用非接触式分段绝缘器，其绝缘部件底面高于接触线，列车通过时不与受电弓滑板接触，如图 29.23 所示。接触式分段绝缘器使用的绝缘滑道和导流滑道在底面同分段绝缘器两侧接触导线位于同一水平面，列车通过时与受电弓滑板同时直接接触。

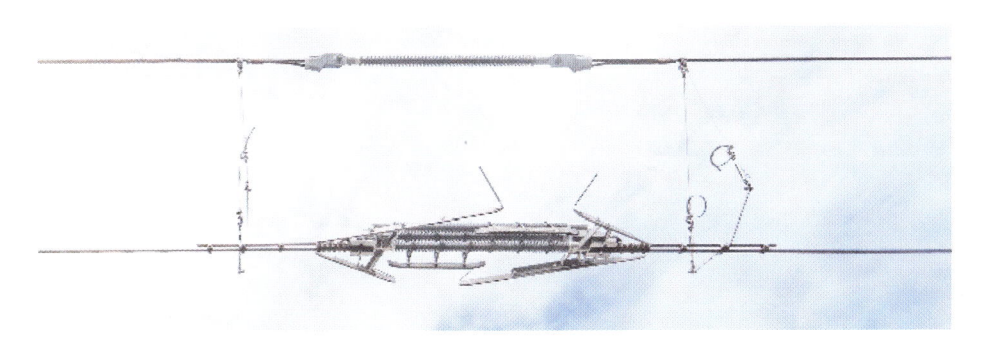

图 29.23　器件式分段绝缘器实景照片

29.6　电分相

我国高速铁路电分相有绝缘锚段关节式和器件式两种类型，关节式又分为两断口与三断口两种类型。

29.6.1　关节式电分相

关节式电分相由相邻两锚段关节和一个中间不带电的中性区段组成。列车在高速运行时，受电弓相当于通过绝缘锚段关节平滑通过关节式电分相，保证良好运行及受流质量。常见的中性区段小于双弓间距的关节式电分相有六跨式（两个四跨关节重叠两跨，见图 29.24）、七跨式（两个四跨关节重叠一跨，见图 29.25）。常见的无电区大于双弓间距的关节式电分相有十一跨式（两个四跨关节构成断口，见图 29.26）。

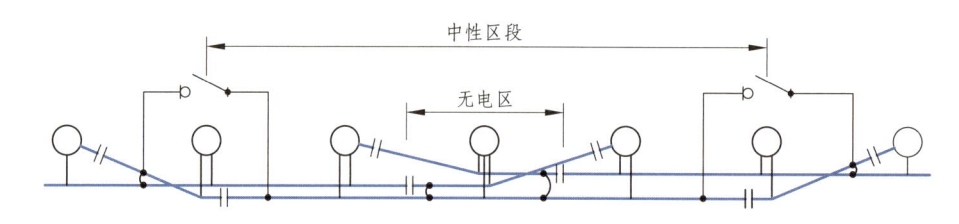

图 29.24 六跨双断口关节式电分相布置

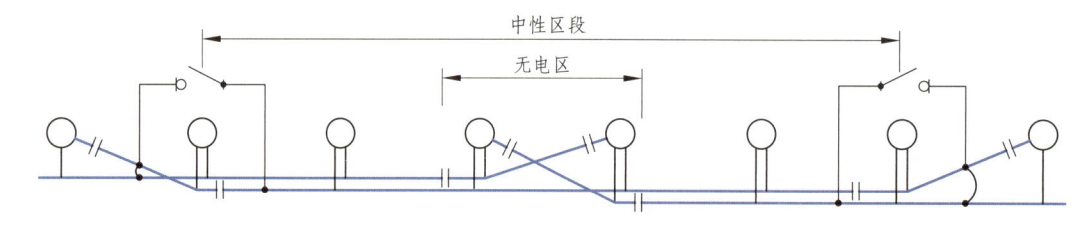

图 29.25 七跨双断口关节式电分相布置

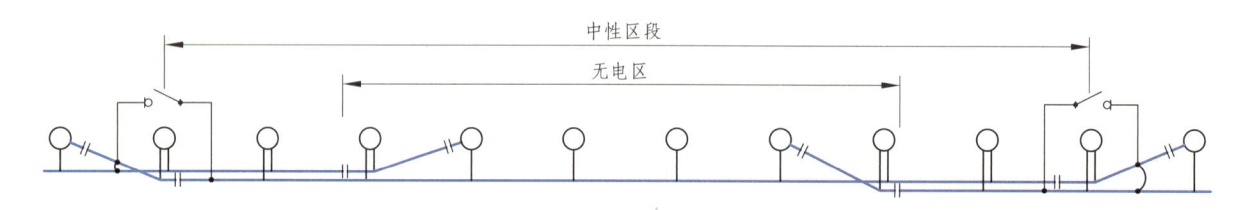

图 29.26 十一跨双断口关节式电分相布置

在通行列车种类多，受电弓配置复杂时，可采用三断口锚段关节式电分相，如图 29.27 所示。

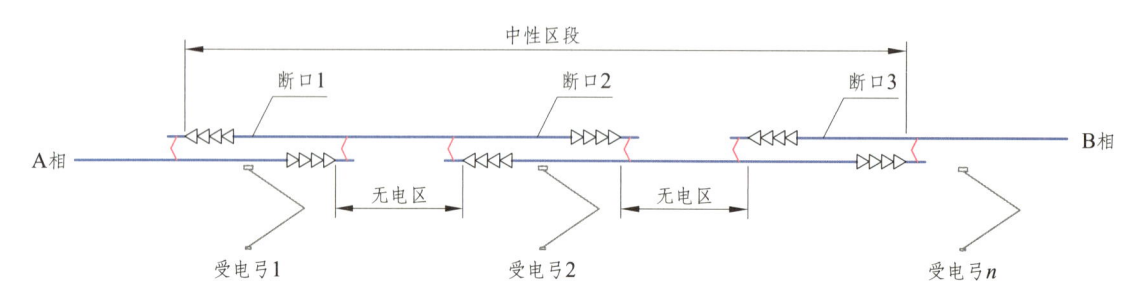

图 29.27 三断口关节式电分相

29.6.2 器件式电分相

我国最早的宝成电气化铁路曾用八跨电分相，这种八跨电分相无电区较长。在山区的电气化铁路坡度大，当时的列车速度低，机车通过八跨电分相后列车速度损失严重，易出现"途停"。后来开发出了无电区很短的由 3 组绝缘部件构成的器件式电分相，并在国内接触网普遍采用，如图 29.28 所示。随着铁路提速和高速铁路建设，器件式电分相不能适应列车的高速运行要求，而关节式电分相因其硬点小，有利于改善弓网受流质量，在我国高速铁路得到了广泛应用。器件式电分相只在枢纽走行线等不具备安装关节式电分相的低速线段个别采用。

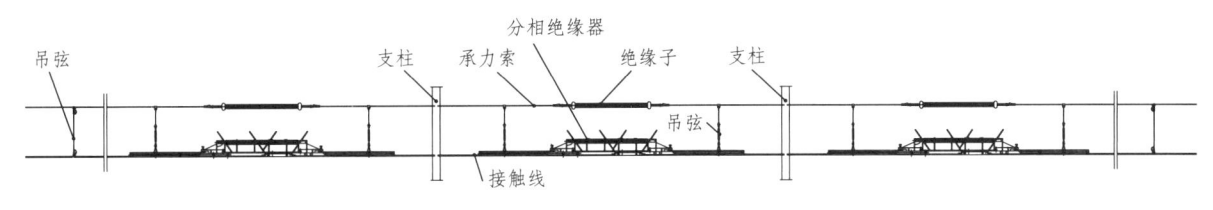

图 29.28　器件式分相绝缘器

29.6.3　列车过分相设施

随着铁路列车运行速度的提高，目视断电标人工操作过分相的方式已逐步被自动过分相取代。目前，我国常用的列车自动过分相方式主要有两种：车载自动过分相装置和地面自动过分相方式。高速铁路一般采用车载自动过分相装置。高铁客运列车断电过分相需符合《轨道交通　客运列车断电过分相系统相互匹配准则》（GB/T 36981）的规定。

29.6.3.1　车载自动过分相

1. 列控系统控制车载自动过分相

我国高速铁路主要采用信号列控系统控制车载自动过分相。其原理如图 29.29 所示，高速列车在 A 处得到预告信号后，将关闭辅助绕组，在 B 处封锁牵引变流器脉冲，然后在 C 处断开主断路器，列车断电进入中性区段，惰性进入右侧供电臂后，于 D 处合上主断路器，并在 E 处将牵引变流器脉冲解锁，开启辅助电源，然后列车加速运行，直到 F 处加回到原速度。在过分相过程中，BE 段牵引力丢失，列车进入惰性运行模式，将其称为减速区段，长度为 S_1，列车速度从 v_0 降到 v_1。过分相后列车重新加速到 v_0，EF 段属于加速区段，长度为 S_2。列车在自动过分相过程中的最大特点是列车过分相时需要断电惰行，造成列车过分相速度损失。

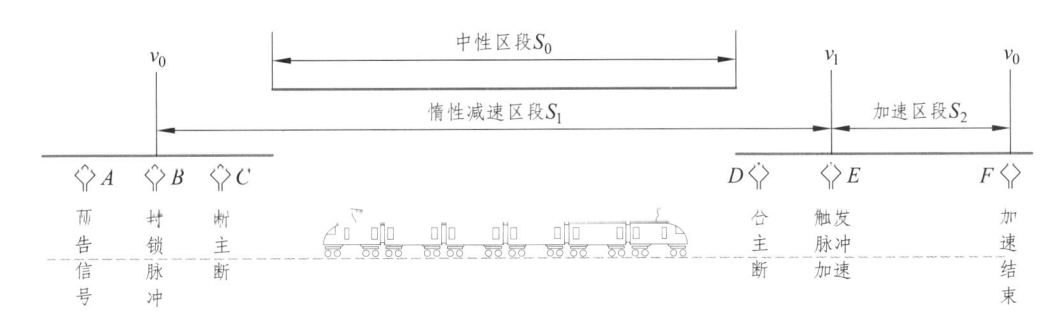

图 29.29　列控系统控制的车载自动过分相原理

2. 无列控系统控制的车载自动过分相

我国高铁动车组一般采用列控自动过分相，但当动车组的列控系统未采用过分相信息控制时（如既有跨线列车、列控故障等），通常采用满足《列车过分相系统　车载控制自动过分相装置》（TB/T 3197）的自动过分相装置，在地面安装磁感应器，在动车组的车头安装与地面磁感应器相配合的车载控制设备，动车组通过感应地面磁感应器的定位信号，确定动车组与电分相关节的相对位置，控制车载设备辅助绕组、主断路器动作，实现动车组自动断电通过电分相关节。地面磁感应器纳入了接触网系统设施，高铁常用的地面磁感应器埋设布置如图 29.30 所示，反向行车与正向行车布置相同。

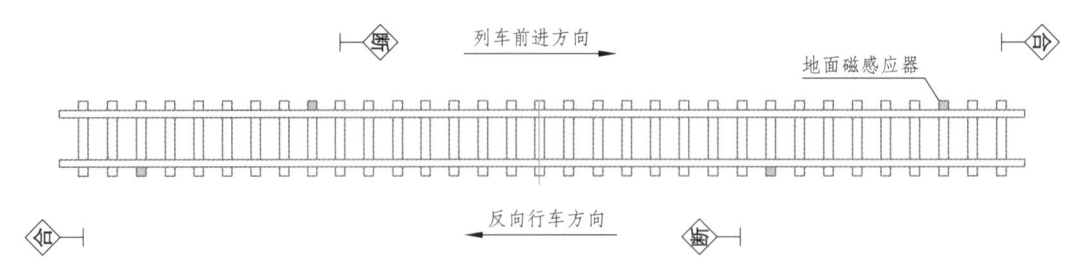

图 29.30　地面磁感应器过分相

29.6.3.2　地面自动过分相

目前，我国电气化铁路地面自动过分相应用的方案有以下两种。

1. 电子开关切换式地面自动过分相

以前地面自动过分相装置采用断路器切换方案，存在直接切换负荷大电流，容易造成对牵引供电系统的暂态冲击，且列车通过电分相需要断路器频繁动作，严重影响断路器寿命，故障隐患大，运营成本高。上述问题的症结在于断路器，如果采用电子开关（晶闸管）取代断路器就可以克服断路器切换存在的问题，从而形成新型的切换过分相系统。电子开关可以在过零时切换，避免了暂态冲击影响，故障少，整个过分相系统运行状态稳定可靠。电子开关切换式地面自动过分相原理如下：

（1）电力牵引列车接近中性区时电力电子开关 F_1 导通，使得中性区具有此刻的同相电 A。

（2）列车位于中性区内时，开关 F_1 断开、开关 F_2 闭合，使之转换为与列车前方电源端同相位的电源 B。

（3）列车驶离中性区后装置返回到初始状态，等待下一趟列车到来。

电子开关式地面切换过分相如图 29.31 所示。

2. 连续供电式地面自动过分相

任何自动过分相装置都存在从 A 相到 B 相的换电过程，不同的只是换电时间的长短或是否存在断电，要真正实现不断电切换就必须做到中心段与 A 相电压、B 相电压平稳过渡。我国研制成功的连续供电式地面自动过分相装置就是实现这一目标的世界首套真正不断电自动切换地面过分相系统。该连续供电式地面自动过分相装置，利用大功率电力电子柔性供电技术，巧妙利用并网和移相技术为列车通过接触网电分相中性区时提供可靠连续供电，消除了列车经过电分相中性区需断电通过的缺陷，实现了真正的列车带电通过电分相，可避免列车通过电分相掉速和电压转换引起的过电压暂态过程，从而根本解决了列车过分相的应用难题。连续供电式地面自动过分相如图 29.32 所示。

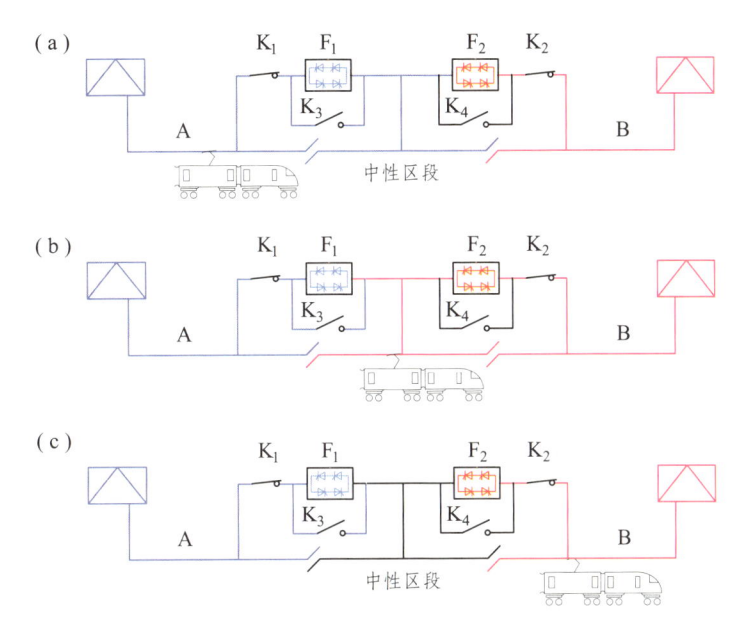

图 29.31　电子开关切换式地面自动过分相

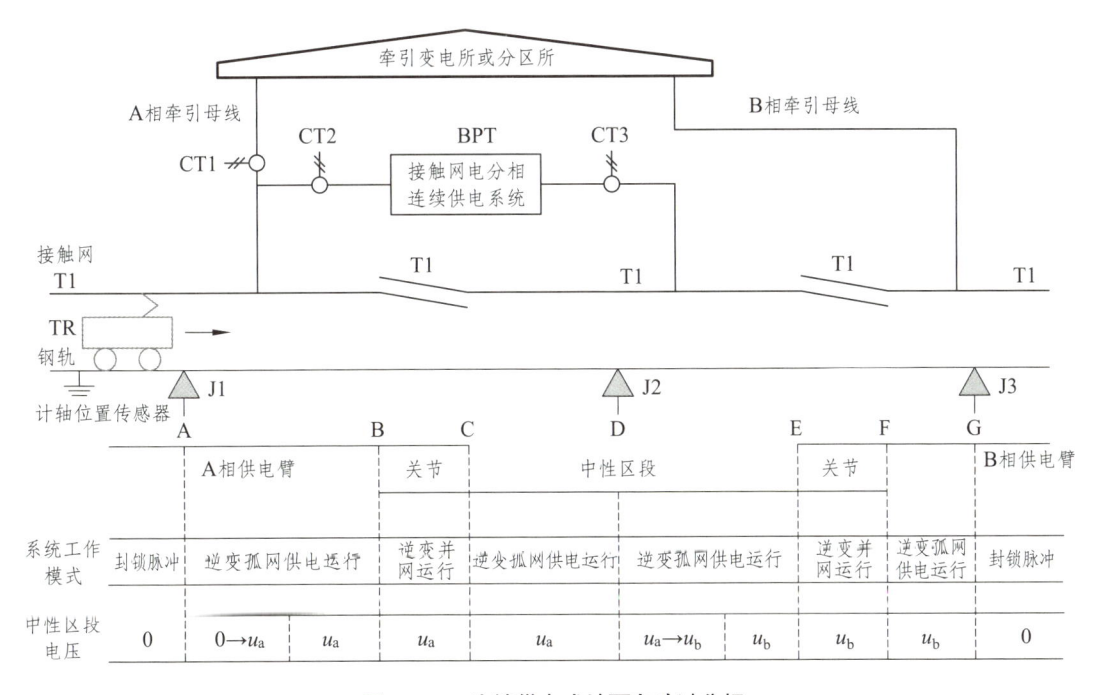

图 29.32　连续供电式地面自动过分相

不断电的连续供电式地面自动过分相 BPT 系统原理如下：

（1）电力牵引列车接近中性段时 BPT 装置输出电源，使得中性段具有此刻的与 A 同相的电压 u_a，列车从 A 相供电臂平稳驶入中性段。

（2）列车位于中性段内时，系统变流器装置可在保持满功率输出状态下，快速变换当前工作电压相位 u_a，使之在列车移动过程中转换为与列车前方电源端同相位的电源 u_b。此时，列车在中性段电压平稳移相为 B 相时平稳驶入 B 相供电臂。

（3）列车驶离中性区后装置返回到初始状态，等待下一趟列车到来。

连续供电式地面自动过分相系统是我国电气化铁路自主创新领先世界的先进技术，能够真正实现带电过分相（对行车而言相当于不存在电分相），做到列车零掉速延时通过电分相。期待不断积累经验，实现优化，为中国电气化铁路服务。

该系统在长株潭城际铁路湘江隧道30‰长大坡道上的电分相处投入使用，可解决大坡道、枢纽等限制条件下的电分相设置难题，充分满足工程建设和运营管理多方面的需求；有效解决了大坡道、重载等特殊工况下列车过分相停坡、降速、无法全力制动、带电闯分相的过电压、相间短路、拉弧等问题；减小动车组过分相速度损失和节省运行时间。

30 接触网平面布置

接触网系统设施一般分为平面布置及结构安装，按分布一般分为区间和站场两部分。接触网布置按线路路基、桥梁、隧道和站场车场分布而不同。

接触网平面布置主要包括支柱布置、侧面限界、支柱及基础选型、锚段划分、拉出值设置、特殊地段导线高度及结构高度确定、吸上线及接地位置确定，以及相关防护要求、特殊设计等。

接触网安装设计主要内容为腕臂柱安装、锚段关节安装、下锚安装、道岔定位安装、电连接安装、隧道内接触网悬挂安装、接触网各类设备安装、接地安装等，体现接触网各种零件、设备、结构件的选型和技术性能的要求，包括电气、机械以及结构性能等方面的校验。

接触网全锚段如图 30.1 所示。其中 1# ~ 6#、14# ~ 19# 支柱为锚段关节；7#~8#、12#~13# 支柱为中间柱；9#、10#、11# 为中心锚结；相邻支柱间距离为跨距，1# ~ 19# 间距离为一个完整锚段长度。

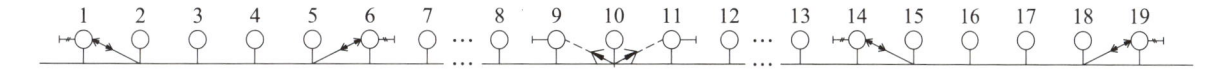

图 30.1　接触网全锚段

30.1　站场接触网平面布置

30.1.1　平面布置主要内容及原则

高速铁路车站是铁路办理旅客运输的场所。铁路车站为满足列车通过及作业的功能需求，除正线以外，还设置有到发线、正线间渡线、安全线等。站场范围内的接触网设施需适应列车通过及作业的需求，同时兼顾美观，与整体系统的景观相互协调，达到功能与景观兼具的效果。

30.1.1.1　支柱选型及布置

高速铁路车站正线接触网支柱一般采用单腕臂柱型式，站台区优先选用线间立柱、与雨棚柱合架或高架站房吊柱方案，有条件时尽量不在站台上设置支柱，咽喉区可采用轻型硬横跨。腕臂柱一般采用 H 形钢柱，根据条件也可选用等径圆钢柱。同一车站雨棚范围内的支柱或吊柱类型协调统一。

站场接触网 H 形钢柱或圆钢柱如图 30.2、图 30.3 所示。

图 30.2　站场内接触网线间立 H 形钢柱布置实景照片

图 30.3　站场内接触网线间立圆钢柱布置实景照片

站场内接触网支柱布置首先满足道岔等控制点的定位（详见本书 29.3 节），然后结合具体情况，根据跨距选择、站房建筑结构、地道、涵洞等布局，以功能性和美观性为指导，确定站场范围内接触网支柱布置方案，达到统一协调的景观效果。

尽量利用站房结构如雨棚柱、高架跨线站房结构等条件安装接触网，接触悬挂的跨距选择需在满足使用功能的前提下尽可能减少站场范围内接触网支持安装数量。在大型客站的站台上原则上避免立柱。特殊情况下采用接触悬挂跨距超出标准选用跨距值时（如下钻上跨桥、对齐雨棚柱等），在确定接触悬挂拉出值时校验其风偏移值是否满足要求，如武汉站接触网采用了大跨距结构，避免了站台上立杆影响站台区域整体景观，一直稳定运行。

30.1.1.2 锚段划分

站场内接触悬挂锚段划分需在满足技术条件要求的前提下，尽量减少锚段数量。接触悬挂下锚柱、中心锚结下锚柱及拉线尽量避开桥涵及其他建（构）筑物。高速铁路车站两端正线接触悬挂锚段与区间衔接一般设置绝缘锚段关节，且绝缘锚段关节转换柱的位置一般设在最外侧道岔的岔尖 50 m 以外；正线间渡线一般情况下按正线悬挂类型单独设置一个锚段；站线接触悬挂尽量设置一个锚段，走向避免在道岔处出现二次交叉。

站场内附加导线锚段划分需结合区间锚段设置情况，尽量避免在站台范围内设置下锚，使站场内接触网更简洁。

30.1.1.3 站场内拉出值的确定

站场内接触线拉出值以道岔定位柱为起点开始布置，整体次序与接触网支柱布置相同。直线段上、下行正线同一里程的支柱的拉出值方向相同，以避免出现上、下行相对应支柱同时为反定位的情况。同一组硬横跨上，各股道拉出值的拉出方向正、反间隔布置，以使硬横跨支柱受力状况良好。需特别注意反定位时定位管与雨棚之间的绝缘距离，当选用常规拉出值不满足绝缘间隙要求时，需重新确定反定位拉出值或适当缩短定位器长度。

30.1.1.4 道岔区接触网布置

道岔区接触网布置包括交叉定位与无交叉定位两类。我国高速铁路速度大于 250 km/h 时，正线道岔区的接触网布置一般采用无交叉定位方式，侧线通过速度 120 km/h 及以上的道岔区可采用带辅助悬挂的无交叉关节定位方式。

道岔区带辅助悬挂的无交叉关节定位方式，正线与侧线的接触悬挂在水平面上无交叉点，而是通过调整三支悬挂接触线在立面上的高度，使受电弓从一支悬挂顺利地过渡到另一支悬挂上，实现受电弓在正线、侧线间接触网的转换。

道岔区的接触网平面布置及实际效果如图 30.4、图 30.5 所示。

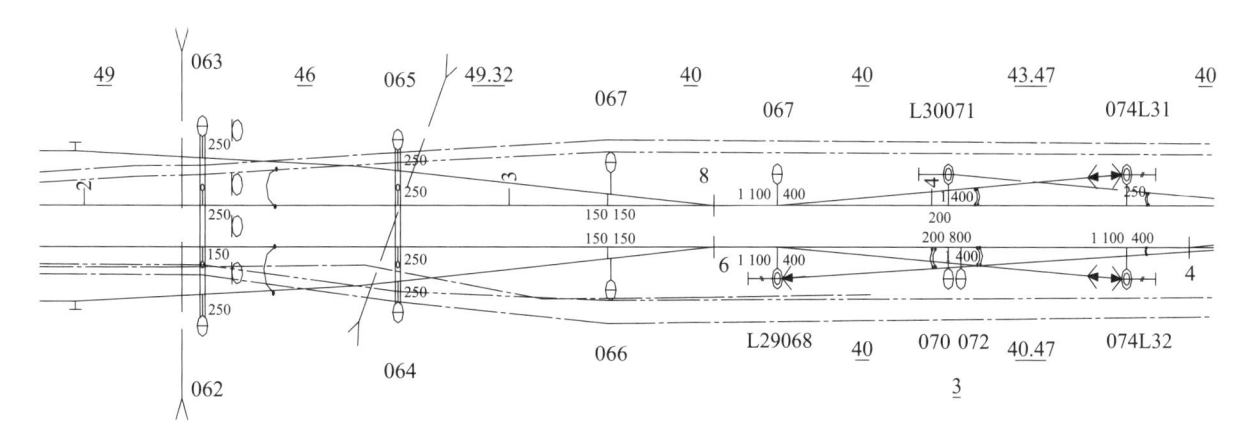

图 30.4 站场道岔上方接触网平面布置

图 30.5　站场咽喉区接触网布置实景照片

30.1.2　硬横跨布置

在站场多股道线路间无条件立柱或定位时，接触网一般采用硬横跨，如图 30.6、图 30.7 所示。

硬横跨由硬横跨支柱、硬横梁和吊柱或定位索等组成，一般情况下每一单跨最大跨度为 40 m；当跨度超过 40 m 时，可选用多跨连续硬横跨。考虑到整体美观，我国高速铁路硬横跨一般选用钢管支柱，硬横梁一般选用钢管梁。硬横跨处一般采用吊柱安装腕臂装置进行接触网悬挂。动车段（所）内可采用定位索式硬横跨安装，规模大时也可采用软横跨安装。

图 30.6　站场硬横跨布置实景照片

图 30.7 桥梁硬横跨布置实景照片

30.1.3 高架站房下接触网布置

高速铁路车站一般会成为所在地区的交通枢纽，人员流动性大，因此高速铁路车站更注重景观效果。接触网设施作为特殊的室外供电线路，其支持悬挂方案对景观效果存在一定影响，因此需特殊考虑站场范围内的接触网布置。

高架站房轨面以上净空一般较低，接触网通常采用与结构柱合架或站房下吊柱方案，如图 30.8、图 30.9 所示。

图 30.8 高架站房结构柱合架布置实景照片

图 30.9　高架站房下接触网吊柱悬挂布置实景照片

30.1.4　雨棚柱合架接触网布置

接触网平面布置时一般不在站台上设置支柱，尤其是基本站台上原则不设支柱。确需在站台上立柱时，有雨棚地段原则上与雨棚柱合架；无雨棚时，在基本站台和侧式站台上支柱尽量立在站台外侧，岛式站台立在站台中间。同一车站站台范围内的支柱类型原则上应统一。

中、小型车站站台区设置有雨棚柱时，接触网与雨棚合架的方式通常为合架硬横跨。该方式中硬横跨采用短钢柱，其余技术条件与一般硬横跨一致。雨棚柱合架硬横跨安装效果如图 30.10 所示。

图 30.10　雨棚柱合架硬横跨布置实景照片

大型及以上车站，无柱雨棚轨面以上净空一般较高，接触网通常采用单立柱或与雨棚合架的方式。与雨棚合架又分为雨棚柱合架腕臂支持装置、雨棚合架吊柱两种方式。接触网采用雨棚顶部安装吊柱结构型式，支持装置一般采用腕臂支持结构，腕臂结构在吊柱上安装；股道间有雨棚柱时，接触网支持在雨棚柱上安装腕臂支持装置。安装方案如图 30.11 ~ 图 30.13 所示。

图 30.11　雨棚下线间接触网单立柱布置

图 30.12　雨棚柱合架腕臂布置

图 30.13　雨棚合架吊柱布置

30.2　区间接触网平面布置

30.2.1　平面布置主要内容及原则

根据线路平纵断面图和桥、涵、跨线建筑物、隧道分布位置及电分相检算确认等资料,进行接触网平面布置,主要包括支柱布置、锚段划分、供电分段或分相设置等。区间接触网平面布置实景照片如图 30.14 所示。

图 30.14　区间接触网布置实景照片

30.2.1.1　区间接触网平面布置控制点

区间接触网平面布置的控制点主要有站场接口、跨线建筑物、桥梁、涵洞、隧道、供电分段等。接触网平面布置先从站场接口等控制点开始,确定控制点方案后再延伸展开,完成整个平面布置。必要时可与其他专业配合协调确定接触网布置方案。

（1）高速铁路动车段（所）、存车场内一般设置铁路平交道口，接触网的设计需保证在铁路平交道口处道路运输安全。平交道口附近的接触网支柱对称布置。此外，还需检算最高温度、覆冰时接触网带电部分与允许通过车辆的绝缘间隙，并设置限界门。

（2）跨线建筑物处需根据跨线建筑物净空、宽度、交叉角度等条件并结合气象资料、接触网带电部分与上部建筑物间的最小绝缘间隙要求、最短吊弦要求对接触网设施进行设计。必要时可采用降低结构高度、降低导线高度等措施来保证其空气绝缘间隙，如出现影响列车通行速度时，可协商对跨线建筑物进行优化或改造。

（3）桥上接触网支柱、悬挂点的布置要结合桥梁类型以及墩台、梁、孔跨、避车台等的设置综合考虑。

（4）隧道内接触网跨距要根据隧道断面确定，接触网布置需依据隧道净空以及隧道施工缝的位置确定。需综合考虑隧道口内外悬挂的布置及衔接，隧道内的第一悬挂点尽可能靠近隧道口，并合理确定隧道口外第1根支柱位置、高度及安装方式，保证接触网带电体间及距隧道接地体之间的动态距离具有足够的绝缘间隙。

30.2.1.2 锚段划分

接触网锚段关节的位置，主要受控于所选位置是否有足够空间布置锚段关节。在隧道、桥梁上需要设置锚段关节时，需综合考虑隧道内结构、下锚和下锚拉线的空间位置，以及与周围电缆、消防通道的位置关系等；桥上要考虑支柱、拉线、下锚坠砣与桥栏杆、避车台、声屏障的位置关系等。

30.2.1.3 支柱布置

综合考虑弓网受流性能、跨距选择、锚段划分、支柱类型、支持装置、侧面限界、控制点等进行支柱布置，确定支柱位置。一般原则如下：

1. 跨距选择

（1）我国高速铁路桥、隧占比大，箱梁桥、隧道内等区段一般采用48 m跨距，考虑到线路跨距的协调一致性，在满足弓网受流性能要求的前提下，路基一般采用标准跨距50 m，联络线等采用T形梁桥时根据桥墩距离及桥梁结构确定。

（2）地形困难区段采用的跨距，经过验算后可以比标准跨距略大。

（3）上、下行线路并行时，路基、桥梁上的上、下行支柱一般对称布置，隧道内上、下行错开悬吊安装。

2. 布置顺序

一般从车站与区间衔接的关节开始区间布置，其重点先确定电分相位置，以及桥、涵、隧道、跨线建筑物等处的跨距，锚段布置时要首先考虑这些地方的合理跨距，再向两端延伸。

下锚、转换跨需验算导线抬高值是否满足电气绝缘及上拔力等要求。

30.2.1.4 拉出值

区间接触网拉出值一般按26.4中确定的拉出值和布置原则确定。

30.2.1.5 侧面限界

区间正线无砟轨道地段的支柱侧面限界不小于3.0 m，有砟轨道路基地段不小于3.1 m。区间接触网及线路平面布置如图30.15所示。

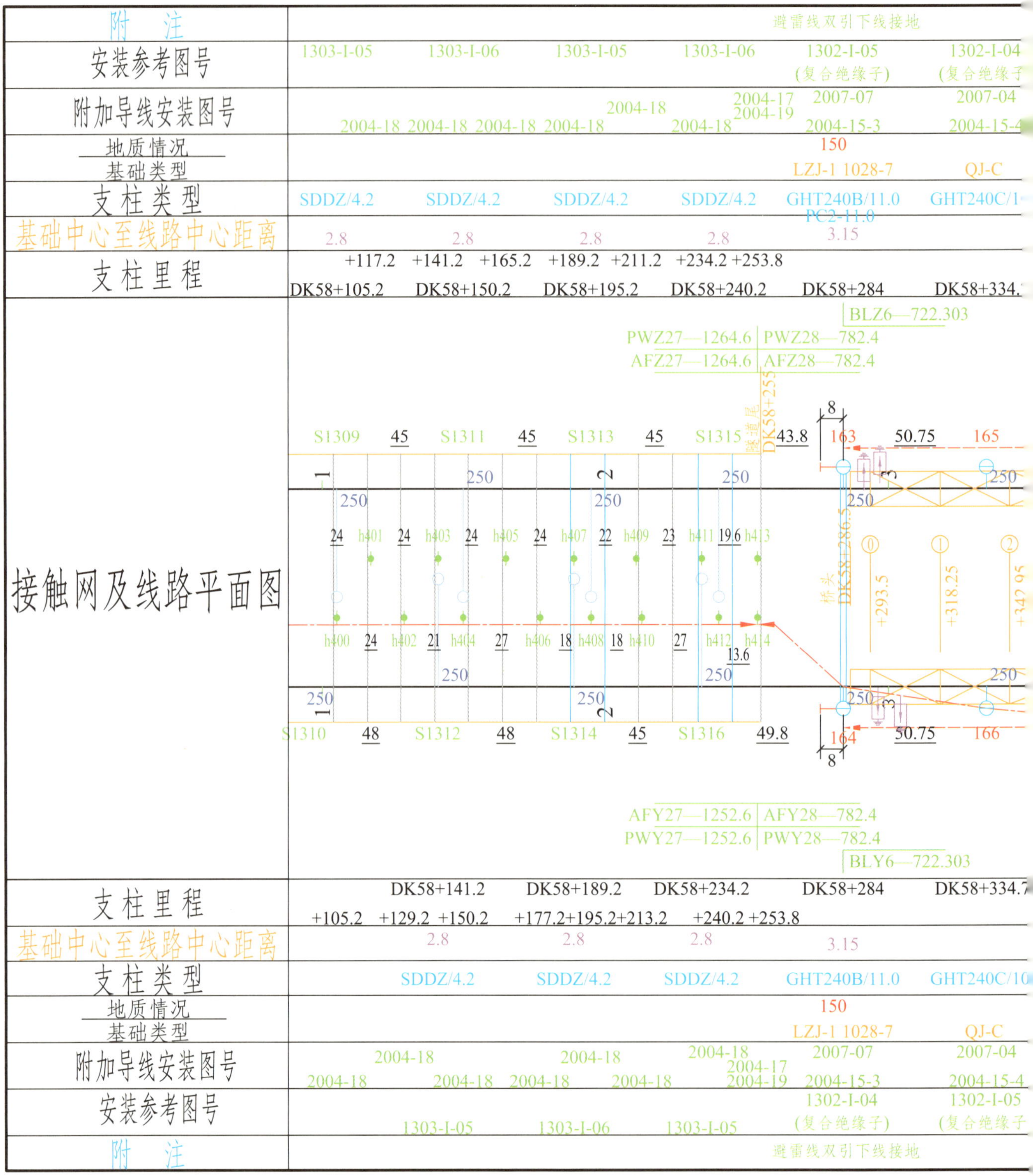
附 注
避雷线双引下线接地
安装参考图号
1303-I-05 1303-I-06 1303-I-05 1303-I-06 1302-I-05 1302-I-04
(复合绝缘子) (复合绝缘子)
附加导线安装图号
2004-18 2004-18 2004-18 2004-18 2004-18 2004-18 2004-17 2004-19 2007-07 2004-15-3 2007-04 2004-15-4
地质情况
基础类型
150
LZJ-1 1028-7 QJ-C
支柱类型
SDDZ/4.2 SDDZ/4.2 SDDZ/4.2 SDDZ/4.2 GHT240B/11.0 PC2-11.0 GHT240C/1
基础中心至线路中心距离
2.8 2.8 2.8 2.8 3.15
支柱里程
+117.2 +141.2 +165.2 +189.2 +211.2 +234.2 +253.8
DK58+105.2 DK58+150.2 DK58+195.2 DK58+240.2 DK58+284 DK58+334.7
接触网及线路平面图
BLZ6—722.303
PWZ27—1264.6 PWZ28—782.4
AFZ27—1264.6 AFZ28—782.4
隧道尾 DK58+255
S1309 45 S1311 45 S1313 45 S1315 43.8 8 163 50.75 165
250 250 250 250 250 250
24 h401 24 h403 24 h405 24 h407 22 h409 23 h411 19.6 h413
桥头 DK58+286.5
⓪ +293.5 ① +318.25 ② +342.95
h400 24 h402 21 h404 27 h406 18 h408 18 h410 27 h412 h414 13.6
250 250 250 250 250 250
S1310 48 S1312 48 S1314 45 S1316 49.8 164 8 50.75 166
AFY27—1252.6 AFY28—782.4
PWY27—1252.6 PWY28—782.4
BLY6—722.303
支柱里程
DK58+141.2 DK58+189.2 DK58+234.2 DK58+284 DK58+334.7
+105.2 +129.2 +150.2 +177.2+195.2+213.2 +240.2 +253.8
基础中心至线路中心距离
2.8 2.8 2.8 3.15
支柱类型
SDDZ/4.2 SDDZ/4.2 SDDZ/4.2 GHT240B/11.0 GHT240C/10
地质情况
基础类型
150
LZJ-1 1028-7 QJ-C
附加导线安装图号
2004-18 2004-18 2004-18 2004-18 2004-18 2004-18 2004-18 2004-17 2004-19 2007-07 2004-15-3 2007-04 2004-15-4
安装参考图号
1303-I-05 1303-I-06 1303-I-05 1302-I-04 1302-I-05
(复合绝缘子) (复合绝缘子)
附 注
避雷线双引下线接地

图 30.15 区间

30 接触网平面布置

				避雷线双引下线接地				
2-I-05	1302-I-04 1302-XI-08	1302-IV-09	1302-IV-08	1302-IV-07	1302-IV-06	1302-I-05 1302-XI-08	1302-I-04
7-04	2007-04	2007-04	2007-04	2007-04	2007-04	2007-04	2007-04
-06-2C	2004-06-2B	2004-06-2A	2004-06	2004-06	2004-06	2004-06	2004-06
-C	QJLX-1 QJ-C	QJ-C	QJ-C	QJ-C	QJ-C	QJ-C QJLX-1	QJ-C
0C/10.5	GHT240C/10.0	GHT240C/9.0	GHT240C/9.0	GHT240C/9.0	GHT240C/9.0	GHT240C/9.0	GH260C/9.0
+383.85	DK58+432.85	DK58+481.95	DK58+530.95	DK58+578	DK58+626	DK58+674	DK58+722

Z33 DK58+432.85 1245.55   Z32 DK58+674 1324.8

67 49 7 169 49.1 171 49 173 47.05 175 48 177 48 179 7 48 181

250 350 150 0 200 400 200 250

④ ⑤ ⑥ ⑦ ⑧ ⑨ ⑩
+408.35 +441.05 +473.75 +506.45 +539.15 +600 +700

250 0 200 350 150 250
250 400 200 0 200 250

68 49 170 49.1 172 49 174 47.05 176 48 178 48 180 7 48 182
   7

Y33 DK58+432.85 1245.55   Y32 DK58+674 1336.8

+383.85	DK58+432.85	DK58+481.95	DK58+530.95	DK58+578	DK58+626	DK58+674	DK58+722
0C/10.5	GHT240C/10.0	GHT240C/9.0	GHT240C/9.0	GHT240C/9.0	GHT240C/9.0	GHT240C/9.0	GH260C/9.0
J-C	QJLX-1 QJ-C	QJ-C	QJ-C	QJ-C	QJ-C	QJ-C QJLX-1	QJ-C
07-04	2007-04	2007-04	2007-04	2007-04	2007-04	2007-04	2007-04
-06-2C	2004-06-2B	2004-06-2A	2004-06	2004-06	2004-06	2004-06	2004-06
2-I-04	1302-XI-08 1302-I-05	1302-IV-06	1302-IV-07	1302-IV-08	1302-IV-09	1302-XI-08 1302-I-04	1302-I-05
				避雷线双引下线接地			

线路平面布置

30.2.2 桥梁接触网平面布置

根据接触网悬挂方式和悬挂支持方案，确定跨距、支柱位置、锚段关节及中心锚结位置等。

跨距根据桥梁梁形、线路曲线半径等因素确定。跨距布置需尽量均匀，相邻两跨距之比，需满足不同速度的规范要求。

接触网支柱沿桥面或桥墩纵向布置，接触网的平面布置需根据确定的支柱及基础位置，结合具体的梁型、孔跨，提出接触网在梁面或桥墩顶帽上的预留接口要求，包括基础类型、具体位置、荷载要求、电缆上桥位置等。由桥梁专业在桥梁或桥墩施工时预留。箱梁上基础设置位置一般有规律性，尽可能减少桥梁特殊模板数量。跨度 32 m 箱梁的支柱基础一般设在梁跨的 1/4 或 3/4 处，考虑梁缝等因素后接触网支柱跨距一般约为 48 m；跨度 24 m 的箱梁支柱基础一般设在梁跨的 1/2 处，接触网支柱跨距一般约为 48 m；连续梁、钢桁梁、下承式等特殊梁跨根据标准或最大跨距要求确定悬挂点的布置；拉线基础与对应锚柱基础在同一片梁上。T 形梁区段接触网基础位置根据跨距要求结合桥梁孔跨在桥墩顶帽设置，下锚柱一般采用不设置拉线的独立锚柱型式。

多线并行区段的桥梁一般采用单立柱或硬横跨，如图 30.16 所示。

（a）线间立柱布置

(b）硬横跨布置

图 30.16　多线桥上接触网布置实景照片

30.2.3　隧道内接触网平面布置

根据接触网悬挂方式和悬挂支持方案，确定导线高度、结构高度、跨距长度、悬挂点位置、拉出值的大小及方向、锚段关节及中心锚结位置等。

（1）新建隧道接触网悬挂支持装置等一般采用预埋槽道。接触网明确悬挂点处受力要求、槽道的规格及长度、具体位置，由隧道专业根据不同的围岩等级确定有关结构及预埋方案并实施。

（2）隧道内跨距根据隧道断面、线路半径、台车模板及接触网悬挂类型、悬挂安装型式等因素确定，一般为 48 m。

（3）长度大于 5 km 隧道的出入口、隧道内每隔 5 km 设置绝缘锚段关节及电动隔离开关，并纳入远动。新建隧道内需要设置绝缘锚段关节时，需预留锚段关节、下锚及隔离开关安装空间。目前，隧道内接触悬挂下锚一般采用棘轮或滑轮补偿装置。

（4）在进行隧道内接触网平面布置时，尤其要注意隧道口不同导线之间的绝缘间隙，须保证在温度、风、覆冰等外界条件和列车受电弓的影响下导线间有足够的绝缘距离。隧道内平面布置需做好与隧道外平面布置的协调配合，隧道内的第 1 悬挂点应尽可能靠近隧道口，并合理确定隧道口外第 1 根支柱位置、高度及安装方式，保证接触网带电体间及距隧道接地体具有足够的绝缘间隙。

（5）隧道内接触网吊柱连接螺栓静荷载需结合隧道内接触网安装结构和接触悬挂系统张力配置选取，250 km/h 以上高速铁路隧道内接触网吊柱风荷载的选取需充分考虑高速列车通过时的风动力影响。

30.2.4 附加导线布置

架空附加导线分独立架设、与接触网支柱合架两种类型。回流线、正馈线、加强线、架空地线、保护线等一般采用与接触网支柱合架的方式。供电线一般按照独立架设考虑，独立架设困难时可考虑与接触网支柱合架。供电线原则上采用架空线路方式，不具备架空条件时采用电缆。

30.3 接触网供电分段

为保障接触网供电的可靠性和灵活性，缩小检修或故障停电影响范围，接触网需设置既相互联系又相对独立的供电分段。通过供电分段设置，当某区段接触网停电检修或者发生故障时，可以断开相应区段的隔离开关，实现该区段的无电作业，而不影响其他区段接触网的正常运行。供电分段主要包括电分段和电分相。

30.3.1 电分段

同一供电臂或同一相位的供电分区之间需要设置电分段。

接触网电分段有纵向电分段和横向电分段两种类型。沿线路方向所进行的分段称为纵向电分段。枢纽及站场多股道接触网之间所进行的分段称为横向电分段。

高速铁路接触网纵向电分段设置，需满足上、下行分别独立供电、检修安全，实现"V"形天窗反向行车要求，按"V"形天窗的停电范围设置绝缘锚段关节电分段；根据检修需要在供电臂中部的适当位置处设置绝缘锚段关节。上述绝缘锚段关节电分段处均设置隔离开关。

接触网横向电分段设置，需确保复线铁路上、下行能分开独立供电，即必要时上（下）行分别停电时，下（上）行仍能正常供电，为此在双线间渡线上设置电分段。同时，需合理设置不同车场间、同一车场的不同的供电分束间的电分段。

电分段两端的供电分区在牵引供电负荷相差较大时，可能在电分段上出现较大的电位差，此时需进行校验，必要时需采取相关措施，消除电位差的影响。

30.3.2 电分相

不同相接触网供电分区连接处需要设置电分相。

高速铁路一般采用带中性区段的空气绝缘间隙锚段关节式电分相。在枢纽内低速联络线等关节式电分相设置困难时，可采用器件式电分相。

电分相一般设置在牵引变电所、分区所附近两相邻供电臂连接处，以及其他不同相电源供电分区的连接处。电分相位置需避免设置在大坡道及列车出站加速区段和线路限速低速区段，具体设置位置由行车、信号、车辆等相关专业共同确定。

接触网的电分段及电分相平面布置如图 30.17 所示。

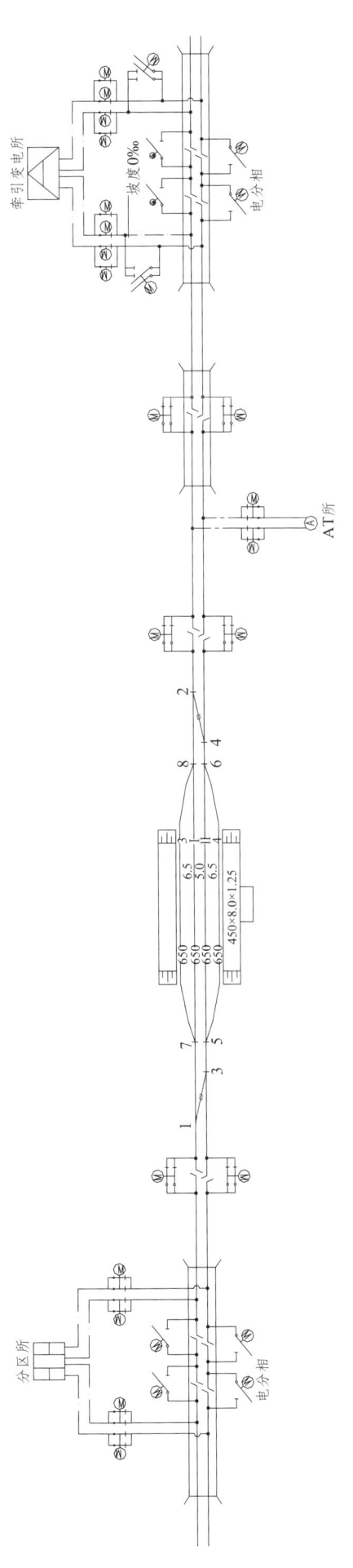

图 30.17 电分段及电分相平面布置

关节式电分相采用带中性区段结构，有 2 个无电区断口。关节式电分相布置类型根据《轨道交通 受流系统 受电弓与接触网相互作用准则》（TB/T 3271），需满足与取流受电弓的匹配要求。根据我国《铁路技术管理规程（高铁部分）》（TG/01），动车组重联或长编组运行双弓间距 L 为 200～215 m。关节式电分相由两个绝缘锚段关节构成中性区段 D，中性区段设置无电区隔离不同相位的接触网。接触网关节式电分相一般采用无电区 D' 的长度大于弓间距 L 的布置型式，其中 D' 的长度一般不小于 220 m，且 D 和 D' 的取值尽可能小，如图 30.18 所示。

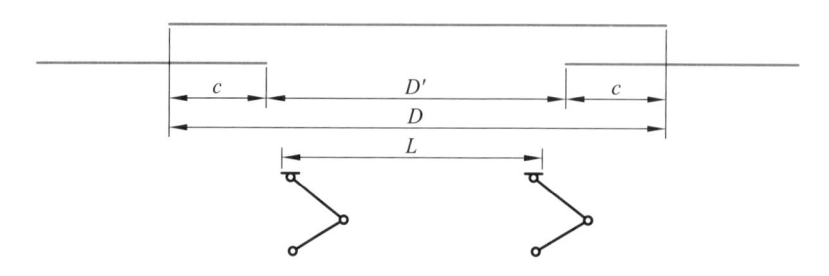

图 30.18　无电区大于运行双弓间距的电分相

在工程实施困难，如隧道口间距短处设置电分相或行车检算对运行时分影响较大时，关节式电分相也可采用中性区段 D 的长度小于最小运行双弓间距 L' 的布置型式，其中 D 的长度一般不大于 195 m，如图 30.19 所示。

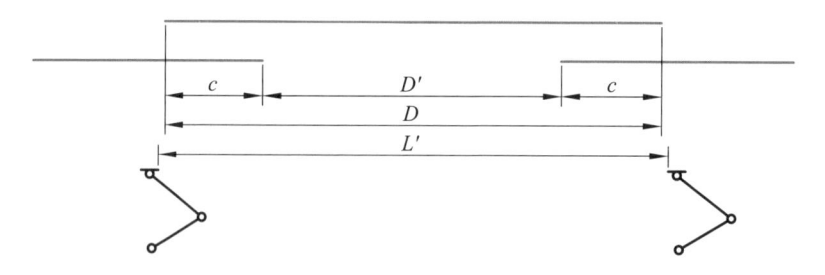

图 30.19　中性区段小于运行双弓间距的电分相

30.3.3　分束供电

大型站场因各个股道的功能和运输需求不同对其进行供电分束，形成可以分别停电的不同供电分区，如图 30.20 所示。供电分束主要设置原则如下：

（1）大型车站存在多个车场时，一般由牵引变电所或开闭所的同一相位分别馈出供电线给各场进行分束供电。场间联络线需设置电分段。

（2）大型车站一个场内股道数较多时，根据运营和检修需要，进行必要的横向分段形成不同的供电分束，以便一个供电分束停电维修而不影响其他部分行车。供电分束间需设置电分段，一般采用器件式电分段。

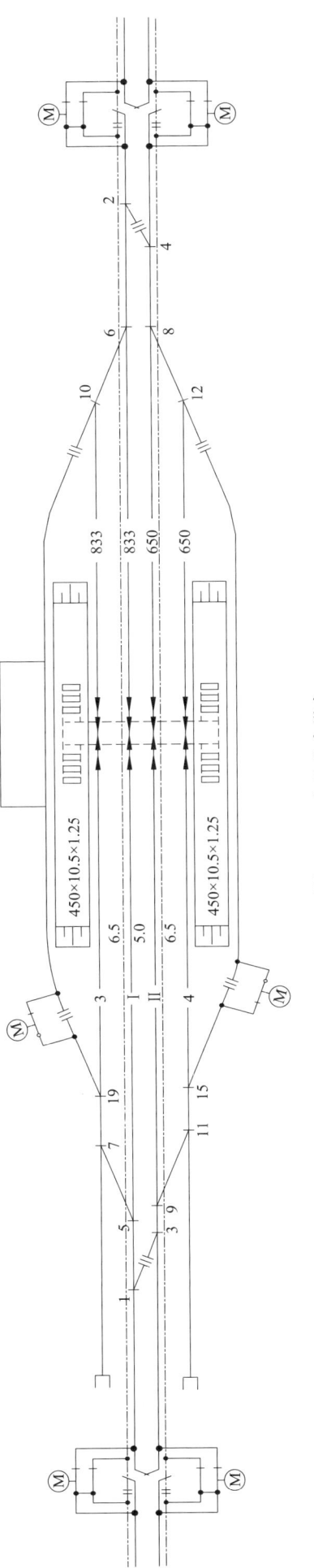

图 30.20 车站分束供电

30.4 接触网景观设计

接触网沿铁路线布置，与沿线路基、桥梁、隧道和车站站房等铁路设施及铁路周边背景环境关系密不可分。随着我国社会经济技术发展，人民生活水平和审美观念不断提高，如何使接触网与沿线铁路设施及周边背景环境在景观上协调融合，是接触网需要重点考虑的因素。例如接触网安装与客运车站站台及雨棚的有机融合，支柱、硬横梁结构视觉轻型优化，平面布置和空间高度的整齐一致性等技术措施，既能实现铁路运营的性能，又能尽量减小或降低接触网对整体美观的干扰，达到一体化的景观效果。

30.4.1 景观美学主要构建原则

接触网与沿线铁路其他专业设施接口烦琐而细致，而且存在与站前土建工程建设上的时间差。接触网景观设计需要系统考虑，协调配合。接触网是一个分布广泛的庞大系统，接触网的美观性、安全可靠性等特性越来越受到人们的关注，因此应用景观美学的构建原则，对接触网产生一些约束条件，让接触网能更好地融入铁路这个大系统及周边环境，适应广大乘客的审美观。接触网景观设计中的景观美学构建原则主要包括：

30.4.1.1 功能性原则

景观设计与规划，首先是科学，然后才是艺术、美学。从规划设计的角度来看，评价景观设计的优劣，不单单在于视觉美感如何，更重要的是其是否首先解决了功能的问题，是否形成了适宜的场所感，使用上是否方便舒适，与周围环境是否和谐等。景观规划的使用功能存在于各类景观设施自身，它直接向人提供便利、安全、信息等服务。它是景观设计外在的、首先为人感知的因素，因此也是第一功能。

30.4.1.2 艺术性原则

艺术以美为对象，接触网艺术性原则是在实现功能性的基础上展现出其艺术品位和美感体验。在区间利用接触网的结构和造型的均衡整齐布置，在列车运行时营造出一种体验运动节奏和律动的视觉冲击美感。在车站主要是将接触网结构与站房等车站主体建筑融为一体，两端咽喉接触网结构和布置与站房主体建筑相呼应，形成以站房为中心的整体协调融合，体现出车站整体的艺术感染力。

30.4.1.3 生态性原则

生态已经成为当前城市景观规划中一个焦点。在景观设计中，环保主要体现在人与自然的亲和及绿化等方面。接触网景观是铁路整体景观的一部分，接触网景观的生态性原则主要是与自然的亲和及与铁路主体景观的融合。

此外，设计适度性原则、文化传承性原则、地域化原则，也体现在当代审美文化与和谐社会的文化建设实践中，应多层次、多方位、动态地提升景观美学的理论建构水平和现实审美价值的结合。

30.4.2 接触网结构的视觉设计原则

设计时需将接触网结构作为一个整体综合研究，在满足功能的前提下尽量考虑其单项和整体的美观性；列车也是一个旅客体验平台，需考虑乘客在列车上对接触网结构的视觉感受，采用主次分明、重心稳定的结构，而且要给人干净、整齐、稳重、安全的感觉，在旅客站台宜减少或取消支柱的布置；支柱、腕臂以及绝缘子等的色彩和谐统一，慎用过于鲜艳刺眼的色彩。

30.4.3 接触网融入不同环境的景观协调设计

由于车站内与车站外环境不同，周边设施有差异，列车的速度也不一样，自然相应的接触网设计方案存在着区别。站内以车站建筑风格为主要依据，接触网设计尽可能与之相匹配。接触网若能隐藏在建筑特征之内，可弱化对站内建筑结构景观的影响，则视觉效果为最佳。

站外以周边环境为主要参照背景，要求不如站内那样复杂，可重点考虑接触网系统本身的景观要求，保证各单元序列的节奏感。

30.4.4 支持装置及安装方式的景观选择

由于不同铁路的地域文化、建设风格等存在较大差异，对接触网的支持装置及安装方式等可结合具体项目，按照视觉评价要素选用支持装置，如不在站台上立柱、利用雨棚柱合架、利用站房结构柱安装等，尽量使其不与美学理论相悖。各结构的应用和选择主要看相互间的搭配效果，原则上对接触网结构整体进行评价。

选择时需主要考虑以下几方面的因素：材料、截面、安装方式、色彩、质感以及经济性等，其中，截面、色彩和质感直接影响视觉效果。

一般而言，腕臂柱和硬横梁较稳重，力量感较强，可以通过结构型式、色彩和表面质感的配合来达到所期望的视觉效果。

30.4.5 接触网景观设计工程措施

接触网工程措施需兼顾景观效果。接触网景观设计只是按照景观要求考虑设计方案，并不一定增加景观设计工程内容，即使特殊的景观往往只在局部的地点有特殊要求，增加的工程投资相对较少。接触网景观设计是在接触网功能设计的基础上，兼顾景观需要，对功能、景观、投资进行综合考虑。

区间接触网支柱高度原则统一，特殊地段可适当增加或降低高度，相邻支柱高度需保持相近。整体支柱高度和跨距协调平衡。

高净空大型及以上站房接触网一般采用线间立柱、与雨棚柱合架、与站房结构合架的软横跨等方案，跨线站房下慎用硬横梁方案。站房净空较低时，可采用吊柱方案。

跨线硬横跨的硬横梁本身结构高度与两侧支柱宽度（或直径）接近，横梁上吊柱一般尽量远离两侧支柱。

有景观要求的接触网支柱可采用 H 形钢柱、圆柱或视觉体量感较轻的其他类型支柱。

接触网系统的景观设计与车站、桥梁等设计综合考虑，必要时由相关专业提供接触网立柱的设计安装条件。

30.4.6 景观设计的典型工程应用

30.4.6.1 武汉站

2009 年全线开通的武广高铁武汉站，其中央大厅采用了大跨度结构，接触网没有站房结构柱利用条件，为了不在站台上立接触网支柱，接触网采用了超大的 84 m 跨距，并对接触网结构高度、吊弦进行相应调整，直接跨越了中央大厅下的大空间。采用这一世界第一大跨的接触网系统，避免了对站房整体景观的影响，在满足受流性能、结构安全、人员安全等功能性设计要求的同时，实现了融入整体建筑景观的协调目标。

站内两端扶梯的中部公共区采用了与雨棚柱色彩、外形统一协调，结构相互融合的合架悬挂，与公共设施形成整齐的序列，将接触网结构设施完全融入了站房结构系统，保证了整个房区域的良好景观效果，如图 30.21 所示。

（a）室外全景

（b）室内大跨度空间一

（c）室内大跨度空间二

图 30.21　武汉站景观实景照片

30.4.6.2　广州南站

武广高铁广州南站主体建筑采用了 V 形柱结构，接触网采用与 V 形柱合架方案，没 V 形柱时采用线间立柱方案，支柱结构与站房整体结构协调。整个车站接触网支持结构融入了站房结构系统，站台上没有设立接触网支柱等结构，站台及上方站房空间干净、整洁，整体协调美观，如图 30.22 所示。

（a）室外全景

（b）室内 V 形柱

（c）室内站台空间

图 30.22 广州南站景观实景照片

30.4.6.3 博鳌站

海南东环铁路博鳌车站采用钢结构桁架式雨棚，雨棚范围内利用雨棚桁架悬挂接触网，未另单独增设接触网结构。该方案既保证了接触网悬挂的功能要求，又配合了站台的景观设计，架设小结构高度整体腕臂的应用，整体视觉简洁、轻便、通透，接触网与站房和雨棚有机融合，协调美观，如图 22.23 所示。

图 30.23　博鳌站景观实景照片

31 接触网绝缘、防雷、接地与回流

31.1 接触网绝缘与绝缘配合

接触网绝缘指接触网带电体与接地体间的电气隔离，主要通过绝缘子和空气间隙来实现绝缘。绝缘子需要根据环境条件确定规格类型及爬电距离，空气间隙的大小需要综合内部过电压、所处地理位置等因素确定。接触网绝缘配合是指用以确定接触网悬挂、支持结构和设备等带电体的绝缘水平以及与列车绝缘、牵引变电设施绝缘协调的原则、方法和规定。

根据环境类型、污秽区划分和污秽等级，以及牵引供电系统需求，接触网系统需明确接触网绝缘元件选择、空气间隙和电气设备绝缘配合的要求与方法，做好接触网绝缘设计，并与牵引供电系统其他电气设施的绝缘协调与匹配。

31.1.1 绝缘子爬电距离

根据《电气化铁路接触网用绝缘子选用导则》（TB/T 2007），并结合我国电气化铁路运行环境和应用经验，高速铁路接触网污秽等级及爬电距离选用原则一般如表 31.1 所示。

表 31.1 接触网绝缘件爬电距离选用

序号	接触网运行环境的污秽等级	绝缘器件爬电距离 /mm
1	c	1 200
2	d	1 400
3	e	1 600

31.1.2 绝缘子选型

绝缘子既承受机械荷载，又承受高电压的绝缘，是接触网支持装置的重要组成部分。机械荷载包括固定和支持腕臂装置、定位装置、接触悬挂等固定荷载，以及恶劣天气情况下的风荷载、雪荷载、导线舞动等；绝缘包括导电体与地的绝缘，以及雷电和开关操作引起的过电压冲击。绝缘子选型需根据使用条件和运行环境确定。

接触网用绝缘子一般分为瓷绝缘子和复合绝缘子。瓷绝缘子具有使用寿命长、耐老化等优点，接触网一般选用瓷绝缘子。复合绝缘子具有更强的耐污性能，主要应用在污染严重、易发生污闪等的场所，如严重化工污染区段及隧道内等特殊环境场所。

31.1.3 特殊环境条件下绝缘加强措施

除了沿海、工业污染严重的地区以外，接触网绝缘子还需要保证在局部严重覆冰、鸟类活动频繁等特殊地区正常运行，为此，分别采用了不同的绝缘子加强措施。例如，局部严重覆冰区域采用绝缘子串间隔布置、V形绝缘子串，也可采用大小伞形绝缘子、加装大盘径绝缘子等措施，能够相应提高绝缘子串的闪络电压，降低绝缘子覆冰闪络概率。

在鸟类活动频繁区域，主要防止鸟排泄物引起的闪络，一般安装驱鸟装置或加装大盘径防鸟罩。采用复合绝缘子时，硅橡胶材料添加防鸟啄食的配方。

31.1.4 绝缘海拔修正

海拔高于 1 000 m 时，需要对接触网外绝缘相关参数进行海拔修正，包括接触网导线高度、空气绝缘间隙、绝缘子爬电距离等。

31.1.4.1 接触网空气绝缘间隙的海拔修正

我国高原铁路绝缘，以海拔 1 000 m 的取值为基准进行修正，可参考本书第 23.6.2 节。经海拔修正后的接触网空气绝缘间隙最小值参见表 31.2。

表 31.2 接触网空气绝缘间隙的最小值　　　　　　单位：mm

有关情况		海拔/m					
		1 000	2 000	3 000	3 500	4 000	4 500
25 kV 带电体距固定接地体空气间隙		300/困难 240	340	384	408	434	461
25 kV 带电体距机车车辆或装载货物空气间隙		350	390	434	458	484	511
受电弓振动至极限位置和导线被抬起的最高位置距接地体的瞬间空气间隙		200/困难 160	227	256	272	289	308
25 kV 带电体距跨线建筑物底部的静态空气间隙		500/困难 300	540	584	608	634	661
绝缘锚段关节两接触悬挂间的空气间隙		450	450	450	450	450	461
25 kV 带电绝缘子接地侧裙边距接地体空气间隙	瓷绝缘子	100/困难 75	100	100	100	100	100
	合成材料绝缘元件	50	50	50	50	50	50

注：1. 当海拔高度较高时，根据绝缘距离、结构安装等条件综合研究确定空气绝缘间隙值。
　　2. 绝缘锚段关节两接触悬挂间的空气绝缘间隙值，应综合考虑接触悬挂安装空间以及检修时带电体距固定接地体的空气间隙值。

31.1.4.2 接触网导线高度的海拔修正

按照上述接触网空气绝缘间隙的海拔修正，对于海拔 1 000 m 以上的区段，接触线距轨面最小高度值需要相应增加，其修正增量不小于表 31.3 中的值。

表 31.3　接触线距轨面导线高度的修正增量

海拔 /m	2 000	3 000	3 500	4 000	4 500
导线高度的修正增量 /mm	50	100	150	150	200

31.1.4.3　绝缘子爬电距离的海拔修正

在海拔 1 000 m 以上地区接触网用绝缘子的爬电距离需要进行海拔修正，一般可采用爬电比距的修正方法，根据接触网最高运行电压，并结合现场环境的污秽度进行海拔修正。其中统一爬电比距与现场污秽度的关系，如图 31.1 所示（图中：RUSCD 为参考统一爬电比，SPS 为现场污秽度）；统一爬电比距海拔修正系数 l 按表 31.4 选取。以接触网上最高电压 29 kV 示例，海拔 1 000 m 以上地区接触网用绝缘子爬电距离修正增量如表 31.5 所示。

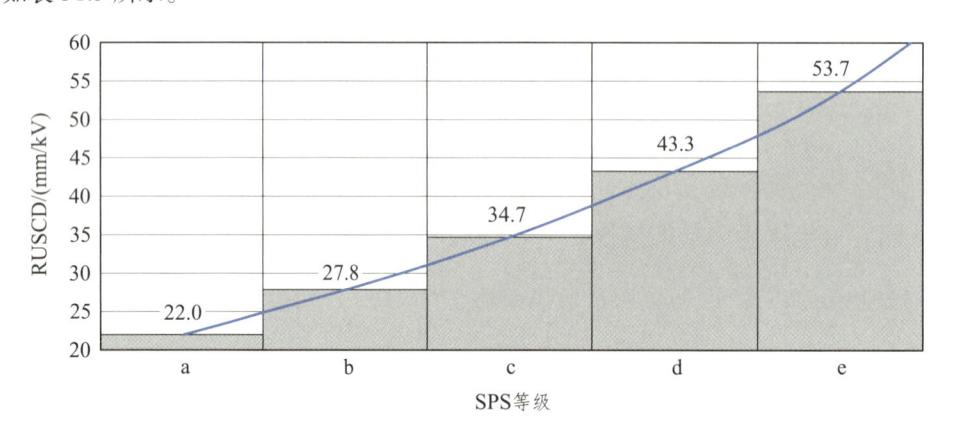

图 31.1　统一爬电比距与现场污秽度的相互关系

表 31.4　高海拔地区条件下统一爬电比距 χ_H 的修正系数

爬电比距海拔修正系数	海拔 H/m						
	1 000	2 000	2 500	3 000	3 500	4 000	4 500
l	1.0	1.08	1.12	1.17	1.22	1.28	1.34

$$\chi_H = \lambda \cdot \chi_{\leqslant 1} \tag{30.1}$$

式中　χ_H——高海拔地区污秽条件下绝缘子统一爬电比距（mm/kV）；

　　　$\chi_{\leqslant 1}$——1 000 m 以下地区的绝缘子统一爬电比距（mm/kV）；

　　　λ——高海拔地区污秽条件下绝缘子统一爬电比距的海拔修正系数。

表 31.5　接触网绝缘元件爬电距离的修正增量

接触网运行环境的污秽等级	海拔 /m	2 000	3 000	3 500	4 000	4 500
c	接触网绝缘元件爬电距离修正增量 /mm	69	138	172	206	240
d		79	158	198	237	277
e		94	188	235	281	328

31.2 接触网雷电防护

我国高速铁路多位于高架桥上，雷电对接触网的影响更为突出。研究铁路沿线雷电分布规律并提出有针对性的防雷措施，对保证接触网安全可靠运行是十分必要的。

31.2.1 雷电引起接触网跳闸故障类型

我国高速铁路接触网大部分处于空旷地带高架桥上，相对于普速铁路更易遭受雷击，比如某高速铁路某年度雷击跳闸故障件数约为同径路既有普速电气化铁路跳闸故障件数的 2 倍。表 31.6 为某高速铁路接触网雷击跳闸故障设备部位统计。

表 31.6 高速铁路接触网雷击跳闸故障设备部位统计

雷雨跳闸闪络设备部位	占比
平腕臂绝缘子	14.99%
斜腕臂绝缘子	21.00%
F 线绝缘子	29.00%
软横跨绝缘子	8.98%
避雷器	7.00%
对向下锚绝缘	6.02%
隔离开关	5.02%
其他	7.99%
合计	100.00%

可以看出，雷击主要集中在接触网平腕臂绝缘子、斜腕臂绝缘子、F 线绝缘子等处，其中 F 线和斜腕臂绝缘子雷击闪络最为严重，约占 50%。

31.2.2 雷电故障分析

（1）雷电故障多发生在多雷区或强雷区，在大雨季节，更容易发生直击雷和感应雷雷击。

（2）当支柱接地电阻较大时，如果支柱或 PW 线遭到雷击，容易造成支柱或 PW 线电位过高而引起雷电反击。

（3）雷电故障发生绝缘子闪络的多为斜腕臂绝缘子或 AF 线悬垂绝缘子。在大雨季节，雨水可能顺着绝缘子形成较大水流，降低了绝缘子的湿闪耐压水平。当遇强雷击时产生的电位差大于绝缘子的耐压水平而发生闪络，甚至损坏绝缘子。

31.2.3 接触网防雷原则及措施

根据我国高速铁路接触网实际运行经验和相关统计，雷击引起跳闸原因主要是直击雷，感应雷较少。因此，接触网雷电防护以防直击雷为主，兼防感应雷。

接触网雷电防护需综合考虑土壤电阻率、走廊沿线地闪分布、接触网导线对地高度等影响因素，按照安全可靠、经济适用原则，根据调查的铁路沿线年平均雷暴日确定防雷区，采取差异化防雷措施。

我国高速铁路年平均雷暴日40天以下，一般运行情况良好，雷击事故较少，接触网防雷保护采取在开关设备、供电线上网点、隧道洞口等处设置避雷器的措施；年平均雷暴日40天及以上的铁路，采取加强防雷措施，多采用以避雷线为主的措施进行雷电防护。

31.3 接触网接地、回流和电气安全

31.3.1 接触网接地

接触网接地分为工作接地、安全接地和防雷接地，其接地技术性能直接关系到系统的运行安全和人身安全。接地体一般分为自然接地体和人工接地体。桥梁结构钢筋、隧道结构钢筋以及其他轨旁建筑物或构筑物结构钢筋均是很好的自然接地体。人工接地体是指专门独立设置的接地极或接地网。尽量利用自然接地体如沿线桥梁、隧道等结构钢筋进行接地，需要与相关专业配合并校验通过接地体的电流热效应和机械力的影响，确保自然接地体主体结构安全和正常运行。对于接触网设施附近没有自然接地体可用的，或者自然接地体接地电阻不符合要求时，可通过设置人工接地体以满足系统接地要求。人工接地体一般采用镀锌钢材或铜基材料，以增强接地体自身的防腐蚀能力，延长使用寿命。接触网的接地电阻要求如表31.7所示。

表 31.7 接触网接地电阻值

类　别	接地电阻值 /Ω
开关、避雷器	10
架空地线	10
零散的接触网支柱	30
距接触网带电体 5 m 以内的金属结构	30
避雷线	10

我国高速铁路采用综合接地系统，沿铁路线设置贯通地线，利用沿线的房屋、轨道板、站台、桥梁、隧道、声屏障等设施和距离铁路20 m以内的建筑物、构筑物的非预应力钢筋作为自然接地装置，牵引变电、接触网、电力、通信、信号、信息、灾害监测等的接地系统通过贯通地线实现等电位连接，如图31.2所示。我国高速铁路综合接地系统的接地电阻值不大于1 Ω。

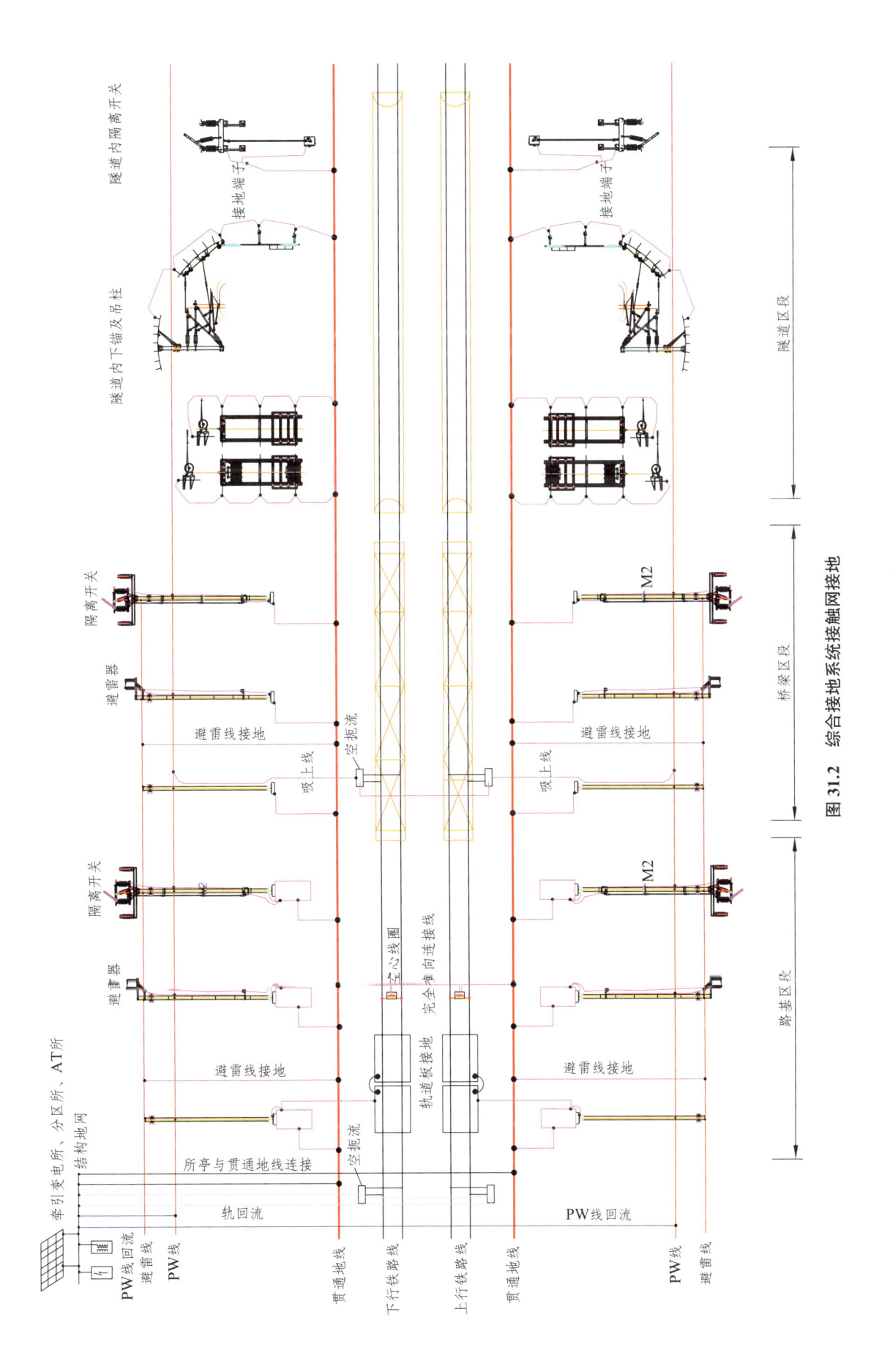

31 接触网绝缘、防雷、接地与回流

图 31.2 综合接地系统接触网接地

设备的接地干线、接地引下线或等电位连接线不与防雷引下线直接共用，防止雷电流通过一次系统侵入牵引变电设施或其他强、弱电设备。

接触网系统的支柱及底座等金属件都要通过接地线与接地体实现可靠连接，在接触网绝缘子发生闪络或短路时形成可靠的故障电流通路。另外，距离接触网高压带电体附近 5 m 范围内的其他金属设施也需要进行可靠接地，以避免由于感应电压或接触网系统短路造成设施或人身伤害。

钢轨对地电位的大小，在牵引供电制式和设施分布一定的情况下，主要与牵引电流包括短路电流、钢轨漏泄电阻、大地导电率以及吸上线间距的大小密切相关。随着钢轨漏泄电阻增大或大地导电率上升，钢轨电位相应增大，但影响的程度不同。吸上线间距缩短对降低钢轨电位影响明显，因此，需尽可能采用较小的吸上线间距，保证钢轨电位满足要求。吸上线间距具体需根据牵引供电计算，并与信号专业扼流变设置情况配合，从而确定最终吸上线设置位置。

防雷接地避雷器采用双引下线接地，设备底座和保护线连接；避雷器设备底部的接地孔和计数器连接，计数器下部接地引线接独立接地极并与综合接地端子相连，如图 31.3 所示。按照《铁路防雷及接地工程技术规范》（TB 10180）的有关要求，高速铁路接触网防雷接地纳入综合接地系统，强电与弱电设备、设施不得共用接地端子，并与贯通地线等电位连接，距弱电设备、设施间距一般不小于 15 m。

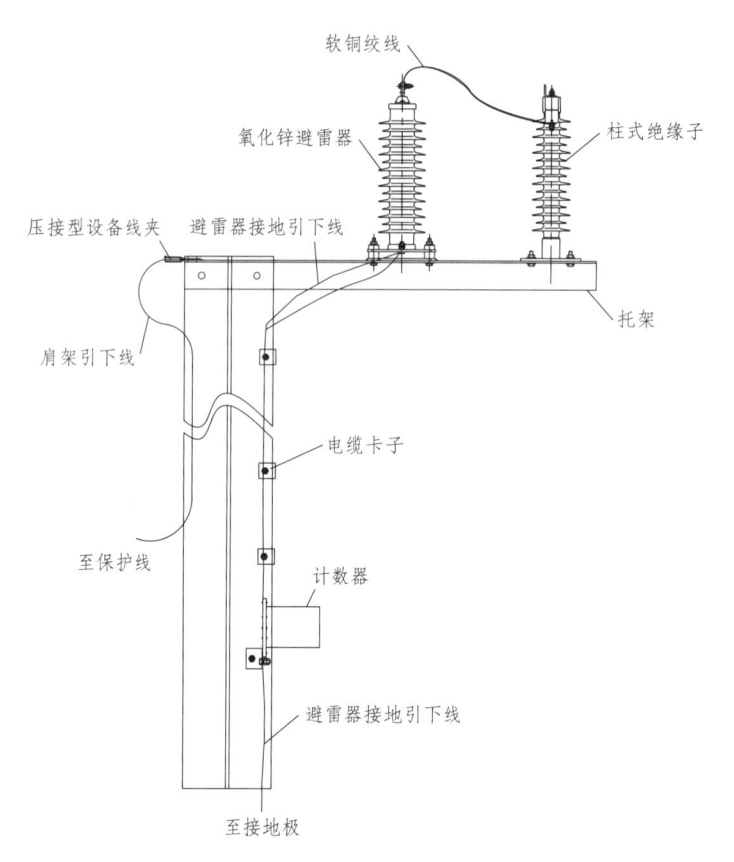

图 31.3 避雷器接地

隔离开关采用双引下线接地，隔离开关托架与保护线相连，操作机构箱与综合接地端子相连，如图 31.4 所示。避雷线采用双引下线接地，设置单独接地极并与综合接地系统（贯通地线）相连，如图 31.5 所示。

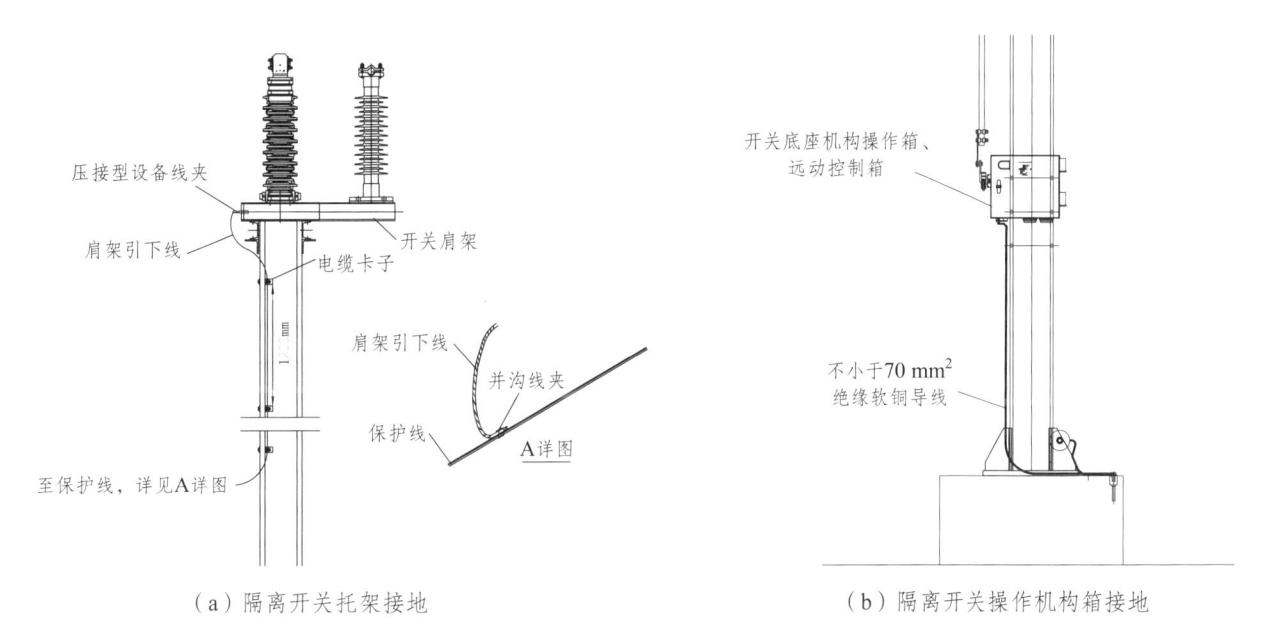

（a）隔离开关托架接地　　　　　　　　　（b）隔离开关操作机构箱接地

图 31.4　隔离开关接地

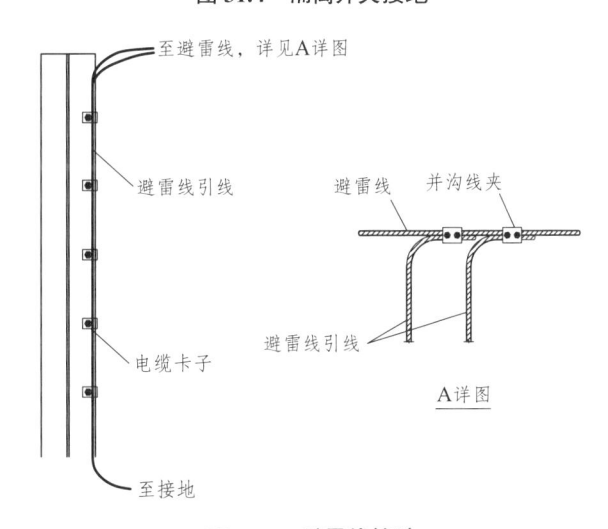

图 31.5　避雷线接地

31.3.2　接触网回流

牵引供电系统的牵引电流经过回流回路，流回牵引变电所，其回流回路大致有 AT 供电方式中的 AF 线、带回流线供电方式中的 NF 线，钢轨及与钢轨相连的导体如 PW 线、贯通地线，以及大地等路径。

我国高速铁路的回流系统中 PW 线或 NF 线一般每隔约 1.5 km 通过吸上线与信号的扼流变中性点连接，同时设置横向连接线与贯通地线实现全并联，并将靠近牵引变电所或分区所等处 NF 线或 PW 线、贯通地线、钢轨等均引入所内回流箱，与所内接地网相连。高速铁路带回流线的直接供电及 AT 供电方式回流系统如图 31.6 和图 31.7 所示。

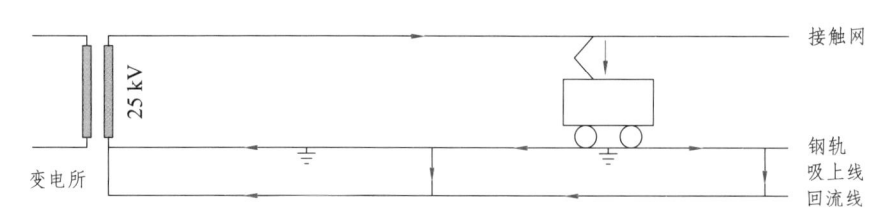

图 31.6　带回流线直接供电方式回流系统

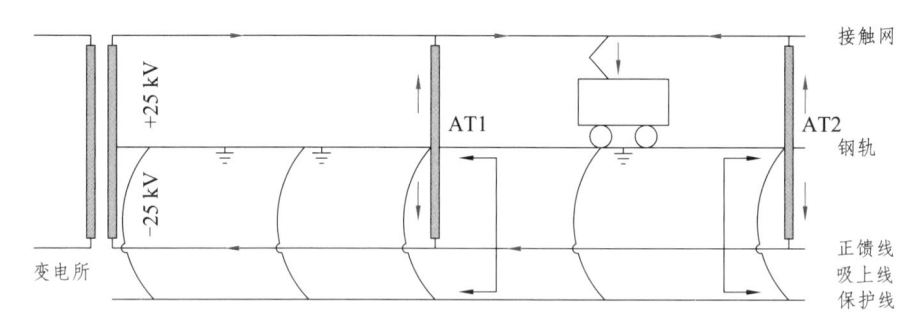

图 31.7　AT 供电方式回流系统

31.3.3　接触网电气安全要求

铁路沿线设施需按《轨道交通　地面装置　电气安全、接地和回流　第 1 部分：电击防护措施》（GB/T 28026.1）设置，考虑接触网断线或受电弓脱线引起的电气安全和防护措施。接触网断线或受电弓脱线所及的最大区域称为接触线和受电弓接地区域，如图 31.8 所示。GB/T 28026.1 对我国交流 25 kV 电气化铁路给出了一般规定，即至少对 $X=4$ m、$Y=2$ m、$Z=2$ m 区域内的所有裸露导体或金属结构进行安全接地。外露导电部分或接触网带电体采取措施防止间接触电。位于架空接触网区（OCLZ）和受电弓区（CCZ）内牵引供电和非牵引供电系统的外露导电部分需与回流电路相连。

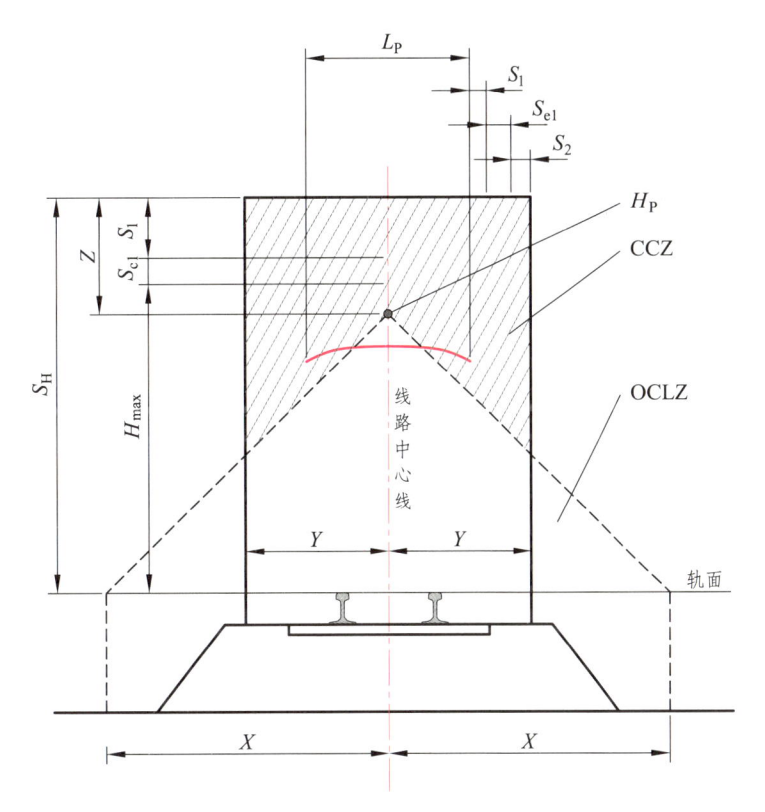

图 31.8 架空接触网区（OCLZ）和受电弓区（CCZ）

说明：
X——轨顶平面的最大单向 OCLZ 的半宽值；
Y——最大水平单向 CCZ 的半宽值；
Z——受电弓脱线时最大高度距架空接触网最高点的垂直距离。

32 接触网零部件

32.1 接触网零部件的基本要求

材质和工艺是接触网零部件性能的基础，材质的选取主要是根据接触网零部件的应用处所环境以及必须具备的机械性能和电气性能确定。工艺选取主要是使接触网零部件的材质具备相应的属性，如强度、韧性、防腐蚀等。接触网零部件是暴露在露天环境下且处于振动工作状态下的铁路供电设施，需具有良好的机电性能和防腐蚀、防松脱性能。

32.1.1 材 质

接触网零部件采用的材质主要有碳钢、铝合金、铜合金、不锈钢。

采用碳钢的零部件一般包括腕臂底座、腕臂支持结构（主要包括平腕臂、斜腕臂、腕臂连接装置、承力索座、腕臂支撑等）、坠砣限制架、坠砣杆、坠砣抱箍等。

采用铝合金的零部件一般包括腕臂支持结构（主要包括平腕臂、斜腕臂、腕臂连接装置、承力索座、腕臂支撑、套管双耳等）、定位装置（主要包括定位器、定位支座、定位管特型定位器、定位管连接器、定位管、定位环、定位管支撑等）、棘轮补偿装置、滑轮补偿装置、线岔等。

采用铜合金的零部件一般包括定位线夹、定位器电连接跳线、锚支定位卡子、承力索终端锚固线夹、接触线终端锚固线夹、承力索中心锚结线夹、接触线中心锚结线夹、整体吊弦、线岔、电连接、弹性吊索等。

采用不锈钢的零部件一般包括定位管吊线、承力索和接触线终端锚固线夹、支持结构和悬挂零件的紧固件（包括螺母、垫圈、弹簧垫圈、连接螺栓、顶紧螺栓、锁紧螺母、销钉、螺栓销、开口销、b 销等）、下锚补偿绳等。

32.1.2 制造工艺

接触网零部件制造采用的工艺主要有铸造、锻造、挤压、冲压、热处理、表面处理等，对工艺的基本要求如下：

（1）铝合金腕臂上安装的支持装置零件、滑轮、棘轮采用金属铸造工艺。

（2）铝合金、铜合金及钢锻造零部件采用金属精密锻造工艺。

(3)整体吊弦线夹一般采用冲压工艺。

(4)电连接线夹、线岔本体、铝合金腕臂管、定位管一般采用型材挤压工艺。

(5)铰链结构零件、铰链轴铆钉采用翻边铆工艺。

(6)铝合金铸造类、锻造类、铜合金锻造类及冲压类零部件采用热处理工艺。

(7)铝合金及钢铸造类、锻造类、铜合金零部件采用表面处理工艺。

32.1.3　防腐蚀

接触网零部件由于全天候在露天、无防护的环境中运行，且配置单一、无备用，因此要求接触网零部件具有较好的耐腐蚀性能。

根据不同污秽条件，我国高铁接触网的关键零部件从材料、外形和表面腐蚀防护等多方面设计了差异化防腐体系。接触线、承力索、吊弦、线夹等采用了耐腐蚀性能强的铜合金材质，铝合金零部件必要时采用了微弧氧化或阳极钝化等表面腐蚀防护措施，钢质零部件和结构采用了热浸镀锌或热喷涂等表面腐蚀防护措施。

32.1.3.1　铝合金零件

铝合金型材零件表面按《铝合金建筑型材　第2部分：阳极氧化型材》(GB/T 5237.2)进行阳极氧化处理，膜层级别大于或等于AA15级；铝合金锻造零件表面进行钝化或微弧氧化，并做封闭处理，膜层厚度不小于10 mm。

32.1.3.2　钢质零件

钢质零件表面一般采用热浸镀锌或性能更优的耐腐蚀处理措施，热浸镀锌工艺符合下述要求：

(1)镀锌层质量、厚度、均匀性要求符合《电气化铁路接触网零部件技术条件》(TB/T 2073)相关规定。

(2)热浸镀锌层参照《金属覆盖层　钢铁制件热浸镀锌层　技术要求及试验方法》(GB/T 13912)的规定，主要化学成分应为锌，其余元素的总含量（铁、锡元素除外）应小于或等于锌层化学成分总含量的1.5%。

(3)热浸镀锌用锌锭符合《锌锭》(GB/T 470)的规定。

32.1.3.3　不锈钢零件

环境恶劣、工业污染严重等特殊区域的不锈钢零件，其表面一般采用钝化工艺或选用耐腐蚀的材料排号提高耐腐性能。

32.1.4　防松脱

为保证接触网系统的稳定性和可靠性，零部件的紧固件需采取防松措施。

(1)对于接触网系统采用螺纹副结构起紧固作用的零部件，其紧固装置中的螺纹副结构须具备可靠的机械性能，满足接触网零件所受振动及交变荷载的使用要求。紧固件的反复作业次数满足精确预配、精确安装的要求。

（2）对于接触网系统采用螺栓紧固的零部件，必须有可靠的防松性能，防松措施需满足高速铁路弓网振动、接触网风荷载振动等系统特性和疲劳寿命要求。零部件紧固的基本防松措施是使用零部件要求的紧固力矩进行安装，一般采用止动垫片等可靠的加强防松措施。

32.2 接触网零部件分类

接触网零部件种类繁多、结构复杂，按零部件功能，可分为悬吊零件、定位零件、连接零件、锚固零件、下锚补偿零件、支撑零件、电连接线夹、接地零件、隧道零件、预绞式金具。常用接触网零部件分类如表32.1所示。

表 32.1 常用接触网零件分类

序号	类别	主要零部件	安装用途
1	悬挂零件	整体吊弦、承力索座、中心锚结装置、弹性吊索、软横跨悬吊滑轮等	用于接触线、承力索或杆件的固定
2	定位零件	定位线夹、限位型定位装置、非限型定位装置、定位器、T形定位器、线岔等	用于空间安装固定接触线位置
3	连接零件	腕臂连接器、支撑连接器、定位环等	分别用于斜腕臂与平腕臂的支撑连接、定位管与斜腕臂之间的固定连接
4	锚固零件	双耳楔形线夹、接触线终端锚固线夹、承力索终端锚固线夹等	用于接触网各类线索终端锚固
5	下锚补偿零件	滑轮组补偿装置、棘轮补偿装置、弹簧补偿装置等	用于接触线、承力索下锚张力补偿的安装与调整
6	支撑零件	单腕臂上底座、单腕臂下底座、双腕臂上底座、双腕臂下底座、腕臂（平腕臂、斜腕臂、整体腕臂等）、腕臂支撑、定位管、定位管支撑、承锚底座等	用于固定支撑悬挂零件、定位零件、锚固零件及补偿零件的安装
7	电连接零件	承力索电连接线夹、接触线电连接线夹、电连接线等	用于供电线向接触网供电、接触网线索之间的电气连接
8	接地零件	接地线连接线夹、接地线夹等	用于接地连线、接地线或接地电缆的连接固定
9	隧道零件	水平悬挂底座、隧道用调整螺栓、悬吊滑轮支架、隧道用悬吊滑轮、可调整底座、弓形腕臂、吊柱、固定底座、重型锚臂装置、拉线底座、转向轮、限制架等	隧道内接触网系统专用零件
10	预绞式金具	预绞式耐张线夹、预绞式护线条预绞式悬垂线夹	螺旋预制成型工艺制造的金属绞丝结构的零件，用于承力索、附加导线的耐张、护线、悬垂等安装

高铁接触网主要零部件介绍如下。

32.2.1 悬吊零件

悬吊零件是用于悬吊线索或杆件的零件,主要有整体吊弦、弹性吊索、承力索座、中心锚结装置等。

32.2.1.1 整体吊弦

整体吊弦用于接触悬挂中悬吊接触线,一端与承力索连接,另一端与接触线连接,如图 32.1 所示。

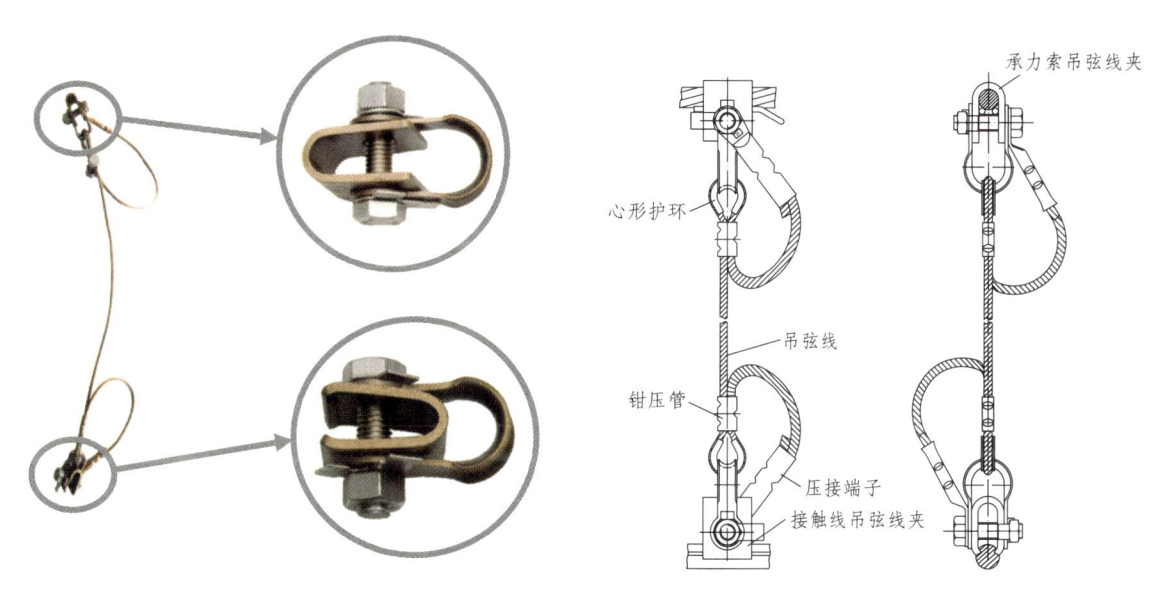

图 32.1 整体吊弦

32.2.1.2 承力索座

承力索座固定在平腕臂上,用于固定并支撑承力索,如图 32.2 所示。

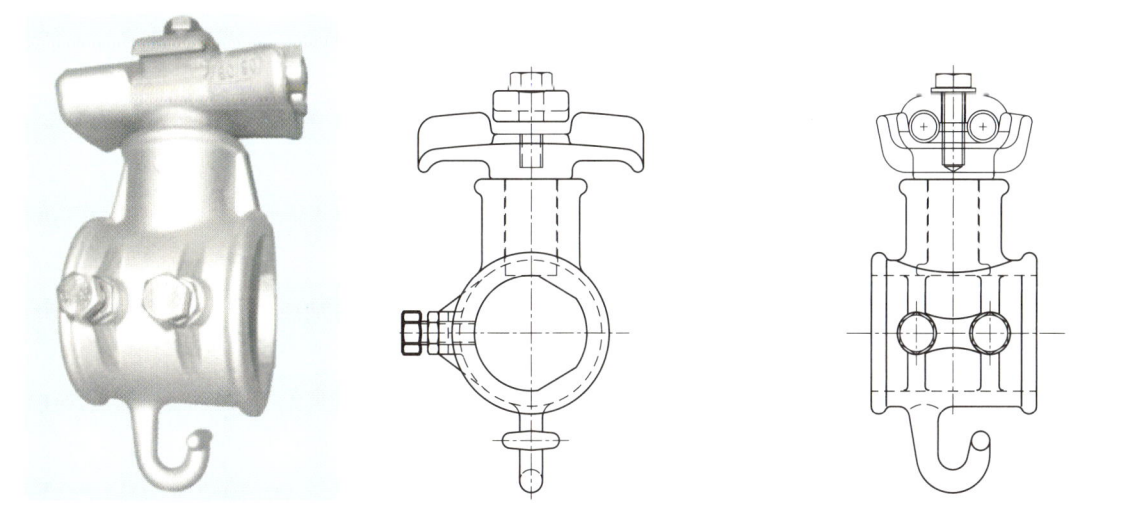

图 32.2 承力索座

32.2.1.3 中心锚结装置

中心锚结装置用于接触悬挂系统中,防止整个锚段向一侧窜动及接触悬挂断线时缩小事故范围。接触线中心锚结绳采用铜镁合金绞线。中心锚结装置结构及组成如图32.3~图32.5所示。

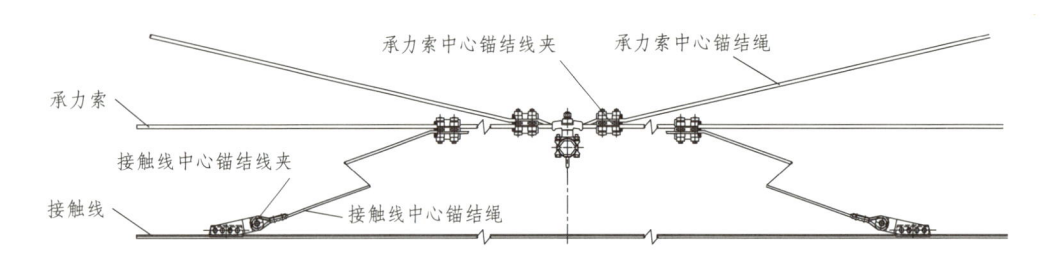

图 32.3 中心锚结装置

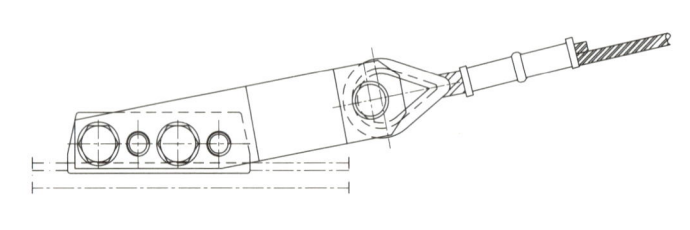

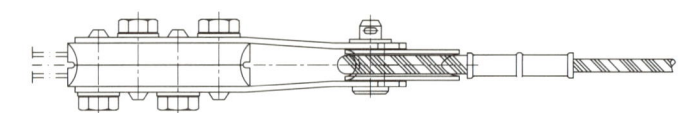

图 32.4 接触线中心锚结线夹

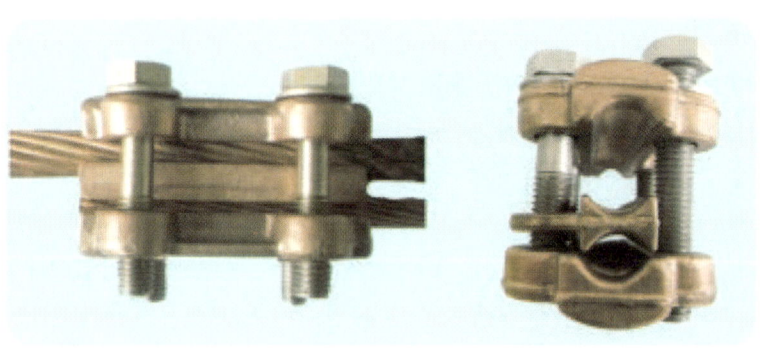

图 32.5 承力索中心锚结线夹

32.2.2 定位零件

定位零件是用于固定接触线位置的零件,主要有定位线夹、定位器、定位支座、锚支定位卡子等。

32.2.2.1 定位线夹

定位线夹是用于与定位器连接后固定工作支接触线的零件,如图32.6所示。

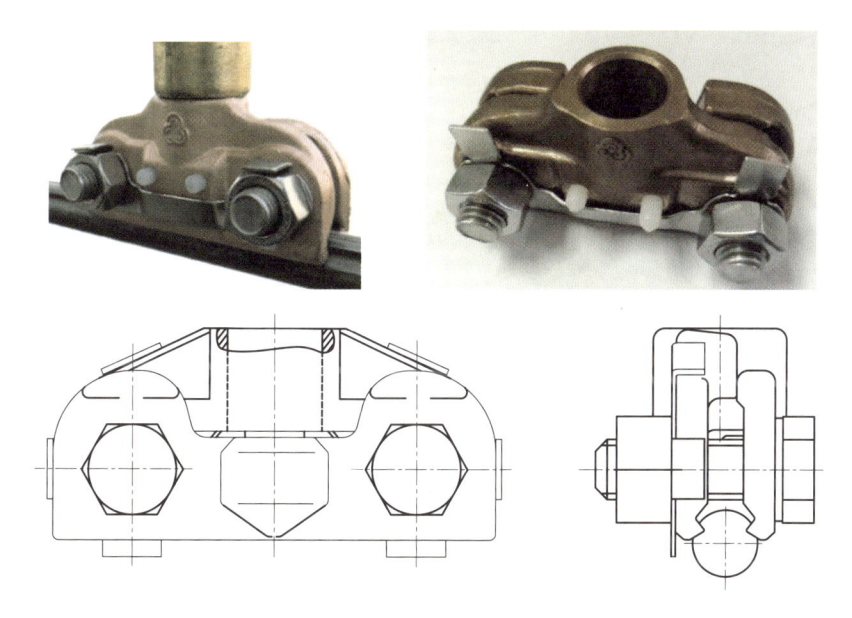

图 32.6 定位线夹

32.2.2.2 定位器

定位器用于与定位线夹及定位支座连接后固定接触线的位置，如图 32.7 所示。

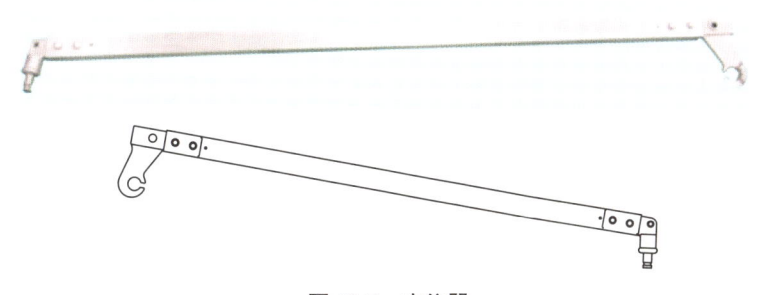

图 32.7 定位器

32.2.2.3 定位支座

定位支座是用于在定位管上固定定位器的零件，如图 32.8 所示。

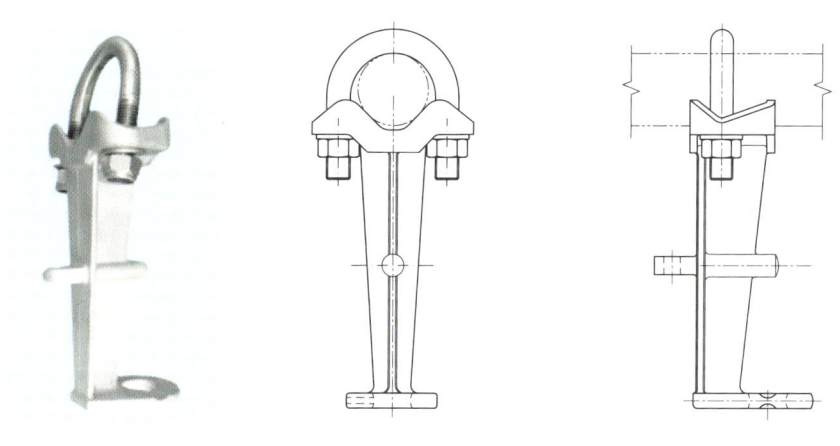

图 32.8 定位支座

32.2.2.4 锚支定位卡子

锚支定位卡子是用于与定位管连接后固定非工作支接触线位置的零件,如图32.9所示。

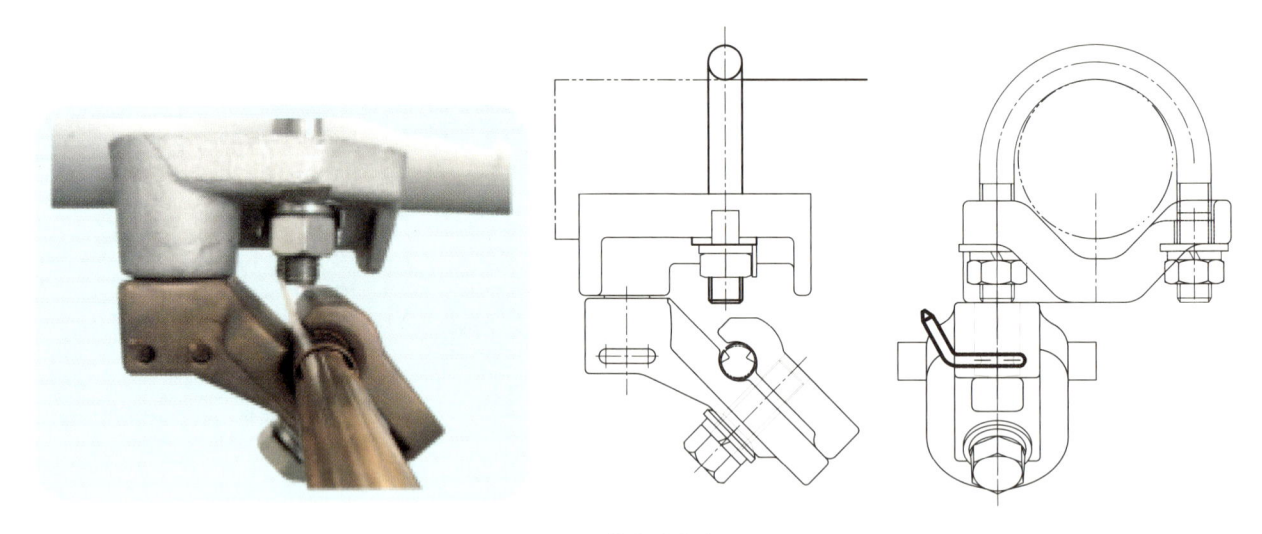

图 32.9 锚支定位卡子

32.2.3 连接零件

连接零件是起连接作用的零件,主要有腕臂连接器、定位环等。

32.2.3.1 双套管连接器

双套管连接器用于斜腕臂与平腕臂的支撑连接,如图32.10所示。

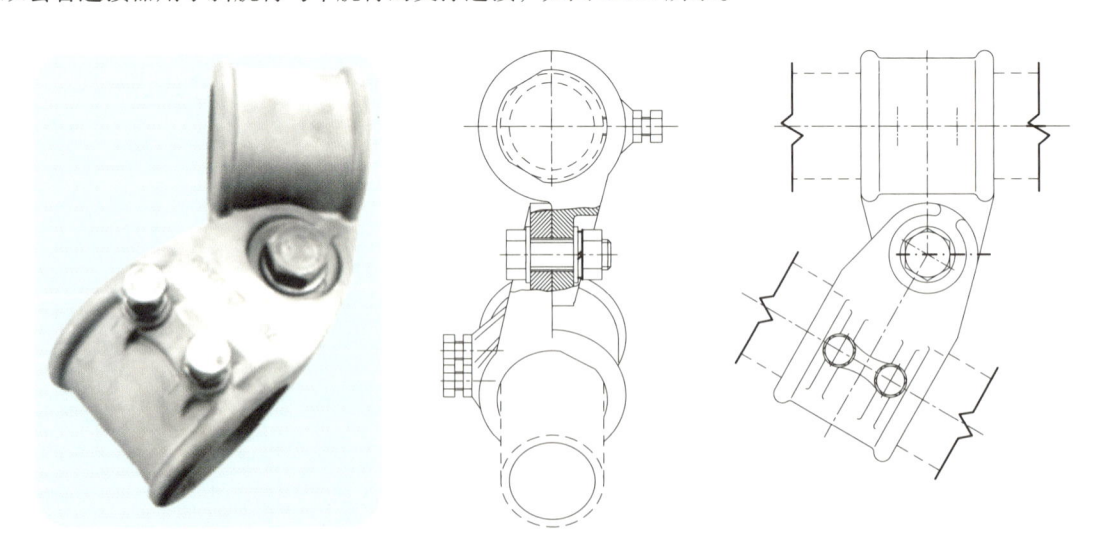

图 32.10 双套管连接器

32.2.3.2 定位环

定位管连接器用于定位管与斜腕臂之间的连接,如图32.11所示。

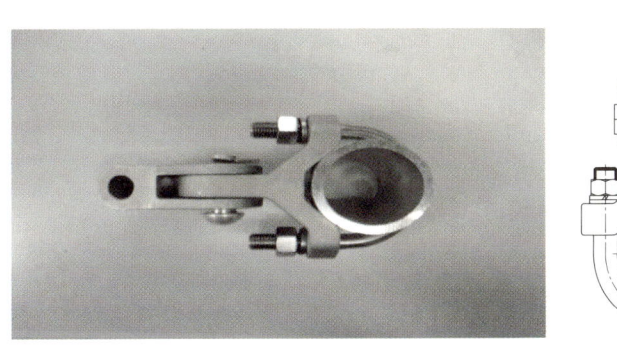

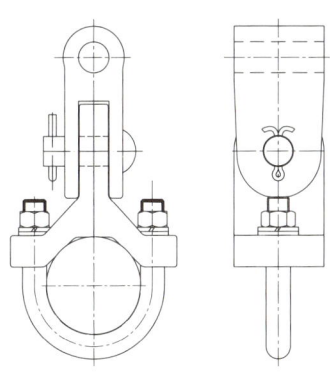

图 32.11 定位环

32.2.4 锚固零件

锚固零件是接触网各线索终端锚固用的零件，主要有承力索终端锚固线夹、接触线终端锚固线夹等。

32.2.4.1 承力索终端锚固线夹

承力索终端锚固线夹用于铜合金硬绞线承力索的终端锚固，如图 32.12 所示。

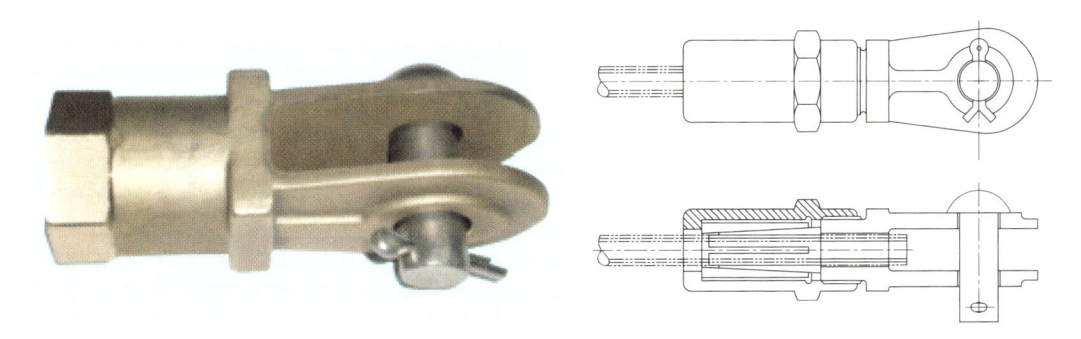

图 32.12 承力索用终端锚固线夹

32.2.4.2 接触线终端锚固线夹

接触线终端锚固线夹用于铜合金接触线的终端锚固，如图 32.13 所示。

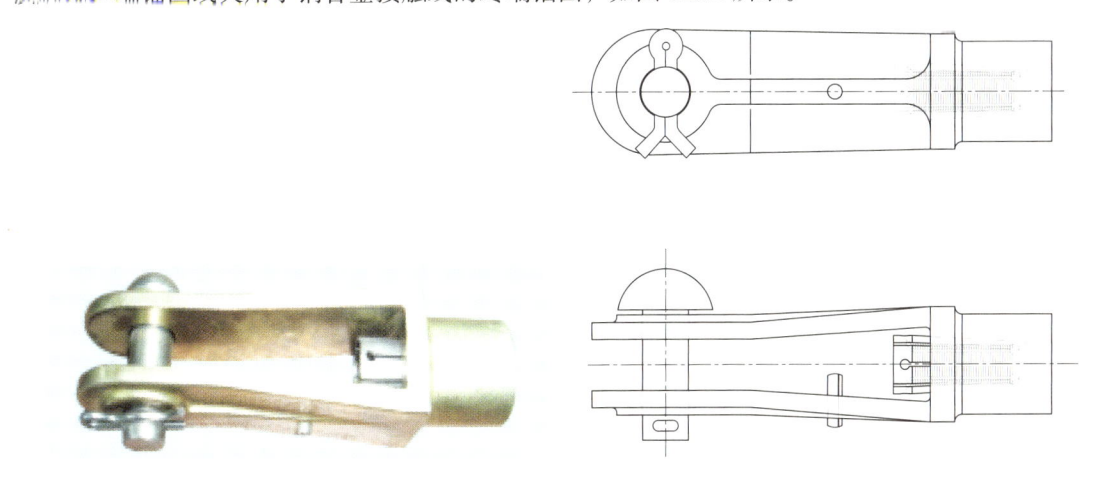

图 32.13 接触线用终端锚固线夹

32.2.5 下锚补偿零件

下锚补偿零件是下锚张力补偿调整用的零件,主要有棘轮下锚补偿装置、滑轮下锚补偿装置。

32.2.5.1 棘轮下锚补偿装置

棘轮下锚补偿装置用于高速正线接触网承力索、接触线补偿下锚处。棘轮下锚补偿装置主要由棘轮、下锚安装底座、棘轮连接架、平衡轮、补偿绳、补偿绳连接线夹、坠铊限制架、坠砣、坠砣杆、坠砣抱箍等组成。承力索和接触线经不同的棘轮下锚补偿装置分别下锚,如图 32.14 所示。

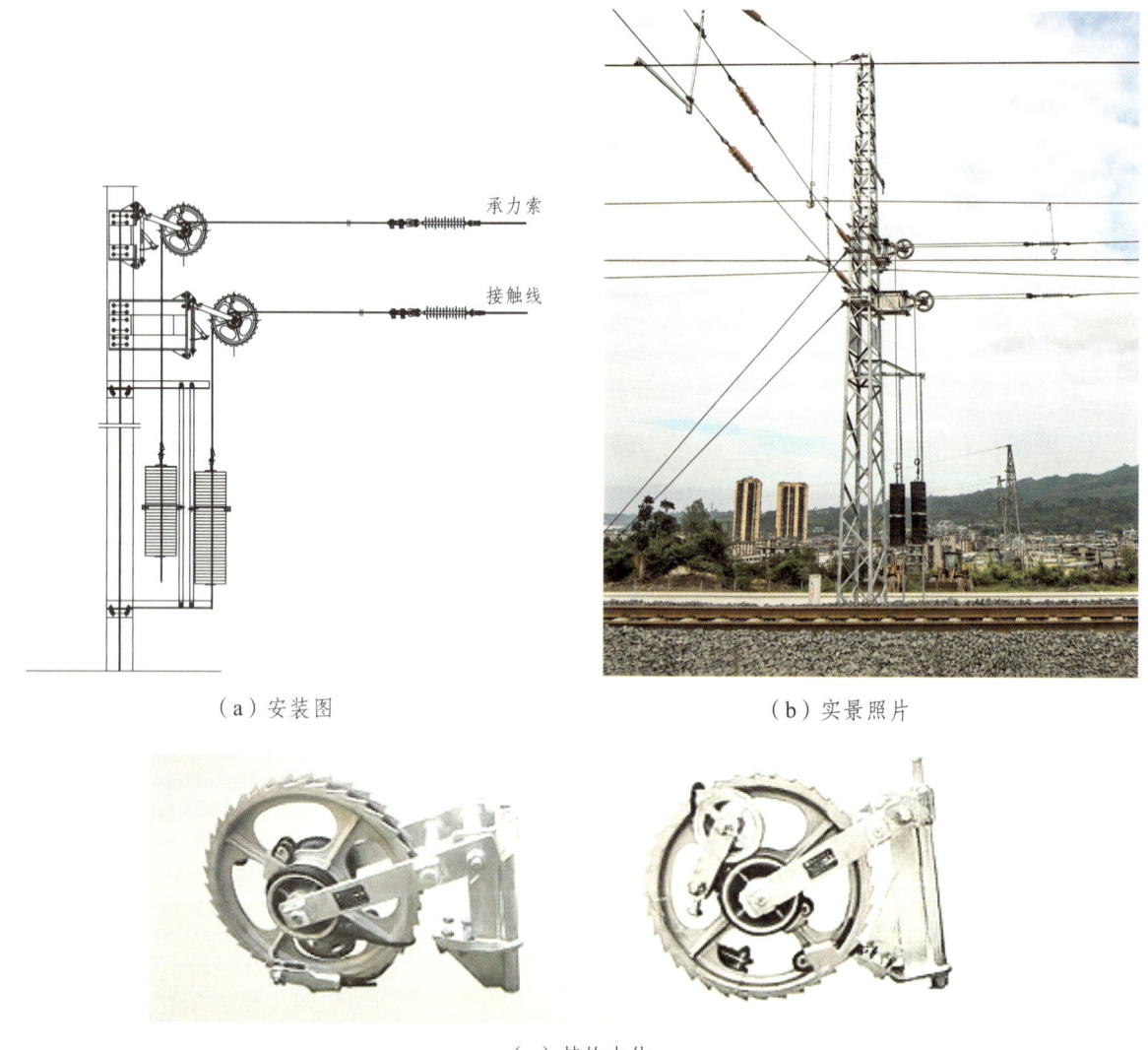

(a)安装图　　(b)实景照片

(c)棘轮本体

图 32.14　棘轮下锚补偿装置

32.2.5.2 滑轮下锚补偿装置

滑轮补偿装置主要由下锚安装底座、补偿滑轮组、补偿绳、坠砣限制架、坠砣等组成。承力索和接触线经不同的滑轮下锚补偿装置分别下锚,如图 32.15 所示。

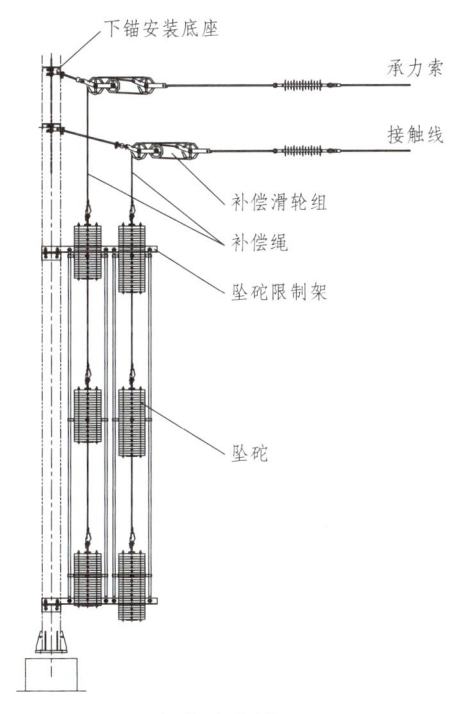

（a）安装图 　　（b）实景照片

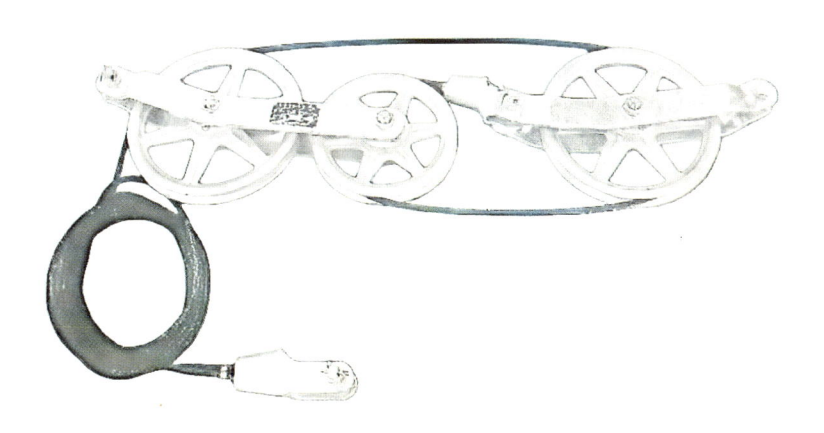

（c）滑轮本体

图 32.15　滑轮下锚补偿装置

32.2.6　支撑零件

支撑零件是腕臂支持装置中用于连接和支撑悬挂导线的零件，主要有单腕臂上底座、单腕臂下底座、双腕臂上底座、双腕臂下底座、腕臂、腕臂支撑、定位管、定位管支撑等。

32.2.6.1　腕臂底座

腕臂底座用于支柱、硬横跨及隧道内吊柱上，对单支、双支或三支旋转腕臂装置进行安装固定，如图 32.16 所示。

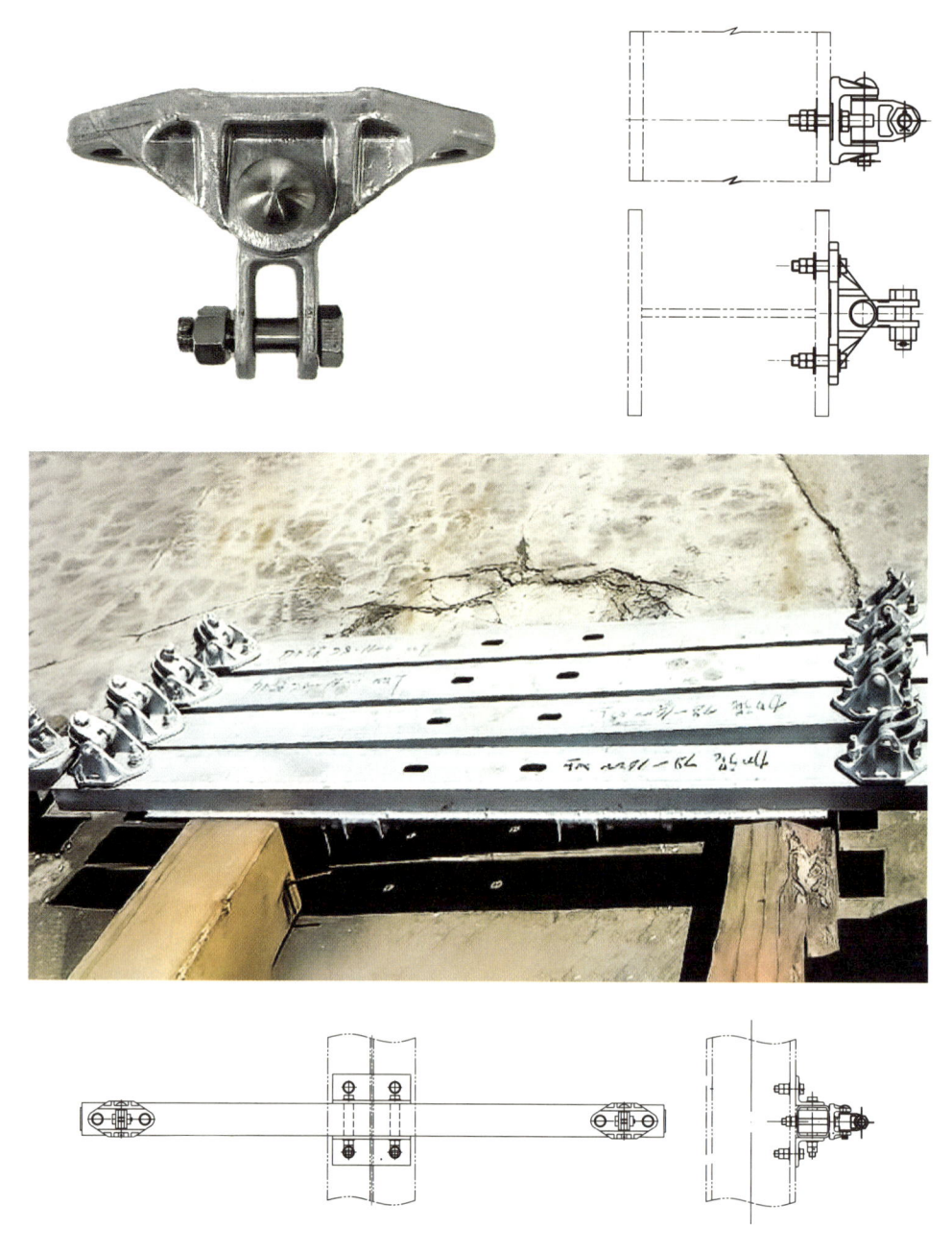

图 32.16　单、双腕臂底座

32.2.6.2　平腕臂、斜腕臂

平腕臂是用于组成腕臂支持结构三角形上部的结构件，平腕臂悬臂一端通过承力索座支撑承力索，另一端通过棒式绝缘子与腕臂上底座相连。斜腕臂是用于组成腕臂支持结构三角形斜边的结构件，斜腕臂一端通过双套管连接器与平腕臂相连，另一端通过棒式绝缘子与腕臂下底座相连，支撑平腕臂并安装定位装置，如图 32.17 所示。

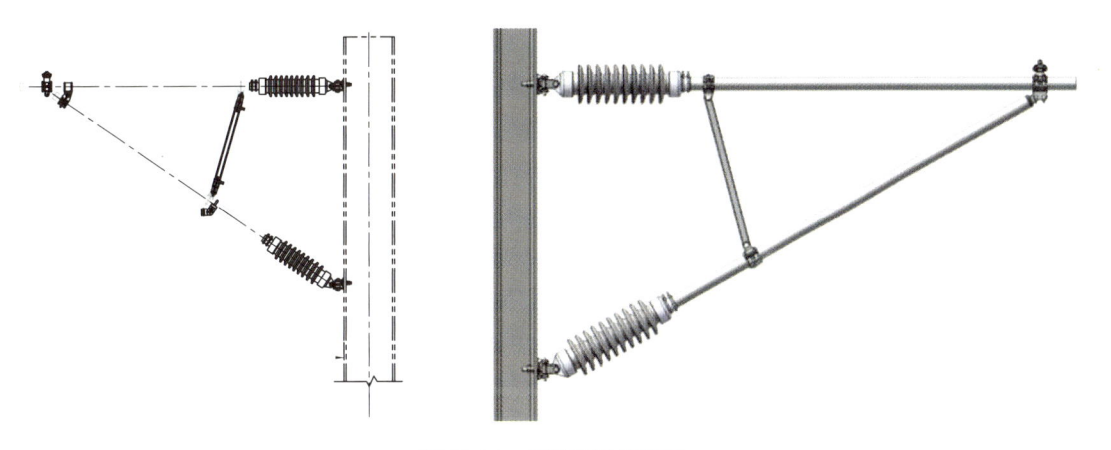

图 32.17 平腕臂及斜腕臂

32.2.6.3 腕臂支撑

腕臂支撑用于平腕臂与斜腕臂之间的支撑固定，如图 32.18 所示。

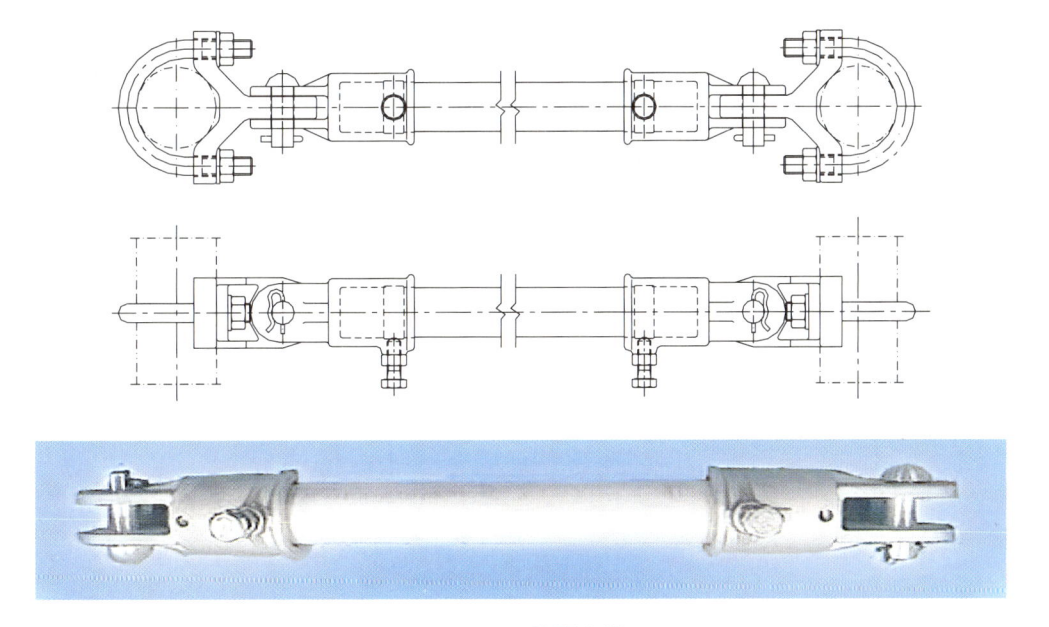

图 32.18 腕臂支撑

32.2.6.4 定位管

定位管安装于斜腕臂上，用于固定定位支座及定位器，如图 32.19 所示。

32.2.7 电连接线夹

电连接线夹用于接触网线索之间的电气接续，主要有承力索电连接线夹、接触线电连接线夹。接触线电连接线夹一端固定在接触线上，另一端与软铜绞线压接固定。承力索电连接线夹一端固定在承力索上，另一端与软铜绞线相连，如图 32.20 和图 32.21 所示。

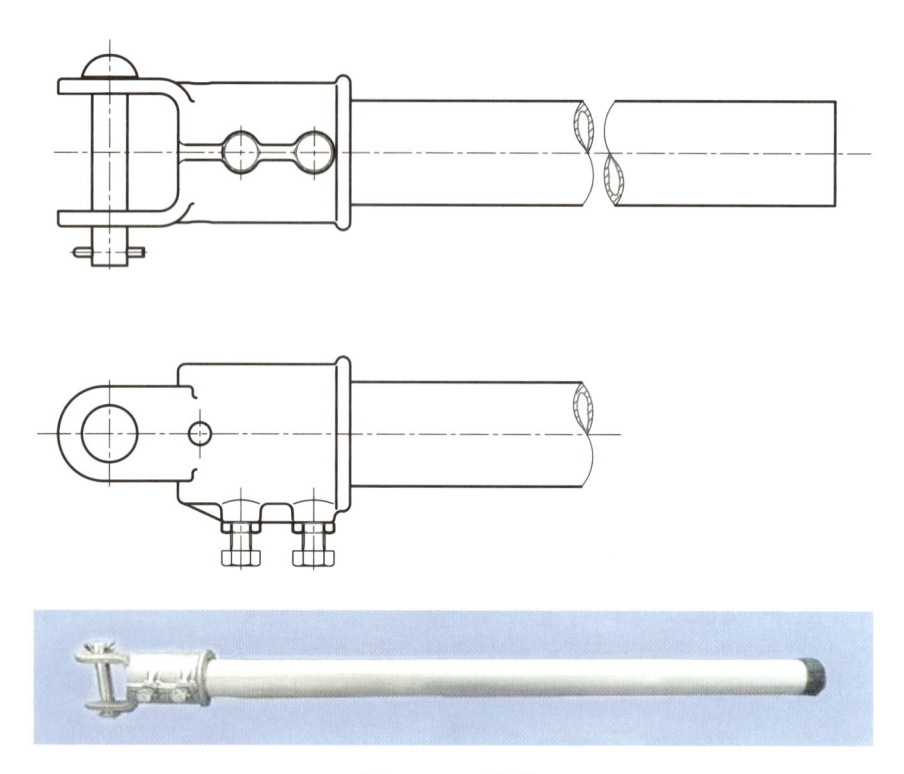

图 32.19　定位管

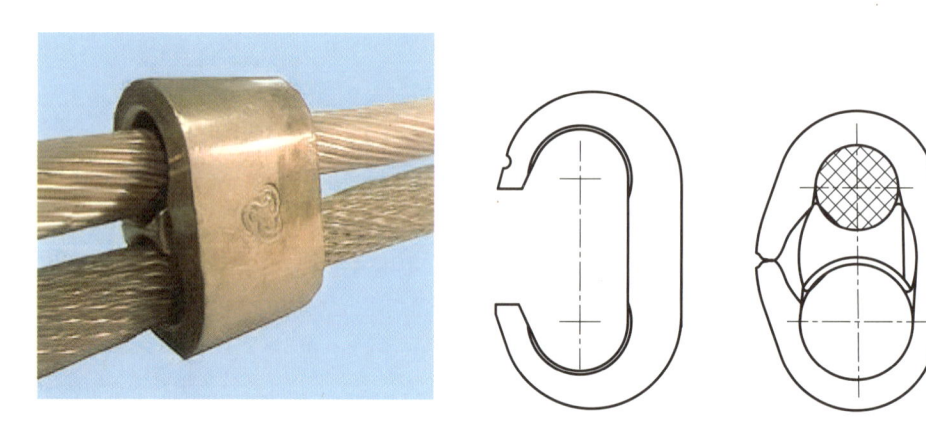

图 32.20　承力索电连接线夹

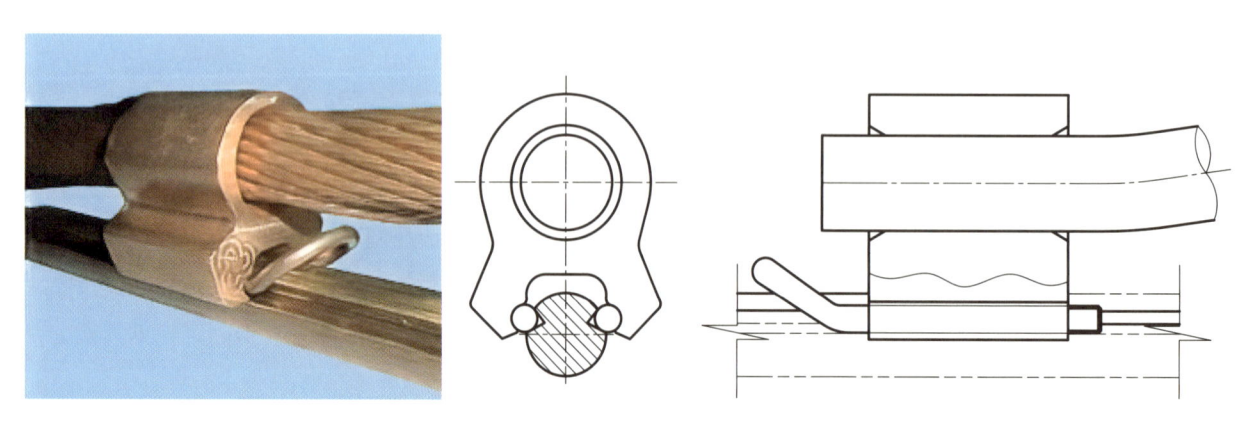

图 32.21　接触线电连接线夹

32.3 接触网零部件的标准化

32.3.1 我国高铁接触网零部件的研发、应用和发展

我国接触网零部件是随着我国电气化铁路的发展，在积极对外开放、广泛吸收国际先进经验的基础上，博采众长不断发展壮大的，大致可划分为三个历史阶段：第一阶段是20世纪80年代前；第二阶段是20世纪80年代到21世纪初；第三阶段是21世纪初到我国高铁大规模建设之后。

我国接触网零部件发展的第一阶段，是在世界电气化铁路发展初期接触网设计理念与技术的基础上，逐渐建立起的我国接触网零部件的技术标准与制造体系，大部分零件材质采用可锻铸铁制造。可锻铸铁生产过程中造型、熔炼、退火等诸多因素均对产品的质量产生一定影响，生产过程控制不稳定，产品的质量容易存在缺陷与隐患。

我国接触网零部件在第二发展阶段中，主要是选用了碳素铸钢替代可锻铸铁，在产品外形尺寸不改变的前提下，按照强度与韧性相匹配的原则，材质大部分选择了铸钢，部分采用铜合金、铝合金。1989年，我国首次编制、发布了接触网零部件的系统行业标准，即《电气化铁路接触网零部件技术条件》（TB/T 2073）、《电气化铁路接触网零部件试验方法》（TB/T 2074）和《电气化铁路接触网零部件》（TB/T 2075），结合当时的国情和国家工业体系发展水平，对一些零部件的材质、工艺及结构进行了改进及提高，逐步以碳素结构钢、铜合金、铝合金等代替可锻铸铁，以模锻及精密铸造工艺代替砂型铸造工艺。从1992年开始，结合京广线电气化改造工程，国内首次系统性地对接触网主要受力零件的材质、制造工艺及相应的结构进行了较大的改进，如"模锻系列关键受力零件""铝合金滑轮组下锚补偿装置""螺纹锥套式锚固线夹""铜合金整体吊弦"等。1999年哈大线电气化改造工程和2001年秦沈客专铁路工程，腕臂、定位装置本体开始全部采用铝合金材料，铝合金管材采用拉挤工艺，铝合金零部件采用铸造工艺。这些零部件的应用和推广，标志着我国接触网开始了有色金属零部件使用的年代，同时，生产制造工艺也由单一的铸造工艺变成铸、锻、焊并举的工艺，我国接触网零部件得到了较为全面的发展。

我国接触网零部件发展的第三阶段，即为高铁建设阶段。高速铁路的大规模建设对接触网零部件提出了更高、更严格的要求，也为接触网零部件的发展提供了难得的机遇。自2007年起我国高铁接触网从京津城际采用引进铝合金零部件，到2009年武广高铁铝合金零部件国产化，再到2011年京沪高铁铝合金零部件全面国产化，同时海南环线、广深港高铁整体腕臂零部件的全面应用，标志我国高铁接触网零部件的设计、制造、检验、安装、维护等方面都有了长足的进步与发展，达到了国际先进水平，并且形成了适用于我国高铁接触网技术条件、运营特征和维护要求的成套零部件装备标准体系。

32.3.2 接触网零部件的标准化

我国高铁接触网零部件在形成产品规格标准化进程中，同步研究形成了我国高铁零部件的标准化，包括技术性能标准化、材料选择标准化、制造工艺标准化、质量判定标准化。

32.3.2.1 技术性能标准化

技术性能包括机械性能和电气性能。对技术性能进行标准化，以满足我国高铁接触网运行工作荷载、

静应力测试、安全系数、滑动荷载、耐拉伸(压缩)荷载、疲劳破坏、残余应力、电气性能的要求及技术条件。

1. 机械性能

零件的最大工作荷载根据在正常状态下接触网线索张力、零件重量等引起的机械荷载,以及由风作用、温度变化、覆冰等引起的附加荷载,并考虑安装、维修所产生的附加荷载等综合确定。对于除电连接等零件外的受力结构和零件,进行静应力测试。

采用碳素结构钢、优质碳素结构钢及低合金高强度结构钢制造的零件可用许用应力法进行计算。

腕臂支撑装置工作荷载标准组合如表32.2所示。

表32.2 腕臂支撑装置工作荷载类型及组合

接触悬挂工作类型	最大工作荷载组合		
工作支	接触悬挂最大垂直荷载	工作支承力索最大水平工作荷载	工作支接触线最大水平工作荷载
非工作支	接触悬挂最大垂直荷载	非工作支承力索最大水平工作荷载	非工作支接触线最大水平工作荷载

2. 振动与疲劳性能

用于接触网上关键受力件及夹固接触线的零部件,应防止在频繁振动和特定应力作用下引起的疲劳破坏。采用模锻、冲压工艺制造的铜合金件,应消除残余应力。铜合金、不锈钢件应进行应力腐蚀试验。振动及疲劳试验一般要求如下:

(1)振动试验。

——安装条件:按使用工作状态安装;

——试验荷载:最大工作荷载;

——振动波形:正弦波;

——垂直振幅:±35 mm;

——振动频率:1~3 Hz;

——振动次数:2×10^6次(大风区等特殊工况时为3×10^6次)。

(2)疲劳试验。

——安装条件:按使用工作状态安装;

——试验荷载及幅值:最大工作荷载×(1±30%);

——疲劳交变波形:正弦波;

——疲劳频率:1~3 Hz;

——疲劳次数:5×10^5次(大风区等特殊工况时为7.5×10^5次)。

滑轮组和棘轮补偿装置的疲劳试验按下列要求进行:

① 安装条件:按使用工作状态安装;

② 疲劳次数:2×10^4次;

③ 做疲劳试验时在补偿绳上所加的补偿力:补偿绳工作荷载;

④ 疲劳试验的试验方法详见 TB/T 2074 中的相关规定。

（3）吊弦线的整绳反复弯曲试验。

① 反复弯曲至断丝时的弯曲次数：不少于 120 次；

② 反复弯曲至断股时的弯曲次数：不少于 120 次。

3. 电气性能

用于线索电连接零件（电连接线夹、铜铝过渡线夹）和接触线接头线夹、承力索接头线夹及整体吊弦的电气接触性能满足线索接续处两测点之间电阻不大于同等长度被连接线索中电阻较大者的电阻。零件的温升不大于被接续线索的温升。对于不同材质的零件，允许最高温度需符合相关技术条件和规范要求。承受电气接续的所有零件，其载流量不小于被连接线索的载流量。

各种线夹与线索固定或连接时，出线口过渡均做成圆滑状，夹持和连接处应避免线索损伤和折断。线夹与线索导电接触面涂导电脂，采用压接型电连接零件，并用防氧化腐蚀的导电脂填充电连接零件压接部位内部的空隙。

32.3.2.2 材料选择标准化

接触网零部件采用的材料一般为碳素结构钢、铸钢、铸造铜合金、铜和铝青铜型材、铜镍硅合金型材、磷青铜合金型材、铜合金锻件、铝和铝合金型材、铸造铝合金、不锈钢件等。对所选用材料的牌号、性能要求以及加工工艺等制定了接触网零部件材料选用标准。主要材料的选择原则如下：

（1）碳素结构钢应符合《碳素结构钢》（GB/T 700）的规定，牌号不低于 Q235A；优质碳素结构钢应符合《优质碳素结构钢》（GB/T 699）的规定，牌号不低于 20；低合金高强度结构钢应符合《低合金高强度结构钢》（GB/T 1591）的规定，牌号不低于 Q355B。

（2）铸钢应符合《一般工程用铸造碳钢件》（GB/T 11352）的规定，牌号不低于 ZG270-500。

（3）铸造铜合金按零部件类别可分别选用相应排号的铸铝青铜，一般符合《铸造铜及铜合金》（GB/T 1176）的规定，牌号不低于 ZCuAl10Fe3。

（4）铜和铝青铜合金型材按零部件类别可分别符合《加工铜及铜合金牌号和化学成分》（GB/T 5231）、《铜及铜合金拉制棒》（GB/T 4423）等的规定，选用铜牌号为 T2，铝青铜牌号为 QAl9-4、QAl10-5-5。

（5）铜合金锻件的型材按零部件类别，需符合《铜和铜合金锻件》（GB/T 20078）的规定，选用牌号 CuNi2Si、材料状态为 H150，或选用牌号 CuAl10Ni5Fe4、材料状态为 H175。

（6）铝和铝合金的型材按零部件类别，需符合 GB/T 6892 的规定，铝合金选用牌号不低于 6082、热处理状态为 T6，铝选用牌号不低于 1 050 A。铸造铝合金（补偿滑轮本体及棘轮本体除外）应分别选用：抗拉强度 ≥ 290 MPa、屈服强度 ≥ 210 MPa、延伸率 ≥ 4%、硬度 ≥ 90 HB、热处理状态为 T6 的铝镁硅系列铝合金；或抗拉强度 ≥ 320 MPa、屈服强度 ≥ 240 MPa、延伸率 ≥ 3%、硬度 ≥ 100 HB、热处理状态为 T6 的铝镁硅系列铝合金。补偿滑轮及棘轮用铸造铝合金应符合《铸造铝合金》（GB/T 1173）的规定，牌号为 ZAlSi7Mg1A，铸造方法为金属型铸造，热处理状态为 T5。

（7）不锈钢件符合《不锈钢棒》（GB/T 1220）、《不锈钢冷轧钢板和钢带》（GB/T 3280）的规定，宜采用奥氏体不锈钢。在采用奥氏体不锈钢的紧固件中，螺栓符合《紧固件机械性能 不锈钢螺栓、螺钉和螺柱》（GB/T 3098.6）的规定，采用材料组别为 A2 或 A4 的奥氏体不锈钢，机械性能等级 ≥ 70 级；螺母符合《紧固件机械性能不锈钢螺母》(GB/T3098.15)的规定，采用材料组别为 A2 或 A4 的奥氏体不锈钢，机械性能等级≥ 70 级；对于在含有氯离子或硫化物等腐蚀介质影响环境中使用的紧固件的材质，均需采用材料组别为 A4 的奥氏体不锈钢。

32.3.2.3 制造工艺标准化

1. 零部件铸造工艺要求

接触网零部件常用的铸造方法有砂型铸造、金属型铸造、熔模铸造、压力铸造、低压铸造、离心铸造、壳型铸造、消失模铸造等。选择铸造方法时主要考虑零件的使用性能、零件的铸造工艺性能以及合理的经济性能。应按零件结构及数量，结合各铸造方法以及设备、技术的实际条件，选择工艺简单、质量稳定和成本经济的方法。铸件（不含铁坠砣）不允许有裂纹、冷隔、穿透性和对应缺陷，关键受力部位不应有铸造缺陷。铸件表面及内部质量的具体判定条件应符合 TB/T 2074 中的有关规定。铸件的基本尺寸、壁厚尺寸及错型值的极限偏差应符合《铸件 尺寸公差、几何公差与机械加工余量》(GB/T 6414)的规定，铸铁件及铸钢件未注公差不应低于 CT11，有色金属铸造件未注公差不应低于 CT10。

2. 零部件冲压、锻造工艺要求

接触网零部件表面处无压锻痕迹或凹陷；冲压与气割件的切割面均整，并倒棱去刺，锻件连接接触部位不允许错型，锻件和热弯件不允许有过烧、迭层、局部烧熔和氧化鳞片等缺陷，热弯件弯曲部位圆滑过渡；锻件符合《钢质模锻件 通用技术条件》(GB/T 12361)、《钢质模锻件 公差及机械加工余量》(GB/T 12362)的规定，尺寸公差为精密级；冲压件尺寸的极限公差符合《一般公差 未注公差的线性和角度尺寸的公差》(GB/T 1804)的规定；采用热弯工艺制造的奥氏体不锈钢件进行固熔处理。

3. 铜、铝及其合金零部件的要求

铜、铝及其合金零部件表面光滑、平整、清洁，无裂纹、压折、严重划伤等缺陷；铜、铝及其合金零部件电气接触表面，不允许有碰伤、斑点、凹坑、压印等缺陷；弯曲半径根据同等规格的铝板厚度确定；采用焊接铜铝过渡的电连接件在 300 ℃ 不脱开。

32.3.2.4 质量判定标准化

我国高铁接触网零部件的质量保证形成了标准化，制定了零部件质量评定和检验的标准系列，如 TB/T 2073、TB/T 2074、TB/T 2075 等。标准规定，应逐件进行外观检验、主要尺寸检验、组装检验和性能试验，采用铸造和锻造的关键受力零部件逐件进行无损探伤检验。零件按批进行抽查检验，在出厂检验合格后从中随机抽出。

32.4 接触网零部件试验

接触网零部件种类多、型号繁杂、应用场所复杂，试验检验按性质可分为外观检查、表面防腐试验、静强度试验、动强度试验、无损伤试验、电气性能试验以及应力腐蚀试验、化学成分试验等；按类型可分为型式试验、认定检验、监督抽查检验、工程验收检验以及委托检验。

样品的抽取根据检验性质一般按《周期检验计数抽样程序及表（适用于对过程稳定性的检验）》（GB/T 2829）、《计数抽样检验程序》（GB/T 2828）、《不合格品百分数的小批计数抽样检验程序及抽样表》（GB/T 13264）等国家标准要求进行。

接触网零部件试验项目，需符合 TB/T 2074 的规定，包括项目外观检查、尺寸检查、组装检查、破坏荷载试验、耐拉伸（压缩）荷载试验、紧固力矩试验、滑动荷载试验、振动试验、疲劳试验、滑轮和棘轮传动效率试验、弹簧补偿装置张力偏差试验、弹簧补偿器张力偏差试验、补偿装置断线制动试验、接触电阻试验、载流温升试验、电热循环试验、镀锌层及氧化层试验、盐雾试验、材料化学成分试验、腕臂装置挠度及变形量试验、射线探伤试验、低温试验、吊柱弯矩试验、复合材料坠砣跌落试验、补偿绳不松散试验、坠砣重量试验等 27 个类别。

32.4.1 接触网零部件主要试验项目

我国高速铁路接触网零部件与速度相关的主要试验分类：
（1）机械荷载性能试验：破坏荷载试验、耐拉伸（压缩）荷载试验、紧固力矩试验、滑动荷载试验；
（2）动态响应性能试验：振动疲劳试验、滑轮和棘轮传动效率试验；
（3）电气性能试验：接触电阻试验、载流温升试验、电热循环试验等。

关键试验项目介绍如下。

1. 破坏荷载试验

零部件的破坏荷载值的选取满足高速铁路接触网要求，在模拟试验框架、专用试验设备上进行，试样的安装应模拟实际受力状态。

2. 耐拉伸（压缩）荷载试验

使用拉伸（压缩）设备，模拟零部件的实际受力状态，检查零部件在规定的工作荷载下，是否产生变形、破损。

3. 紧固力矩试验

在规定的试验条件下，用扭矩测量仪对零部件上的紧固件缓慢施加力矩，检查紧固件是否产生塑性变形、歪斜、破损、咬死。

4. 滑动荷载试验

在规定的试验条件下，零部件在承受接续元件轴向荷载时，测量零部件与线索、零部件之间产生的相对位移。

5. 振动疲劳试验

在规定的试验条件下，将零部件安装在接触网模拟试验装置上进行模拟振动，检查零部件相关机械性能、变形、破损及松动。振动试验中采用的典型振动位移曲线如图 32.22 ~ 图 32.24 所示。

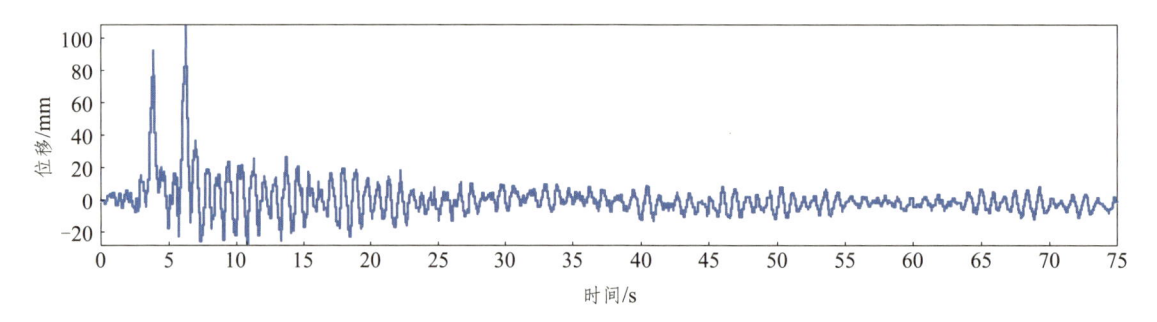

图 32.22　吊弦处振动位移 - 时间曲线

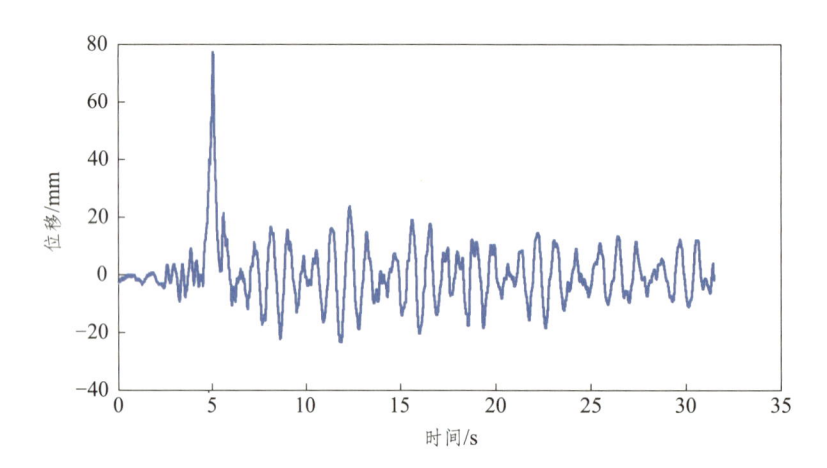

图 32.23　动车组单弓通过时接触点振动位移 - 时间曲线

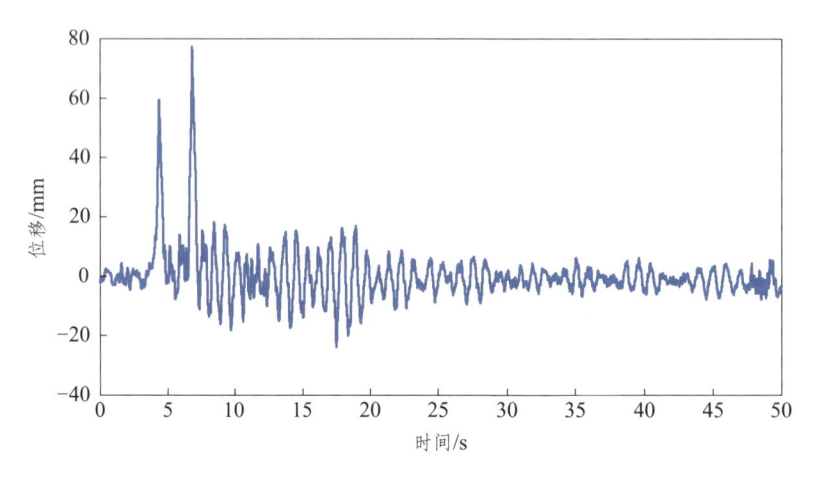

图 32.24　动车组双弓通过时接触点振动位移 - 时间曲线

零部件的疲劳试验，需在规定的试验条件下，将零部件安装在接触网疲劳试验装置上进行模拟疲劳，在交变荷载作用下检验零部件的相关机械性能、变形和破损。对需要同时做振动、疲劳试验的零部件，试验顺序为先做振动试验，通过后再进行疲劳试验，疲劳试验结束后按标准和设计图样要求进行零部件破坏荷载试验。

整体吊弦的疲劳试验，需按《轨道交通 地面装置 电力牵引架空接触网》（GB/T 32578）中的规定，在专用试验机上进行，设定试验参数，进行疲劳试验，如图 32.25 所示。试验过程中定期检查零件状态，发现有断裂、破损、松脱等现象时应停止试验。试验过程允许中断，疲劳次数按实际记录次数累加。

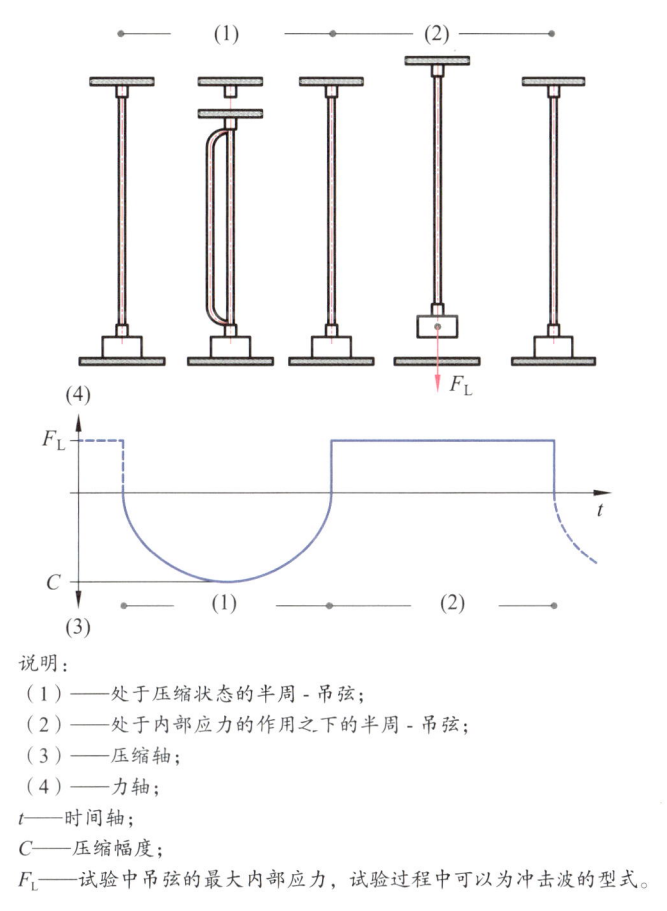

说明：
（1）——处于压缩状态的半周-吊弦；
（2）——处于内部应力的作用之下的半周-吊弦；
（3）——压缩轴；
（4）——力轴；
t——时间轴；
C——压缩幅度；
F_L——试验中吊弦的最大内部应力，试验过程中可以为冲击波的型式。

图 32.25　吊弦疲劳试验

32.4.2　下锚补偿装置传动效率试验

在规定的试验条件下，将接触网下锚补偿装置按实际使用状态安装，测量其动态机械传动效率。传动效率为动态值，在补偿的全范围内连续采集，试验过程中应保持张力补偿装置的加载砝码或配重块连续、匀速运动。

32.4.2.1　接触电阻试验

在规定试验条件下，将零部件与配合的线索（按规定连接方式）连接紧固，测量（零部件电气连接处）规定测点间的直流电阻值。测量接触电阻的零部件安装前，要对其电气接触面及接续线索外表面去除油污后用细砂纸将氧化层打磨干净。

32.4.2.2　载流温升试验

在规定试验条件下，将零部件与配合的线索安装好，施加线索的额定电流，测量零部件的温升。

零部件的载流温升试验在专用的试验装置上进行，零件安装与实际相符，对其电气接触面及接续线索外表面用细砂纸打磨干净。螺栓连接时，用扭矩测试仪按规定值紧固。

32.4.2.3 电热循环试验

在规定试验条件下,对零部件电气连接部位采用通电加热和断电冷却的方式进行热循环,并经短路电流冲击后,测量零部件及其接续线索电阻值和温升是否超过标准规定值。

电热循环试验电流应按最短接续导线的额定电流选取。试验过程中,以零部件最高温度达到稳定温度后,再降温至 30 ℃ 以下作为一个循环周期,一个循环周期约 2 h。

33 高速弓网受流性能分析与评价

动车组运行过程中有牵引和再生两种工况。牵引工况下，动车组通过受电弓从接触网获取电能；再生工况时，通过受电弓向接触网反馈电能。无论是牵引还是再生工况，列车的照明、空调等辅助设施总处于消耗电能状态。

受电弓与接触网保持良好的电气接触，确保电能的可靠传输，是动车组稳定运行的前提。受电弓与接触网电气接触的最佳状态是在导通电流的过程中让人们感觉不到其存在，最低要求是不产生对动车组稳定运行和牵引供电系统电能质量不可忽略的影响。由此引出了受电弓与接触网电气接触的安全性、适用性、耐久性等可靠性要求。

动车组停车时，受电弓与接触网相对静止不动，滑板和接触线材料能承受车内辅助设施运行电流通过弓网接触点所引起的温度升高，即静态接触温升。动车组运行过程中，接触线与滑板的材料组合满足弓网最大传输电流和磨耗寿命的要求，弓网滑动过程中出现的燃弧对接触材料的热侵蚀限制在一定范围内。

静态接触温升、耐受热侵蚀、磨耗寿命、振动疲劳和离线燃弧等方面的指标可以评价受电弓与接触网的接触质量，即受流质量。

静态接触温升与列车辅助设施用电负荷、弓网接触材料性质、受电弓垂直作用到接触网上的力（即弓网接触力）等相关。接触材料磨耗寿命与接触材料性质、接触线在滑板上的往复运动范围、弓网接触力、弓网取流量等相关。接触材料遭受的热侵蚀则与接触网弹性、接触材料性质、弓网接触力、弓网取流量、滑板沿接触线相对运动的速度等相关。

当动车组负荷和弓网接触材料特征等因素确定后，弓网受流性能的评价包括在运行速度条件下的弓网接触力以及弓网动态运动轨迹。受电弓沿接触网滑动过程中，接触悬挂结构产生变形，接触线抬升是衡量接触悬挂结构变形的指标。

综上所述，表征接触线与受电弓（滑板）相对运动的接触网几何特性参数、表征弓网动态相互作用的参数（包括弓网接触力和接触线抬升）与弓网系统的安全性、适用性和耐久性相关。

33.1 高速接触网特征

33.1.1 弹性与弹性不均匀系数

接触网的弹性指接触悬挂在受电弓抬升力作用下发生形态变化、除去抬升力后能恢复到原来状态的特性，常用单位抬升力作用下的接触线抬升量表示。如果接触网某一点在抬升力 F_{stat} 作用下的抬升量为 y_{stat}，那么该点的弹性为

$$e = \frac{y_{stat}}{F_{stat}} \tag{33.1}$$

式中　　e——弹性（mm/N）；

　　　　y_{stat}——抬升量（mm）；

　　　　F_{stat}——抬升力（N）。

接触网的弹性既可以在既有的接触网上通过实际测量得到，也可以建立精确的数学模型，依据有限元法（FEM）进行计算。

表 33.1 列出了京津城际、武广高铁、郑西高铁、京沪高铁的接触悬挂参数，依据这些参数建模，可以仿真计算出接触网一跨内各点的弹性，弹性曲线如图 33.1 所示。

表 33.1　接触悬挂的主要技术参数

	京津城际	武广高铁	郑西高铁	京沪高铁
跨距 l/m	48	48	48	48
承力索型号	铜镁合金绞线 120	铜镁合金绞线 120	铜镁合金绞线 120	铜镁合金绞线 120
接触线型号	铜镁合金 120	铜镁合金 150	铜镁合金 150	铜镁合金 150
承力索单位长度质量 m_c/（kg/m）	1.065	1.065	1.065	1.065
接触线单位长度质量 m_j/（kg/m）	1.082	1.350	1.350	1.350
承力索额定工作张力 T_c/kN	21.0	21.0	23.0	20.0
接触线额定工作张力 T_j/kN	27.0	30.0	28.5	31.5
结构高度 /m	1.6	1.6	1.6	1.6
弹性吊索长度 /m	—	18.0	22.0	18.0
弹性吊索张力 /kN	—	3.5	3.5	3.5
一跨内吊弦数量 / 根	5	5	5	5
拉出值 a/mm	300	300	300	200

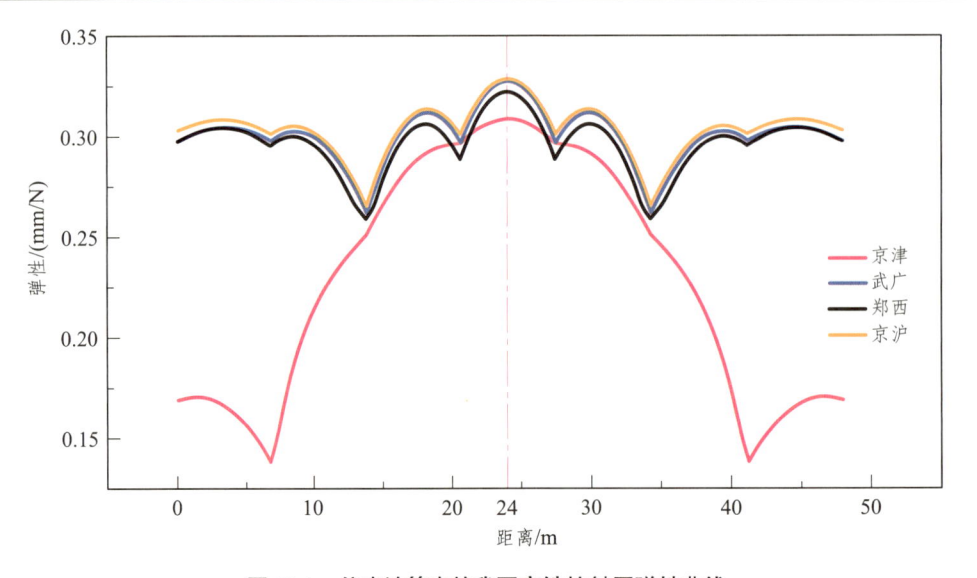

图 33.1　仿真计算出的我国高铁接触网弹性曲线

高速运行的受电弓要求接触网的弹性尽可能均匀，通常用弹性不均匀系数反映一跨内接触网的弹性均匀程度。在每跨接触网上，总会存在一个弹性最大值 e_{max} 和一个弹性最小值 e_{min}，其弹性不均匀系数 μ 按式（33.2）计算：

$$\mu = \frac{e_{max} - e_{min}}{e_{max} + e_{min}} \times 100\% \tag{33.2}$$

在图 33.1 所示的弹性曲线中，可以查出京津、武广、郑西、京沪等高速接触网的弹性最大值和弹性最小值，依据式（33.2），可以分别计算出各高速铁路接触网的弹性不均匀系数，如表 33.2 所示。

表 33.2　高速接触网的弹性最大值、弹性最小值与弹性不均匀系数

工程项目	e_{max}/（mm/N）	e_{min}/（mm/N）	μ/%
京津城际	0.185	0.082	38.34
武广高速	0.200	0.167	8.95
郑西高速	0.198	0.168	8.19
京沪高铁	0.201	0.170	8.20

上述弹性属于接触网的静态参数计算值，具有沿跨距长度变化的特征。接触网弹性较小并不意味着弹性不均匀系数就小，接触网的弹性和弹性不均匀系数与接触线截面、线索张力、跨距、结构高度、预弛度及有无弹性吊索有关，实际工程中的静态弹性还与接触网的施工工艺和精度有关。

33.1.2　动态特性

弓网系统具有弹性和惯性，受电弓向具有弹性和恒定张力的接触网施加抬升力时，接触线会偏离其原始位置，产生的恢复力又促使弓网接触点返回平衡位置。具有惯性的弓网系统在返回平衡位置的过程中积累了动能，从而使系统越过平衡位置向另一侧运动。弹性和惯性的相互影响导致弓网系统产生振动。

振动沿接触网传播形成波动。在波的传播过程中，虽然波形沿接触网由近及远地传播着，但参与波动的质点并没有随之远离，只是在自己的平衡位置附近振动。

接触线的波动传播速度 C_p 按式（33.3）计算：

$$C_p = \sqrt{\frac{T_j}{m_j}} \text{（m/s）} \text{ 或 } C_p = 3.6\sqrt{\frac{T_j}{m_j}} \text{（km/h）} \tag{33.3}$$

式中　T_j——接触线额定工作张力（kN）；

m_j——接触线单位长度质量（kg/m）。

实例：京津城际铁路使用铜镁合金 120 型接触线，接触线额定工作张力 T_j = 27 kN，接触线单位长度质量 m_j = 1.082 kg/m，则接触线的波动传播速度 C_p = 158 m/s，相当于 569 km/h。

通常将受电弓最高运行速度 v 与接触线波动传播速度 C_p 之比称为波速利用率（无量纲系数 β）。

沿接触线传播的横波遇到障碍物（如集中质量点等）时，会反射再反方向沿接触线继续传播，这种现象称为波的反射。在不考虑吊弦质量的情况下，波的反射系数 r 按式（33.4）换算计算，式中变量意义见表 33.1。

$$r = \frac{m_c C_p}{m_c C_p + m_j C_j} = \frac{\sqrt{T_c m_c}}{\sqrt{T_c m_c} + \sqrt{T_j m_j}} \tag{33.4}$$

受电弓沿接触网运行的多普勒系数 α 按式（33.5）计算：

$$\alpha = (C_p - v)/(C_p + v) \tag{33.5}$$

波沿接触线的传播和反射使弓网接触力产生变化，相邻两次的接触力增量之比用 r/α 表达，比值 r/α 称为放大系数，常用 γ 表示。

$$\gamma = \frac{r}{\alpha} \tag{33.6}$$

表 33.3 中的参数值为京津城际、武广高铁、郑西高铁和京沪高铁接触网的动态特性参数，波动传播速度介于 568.7 ~ 523.1 km/h，多普勒系数为 0.237 ~ 0.198。四种接触网的反射系数相差不大。当然，不可能仅为获得最小的反射系数来选择接触网线材的规格，因为载流量和弹性同等重要。

表 33.3　接触网的动态特性参数（运行速度 v = 350 km/h）

参　数	京津城际	武广高铁	郑西高铁	京沪高铁
波动传播速度 C_p/（km/h）	568.7	536.7	523.1	549.9
波速利用率 β	0.615	0.653	0.669	0.64
多普勒系数 α	0.237	0.210	0.198	0.22
反射系数 r	0.467	0.426	0.444	0.41
放大系数 γ	1.970	2.029	2.242	1.86
临界速度 v_a/（km/h）	206.60	216.00	201.40	227.98
固有频率 f_1、f_2/Hz	1.50、1.36	1.51、1.37	1.52、1.38	1.52、1.45

多普勒系数和放大系数均为动车组运行速度的函数，如图 33.2 所示。当列车运行速度接近接触线的波动传播速度时，放大系数逐渐倾向于无限大，接触线出现严重挠曲。由于这个原因，列车不可能在接近波动传播速度的速度下运行。

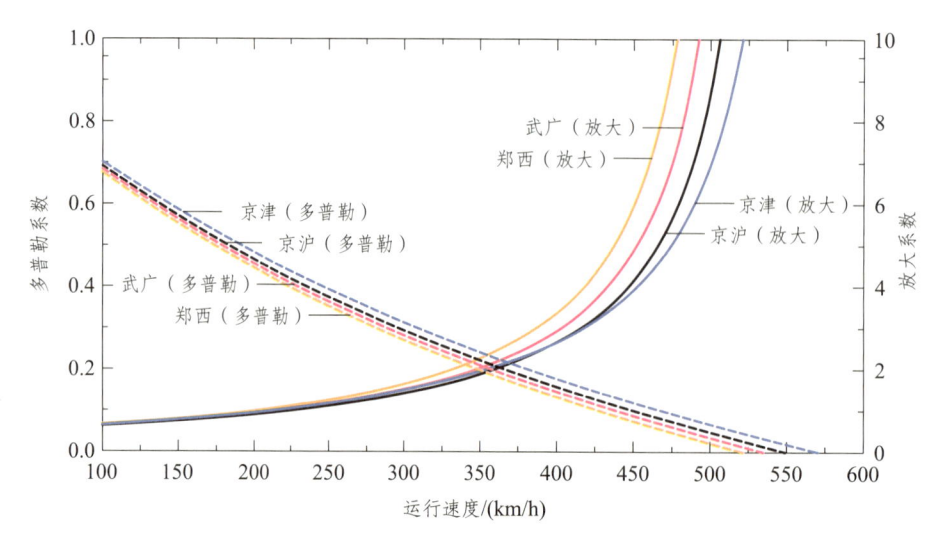

图 33.2　多普勒系数 α 和放大系数 γ

33.2 高速受电弓特征

高速受电弓安装在列车（动车组）顶，是列车获取电能的专用设备，通过与接触线的电接触，实现列车运行所需电能的取流与传输。无论是牵引列车运行的移动用电还是车辆辅助设施、生活设施的固定用电，电能的获取与传输都需安全可靠。

33.2.1 基本结构

受电弓的结构依赖于动车组的运行速度、负荷大小等，并因各个国家的制造经验和技术路线而有所不同，但概括起来主要由弓头、框架、底架和传动系统四个基本部分组成。根据《轨道交通 机车车辆 受电弓特性和试验 第1部分：干线机车车辆受电弓》（GB/T 21561.1），我国铁路受电弓的弓头轮廓如图 33.3 所示，其中，弓头总长度为 1 950 mm，弓头的最小工作范围为 1 450 mm。在正常运行情况下，接触线需总是处于弓头工作长度范围内，接触线与受电弓的接触点一般在滑板的覆盖范围以内。

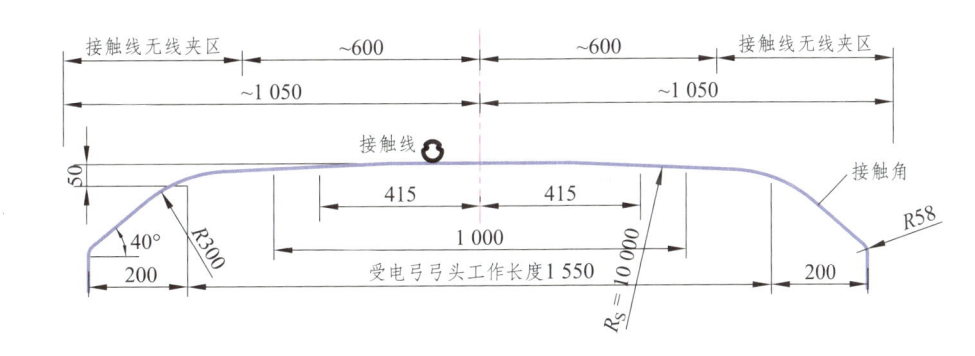

图 33.3 我国铁路受电弓的弓头轮廓

常用的单臂受电弓结构如图 33.4 所示。

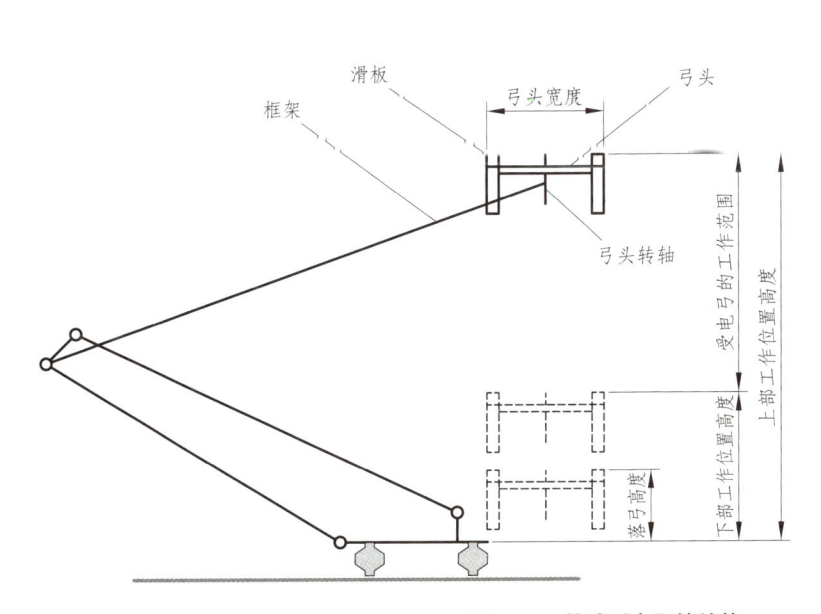

图 33.4 单臂受电弓的结构

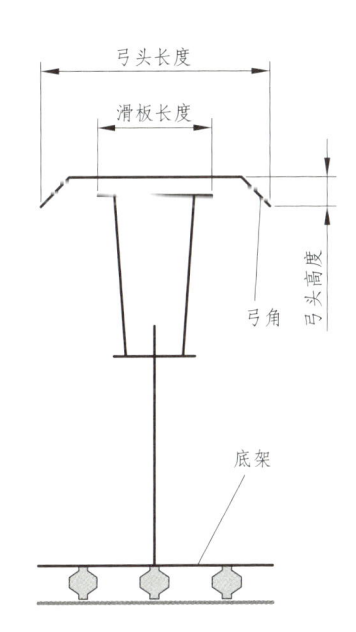

弓头安装在框架的顶端，靠框架支撑，由滑板（也称接触板）和弓角组成，还可能包含一个悬架（弓头支持装置）。沿车辆横向所测得的滑板总长度称为滑板长度。

向下翻转的弧形弓角位于弓头的两端，确保受电弓能平滑通过接触网的道岔定位区。弓头借助框架的伸缩可以上下运动，并能绕自身的固定支承轴做少量转动。沿车辆横向所测得的弓头水平尺寸称为弓头长度，沿车辆纵向所测得的弓头尺寸则称为弓头宽度，而弓头高度指的是弓角最低点与滑板最高点之间的垂直距离。

框架是能使弓头相对于受电弓底架在垂直方向运动的铰接结构，用来支持弓头重量和传递受电弓的静态接触力。框架尺寸主要由受电弓工作范围决定。

底架是固定受电弓框架的底座，即支持框架的固定部分，安装在受电弓支持绝缘子上。

通常情况下，下部工作位置高度是指受电弓升至能取流的最低设计高度时，受电弓在绝缘子之上的安装平面与滑板上表面的垂直距离。上部工作位置高度是指受电弓升至能取流的最高设计高度时，受电弓在绝缘子之上的安装平面与滑板上表面的垂直距离。上部工作位置高度与下部工作位置高度之差称为受电弓的工作范围。

落弓高度是指处于落弓位置时，受电弓在绝缘子之上的安装平面与滑板上表面的垂直距离。

滑板是受电弓可以替换的取流元件，与接触线直接接触，容易磨损。受电弓通常使用整体双滑板、分体双滑板或单滑板中的一种。

滑板的工作条件非常严峻，除承受正常的机械摩擦和电气磨损外，还要承受可能的机械冲击与强热流侵蚀。滑板需具有足够的机械强度、较小的电阻率、自润滑性能、良好的耐热和耐电弧性能及较轻的质量。

33.2.2 特性

33.2.2.1 电气性能

安装在动车组顶部的受电弓需与车体绝缘，其绝缘强度根据受电弓的工作电压等级确定，并要考虑与接触网的绝缘配合。通常情况下，将动车组带电静止时电源标称电压作为受电弓的设计工作电压。

动车组停车时，受电弓 30 min 内经受的电流平均值为车辆静止时的额定电流，该电流不超过滑板和接触线接触点的允许静态取流量。

动车组从静止状态加速到最大运行速度时，受电弓的持续电流传输量为动车组运行时的额定电流。

动车组运行过程中，弓网接触点不断变换位置，此时的最大温升可能出现在滑板上，也可能出现在受电弓的轴承、枢轴和电连接部位。无论车辆处于静止状态，还是最高速度或最大载流量时的运行状态，从接触网获取所需电流时，受电弓的设计需确保包括滑板在内的任何部位均不会出现机械变形或异常的发热现象。

33.2.2.2 空气动力

高速运行中的受电弓，会对相对静止的空气带来冲击，空气会因此向四周流动，气流在受电弓的一些部件上产生气动升力的同时，还会产生气动阻力。

图 33.5 为受电弓、连杆机构在受电弓开口运行过程中所受到的气动升力及气动阻力。

（a）受电弓　　　　　　　　　　　　（b）连杆机构

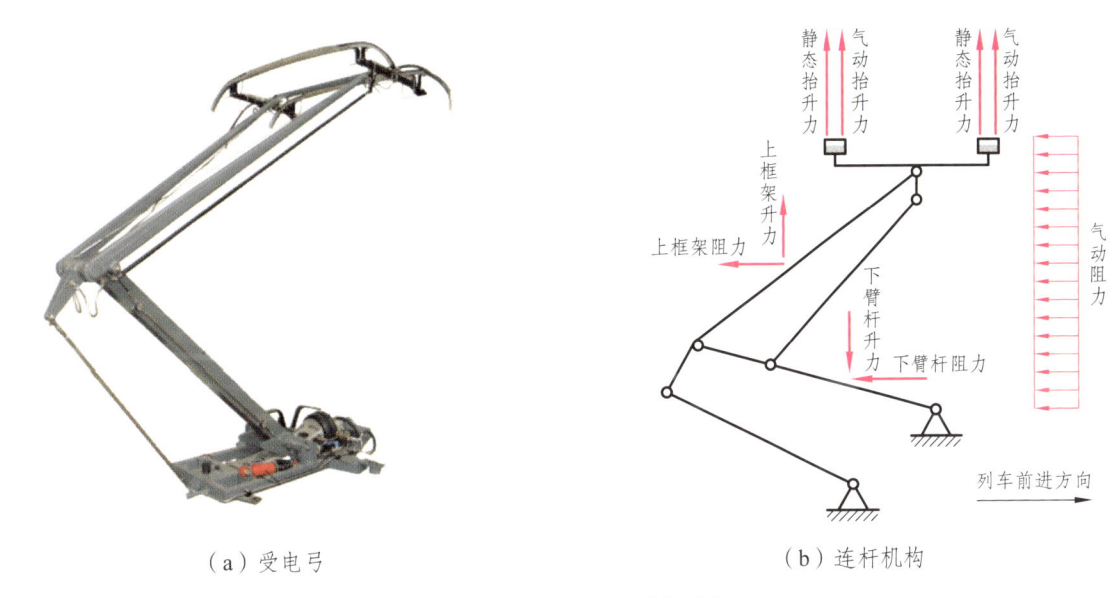

图 33.5　受电弓运行时的气动力

线路试验表明，受电弓受到的气动力（气动阻力、气动升力）主要作用在弓头上，其余部分作用在框架上。受电弓两个运行方向上的气动力基本一致。

采用独立双滑板的受电弓存在前、后滑板所受气动阻力、气动升力不一致的现象，这也是导致弓网接触力在前后滑板上不均匀分布的原因之一。

在侧向风、列车运行风、各种不同的线路断面（如上坡、路堑、跨谷高架桥、斜坡）、进出隧道导致的气流突变等因素的影响下，受电弓的空气动力特性对弓网受流质量有着较大的影响。

通常，受电弓的气动升力、气动阻力与运行速度 v 的平方成正比，也与空气密度成正比。

受电弓的各个部件在气动升力、气动阻力的共同作用下，最终在滑板处产生一个作用在接触网的气动抬升力，即空气动力。

气动升力作用在滑板上有利于弓网接触，为保证双滑板受电弓的前后滑板具备比较一致的气动升力，以及提供受电弓必要的气动升力，还需在滑板上设置合适的气流调节板。

图 33.6 所示的气流调节板分别安装在受电弓的弓角与滑板支架上。

（a）正视图　　　　　　　　　　　　（b）侧视图

图 33.6　安装在受电弓上的气流调节板

通常根据空气动力学原理，选定一种特定的结构，使受电弓运行时在空气中产生所期望的空气动力 F_{AER}（单位：N），其目标值按式（33.7）计算。

$$F_{\mathrm{AER}} = k \cdot v^2 \qquad (33.7)$$

式中　k——空气动力系数；

　　　v——运行速度（km/h）。

33.2.2.3　平均抬升力

受电弓的平均抬升力等于受电弓的静态接触力与工作高度和速度下的空气动力之和，即弓网受流质量评价的平均接触力 F_m。

受电弓的平均抬升力需考虑弓网系统电气作用与机械作用的匹配，是影响弓网接触力上、下限值的关键因素，也是弓网系统动态性能评价的重要依据。平均抬升力的目标值是使弓网系统避免不良燃弧发生，避免弓网系统产生不可控的磨耗与抬升。

33.2.2.4　动态特性

受电弓是一个具有质量模块、弹性系数、阻尼系数的弹性系统，其动态特性包含了固有特性、动力响应等方面内容。各阶固有频率、振型以及阻尼属于受电弓的固有特性。

在外部激励的作用下，受电弓将产生受迫振动。振动使受电弓的结构承受动应力，动应力越大，受电弓部件受损的可能性就越大。如果振动引起弓头的振幅过大，受电弓将难以正常工作。计算受电弓受到激励作用下动力响应的目的，一方面是将振动控制在允许范围之内，另一方面是寻求最佳的机械结构，使受电弓在相同激励作用下的振动最小。

我国高速铁路动车组的主要受电弓型号有 DSA250、DSA380、TSG-19、CX-PG、CX-NG 等。我国高铁 CRH-380 系列动车组采用 TSG-19 型受电弓，外形如图 33.7 所示，其特点是采用多自由度的双滑板弓头，具有更好的跟随性能。复兴号动车组多采用 CX-PG 或 CX-NG 型受电弓，外形如图 33.8 所示，其最大特点是采用单滑板弓头，并且配置主动弓功能，即能够根据接触网的参数和动车组的运行速度自动调整静态接触力，弓头无须安装气流调节板。

图 33.7　TSG-19 型双滑板受电弓

图 33.8　CX-PG 型单滑板受电弓现场照片

33.3　受电弓与接触网的机械接触

33.3.1　接触力

受电弓垂直作用到架空接触网接触线上的力称为接触力，等于受电弓与接触线所有相关接触点的接触力总和。动车组运行过程中的弓网接触力总是变化的。

图 33.9 为受电弓上的动态作用力分析。F_R 为受电弓铰接部位的摩擦阻力，是一个阻止受电弓运动的力。当受电弓弓头向下运动时，F_R 方向向上；当弓头向上运动时，F_R 方向向下。

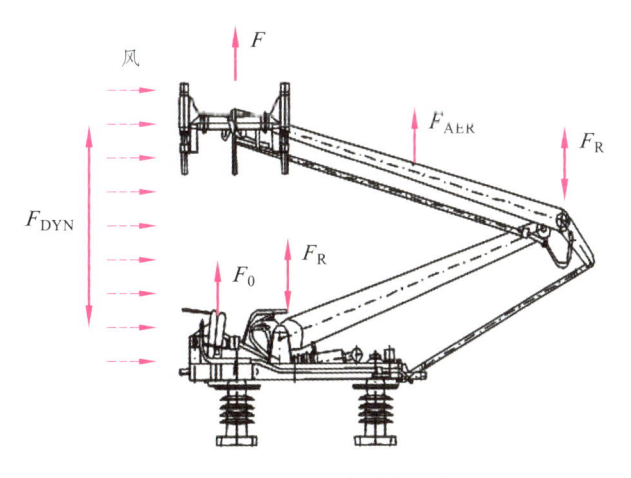

图 33.9　受电弓上的作用力

任一时刻的接触力 F 等于静态接触力 F_0、摩擦阻力 F_R、空气动力 F_{AER} 及动态接触力分力 F_{DYN} 的矢量和，按式（33.8）计算。

$$F = F_0 + F_R + F_{AER} + F_{DYN} \tag{33.8}$$

可见，接触力主要取决于列车的运行速度、受电弓和架空接触网的动态特性及同时工作的受电弓数量与间隔，还取决于列车运行和接触网的状态。

当弓头向上运动时，F_R 和 F_{DYN} 方向向下，一般情况下，弓头行到最高点时，受电弓施加在接触网上的接触力达到最小，出现接触力最小值 F_{min}。

当弓头向下运动时，F_R 和 F_{DYN} 方向向上，弓头运行到最低点时，受电弓施加在接触网上的瞬时接触力达到最大，出现接触力最大值 F_{max}。

在动车组运行到最高速度并同时考虑空气动力的作用时，依据《高速铁路设计规范》（TB 10621）的规定，我国高铁弓网系统的接触力规定如表 33.4 所示。

表 33.4 接触力设计值

列车速度 /（km/h）	接触力 /N	
	F_{max}	F_{min}
250	250	>0
300	250	>0
350	350	>0

33.3.2 静态接触力

受电弓升起且动车组处于静止状态时，弓头向上施加在接触线上的垂直力称为静态接触力，该力由受电弓的传动系统产生。理想情况下，受电弓在整个工作范围内上下运动时，各个工作高度处的静态接触力需均等。实际上，由于各铰接处存在摩擦阻力，受电弓上下运动过程中相同高度处的静态接触力并不相同。

受电弓静态接触力通过测量确定。在工作范围内操作受电弓升起、下降的过程中，连续测量 F_r（升弓时的静态接触力）、F_1（降弓时的静态接触力），通常一定工作高度的标称静态接触力 $F_0 = (F_r + F_1)/2$。国家标准《轨道交通 受流系统 受电弓与接触网相互作用准则》（GB/T 43790）规定交流 25 kV 接触网系统采用的受电弓静态接触力为 $F_0 = 60 \sim 90$ N，实际工程中受电弓静态接触力一般采用 70 N。

33.3.3 动态接触力分力

受电弓以一定的速度 v 沿接触线滑行时，并非在一个水平面上运行，接触网的高度和弹性变化导致弓头轨迹无法呈现一条直线，由此产生动态接触力分力 F_{DYN}。

F_{DYN} 与弓头的运行方向相反，与弓头的振动加速度方向一致。另外，受电弓和接触网均为具有固有频率的弹性系统，需避免在列车运行速度范围内产生共振。

33.4 受电弓与接触网的电接触

弓网电接触是受电弓与接触网电气导通的关键功能之一。动车组停车时，受电弓与接触网之间表现为静态电接触，电流通过静态接触电阻产生接触温升；动车组运行过程中，弓网之间表现为滑动电接触，引起接触线与滑板之间的摩擦磨损；如果弓网之间失去机械接触，则表现为可分合电接触，此时产生电火花或电弧。滑动电接触及可分合电接触直接影响弓网受流质量。

33.4.1 静态电接触

受电弓滑板与接触线的接触部分在微观上总是凸凹不平的，如图 33.10 所示。即使有弓网接触力使滑板与接触线相互压紧，也只有少部分的点（或小面）发生了实际的接触，这些实际接触的点（或小面）承受着全部的弓网接触力。

由于滑板和接触线的表面一般都覆盖着一层氧化膜或其他种类的杂质，在实际接触的点（或小面）内，电流会从无氧化膜或杂质的更小的接触点即导电斑点通过。通常把实际发生机械接触的点（或小面）称为接触斑点，如图 33.10 所示，把接触斑点中那些形成了金属或准金属接触的更小的面（实际传导电流的面）称为导电斑点，如图 33.11 所示。

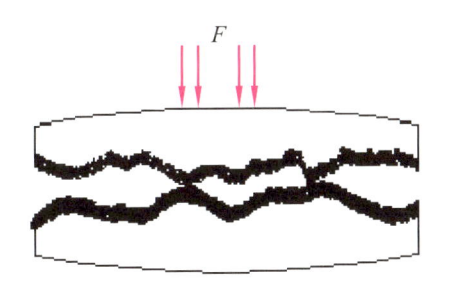

图 33.10 受电弓滑板与接触线接触斑点 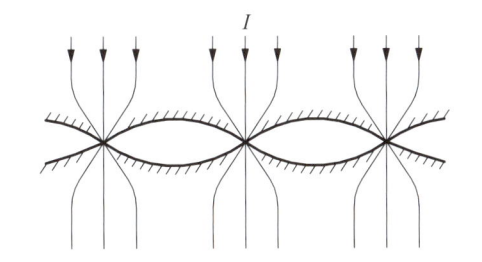　　　　　**图 33.11** 电流经过导电斑点

动车组所需的电流从滑板和接触线之间的导电斑点流过，因电流发生收缩出现局部的收缩电阻。如果电流经过的导电斑点不是纯金属接触，而是存在可导电的表面膜，则还存在另一附加电阻，称其为膜电阻。这两部分电阻表现为串联，相加后的总电阻即为弓网静态接触电阻。

影响弓网静态接触电阻的主要因素包括接触材料的性质、弓网接触力以及滑板与接触线的接触面状况等。

列车停车时，附属设施取流通过静态接触电阻产生的热量会使导电斑点的温度升高，最高温度不超过接触线或滑板的允许范围，接触线材料的温度极限要求见《轨道交通 地面装置 电力牵引架空接触网》（GB/T 32578）。

33.4.2 滑动电接触

弓网滑动接触过程中，通过弓网接触点的电流为牵引电流和辅助设施电流的总和。由于滑动过程中接触斑点的不断变换，即使通过接触点的电流相对于静态电接触增大，弓网接触点的温升也不再是关注的主要问题，滑板和接触线相对滑动产生的机械作用导致的弓网接触状态，以及滑板与通过接触点的电流产生的电气作用共同导致的滑板和接触线磨耗，这些成为关注的重点。受电弓滑板和接触线滑动接触的过程中产生的磨耗，包括机械磨耗、化学磨耗和电气磨耗。

33.4.3 可分合电接触

受电弓滑动运行过程中由于存在可分合电接触，所以容易产生电火花。当滑板与接触线脱离机械接触时，滑板和接触线间隙的电流和电压会产生电弧，此时弓网间维持着电导通，所以仍能维持列车取流的持续性，但是过强电弧对弓网系统设备会产生热侵蚀损伤。影响弓网动态受流性能的可分合电接触主要为过强电弧，由以下情况产生。

33.4.3.1 滑动取流时产生电弧

在弓网系统的滑动接触过程中，因接触网弹性地周期性变化，以及受电弓通过接触线不平顺点，将会导致弓网接触力出现波动，当弓网接触力趋近于零或为零时，即系统失去可靠的机械接触时，随之产生电弧。

动车组运行过程中，滑板在接触线表面运动，弓网离线产生的电弧基本上为动态电弧。弓网离线间隙极短，电弧热量主要以热传导方式向滑板和接触线传递。

33.4.3.2 滑板或接触线表面有异物时产生电弧

当滑板或接触线表面有冰雪等异物覆盖时，会导致滑板与接触线无法良好接触而产生电火花，当覆冰达到一定厚度时，导致严重的燃弧现象，受电弓无法正常取流，严重时甚至导致中断行车故障。图 33.12 为滑板表面有雪或覆冰时的弓网电接触情况。

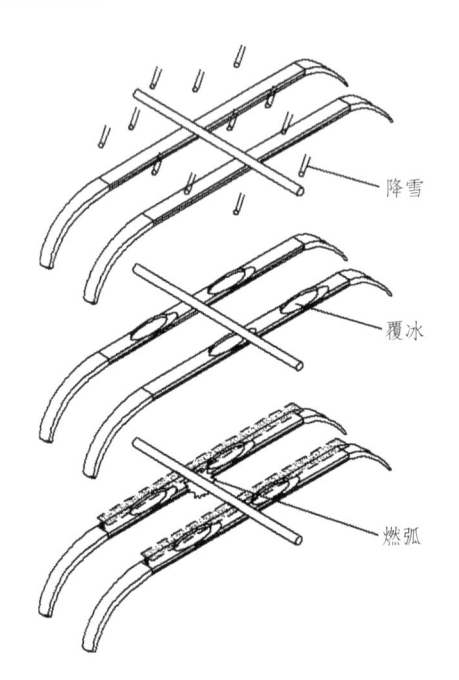

图 33.12　滑板表面有雪或覆冰时的弓网电接触情况

33.4.3.3 接触线硬弯时产生电弧

在施工过程中，接触线若出现较大的硬弯，如图 33.13 所示，当受电弓通过该弯曲点时，滑板表面与接触线的有效接触面积减小，同时受电弓受到接触线硬弯的机械冲击，甚至出现滑板与接触线机械脱离情况，弓网系统会产生燃弧，这种电弧的出现地点具有规律性。

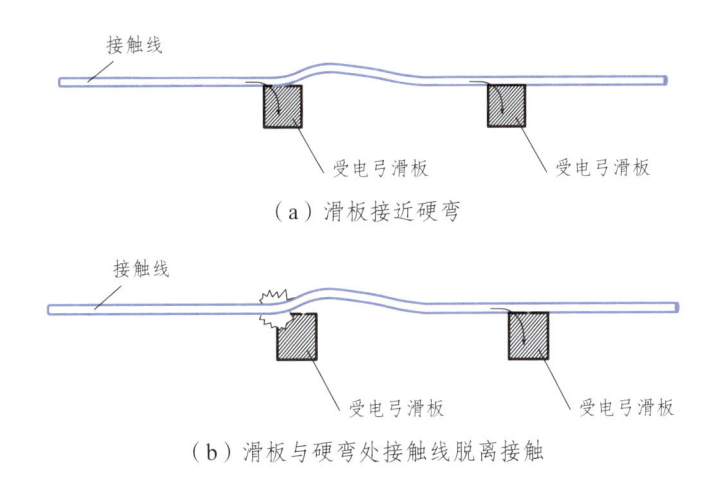

（a）滑板接近硬弯

（b）滑板与硬弯处接触线脱离接触

图 33.13　滑板经过接触线硬弯时产生电弧

33.4.3.4　接触力在滑板上分配差别过大时产生电弧

图 32.14 所示的受电弓使用非独立联动的双滑板，当弓网接触力在两滑板上分布差别过大时，接触力分配过小的滑板与接触线失去机械接触而产生电弧，图 33.14（a）为远端滑板与接触线失去机械接触后的燃弧现象，图 33.14（b）为近端滑板与接触线失去机械接触后的燃弧现象。因此，需调节滑板两端的空气翼片，使两列滑板的接触力差保持在规定范围内。

（a）远端滑板与接触线失去机械接触

（b）近端滑板与接触线失去机械接触

图 33.14　弓网接触电弧实景照片

33.4.4 改善电接触的主要措施

弓网电接触涉及电气、机械、材料等多个学科，传输电能为终极目标的弓网系统，其可靠性设计围绕电接触这个中心确定系统方案与参数。不是所有的弓网电弧都是有害的，因此需弓网共同采取技术措施，改善弓网滑动接触匹配，避免有害电弧发生。弓网系统的机械、电气、材料等参数相关的优化技术措施如表 33.5 所示。

表 33.5 弓网系统电接触的主要参数

类 型	改善项	弓网系统技术措施
静态电接触	改善静态接触电阻和静态接触温升	优化接触材料组合，控制接触力最小值
	改善静态取流	控制取流受电弓的架数
滑动电接触	改善机械磨耗、化学磨耗和电气磨耗	优化接触材料组合，优化拉出值，控制导线横向偏移和列车位移，控制动态接触力范围
可分合电接触	改善电弧热侵蚀	优化接触材料组合，控制弓网接触力最小值

33.5 受电弓与接触网的动态相互作用评价

受电弓与接触网属于两个相互独立的振动子系统，这两部分具有不同的质量模块、弹性系数、阻尼系数和固有频率，并且通过弓网接触力耦合在一起。在受电弓抬升力作用下，接触网将产生受迫振动，振动沿接触网传播形成波动，振动与波动共同作用，导致弓网接触力、接触线抬升产生变化。

随着动车组运行速度的提高，弓网接触力的动态范围也越来越大，弓网振动引起的接触线抬升也会相应增加。

滑板与接触线的磨耗与弓网接触力相关，结构零部件疲劳与接触线抬升相关。弓网接触力和接触线抬升是表征弓网动态相互作用性能的核心参数，用来对弓网动态受流质量进行评估。弓网动态参数的仿真与检测，是评估弓网动态特性的必要手段。

对弓网系统的动态性能进行计算机仿真，既能验证弓网系统各种参数的作用，还可以对不同弓网系统的动态相互作用性能进行评估与对比。

33.5.1 弓网动态相互作用的性能评价参数

我国高铁通常采用弓网接触力、离线率或燃弧率，以及定位点动态抬升量等参数进行弓网受流质量的评价。具体根据《轨道交通 受流系统 受电弓与接触网动态相互作用仿真的验证》（GB/T 32591）进行仿真评价，并按《轨道交通 受流系统 受电弓与接触网动态相互作用测量的要求和验证》（GB/T 32592）进行试验测量来评价。

33.5.1.1 弓网接触力

受电弓和接触网的接触耦合运动中，如果失去机械接触即接触力为 0 N，弓网系统可能产生电弧，动车组会因牵引电流中断而失去动力。接触力过大，会使接触线抬升过高，接触网系统振动幅度加大，甚至导致受电弓与接触网的金具冲突而发生弓网故障。

弓网接触力是表征弓网系统机械作用、电气作用的核心参数，其变化取决于列车运行速度和弓网系统特性，而接触线抬升又反作用于连续变化的弓网接触力。

因此，在各种外部因素相同的前提下，通过弓网接触力的变化可以对不同结构型式的弓网系统进行评估与对比。

弓网系统的振动为一种随机振动，可以依靠数理统计的方法进行研究。

我国高铁在弓网受流质量评价时，通常采用下列接触力的统计标准：

——平均接触力 F_m；

——接触力标准偏差 σ；

——最小统计接触力 $F_m - 3\sigma$；

——最大统计接触力 $F_m + 3\sigma$；

——最小接触力 F_{min}；

——最大接触力 F_{max}。

其中

$$F_m = \frac{\sum x_i}{n} \tag{33.9}$$

$$\sigma = \sqrt{\frac{\sum(x_i - F_m)^2}{n-1}} \tag{33.10}$$

式中　x_i——接触力的采样值，$i = 1, 2 \cdots n$；

　　　n——评估区段内接触力的样本数量。

对于具体的高铁线路，弓网平均接触力 F_m 与受电弓空气动力特性和运行速度有关，不同速度 v 条件下，其最大值 $F_{m,max}$ 和最小值 $F_{m,min}$ 如表 33.6 所示。

表 33.6　平均接触力范围

运行速度	$v \leqslant 200$ km/h	200 km/h $< v \leqslant 350$ km/h
$F_{m,max}$/N	$0.000\,47v^2 + 90$	$0.000\,97v^2 + 70$
$F_{m,min}$/N	$0.000\,47v^2 + 60$	$0.000\,47v^2 + 60$

大量测量数据表明，弓网接触力测量结果的概率分布符合正态分布规律，根据测量数据可求出平均接触力 F_m、接触力标准偏差 σ 以及接触力的概率分布。接触力标准偏差越小，表示弓网接触力的离散性越小，弓网系统的运行越平稳。

在同样界限条件下得出的标准偏差可用来比较各种受电弓和接触网的弓网受流性能，然后通过调整设计的相应参数，以达到优化弓网系统运行性能的目的。

最大统计接触力 $F_m + 3\sigma$ 能够得到弓网系统部件的动态激励荷载及振动幅值，需满足表 33.4 最大接触力的要求。同时，$F_m - 3\sigma$ 的值需大于零。

33.5.1.2 离线率或燃弧率

弓网动态受流质量的评价中，当接触力最小值为 0 N 时，仿真评价需分析离线率，根据《高速铁路设计规范》（TB 10621），我国高铁弓网系统仿真离线率统计不大于 1%。

工程检测评价时，可测量弓网系统燃弧的次数与持续时间，并利用燃弧率对弓网受流质量进行评价。燃弧率 NQ 可用式（33.11）进行计算，并符合表 33.7 的要求。

$$NQ = \frac{\sum t_{\text{arc}}}{t_{\text{total}}} \times 100\% \tag{33.11}$$

式中　$\sum t_{\text{arc}}$ ——持续大于 5 ms 的燃弧的持续时间（ms）；
　　　t_{total} ——测量区段内的受电弓电流大于 30% 额定电流的运行测量总时间（ms）。

表 33.7　燃弧率

最高运行速度	200 km/h ≤ v ≤ 250 km/h	v > 250 km/h
燃弧率 /%	≤ 0.1	≤ 0.2

我国高铁动态检测验收评价时，通常燃弧率的评价公式中 t_{total} 采用测量区段运行总时间，并符合表 33.8 的要求。

表 33.8　我国高铁动态验收的燃弧评价

要求项	目标值
最大时速时燃弧率 NQ（燃弧的最小持续时间 5 ms）	< 5%
一次燃弧持续的最长时间 $T_{\max}$	< 100 ms
燃弧（燃弧的最小持续时间 5 ms）次数与试验距离比的最大值	≤ 1 次燃弧每 160 m

33.5.1.3 动态抬升量

受电弓在接触线定位点处的动态抬升量，是评价弓网动态受流质量的重要参数之一。根据《铁路电力牵引供电设计规范》（TB 10009），我国高铁动态抬升量应符合表 33.9 中的规定，接触网的定位安装需符合定位点处的动态抬升量要求。

表 33.9　动态抬升量限值

最高设计速度	≤ 200 km/h	200 km/h < v ≤ 350 km/h
动态抬升量 /mm	120	150

33.5.2　弓网动态相互作用的仿真要求

计算机仿真是模拟弓网动态相互作用的有效方法，采用这种仿真方法既能验证弓网系统各种参数的作用，也能对不同弓网系统的动态相互作用性能进行比较。

弓网动态相互作用仿真的目的是要确定弓网系统的动态特性，即受电弓作用在接触线上的滑动接触力与时间相关的特性，以及与接触线抬升的相互关系。

受电弓与接触网通过接触点形成两个子系统的相互耦合，因此仿真中需要分别建立受电弓和接触网的模型，模拟弓网滑动接触和相互作用的特征，并计算出接触力和接触点的运动状态。

同时，弓网系统的动态特性与频率相关，需确定所关注的频率范围，这一频率范围需与受电弓模型、接触网模型、弓网接触耦合模型以及弓网动态相互作用性能参数测量系统的频率范围保持一致。

为了使弓网动态相互作用的仿真结果真实可靠，需要对仿真方法进行验证。即将仿真结果与在线实测结果进行比较，或与其他已被验证过的仿真方法进行比较，是常用的两种仿真验证手段。弓网受流仿真的有关规定参见 GB/T 32591。

我国高铁接触网的仿真模型采用了全空间、全线路坡度、完整锚段的接触网悬挂的精准建模，如图 33.15（a）所示。受电弓的仿真模型通常采用三质量块归算模型，如图 33.15（b）所示，也可采用细化弓头模块的六质量块模型。在受电弓模型图 33.15（b）中：m_1、m_2 和 m_3 分别代表受电弓弓头、上框架和下框架的归算质量；k_1、k_2 和 k_3 分别代表受电弓弓头、上框架和下框架的归算刚度；c_1、c_2 和 c_3 分别代表受电弓弓头、上框架和下框架的归算阻尼；k_p 代表受电弓的气动抬升力，作用在最下方的归算质量块上；F_{st} 代表气囊给受电弓的静态升弓力。

（a）接触网全空间悬挂模型

（b）受电弓三质量块归算模型

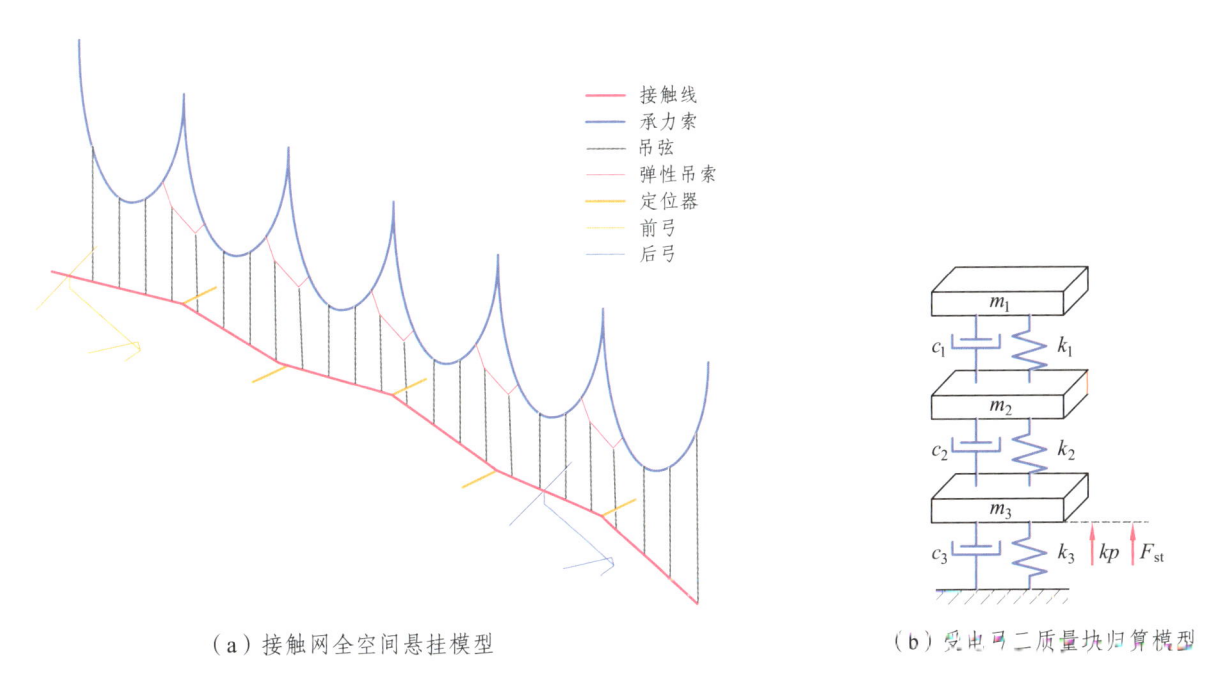

图 33.15　接触网和受电弓的仿真建模

分别建立接触网模型和受电弓模型后，需要通过弓网接触算法将二者耦合形成完整的弓网耦合模型。我国高铁通常选用罚函数法耦合受电弓与接触网，罚函数法的表达式见式（33.12）。

$$F_c = \begin{cases} K_c(y_p - y_c) & y_p \geq y_c \\ 0 & y_p < y_c \end{cases} \quad (33.12)$$

式中　F_c——受电弓滑板与接触线之间的接触压力；

y_p——受电弓弓头的垂向位移；

y_c——接触点上接触线的垂向位移；

K_c——接触线与弓头滑板这一对接触对之间的接触刚度。

我国高铁通常采用基于有限元的二维或三维仿真系统，对上述弓网模型进行动力学分析，获得高铁弓网系统动态仿真结果及接触网的导线型号、张力体系、弹性吊索选用、跨距、吊弦间距、结构高度等系统参数。

我国武广、郑西、广深港高铁建设中，结合工程验证，在当时铁路主管部门的科技研究《350 km/h以上超高速接触网系统研究及验证》（2008J021）中，铁四院联合武汉大学、武汉理工大学、西南交通大学及铁科院自主创新研发了完整三维空间全锚段建模的《超高速三维弓网动力学仿真系统SIFVOP》，该仿真软件经300 km/h及以上高速铁路科学试验、联调联试和实际运营的验证，仿真研究了我国高速铁路接触网系统的接触线、承力索、弹性吊索、吊弦悬挂间的波动耦合及与受电弓间的动力学匹配关系，研发定型了我国200～350 km/h的接触网系统，为武广高铁十余年接触网零部件疲劳振动特征研究提供了有力的技术支撑，并从悬挂方式、张力体系、接触网装备、接口设计等方面进一步为设计速度400 km/h及以上超高速接触网系统研究提供科学的仿真数据。该仿真系统的输出结果如图33.16所示。

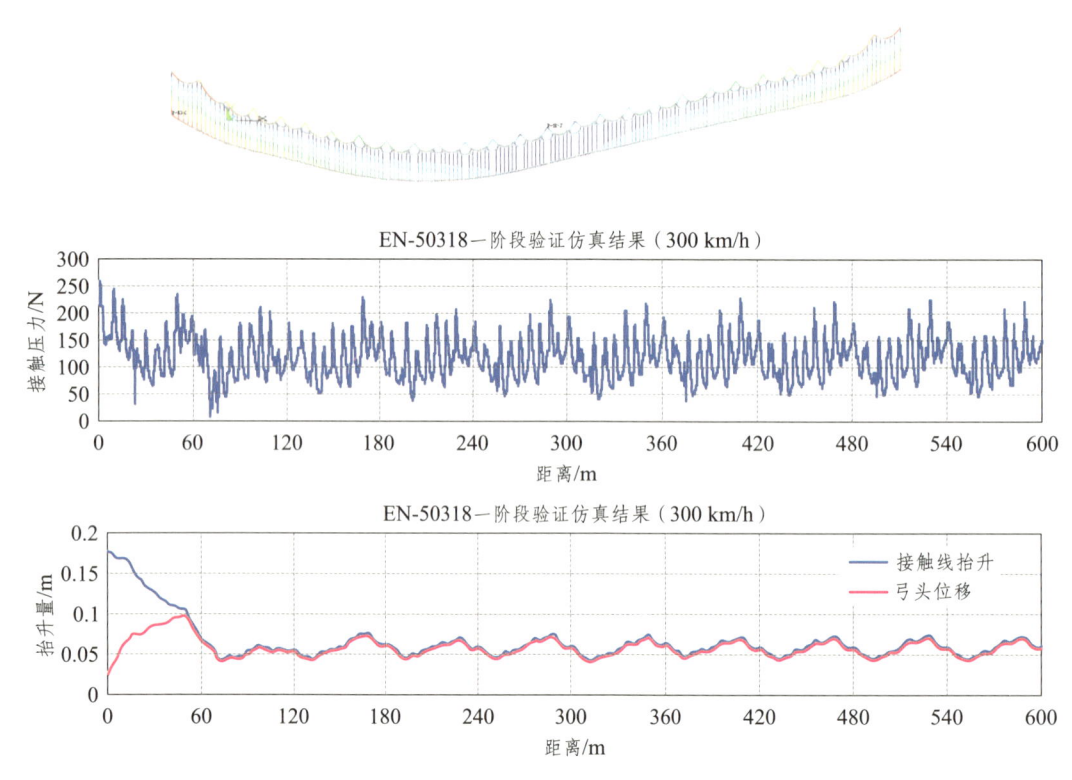

图 33.16　高速三维弓网动力学仿真系统 SIFVOP 的仿真结果

33.5.3　弓网动态相互作用的检测要求

接触力、燃弧、动态抬升量等弓网动态相互作用性能参数的实测数据，既可用于弓网系统运行可靠性和受流质量的评估，也可用于弓网动态仿真系统和其他测量系统的确认，还可用于弓网系统的故障诊断。

在测量弓网接触力、动态抬升量、燃弧等参数时，还需同步记录运行工况（列车速度、位置等）、环境条件（雨、雪、温度、风、隧道等）和测试配置（受电弓的参数和排列、接触网的类型等）等参数，确保测量结果具备可重复性与可比较性。

弓网接触力、定位点处动态抬升量以及燃弧的检测均需符合规定的要求，具体检测要求见《轨道交通

受流系统　受电弓与接触网动态相互作用测量的要求和验证》（GB/T 32592），我国高速铁路接触网运行质量的检测系统详见 33.7 节。

33.6　弓网受流受环境风的影响

高速铁路容易受到气候或者地势所产生的环境风的影响。接触网结构对风荷载十分敏感，风荷载作用在接触网上会造成两种危害弓网受流的现象。第一种是由脉动风引起的强迫振动（称为抖振），抖振在较低的风速下就能够发生，过大的抖振会引起接触网与受电弓受流质量的恶化，严重的还会导致弓网故障的发生。另一种是在极端条件下，在风荷载的激励下发生的大幅自激振动（称为舞动），与抖振不同，由于舞动的自激性，一旦发生，接触网的振动幅值要远大于脉动风引起的抖振幅值，将导致弓网受流质量恶化，甚至破坏弓网受流，造成行车中断的严重后果。

33.6.1　接触网受风抖振

33.6.1.1　接触网受风抖振机理

接触线和承力索都是细长索结构，具有相似的空气动力学特性。作用在接触网上的抖振力，可根据图 33.17 所示的接触线截面受风荷载进行推导。

$$F_D = \frac{1}{2}\rho_{air}v^2LD\left[C_D(\alpha_0)\cdot\frac{2u(t)}{v}+\left[\dot{C}_D(\alpha_0)-C_L(\alpha_0)\right]\cdot\frac{w(t)}{v}\right]+\frac{1}{2}\rho_{air}v^2DLC_D(\alpha_0) \quad (33.13)$$

$$F_L = \frac{1}{2}\rho_{air}v^2LD\left[C_L(\alpha_0)\cdot\frac{2u(t)}{v}+\left[\dot{C}_L(\alpha_0)+C_D(\alpha_0)\right]\cdot\frac{w(t)}{v}\right]+\frac{1}{2}\rho_{air}v^2DLC_L(\alpha_0) \quad (33.14)$$

其中，F_D 和 F_L 分别为横向的阻力和纵向的升力；v 为平均风速；α_0 为初始风攻角；L 为接触线长度；D 为截面直径；ρ_{air} 为空气密度；$C_D(\alpha_0)$ 和 $C_L(\alpha_0)$ 分别为攻角 α_0 处的阻力和升力系数，可以通过 CFD（计算流体动力学）计算得到。为了确定作用在接触线上的气动力，可以采用以下三个坐标系：第一个是绝对风轴坐标系 $y_w\text{-}o\text{-}z_w$，第二个是相对风轴坐标系 $y_{wr}\text{-}o\text{-}z_{wr}$，该坐标系由实际风攻角与初始风攻角的夹角（即动态迎风角）β 确定；第三个是体轴坐标系 $y_g\text{-}o\text{-}z_g$，该坐标系与世界坐标系一致。

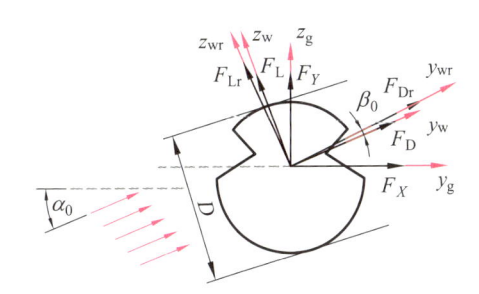

图 33.17　接触线截面受风荷载

荷载转换到世界坐标系可以得到：

$$F_X = F_D \cos(\alpha_0) - F_L \sin(\alpha_0) \tag{33.15}$$

$$F_Y = F_D \sin(\alpha_0) + F_L \cos(\alpha_0) \tag{33.16}$$

式中，F_X 为接触线的气动阻力；F_Y 为接触线的气动升力。

同理，可以得到作用在承力索上的气动力。为了确定作用在接触线和承力索上的气动力，还需要得到气动力系数 $C_D(\alpha)$ 和 $C_L(\alpha)$ 以及顺风向脉动风速 u 和垂向脉动风速 w。

气动力系数 $C_D(\alpha)$ 和 $C_L(\alpha)$ 可采用软件计算或风洞试验测得。基于接触线的截面参数在流体力学计算软件中建立绕流计算模型，模型周边流域的网格图如图 33.18 所示。

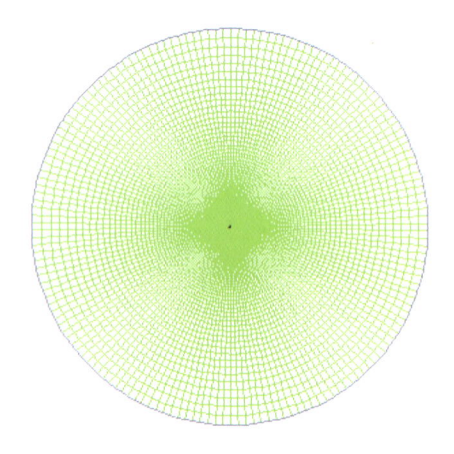

（a）接触线截面 CFD 整个流域网格

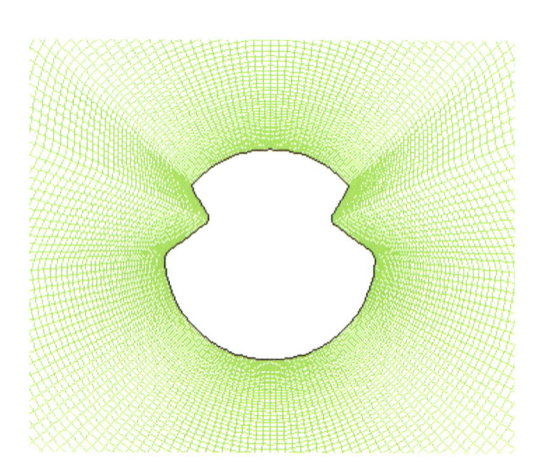

（b）局部网格放大图

图 33.18　模型周边流域的网格图

为了描述不同方向上脉动风的作用，风攻角的变化范围选取为 $-90° \sim 90°$，图 33.19（a）和（b）分别绘出了不同风速下接触线截面的气动系数随风攻角变化的曲线图。

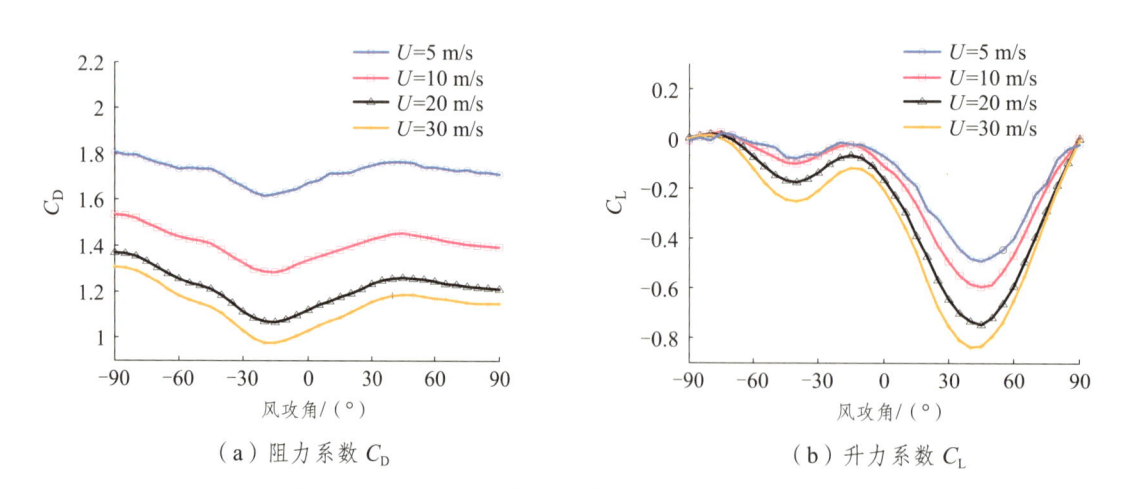

（a）阻力系数 C_D

（b）升力系数 C_L

图 33.19　不同风速下接触线截面阻力和升力系数曲线

脉动风速可通过经验风速谱获得，采用随高度不变的风速谱，如式（33.17）所示。

$$\frac{nS_z(n)}{v_1^2} = 4\kappa \frac{x^2}{(1+x^2)^{4/3}} \tag{33.17}$$

式中，$S_z(n)$ 为风速谱；n 为脉动风的频率；κ 为地面粗糙度系数；v_1 为参考高度 10 m 处的风速；$x = 4\,000n/v_1^2$。

将得到的气动系数和脉动风时程带入式（33.15）和式（33.16），可得到作用在接触网上的抖振力。通过施加到有限元仿真模型中，可得到不同车速、风速和攻角下随机风场对弓网接触力的影响，如图33.20所示。可以看出，在不同的风速和车速下，来流风越趋于水平方向，接触力波动越小。相反，来流风向越趋于垂直方向，接触力波动越大。

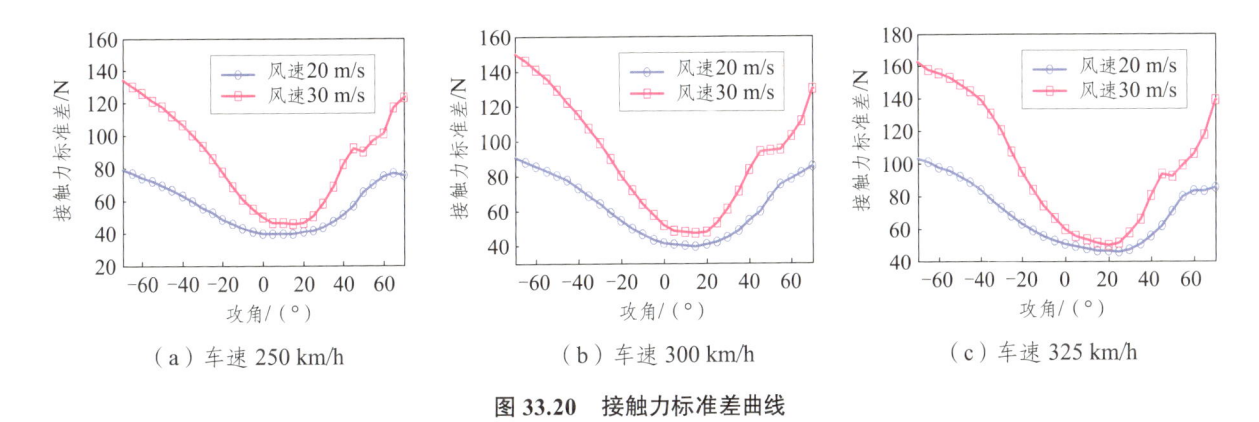

(a) 车速 250 km/h　　(b) 车速 300 km/h　　(c) 车速 325 km/h

图 33.20　接触力标准差曲线

33.6.1.2　接触网受风抖振抑制措施

对接触网受风抖振（以下简称风振）影响的抑制，常采用改变接触网结构参数的方式来实现。为了评估接触网结构参数对抖振的影响，定义以下三个评估指标：

$$b_y = \int_0^{t_u} \sqrt{[x_p(t) - x_p(0)]^2} \, dt \tag{33.18}$$

$$b_z = \int_0^{t_u} \sqrt{[x_v(t) - x_v(0)]^2} \, dt \tag{33.19}$$

$$b_g = \int_0^{t_u} \sqrt{[x_p(t) - x_p(0)]^2 + [x_v(t) - x_v(0)]^2} \, dt \tag{33.20}$$

式中，b_y、b_z、b_g 分别为描述接触线在一段时间里横向、纵向和全局抖振位移情况的评估指标；$x_p(t)$ 和 $x_v(t)$ 分别为接触线跨中点处的横向和纵向抖振位移，t_u 为分析时间上界。

1. 增大接触网导线张力

图 33.21（a）和（b）分别给出了 $v = 10$ m/s 和 $v = 20$ m/s 下不同接触线张力时的 b_y、b_z 和 b_g，r_t 为实际张力和初值张力的比值。可以看出，b_y、b_z 和 b_g 随着张力增大呈现出了整体的下降，增大接触线的张力可以有效降低接触线风振的影响。

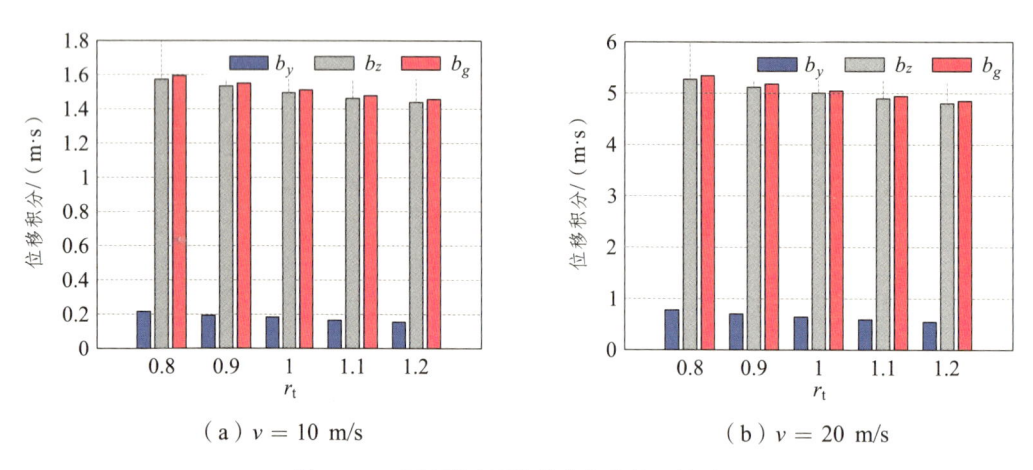

图 33.21 不同张力下的位移积分结果柱形图

(a) $v = 10$ m/s

(b) $v = 20$ m/s

图 33.22（a）和（b）分别给出了 $v = 20$ m/s 时的横向和纵向风振频谱。可以看出，频谱的峰值集中在相应的固有频率附近，张力增大能够使得接触网的固有频率远离脉动风的卓越频率，从而提升结构的抗风能力。

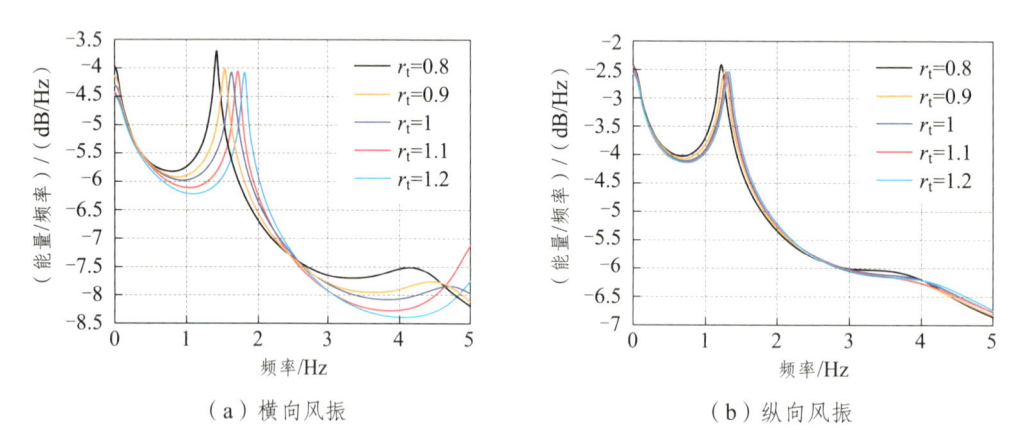

(a) 横向风振

(b) 纵向风振

图 33.22 不同张力下的接触线风振频谱曲线

2. 减小接触网跨距

图 33.23（a）和（b）分别给出了跨距 $L_p = 40$ m、45 m、50 m、55 m 和 60 m 下的计算结果。可以看出，b_y、b_z 和 b_g 随着跨距的增大呈现出持续的增长，这意味着接触线更加剧烈地振动，短跨距具有较好的防风能力。图 33.24（a）和（b）分别给出了 $v = 20$ m/s 时的横向和纵向风振频谱。可以看出，跨距的减小能够增大接触网的固有频率，降低接触网结构对风荷载的敏感度，有利于提高接触网的防风能力。

(a) $v = 10$ m/s

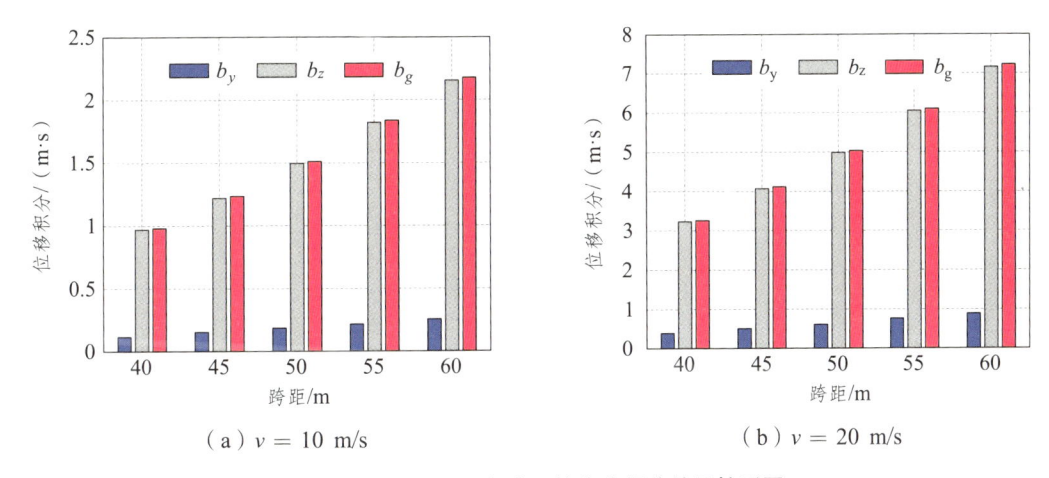

(b) $v = 20$ m/s

图 33.23　不同跨距长度下的位移积分结果柱形图

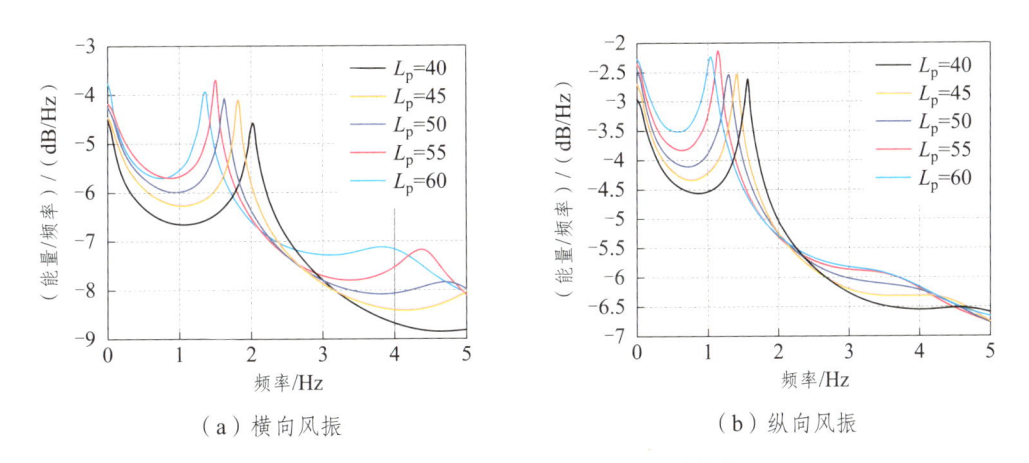

(a) 横向风振

(b) 纵向风振

图 33.24　不同跨距下的横向风振频谱曲线

33.6.2　接触网受风舞动

接触网受风影响除了常见的抖振型式外，还会在特定的条件下发生舞动现象。相对于抖振，舞动的产生原因不仅与风速有关，还与接触线因覆冰或磨损导致的外形尺寸变化等因素有关。

33.6.2.1　接触网舞动机理

一般认为，接触网的舞动是一种由气动失稳引起的自激振动。根据邓哈托理论，在图 33.17 所示模型和相应坐标系中，作用在接触线上的气动力可以表示为

$$F_{Dr} = 0.5\rho_{air}v_r^2 DLC_D(\alpha_r) \tag{33.21}$$

$$F_{Lr} = 0.5\rho_{air}v_r^2 DLC_L(\alpha_r) \tag{33.22}$$

式中，α_r 为实际风攻角；v_r 为相对风速；F_{Dr} 和 F_{Lr} 分别为此时接触线上横向的阻力和纵向的升力。

通过转换得到世界坐标系下接触线的气动力：

$$F_X = F_D\cos(\alpha_0) - F_L\sin(\alpha_0) \tag{33.23}$$

$$F_Y = F_D\sin(\alpha_0) + F_L\cos(\alpha_0) \tag{33.24}$$

对动态迎风角 β 做如下简化：

$$\beta = -\arctan[\dot{x}_h/(v-\dot{x}_p)] \approx -\dot{x}_h/v \tag{33.25}$$

式中，$\dot{x}_p$ 和 $\dot{x}_h$ 分别为水平和竖向接触线截面的速度。

在 y_n-0-z_n 中，将升力 F_L 在 $\alpha = \alpha_0$ 处进行泰勒展开得：

$$F_L = F_{Dr}\sin(\beta) + E_{Lr}\cos(\beta) \approx (\text{常数}) + 0.5\rho_{air}v_r^2 DL[C_D(\alpha) + \dot{C}_L(\alpha)]\beta \tag{33.26}$$

进一步推导得：

$$F_L \approx (\text{常数}) - 0.5\rho_{air}v_r DL[C_D(\alpha) + \dot{C}_L(\alpha)]\dot{x}_h \tag{33.27}$$

由于常数项对接触网的振动影响可以忽略，因此 F_L 可以看作是作用在接触线上的空气阻尼 C_{air} 与垂向速度 $\dot{x}_h$ 的乘积型式。因此，接触线上的气动阻尼可定义如下：

$$C_{air} = 0.5\rho_{air}v_r DL[C_D(\alpha) + \dot{C}_L(\alpha)] \tag{33.28}$$

当 C_{air} 为正数时，将会对系统注入正的空气阻尼，抑制系统的振动。然而，当接触线截面发生变化时，可能引起负的空气阻尼，即 $C_{air}<0$，对系统注入不稳定因素，导致自激振动。因此，邓哈托系数 D_h 可以表示为

$$D_h = C_D(\alpha) + \dot{C}_L(\alpha) \tag{33.29}$$

邓哈托系数 D_h 可以作为舞动的判断依据。一般来说，接触线的截面会因为磨耗、覆冰等发生改变，从而改变气动系数 $C_D(\alpha)$ 和 $C_L(\alpha)$。

当考虑磨耗时，接触线磨耗的程度可用磨耗面截面宽度 d_w 来衡量。通过 CFD 仿真和风洞试验，可以得到不同磨耗程度下邓哈托系数随风攻角的变化，如图 33.25 所示。可以看到，当截面发生重度磨耗时，在攻角 $-25°$ 附近出现 $D_h<0$。将此时的接触线负阻尼加载到有限元仿真模型上，得到如图 33.26 的接触线跨中舞动时程，可以看到，其最大振幅超过 0.5 m，威胁接触网的安全运营。

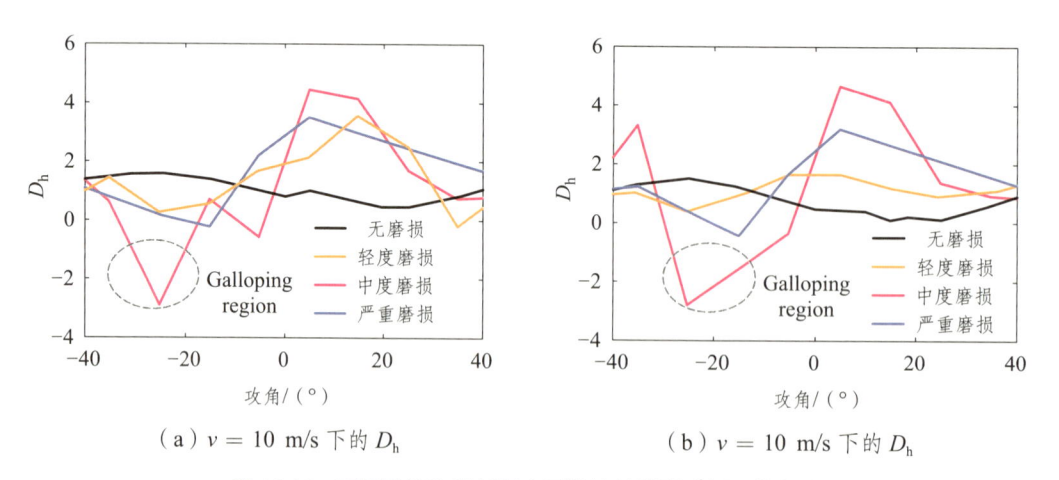

(a) $v = 10$ m/s 下的 D_h　　(b) $v = 10$ m/s 下的 D_h

图 33.25　不同风速和磨耗程度下的接触线邓哈托系数曲线

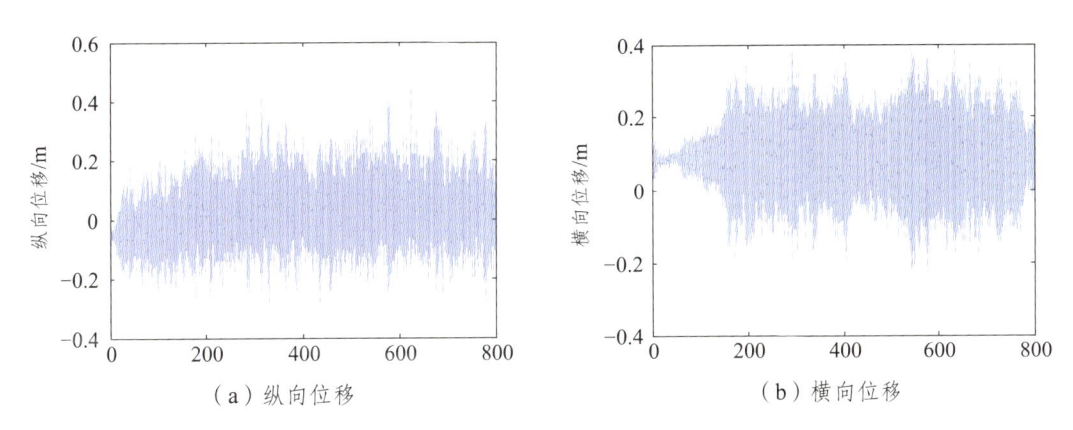

图 33.26 接触线跨中舞动时程曲线

33.6.2.2 接触线舞动抑制措施

1. 增大导线张力

为确定张力对接触网舞动行为的影响，定义 E_g 为量化舞动的严重程度：

$$E_g = \int_0^{t_u} \sqrt{[x_p(t) - x_p(0)]^2 + [x_v(t) - x_v(0)]^2} \, dt \tag{33.30}$$

式中，$x_p(t)$ 和 $x_v(t)$ 为接触线跨中点横向和纵向位移。E_g 能够用来衡量接触线偏移原始位置的程度。图 33.27 给出了 E_g 随张力变化的曲线，横坐标 r_t 为实际张力与初始张力的比值。可以看出，张力的增大能够显著降低 E_g，对接触网舞动的抑制作用十分明显。图 33.28 给出了不同张力下的接触线跨中点舞动响应，可以看出，张力的增大能够有效抑制接触线的舞动幅值。

2. 设置刚性吊弦

抑制接触网舞动的另一个思路是增大接触网系统的刚度，从而避开舞动的发生频率。刚性吊弦是一种常见的防舞装置，其吊弦线使用的是铜棒，而不是铜合金绞线。安装刚性吊弦（承力索端为自由端）可使接触线的抬高不受限制，在接触线和承力索之间达到减振的效果，但需通过弓网动态受流质量的评价。

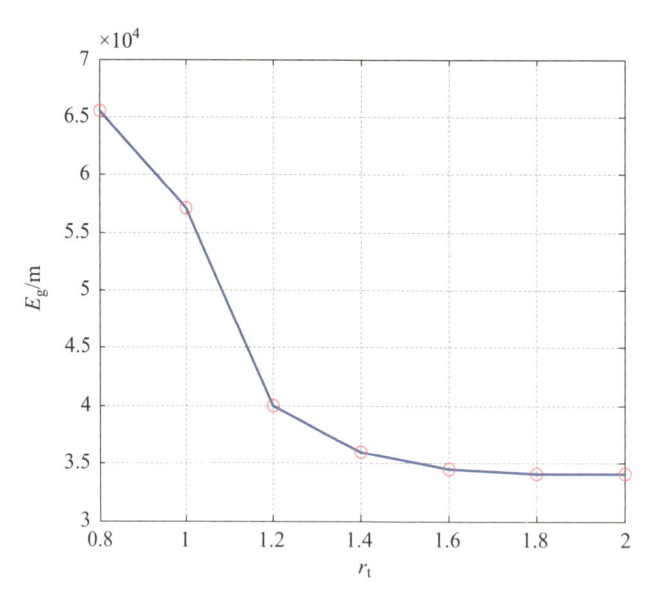

图 33.27 不同张力等级下的 E_g 曲线

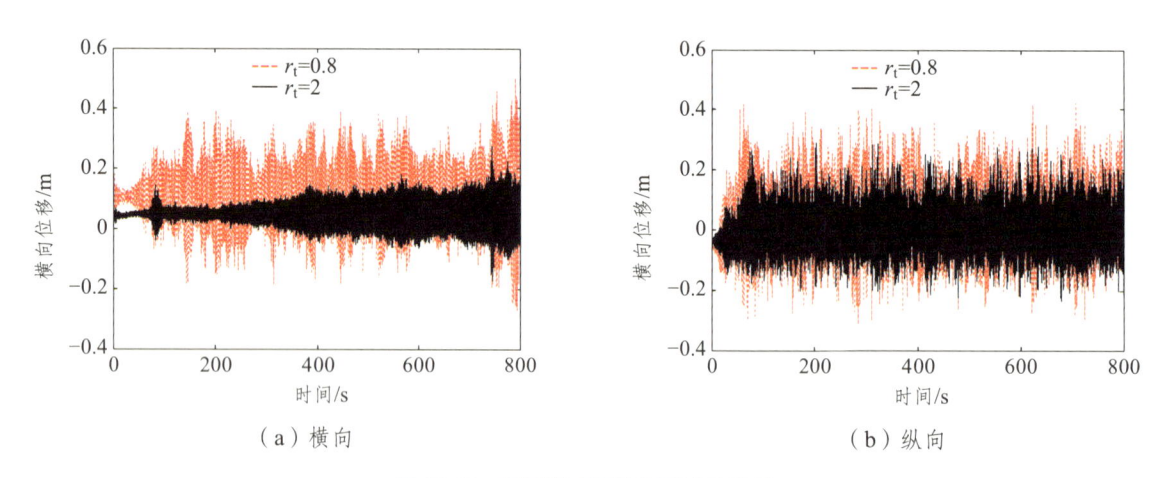

(a) 横向

(b) 纵向

图 33.28 不同张力下的舞动响应曲线

33.7 弓网运行受流质量检测

33.7.1 弓网运行受流质量的影响因素

33.7.1.1 接触网及受电弓结构参数

接触网作为一个三维空间机械结构，在滑动受电弓激励下产生的振动及其传播所形成的振动波会造成受电弓与接触线之间的接触状态发生变化，即引起接触力的变化；同时，受电弓的垂直振动加剧，引起弓网之间的机械接触发生变化，从而影响弓网稳定受流。

在高速动车组运行过程中，接触力的变化情况同受电弓与接触线之间的相互作用密切相关，特别是与受电弓和接触网的机械稳定状态有关。

对于接触网系统，其垂向运动影响弓网受流运行质量，即

$$EI\frac{\partial^4 y}{\partial x^4} - T\frac{\partial^2 y}{\partial x^2} + \rho\frac{\partial^2 y}{\partial t^2} + C\frac{\partial y}{\partial t} = F_c \tag{33.31}$$

式中　y——接触线/承力索的垂向位移；

　　　EI——抗弯刚度；

　　　T——接触网线索张力；

　　　C——阻尼；

　　　ρ——线索单位质量；

　　　F_c——接触压力。

由式（33.31）可知，EI、T、C 和 ρ 均由接触网系统中的线索材料、线索张力、跨距等参数决定，因此在动车组运行过程中，接触线的垂向位移与接触网结构参数有关。

受电弓弓头的垂向位移为

$$M_p \frac{\partial^2 y_p}{\partial t^2} + C_p \frac{\partial y_p}{\partial t} + K_p \cdot y_p = -F_c + F_u \tag{33.32}$$

式中，M_p、C_p、K_p 分别为受电弓弓头部位的等效质量、阻尼和刚度；F_u 为受电弓抬升力。由式（33.32）可知，动车组运行过程中，受电弓的垂向位移同受电弓的结构参数密切相关。

33.7.1.2　外部环境因素

接触网和受电弓的运行质量会受到覆冰荷载、环境风荷载等多种环境因素的影响。

接触网发生覆冰时，接触线、承力索线密度发生改变，同时由于线索截面形状改变，会引起其气动系数发生变化，从而对接触网与受电弓的动态接触性能造成影响。

环境风荷载是影响弓网系统受流质量的另一项常见外界环境因素，风速、风攻角及频率变化复杂，接触网将表现出较为复杂的振动形态，会影响弓网受流质量。

33.7.2　弓网运行受流质量检测监测对象

我国高速铁路受电弓种类繁多，接触网结构复杂、分布区域广，在运行过程中弓网的动态受流性能易受到多种因素的影响。因此，结合接触网与受电弓的运行工况和自身特点，针对主要影响因素和参数进行重点监测检测，有利于保障高速铁路弓网系统安全运行。

33.7.2.1　接触网静态参数

接触网空间几何参数是影响弓网相互作用的初始条件，主要指接触网静态参数，包括接触线导高、拉出值、磨耗、定位器坡度、接触线和承力索张力等。

33.7.2.2　弓网动态参数

弓网动态参数直接反映弓网受流质量，主要检测量包括弓网接触力、接触点位移、受电弓加速度、燃弧、定位点处受电弓动态抬升量等。

弓网接触力是评估弓网受流质量的重要指标，接触力详细的技术要求和评价标准，见本书33.5.1小节。

接触点位移指的是动车组运行过程中，接触线与受电弓接触位置的垂向位移。接触点位移一方面同接触线的动态导高有关，另一方面与接触力的稳定性直接相关。正常情况下，接触点位移处于较为稳定的水平。但是如果接触网结构存在异常状态，如吊弦松弛、定位线夹倾斜或脱落等，则会造成该处接触点位移发生变化，引起弓网受流质量不稳定，或导致刮弓、钻弓事故。同时，受电弓状态异常也会造成接触点位移突变，如受电弓滑板磨损、受电弓机械结构故障等。

受电弓加速度指在运行过程中，受到接触力的作用，受电弓弓头产生的垂直冲击加速度。受电弓垂直加速度的大小主要受接触网几何不平顺的影响，即同接触网硬点密切相关。如跨距两端弹性变差或存在定位线夹等附加质量，会造成动车组高速运行过程中出现接触线和受电弓的不正常升高或降低。当受电弓通过接触网硬点时，弓头受到较大冲击，此时加速度幅值增大，然后再衰减。

燃弧作为弓网受流质量恶化的重要特征之一，主要用燃弧率对这一特征进行评估，见本书33.5.1.2小节。

接触线定位点处动态抬升量的检测可为接触网与受电弓的运行状态评估提供依据，并对受电弓的运行状态进行监测评估。

33.7.2.3 零部件状态

1. 接触网支持与悬挂装置

随着电气化铁路列车运行速度的提高，接触网线索张力逐渐增大，各种零部件的机械性能、电气性能、防腐蚀性能等均受到严峻考验。

吊弦、腕臂、定位管、绝缘子和紧固件等作为接触网主要支撑和悬挂零部件，当发生破坏、断裂、过量磨损或严重变形时，会造成其功能失效，在动荷载和环境荷载等多荷载耦合作用下，容易发生接触网零部件故障或事故。接触网零部件故障不仅会造成接触网工作状态发生变化，同时会对弓网稳定受流造成影响。

2. 受电弓滑板状态

高速运行中，受电弓滑板受到接触网硬点、拉出值偏离、异物侵袭等因素的影响，可出现滑板残缺、滑板裂缝、弓角磨损等异常状态。受电弓损坏可能造成接触网故障，同时接触网故障也可引起受电弓损坏。因此，对受电弓滑板状态进行实时监测，及时、准确发现受电弓故障，不仅可对接触网运行状态进行诊断，同时有利于受电弓和接触网的及时检修、维护，以保障动车组的安全运行。

33.7.2.4 异物入侵

接触网由于其露天布置的特殊性，常会受到异物入侵的影响。接触网上异物入侵主要为气球、塑料袋、泡沫板、风筝等，主要悬挂在承力索、接触线、吊弦、附加导线上。例如图33.29所示。异物入侵不仅对接触网的机械结构造成影响，导致接触力不稳定，同时可能造成受电弓受损，引起刮弓、打弓等事故。若异物较大或缠绕严重，动车组需降弓限速通过或对接触网设备停电处理，对高速铁路的正常运行造成影响。

33.7.3　高速铁路供电安全检测监测系统

我国高速铁路逐步构建了高速铁路供电检测监测体系，从颁布《高速铁路供电安全检测监测系统（6C系统）

总体技术规范》开始，明确了建设 6C 系统的总体技术路线，分步骤实现了高速铁路弓网系统综合检测监测。

图 33.29　接触网异物入侵照片

33.7.3.1　6C 系统总体框架

6C 系统主要功能包括对接触网悬挂参数和弓网运行参数的检测，对接触网悬挂、腕臂结构、附加线索和零部件的检测，对接触网参数的实时检测，对受电弓滑板状态及接触网特殊断面和地点的实时监测，对接触网运行参数和供电设备参数的实时在线检测等。6C 系统总体技术规范明确了建设 6C 系统的总体技术路线，指出 6C 系统顶层设计的总体框架分为上、下两层，如图 33.30 所示。底层由高速弓网性能综合检测装置（1C）、接触网安全状态巡检装置（2C）、车载接触网运行状态检测装置（3C）、接触网悬挂状态检测监测装置（4C）、受电弓滑板监测装置（5C）、接触网及供电设备地面监测装置（6C）六个独立子系统构成，基于规约的通信接口与顶层的综合数据中心共同构成开放的分层分布式网络结构，通过融合子系统检测监测的信息，采用综合分析管理的运营方式，为我国高铁供电设备运营安全提供客观依据和可靠保障。

总体框架设计时，主要遵循以下原则：

整体性：满足全国高速铁路属地化统一维修的需要，以铁路局为基本建设单位，整体部署、统筹规划、分步实施。

先进性：采用先进的检测及监测技术、计算机与网络技术、视频分析技术等，超前规划并构建先进的高速供电设备综合检测监测数据处理中心系统。

开放性：系统能够根据高速铁路建设的发展，方便灵活地进行扩展，全面兼容所有供电设备、检测监测设备，并能方便地与其他相关系统进行互联互通、信息共享。

可靠性：系统无论是在软、硬件配置，还是在产品的性能方面，都满足高可靠性、高安全性的要求。

可维护性：系统具备高可维护性，从而降低维护难度和维护成本。

标准化：系统无论在接口定义、数据传输、通信协议，还是软、硬件平台配置等方面都遵循相关的国际标准、国家标准或行业标准，兼容不同厂家的现场设备，进行互联互通和信息共享。

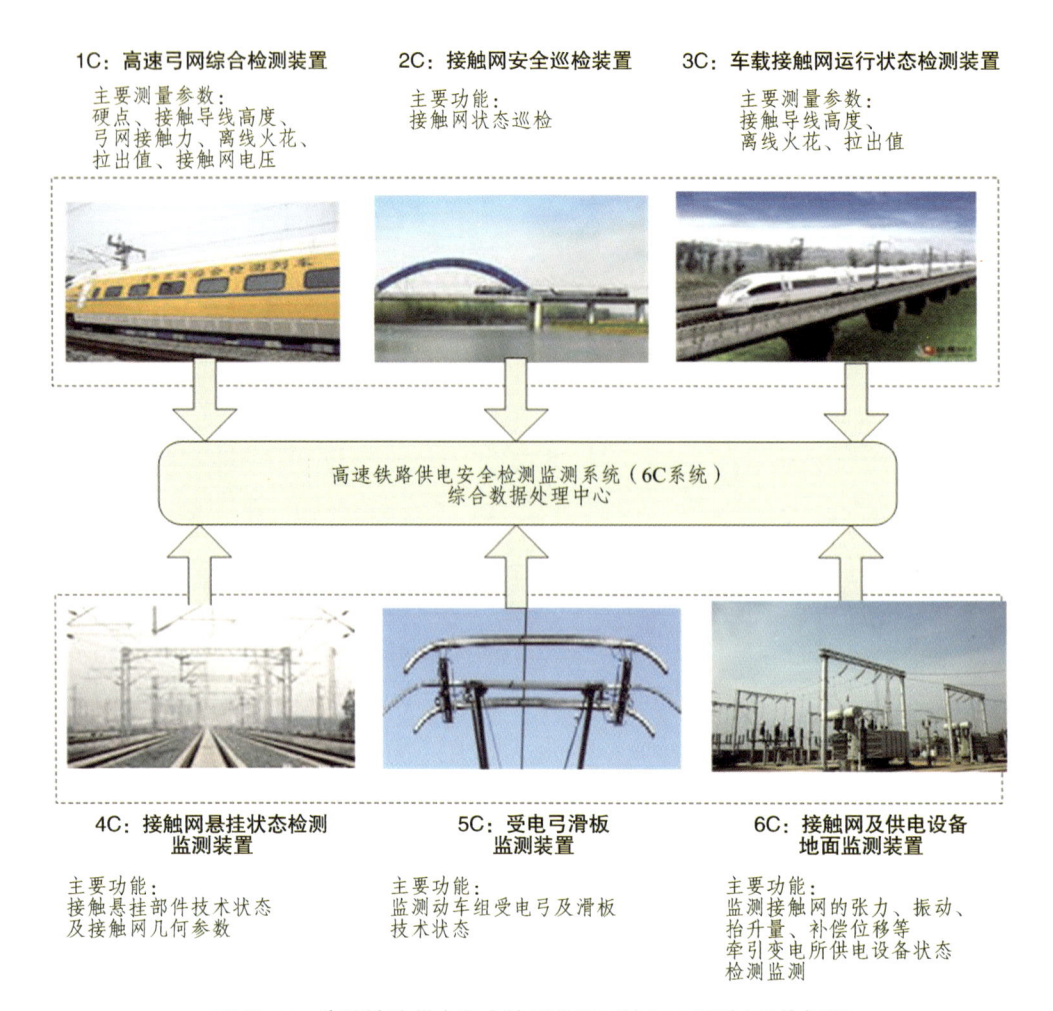

图 33.30　高速铁路供电安全检测监测系统（6C 系统）总体框架

1C：高速弓网综合检测装置
主要测量参数：
硬点、接触导线高度、弓网接触力、离线火花、拉出值、接触网电压

2C：接触网安全巡检装置
主要功能：
接触网状态巡检

3C：车载接触网运行状态检测装置
主要测量参数：
接触导线高度、离线火花、拉出值

高速铁路供电安全检测监测系统（6C系统）综合数据处理中心

4C：接触网悬挂状态检测监测装置
主要功能：
接触悬挂部件技术状态及接触网几何参数

5C：受电弓滑板监测装置
主要功能：
监测动车组受电弓及滑板技术状态

6C：接触网及供电设备地面监测装置
主要功能：
监测接触网的张力、振动、抬升量、补偿位移等牵引变电所供电设备状态检测监测

6C 系统的网络架构原则是分散检测、集中报警，实现弓网系统多角度、立体化、全方位、保安全的检测监测，如图 33.31 所示。6C 系统数据中心之间、数据中心与终端之间、各装置与数据处理中心之间采用专用数据网络。移动检测系统与数据中心之间采用以人工转储结合 GPRS/3G/4G 等无线通信的方式进行数据传输。国铁集团 - 局 - 段三级数据中心之间分别通过两台接入路由设备各以一条通道就近接入铁路数据通信网；各车间、工区等的检测监测 HMI 终端经路由交换设备汇聚后就近接入设置在站段的铁路数据通信网接入路由器；沿线区间设置的检测监测装置经 10 M 传输通道就近接入设置在站段的铁路数据通信网接入路由器，同一传输设备接入多个装置时，各装置接口需通过交换机进行端口汇聚后接入传输设备。

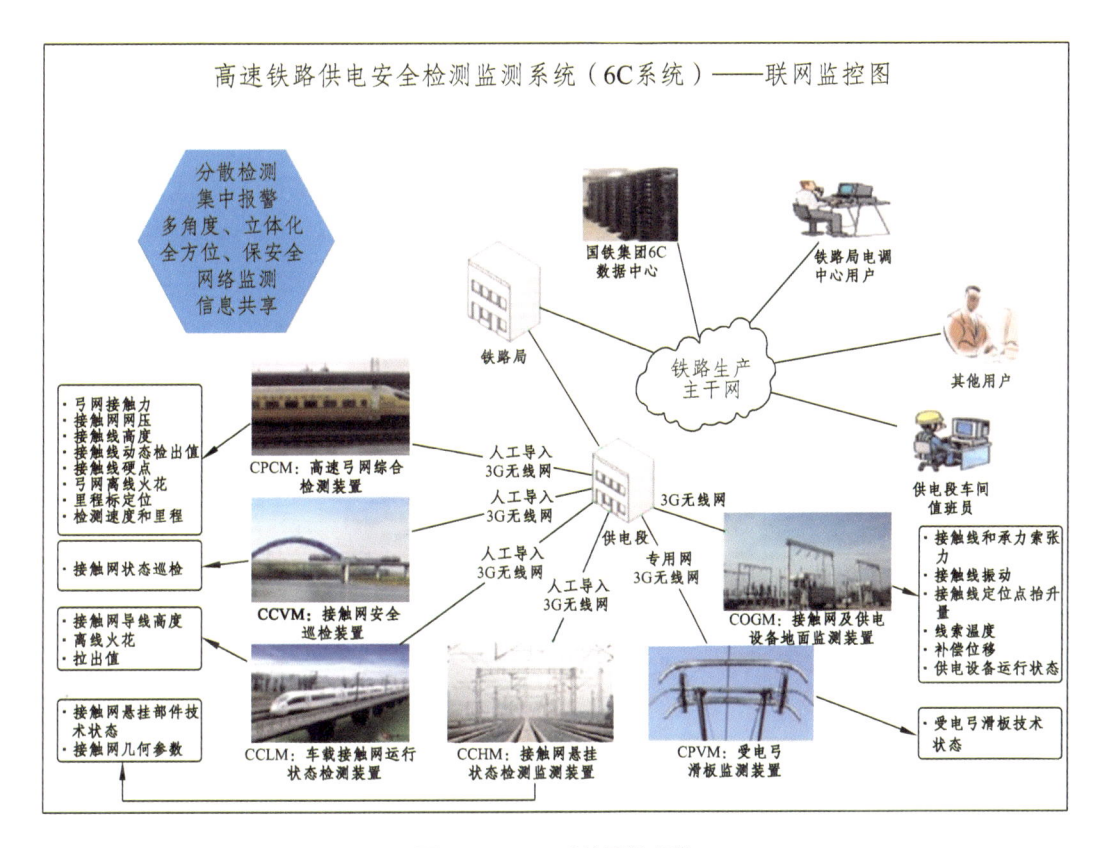

图 33.31 6C 系统网络架构

33.7.3.2 高速弓网性能综合检测装置（1C）

高速弓网性能综合检测装置（1C）是以高速综合检测车为载体，如图 33.32 所示，集成专用检测技术，包括现代测量技术、时空定位同步、大容量数据交换、实时图像识别和数据综合处理等技术，加强运营安全的综合检测系统。高速弓网性能综合检测装置可综合检测列车安装的车载式接触网检测设备，综合检测车对接触网参数和弓网运行状态进行全线实速检测，实现短周期的接触网全面检测。

图 33.32 高速弓网性能综合检测车

检测参数主要包括弓网接触力、接触网网压、接触线动态导高、接触线动态拉出值、硬点、弓网燃弧、检测速度和里程等，检测装置配备完善的电源系统、检测数据传输系统、测量信号传输系统、弓网运行视频系统、数据采集系统、检测信息数据库等。

高速弓网性能综合检测装置主要在各铁路局、供电段专配。

33.7.3.3 接触网安全巡检装置（2C）

接触网安全巡检装置（2C）以供电专业的接触网作业车为载体，采用视频摄像和图像处理技术，对相应区段的沿线接触网进行检测，确保接触网设备运行的安全状态。接触网安全巡检装置（2C）可临时安装于动车组司机室内，如图33.33所示，对接触网的状态及外部环境进行视频采集、分析，分析结果用于指导接触网运行维护。

接触网安全巡检装置主要检测参数有：① 接触网动态几何参数，如动态导高、动态拉出值、接触线磨耗、定位管坡度、跨距接触线高差、线岔或锚段处接触线相互位置；② 弓网动态作用参数，如弓网接触力、硬点（垂直加速度）、冲击（水平加速度）、离线状态（燃弧率）；③ 电气参数，如网压、牵引电流；④ 辅助参数，如里程、杆位、速度、跨距、环境温度。

图 33.33 接触网安全巡检装置与界面

33.7.3.4 车载接触网运行状态检测装置（3C）

车载接触网运行状态检测装置（3C）以既有线运营的动车组为载体或自带动力的接触网作业车为载体，采用基于惯性原理的车体振动补偿技术及专用的接触网检测技术，对相应区段的沿线接触网进行非接触式动态和静态在线常规检测。车载接触网运行状态检测装置安装在运营动车组上，如图33.34所示，实现对接触网全覆盖、全天候动态检测，可实时记录弓网运行状态的动态数据，实现接触网故障快速定位，缩短高速列车接触网故障处理时间，提高铁路运营效率。

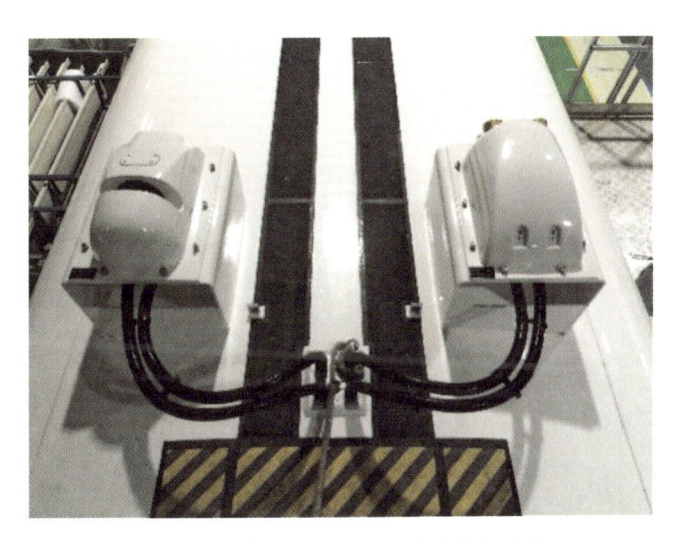

图 33.34 车载接触网运行状态检测装置

车载接触网运行状态检测装置检测内容包括：① 接触网动态几何参数，如动态导高、动态拉出值；② 弓网动态作用参数，如离线状态（燃弧率）；③ 电气参数，如网压、牵引电流；④ 辅助参数，如里程、速度、环境温度。以自带动力的接触网作业车为载体的高速接触网在线弓网检测系统检测内容包括：① 静态导高、静态拉出值；② 跨中处抬升量、定位点抬升量。

车载接触网运行状态检测装置主要在高铁运营车、接触网作业车上配置。

33.7.3.5　接触网悬挂状态检测监测装置（4C）

接触网悬挂状态检测监测装置（4C）安装在接触网作业车或检测车辆上，可在一定运行速度下，对接触网悬挂系统的零部件实施高精度成像检测的设备，如图 33.35 所示。通过对检测数据的自动识别与分析，形成接触网的维修建议。接触网悬挂状态检测系统采用高清高速摄像机，对接触网悬挂的关键部分成像，并通过回放处理系统，实现对巡检线路成像图像的定位、分析与筛选等功能，为接触网巡视与检修提供全面可靠的技术保障。检测参数主要包括接触网支持装置零部件松脱断裂，接触网静态几何参数畸变等。

图 33.35　接触网悬挂状态检测车

接触网悬挂状态检测监测装置主要在各铁路局、供电段专配。

33.7.3.6　受电弓滑板监测装置（5C）

受电弓滑板监测装置（5C）安装在电气化铁路的车站、车站咽喉区、列车出入库区域等处，如图33.36所示，用于监测受电弓滑板的技术状态，及时发现受电弓滑板的异常状态，检测结果用于指导维修。

图 33.36　受电弓滑板监测装置

检测参数主要包括受电弓状态和滑板异常，如受电弓中心偏移、弓头滑板倾斜、滑板残缺丢失、导角变形缺失等。

33.7.3.7　接触网及供电设备地面监测装置（6C）

接触网及供电设备地面监测装置（6C）是通过无线传感器网络，对接触网的张力、振动、弹性、温度、补偿位移等多项指标进行在线实时检测的一类监测装置的统称。针对不同的监测指标有不同的监测装置，且各种装置结构、原理、安装方式均不尽相同。

接触网运行性能地面检测系统检测装置通常包括接触网绝缘子状态在线监测装置，在线监测绝缘子的泄漏电流，同步监测温度、湿度等环境参数；27.5 kV电缆绝缘状态在线监测装置，监测电缆绝缘状态；接触网设备视频监控装置，用于监视接触网关键处所如接触网电分相、供电线上网点、隔离开关以及动车所、站场咽喉区等处的实时运行状态及其外部环境。

接触网及供电设备地面监测装置种类很多，主要为接触网关键部位配置。

33.7.3.8　6C系统综合数据处理中心

6C系统综合数据处理中心，是6C系统的重要组成部分，为铁路供电设备检测监测业务提供一套整合的数据分析处理、信息展示、数据交换，是对1C～6C综合检测监测数据进行综合功能的大数据处理平台。

1. 系统综合数据处理中心功能

6C 系统综合数据处理中心具备统计查询功能和综合分析功能：统计查询功能是根据时间段、供电段 / 车间 / 工区、线路 / 站场 / 区间、缺陷类型、缺陷状态、几何参数、缺陷来源（1C ~ 6C）、杆号进行缺陷信息及处置情况的统计查询。综合分析功能分管理和业务两类：管理类功能对检测计划覆盖率、车间计划执行率进行统计分析；业务类功能通过缺陷类型、缺陷发生位置、缺陷发生时间、产生缺陷的设备类型等多种维度对缺陷及超限数据进行统计，并可以进行历史缺陷检索。

2. 系统综合数据处理中心架构

6C 系统综合数据处理中心由国铁集团、铁路局集团公司、供电段三级系统构成，利用铁路数据通信网络组成 VPN 专网。其中，数据中心采用开放式分布构架。

供电段数据中心具备对供电段管辖范围内 6C 系统各装置的检测计划的接收或制定、查看、审核等功能；能够接收在线或离线 1C ~ 6C 检测检测数据，对接收的数据进行预处理，对预处理后的数据进行分析处理并接收报警信息。此外，供电段数据中心还具备对设备缺陷信息进行自动或人工识别处理，对识别出的缺陷进行标识及分类存储的功能。

铁路局集团公司数据中心具备接收各供电段数据中心或其他检测机构发布的缺陷及相关检测监测数据，并统计检测计划执行情况，整治缺陷等功能；能够对铁路局管内数据进行对比分析、数据挖掘和智能分析，并对历史数据进行统计和查询。

国铁集团数据中心具备接收各铁路局集团公司数据中心上传的典型缺陷及相关检测数据、统计检测计划执行情况、整治缺陷等功能，同时能够对全路范围内数据进行对比分析、数据挖掘和智能分析，并对历史数据进行统计和查询。

34 接触网系统可靠性和安全评估

34.1 接触网系统可靠性设计

系统安全可靠性分析是整个电气化铁路系统,特别是接触网设计、运营和维护的重要组成部分。参考国际铁路项目或国内大型公共交通系统,与安全性相关的投资一般占工程总额的30%左右。因此,进行科学的安全评估技术研究,建立一个统一的安全评估体系势在必行。根据国内外电气化铁路的多年安全管理经验,结合近年来高速铁路建设、运营和用户需求等标准不断提高的特点,厘清了牵引供电系统安全可靠性的科学概念和安全质量工作管理的重点,并进一步提出了较为系统、准确的牵引供电系统(Reliability、Availability、Maintainability and Safety,RAMS)行业指标和安全管控手段。相关成果将为定义和规范高速铁路电气化牵引供电、变电、接触网和钢轨/大地回流系统的所有与环境、设备、人员及其管理相关的行为,提供必要的科学依据。

我国高速铁路接触网系统RAMS相关研究在世界范围内都具有前沿探索性,对促进行业技术进步具有重要的示范和推动意义。高速铁路接触网系统的RAMS分析过程就是协调RAMS目标和成本合理关系的过程。接触网的可靠性水平根据最终用户的要求,决定了设备水平、施工安装精度和使用寿命等要求,很大程度上影响工程造价。

高速铁路接触网系统可靠性设计研究的目标是建立一个具有高可靠性、高安全性的接触网系统,分析涵盖速度目标值最大为350 km/h高铁接触网系统的所有与安全、可靠性相关的行为,影响因素包括涉及的牵引供电系统和土建工程等,是整个接触网系统设计、运营和维护的重要内容。

34.1.1 固有可靠性水平与可用性目标

实际应用中,固有可靠性水平往往用可用度指标来代替。因为固有可靠性水平是在设计阶段事先确定的包括故障概率及恢复时间在内的最高可用性水平,主要由设备装备水平决定,后期使用过程中最完备的维修也只可能尽量使系统达到或接近固有可靠性水平。

高速铁路系统中,接触网属于无备用系统,虽然设备可靠性较高,但磨损和受外界干扰不可避免,包括国外高速铁路接触网,始终存在一定的故障率。例如,法国高速铁路平均每年每百正线条千米发生3.1起故障,德国高速铁路接触网平均每年每百正线条千米发生2.1起故障,我国普速铁路在管理和装备水平较高的铁路局平均每年每百正线条千米发生4.4起故障。接触网每次故障的影响大,是电气化铁路的相对薄弱环节和控制因素之一，因而构成了绝大多数的抢修维修工作量。由于接触网具有较强的专业性和特殊性，社会化资源十分有限，需要成立专门的维修机构。

34.1.2 可用性目标值

对于运输管理部门，可考核的是可用性指标，即可以提供给其使用的、能正常实现所约定功能的时间占比。对于固有可靠性水平要求较高的公共交通系统，通常该目标值为 0.98。该值对应的停用检修或故障抢修时间为全年每 100 条千米 178 小时，大致相当于每个区间每 3 天 1 次的 90 min 停电检修抢修时间，或每个区间每四天一次的 120 min 检修抢修占用时间，我国高铁的维修天窗设置满足可用性目标值 0.98 的要求。

因此，一般情况下，牵引供电系统的可用性目标值可设定为 0.98，这也是接触网系统的可用性目标。

34.1.3 高速铁路接触网系统可靠性水平和目标

因为高速铁路每列车的持续功率大，电气化设备的损耗增大，与普速铁路相比，设备的工作条件发生较大变化。同时，高速铁路运输和安全的质量要求高，固有可用性目标值要求也高，因而装备可靠度也设计得较高。故障率降低且总体上维护工作量也有所下降，同时设备的寿命等分布规律可能发生变化。

除了总停电时间以外，每次故障的抢修恢复时间也是供电管理需要关注的指标。在我国铁路运营维护相关技术规范中，对故障总时间下的故障类别已有一定要求。根据《高速铁路设计规范》（TB 10621），表 34.1 中列出的分级 R 指标反映用户降低故障类别等级的期望。在合计的 R1 ~ R4 故障率（即每年每百条千米 5 次故障）前提下，R1、R2 级故障及其影响是可以接受的；R3、R4 级的故障影响需严控（在一定频次范围内可接受）；高于 R4 级的故障，假设定义为 R5、R6 的话，直接对应为 D 类、C 类等事故，其影响程度用户已经不可接受。

表 34.1 高速铁路接触网系统可靠性水平目标值

可靠性等级	描 述	接触网每百条千米一年的故障次数	牵引供电系统（包括接触网）每百条千米一年的故障次数	备 注
R1	故障引起列车晚点 2 ~ 5 min，但是不影响列车运行图时间表的次序	1.24	3.33	虽然次数多但时间短，且主要由牵引变电所临时跳闸引起，通常可以通过重合闸恢复供电
R2	故障引起列车晚点 5 ~ 20 min，或临时关闭一个站或多站的作业	0.11	1.064（主要由接触网引起）	假定接触网故障后果可以通过使用相邻线路反向行车的方法减轻，从而列车晚点可以限制在 20 min 之内
R3	故障引起列车晚点超过 20 min，要求临时停止车站 2 h 使用或者影响区间列车单项运行超过 1 h	0.38	0.365	300 km/h 以上的高速线路供电系统设定的可用性目标（99.95%）
R4	严重事故影响列车延误在区间中途停车 1 h 以上或导致车站或站台停用一天以上	0.08	0.365[①]	注：① 当牵引供电系统故障发生时，如果预期引起列车晚点的时间超过 20 min，则 R3 和 R4 目标合并
合计 / 次		1.81	~ 5	

根据相关统计资料，比如 2018 年我国电气化铁路各种干扰和故障导致的总停电时分别为 6 881 min（高铁）、24 834 min（普速），对应的可用性为 0.987 和 0.953，对比国外高速铁路的固有最高理论可用度，即可靠度按 99.95% ~ 99.98% 计算，为每年百正线条千米的水平和 0.98 的可用性实际水平。可见，我国新建高速铁路的牵引供电系统设计可用性的实际整体水平先进，实现了比国外更为严酷的行车组织运输条件（平均的繁忙干线列车对数是欧洲高铁的 2 倍以上）、线路条件（普遍不具备区间"八"字渡线或车站双"八"字渡线）和运输通道条件（不具备备用运输通道）下的高可靠性和可用性。这与我国高速铁路电气化行业具有特别重视优化牵引供电系统的维修策略研究的传统，配置了较为充分的维修抢修资源条件是分不开的。

34.1.4 牵引供电系统的安全可靠性

针对高速铁路牵引供电系统的特点，补充可靠性分析所需的数据，包括由于设计和制造施工过程中引入新材料、新技术所需的可靠性数据，以及试验和数据统计分析、数值仿真等方面的工作。

对某工程进行历史工况及故障资料统计分析，以获取各子系统使用过程中关于可靠性的第一手统计数据，并进行统计分析。比如，2018 年各种干扰和故障导致的总停电时分别为 92 582 条千米高铁 6 881 min、162 675 条千米普铁 24 834 min，对应的平均故障停时为 49.9 min 和 64.7 min。其中，牵引供电故障 522 件（高铁 138 件，普铁 384 件），跳闸次数 2 134 次（其中构成故障的跳闸 462 次）。根据故障薄弱环节，统计可靠性指标，改进并指导后续高铁工程的可靠性设计。

针对 1 ~ 2 个实际工程，进行接触网的可靠性指标分配，并解决各子系统的可靠性评估关键技术，完成可靠性评估，为后续安全风险评估示例的"结构及设备系统的可靠性单元"提供必要数据。

研究高速铁路接触网安全性评估技术体系的步骤包括：
（1）确定安全评估流程；
（2）选择各阶段的评估技术方法；
（3）评估单元的划分；
（4）风险判别指标的选择策略等。

通过上述步骤，形成了从设计、施工到运营的整个寿命周期各阶段的安全风险评估技术体系。在理论研究和工程应用实例的研究基础上，编制牵引供电系统的安全评估、风险评估与管理查评手册和工作程序文件，形成系统的、可操作性强的安全风险评估与管理标准。

通过工程应用示范和应用实例来完善安全风险评估及安全可靠性管理体系，切实落实用户关心的可靠性、可用性目标。除了按照 RAMS 方法配置或建立必要的可靠性资源外，从全过程的角度看，如何运用或动态管理 RAMS 目标，首先需要结合具体情况和具体的安全状态评估，作为具体管理决策的依据。这里所涉及的手段或载体就是安全评估（既是方法也是过程手段），这与国家安全生产法的要求是完全相对应的。

34.2 接触网系统风险及安全评估

34.2.1 安全可靠性管理及安全评估的方法

安全评估分析使用过程是一个复杂的分析、评价过程。通常需要分阶段采用不同的方法或考虑不同的侧重点，主要包含以下内容和步骤：

（1）风险日志；

（2）初步风险分析；

（3）系统故障模式、故障结果及危害程度分析；

（4）系统风险分析；

（5）子系统风险分析；

（6）接口风险分析；

（7）运营、维护风险分析；

（8）系统可靠性模型；

（9）设计安全性复核；

（10）安全审查；

（11）可靠性计划；

（12）维护计划；

（13）系统集成计划与试运营计划、评估；

（14）定期的安全评估计划和实施、发布及改进。

安全评估工作，即安全性分析存在于项目的整个寿命周期中，主要内容如下。

34.2.1.1　设计和建设阶段（前期）

设计阶段安全性分析主要涵盖以下内容：

（1）风险识别；

（2）安全分析；

（3）提出应对措施，尽可能降低风险，达到可以接受的水平；

（4）通过仿真或评估，事先有针对性设计，以确保所有与设计相关的风险降低到用户要求的水平；

（5）建立风险日志，用于记录所有与安全性有关的事件、数据，在项目的整个寿命周期中，利用该风险日志记录相关事件、数据。

建设阶段的安全性分析主要涵盖以下内容：

（1）建设管理过程中落实各相关方与安全相关的工作步骤和工作内容，包括建立安全性跟踪评估体系，对所有设计变更对系统安全性造成的影响及时进行评估；

（2）建立系统安全报告机制，将建设阶段中所有与安全性有关的事件、数据写入风险日志；

（3）采取所有可行的、能提高系统安全性的措施；

（4）在项目验收阶段或建设过程中对接触网系统项目进行阶段性的安全评估。

34.2.1.2　系统测试与运营管理阶段（后期）

（1）确认系统安全性要求；

（2）根据安全性要求检查测试结果；

（3）将测试阶段中所有与安全性有关的事件、数据写入风险日志；

（4）采取所有可行的、能提高系统安全性的措施；

（5）定期或根据需要，对接触网系统进行阶段性的安全状态评估。

34.2.2 行业标准及工作程序的法律依据

国内当前并没有一套统一的安全性评估体系，而安全性指标已经逐渐成为项目是否可行、是否成功的基本指标之一，有必要对此深化研究，尽快建立一个统一的安全性评估体系，并提出具体的强制性安全性指标。

目前能较好地完成安全评价工作主要体现在工程验收环节，即上述全寿命周期的第二阶段。设计阶段基本被忽略，运营阶段则实施得不成系统，缺乏完整性。因为以上研究的重点局限在牵引供电的安全评估和可靠性管理方面，但供电系统本身只是工程或运输体系中的一部分，虽然电气化专业本身力图建立一套独立的安全可靠性评价体系，但作为大系统的一个重要部分，不可能单独成为体系，需要依赖于现行的铁路安全管理和监管体系而存在。作为行业管理水平的体现，规划整套铁路系统的可靠性系统并研究制定相关标准，早日完成类似《牵引供电系统安全评估查评手册》《牵引供电系统安全评估查评依据》等，纳入日常管理和各环节的考核，并标准化、制度化。

34.2.3 安全评估方法

34.2.3.1 安全评估的实施

为提高高速铁路运行安全可靠性，针对与运营安全直接相关的无备用的高速接触网系统，通过安全评估技术等基础性研究，建立安全性评估技术体系和基础理论体系。运用机械工程和电气工程的可靠性理论、疲劳可靠性理论及试验研究、工程使用工况统计、RAMS 评估技术、工程风险评估理论、安全工程技术理论、事故成因分析理论，结合国内外高速铁路建设运行经验，全面科学地进行高速接触网系统的事故风险分析，确定高速接触网运行中的薄弱环节和关键项目，深入研究设计、装备制造、施工安装、运营维护等工程阶段的事故预防与控制的安全技术对策，并形成针对安全评估四大要素层面"人、设备、环境、管理"的相应事故预防与控制的查评依据、查评标准，细化完善安全技术评估和管理体系。

通过从设计、施工、联调、运营管理几个环节落实反故障技术措施，通过工程的配套等方式创造必要的实施条件，通过贯彻、提倡以上科学方法指导工程建设和运营维护管理的具体过程，从而最终达到控制并降低非自然事故的发生率，增强对自然事故发生的防灾抗灾能力，进一步提高接触网系统的安全可靠性，在牵引供电方面实现对高速铁路整体运行可靠性保障的理想目标。

34.2.3.2 建立标准体系

世界发达国家的轨道交通系统已经有百余年的发展历史，作为铁路系统，不断总结经验教训，完善管理，已经形成了一整套科学的安全评估、认证、管理体系，制定了一系列切实可行的安全评估的技术标准。尤其是高速铁路发达的欧洲国家，开展轨道交通信号等系统的安全研究比较早，目前已经形成了比较完善的安全评估体系，如英国 CASS 安全评估框架，德国 TUV 评估体系等，它们主要以 EN 铁路标准为基准，依托第三方评估机构，对已有线路和在建项目的信号等系统进行安全性论证。但是，世界各国在高速铁路牵引供电系统领域的安全评估研究方面，绝大部分仍停留在资料积累和统计分析、安全性分析的原理推导阶段。因此，建立电气化行业一个新的安全系统评估体系，即使在世界范围内也属于创新性的研究和贡献，其可操作性、可量化、可考核的技术实用性方案和科学的安全管理工作方法可以填补电气化行业的空白，为实现我国高速铁路一流的技术、一流的安全和管理能力目标，为创建我国乃至世界轨道交通牵引供电系统安全评估与认证体系框架打下坚实的基础。

34.3　接触网系统可维修性相关的维修实施方案

34.3.1　可维修性水平

根据 RAMS 的理念，即使在同一个可靠性水平条件下，对应的可维修性、安全性和可用性水平也可能不同。可靠性设计考虑了维修时间的可靠性，可维修性是设备通过维修保养或接近原固有可靠性水平的可能性。按照我国目前的维修体制和夜间天窗时间计划安排，在同样的固有可靠性 0.999 6 前提下，因为维修策略或维修所需占用的时间不同，可以作为考核指标的最大可用性目标为 0.98，最大可用性对应最小维修时间（包括抢修恢复时间）。

接触网系统的可维修性由维修检修方案决定，是可用性指标的影响因素之一，可用性和可维护性还取决于接触网工程的建设和设施设备质量。按照上述可靠性水平，根据我国目前每次接触网故障或维修时间，考虑用户可以接受的程度，假设全年内平均按照 60 min 一次的理想值、120 min 的极限值作为可维修时间目标值较为适宜。

34.3.2　维修实施方案设计

按照可用性水平所要求的目标思路配置维修抢修资源。工区分布和基础设施的资源大多属于工程投资，在前期项目建设过程中配置。研究相应的抢修维修策略，包括维修车辆使用方法和工器具标准等，由运输管理部门负责提出，在工程投资中计列或在运营过程中配置。

对应接触网设备和工程设计内容，需要配套的维修工程构成分为抢修和计划维修（包含检测）两方面综合考虑。对无备用的接触网系统按照固有可用度的具体要求进行抢修布点、设施规模及设备配置的设计。因此有如下要求：抢修工区的分布间距不超过 80～100 km，即作业半径不大于 40 km，标准接触网作业班组单位为 14～15 人，采用作业车为主的抢修设备。相应预留工区的岔线长度和提供综合工区内的共用股道供临时停放或增加的维修车辆使用，但具体维修车辆的配置标准和使用方法则与运输部门采用的维修策略有关。我国高速铁路接触网的维护维修实施按《高速铁路接触网运行维修规程》（TG/GD 124），确保了我国高铁接触网系统安全运行的 RAMS 整体目标。

参考文献

[1] 曹建猷. 电气化铁道供电系统 [M]. 北京：中国铁道出版社，1983.

[2] 吴命利. 电气化铁道牵引网的统一链式电路模型 [J]. 中国电机工程学报，2010，28（28）：52-58.

[3] 何俊文，李群湛，刘炜，周晓辉. 交流牵引供电系统仿真通用数学模型及其应用 [J]. 电网技术，2010，7（7）：25-29.

[4] 景德炎. 电气化铁路的负荷特性及电能质量分析 [J]. 中国标准化，2010（12）：18-22.

[5] 何正友，胡海涛，方雷，等. 高速铁路牵引供电系统谐波及其传输特性研究 [J]. 中国电机工程学报，2011，31（16）：55-62.

[6] BRENNA M, FOIADELLI F, ZANINELLI D. Electromagnetic model of high speed railway lines for power quality studies[J]. IEEE Transactions onPower Systems, 2010, 25（3）: 1301-1308.

[7] 胡海涛，何正友，张民，等. 高速铁路全并联AT供电系统串联谐振分析 [J]. 中国电机工程学报，2012, 32（13）:52-60.

[8] PAUL C. Analysis of Multiconductor Transmission Lines[M]. Wiley-IEEE Press，2008.

[9] MARISCOTTI A. Distribution of the traction return current in AC and DC electric railway systems [J]. IEEE Trans. Power Delivery, 2003（18）: 1422-1432.

[10] 崔恒斌，冯晓云，林轩，等. 车网耦合下高速铁路牵引网谐波谐振特性研究 [J]. 电工技术学报，2013, 28（9）：54-64.

[11] 柯尊平. 牵引网电抗参数的简易计算 [J]. 铁道学报，1997，19（2）：43-48.

[12] 刘欣. 高铁牵引供电系统的宽频建模与时域计算方法的研究与应用 [D]. 北京：华北电力大学，2013.

[13] 高国强. 高速列车运行状态暂态过电压机理与抑制方法的研究 [D]. 成都：西南交通大学，2012.

[14] 景德炎. 客运专线电气化技术标准探讨 [J]. 电气化铁道，2006（10）：323-329.

[15] 吴命利. 牵引供电系统电气参数与数学模型研究 [D]. 北京：北京交通大学，2006.

[16] 胡海涛. 高速铁路牵引供电系统谐波传输及谐振规律研究 [D]. 成都：西南交通大学，2014.

[17] 缪耀珊. 交流电气化铁道的钢轨对地电位问题 [J]. 电气化铁道. 2007（4）：1-6.

[18] 吴命利，黄足平，辛成山. 降低电气化铁道钢轨电位技术措施的研究 [C]. 中国电气化铁路两万里学术会议文集，2005: 504-516.

[19] 解绍锋，汪吉健，魏宏伟，等. 高速铁路钢轨电位计算及限制方案研究 [C]，中国铁道学会电气化委员会学术会议论文集，2006：318-322.

[20] 邓云川. 综合接地系统钢轨电位及电流分布的分析 [J]. 铁道标准设计，2009：153-156.

[21] 陈屹，邓云川. 遂渝线无砟轨道综合接地系统钢轨电位及电流分布分析 [J]. 铁道工程学报，2007（S1）：426-429.

[22] 米泽辉. AT 供电系统轨地电位与降低措施研究 [D]. 成都：西南交通大学，2013.

[23] 田江漫. 高铁 AT 供电方式下的牵引回流的分布研究 [D]. 石家庄：石家庄铁道大学，2014.

[24] 杨波. AT 牵引供电和综合接地系统综合仿真研究 [D]. 北京：北京交通大学，2014.

[25] 黄文. 高速铁路综合接地系统钢轨电位与地表电位分析 [D]. 成都：西南交通大学，2015.

[26] 戴曙. 回流系统暂态模型下钢轨电位的研究 [J]. 科技创新与应用，2017（6）：22-23.

[27] 张民，何正友，方雷，等. 自耦变压器供电方式下降低高速铁路钢轨电位的方法及其仿真分析 [J]. 电网技术，2011，35（3）：80-84.

[28] 张志刚，曹晓斌，何方方，等. 铁路站场中列车位置对钢轨电位的影响分析 [J]. 高速铁路技术，2016，7（1）：1-5.

[29] 赵周鉴. 长大隧道内牵引回流分布与钢轨电位计算分析 [D]. 成都：西南交通大学，2014.

[30] 雷栋. 高速电气化铁路牵引回流及钢轨电位特性研究 [D]. 成都：西南交通大学，2010.

[31] 邓明丽. 高速及重载铁路牵引回流钢轨电位规律的研究 [D]. 成都：西南交通大学，2009.

[32] 董安平. 高速重载电气化铁路钢轨电位产生机理与抑制方法的研究 [D]. 成都：西南交通大学，2013.

[33] 杨罡，刘明光，李娜，等. 钢轨电位分布模型及仿真 [J]. 北京交通大学学报，2010，34（2）：137-141.

[34] 雷栋，董安平，张雪原，等. 重载电气化铁道钢轨电位的测试与分析 [J]. 铁道学报，2010，32（5）：41-46.

[35] 克莱顿 R. 保罗. 多导体传输线分析 [M]. 2 版. 杨晓宪，郑涛，译. 北京：中国电力出版社，2013.

[36] 铁道部电气化工程局电气化勘测设计院. 电气化铁道设计手册——牵引供电系统 [M]. 北京：中国铁道出版社，1988.

[37] 康·古·马克瓦尔特. 电气化铁路供电 [M]. 袁则富，何其光，译. 成都：西南交通大学出版社，1987.

[38] 辛成山. 关于省掉变电所 AT 的讨论 [J]. 电气化铁道. 1998（1）：1-4.

[39] 辛成山. AT 供电系统等值电路推导方法 [J]. 电气化铁道. 1999（1）：17-20，35.

[40] 刘俊勇，罗文. 用于架空输电线的不同耐热导线的比较分析 [J]. 电网与清洁能源，2011，27（3）：29-33.

[41] 刘士璋. 铝绞线钢芯铝绞线交直流电阻及载流量的计算 [J]. 电线电缆，1988（6）：6-12.

[42] 叶鸿声. 高压输电线路导线载流量计算的探讨 [J]. 电力建设，2000，29（1）：23-26.

[43] 章熙民，任泽霈，梅飞鸣. 传热学 [M]. 北京：中国建筑工业出版社，2007.

[44] 中铁电气化局集团有限公司. 电气化铁道接触网 [M]. 北京：中国电力出版社，2004

[45] 王国忠. 钢芯铝绞线交流电阻简化计算的探讨 [J]. 电线电缆，2010（2）：10-12，26.

[46] IEC Technical Report 1597.Overhead Electrical Conductors-Calculation Methods for Stranded Bare Conductors [R]. IEC 1995.

[47] 马国栋. 电线电缆载流量 [M]. 北京：中国电力出版社，2003.

[48] 邓云川. 武广客运专线牵引网载流能力确定 [J]. 高速铁路技术，2010（4）：21-25.

[49] 林玉章. 高压架空输电线路载流量和温度计算 [J]. 南方电网技术，2012，6（4）：23-27.

[50] 中国电力工程顾问集团有限公司，中国能源建设集团规划设计有限公司. 电力工程设计手册 [M]. 北京：中国电力出版社，2000.

[51] 高仕斌，等. 高速铁路智能牵引供电系统 [M]. 成都：西南交通大学出版社，2020.

[52] 中国国家铁路集团有限公司. 电气化铁路 AT 供电方式故障测距装置：Q/CR 686—2018[S]. 北京：中国铁道出版社，2018.

[53] 中国国家铁路集团有限公司. 牵引供电系统继电保护配置及整定计算技术导则：Q/CR 687—2018[S]. 北京：中国铁道出版社，2018.

[54] 中国国家铁路集团有限公司. 牵引变电所辅助监控系统技术规范：Q/CR 1029—2024[S]. 北京：中国铁道出版社，2024.

[55] 钱清泉. 电气化铁道微机监控技术 [M]. 北京：中国铁道出版社，2000.

[56] 钱清泉，高仕斌，何正友，等. 中国高速铁路牵引供电关键技术 [J]. 中国工程科学，2015（4）：9-20.

[57] 中国铁路设计集团有限公司. 智能牵引供电系统关键技术研究 [R]. 天津：中国铁路设计集团有限公司，2017.

[58] 中铁二院工程集团有限责任公司. 基于 IEC61850 标准的智能化牵引变电技术应用研究 [R]. 成都：中铁二院工程集团有限责任公司. 2015.

[59] 中铁二院工程集团有限责任公司. 高地震、高海拔地区牵引变电电气设备与布置的适应性研究 [R]. 成都：中铁二院工程集团有限责任公司. 2013.

[60] 中铁二院工程集团有限责任公司. 高海拔地区牵引变电所亭设计修正导则 [R]. 成都：中铁二院工程集团有限责任公司. 2018.

[61] 中国国家铁路集团有限公司. 牵引变电所辅助监控系统暂行技术条件：TJ/GD 025—2018[S]. 北京：中国铁道出版社，2018.

[62] 戚广枫. 高速铁路接触网安全及可靠性研究 [M]. 成都：西南交通大学出版社，2012.

[63] 戚广枫，辛成山. 高速铁路牵引网电压电流分布及其综合接地 [M]. 成都：西南交通大学出版社，2012.

[64] 戚广枫，张育明，李红梅. 电气化与电力工程 [M]. 武汉：湖北科学技术出版社，2015.

后　记

在中国高速铁路、电气化铁路豪迈走向世界巅峰的辉煌时刻，回首我国高速电气化铁路的发展历程和成功经验，我们编撰完成了这本《中国高速铁路牵引供电系统》里程碑意义的凝萃之作。中国高速铁路在我们这代人手里扬帆起航，高速铁路及电气化技术迅猛发展，一跃成为世界的引领者，这既是我们的机遇，也是我们的骄傲，更是我们的责任。这本承载着我们电气化人理想和智慧的结晶，不仅是对中国高速电气化铁路发展的回顾和总结，更是在中国高速铁路、电气化铁路引领世界铁路发展之际的一个新的出发点。

我们这一代电气化人是中国高速电气化铁路建设的参与者，也是这一伟大发展历程的见证人。中国高速铁路从秦沈客运专线、京津城际铁路开始起步，到京沪高速铁路的横空出世，承载了多少国人的梦想和期望，当高速动车组在神州大地上飞速奔驰时，是牵引供电系统在默默无闻地为飞奔的钢铁巨龙提供强大的牵引动力，是我们电气化支承起了中国高速铁路的生命脊梁。我们有责任总结一代代电气化人积累的成功经验和伟大成就，做好电气化事业的传承，让中国的高速电气化铁路技术不断发展进步，继续引领全球。

本书在编写过程中，得到了国铁集团有关部门和有关设计院、工程局、铁路局的大力支持和帮助，他们为我们提供了许多珍贵的资料。同时，主编人员多次深入现场走访、调研、拍摄，并通过各种渠道收集、咨询国外高速电气化铁路资料，力争内容准确、丰富、全面、翔实。由于国外高速电气化铁路发展时间跨度大，资料零散，且缺乏完整的官方权威渠道，许多资料还存在着零碎、模糊、个别甚至可能还存在着偏差的缺憾，期待以后能更好地补充和完善。

电气化和高铁技术还在不断发展进步中，期待本书的出版发行，能够更好地宣传中国高速电气化铁路的伟大成就，总结中国高速电气化铁路的成功经验，进一步凝聚电气化人的责任心和使命感，鼓励后来人继承电气化事业的光荣传统，承前启后，进一步推动电气化的技术进步，将中国高速电气化铁路的技术标准、专业装备和建设运营经验推向世界，造福全人类。